prépabac
1re S
Tout-en-un

MATHÉMATIQUES
Denis Girard
Annick Meyer
Jean-Dominique Picchiottino

PHYSIQUE-CHIMIE
Joël Carrasco
Gaëlle Cormerais

SVT
Jacques Bergeron
Jean-Claude Hervé

FRANÇAIS
Hélène Bernard
Bertrand Darbeau

HISTOIRE-GÉOGRAPHIE
Christophe Clavel
Cécile Gintrac
Florence Holstein
Mathieu Martinez
Florence Smits

ANGLAIS
Sophie Béthery-Dostes
Pierre Péhaut
Catherine Terré

Hatier

SOMMAIRE

MATHÉMATIQUES

Analyse

1 Polynômes du second degré 6
2 Étude de fonctions 12
3 Dérivation 20
4 Applications de la dérivation 26
5 Suites 34

Statistiques et probabilités

6 Statistiques 42
7 Probabilités 49
8 Modélisation et échantillonnage 58

Géométrie

9 Vecteurs et droites 64
10 Produit scalaire 72
11 Applications du produit scalaire 78
12 Trigonométrie 85

PHYSIQUE-CHIMIE

Observer

1 Formation d'une image par une lentille 96
2 Couleur et vision 101
3 La production de la lumière 107
4 L'interaction entre la lumière et la matière 111
5 Les espèces chimiques colorées 118
6 Réaction chimique et couleur 122
7 Dosage d'une espèce chimique colorée 127
8 Molécules organiques et couleur 132

Comprendre

9 L'Univers à toutes les échelles 138
10 Le noyau atomique : stabilité et réaction 144
11 Énergie et réactions nucléaires 150
12 Les édifices chimiques solides : cohésion et mise en solution 155
13 Transformation physique d'un système . 161
14 Description du monde physique à l'aide des champs 168
15 Relation entre les champs et les forces . 173
16 Mouvement et énergie 177
17 La conservation de l'énergie 182

Agir

18 La production d'énergie 186
19 Transformation de l'énergie dans un circuit électrique 189
20 Énergie et réaction chimique 196
21 Transformation de l'énergie chimique en énergie électrique dans une pile . . 199
22 Les espèces chimiques organiques oxygénées 203
23 Transformation d'une espèce chimique organique en une autre 207

SVT

La vie et l'évolution du vivant

1 Reproduction conforme de la cellule et réplication de l'ADN 212
2 L'expression du patrimoine génétique . 219
3 Variabilité génétique et mutation de l'ADN 228
4 Variation génétique et santé 234

Conception de maquette : Frédéric Jély – Mise en page : Nord Compo – Coordination : Marina Arduini, Claire Chatillon et Cindy Dagouret
Édition : Gwenn Alvarez, Catherine de Bernis, Claire Dupuis, Raphaël Tomas, Michel Zelvelder, Marianne Zuzula
Illustrations : jazzi – Cartes et schémas : Philippe Bouillon (Illustratoir), Bernard Sullerot, Légendes carto – Iconographie : Hatier Illustration

La Terre et les enjeux planétaires contemporains

5 La mobilité horizontale dans l'histoire de la Terre 246
6 Le modèle de la tectonique des plaques . 255
7 Marges passives et ressources pétrolières 264
8 Nourrir l'humanité 271

Le corps humain et la santé

9 Devenir femme ou homme 280
10 Sexualité et procréation 289
11 De l'œil au cerveau 299

FRANÇAIS

Méthode

1 Les méthodes du baccalauréat 312

Les objets d'étude

2 Le personnage de roman 331
3 Le texte théâtral et sa représentation . 345
4 Écriture poétique et quête de sens . . . 358
5 La question de l'homme dans l'argumentation 373

HISTOIRE-GÉOGRAPHIE

Histoire

1 Croissance économique et mondialisation au XXe siècle 388
2 La guerre et les régimes totalitaires au XXe siècle 393
3 La République française face aux enjeux du XXe siècle 403

Géographie

4 L'aménagement et la valorisation des territoires en France 418
5 Le développement du territoire français . 426
6 Les territoires de l'Union européenne . . 434
7 L' Union européenne et la France dans la mondialisation 440

ANGLAIS

Compréhension de l'écrit

1 Lire et comprendre un document 450
2 Répondre aux questions de compréhension 455

Production écrite

4 Écrire la suite d'un texte 462
5 Écrire un dialogue 466
6 Écrire une lettre 472
7 Traiter un sujet de réflexion 476

Compréhension de l'oral

7 Prononcer correctement 480
8 Comprendre un document sonore 484

Production orale

9 S'exprimer à l'oral en continu. 486
10 S'exprimer à l'oral en interaction 492

AVANT-PROPOS

Votre ouvrage Prépabac

■ Conforme aux programmes de 1re S entrés en vigueur à la rentrée 2011, ce Prépabac, qui regroupe les principales matières de votre programme, est conçu pour vous accompagner tout au long de l'année. Dans chaque matière, chaque **thème du programme** fait l'objet d'un chapitre qui se divise lui-même en deux parties : le cours et un exercice de synthèse ou de type Bac.

■ Le **cours** récapitule de manière efficace tout ce qu'il faut savoir sur le thème concerné. Selon les matières, il est enrichi de documents, de schémas, de cartes… L'**exercice de synthèse**, suivi de son **corrigé**, vous permet de mettre en œuvre le cours, immédiatement.

■ Assorties de nombreux **commentaires et conseils** des auteurs, toutes ces ressources vous permettent d'aborder en confiance vos contrôles durant l'année et de vous préparer à l'épreuve du bac.

Sur www.prepabac.com

Un espace gratuitement et immédiatement accessible où vous trouverez les **compléments audio** associés à la partie **Anglais** :

■ les sons associés au cours et aux exercices du chapitre 7 (« Prononcer correctement ») ;

■ les documents audio supports des exercices du chapitre 8 (« Comprendre un document sonore ») et du chapitre 10 (« S'exprimer à l'oral en interaction »).

■ L'achat de ce Prépabac vous permet de bénéficier d'un **ACCÈS GRATUIT** à toutes les ressources d'annabac.com : fiches de cours, podcasts, quiz, exercices et sujets corrigés…

■ Pour profiter de cette offre, rendez-vous sur **www.annabac.com**, dans la rubrique « Vous avez acheté un ouvrage Hatier ? »*

*La saisie d'un mot clé du livre (lors de votre première visite) vous permettra de créer un compte personnel et d'utiliser librement le site.

MATHÉMATIQUES

Analyse

1. Polynômes du second degré 6
2. Étude de fonctions 12
3. Dérivation 20
4. Applications de la dérivation 26
5. Suites 34

Statistiques et probabilités

6. Statistiques 42
7. Probabilités 49
8. Modélisation et échantillonnage 58

Géométrie

9. Vecteurs et droites 64
10. Produit scalaire 72
11. Applications du produit scalaire 78
12. Trigonométrie 85

MATHÉMATIQUES

1 Polynômes du second degré

En classe de Première, on apprend à résoudre des équations et des inéquations du second degré dans le cas général, c'est-à-dire lorsque l'expression étudiée est de la forme $ax^2 + bx + c$. Pour cela, on s'appuie sur les connaissances de Seconde et de… Collège !

1 Forme canonique du trinôme du second degré

A Forme développée et forme canonique

■ La fonction $x \mapsto ax^2 + bx + c$, avec $a \neq 0$, est une fonction polynôme de degré deux aussi appelée **trinôme du second degré.**

■ L'écriture $ax^2 + bx + c$ est la **forme développée** de ce trinôme.

EXEMPLES

- $-2x^2 + 5x - 6$ est un trinôme du second degré avec $a = -2$, $b = 5$ et $c = -6$.
- $3x^2 - 4$ est un trinôme du second degré avec $a = 3$, $b = 0$ et $c = -4$.

■ La **forme canonique** du trinôme $ax^2 + bx + c$ s'écrit $a\left(\left(x + \frac{b}{2a}\right)^2 - \frac{b^2 - 4ac}{4a^2}\right)$.

B Déterminer la forme canonique d'un trinôme

Pour écrire le trinôme $P(x) = -3x^2 + 2x + 1$ sous sa forme canonique, on procède en plusieurs étapes.

■ **Mise en facteur du coefficient de x^2**

Ici, ce coefficient vaut -3, alors $P(x) = -3x^2 + 2x + 1 = -3\left(x^2 - \frac{2}{3}x - \frac{1}{3}\right)$.

■ **Écriture de $x^2 - \frac{2}{3}x$ comme le début du développement d'une identité remarquable**

Ici, x^2 est le carré de x et $\frac{2}{3}x = 2\left(\frac{1}{3}\right)x$ est le double produit de $\frac{1}{3}$ et de x.

Donc x^2 et $-\frac{2}{3}x$ sont les deux premiers termes du développement de $\left(x - \frac{1}{3}\right)^2$.

En effet, $\left(x - \frac{1}{3}\right)^2 = x^2 - 2(x)\left(\frac{1}{3}\right) + \frac{1}{9} = x^2 - \frac{2}{3}x + \frac{1}{9}$.

On en déduit $x^2 - \frac{2}{3}x = \left(x - \frac{1}{3}\right)^2 - \frac{1}{9}$.

Par conséquent, $P(x) = -3\left(x^2 - \frac{2}{3}x - \frac{1}{3}\right) = -3\left(\left(x - \frac{1}{3}\right)^2 - \frac{1}{9} - \frac{1}{3}\right) = -3\left(\left(x - \frac{1}{3}\right)^2 - \frac{4}{9}\right)$.

Remarque : On peut aussi utiliser l'écriture sous forme canonique avec $a = -3$, $b = 2$, $c = 1$.

2 Résolution de l'équation du second degré

A Les racines du trinôme

On appelle **équation du second degré** une équation de la forme $ax^2 + bx + c = 0$, avec $a \neq 0$.

Les réels x qui vérifient $ax^2 + bx + c = 0$ sont appelées les **racines** du trinôme.
Une racine du trinôme $ax^2 + bx + c$ est donc une solution de l'équation $ax^2 + bx + c = 0$.

Pour résoudre une telle équation, c'est-à-dire trouver ses solutions, on calcule le nombre $\Delta = b^2 - 4ac$, appelé **discriminant**.

Le signe de Δ permet de déterminer le nombre de racines et leurs expressions. On applique le **théorème** suivant.

Théorème

- **Si $\Delta > 0$**, l'équation admet deux solutions réelles $x_1 = \frac{-b - \sqrt{\Delta}}{2a}$ et $x_2 = \frac{-b + \sqrt{\Delta}}{2a}$.
- **Si $\Delta = 0$**, l'équation admet une solution réelle $x = \frac{-b}{2a}$.
- **Si $\Delta < 0$**, l'équation n'admet pas de solution réelle.

Le nombre de racines d'un trinôme ne dépend que du signe de son discriminant !

EXEMPLE : Pour résoudre l'équation $3x^2 + 5x - 2 = 0$, on calcule son discriminant :
$\Delta = b^2 - 4ac = 5^2 - 4(3)(-2) = 49$.

Comme Δ est strictement positif, l'équation admet deux solutions réelles distinctes :

$$x_1 = \frac{-b - \sqrt{\Delta}}{2a} = \frac{-5 - 7}{6} = -2 \quad \text{et} \quad x_2 = \frac{-b + \sqrt{\Delta}}{2a} = \frac{-5 + 7}{6} = \frac{1}{3}.$$

Par conséquent, l'ensemble des solutions est $S = \left\{-2\,;\frac{1}{3}\right\}$.

B Factorisation du trinôme

Théorème

- **Si $\Delta > 0$**, le trinôme $ax^2 + bx + c$ admet deux racines x_1 et x_2, il se factorise de la manière suivante : $ax^2 + bx + c = a(x - x_1)(x - x_2)$.
- **Si $\Delta = 0$**, $ax^2 + bx + c$ admet une racine $\frac{-b}{2a}$ et se factorise ainsi $ax^2 + bx + c = a\left(x + \frac{b}{2a}\right)^2$.
- **Si $\Delta < 0$**, le trinôme n'a pas de racine et ne se factorise pas.

EXEMPLE : Pour factoriser le trinôme $P(x) = 2x^2 - 6x - 8$, on calcule d'abord son discriminant : $\Delta = b^2 - 4ac = 36 + 64 = 100$.
Δ est strictement positif, donc le trinôme admet deux racines :

$$x_1 = \frac{-(-6) - \sqrt{100}}{2 \times 2} = -1 \text{ et } x_2 = \frac{-(-6) + \sqrt{100}}{2 \times 2} = 4.$$

Le trinôme se factorise donc ainsi $P(x) = 2(x + 1)(x - 4)$.

3 Signe du trinôme

Si $\Delta = 0$, $ax^2 + bx + c$ s'annule en $-\frac{b}{2a}$.

Théorème

Soit le trinôme $ax^2 + bx + c$, avec $a \neq 0$.

- **Si $\Delta > 0$**, $ax^2 + bx + c$ est du **signe de a** à **l'extérieur** des racines et du **signe de $(-a)$** à **l'intérieur** des racines.
- **Si $\Delta \leqslant 0$**, $ax^2 + bx + c$ est du **signe de a**, pour tout x.

EXEMPLE : Le trinôme $5x^2 + 16x + 3$ a pour discriminant $\Delta = 196 > 0$.

Ses racines sont -3 et $-\frac{1}{5}$. Le trinôme est du signe de $a = 5 > 0$ à l'extérieur des racines donc $5x^2 + 16x + 3 > 0$ sur $\left]-\infty ; -3\right[\cup \left]-\frac{1}{5} ; +\infty\right[$ et du signe de $-a < 0$ à l'intérieur des racines donc $5x^2 + 16x + 3 < 0$ sur $\left]-3 ; -\frac{1}{5}\right[$.

On regroupe ces résultats dans un tableau.

x	$-\infty$		-3		$-\frac{1}{5}$		$+\infty$
$5x^2 + 16x + 3$		+	0	−	0	+	

Exercice résolu : Résoudre une inéquation du second degré

ÉNONCÉ

Résoudre les inéquations suivantes.

1. $-x^2+6x<-7$ **2.** $x^2+2x+5<0$ **3.** $3x^2+2\sqrt{3}x+1<0$

MÉTHODE

Écrire l'inéquation sous l'une des formes suivantes :

$ax^2+bx+c\leqslant 0$, $ax^2+bx+c<0$, $ax^2+bx+c\geq 0$ ou $ax^2+bx+c>0$.

Selon les valeurs de Δ, on déduit les solutions de l'inéquation pour l'étude du signe du trinôme.

Calcul de $\Delta=b^2-4ac$

$\Delta<0$	$\Delta=0$	$\Delta>0$
Pas de solution ax^2+bx+c est du signe de a, pour tout x	**Une solution** $x=-\dfrac{b}{2a}$ et ax^2+bx+c est du signe de a, pour tout x	**Deux solutions** $x_1=\dfrac{-b-\sqrt{\Delta}}{2a}$ et $x_2=\dfrac{-b+\sqrt{\Delta}}{2a}$

x	$-\infty$		x_1		x_2		$+\infty$
ax^2+bx+c		signe de a	0	signe de $(-a)$	0	signe de a	

CORRIGÉ

1. L'inéquation s'écrit $-x^2+6x+7<0$. $\Delta=b^2-4ac=36-4(-1)(7)=64$, le trinôme admet deux racines x_1 et x_2.

Comme $\Delta>0$ et $a=-1$, on en déduit le tableau de signes du trinôme.

x	$-\infty$		-1		7		$+\infty$
$-x^2+6x+7$		$-$	0	$+$	0	$-$	

L'ensemble des solutions est $S=]-\infty\,;-1[\,\cup\,]7\,;+\infty[$.

2. $\Delta=4-4(1)(5)=-16<0$ donc le trinôme x^2+2x+5 est toujours du signe de $a=1$, et $x^2+2x+5>0$ pour tout $x\in\mathbb{R}$ et $S=\varnothing$.

3. $\Delta=4(3)-4(3)(1)=0$, le trinôme admet une racine $-\dfrac{b}{2a}=-\dfrac{2\sqrt{3}}{6}=-\dfrac{\sqrt{3}}{3}$ et est du signe de $a=3$. Donc $3x^2+2\sqrt{3}x+1>0$ pour $x\neq-\dfrac{\sqrt{3}}{3}$. Donc $S=\mathbb{R}-\left\{-\dfrac{\sqrt{3}}{3}\right\}$.

4 Représentation graphique et variations

Cette parabole admet comme axe de symétrie la droite d'équation $x = -\dfrac{b}{2a}$ passant par son sommet S.

La représentation graphique de la fonction $f: x \mapsto ax^2 + bx + c$ est une **parabole** dont le sommet S a pour abscisse $x_S = -\dfrac{b}{2a}$ et pour ordonnée $y_S = f(x_S)$.

Selon les valeurs de a, la courbe présente des allures différentes.

Si $a > 0$

x	$-\infty$	$-\dfrac{b}{2a}$	$+\infty$
f	↘		↗

Courbe « en vase »

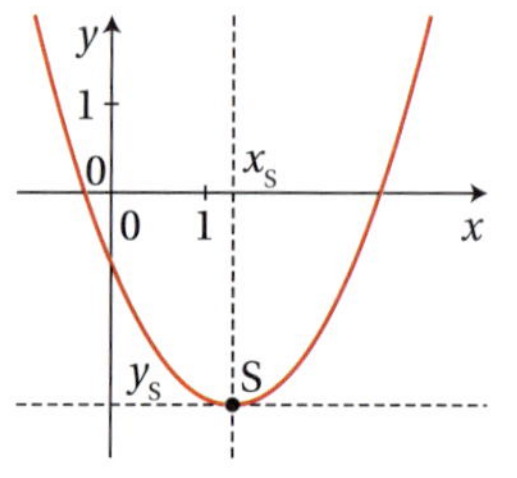

Si $a < 0$

x	$-\infty$	$-\dfrac{b}{2a}$	$+\infty$
f	↗		↘

Courbe « en cloche »

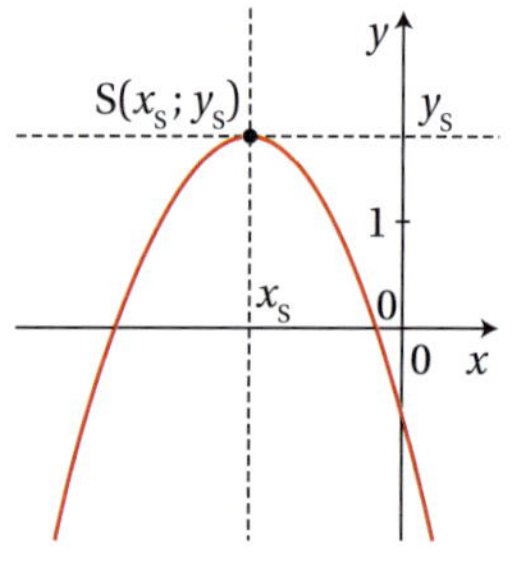

TROUVER LES COORDONNÉES DU SOMMET DE LA PARABOLE

Si le trinôme est écrit sous sa forme canonique $a\left(\left(x + \dfrac{b}{2a}\right)^2 - \dfrac{b^2 - 4ac}{4a^2}\right)$, l'abscisse du sommet $x_S = -\dfrac{b}{2a}$ apparaît comme le réel qui annule $x + \dfrac{b}{2a}$ et l'ordonnée du sommet est $y_S = -\dfrac{b^2 - 4ac}{4a}$.

EXERCICE DE SYNTHÈSE

La hauteur h atteinte par un ballon de football dégagé par un gardien de but est décrite, en fonction du temps t, par l'équation $h = -4{,}9t^2 + 12t$ où h est exprimée en mètres et t en secondes.

1. Déterminer, par le calcul, à quels instants la balle atteint une hauteur de 4 m.

2. À l'aide d'une représentation graphique, déterminer la hauteur maximale atteinte et le moment où le ballon passera par ce maximum.

CORRIGÉ

1. Remplaçons h par 4 dans l'équation de la hauteur, $4 = -4{,}9t^2 + 12t$; ce qui s'écrit aussi $4{,}9t^2 - 12t + 4 = 0$.

Il reste alors à résoudre cette équation du second degré, $\Delta = 65{,}6 > 0$, les solutions sont

$$t_1 = \frac{12 - \sqrt{65{,}6}}{9{,}8} \approx 0{,}4\text{s} \text{ et } t_2 = \frac{12 + \sqrt{65{,}6}}{9{,}8} \approx 2{,}1\text{s}.$$

On peut aussi faire apparaître ces solutions sur l'écran de la calculatrice en saisissant l'équation de la parabole $y = -4{,}9x^2 + 12x$ et celle de la droite $y = 4$.
En utilisant l'outil « trace » ou « intersection », on lit les coordonnées des points d'intersection.

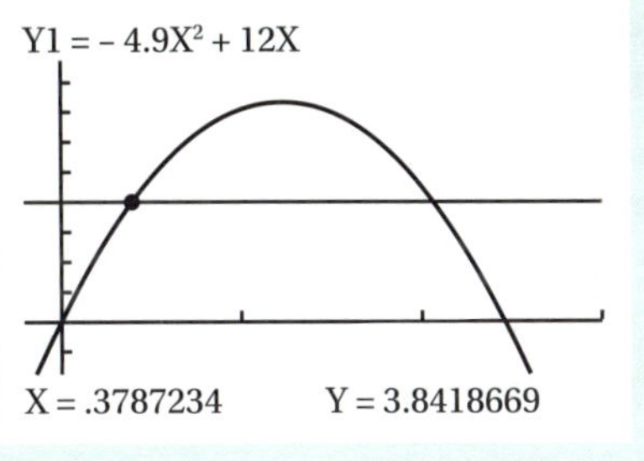

2. En représentant graphiquement sur l'écran de la calculatrice le trinôme $t \mapsto -4{,}9t^2 + 12t$, on obtient pour hauteur maximale 7,35 m (à 10^{-2} près) atteinte au bout d'environ 1,25 s.
Pour faire apparaître ce maximum, on peut utiliser la commande « trace » ou « maximum ».

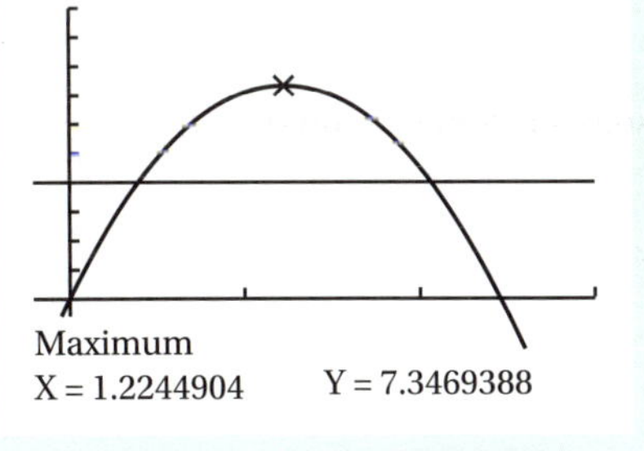

2 Étude de fonctions

LORSQUE L'ON A ÉTUDIÉ une fonction f et que l'on remarque qu'une autre fonction g lui « ressemble », il est parfois possible de déduire les propriétés de g à partir de celles de f. D'où un gain de temps et de calculs.

1 Sens de variation d'une fonction

A Définitions

■ Soit I un intervalle.
Dire qu'une fonction f est **croissante sur I** signifie qu'elle vérifie la condition :

Pour tout a et b de I, si $a < b$, alors $f(a) < f(b)$

■ De même, dire que f est **décroissante sur I** signifie qu'elle vérifie la condition :

Pour tout a et b de I, si $a < b$, alors $f(a) > f(b)$

Remarque
Dans les deux définitions précédentes, l'égalité portant sur $f(a)$ et $f(b)$ est stricte, on dit que f est **strictement** croissante ou **strictement** décroissante.

B Étude du sens de variation d'une fonction

■ **Définition**
Étudier le sens de variation d'une fonction sur un intervalle I, c'est chercher si la fonction est croissante ou décroissante sur I.

■ Pour cela, on choisit deux réels quelconques a et b de I, avec $a < b$, et on compare $f(a)$ et $f(b)$.
- Si $f(a) \leqslant f(b)$, la fonction est **croissante** sur I.
- Si $f(a) \geqslant f(b)$, la fonction est **décroissante** sur I.

2 Fonctions de référence

A Fonction $x \mapsto \sqrt{x}$

Définition

La fonction, définie sur $[0\,;+\infty[$, qui, à tout réel x, associe sa racine carrée est appelée **fonction racine carrée**. On la note :

$$\sqrt{\ } : \mathbb{R}^+ \to \mathbb{R}$$
$$x \to \sqrt{x}$$

- Pour tout x de $\mathbb{R}$, $\sqrt{x^2}$ est calculable et $\sqrt{x^2} = x$ si $x \geqslant 0$ et $\sqrt{x^2} = -x$ si $x \leqslant 0$.
- $\sqrt{x}$ n'est calculable que pour x dans $\mathbb{R}^+$ et $(\sqrt{x})^2 = x$.

Sens de variation

- **Théorème :** La fonction racine carrée est **strictement croissante** sur $[0\,;+\infty[$.
- **Démonstration :** Soient a et b deux réels de $[0\,;+\infty[$ tels que $a < b$, étudions le signe de la différence $f(a) - f(b) = \sqrt{a} - \sqrt{b}$.

TRANSFORMER UNE EXPRESSION CONTENANT DES RACINES CARRÉES

Pour étudier le signe de la différence $\sqrt{a} - \sqrt{b}$, on l'écrit sous la forme $\dfrac{\sqrt{a} - \sqrt{b}}{1}$.

On fait ensuite disparaître les racines carrées du numérateur en multipliant numérateur et dénominateur par la quantité conjuguée du numérateur, c'est-à-dire $\sqrt{a} + \sqrt{b}$.

On a alors :

$$f(a) - f(b) = \frac{(\sqrt{a} - \sqrt{b})(\sqrt{a} + \sqrt{b})}{\sqrt{a} + \sqrt{b}} = \frac{\left(\sqrt{a}\right)^2 - \left(\sqrt{b}\right)^2}{\sqrt{a} + \sqrt{b}}$$

ou $f(a) - f(b) = \dfrac{a-b}{\sqrt{a} + \sqrt{b}}$.

Or $\sqrt{a} + \sqrt{b}$ est strictement positif car $b > a \geqslant 0$. De plus, par hypothèse, $a < b$, donc $a - b$ est strictement négatif. On en déduit que $f(a) < f(b)$.

La fonction racine carrée est donc strictement croissante sur $[0\,;+\infty[$.

Représentation graphique

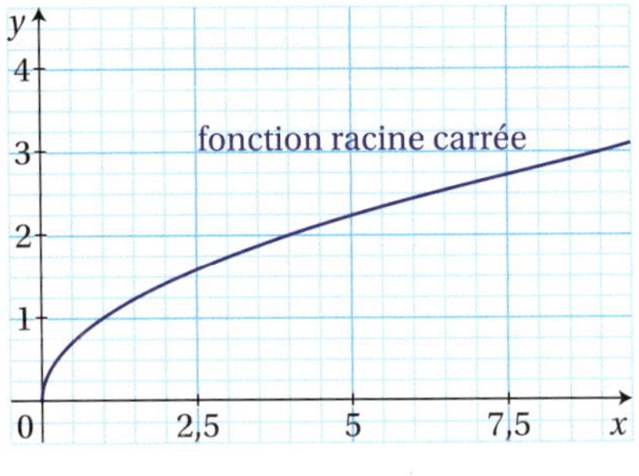

B Fonctions $x \mapsto x$ et $x \mapsto x^2$

1. Sens de variation

■ La fonction $x \mapsto x$ est une **fonction affine**. Ces fonctions ont été étudiées en classes de Troisième et de Seconde.
Elles sont représentées par des droites. Elles sont croissantes lorsque leur coefficient directeur est positif (cas de la fonction $x \mapsto x$) et décroissantes lorsque leur coefficient directeur est négatif.

■ La fonction $x \mapsto x^2$ est appelée **fonction carré**. Elle est strictement décroissante sur $]-\infty\,;0]$ et strictement croissante sur $[0\,;+\infty[$. Son tableau de variations est le suivant.

x	$-\infty$	0	$+\infty$
f	$+\infty$ ↘	0	↗ $+\infty$

2. Étude des positions relatives des fonctions $x \mapsto x$, $x \mapsto x^2$ et $x \mapsto \sqrt{x}$

■ Pour tout x de $[0\,;1]$, $\sqrt{x} \geqslant x \geqslant x^2$.
On en déduit que, sur $[0\,;1]$, la courbe représentant la fonction racine carrée est au-dessus de celle représentant la fonction $x \mapsto x$, elle-même au-dessus de celle de la fonction carré.

■ Pour tout x de $[1\,;+\infty[$, on a $x^2 \geqslant x \geqslant \sqrt{x}$.
On en déduit que, sur $[1\,;+\infty[$, la courbe représentant la fonction carré est au-dessus de celle représentant la fonction $x \mapsto x$, elle-même au-dessus de celle de la fonction racine carrée.

Voici les représentations graphiques de ces trois courbes.

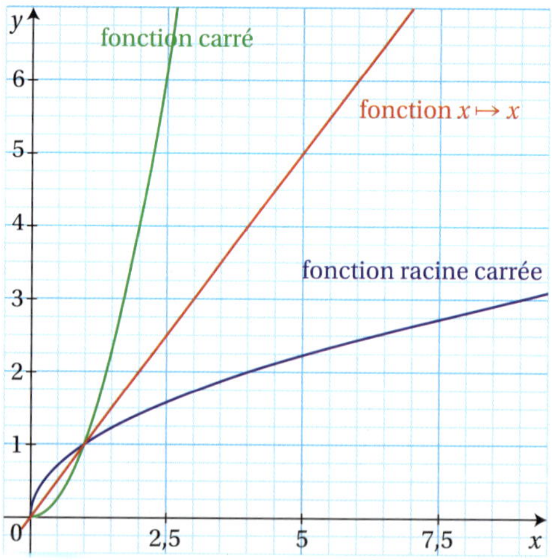

Exercice résolu : Étudier la position relative des courbes de deux fonctions

ÉNONCÉ

Soit I = [0 ; 1]. f est la fonction définie par $f(x) = x$ et g la fonction définie par $g(x) = x^2$.

Étudier la position relative des courbes $\mathscr{C}_f$ et $\mathscr{C}_g$ représentatives des fonctions f et g sur I.

MÉTHODE

Étudier la position relative des deux courbes revient à étudier le signe de la différence $f(x) - g(x)$ sur I :

- $\mathscr{C}_f$ est au-dessus de $\mathscr{C}_g$ si, et seulement si, pour tout $x \in$ I, $f(x) \geqslant g(x)$;
- $\mathscr{C}_f$ est au-dessous de $\mathscr{C}_g$ si, et seulement si, pour tout $x \in$ I, $f(x) \leqslant g(x)$.

> Penser à factoriser la différence $f(x) - g(x)$ pour en étudier le signe.

CORRIGÉ

Étudions la différence $x - x^2$.

En factorisant, on écrit $x - x^2 = x(1 - x)$.

Or sur [0 ; 1], $x \geqslant 0$ et $1 - x \geqslant 0$.

D'après la règle des signes d'un produit, $x(1 - x) \geqslant 0$.

On en déduit que $f(x) - g(x) \geqslant 0$ sur [0 ; 1] donc que $\mathscr{C}_f$ est au-dessus de $\mathscr{C}_g$.

> De la même façon, on montre que, pour tout x de $[1 ; +\infty[$, $x^2 \geqslant x$. Donc $\mathscr{C}_f$ est au-dessous de $\mathscr{C}_g$ sur $[1 ; +\infty[$.

C Fonction valeur absolue

Définition : La fonction $x \mapsto |x|$ est appelée **fonction valeur absolue**. Elle est définie sur $\mathbb{R}$ par :

$$|x| = x \text{ si } x \geqslant 0 \quad \text{et} \quad |x| = -x \text{ si } x \leqslant 0$$

Sens de variation

- **Théorème :** La fonction $x \mapsto |x|$ est strictement croissante sur $[0 ; +\infty[$ et strictement décroissante sur $]-\infty ; 0]$.

- **Démonstration :** Le sens de variation de la fonction valeur absolue est celui d'une fonction affine de coefficient directeur 1 sur $[0 ; +\infty[$ et de coefficient directeur -1 sur $]-\infty ; 0]$. Cette fonction est donc bien strictement croissante sur $[0 ; +\infty[$ et strictement décroissante sur $]-\infty ; 0]$.

Représentation graphique

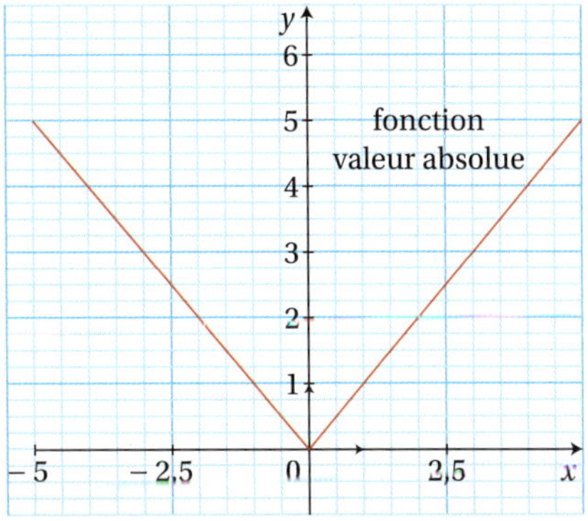

■ **Quelques propriétés**

- Pour tout x de $\mathbb{R}$, $|x| = |-x|$.
- Pour tous x et y de $\mathbb{R}$, $|xy| = |x||y|$.
- Pour tout x réel non nul, $\left|\frac{1}{x}\right| = \frac{1}{|x|}$.
- Pour tout x de $\mathbb{R}$ et tout y non nul, $\left|\frac{x}{y}\right| = \frac{|x|}{|y|}$.
- Pour tout x de $\mathbb{R}$ et tout n de $\mathbb{N}$, $|x^n| = |x|^n$.
- Pour tous x et y de $\mathbb{R}$, $|x + y| \leqslant |x| + |y|$.
- Pour tous x et y de $\mathbb{R}$, $|x| = |y| \Leftrightarrow x = y$ ou $x = -y$.

FAIRE LE LIEN ENTRE VALEUR ABSOLUE ET RACINE CARRÉE

Pour tout X de $\mathbb{R}$, on a $\sqrt{X^2} = |X|$.

En effet, si $X \geqslant 0$, alors $\sqrt{X^2} = X$ et si $X \leqslant 0$, alors $\sqrt{X^2} = -X$; ce qui est bien la définition de la valeur absolue de X.

3 Opérations sur les fonctions

A Définitions

Soient u une fonction définie sur un intervalle I et λ un nombre réel.
On définit les fonctions $u + \lambda$ et λu.

- Pour tout x de I, $(u + \lambda)(x) = u(x) + \lambda$ et $(\lambda u)(x) = \lambda u(x)$.
- Si de plus, pour tout x de I, $u(x) \neq 0$, on définit la fonction $\frac{1}{u}$ par $\left(\frac{1}{u}\right)(x) = \frac{1}{u(x)}$.
- Si pour tout x de I, $u(x) \geqslant 0$, alors $(\sqrt{u})(x) = \sqrt{u(x)}$.

B Variations des fonctions

1. Variations de $u + \lambda$

■ **Théorème :** Soient u une fonction définie sur un intervalle I et λ un réel. Alors u et $u + \lambda$ ont **même sens de variation** sur I.

■ **Représentation graphique**

La courbe représentant la fonction $u + \lambda$ se déduit de celle représentant u par une translation de vecteur $\lambda\vec{j}$.

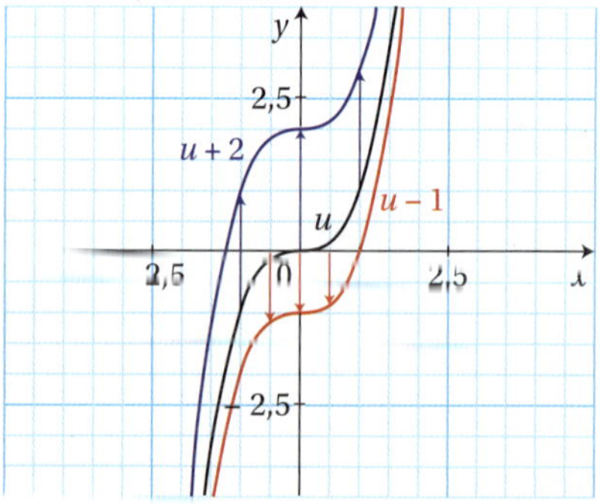

■ **Comment utiliser ce résultat ?**

On transforme la fonction étudiée en somme d'une fonction connue et d'une constante. Le sens de variation de la fonction étudiée s'obtient alors sans calcul, uniquement par application de théorèmes du cours.

EXEMPLE

Soit la fonction f définie sur $\mathbb{R}^*$ par $f(x)=\frac{5x+1}{x}$.

Pour tout x de $\mathbb{R}^*$, on a $f(x)=\frac{5x}{x}+\frac{1}{x}$ ou $f(x)=5+\frac{1}{x}$. Les variations de la fonction inverse sont connues, on en déduit alors celles de f.

La fonction $u : x \mapsto \frac{1}{x}$ est décroissante sur $]-\infty\,;0[$ et sur $]0\,;+\infty[$. Donc f, qui est de la forme $f=u+5$, a les mêmes variations que u sur $]-\infty\,;0[$ et sur $]0\,;+\infty[$. Elle est décroissante sur chacun de ces deux intervalles.

2. Variations de λu

■ **Théorème**

Soient u une fonction définie sur un intervalle I et λ un réel non nul.

- Si λ est strictement positif, alors u et λu ont même sens de variation.
- Si λ est strictement négatif, alors u et λu ont des sens de variation contraires.

■ **Représentation graphique**

Si un point M de la courbe représentant u a pour coordonnées $(x\,;u(x))$ alors un point M′ de la courbe représentant λu, de même abscisse que M, aura pour ordonnée $\lambda u(x)$. Il n'existe pas de transformation géométrique simple permettant de passer de la courbe de u à celle de λu.

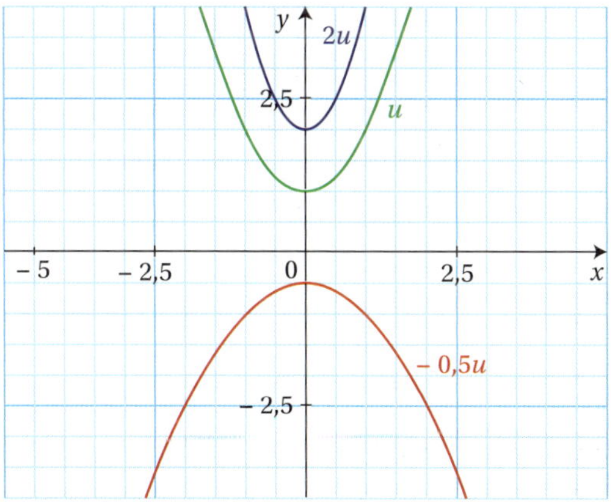

3. Variations de $\sqrt{u}$

■ **Théorème**

Soit u une fonction définie sur un intervalle I.

On suppose que pour tout x de I, $u(x) \geqslant 0$. La fonction $\sqrt{u}$ a même sens de variation que la fonction u sur I.

La fonction $x \mapsto \sqrt{u(x)}$ est définie en tout x tel que $\begin{cases} u(x) \text{ est définie} \\ u(x) \geqslant 0. \end{cases}$

■ **Comment utiliser ce résultat ?**

Si u est une fonction de référence ou une fonction dont on connaît les variations sur un intervalle, on déduit immédiatement celles de $\sqrt{u}$ sur ce même intervalle.

EXEMPLE

La fonction $x \mapsto x^2 + 1$ est croissante sur $[0 ; +\infty[$ donc la fonction $x \mapsto \sqrt{x^2+1}$ est également croissante sur $[0 ; +\infty[$.

4. Variations de $\frac{1}{u}$

La fonction $x \mapsto \dfrac{1}{u(x)}$ est définie en tout point où $u(x)$ est définie et ne s'annule pas.

■ **Théorème**

Soit u une fonction définie sur un intervalle I ne s'annulant pas et gardant un signe constant. Alors les fonctions u et $\frac{1}{u}$ ont des variations contraires.

■ **Comment utiliser ce résultat ?**

Si u est une fonction de référence ou une fonction dont on connaît les variations et le signe sur un intervalle, on déduit celles de $\frac{1}{u}$ sur ce même intervalle.

EXEMPLE

Sur $]1 ; +\infty[$, on définit la fonction u par $u(x) = \dfrac{1}{x^2 - 1}$. Étudions ses variations.

Pour cela, considérons la fonction $\frac{1}{u}$ définie sur $]1 ; +\infty[$ par $\frac{1}{u}(x) = \dfrac{1}{\frac{1}{x^2-1}}$

c'est-à-dire $\frac{1}{u}(x) = x^2 - 1$.

La fonction $x \mapsto x^2 - 1$ est croissante sur $[0 ; +\infty[$ car elle est de la forme $v + \lambda$ avec $v(x) = x^2$ et $\lambda = -1$, et en particulier sur $]1 ; +\infty[$ où elle est constamment positive et non nulle.
On en déduit que la fonction u est décroissante sur $]1 ; +\infty[$.

UTILISER LE SENS DE VARIATION POUR COMPARER DES NOMBRES

Soit u une fonction définie et croissante sur un intervalle I.

Si a et b sont deux éléments de I tels que $a \leqslant b$ alors $u(a) \leqslant u(b)$.

On peut alors utiliser cette propriété pour comparer des nombres.

EXERCICE DE SYNTHÈSE

Soit ABM un triangle isocèle de base [AB] avec AB = 4.

M est un point variable de la médiatrice de [AB], tel que MA = MB = x, avec $x > 2$.

1. Calculer en fonction de x les grandeurs suivantes :

a. la hauteur MH ; **b.** l'aire du triangle MAB ; **c.** la hauteur AK = $h(x)$.

2. Montrer que la fonction h est croissante sur $]2\,;+\infty[$. On transformera l'expression de $h(x)$ pour faire apparaître des fonctions de référence.

CORRIGÉ

1. a. Le triangle AMH est rectangle en H. ABM étant isocèle, H est le milieu de [AB], on peut donc calculer AH. On a $\text{AH} = \frac{\text{AB}}{2} = 2$.

On applique le théorème de Pythagore au triangle rectangle AMH :

$\text{AM}^2 = \text{MH}^2 + \text{AH}^2 \Leftrightarrow x^2 = \text{MH}^2 + 4 \Leftrightarrow \text{MH}^2 = x^2 - 4$.

b. L'aire du triangle MAB est égale à $\frac{\text{MH} \times \text{AB}}{2} = 2\sqrt{x^2-4}$.

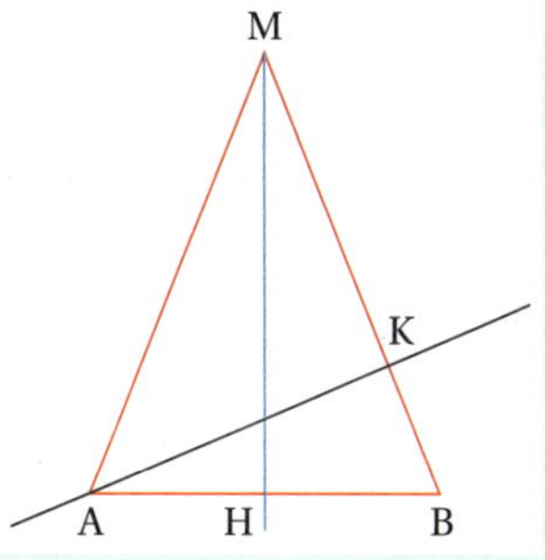

c. Pour calculer AK, utilisons le fait que l'aire du triangle AMB vaut $2\sqrt{x^2-4}$.

Calculons cette aire en utilisant la hauteur AK.

$\mathcal{A} = \frac{1}{2} \times \text{AK} \times \text{MB} = 2\sqrt{x^2-4} = \frac{1}{2}\text{AK}x$ d'où $\text{AK} = \frac{4\sqrt{x^2-4}}{x}$.

On en déduit que, pour tout $x > 2$, $h(x) = \frac{4\sqrt{x^2-4}}{x}$.

2. Pour tout x de $]2\,;+\infty[$, $h(x) = \frac{4\sqrt{x^2-4}}{x}$.

$$h(x) = \frac{4\sqrt{x^2\left(1-\frac{4}{x^2}\right)}}{x} = \frac{4|x|\sqrt{\left(1-\frac{4}{x^2}\right)}}{x} = \frac{4x\sqrt{\left(1-\frac{4}{x^2}\right)}}{x} = 4\sqrt{\left(1-\frac{4}{x^2}\right)}.$$

> **On peut écrire que $|x| = x$ car x est strictement supérieur à 2 donc positif.**

Étudions les variations de h.

La fonction $x \mapsto x^2$ est croissante sur $[0\,;+\infty[$ donc sur $]2\,;+\infty[$. Ainsi, la fonction $x \mapsto \frac{1}{x^2}$ est décroissante sur $]2\,;+\infty[$; de même que la fonction $x \mapsto \frac{4}{x^2}$.

La fonction $x \mapsto -\frac{4}{x^2}$ est croissante sur $[2\,;+\infty[$; de même que la fonction $x \mapsto 1-\frac{4}{x^2}$ est croissante sur $]2\,;+\infty[$.

Ainsi h est croissante sur $]2\,;+\infty[$ car elle est de la forme $4\sqrt{u}$ avec u croissante sur $]2\,;+\infty[$.

3 Dérivation

SI L'ON PLACE deux points A et B sur la courbe représentative d'une fonction de façon que la droite (AB) soit sécante à cette courbe, que devient la droite (AB) lorsque le point B se rapproche du point A ? La réponse à cette question permet d'introduire une des notions les plus importantes de l'analyse, celle de nombre dérivé, égal à la pente de la tangente à la courbe en A.

1 Nombre dérivé d'une fonction en un point

A Taux d'accroissement

- Soient f une fonction définie sur un intervalle I et a un réel appartenant à I tel que $a + h$ soit aussi dans I (h non nul).
- On appelle **taux d'accroissement** de f entre a et $a + h$ le rapport $t(h)$:

$$\frac{f(a+h)-f(a)}{h}=t(h)$$

B Nombre dérivé en un point

- Soit f une fonction définie sur un intervalle I. Soient a et h deux réels tels que a et $a + h$ soient dans I (h non nul).
- Dire que f **est dérivable en** a signifie que la limite lorsque h tend vers 0 du taux d'accroissement $t(h)$ est un nombre réel. Dans ce cas, la limite de ce taux d'accroissement est appelée **nombre dérivé** de f en a. On la note $f'(a)$.

On a donc :

$$f'(a)=\lim_{h\to 0}\frac{f(a+h)-f(a)}{h}$$

EXEMPLE : Soit f la fonction définie sur $\mathbb{R}$ par $f(x) = 2x^2 - 3x + 1$.
f admet-elle un nombre dérivé en -1 ? Appliquons la définition précédente avec $a = -1$.

Calculons le rapport $\frac{f(-1+h)-f(-1)}{h}=t(h)$ pour $h \neq 0$.

Remarquons que $f(-1) = 6$ et $f(-1 + h) = 2(-1 + h)^2 - 3(-1 + h) + 1$.

$f(-1 + h) = 2(1 - 2h + h^2) + 3 - 3h + 1$
$= 2 - 4h + 2h^2 + 3 - 3h + 1$
$= 2h^2 - 7h + 6$

On en déduit que $t(h) = \frac{2h^2 - 7h + 6 - 6}{h} = \frac{2h^2 - 7h}{h} = 2h - 7$.

Lorsque h tend vers 0, la limite de $t(h)$ vaut - 7.

On peut déduire de ce calcul que f est dérivable en - 1 et que son nombre dérivé en - 1 est $f'(-1) = -7$.

Quand on cherche un nombre dérivé en un point a, la limite du taux d'accroissement en a se calcule toujours pour h tendant vers 0.

C Tangente à la courbe d'une fonction

■ Soit f une fonction définie et dérivable en a. Soit $\mathscr{C}_f$ la courbe représentant f dans un repère du plan. Soit A(a ; $f(a)$ le point de $\mathscr{C}_f$ d'abscisse a.

■ On appelle **tangente à la courbe** $\mathscr{C}_f$ au point A d'abscisse a la droite passant par le point A et de coefficient directeur f'(a).

L'équation de cette tangente est :

$$\boldsymbol{y = f'(a)(x - a) + f(a)}$$

Si le nombre dérivé de f en a est nul alors la tangente à la courbe au point d'abscisse a est parallèle à l'axe des abscisses et son équation est $y = f(a)$. Réciproquement, si la courbe d'une fonction dérivable en a admet au point d'abscisse a une tangente horizontale, alors $f'(a) = 0$.

Exercice résolu : Tracer la tangente en un point à la courbe représentative d'une fonction

ÉNONCÉ

Tracer la tangente à la courbe représentant la fonction f définie par $f(x) = 2x^2 - 3x + 1$ au point A d'abscisse 1 sans déterminer son équation.

MÉTHODE

On peut tracer la tangente à une courbe en un point A d'abscisse a sans connaître son équation. Il suffit de repérer le point de la courbe d'abscisse a et de tracer la droite passant par ce point de coefficient directeur $f'(a)$.

1re étape. On détermine la dérivée f' de la fonction f.

2e étape. On calcule f'(a).

3e étape. La tangente cherchée a donc un coefficient directeur égal à $f'(a)$ et passe par le point de la courbe d'abscisse a et d'ordonnée $f(a)$.

CORRIGÉ

1re étape. Déterminons la fonction dérivée de f. f est dérivable sur $\mathbb{R}$.

$f'(x) = 4x - 3$.

2e étape. On en déduit donc le coefficient directeur de la tangente en 1, c'est-à-dire $f'(1)$, $f'(1) = 4 - 3 = 1$.

3e étape. La tangente cherchée a donc un coefficient directeur égal à 1. Elle passe par le point A de la courbe d'abscisse 1 et d'ordonnée $f(1) = 0$.

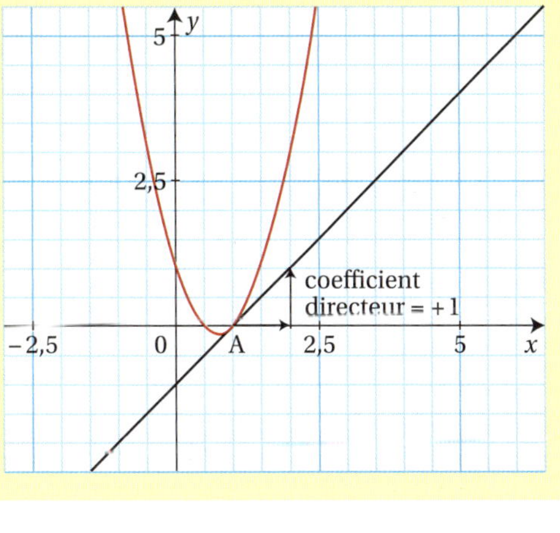

2 Fonctions dérivées

A Définition

Soit f une fonction définie sur un intervalle I. Dire que f est **dérivable** sur I signifie que f est dérivable en tout point de I.
La fonction dérivée de f est alors notée f'. Elle est telle qu'à tout élément x de I, on associe son nombre dérivé $f'(x)$.

B Dérivées usuelles

Dans le tableau ci-dessous, f désigne une fonction et f' sa dérivée. I est l'intervalle sur lequel f est dérivable.

f	f'	I
$x \mapsto C\ (C \in \mathbb{R})$	$x \mapsto 0$	$\mathbb{R}$
$x \mapsto ax + b$	$x \mapsto a$	$\mathbb{R}$
$x \mapsto x^2$	$x \mapsto 2x$	$\mathbb{R}$
$x \mapsto \frac{1}{x}$	$x \mapsto \frac{-1}{x^2}$	$]-\infty\,;0[$ et $]0\,;+\infty[$
$x \mapsto \sqrt{x}$	$x \mapsto \frac{1}{2\sqrt{x}}$	$]0\,;+\infty[$
$x \mapsto x^n\ (n \in \mathbb{N}^*)$	$x \mapsto nx^{n-1}$	$\mathbb{R}$
$x \mapsto \frac{1}{x^n} (n \in \mathbb{N}^*)$	$x \mapsto \frac{-n}{x^{n+1}}$	$]-\infty\,;0[$ et $]0\,;+\infty[$

DÉTERMINER DES NOMBRES DÉRIVÉS

Ce tableau permet de déterminer des nombres dérivés sans revenir à la définition. En effet, pour calculer un nombre dérivé, il suffit de déterminer la fonction dérivée et de remplacer, dans l'expression de cette fonction, x par sa valeur.

3 Opérations sur les dérivées

A Somme de deux fonctions

Théorème 1

Soient u et v deux fonctions dérivables sur un intervalle I. La fonction $f = u + v$ est dérivable sur I et sa fonction dérivée est $u' + v'$, c'est-à-dire pour tout x de I, $f'(x) = u'(x) + v'(x)$.

EXEMPLE

Soit f la fonction définie sur $]0\,;+\infty[$ par $f(x)=x^2+\sqrt{x}$.

f est de la forme $u+v$ avec $u(x)=x^2$ et $v(x)=\sqrt{x}$. u et v sont dérivables sur $]0\,;+\infty[$ et, pour tout x de $]0\,;+\infty[$, $u'(x)=2x$ et $v'(x)=\dfrac{1}{2\sqrt{x}}$, donc

$f'(x)=u'(x)+v'(x)=2x+\dfrac{1}{2\sqrt{x}}$.

> Si f est la somme de plus de deux fonctions, le théorème s'applique toujours.
> Si $f=u_1+u_2+u_3+u_4+\ldots$ on a alors $f'=u'_1+u'_2+u'_3+u'_4+\ldots$

B Produit d'une fonction par un réel

Théorème 2

Soient u une fonction dérivable sur I et λ un réel.
La fonction $f=\lambda u$ est dérivable sur I et sa dérivée est $f'=\lambda u'$ c'est-à-dire, pour tout x de I, $f'(x)=\lambda u'(x)$.

EXEMPLE

Soit f la fonction définie sur $]0\,;+\infty[$ par $f(x)=\dfrac{9}{x}$.

f est de la forme λu avec $\lambda=9$ et $u(x)=\dfrac{1}{x}$.

On a donc, pour tout x de $]0\,;+\infty[$, $f'(x)=9\times\dfrac{-1}{x^2}=\dfrac{-9}{x^2}$.

> Si P est une fonction polynôme de degré n ($n\in\mathbb{N}^*$) de la forme, pour tout x réel, $P(x)=a_nx^n+a_{n-1}x^{n-1}+\ldots+a_1x+a_0$, alors la dérivée de P est :
> $P'(x)=na_nx^{n-1}+(n-1)a_{n-1}x^{n-2}+\ldots+a_1$.

C Produit de deux fonctions

Théorème 3

Soient u et v deux fonctions dérivables sur un intervalle I. La fonction $f=uv$ est dérivable sur I et sa dérivée est $f'=u'v+uv'$.
Pour tout x de I, $f'(x)=u'(x)v(x)+u(x)v'(x)$.

EXEMPLE

Soit f la fonction définie sur $]0\,;+\infty[$ par $f(x)=(x^2+3)(\sqrt{x}+1)$.

f est de la forme $f=uv$ avec $u(x)=x^2+3$ et $v(x)=\sqrt{x}+1$.

On a $u'(x)=2x$ et $v'(x)=\dfrac{1}{2\sqrt{x}}$.

Donc, pour tout x de $]0\,;+\infty[$, $f'(x)=2x(\sqrt{x}+1)+(x^2+3)\left(\dfrac{1}{2\sqrt{x}}\right)$.

D Inverse d'une fonction

Théorème 4

Soit v une fonction dérivable sur un intervalle I. On suppose que pour tout x de I, $v(x)\neq 0$.

Alors, la fonction $f=\dfrac{1}{v}$ est dérivable sur I et sa dérivée est $f'=\dfrac{-v'}{v^2}$.

Pour tout x de I, $f'(x)=\dfrac{-v'(x)}{v^2(x)}$.

EXEMPLE

Soit f la fonction définie sur $\mathbb{R} - \{3\}$ par $f(x) = \dfrac{1}{3x-9}$.

f est de la forme $\dfrac{1}{v}$ avec $v(x) = 3x - 9$. v est dérivable sur $\mathbb{R}$ et ne s'annule qu'en 3, donc f est dérivable sur $]-\infty\,;3[$ et $]3\,;+\infty[$ et on a $f'(x) = \dfrac{-v'(x)}{v^2(x)} = \dfrac{-3}{(3x-9)^2}$.

E Quotient de fonctions

Théorème 5

Soient u et v deux fonctions dérivables sur un intervalle I. On suppose que pour tout x de I, $v(x) \neq 0$. La fonction $f = \dfrac{u}{v}$ est dérivable sur I et sa dérivée est $f' = \dfrac{u'v - uv'}{v^2}$.

> **Si la fonction u est constante et égale à λ, pour dériver $f = \dfrac{\lambda}{v}$, on écrit f sous la forme $f = \lambda \times \dfrac{1}{v}$ et on utilise les théorèmes 2 et 4.**

Pour tout x de I, $f'(x) = \dfrac{u'(x)v(x) - u(x)v'(x)}{v^2(x)}$.

EXEMPLE

Soit f la fonction définie sur $\mathbb{R}$ par $f(x) = \dfrac{4x}{x^2+1}$, f est de la forme $\dfrac{u}{v}$ avec $u(x) = 4x$ et $v(x) = x^2 + 1$.

Pour tout x réel, $v(x) \neq 0$, donc f est dérivable sur $\mathbb{R}$.

Pour tout x de $\mathbb{R}$, $f'(x) = \dfrac{u'(x)v(x) - u(x)v'(x)}{v^2(x)} = \dfrac{4(x^2+1) - (4x)(2x)}{(x^2+1)^2} = \dfrac{4x^2+4-8x^2}{(x^2+1)^2} = \dfrac{-4x^2+4}{(x^2+1)^2}$.

F Tableau récapitulatif

Dans le tableau suivant, u et v sont des fonctions dérivables sur un intervalle I.

Fonctions	Dérivées
λu $\lambda \in \mathbb{R}$	$\lambda u'$
$u + v$	$u' + v'$
$u \times v$	$u'v + uv'$
$\dfrac{1}{v}$	$\dfrac{-v'}{v^2}$
$\dfrac{u}{v}$	$\dfrac{u'v - uv'}{v^2}$

EXERCICE DE SYNTHÈSE

On pose $f(x) = ax + b + \dfrac{c}{x-1}$, pour tout x réel $\neq 1$.

On appelle $\mathscr{C}$ sa courbe représentative.

Déterminer les réels a, b et c tels que $\mathscr{C}$ passe par le point A (3 ; 2), admette en ce point une tangente horizontale et possède au point d'abscisse 2 une tangente parallèle à la droite d'équation $y = 3x + 2$.

On rappelle que deux droites sont parallèles si et seulement si elles ont le même coefficient directeur.

CORRIGÉ

Le coefficient directeur d'une tangente au point d'abscisse a à la courbe représentant une fonction f est $f'(a)$.

Le coefficient directeur de la droite d'équation $y = 3x + 2$ est 3 ; celui de la tangente à la courbe au point d'abscisse 2 est $f'(2)$.

De plus, si la courbe admet une tangente horizontale en A(3 ; 2) alors le coefficient directeur de cette tangente est nul et $f'(3) = 0$.

La fonction dérivée de f est donnée par $f'(x) = a - \dfrac{c}{(x-1)^2}$.

Les conditions données dans l'énoncé se traduisent par :

- $A \in \mathscr{C} \Leftrightarrow f(3) = 2 \Leftrightarrow 3a + b + \dfrac{c}{2} = 2$
- $f'(3) = 0 \Leftrightarrow a - \dfrac{c}{4} = 0$
- $f'(2) = 3 \Leftrightarrow a - c = 3$

Les réels a, b et c vérifient donc le système :

$$\begin{cases} 3a + b + \dfrac{c}{2} = 2 \\ a - \dfrac{c}{4} = 0 \\ a - c = 3 \end{cases} \Leftrightarrow \begin{cases} 3a + b + \dfrac{c}{2} = 2 \\ a - \dfrac{c}{4} = 0 \\ -\dfrac{3}{4}c = 3 \end{cases}$$

$$\Leftrightarrow \begin{cases} 3a + b + \dfrac{c}{2} = 2 \\ a = -1 \\ c = -4 \end{cases} \Leftrightarrow \begin{cases} b = 7 \\ a = -1 \\ c = -4 \end{cases}$$

La fonction f cherchée est donc $f : x \mapsto -x + 7 + \dfrac{-4}{x-1}$.

4 Applications de la dérivation

www.annabac.com

La notion de dérivée est fondamentale en analyse. Elle permet d'étudier les variations d'une fonction, de construire des tangentes à une courbe et de résoudre des problèmes d'optimisation qui trouvent leurs applications en physique, en économie et dans bien d'autres domaines…

1 Signe de la dérivée et variations d'une fonction

On dit aussi qu'étudier le sens de variation d'une fonction, c'est étudier sa monotonie. L'étude de la monotonie s'effectue toujours sur un intervalle précis.

Sur un intervalle I, la dérivée f' d'une fonction peut changer de signe plusieurs fois. Dans ce cas, on est amené à partager l'intervalle I en plusieurs intervalles tels que f' ait un signe constant sur chacun d'eux.

Définition : Étudier le sens de variation d'une fonction sur un intervalle consiste à déterminer si la fonction est croissante, décroissante ou constante sur cet intervalle.

Théorème : Soit f une fonction dérivable sur un intervalle I.
- f est **croissante** sur I, si et seulement si, pour tout x de I, $f'(x)$ est positive ou nulle.
- f est **décroissante** sur I, si et seulement si, pour tout x de I, $f'(x)$ est négative ou nulle.
- f est **constante** sur I, si et seulement si, pour tout x de I, $f'(x) = 0$.

Si dans ce théorème, les inégalités sont **strictes** alors f est **strictement** croissante ou **strictement** décroissante sur I.

Remarque : Le signe de la dérivée permet de déterminer le sens de variation de f, mais les variations de f ne donnent pas forcément son signe.

2 Extremum d'une fonction

A Définitions

Soient f une fonction définie sur un intervalle I et x_0 un élément de I.
Soit J un intervalle ouvert inclus dans I et contenant x_0
- Dire que $f(x_0)$ est un **maximum local** de f signifie que, pour tout x de J, $f(x) \leqslant f(x_0)$
- Dire que $f(x_0)$ est un **minimum local** de f signifie que, pour tout x de J, $f(x) \geqslant f(x_0)$.
- Dire que $f(x_0)$ est un **extremum local** de f signifie que $f(x_0)$ est un maximum ou un minimum local de f.

On dit alors que f admet un maximum, un minimum ou un extremum local en x_0 qui vaut $f(x_0)$.

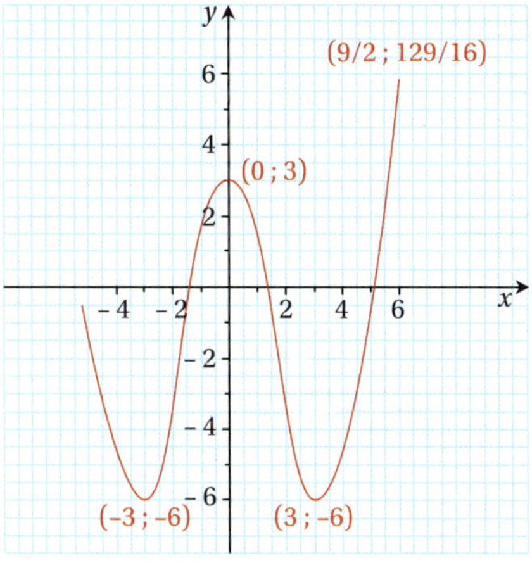

3 est un maximum local de *f*.

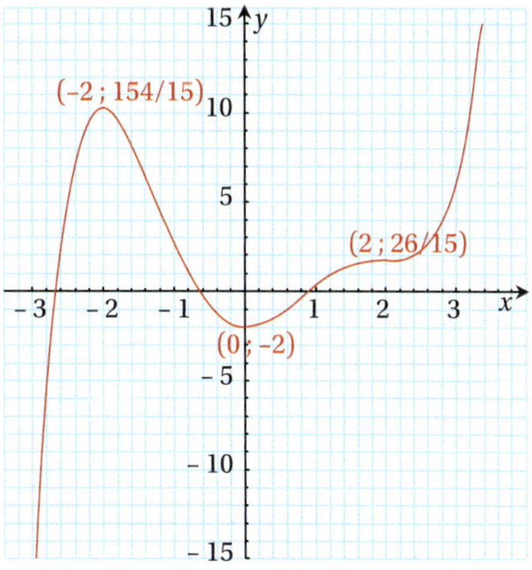

– 2 est un minimum local de *f*.

Remarques

- Si x_0 est une extrémité de l'intervalle I et si, pour tout x de I, $f(x) \leqslant f(x_0)$ alors on considère que $f(x_0)$ est un extremum local.
- Si pour tout x de I, $f(x) \leqslant f(x_0)$ alors $f(x_0)$ est un maximum global de f.

De même si, pour tout x de I, $f(x) \geqslant f(x_0)$ alors $f(x_0)$ est un minimum global de f.

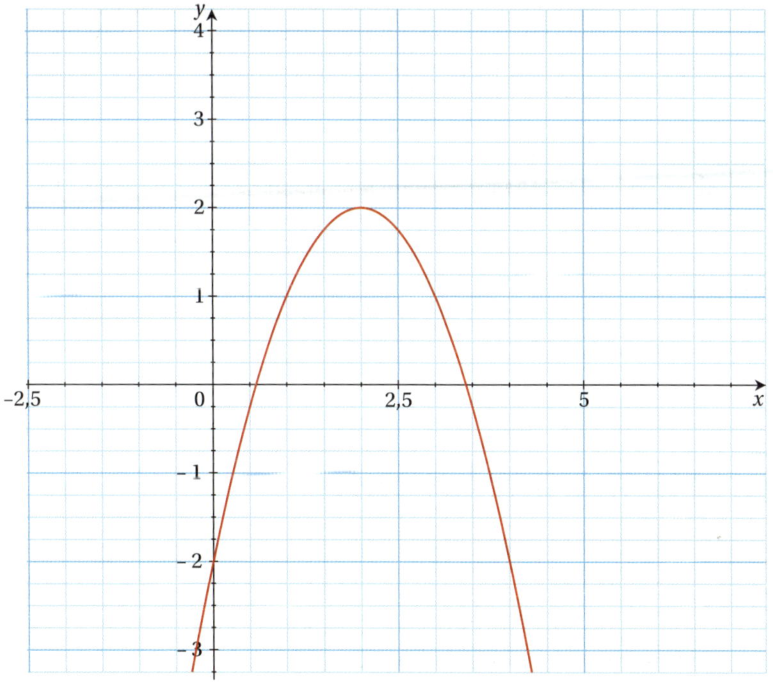

$f(2) = 2$ est un maximum global de f.

B Propriétés

Propriété 1 : Soient f une fonction dérivable sur un intervalle I et x_0 un élément de I.
Si f présente un **extremum local** en x_0 alors $\boldsymbol{f'(x_0) = 0}$.

Remarque : La réciproque de cette propriété est fausse. En effet, la fonction cube $x \mapsto x^3$ admet pour dérivée $f'(x) = 3x^2$.
$f'(0) = 0$ et pourtant cette fonction n'admet pas d'extremum local en 0.

Propriété 2 : Soient f une fonction dérivable sur un intervalle I et x_0 un élément de I.
Si f' **s'annule** en x_0 et **change de signe** en x_0 alors f admet un **extremum local** en x_0.
Graphiquement, si f admet un extremum local en x_0, sa courbe représentative admet au point d'abscisse x_0 une tangente horizontale.
- Si f est croissante « avant » x_0 puis décroissante alors elle admet un maximum en x_0.
- Si f est décroissante « avant » x_0 puis croissante alors elle admet un minimum en x_0.

3 Majorant et minorant

Définitions : Soit f une fonction définie sur un intervalle I.
- M est un **majorant** de f sur I, si pour tout x de I, $f(x) \leqslant M$.
- m est un **minorant** de f sur I, si pour tout x de I, $f(x) \geqslant m$.

f est bornée sur I signifie que f admet à la fois un majorant et un minorant de I.

- Si f admet un majorant sur I, on dit que f est majorée sur I.
- Si f admet un minorant sur I, on dit que f est minorée sur I.

On peut montrer que f est bornée sur I si et seulement si $|f|$ est majorée sur I.

EXEMPLE : Sur le graphique ci-contre, on peut dire que f admet un maximum local en 0, qui vaut 1, et un minimum local en a, qui vaut $f(a)$.

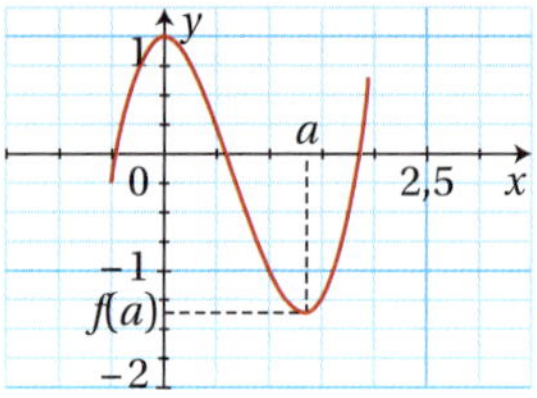

Remarque : Ce sont aussi des extrema globaux.

> **Ne pas confondre minorant et minimum local et majorant et maximum local**
> 1,5 est un majorant pour f mais 2 aussi.
> De même, − 1,7 et − 2 sont des minorants pour f.
> f a donc deux extrema, 1 et $f(a)$, plusieurs majorants et plusieurs minorants.

Exercice résolu : Étudier les variations d'une fonction

ÉNONCÉ

Étudier le sens de variation de la fonction f définie sur $\mathbb{R}$ par $f(x) = x^3 + 2x^2 - 7x - 1$.

MÉTHODE

Il existe plusieurs méthodes pour étudier le sens de variation d'une fonction.

- Si la fonction f s'écrit comme une somme de fonctions de référence dont on connaît les variations, on utilise les propriétés vues au chapitre 2 : on peut donc en déduire, sans aucun calcul, les variations de f.
- Sinon, on détermine la dérivée de la fonction f et on étudie son signe.

CORRIGÉ

■ La fonction f ne s'écrit pas comme une somme de fonctions de référence ayant des variations permettant d'appliquer les résultats du chapitre 2.

En effet, $x \mapsto x^3$ et $x \mapsto x^2$ sont croissantes sur $]0 ; +\infty[$. Mais $x \mapsto -7x - 1$ est décroissante sur $]0 ; +\infty[$. On ne peut donc rien dire du sens de variation de f.

■ Cherchons la dérivée de f.

f est une fonction polynôme donc elle est dérivable sur $\mathbb{R}$ et, pour tout x de $\mathbb{R}$, $f'(x) = 3x^2 + 4x - 7$.

Étudions le signe de $f'(x)$, qui est un polynôme du second degré, en déterminant ses racines.

Le discriminant est $\Delta = 4^2 - 4 \times (-7) \times 3 = 100$.

Comme Δ est positif, le trinôme a deux racines :

$$x_1 = \frac{-b-\sqrt{\Delta}}{2a} = \frac{-4-10}{6} = -\frac{7}{3} \text{ et } x_2 = \frac{-b+\sqrt{\Delta}}{2a} = \frac{-4+10}{6} = 1.$$

Le coefficient de x^2 étant positif, le théorème sur le signe du trinôme (chapitre 1) nous donne le tableau de signes suivant :

x	$-\infty$		$-\frac{7}{3}$		1		$+\infty$
$f'(x)$		$+$	0	$-$	0	$+$	

On en déduit le sens de variation de f.

- Sur $\left]-\infty ; \frac{-7}{3}\right[$ et $]1 ; +\infty[$, $f'(x) > 0$ donc f est croissante.
- Sur $\left[\frac{-7}{3} ; 1\right]$, $f'(x) \leq 0$, donc f est décroissante.

Dressons alors le tableau de variations de f, il suffit d'ajouter une ligne au tableau précédent.

x	$-\infty$		$-\frac{7}{3}$		1		$+\infty$
$f'(x)$		$+$	0	$-$	0	$+$	
$f(x)$		↗	$\frac{365}{27}$	↘	-5	↗	

EXERCICE DE SYNTHÈSE

f est la fonction définie sur $\mathbb{R}$ par $f(x) = \dfrac{x^3 + 2x^2}{x^2 + 1}$.

Soit $\mathscr{C}$ sa courbe représentative dans un repère.

Partie A : Étude d'une fonction auxiliaire

Soit g la fonction définie sur $\mathbb{R}$ par $g(x) = x^3 + 3x + 4$.

1. Étudier les variations de g sur $\mathbb{R}$.

2. Dresser le tableau de variations de g.

3. Calculer $g(-1)$ et déduire le signe de $g(x)$. On utilisera les variations de g sur $\mathbb{R}$.

> On exprimera f' à l'aide de g et on montrera que, pour tout x réel, $f'(x) = \dfrac{xg(x)}{(x^2+1)^2}$.

Partie B : Étude de la fonction *f*

1. Déterminer la dérivée de f.

2. En déduire le sens de variation de f et dresser son tableau de variations.

3. Déterminer trois réels a, b et c tels que pour tout x réel,

$$f(x) = ax + b + \frac{cx + d}{x^2 + 1}.$$

> Pour étudier la position de $\mathscr{C}$ par rapport à la droite d'équation $y = ax + b$, on étudie le signe de $f(x) - (ax + b)$ (différence des ordonnées d'un point de $\mathscr{C}$ et d'un point de $\mathscr{D}$ de même abscisse).

4. Étudier la position relative de $\mathscr{C}$ et de la droite $\mathscr{D}$ d'équation $y = ax + b$.

5. Déterminer les abscisses des points de $\mathscr{C}$ en lesquels la tangente est parallèle à la droite d'équation $y = x + 3$.

> On pourra montrer que cette équation est équivalente à $f(x) = m$ et utiliser le fait que $y = m$ est l'équation d'une droite parallèle à l'axe des abscisses ; on cherchera alors l'intersection de $\mathscr{C}$ avec de telles droites.

6. Discuter graphiquement, selon les valeurs du paramètre m, le nombre de solutions de l'équation $x^3 + (2 - m)x^2 - m = 0$.

7. Tracer $\mathscr{C}$, $\mathscr{D}$ et les tangentes obtenues à la question précédente.

CORRIGÉ

Partie A : Étude d'une fonction auxiliaire

1. Étudions le signe de la dérivée g' de g. Pour tout x réel, $g'(x) = 3x^2 + 3$.

$g'(x) > 0$ sur $\mathbb{R}$, g est donc strictement croissante sur $\mathbb{R}$.

2.

x	$-\infty$		$+\infty$
$g'(x)$		+	
$g(x)$		↗	

3. $g(-1) = 0$. g est strictement croissante sur $\mathbb{R}$ donc en particulier sur $]-\infty\,;-1]$. Nous en déduisons que, pour tout $x \leqslant -1$, $g(x) \leqslant g(-1)$ c'est-à-dire $g(x) \leqslant 0$.
De même, pour tout $x \geqslant -1$, g étant croissante sur $[-1\,;+\infty[$, $g(x) \geqslant g(-1)$ c'est-à-dire $g(x) \geqslant 0$.
Grâce aux variations de g sur $\mathbb{R}$, nous avons obtenu le signe de $g(x)$.
$g(x) \geqslant 0$ si $x \in [-1\,;+\infty[$ et $g(x) \leqslant 0$ si $x \in\,]-\infty\,;-1]$.

Partie B : Étude de la fonction *f*

1. f est dérivable sur $\mathbb{R}$, pour tout x de $\mathbb{R}$, $f'(x) = \dfrac{(3x^2+4x)(x^2+1)-(x^3+2x^2)(2x)}{(x^2+1)^2}$

$$f'(x) = \frac{3x^4+4x^3+3x^2+4x-2x^4-4x^3}{(x^2+1)^2} = \frac{x^4+3x^2+4x}{(x^2+1)^2} \text{ ainsi } f'(x) = \frac{xg(x)}{(x^2+1)^2}.$$

2. Pour tout x de $\mathbb{R}$, $(x^2+1)^2$ est toujours positif, $f'(x)$ est donc du signe de $xg(x)$.
Dressons le tableau de signes de $xg(x)$.

x	$-\infty$		-1		0		$+\infty$
x		$-$	|	$-$	0	$+$	
$g(x)$		$-$	0	$+$	|	$+$	
$xg(x)$		$+$	0	$-$	0	$+$	

Nous en déduisons le tableau de variations de f sur $\mathbb{R}$.

x	$-\infty$		-1		0		$+\infty$
$f'(x)$		$+$	0	$-$	0	$+$	
$f(x)$		↗	$\frac{1}{2}$	↘	0	↗	

3. Pour déterminer a, b et c, réduisons au même dénominateur et comparons les deux écritures de $f(x)$.

$$f(x) = \frac{(ax+b)(x^2+1)+cx+d}{x^2+1} = \frac{ax^3+bx^2+(a+c)x+(b+d)}{x^2+1}$$

$$f(x) = ax+b+\frac{cx+d}{x^2+1} \Leftrightarrow x^3+2x^2 = ax^3+bx^2+(a+c)x+(b+d)$$

> **Deux polynômes sont égaux si et seulement si les coefficients de leurs monômes de même degré sont égaux.**

a, b et c vérifient donc le système suivant :

$$\begin{cases} a=1 \\ b=2 \\ a+c=0 \\ b+d=0 \end{cases} \Leftrightarrow \begin{cases} a=1 \\ b=2 \\ c=-1 \\ d=-2 \end{cases}$$

f peut donc s'écrire, pour tout x réel, $f(x)=x+2-\dfrac{x+2}{x^2+1}$.

4. Pour déterminer la position de $\mathscr{C}$ et $\mathscr{D}$, étudions le signe de $f(x)-(ax+b)$.

Pour calculer cette différence, utilisons la forme de f obtenue à la question précédente.

On sait que $a=1$ et $b=2$.

$$\Delta(x)=f(x)-(x+2)=x+2-\frac{x+2}{x^2+1}-(x+2)=-\frac{x+2}{x^2+1}.$$

Pour tout x réel, $x^2+1>0$ donc $\Delta(x)$ est du signe de $-(x+2)$.

$\Delta(x)\geqslant 0 \Leftrightarrow x\leqslant -2$ et $\Delta(x)\leqslant 0 \Leftrightarrow x\geqslant -2$.
Sur $]-\infty\,;-2]$, $\mathscr{C}$ est au-dessus de $\mathscr{D}$ et sur $[-2\,;+\infty[$, $\mathscr{C}$ est au-dessous de $\mathscr{D}$.

5. La tangente est parallèle à la droite d'équation $y=x+3$ si et seulement si elle a le même coefficient directeur que cette droite, c'est-à-dire 1.
Le coefficient directeur d'une tangente au point d'abscisse a est $f'(a)$. Les points cherchés ont donc une abscisse a vérifiant $f'(a)=1$.

Résolvons $f'(a)=1$.

$$f'(a)=1 \Leftrightarrow \frac{a^4+3a^2+4a}{(a^2+1)^2}=1$$
$$\Leftrightarrow a^4+3a^2+4a=(a^2+1)^2$$
$$\Leftrightarrow a^4+3a^2+4a=a^4+2a^2+1$$
$$\Leftrightarrow a^2+4a-1=0$$

Les racines de cette équation sont $a_1=\dfrac{-4-\sqrt{8}}{2}$ et $a_2=\dfrac{-4+\sqrt{8}}{2}$

soit $a_1=\dfrac{-4-2\sqrt{2}}{2}=-2-\sqrt{2}$ et $a_2=\dfrac{-4+2\sqrt{2}}{2}=-2+\sqrt{2}$.

Il existe deux points de $\mathscr{C}$ en lesquels la tangente est parallèle à la droite d'équation $y=x+3$.
Ce sont les points d'abscisses $-2-\sqrt{2}$ et $-2+\sqrt{2}$.

6. $x^3+(2-m)x^2-m=0 \Leftrightarrow x^3+2x^2-mx^2-m=0 \Leftrightarrow x^3+2x^2=m(x^2+1)$.
Comme $x^2+1\neq 0$, on peut diviser par x^2+1.
Et $x^3+(2-m)x^2+m=0 \Leftrightarrow f(x)=m$.
Résoudre cette équation revient à déterminer le nombre de points d'intersection de $\mathscr{C}$ avec des droites d'équation $y=m$ c'est-à-dire parallèles à l'axe des abscisses.

Graphiquement, on voit que :
- si $m\leqslant 0$, il n'y a qu'un point d'intersection.
- Si $m=0$, il y a deux points d'intersection O(0 ; 0) et A(− 2 ; 0).
- Si $0<m<\dfrac{1}{2}$, il y a trois points d'intersection.
- Si $m=\dfrac{1}{2}$, il y a deux points d'intersection dont le point $B\left(-1\,;\dfrac{1}{2}\right)$.
- Si $m>\dfrac{1}{2}$, il n'y a qu'un point d'intersection.

7.

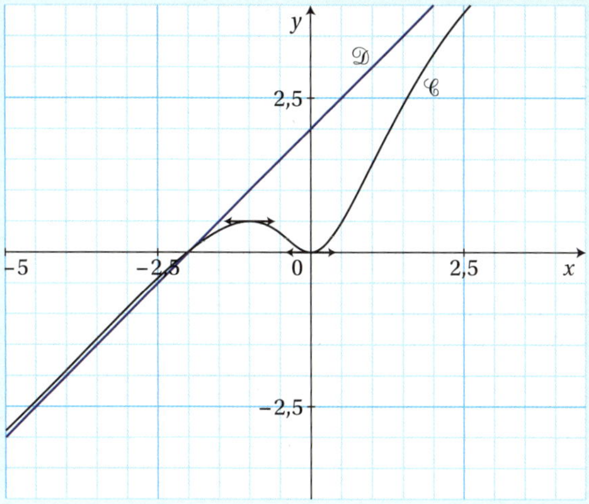

5 Suites

UNE SUITE est une fonction particulière. L'étude des suites, comme celle des fonctions, aborde deux aspects principaux : leur monotonie et leur limite éventuelle lorsque n tend vers $+\infty$. Cependant, la notion de dérivée d'une suite n'existe pas !…

1 Introduction

A Un exemple algébrique

Voici une liste de nombres entiers : 43, 47, 53, 61, 71, …
Pour construire cette liste, on suit la logique suivante :
- on obtient le premier terme en élevant 1 au carré, puis en ajoutant 1, puis 41 ;
- on obtient le deuxième terme en élevant 2 au carré, puis en ajoutant 2, puis 41 ; etc.

Autrement dit, on construit la liste à l'aide de la fonction f définie par $f(x) = x^2 + x + 41$ dont on calcule les termes $f(1), f(2), f(3)$…

Notation
Une suite se note par une lettre, par exemple u, ou bien $(u_n)_{n \in \mathbb{N}}$ qui signifie que les indices sont des nombres entiers, ou encore $(u_n)_{n \in \mathbb{N}^*}$ dans laquelle les indices sont des entiers non nuls, etc.

Au lieu d'écrire $f(1), f(2), f(3)$…, on écrit u_1, u_2, u_3…
On dit qu'on définit une suite u_n telle que $u_n = n^2 + n + 41$ pour tout $n \in \mathbb{N}^*$.

Remarque : Le premier terme de la liste est $u_1 = 43$, obtenu pour $n = 1$, c'est pourquoi on a précisé « pour tout $n \in \mathbb{N}^*$ ». On aurait aussi pu définir une suite v_n par la relation $v_n = n^2 + n + 41$, pour tout $n \in \mathbb{N}$, et dont le premier terme est v_0. Alors $v_0 = 41$.

B Une suite récurrente

Prolongeons la liste suivante : 1, 1, 2, 3, 5, 8, 13, 21 …
On observe que les deux premiers termes sont des 1 ; qu'à partir de 2, chaque nombre est égal à la somme des deux nombres qui le précèdent.
Ainsi $2 = 1 + 1$, $3 = 1 + 2$, $5 = 2 + 3$, etc.
Dans cet exemple, la liste s'obtient à partir de la suite u_n définie par $u_0 = 1$, $u_1 = 1$ et, pour tout $n \in \mathbb{N}$, $u_{n+2} = u_{n+1} + u_n$.
Alors $u_2 = u_1 + u_0 = 2$, $u_3 = u_2 + u_1 = 3$, $u_4 = u_2 + u_3 = 5$, etc.

Si n désigne un entier, alors $n - 1$ est son prédécesseur et $n + 1$ est son successeur.

Remarque
- Ici, on voit que l'indice n de u_n n'a pas de lien avec la **valeur** de u_n contrairement à l'exemple précédent.

• Les premiers termes de cette suite définie par récurrence ont leur importance. En choisissant $u_0 = 2$, $u_1 = 5$, on obtient une **autre suite**, construite sur la même logique, mais bien différente de la première : 2, 5, 7, 12, 19, 31, etc.

• Définir une suite récurrente, ou par récurrence, signifie que l'on définit un terme en fonction du précédent (récurrence du premier ordre) ou des deux précédents (récurrence du second ordre). Le premier, ou les deux premiers termes, sont alors à définir à part.

NE CONFONDEZ PAS $u_n + 1$ et u_{n+1}

- $u_n + 1$ désigne le nombre u_n auquel on a ajouté 1, on peut écrire $u_n + 1 = 1 + u_n$.
- u_{n+1} désigne le successeur de u_n.

2 Sens de variation d'une suite

A Exemples

Dans le tableau suivant sont regroupés les neuf premiers termes de trois suites distinctes u_n, v_n et w_n.

n	0	1	2	3	4	5	6	7	8
u_n	- 2	0,5	3	5,5	8	10,5	13	15,5	18
v_n	1	0,5	0,25	0,125	0,0625	0,03125	0,015625	0,0078125	0,00390625
w_n	- 1	1,5	- 2,25	3,375	- 5,0625	7,59375	- 11,390625	17,0859375	- 25,62890625

Après analyse, on est tenté de conclure que la suite u_n est croissante, v_n est décroissante et w_n n'est ni croissante ni décroissante.
Mais comment le prouver ?

B Définitions

■ Dire qu'une suite u_n est **croissante** signifie que chaque terme est inférieur ou égal à son successeur. Autrement dit, si pour tout $n \in \mathbb{N}$, $u_n \leqslant u_{n+1}$.

■ Dire qu'une suite u_n est **décroissante** signifie que chaque terme est supérieur ou égal à son successeur. Autrement dit, si pour tout $n \in \mathbb{N}$, $u_n \geqslant u_{n+1}$.

■ Dire qu'une suite u_n est **constante** signifie qu'elle est à la fois croissante et décroissante. Autrement dit, si pour tout $n \in \mathbb{N}$, $u_{n+1} = u_n$.

Remarque
On définit des suites **strictement** croissantes et **strictement** décroissantes avec des inégalités **strictes**.

VARIATIONS D'UNE SUITE

- Une suite u_n est croissante si et seulement si, pour tout $n \in \mathbb{N}$, $u_{n+1} - u_n \geqslant 0$.
- Une suite u_n est décroissante si et seulement si, pour tout $n \in \mathbb{N}$, $u_{n+1} - u_n \leqslant 0$.
- Une suite u_n est constante si et seulement si, pour tout $n \in \mathbb{N}$, $u_{n+1} - u_n = 0$.

■ Une suite **monotone** est une suite qui est soit croissante, soit décroissante.
Pour étudier la monotonie d'une suite, on cherche à examiner le signe de $u_{n+1} - u_n$. S'il est positif, la suite est croissante et s'il est négatif, la suite est décroissante.
Dans le cas d'une suite à termes **strictement positifs**, il existe un autre moyen. On examine le quotient $\frac{u_{n+1}}{u_n}$.

- Si $\frac{u_{n+1}}{u_n} \geqslant 1$, alors $u_{n+1} \geqslant u_n$ donc la suite est croissante.
- Si $\frac{u_{n+1}}{u_n} \leqslant 1$ alors $u_{n+1} \leqslant u_n$ donc la suite est décroissante.

3 Suites arithmétiques

A Introduction

Définition
Soit r un nombre réel. Dire que u_n est une **suite arithmétique de raison** r signifie que, pour tout $n \in \mathbb{N}$, on a :

$$\boldsymbol{u_{n+1} = u_n + r}$$

Autrement dit, un terme s'obtient en ajoutant un nombre fixe au terme qui le précède.

EXEMPLES
- Les nombres entiers naturels forment une suite arithmétique de raison 1, car le premier entier est 0, son successeur est 1, qui a lui-même pour successeur 2 et ainsi de suite. Dans ce cas, $u_{n+1} = u_n + 1$ et $u_0 = 0$.
- Les nombres pairs forment une suite arithmétique de raison 2, de même que les nombres impairs.

DÉMONTRER QU'UNE SUITE EST ARITHMÉTIQUE

Pour démontrer qu'une suite u_n est arithmétique, il suffit de démontrer que la différence $u_{n+1} - u_n$ est constante. En effet, cette différence est égale à la raison r de la suite.

B Propriétés des suites arithmétiques

Théorème 1

Une suite u_n est arithmétique si et seulement si il existe deux constantes a et b telles que, pour tout $n \in \mathbb{N}$, $\boldsymbol{u_n = an + b}$.
Le nombre a est alors la raison de la suite et b est le premier terme.

UNE FORMULE UTILE

u_n étant une suite arithmétique de raison r, pour tous entiers naturels p et k, $u_p = u_k + (p - k)r$.

En particulier, pour tout $n \in \mathbb{N}$, $u_n = u_0 + nr$ (formule précédente avec $p = n$ et $k = 0$).

Théorème 2

Soit u_n une suite arithmétique de raison r.
- La suite u_n est croissante si et seulement si $r \geqslant 0$.
- La suite u_n est décroissante si et seulement si $r \leqslant 0$.
- La suite u_n est constante si et seulement si $r = 0$.

Démonstration

Pour tout $n \in \mathbb{N}$, $u_{n+1} - u_n = r$. Le théorème résulte alors de la définition d'une suite monotone.

C Somme de termes consécutifs d'une suite arithmétique

On sait que les nombres entiers naturels non nuls forment une suite arithmétique de raison 1. Cherchons à calculer la somme $S = 1 + 2... + (n - 1) + n$.

Écrivons cette somme de deux façons :

$$\begin{cases} S = 1 + 2 + \ldots + (n-1) + n \\ S = n + (n-1) + \ldots + 2 + 1 \end{cases}$$

En additionnant les deux égalités, on obtient :
$2S = (1 + n) + [2 + (n - 1)] + \ldots + [(n - 1) + 2] + (n + 1)$
ou encore :
$2S = (1 + n) + (1 + n) + \ldots + (1 + n)$
Par conséquent, la somme $2S$ est composée de n termes tous égaux à $(n + 1)$, donc $2S = n(n + 1)$.
Finalement :

$$\boldsymbol{S = \frac{n(n+1)}{2}}$$

On peut aussi démontrer que la somme de termes consécutifs d'une suite arithmétique dont le premier est P et le dernier est D est égale à :

$$\frac{(\boldsymbol{P} + \boldsymbol{D}) \times \textbf{nombre de termes}}{\textbf{2}}$$

4 Suites géométriques

A Introduction

Définition
Soit q un nombre réel différent de 0. Dire que u_n est une **suite géométrique de raison q** signifie que, pour tout $n \in \mathbb{N}$, on a $\boldsymbol{u_{n+1} = qu_n}$.
Autrement dit, un terme s'obtient en multipliant le terme précédent par un nombre fixe.

EXEMPLES
- Les nombres 1, $-\frac{1}{2}, \frac{1}{4}, -\frac{1}{8}, \frac{1}{16}$, ... forment une suite géométrique de raison $-\frac{1}{2}$ et de premier terme 1.
- Les nombres 1, 3, 9, 27, 81, 243, 729,... forment une suite géométrique de raison 3.

Remarque : Comme pour les suites arithmétiques, il est nécessaire de fixer le premier terme d'une suite géométrique pour la définir sans ambiguïté. Autrement dit, la raison ne suffit pas.

DÉMONTRER QU'UNE SUITE EST GÉOMÉTRIQUE

Pour démontrer qu'une suite u_n est géométrique, il suffit de calculer le rapport $\frac{u_{n+1}}{u_n}$ et de montrer qu'il est constant.

Cette constante est égale à la raison q de la suite.

B Propriétés des suites géométriques

Théorème 1
Une suite u_n est géométrique si et seulement si il existe une constante $a \neq 0$ et une constante b telles que, pour tout $n \in \mathbb{N}$, $\boldsymbol{u_n = ba^n}$.
Le nombre a est alors la raison de la suite et b le premier terme.

Théorème 2
Soit u_n une suite géométrique de raison q.
- La suite u_n est monotone si et seulement si $q > 0$.
- Elle est croissante si et seulement si ($q > 1$ et $u_0 > 0$) ou ($0 < q < 1$ et $u_0 < 0$).
- Elle est décroissante si et seulement si ($q > 1$ et $u_0 < 0$) ou ($0 < q < 1$ et $u_0 > 0$).

UNE FORMULE UTILE

On peut aussi démontrer que u_n étant une suite géométrique de raison q alors pour tous entiers naturels p et k, on a :

$$u_p = u_k q^{p-k}$$

En particulier, pour tout $n \in \mathbb{N}$, $u_n = u_0 q^n$ (formule précédente avec $p = n$ et $k = 0$).

C Somme de termes consécutifs d'une suite géométrique

Soit un nombre $q \neq 0$ et $q \neq 1$, on cherche à calculer la somme suivante :

$$S = 1 + q + q^2 + q^3 + \dots q^n$$

Pour cela, calculons qS. $qS = q + q^2 + q^3 + q^4 + \dots + q^{n+1}$.
On remarque que le terme précédant q^{n+1} est q^n.
Alors $S - qS = 1 - q^{n+1}$, ce qui est équivalent à $S(1 - q) = 1 - q^{n+1}$.

On trouve alors :

$$\boldsymbol{S = \frac{1 - q^{n+1}}{1 - q}}$$

Remarque

La somme S contient $n + 1$ termes, c'est pourquoi l'exposant de q est précisément $n + 1$.
On peut démontrer que la somme de termes consécutifs d'une suite géométrique de premier terme P et de raison q ($q \neq 1$) est égale à :

$$P\frac{(1 - q^{\text{nombre de termes}})}{1 - q}$$

Exercice résolu : Déterminer la monotonie d'une suite

ÉNONCÉ

Étudier la monotonie des suites u_n définies ci-dessous.

1. Pout tout $n \in \mathbb{N}$, $u_n = 1 - 2^n$.

2. Pout tout $n \in \mathbb{N}^*$, $u_n = \dfrac{2^n}{n}$.

3. Pour tout $n \in \mathbb{N}$, $u_n = -2 \times \left(\dfrac{1}{5}\right)^n$.

4. Pour tout $n \in \mathbb{N}$, $u_n = n^2 + 1$.

MÉTHODE

Pour étudier la monotonie d'une suite u_n, on peut

- trouver le signe de $u_{n+1} - u_n$
- comparer $\dfrac{u_{n+1}}{u_n}$ et 1 si $u_n > 0$
- utiliser les théorèmes relatifs aux suites arithmétiques et géométriques
- utiliser les variations de f si $u_n = f(n)$

CORRIGÉ

1. Pour tout $n \in \mathbb{N}$, $u_{n+1} - u_n = 1 - 2^{n+1} - 1 + 2^n = -2^{n+1} + 2^n = 2^n(-2+1) = -2^n$.

Il en résulte que $u_{n+1} - u_n < 0$ et donc u_n est strictement décroissante.

2. Pour tout $n \in \mathbb{N}$,

$$\frac{u_{n+1}}{u_n} = \frac{\dfrac{2^{n+1}}{n+1}}{\dfrac{2^n}{n}} = \frac{2^{n+1}}{n+1} \times \frac{n}{2^n} = \frac{2n}{n+1}$$

Or, pour tout $n \geqslant 1$, $n + n \geqslant 1 + n$, donc $2n \geqslant n+1$ donc $\dfrac{2n}{n+1} \geqslant 1$.

D'où $\dfrac{u_{n+1}}{u_n} \geqslant 1$.

Puisque u_n est strictement positif, on en déduit que $u_{n+1} \geqslant u_n$, ce qui prouve que la suite u_n est croissante.

3. Puisque u_n est de la forme ba^n (avec $b = -2$ et $a = \dfrac{1}{5}$), on en déduit que u_n est une suite géométrique de raison $\dfrac{1}{5}$.

On sait que cette suite est monotone puisque $a > 0$.

Puisque $u_0 = -2$ et $u_1 = -\dfrac{2}{5}$, $u_0 < u_1$, ce qui prouve que la suite u_n est croissante.

4. On sait que la fonction f définie sur $[0\,;+\infty[$ par $f(x) = x^2 + 1$ est croissante. Puisque $u_n = f(n)$ et $n \in [0\,;+\infty[$, la suite u_n est croissante.

5 Notion de limite d'une suite

■ Lorsque n prend des valeurs de plus en plus grandes, que devient u_n ? Se poser cette question revient à se demander quelle est la limite de u_n lorsque n tend vers $+\infty$.

Plus précisément :

• existe-t-il un nombre ℓ vers lequel u_n s'approche aussi près que l'on veut lorsque n tend vers $+\infty$?

Dans le cas où ce nombre existe, on dit que ℓ est la limite de u_n lorsque n tend vers $+\infty$.

• lorsque n tend vers $+\infty$, la suite u_n prend-elle des valeurs arbitrairement grandes ? Si c'est le cas, on dit que la limite de u_n quand n tend vers $+\infty$ est égale à $+\infty$.

• lorsque n tend vers $+\infty$, la suite u_n prend-elle des valeurs arbitrairement grandes (en valeur absolue) et négatives ? Si c'est le cas, on dit que la limite de u_n quand n tend vers $+\infty$ est égale à $-\infty$.

■ En classe de 1re S, on cherche une réponse expérimentale à ces questions. La solution sera donc déterminée par des calculs effectués à la main, avec un tableur ou une calculatrice, ou à l'aide d'un graphique.

EXEMPLES

Lorsque n tend vers $+\infty$,

• la suite u_n définie par $u_n = n^2 + 1$ tend vers $+\infty$; on écrit $\lim\limits_{n \to +\infty} u_n = +\infty$;

• la suite v_n définie par $v_n = -n + 3$ tend vers $-\infty$; on écrit $\lim\limits_{n \to +\infty} v_n = -\infty$;

• la suite w_n définie par $w_n = \dfrac{1}{n}$ tend vers 0 ; on écrit $\lim\limits_{n \to +\infty} w_n = 0$.

EXERCICE DE SYNTHÈSE

Soit $(u_n)_{\mathbb{N}}$ la suite définie par $u_0 = 2$ et $u_{n+1} = \frac{4}{5}u_n - 3$ pour tout n de $\mathbb{N}$.

1. a. Donner des valeurs à 10^{-1} près des termes de la suite lorsque $n \in \{1; 2; 3; 4; 5\}$.

> On pourra s'aider de la fonction $f : x \mapsto \frac{4}{5}x - 3$.

b. La suite est-elle arithmétique ? géométrique ? Pourquoi ?

2. Pour tout n de $\mathbb{N}$, posons $v_n = u_n + 15$.

a. Exprimer v_{n+1} en fonction de v_n.

b. Quelle est la nature de la suite $(v_n)_{\mathbb{N}}$?

3. a. Exprimer v_n en fonction de n.

b. En déduire l'expression de u_n en fonction de n.

CORRIGÉ

On peut écrire $u_{n+1} = f(u_n)$ avec $f(x) = \frac{4}{5}x - 3$.

On peut donc programmer cette fonction.

1. a. Le tableau suivant résume les calculs.

n	0	1	2	3	4	5
u_n	2	- 1,4	- 4,1	- 6,3	- 8,0	- 9,4

b. En réalité, $u_2 = -4{,}12$. Nous constatons donc que $u_1 - u_0 \neq u_2 - u_1$ et $\frac{u_1}{u_0} \neq \frac{u_2}{u_1}$.

Nous en concluons que la suite n'est ni arithmétique, ni géométrique.

2. a. Pour tout $n \in \mathbb{N}$, $v_{n+1} = u_{n+1} + 15$

> $u_n = v_n - 15$

donc $v_{n+1} = \frac{4}{5}u_n - 3 + 15 = \frac{4}{5}(v_n - 15) + 12 = \frac{4}{5}v_n - \frac{60}{5} + 12 = \frac{4}{5}v_n$.

b. Puisque $v_0 = u_0 + 15$, la suite $(v_n)_{\mathbb{N}}$ est une suite géométrique de premier terme 17 et de raison $\frac{4}{5}$.

3. a. Pour tout entier n de $\mathbb{N}$, $v_n = v_0\left(\frac{4}{5}\right)^n$ c'est-à-dire $v_n = 17 \times \left(\frac{4}{5}\right)^n$.

b. Comme $u_n = v_n - 15$, nous avons $u_n = 17 \times \left(\frac{4}{5}\right)^n - 15$.

6 Statistiques

En statistiques, on travaille en général avec un grand nombre de données qui ne sont pas aisées à manipuler. Pour tirer les conclusions des études réalisées, il faut calculer quelques valeurs qui vont permettre d'analyser les données.

1 Moyenne, variance et écart-type

A Série statistique

■ On appelle **série statistique** la donnée de deux grandeurs, par exemple les notes obtenues à un devoir et le nombre d'élèves ayant obtenu les différentes notes.
On appelle ainsi **série statistique** la donnée des valeurs d'un **caractère étudié** et celle des **effectifs correspondants**.

EXEMPLE
Lorsque l'on relève les notes obtenues à un devoir et le nombre d'élèves ayant obtenu ces différentes notes :
- le caractère étudié est la note obtenue au devoir ;
- les valeurs de ce caractère sont les valeurs des notes ;
- l'effectif de chaque note est le nombre d'élèves ayant obtenu cette note.

■ On présente souvent une série statistique sous forme de tableau.

Valeur de caractère	x_1	x_2	...	x_p
Effectif	n_1	n_2	...	n_p
Fréquence	f_1	f_2	...	f_p

Dans ce tableau, x_i représente les valeurs du caractère étudié (les notes, par exemple), n_i représente l'effectif correspondant à la valeur de x_i (le nombre d'élèves par exemple) et f_i la fréquence ($f_i = \frac{n_i}{N}$ où $N = n_1 + n_2 + ... + n_p$ est l'effectif total).

B Moyenne

■ On appelle **moyenne** d'une série statistique le réel noté $\overline{x}$ et défini par :

$$\overline{x} = \frac{n_1 x_1 + n_2 x_2 + \ldots + n_p x_p}{n_1 + n_2 + \ldots + n_p}$$

On note $\sum_{i=1}^{i=p} n_i x_i = n_1 x_1 + n_2 x_2 + \ldots + n_p x_p$ et $n_1 + n_2 + \ldots + n_p = \sum_{i=1}^{i=p} n_i = N$.

La moyenne s'écrit alors :

$$\overline{x} = \frac{\sum_{i=1}^{i=p} n_i x_i}{N}$$

■ On peut encore écrire cette définition en utilisant les fréquences :

$$\overline{x} = f_1 x_1 + f_2 x_2 + \ldots + f_p x_p = \sum_{i=1}^{i=p} f_i x_i$$

Si les valeurs de la série sont regroupées en classes (intervalles), les valeurs de x_i sont remplacées par les centres des classes.
La moyenne est une **variable de position**.

> **Les variables de position prennent des valeurs numériques qui « résument » une série statistique en caractérisant l'ordre de grandeur des données. Les variables de position permettent de situer la position de plusieurs séries et de les comparer.**

C Variance

Soient $(x_1 ; x_2 ; \ldots ; x_p)$ les valeurs du caractère d'une série statistique dont les effectifs correspondants sont $(n_1 ; n_2 ; \ldots ; n_p)$.
On note $\overline{x}$ la moyenne de cette série.

■ On appelle **variance** de cette série le réel positif noté $V(x)$ et défini par :

$$V(x) = \frac{n_1(x_1 - \overline{x})^2 + n_2(x_2 - \overline{x})^2 + \ldots + n_p(x_p - \overline{x})^2}{n_1 + n_2 + \ldots + n_p}$$

Ce qui s'écrit aussi $V(x) = \dfrac{\sum_{i=1}^{i=p} n_i (x_i - \overline{x})^2}{\sum_{i=1}^{i=p} n_i} = \sum_{i=1}^{i=p} f_i (x_i - \overline{x})^2$.

> **On peut remarquer que la variance est la moyenne arithmétique de $((x_1 - \overline{x})^2 ; (x_2 - \overline{x})^2 ; \ldots ; (x_p - \overline{x})^2)$.**

■ On peut démontrer que :

$$V(x) = \frac{1}{\sum_{i=1}^{i=p} n_i} \left(\sum_{i=1}^{i=p} n_i x_i^2 \right) - \overline{x}^2$$

Remarque

On peut également donner une autre définition de la variance :

$$V(x) = \sum_{i=1}^{i=p} f_i (x_i - \overline{x})^2 = \sum_{i=1}^{i=p} f_i x_i^2 - \overline{x}^2$$

D Écart-type

On appelle **écart-type** de la série statistique précédente le réel positif noté σ et défini par :

$$\sigma(x) = \sqrt{V(x)}$$

Les calculatrices utilisent la notation σx (TI) et xσ (Casio).

L'écart-type et la variance sont des **variables de dispersion**. Elles mesurent la **dispersion** des valeurs autour de la moyenne : plus l'écart-type est petit, plus les valeurs du caractère sont rassemblées autour de la moyenne.

V et σ apportent donc des renseignements sur l'« étalement » de la série statistique.

Les variables de position ne suffisent pas pour « décrire » de façon synthétique une série statistique. On peut rencontrer des courbes (n_i ; x_i) qui ont des variables de position très proches, mais dont la forme ou la dispersion est très différente. D'où l'intérêt de calculer des variables de dispersion.

EXEMPLE

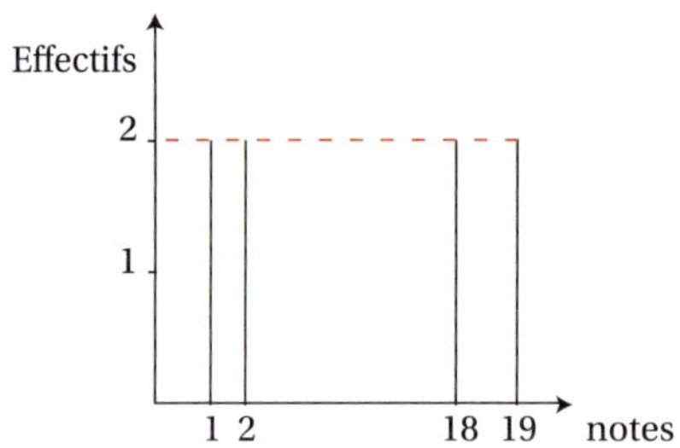

$\bar{x} = 10$

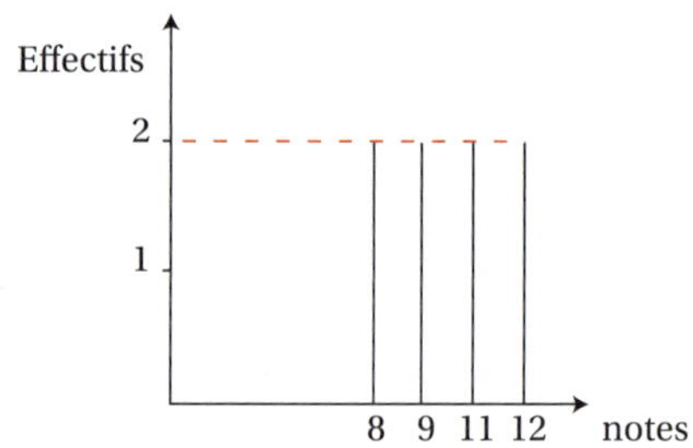

$\bar{x} = 10$

Les notes ne sont pas réparties de la même façon.

2 Médiane et quartiles

A Définitions

■ On considère une série statistique dont les N valeurs sont rangées dans **l'ordre croissant.**

La médiane est la « valeur » qui est « au milieu » de la série.

- **Si N est pair** ($N = 2k$), la **médiane** de la série est la demi-somme des termes de rangs k et $k + 1$.
- **Si N est impair** ($N = 2k + 1$), la **médiane** de la série est la valeur du caractère de rang $k + 1$.

La médiane est souvent notée Me.

■ Le **premier quartile** noté Q_1 est la plus petite valeur du caractère tel qu'au moins 25 % des données soient inférieures ou égales à ce nombre Q_1.

■ Le **troisième quartile** noté Q_3 est la plus petite valeur du caractère tel qu'au moins 75 % des données soient inférieures ou égales à ce nombre Q_3.

- $Q_3 - Q_1$ est appelé **écart interquartile**.
- $[Q_1 ; Q_3]$ est appelé **intervalle interquartile**.

UTILISER LA CALCULATRICE

On peut calculer tous les paramètres définis dans ce cours en utilisant une calculatrice. Pour cela, il suffit d'entrer les valeurs du caractère de la série étudiée et celles des effectifs.

On efface toujours toutes les données précédentes qui auraient pu être stockées dans les listes avant de démarrer un nouvel exercice, et on vérifie avec la touche « effectif ».

Avec les TI

On se place en STAT puis EDIT (1.edit...) ENTER.
On entre ensuite les x_i dans la liste L1 et les n_i dans la liste L2.

On obtient alors tous les résultats en tapant STAT CALC 1:1 Var Stats.
ENTER L1 , L2 ENTER

Tous les résultats s'affichent : moyenne, effectif total, Q_1 ... , écart-type (σx).

Avec les Casio

MENU STAT EXE

On entre les valeurs de x_i dans la liste List1 et les effectifs n_i dans la liste List2.

On tape CALC set pour choisir les listes et 1VAR pour obtenir les résultats.

Tous les résultats s'affichent : moyenne, effectif total, Q_1 ... , écart-type (xσ).

Exercice résolu : Calculer la médiane et les quartiles d'une série

ÉNONCÉ

On considère la série des 20 notes obtenues par les élèves d'une classe à un devoir :

9 - 13 - 8 - 8,5 - 10,5 - 8,5 - 8 - 11 - 14 - 15 - 8,5 - 12,5 - 10,5 - 9 - 10 - 11 - 7 - 12 - 7 - 9

Déterminer la médiane, le premier et le troisième quartiles de cette série.

MÉTHODE

- Pour déterminer la médiane et les quartiles d'une série, on commence par ranger les N valeurs du caractère dans l'ordre croissant.
- On les regroupe dans un tableau en faisant apparaître les effectifs correspondant à chaque note et les effectifs cumulés croissants.
- On applique ensuite les résultats du cours (paragraphes 2. A et 2. B).

CORRIGÉ

■ Rangeons les notes dans l'ordre croissant en faisant apparaître les effectifs et les effectifs cumulés croissants :

Notes	7	8	8,5	9	10	10,5	11	12	12,5	13	14	15
Effectif	2	2	3	3	1	2	2	1	1	1	1	1
Eff. cumulés	2	4	7	10	11	13	15	16	17	18	19	20

■ La série comporte 20 valeurs. 20 est un nombre pair, la médiane est donc la moyenne entre la 10ᵉ et la 11ᵉ valeur du caractère.

En observant la dernière ligne du tableau, on voit que la 10ᵉ valeur du caractère est 9 et la 11ᵉ valeur est 10. La médiane est donc :

$$\text{Me} = \frac{9+10}{2} = 9{,}5$$

■ Pour calculer le premier quartile Q_1, il faut prendre le quart de 20, c'est-à-dire 5. Il faut donc trouver 5 notes qui soient inférieures ou égales à Q_1.

La cinquième note est 8,5 donc $Q_1 = 8{,}5$.

■ Pour calculer le troisième quartile, il faut prendre les trois quarts de 20, c'est-à-dire 15. Il faut donc trouver 15 notes qui soient inférieures ou égales à Q_3.

La quinzième note est 11 donc $Q_3 = 11$.

On a donc Me = 9,5, $Q_1 = 8{,}5$ et $Q_3 = 11$.

B Diagrammes en boîte à moustaches

■ Un **diagramme en boîte à moustaches** est une représentation graphique d'une série statistique construit à l'aide de quelques paramètres. Il permet de comparer différentes séries selon leurs variables de position et de dispersion.

■ Pour cela, on construit un rectangle au-dessus d'un axe gradué et délimité par le premier quartile et le troisième quartile.
On obtient le diagramme en boîte à moustaches en ajoutant le minimum et le maximum de la série.
On joint ensuite Q_1 au minimum et Q_3 au maximum.

EXEMPLE

Si pour une série statistique, $Q_1 = 2$, $Q_3 = 6$, les valeurs minimale et maximale sont respectivement 1 et 8, on obtient le diagramme en boîte à moustaches suivant.
Le réel a qui apparaît est la médiane.

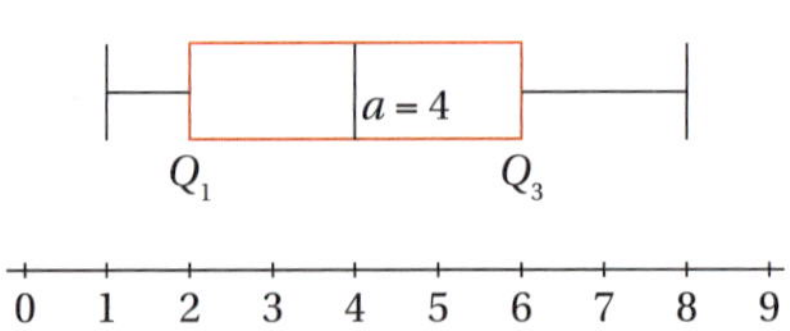

Remarque

La médiane est toujours « au centre » du rectangle.

Exercice résolu : Construire un diagramme en boîte à moustaches

ÉNONCÉ

Construire le diagramme en boîte de la série précédente :

9 - 13 - 8 - 8,5 - 10,5 - 8,5 - 8 - 11 - 14 - 15 - 8,5 - 12,5 - 10,5 - 9 - 10 - 11 - 7 - 12 - 7 - 9

MÉTHODE

- On trace un axe gradué sur lequel on peut placer les valeurs maximale et minimale de la série.
- On place ensuite les quartiles Q_1 et Q_3.
- Puis on trace un rectangle d'extrémités Q_1 et Q_3.

CORRIGÉ

Les quartiles ont été calculés dans l'exercice résolu précédent.

Les valeurs maximale et minimale de la série sont 7 et 15.

On gradue donc un axe de 7 à 15 puis on place Q_1 et Q_3.

$a = 9,5$ représente la médiane.

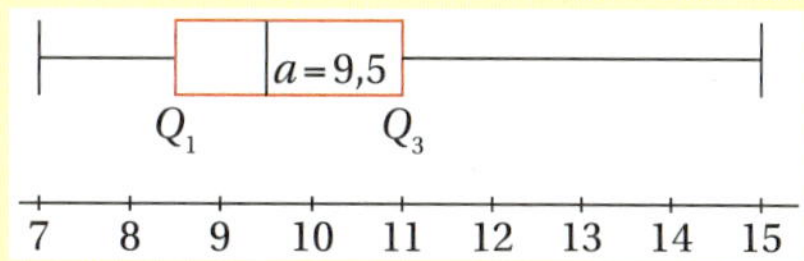

EXERCICE DE SYNTHÈSE

Deux groupes A et B de 20 élèves ont obtenu les notes sur 10 suivantes, lors d'un même QCM.

Notes	0	1	2	3	4	5	6	7	8	9	10
A	0	1	1	0	1	2	2	3	4	4	2
B	1	1	1	0	1	3	1	1	6	5	0

On demande au professeur quel est son meilleur groupe.

1. Calculer la moyenne m, la médiane Me, l'écart-type ς et l'écart interquartile I de ces deux séries de notes.

2. Donner, dans chaque cas, les critères privilégiés par le professeur et indiquer quel sera son classement s'il considère que le meilleur groupe est :

a. celui dont la moyenne est la plus forte ;

b. celui dont la médiane est la plus élevée ;

c. celui dont l'écart-type est le plus faible ;

d. celui dont l'écart interquartile est le plus grand.

3. Donner et motiver votre classement en comparant :

a. les couples (m, τ) des deux séries

b. les couples (Me, I) des deux séries.

CORRIGÉ

1. Déterminons la moyenne des séries A et B :

$$m_A = \frac{0 \times 1 + ... + 10 \times 2}{20} = 6{,}9 \text{ et } m_B = \frac{0 \times 1 + ... + 10 \times 0}{20} = 6{,}4$$

L'effectif étant pair, la médiane s'obtient en faisant la moyenne des notes de rangs 10 et 11 de la série.

• Dans le groupe A, la note de rang 10 est 7 et celle de rang 11 est 8 également, la médiane est donc $\text{Me} = \frac{7+8}{2} = 7{,}5$.

• Dans le groupe B, la note de rang 10 est 8 celle de rang 11 également donc la médiane est 8.

L'écart-type peut se calculer en utilisant la formule du cours, la calculatrice ou même un tableur.

Pour calculer l'écart-type en utilisant la calculatrice, il suffit de se placer en mode STAT, de sélectionner une première liste dans laquelle on entre les différentes valeurs de x_i, puis une seconde liste dans laquelle on met les effectifs correspondant. Ces deux listes étant remplies, on se place en mode CALC dans le menu statistiques puis on choisit 1VAR. On valide et on voit apparaître les résultats souhaités.

La calculatrice affiche $\tau = 2{,}42$ comme écart-type pour le groupe A et $\varsigma = 2{,}74$ pour le groupe B.

• Pour la série A, le premier quartile est 5 et le troisième est 9, l'écart interquartile I est donc 4.

• Pour la série B, le premier quartile est 5 et le troisième est 8, l'écart interquartile I est donc 3.

Ces résultats sont directement affichés par la calculatrice à partir du moment où les listes sont données.

2. a. Dans ce cas, le meilleur groupe est le groupe A.

b. Dans ce cas, le meilleur groupe est le groupe B.

c. Dans ce cas, le meilleur groupe est le groupe B.

d. Dans ce cas, le meilleur groupe est le groupe A.

3. a. Les deux séries ont un écart-type proche donc le meilleur groupe est celui ayant la meilleure moyenne, c'est-à-dire le groupe A.

b. Le groupe A possède 15 élèves dans l'intervalle interquartile, le groupe A est plus homogène que le groupe B. Cependant la médiane étant confondue avec le troisième quartile, le groupe B est meilleur. (Si la médiane est confondue avec le 3e quartile, cela signifie que la moitié des élèves ont une note supérieure au 3e quartile, le groupe est donc meilleur).

7 Probabilités

QUELLE CHANCE a-t-on d'obtenir un 3 lors du lancer d'un dé ? Combien de points un élève peut-il espérer gagner s'il répond au hasard aux questions d'un QCM ? Ce sont les probabilités qui se cachent dans les réponses à ces questions.

1 Variables aléatoires

A Introduction

Lorsqu'on effectue une expérience aléatoire, il existe plusieurs manières d'en étudier les issues.

Une issue d'une expérience aléatoire est un des résultats possibles de cette expérience.

EXEMPLE : Lorsqu'on jette deux dés, on peut examiner par exemple la somme des points marqués, ou encore le chiffre le plus élevé sorti…
La somme des points, notée S, est un nombre entier compris entre 2 et 12. Le chiffre le plus élevé sorti, noté M, est un nombre entier compris entre 1 et 6.
On définit ainsi ce que l'on appelle deux **variables aléatoires**, notées S et M. Elles sont liées au lancer des deux dés.
Interrogeons-nous sur la probabilité que S prenne la valeur k, k étant un entier compris entre 2 et 12, et que M prenne la valeur h, h étant un entier compris entre 1 et 6. On note ces probabilités $p(S = k)$ et $p(M = h)$. On dit alors que l'on cherche la **loi de probabilité** de S et de M.

B Définitions – Loi de probabilité

On considère une expérience aléatoire dont l'univers des possibles (ou des issues) est noté Ω.

Définitions

- Une **variable aléatoire** est une application de Ω dans $\mathbb{R}$. On note en abrégé v.a.
- X est une v.a. de Bernoulli signifie que son univers est composé de deux éléments et qu'elle ne prend que les valeurs 1 et 0.

EXEMPLES

1. L'univers lié au lancer de deux dés est formé des couples $(a\,;b)$ où a est le numéro porté par le premier dé et b le numéro porté par le second. Avec les notations précédentes : $S((2\,;3)) = 5$; car $2 + 3 = 5$; $S((6\,;1)) = 7$ car $6 + 1 = 7$ etc.
De même, $M((2\,;1)) = 2$ car 2 est plus grand que 1 et $M((3\,;5)) = 5$ car 5 est plus grand que 3.

2. On jette une pièce de monnaie. On définit une v.a. de Bernoulli X en associant 1 à « pile » et 0 à « face ». X(« pile ») = 1 et X(« face ») = 0.

Définition

La **loi de probabilité** d'une v.a. X est une application f de $\mathbb{R}$ dans $\mathbb{R}$. À tout x de $\mathbb{R}$, elle associe $p(X=x)$. Donc :

$$\boldsymbol{f(x) = p(X = x)}$$

EXEMPLES

1. Dans le cas du lancer des deux dés, $p(S=3)=\frac{2}{36}=\frac{1}{12}$ car la probabilité que la somme des deux dés soit égale à 3 est la somme des probabilités pour que l'on ait (1 ; 2) ou (2 ; 1), soit $\frac{1}{36}+\frac{1}{36}$.

2. On a également $p(M=3)=\frac{5}{36}$. En effet, l'événement $M=3$ signifie que le chiffre le plus élevé sorti est le 3. Donc $(M=3)=(1\,;3)\cup(2\,;3)\cup(3\,;3)\cup(3\,;2)\cup(3\,;1)$. Par conséquent, $p(M=3)=5\times\frac{1}{36}$.

Remarque

Pour tout $x \notin \{2\,;3\,;4\,;5\,;6\,;\ldots\,;12\}$, $p(S=x)=0$. En effet, S ne prenant que les valeurs entières de 2 à 12, il est impossible que l'on ait par exemple $S=0{,}2$ ou $S=-3$ ou $S=\sqrt{2}$ etc. De même, $p(M=x)$ est presque toujours égale à 0.

DÉFINIR LA LOI DE PROBABILITÉ D'UNE VARIABLE ALÉATOIRE

Pour définir la loi de probabilité d'une v.a. X, il suffit d'en dresser un tableau de valeurs.

x	x_1	x_2	…	x_n
$p(X=x)$	p_1	p_2	…	p_n

On doit avoir :

$$\sum_{k=1}^{n} p_k = p_1 + p_2 + \cdots + p_n = 1 \text{ et } p_k \geqslant 0 \text{ pour tout } k \in \{0, 1, \ldots, n\}$$

EXEMPLE : La loi de probabilité d'une v.a. X de Bernoulli est caractérisée par le tableau suivant où p est un nombre de $[0\,;1]$:

x	1	0
$p(X=x)$	p	$1-p$

C Espérance, variance et écart-type

1. Définitions

Soit X une v.a. dont les valeurs sont $x_1, x_2, \ldots, x_n$. Pour tout $k \in \{1\,;2\,;\ldots\,;n\}$, on note $p_k = p(X=x_k)$.

- L'**espérance** de X est le nombre $E(X)$ ainsi défini :

$$\boldsymbol{E(X)=\sum_{k=1}^{n} x_k p_k = x_1p_1 + x_2p_2 + \ldots + x_np_n}$$

- La **variance** de X est le nombre $V(X)$ ainsi défini :

$$V(X)=\sum_{k=1}^{n}(x_k-E(X))^2\ p_k=(x_1-E(X))^2\ p_1+(x_2-E(X))^2\,p_2+\ldots+(x_n-E(X))^2\ p_n$$

- **L'écart-type** de X est le nombre $\sigma(X)$ (lire « sigma de X ») ainsi défini :

$$\boldsymbol{\sigma(X)=\sqrt{V(X)}}$$

Remarques

1. Pour calculer la variance d'une v.a., il est nécessaire d'en avoir calculé l'espérance au préalable.

2. La variance d'une v.a. X est un nombre positif. C'est pourquoi il est toujours possible de calculer l'écart-type de X.

3. On peut démontrer que $V(X)=\sum_{k=1}^{n}x_k^2p_k-E(X)^2$.

Si on note X^2 la v.a. prenant les valeurs $x_1^2, x_2^2, \ldots, x_n^2$ et si on pose $\sum_{k=1}^{n}x_k^2p_k=E(X^2)$, l'égalité de la variance s'écrit alors : $V(X)=E(X^2)-(E(X))^2$.
Notez bien que le premier terme est l'espérance du carré de X^2 alors que le second est le carré de l'espérance de X.

> **L'espérance d'une v.a. s'appelle aussi sa moyenne. C'est pourquoi on note parfois $\overline{X}$ (lire « X barre ») l'espérance de X.**

EXEMPLE
Si X est une v.a. de Bernoulli alors $E(X)=p$
et $V(X)=pq$ (en posant $q=1-p$, c'est facile à retenir).

2. Propriétés

Théorème

Soient X une v.a., a et b deux réels. Alors :

$$\boldsymbol{E(aX+b)=aE(X)+b} \text{ et } \boldsymbol{V(aX+b)=a^2V(X)}$$

Démonstration

Soient $x_1, x_2, \ldots, x_n$ les valeurs prises par X. Alors la v.a. $Y=aX+b$ prend les valeurs $y_1, y_2, \ldots, y_n$ respectivement égales à $ax_1+b, ax_2+b, \ldots, ax_n+b$. Par conséquent :

$$E(Y)=y_1q_1+y_2q_2+\ldots+y_nq_n=\sum_{k=1}^{n}y_kq_k$$

où $q_k=p(Y=y_k)$. D'autre part, $p(Y=y_k)=p(X=x_k)$ donc :

$$E(Y)=\sum_{k=1}^{n}(ax_k+b)p_k=\sum_{k=1}^{n}(ax_kp_k+bp_k)=a\sum_{k=1}^{n}x_kp_k+b\sum_{k=1}^{n}p_k=aE(X)+b$$

En effet, $\sum_{k=1}^{n}p_k=1$.

Remarque

Puisque $V(aX+b)=a^2V(X)$, on trouve :

$$\sigma(aX+b)=\sqrt{V(aX+b)}=\sqrt{a^2V(X)}=|a|\sqrt{V(X)}$$

Donc $\sigma(aX+b)=|a|\sigma(X)$.

> **Si $a\geqslant 0$, alors $\sigma(aX+b)=a\sigma(X)$ et si $a\leqslant 0$ alors $\sigma(aX+b)=-a\sigma(X)$.**

2 Loi binomiale

A De quoi s'agit-il ?

Une urne contient 6 boules blanches (notées B) et 4 boules noires (notées N). On prélève une boule de l'urne, on note sa couleur, *on la remet dans l'urne.* On effectue un nouveau tirage, on note la couleur de la deuxième boule, *on la remet dans l'urne* etc. On effectue ainsi 25 tirages, appelés tirages *avec remise.*

Soit X la v.a. qui comptabilise le nombre de boules blanches tirées au cours de ces 25 tirages *avec remise.* On cherche à déterminer la loi de probabilité de X. Autrement dit, on veut connaître $p(X = k)$ pour tout $k \in \{0 ; 1 ; 2 ; 3 ; \dots ; 25\}$.

PREMIÈRES OBSERVATIONS

À chaque tirage, la probabilité de tirer une boule blanche est la même : $\frac{6}{10}$.

Si par exemple on dit $X = 12$, cela signifie que l'on a tiré 12 boules blanches ; mais on ne sait pas dans quel ordre on les a tirées.

Pour résoudre ce problème, on a besoin de deux outils : le principe multiplicatif et les coefficients binomiaux.

B Le principe multiplicatif

Énoncé

Considérons une expérience aléatoire à deux issues : succès (S) et échec (E). Supposons que la probabilité du succès soit égale à p. Répétons cette expérience n fois, chacune des répétitions étant indépendantes de chacune des autres.

La probabilité $p(X = k)$ d'obtenir k succès *dans un ordre déterminé* est égale à :

$$\boldsymbol{p^k(1 - p)^{n - k}}$$

En effet, la probabilité d'un échec est égale à $1 - p$ et s'il y a k succès, il y a $n - k$ échecs.

Remarques

1. Cette expérience aléatoire est une succession de n épreuves de Bernoulli identiques et indépendantes.

Voir l'exercice résolu p. 56.

2. On peut généraliser le principe multiplicatif à une répétition d'épreuves identiques et indépendantes à 3 issues et davantage.

EXEMPLE

Dans l'urne contenant 6 boules blanches et 4 boules noires, prélevons cinq fois, au hasard et *avec remise*, une boule et notons sa couleur. La probabilité d'obtenir le tirage BNBBN (Blanc au tirage 1, Noir au tirage 2 etc.) est égale à $0{,}6^3 \times 0{,}4^2$. Ici un succès est l'obtention d'une boule blanche dont la probabilité est égale à $\frac{6}{10}$.

Exercice résolu : Calculer l'espérance et la variance d'une variable aléatoire

ÉNONCÉ

Un joueur habile lance des fléchettes sur une cible qu'il touche à tous les coups. La cible comporte quatre zones : une à 10 points que le joueur atteint 15 fois sur cent, une autre à 5 points qu'il atteint 33 fois sur cent, une zone à 1 point, atteinte 45 fois sur cent et une zone à 0 point.

1. Quelle est la probabilité pour que le joueur atteigne la zone à 0 point ?

2. Le joueur lance une fléchette. Soit X la v.a. égale au nombre de points obtenus. Calculer l'espérance et la variance de X ainsi que son écart-type.

3. Le joueur lance 4 fléchettes. Il gagne 2 € à chaque fois qu'il atteint le 10 et rien sinon. Combien peut-il espérer gagner sachant que ses lancers sont indépendants ?

MÉTHODE

1. Ne pas oublier que le joueur atteint la cible 100 fois sur 100.

2. Il faut d'abord déterminer la loi de probabilité de X.

3. Penser à une loi binomiale.

CORRIGÉ

1. Puisque le joueur atteint la cible à tous les coups la probabilité cherchée est égale à $1 - (0{,}15 + 0{,}33 + 0{,}45)$, c'est-à-dire 0,07.

2. Les valeurs prises par X sont $\{0 ; 1 ; 5 ; 10\}$. Le tableau suivant résume la loi de probabilité de X.

x	0	1	5	10
$p(X = x)$	0,07	0,45	0,33	0,15

L'espérance est égale à :

$E(X) = 0 \times 0{,}07 + 1 \times 0{,}45 + 5 \times 0{,}33 + 10 \times 0{,}15$.

Donc $E(X) = 3{,}6$.

Calculons $V(X)$ de deux façons.

- $V(X) = (0 - 3{,}6)^2 \times 0{,}07 + (1 - 3{,}6)^2 \times 0{,}45 + (5 - 3{,}6)^2 \times 0{,}33 + (10 - 3{,}6)^2 \times 0{,}15$

  $V(X) = 10{,}74$ d'où $\sigma(X) = \sqrt{10{,}74}$ soit $\sigma(X) \approx 3{,}3$.

- Dressons le tableau de la loi de probabilité de X^2.

x^2	0	1	25	100
$p(X = x^2)$	0,07	0,45	0,33	0,15

$V(X) = E(X^2) - (E(X))^2 = 0 \times 0{,}07 + 1 \times 0{,}45 + 25 \times 0{,}33 + 100 \times 0{,}15 - 3{,}6^2$

$V(X) = 10{,}74$, on retrouve la valeur précédente et donc le même écart-type.

3. Tout se passe comme si le joueur tirait une boule avec remise dans une urne contenant 15 % de boules blanches et 85 % de boules noires. Il a en effet 15 % de chance de gagner 2 € à chaque lancer, donc à chaque tirage d'une boule blanche. Le nombre de boules blanches étant une v.a. de loi $B(4 ; 0{,}15)$, son espérance est égale à $4 \times 0{,}15 = 0{,}6$. Le joueur peut espérer gagner $0{,}6 \times 2$ c'est-à-dire 1,2 €.

C Les coefficients binomiaux

Définition : On dispose de n objets. Le nombre de façons d'en choisir k se note $\binom{n}{k}$ et se lit « k parmi n ». Ce nombre s'appelle un **coefficient binomial**.

EXEMPLE : On dispose de 5 emplacements pour placer des lettres. Le nombre de façons de placer la lettre B à 3 emplacements est égal à $\binom{5}{3}$. En effet, il y a $\binom{5}{3}$ façons de choisir un emplacement parmi les 5 disponibles ; en voici deux : B – BB et – B – BB.

Calcul des coefficients binomiaux

Pour calculer $\binom{n}{k}$, on peut utiliser le triangle de Pascal ci-dessous. Il est fabriqué à partir de la formule de Pascal, valable pour tout entier n et tout entier k :

$$\binom{n+1}{k+1} = \binom{n}{k+1} + \binom{n}{k}$$

$k \rightarrow$ $n \downarrow$	0	1	2	3	4	5	6
0	1						
1	1	1					
2	1	2	1				
3	1	3	3	1			
4	1	4	6	4	1		
5	1	5	10	10	5	1	
6	1	6	15	20	15	6	1

EXEMPLE : On obtient $\binom{6}{4}$, qui est $\binom{n+1}{k+1}$ (correspondant à $n + 1 = 6$ et $k + 1 = 4$ donc $n = 5$ et $k = 3$) en additionnant 5, qui est $\binom{5}{4}$ et 10, qui est $\binom{5}{3}$, soit $10 + 5 = 15$.

Remarque : On peut constater que $\binom{n}{k} = \binom{n}{n-k}$. Ainsi $\binom{5}{3} = \binom{5}{2} = 10$.

CONSTRUIRE LE TRIANGLE DE PASCAL

Pour construire le triangle de Pascal, on utilise la formule de Pascal, en commençant par 1 et en finissant par 1. Dès que $k > n$, $\binom{n}{k} = 0$. En effet, il y a alors 0 façon de choisir k objets parmi n !

Une seconde façon de calculer un coefficient binomial est d'utiliser sa calculatrice.

- Avec les calculatrices Casio : OPTN (voir le clavier) → PRB → *nCr*.
- Avec les calculatrices TI : MATH (voir le clavier) → PRB → *Combinaison*.

Pour trouver $\binom{6}{4}$, on tape donc 6 *nCr* 4 EXE sur Casio ou *Combinaison* (6,4) sur TI.

D Caractéristiques de la loi binomiale

Définition

Effectuons une série de n épreuves identiques et indépendantes les unes des autres. Chaque épreuve n'a que deux issues : succès, avec la probabilité p et échec, avec la probabilité $q = 1 - p$. Soit X la v.a. comptabilisant le nombre de succès obtenus. La loi de X s'appelle la loi binomiale de paramètres n et p, en abrégé $B(n\,;p)$.

Remarque : X prend les valeurs $\{0\,;1\,;2\,;\dots\,;n\}$. En effet, il y a au minimum 0 succès et au maximum n.

Théorème

Soit X une v.a. dont la loi est $B(n\,;p)$. Alors, pour tout $k \in \{0\,;1\,;2\,;\dots\,;n\}$:

$$p(X = k) = \binom{n}{k} p^k q^{n-k}$$

De plus :

$$E(X) = np \text{ et } V(X) = npq$$

Démonstration : D'après le principe multiplicatif, la probabilité de k succès *dans un ordre déterminé* est égale à $p^k q^{n-k}$. Les k succès peuvent être placés à n places. Il y a $\binom{n}{k}$ façons de choisir ces k places. La probabilité cherchée est donc effectivement égale à $\binom{n}{k} p^k q^{n-k}$.

E Représentation graphique

Les graphiques ci-dessous montrent les histogrammes de la loi $B(6\,;p)$ pour les valeurs respectives de $p = 0{,}4$ puis $p = 0{,}5$ puis $p = 0{,}7$.

Les hauteurs des rectangles sont donc proportionnelles à $\binom{6}{k} p^k q^{6-k}$

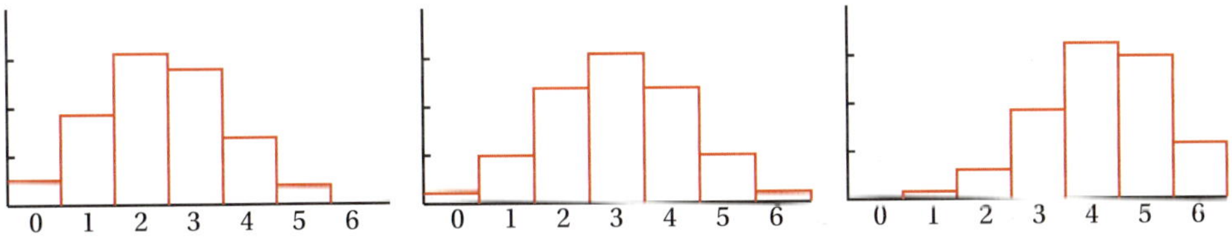

Remarques : 1. Dans le cas $p = 0{,}5$, on constate que la probabilité de 0 succès est égale à la probabilité de 6 succès, la probabilité de 1 succès est égale à la probabilité de 5 succès etc.

Cela s'explique ainsi $p(X = k) = \binom{6}{k} 0{,}5^k 0{,}5^{6-k} = \binom{6}{k} 0{,}5^6$ d'une part et d'autre part, $\binom{6}{k} = \binom{6}{6-k}$.

Ainsi $p(X = 2) = \binom{6}{2} 0{,}5^6 = \binom{6}{4} 0{,}5^6 = p(X = 4)$.

2. On remarque que les hauteurs sont plus importantes à gauche dans le cas $p = 0{,}4$ et plus importantes à droite lorsque $p = 0{,}7$. Cela s'explique par le fait qu'il y a plus de chance de rencontrer peu de succès lorsque $p < 0{,}5$ et plus de chance de rencontrer beaucoup de succès lorsque $p > 0{,}5$.

Exercice résolu : Utiliser un arbre pour représenter une expérience avec des épreuves répétées

ÉNONCÉ

Une urne contient 20% de boules noires (N), 50% de boules blanches (B) et 30% de boules jaunes (J). On effectue quatre tirages indépendants *avec remise* de la boule dont on note la couleur.

1. a. À chaque tirage, la composition de l'urne change-t-elle ? Pourquoi ?

b. Qu'en déduit-on sur la probabilité d'obtenir une boule de couleur donnée à chaque tirage ?

2. En quoi l'arbre ci-dessous permet-il de trouver la probabilité d'obtenir le tirage BJJN ?

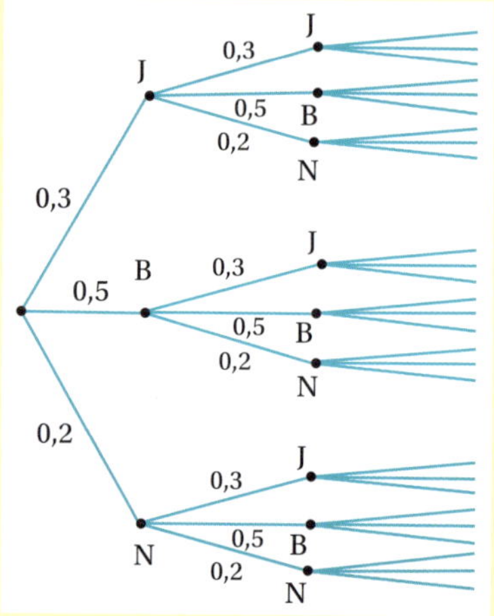

3. Quelle est la probabilité d'obtenir deux boules jaunes aux tirages 2 et 3 ?

MÉTHODE

1. Après chaque tirage, la boule tirée est remise dans l'urne ...

2. On peut compléter les branches de l'arbre selon la logique commencée.

3. La question revient à trouver la probabilité d'obtenir un tirage comportant deux boules jaunes à des places déterminées, sans se préoccuper des couleurs aux places 1 et 4.

CORRIGÉ

1. a. Puisque l'on remet la boule après avoir noté sa couleur, la composition de l'urne est la même à chaque tirage.

b. La probabilité de tirer une boule blanche est donc la même à chaque tirage. Le même raisonnement vaut pour les boules noires et les boules jaunes.

2. Pour trouver la probabilité du tirage BJJN, on suit le chemin BJJ sur l'arbre et on ajoute la branche de J à N. Selon le principe multiplicatif, la probabilité cherchée est égale à $0{,}5 \times 0{,}3 \times 0{,}3 \times 0{,}2$ c'est-à-dire 0,009.

Le probabilité d'obtenir deux boules jaunes, aux tirages 1 et 4 par exemple, est elle aussi égale à 0,09.

On trouve la même probabilité pour tous les chemins permettant d'obtenir deux boules jaunes, une boule blanche et une boule noire.

3. On cherche la probabilité d'obtenir deux boules jaunes à des places déterminées. Peu importe la couleur des boules placées en 1 et 4. Le principe multiplicatif montre qu'elle est égale à $0,3 \times 0,3$ c'est-à-dire 0,09.

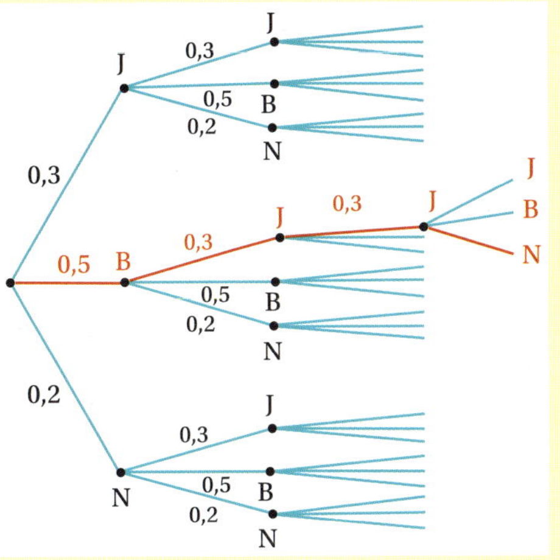

EXERCICE DE SYNTHÈSE

Monsieur M dispose de quatre motos identiques qu'il loue à la journée. Il reçoit entre 0 et 6 demandes par jour selon les probabilités suivantes.

Nbe de demandes	0	1	2	3	4	5	6
Probabilité	0,1	0,2	0,35	0,2	0,1	0,04	0,01

1. Soit X le nombre de motos louées par jour. Déterminer la loi de probabilité de X et calculer son espérance.

2. Le prix tout compris de la location d'une moto est de 150 €. Les frais généraux quotidiens de Monsieur M sont de 30 € par moto, louée ou non, et de 15 € par moto louée. Soit B le bénéfice quotidien de Monsieur M.

a. Exprimer B en fonction de X et en déduire la loi de probabilité de B.

b. Calculer $E(B)$ et interpréter le résultat obtenu.

Le bénéfice se calcule en soustrayant les frais aux entrées d'argent.

CORRIGÉ

1. Monsieur M ne peut fournir que 4 motos au maximum, qu'il ait 4, 5 ou 6 appels. Donc $p(X=4) = 0,1 + 0,04 + 0,01 = 0,15$.

On en déduit la loi de probabilité de X.

k	0	1	2	3	4
$p(X=k)$	0,1	0,2	0,35	0,2	0,15

Par conséquent, $E(X) = 0 \times 0,1 + 1 \times 0,2 + \ldots + 4 \times 0,15 = 2,1$.

2. a. On a donc $B = 150X - 4 \times 30 - 15X = 135X - 120$.

b. On sait que $E(B) = E(135X - 120) = 135E(X) - 120 = 163,5$.

En moyenne, Monsieur M gagnera donc 163,50 € par jour.

Si a et b sont deux nombres, $E(aX + b) = aE(X) + b$.

8 Modélisation et échantillonnages

Lors d'un sondage, on n'interroge le plus souvent qu'une partie de la population (on parle d'« échantillon »). Dans quelle mesure, peut-on faire confiance aux résultats obtenus à partir d'un ou plusieurs échantillons d'une même population ?

1 Échantillon

■ Dans une population contenant un grand nombre N d'individus, un pourcentage p de ces individus présente une certaine propriété (P).

EXEMPLE

D'après l'Insee, chaque année, 40 % des Français ne partent pas en vacances. Dans ce cas, N est le nombre de Français, $p = 40\ \%$ et la propriété (P) est « ne part pas en vacances ».

■ Pour trouver p, on pourrait en théorie étudier chaque individu et compter ceux qui ont la propriété (P). Connaissant le nombre total d'individus ayant cette propriété, on en déduirait immédiatement le pourcentage p cherché.
Dans la pratique, on ne considère qu'**une partie de la population** contenant n individus ($n < N$). Pour cette partie, on calcule alors le pourcentage f d'individus ayant cette propriété (P). On dit que la partie considérée de n individus est un **échantillon** de taille n.

■ Si l'échantillon choisi est représentatif de la population, le pourcentage p relatif à toute la population est voisin de f.
Mais l'échantillon choisi peut ne pas être représentatif de la population. C'est la raison pour laquelle on étudie plusieurs échantillons de même taille n. Chaque échantillon peut donner un résultat différent. C'est ce que l'on appelle la **fluctuation d'échantillonnage.**

n est nettement inférieur à N.

■ **Définition**

Un **échantillon de taille** n est constitué des résultats de n répétitions indépendantes de la même expérience.

EXEMPLES

- On prend 30 élèves d'un lycée en contenant 2 000 pour étudier la proportion d'élèves ayant les yeux bleus.
- Une usine fabrique des pièces en grande quantité. Pour étudier la proportion de pièces défectueuses, on en prélève 25.

2 Intervalle de fluctuation

■ Après avoir prélevé un échantillon de taille n dans une population et avoir déterminé f, on veut savoir si la proportion p inconnue et estimée est remise en cause ou non.

■ Supposons que la taille de l'échantillon n est « petite » et que cet échantillon est choisi parmi une grande population.
On note X la variable aléatoire prenant pour valeurs le nombre d'éléments d'un échantillon de taille n présentant la propriété (P).
On admet que X suit la loi binomiale $B(n ; p)$.

On remet la proportion p en cause lorsque f est trop éloignée de p.

En pratique, on suppose que la taille de l'échantillon n est inférieure à 30, car sinon on approche la loi binomiale par la loi normale pour simplifier les calculs.

X prend les valeurs 0, 1, 2, 3,..., $n - 1$, n.
On cherche alors deux entiers N_1 et N_2 avec $N_1 < N_2$ tels que X prenne ses valeurs dans $[0 ; N_1]$ et $[N_2 ; N]$ avec une proportion proche de 0,025, sans dépasser cette valeur.

- Si X prend ses valeurs dans $[0 ; N_1]$, on doit avoir $p(X < N_1) > 0{,}025$ c'est-à-dire que N_1 est le plus petit entier tel que $p(X \leqslant N_1) \geqslant 0{,}025$.
- Si X prend ses valeurs dans $[N_2 ; N]$, on doit avoir $p(X \geqslant N_2) < 0{,}025$ c'est-à-dire que N_2 est le plus petit entier tel que $p(X \geqslant N_2) \leqslant 0{,}025$.

On en déduit la définition suivante (le pourcentage est de 95 %, on a donc une erreur de 5 %, soit $2 \times 2{,}5$ %).

■ **Définition :** Si f se situe dans l'intervalle $\left[\frac{N_1}{n} ; \frac{N_2}{n}\right]$, l'hypothèse selon laquelle la proportion est p dans la population n'est pas remise en cause.
Cet intervalle est appelé **intervalle de fluctuation à 95 %.**

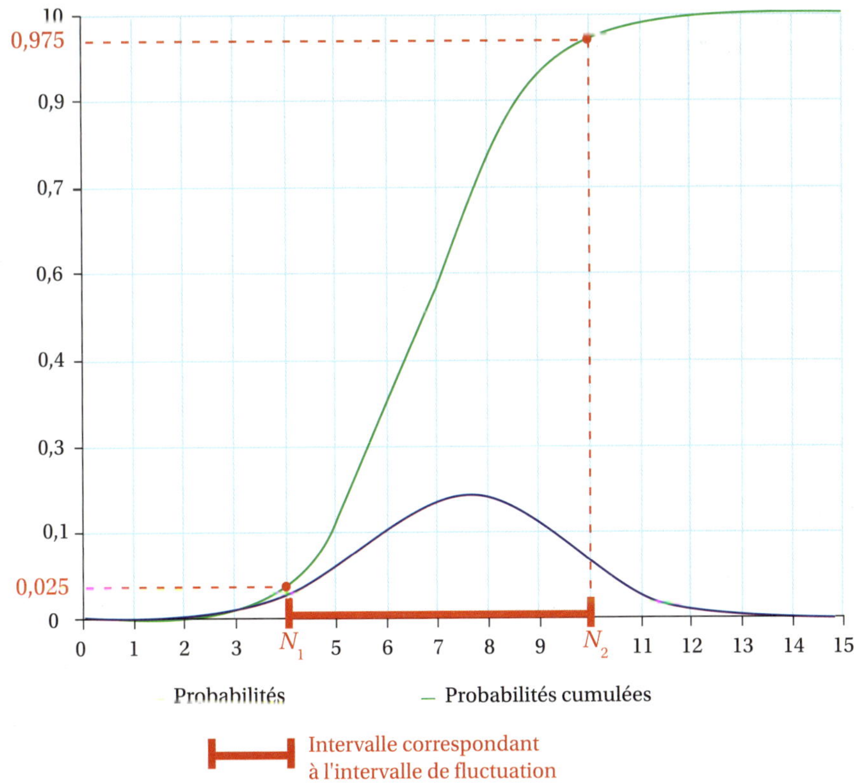

Dire que la pièce est bien équilibrée revient à dire que la probabilité de voir apparaître la face « pile » est 0,5.

En classe de Seconde, on a vu que l'intervalle de fluctuation pour une proportion p telle que $0{,}2 < p < 0{,}8$ était $\left[p - \frac{1}{\sqrt{n}} ; p + \frac{1}{\sqrt{n}}\right]$, où n est la taille de l'échantillon prélevé quand $n > 30$.

EXEMPLE

On lance une pièce de monnaie un grand nombre de fois et on veut vérifier que la pièce est bien équilibrée.

On réalise l'expérience 20 fois et on obtient 11 fois « pile ». Pour savoir si on peut affirmer à 95 % que la probabilité annoncée est correcte, on calcule l'intervalle de fluctuation à 95 %, qui dans ce cas est [0,3 ; 0,7].

On calcule alors le pourcentage f de pièces lancées ayant la propriété « l'issue du lancer est « pile » » : $f = \frac{11}{20} = 0{,}55 = 55\ \%$.

Or $0{,}55 \in [0{,}3 ; 0{,}7]$, donc f se situe dans l'intervalle de fluctuation à 95 %.

La probabilité annoncée 0,5 est donc correcte : la pièce est bien équilibrée.

Exercice résolu : Déterminer un intervalle de fluctuation

ÉNONCÉ

Soit X la variable aléatoire prenant pour valeur le nombre de « pile » obtenus au cours de 20 lancers d'une pièce de monnaie.

Déterminer l'intervalle de fluctuation sachant que la probabilité de voir apparaître la face « pile » est 0,5.

MÉTHODE

1re étape. On détermine la loi de probabilité de X suivant la loi binomiale $B(n ; p)$ de paramètres n et p.

2e étape. On cherche les probabilités des événements $(X \leqslant 1)$, $(X \leqslant 2)$, ..., $(X \leqslant n)$ et on les présente dans un tableau.

3e étape. À l'aide de ce tableau, on détermine les deux valeurs N_1 et N_2 de X telles que N_1 vérifie $p(X \leqslant N_1) \geqslant 0{,}025$ et N_2 vérifie $p(X \leqslant N_2) \geqslant 0{,}975$.

4e étape. On en déduit l'intervalle de fluctuation cherché :

$$\left[\frac{N_1}{n} ; \frac{N_2}{n}\right]$$

CORRIGÉ

1re étape. La variable aléatoire X suit la loi binomiale $B(20 ; 0{,}5)$.

Déterminons la loi de probabilité de X. Pour cela, on utilise la formule :

$$p(X=k)=\binom{n}{k}(0{,}5)^k\,(0{,}5)^{20-k}$$

> X est la variable aléatoire prenant pour valeur le nombre de « pile » obtenus.
> Il y a 20 lancers donc $n = 20$ et la probabilité p est 0,5.

2e étape. On cherche les probabilités des événements $(X \leqslant 1)$, $(X \leqslant 2)$, ..., $(X \leqslant 20)$.
À l'aide d'un tableur, on obtient les résultats suivants.

k	$p(k)=p(X=k)$	$p(X \leqslant k)$
0	0,0000009536743164	0,0000009536743164
1	0,0000190734863281	0,0000200271606445
2	0,0001811981201172	0,0002012252807617
3	0,0010871887207031	0,0012884140014648
4	0,0046205520629883	0,0059089660644531
5	0,0147857666015625	0,0206947326660156
6	0,0369644165039062	0,0576591491699219
7	0,0739288330078125	0,131587982177734
8	0,120134353637695	0,25172233581543
9	0,160179138183594	0,411901473999023
10	0,176197052001953	0,588098526000977
11	0,160179138183594	0,74827766418457
12	0,120134353637695	0,868412017822266
13	0,0739288330078125	0,942340850830078
14	0,0369644165039062	0,979305267333984
15	0,0147857666015625	0,994091033935547
16	0,0046205520629883	0,998711585998535
17	0,0010871887207031	0,999798774719238
18	0,0001811981201172	0,999979972839355
19	0,0000190734863281	0,999999046325684
20	0,0000009536743164	1

3e étape. Dans la dernière colonne du tableau, on voit que la somme des probabilités devient supérieure à 0,025 à partir de $N = 6$, donc $N_1 = 6$.

De même, la somme des probabilités devient supérieure à 0,975 pour $N = 14$.

Donc $N_2 = 14$.

On retrouve l'intervalle donné dans l'exemple du cours car $\left[\frac{6}{20} ; \frac{14}{20}\right] = [0,3 ; 0,7]$.

4e étape. Ainsi l'intervalle de fluctuation est $\left[\frac{6}{20} ; \frac{14}{20}\right]$.

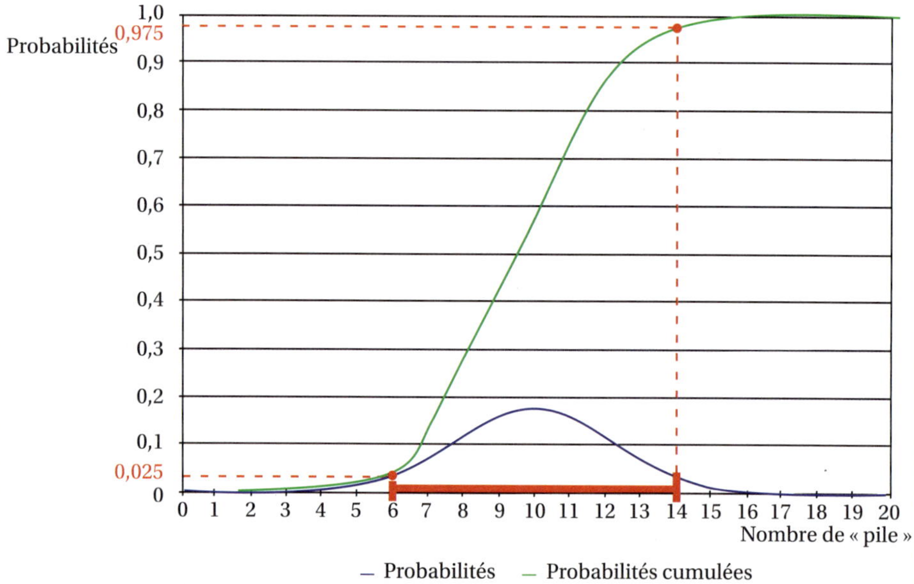

On a fait apparaître en rouge l'intervalle de fluctuation $\left[\frac{6}{20} ; \frac{14}{20}\right]$ qui se visualise bien sur la courbe des probabilités cumulées.

EXERCICE DE SYNTHÈSE

L'organisme de santé mondiale indique qu'il y a une épidémie de grippe en France. On dit qu'il y a épidémie lorsque 5 % des personnes sont atteintes de la maladie.

1. On choisit au hasard 25 personnes de la population et on les examine. Déterminer l'intervalle de fluctuation à 95 %.

2. Dans un cabinet médical, un médecin reçoit 25 patients. Sur ces 25 patients, 2 sont effectivement atteints par la grippe. Peut-on dire que l'épidémie est déclarée en France ?

CORRIGÉ

1. Appelons X la variable aléatoire égale au nombre de malades. X suit la loi binomiale de paramètre $n = 25$ et $p = 0,05$.

Déterminons la loi de probabilité de X.

k	$p(k) = p(X = k)$	$p(X \leqslant k)$
0	0,277389573121634	0,277389573121834
1	0,364986280423466	0,642375653545299
2	0,230617650793766	0,872893504339067
3	0,0930158941799414	0,965909396519008
4	0,0269256535784041	0,992835052097412
5	0,00596198658046933	0,998767038677902
6	0,00104420817201567	0,999831246849917
7	0,00014917259600224	0,99998041944592
8	0,00001768617584237	0,99998084621762
9	0,00000175618707205	0,999999640909834
10	0,00000014788943765	0,999999986698272
11	0,00000001061407447	0,999999999312346
12	0,00000000065174141	0,999999999964088
13	$3{,}43022 \times 10^{-11}$	0,99999999999838
14	$1{,}54747 \times 10^{-12}$	0,999999999999937
15	$5{,}97268 \times 10^{-14}$	0,999999999999997
16	$1{,}9847 \times 10^{-15}$	0,999999999999999
17	$5{,}47439 \times 10^{-17}$	0,999999999999999
18	$1{,}28058 \times 10^{-18}$	0,999999999999999
19	$2{,}48308 \times 10^{-20}$	0,999999999999999
20	$3{,}92065 \times 10^{-22}$	0,999999999999999
21	$4{,}91309 \times 10^{-24}$	0,999999999999999
22	$4{,}70162 \times 10^{-28}$	0,999999999999999
23	$3{,}22769 \times 10^{-28}$	0,999999999999999
24	$1{,}41561 \times 10^{-30}$	0,999999999999999
25	$2{,}98023 \times 10^{-33}$	0,999999999999999

L'intervalle de fluctuation est $\left[0\,;\dfrac{4}{25}\right]$.

2. Au cours de ses visites, le médecin a rencontré 2 malades. La proportion de malades est donc $\dfrac{2}{25}$ qui appartient à l'intervalle de fluctuation. On peut donc affirmer à un taux de certitude de 95 % qu'il y a bien une épidémie de grippe en France.

9 Vecteurs et droites

LE CALCUL VECTORIEL a de nombreuses applications. Dans ce chapitre, deux utilisations principales sont présentées : la condition d'alignement de trois points et la condition de parallélisme de deux droites.

1 Vecteurs dans un repère

A Rappels de la classe de Seconde

On a vu en classe de Seconde qu'un repère du plan est un triplet formé par un point donné et deux vecteurs non colinéaires. Il est commode de choisir deux vecteurs dont l'origine est le point donné.

EXEMPLES : **1.** La donnée de trois points non alignés O, I et J permet de définir un repère $(O\,;\,\overrightarrow{OI}, \overrightarrow{OJ})$.

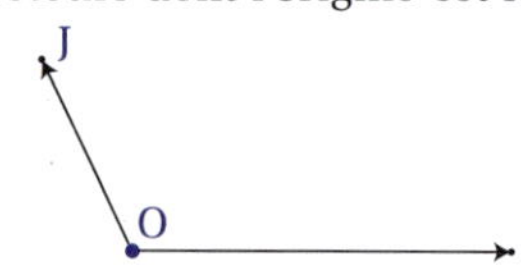

2. Dans un parallélogramme ABCD, les points A, B et D permettent de définir le repère $(A\,;\,\overrightarrow{AB}, \overrightarrow{AD})$.

L'ordre des vecteurs formant le repère est important. Le repère $(O\,;\,\overrightarrow{OI}, \overrightarrow{OJ})$ est différent du repère $(O\,;\,\overrightarrow{OJ}, \overrightarrow{OI})$.

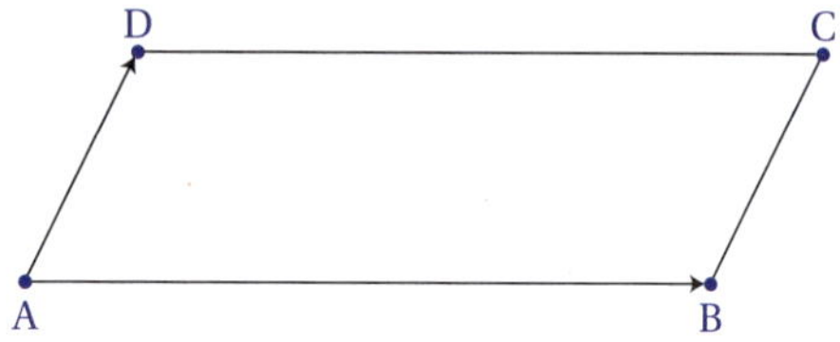

B Coordonnées d'un vecteur dans un repère

Théorème et définition : On considère un repère $(O\,;\,\vec{i}, \vec{j})$. Pour tout vecteur $\vec{u}$, il existe un unique couple de nombres $(x\,;\,y)$ tels que :

$$\vec{u} = x\vec{i} + y\vec{j}$$

x s'appelle l'**abscisse** de $\vec{u}$ et y son **ordonnée**.

Démonstration : Considérons le repère $(O\,;\,\vec{i}, \vec{j})$. Pour tout vecteur $\vec{u}$, il existe un point M tel que $\overrightarrow{OM} = \vec{u}$.

On obtient le point M_1 en traçant la parallèle à l'axe des ordonnées passant par M.
On obtient le point M_2 en traçant la parallèle à l'axe des abscisses passant par M.

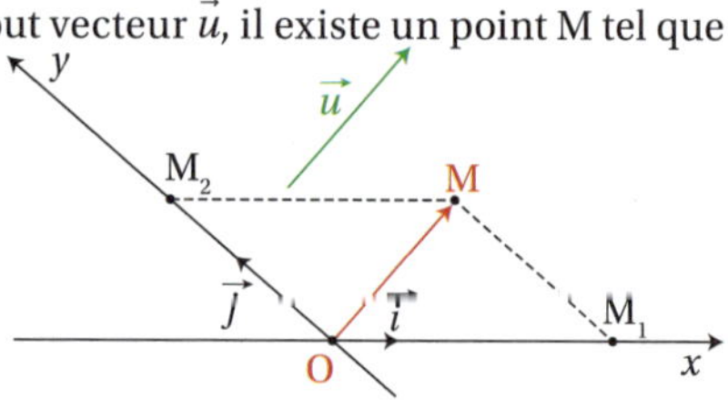

On sait que, dans le parallélogramme OM_1MM_2, $\overrightarrow{OM} = \overrightarrow{OM_1} + \overrightarrow{OM_2}$.

Or, puisque $\overrightarrow{OM_1}$ et $\vec{i}$ d'une part, $\overrightarrow{OM_2}$ et $\vec{j}$ d'autre part sont colinéaires, il existe un unique nombre x et un unique nombre y tels que $\overrightarrow{OM_1} = x\vec{i}$ et $\overrightarrow{OM_2} = y\vec{j}$. C'est ce qu'il fallait démontrer.

EXEMPLE : Dans le repère $(A ; \overrightarrow{AB}, \overrightarrow{AD})$ lié au parallélogramme précédent, les coordonnées du vecteur $\overrightarrow{AC}$ sont $(1 ; 1)$ car $\overrightarrow{AC} = \overrightarrow{AB} + \overrightarrow{AD}$.

2 Colinéarité et applications

Dans la suite, on se place dans un repère $(O ; \vec{i}, \vec{j})$.

A Condition analytique de colinéarité

Théorème : Deux vecteurs $\vec{u}$ et $\vec{u'}$ de coordonnées respectives $(x ; y)$ et $(x' ; y')$ sont colinéaires si et seulement si :

$$\boldsymbol{xy' - x'y = 0}$$

> **Le vecteur nul, noté $\vec{0}$, est colinéaire à tout vecteur.**

Démonstration

• Démontrons l'affirmation. Si les deux vecteurs sont différents de $\vec{0}$ alors il existe un réel k tel que $\vec{u'} = k\vec{u}$. On a donc $\begin{cases} x' = kx \\ y' = ky \end{cases}$. Par conséquent, $x'y - xy' = kxy - xky = 0$.

Si l'un des deux vecteurs est égal à $\vec{0}$, par exemple $\vec{u'}$, $x' = y' = 0$. Par conséquent, $x'y - xy' = 0$.

• Démontrons la réciproque. Supposons que l'on ait $xy' - x'y = 0$.

– Si les quatre nombres sont égaux à 0, cela signifie que $\vec{u} = \vec{u'} = \vec{0}$. Dans ce cas, $\vec{u}$ et $\vec{u'}$ sont colinéaires.

– Si l'un des quatre nombres est différent de 0, par exemple x. Alors $y' = \frac{x'}{x}y$. Et d'autre part $x' = \frac{x'}{x}x$.

Posons $\frac{x'}{x} = k$. On a $y' = ky$ et $x' = kx$, ce qui prouve que $\vec{u'} = k\vec{u}$.

> $\frac{x}{x} = 1$

Les vecteurs $\vec{u}$ et $\vec{u'}$ sont donc colinéaires.

B Condition vectorielle d'alignement

Théorème : Trois points A, B et C sont alignés si et seulement si les vecteurs $\overrightarrow{AB}$ et $\overrightarrow{AC}$ sont **colinéaires**.

Démonstration : • Supposons A, B et C alignés.

– S'ils sont tous distincts, alors C appartient à la droite (AB), ce qui prouve que les trois points sont alignés.

– Si deux d'entre eux sont confondus, par exemple A et B, alors $\overrightarrow{AB} = \vec{0}$ et donc $\overrightarrow{AB}$ et $\overrightarrow{AC}$ sont colinéaires.

• Réciproquement, supposons que les vecteurs $\overrightarrow{AB}$ et $\overrightarrow{AC}$ sont colinéaires.

– Si aucun des deux n'est le vecteur nul, alors les droites (AB) et (AC) sont parallèles. Comme elles ont un point en commun, le point A, elles sont confondues ; c'est pourquoi les points A, B et C sont alignés.

– Si l'un des deux vecteurs $\overrightarrow{AB}$ ou $\overrightarrow{AC}$ est égal au vecteur nul, par exemple $\overrightarrow{AB}$, alors A = B et les points A, B et C sont donc alignés.

Exercice résolu : Caractériser l'alignement de trois points

ÉNONCÉ

1. On considère un nombre m et trois points A, B et C de coordonnées respectives (–3 ; 7) (m^2 ; –2) et (4 ; –5). Existe-t-il des valeurs de m pour lesquelles les points A, B et C sont alignés ? Combien existe-t-il de positions pour le point B ?

2. Lorsque les trois points ne sont pas alignés, est-il possible de trouver des valeurs de m pour que le quadrilatère ABCO soit un parallélogramme ?

MÉTHODE

1. Pour démontrer que des points A, B et C sont alignés, on peut utiliser deux méthodes.

a. La condition vectorielle d'alignement des vecteurs $\overrightarrow{AB}$ et $\overrightarrow{AC}$ par exemple.

b. La détermination d'une équation de la droite (AC) et de vérifier si B ∈ (AC) ou non (voir paragraphe 3).

2. Il suffit de se demander si les vecteurs $\overrightarrow{AB}$ et $\overrightarrow{OC}$ peuvent être égaux.

CORRIGÉ

C'est le point nommé B_1 sur la figure.

1. a. Les vecteurs $\overrightarrow{AB}$ et $\overrightarrow{AC}$ ont respectivement pour coordonnées ($m^2 + 3$; – 9) et (7 ; – 12). Ils sont colinéaires si et seulement si $-12(m^2 + 3) + 63 = 0$ soit si $12m^2 - 27 = 0$ d'où $m^2 = 2{,}25$.

On en déduit que $m = -1{,}5$ ou $m = 1{,}5$. Pour ces deux valeurs possibles de m, il n'existe qu'une seule position pour le point B en (2,25 ; – 2).

b. Déterminons une équation de la droite (AC).

Un point M(x ; y) ∈ (AC) si et seulement si les vecteurs $\overrightarrow{AM}$ et $\overrightarrow{AC}$ sont colinéaires. Ceux-ci ont pour coordonnées respectives ($x + 3$; $y - 7$) et (7 ; – 12).

Donc $\overrightarrow{AM}$ et $\overrightarrow{AC}$ sont colinéaires si et seulement si $-12(x + 3) - 7(y - 7) = 0$ ce qui équivaut à $-12x - 7y + 13 = 0$.

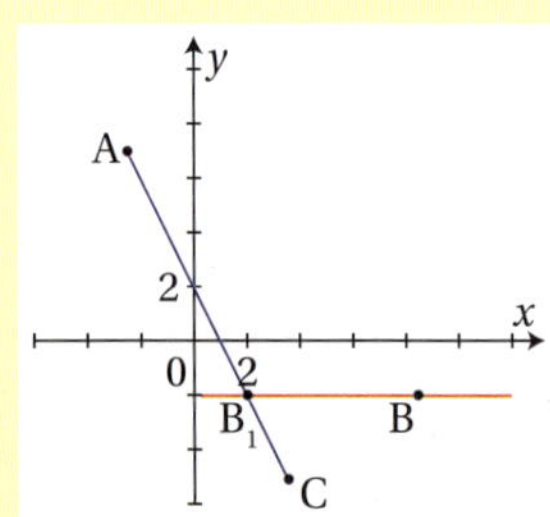

Voyons s'il est possible que le point B appartienne à (AC). Pour cela, remplaçons x et y dans l'équation trouvée $-12m^2 - 7(-2) + 13 = 0$ équivalent à $-12m^2 + 27 = 0$ donc $m^2 = \frac{27}{12} = 2{,}25$. On retrouve les valeurs possibles de m déterminées à la question **a.** – 1,5 et 1,5.

Sur la figure, on voit que le point B se situe sur une *demi-droite* car son abscisse, $m^2 + 3$, est positive.

2. Le vecteur $\overrightarrow{OC}$ a pour coordonnées (4 ; – 5). Donc, quelle que soit la valeur de m, $\overrightarrow{AB} \neq \overrightarrow{OC}$ car l'ordonnée de $\overrightarrow{AB}$($m^2 + 3$; – 9) est égale à – 9 alors que celle de $\overrightarrow{OC}$ est égale à – 5. Il n'est donc pas possible de trouver une valeur de m pour laquelle ABCO est un parallélogramme.

3 Caractérisation analytique de droites

On se place dans un repère $(O ; \vec{i}, \vec{j})$.

A Présentation du problème

Un **vecteur directeur** d'une droite est un vecteur qui est parallèle à cette droite. Étant donné un point A et un vecteur $\vec{u}$, il existe une droite d unique passant par ce point et dont $\vec{u}$ est un vecteur directeur.

Les points de la droite d, et seulement eux, ont des coordonnées $(x ; y)$ qui satisfont une certaine équation qu'il va falloir trouver. D'autre part, une fois cette équation établie, comment trouver les coordonnées d'un vecteur directeur de d ?

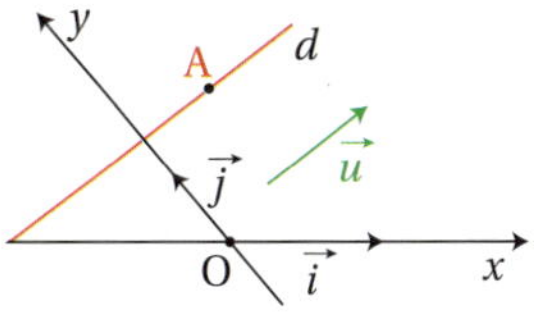

B Équations cartésiennes de droites

Notons $(x_A ; y_A)$ les coordonnées de A et $(\alpha ; \beta)$ celles de $\vec{u}$. Soit $M(x ; y)$ un point quelconque. Les coordonnées du vecteur $\overrightarrow{AM}$ sont donc $(x - x_A ; y - y_A)$.

Le point M appartient à d si et seulement si les vecteurs $\overrightarrow{AM}$ et $\vec{u}$ sont colinéaires, c'est-à-dire, selon la condition analytique de colinéarité, si et seulement si $(x - x_A)\beta - (y - y_A)\alpha = 0$.

En développant, on trouve $\beta x - \alpha y - \beta x_A + \alpha y_A = 0$.

Puisque α, β, x_A et y_A sont des constantes, cette équation s'écrit sous la forme $ax + by + c = 0$ où a, b et c sont des constantes.

Remarques

1. Une telle équation s'appelle une équation cartésienne en hommage à René Descartes, mathématicien français (1596-1650).

2. La méthode présentée ci-dessus est celle que l'on utilise pour établir l'équation cartésienne d'une droite passant par un point et dont on connaît un vecteur directeur.

Considérons la droite d dont une équation est $2x - y + 3 = 0$. Cette équation nous permet de :
• savoir si un point donné appartient ou non à d. Ainsi $A(-1 ; 1) \in d$ car $2 \times (-1) - 1 + 3 = 0$ et $B(0 ; 1) \notin d$ car $2 \times 0 - 1 + 3 \neq 0$;
• connaître un vecteur directeur de d. Le vecteur $\vec{u}(1 ; 2)$ est un vecteur directeur de d.

Théorème

Toute droite du plan a une équation de la forme :

$$\boldsymbol{ax} + \boldsymbol{by} + \boldsymbol{c} = 0$$

Dans cette équation, a, b et c sont des constantes et a et b ne sont pas simultanément nuls. Un vecteur directeur de la droite a pour coordonnées $(-b ; a)$.

Remarque

Une droite a une infinité d'équations cartésiennes. Par exemple, la droite d du post-it a aussi pour équation $4x - 2y + 6 = 0$, $-2x + y - 3 = 0$, $20x - 10y + 30 = 0$ et plus généralement, pour tout nombre $k \neq 0$, $2kx - ky + 3k = 0$.

C Équations particulières

Théorèmes

1. Une droite est parallèle à l'axe des abscisses si et seulement si elle a une équation de la forme $y = k$ où k est une constante.

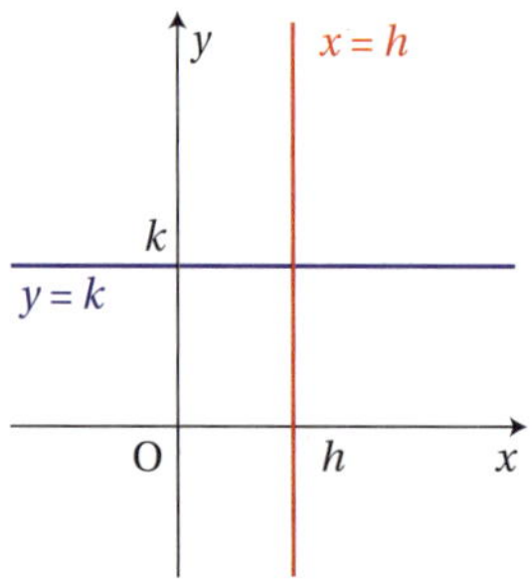

2. Une droite est parallèle à l'axe des ordonnées si et seulement si elle a une équation de la forme $x = h$ où h est une constante.

Remarque : On parle aussi de droites « horizontales » et « verticales » lorsque le repère est orthogonal.

Théorème : Toute droite d non parallèle à l'axe des ordonnées a une équation de la forme $y = mx + p$. Cette équation s'appelle l'équation réduite de d. Un des vecteurs directeurs de d a pour coordonnées $(1 ; m)$.

> **Un vecteur est parallèle à l'axe des ordonnées si et seulement s'il a pour coordonnées $(0 ; k)$, k étant un nombre quelconque.**

Démonstration : Une droite a pour équation cartésienne $ax + by + c = 0$ et un vecteur directeur de coordonnées $(-b ; a)$. Puisque la droite n'est pas parallèle à l'axe des ordonnées, $b \neq 0$.
Par conséquent, $ax + by + c = 0$ équivaut à $by = -ax - c$ soit à $y = -\frac{a}{b}x - \frac{c}{b}$. Cette équation est bien de la forme annoncée si on pose $m = -\frac{a}{b}$ et $p = -\frac{c}{b}$.

Par ailleurs, $y = mx + p$ équivaut à $mx - y + p = 0$. Un vecteur directeur de la droite ayant cette équation a pour coordonnées $(1 ; m)$ comme annoncé.

Remarques

1. On a vu, en classe de Seconde, que m s'appelle le coefficient directeur de la droite. On voit, en Première, le lien qu'il y a entre le coefficient directeur et le vecteur directeur de coordonnées $(1 ; m)$.

2. Une droite a une infinité d'équations cartésiennes. Elle n'a qu'une seule équation réduite, quand celle-ci existe.

3. Le point de coordonnées $(0 ; p)$ appartient à la droite d'équation $y = mx + p$. C'est pourquoi p s'appelle l'ordonnée à l'origine de la droite.

D Condition de parallélisme de deux droites

Théorème : Deux droites d'équations respectives $ax + by + c = 0$ et $a'x + b'y + c' = 0$ sont parallèles si et seulement si $\boldsymbol{ab' - a'b = 0}$.

> **On voit donc que deux droites d'équations respectives $ax + by + c = 0$ et $a'x + b'y + c' = 0$ sont sécantes si et seulement si $ab' - a'b \neq 0$.**

Démonstration : Des vecteurs directeurs des deux droites ont respectivement pour coordonnées $(-b ; a)$ et $(-b' ; a')$. Les deux droites sont parallèles si et seulement si ces deux vecteurs sont colinéaires, donc si et seulement si $-ba' + ab' = 0$.

Remarques

1. Dans le cas où les deux droites d et d' ne sont pas parallèles à l'axe des ordonnées, elles sont parallèles si et seulement si elles ont le même coefficient directeur. Si leurs équations sont respectivement $y = mx + p$ et $y = m'x + p'$, d et d' sont parallèles si et seulement si $m = m'$.

2. Deux droites parallèles à l'axe des ordonnées sont évidemment parallèles !

Exercice résolu : Déterminer l'équation d'une droite

ÉNONCÉ

1. Déterminer une équation cartésienne de la droite d passant par les points A(1 ; -2) et B(-3 ; 4).

2. Comment faut-il choisir le nombre m pour que la droite (AB) soit parallèle à la droite Δ d'équation $y = mx + 1$?

3. Tracer alors les deux droites.

MÉTHODE

1. Un point M(x ; y) appartient à (AB) si et seulement si $\overrightarrow{AM}$ et $\overrightarrow{AB}$ sont colinéaires.

2. Pour montrer le parallélisme de (AB) et Δ, on peut utiliser deux méthodes.

a. On écrit que les coefficients directeurs des deux droites sont égaux.

b. On écrit l'équation de Δ sous la forme $ax + by + c = 0$ et on utilise la condition de parallélisme de deux droites.

3. On choisit deux points de Δ avant de la tracer.

CORRIGÉ

1. Les coordonnées des vecteurs $\overrightarrow{AM}$ et $\overrightarrow{AB}$ sont respectivement $(x - 1\ ;\ y + 2)$ et $(-4\ ;\ 6)$. Un point M(x ; y) appartient à (AB) si et seulement si $(x - 1)(6) + 4(y + 2) = 0$ c'est-à-dire $6x + 4y + 2 = 0$ (équivalent à $3x + 2y + 1 = 0$ après division par 2).
C'est une équation cartésienne de d.

2. a. L'équation réduite de d s'écrit $2y = -3x - 1$ donc $y = -\frac{3}{2}x - \frac{1}{2}$. Le coefficient directeur de d est donc $-\frac{3}{2}$. Par conséquent, Δ et d sont parallèles si et seulement si $m = -\frac{3}{2}$.

b. L'équation réduite de Δ est $mx - y + 1 = 0$. Δ est parallèle à d si et seulement si $ab' - a'b = 0$ donc si et seulement si $3(-1) - 2m = 0$, équivalent à $m = -\frac{3}{2}$. On retrouve évidemment le résultat précédent.

3. Pour tracer Δ, choisissons les points C(0 ; 1) et D(-2 ; 4).

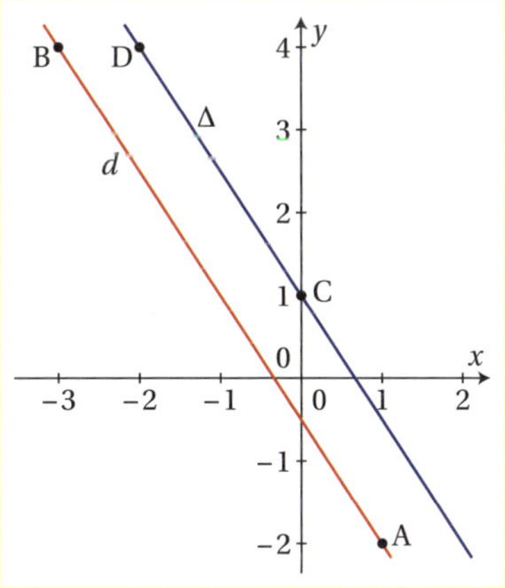

EXERCICE DE SYNTHÈSE

On donne un triangle IJK, A le symétrique de K par rapport à J, B le symétrique de I par rapport à K, C le symétrique de J par rapport à I.

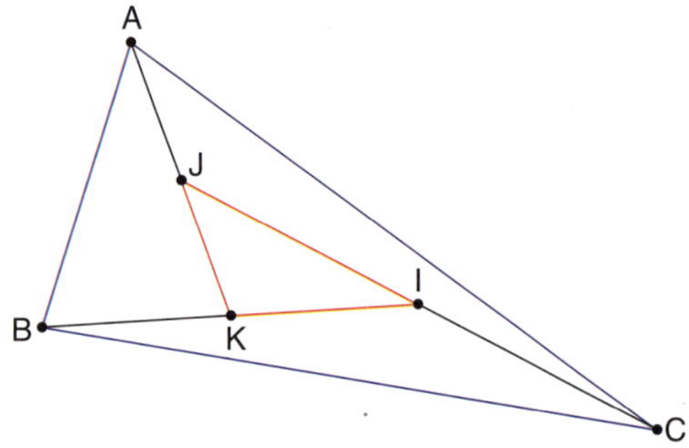

1. Déterminer les coordonnées de K dans le repère $(A ; \overrightarrow{AB}, \overrightarrow{AC})$.

Pour cela, on exprimera $\overrightarrow{AK}$ en fonction de $\overrightarrow{AB}$ et $\overrightarrow{AI}$ puis $\overrightarrow{AI}$ en fonction de $\overrightarrow{AJ}$ et $\overrightarrow{AC}$ et enfin $\overrightarrow{AJ}$ en fonction de $\overrightarrow{AK}$

2. Soit P le point tel que $\overrightarrow{BP} = \frac{1}{3}\overrightarrow{BC}$.

Exprimer $\overrightarrow{AP}$ en fonction de $\overrightarrow{AB}$ et $\overrightarrow{AC}$.

3. a. Déduire des questions précédentes que les points A, K, J et P sont alignés.

b. On considère les points Q et R respectivement définis par $\overrightarrow{CQ} = \frac{1}{3}\overrightarrow{CA}$ et $\overrightarrow{AR} = \frac{1}{3}\overrightarrow{AB}$.

Sans démonstration, que peut-on dire des points C, I, J et R d'une part et des points B, K, I et Q d'autre part ?

4. On donne un triangle ABC. Comment construire un triangle IJK de telle sorte que I, J et K soient les milieux respectifs de [CJ], [AK], [BI] ? (On pourra déterminer les équations des droites (AK), (BI), (CJ) dans le repère $(A ; \overrightarrow{AB}, \overrightarrow{AC})$).

CORRIGÉ

1. On sait que $\overrightarrow{AK} = \frac{1}{2}(\overrightarrow{AB} + \overrightarrow{AI})$, $\overrightarrow{AI} = \frac{1}{2}(\overrightarrow{AJ} + \overrightarrow{AC})$ et $\overrightarrow{AJ} = \frac{1}{2}\overrightarrow{AK}$. On en déduit que :

> **Si I est le milieu de [AB] alors, pour tout point M, $\overrightarrow{MA} + \overrightarrow{MB} = 2\overrightarrow{MI}$.**

$$\overrightarrow{AK} = \frac{1}{2}\left(\overrightarrow{AB} + \frac{1}{2}(\overrightarrow{AJ} + \overrightarrow{AC})\right) = \frac{1}{2}\left(\overrightarrow{AB} + \frac{1}{2}\left(\frac{1}{2}\overrightarrow{AK} + \overrightarrow{AC}\right)\right)$$

$$= \frac{1}{2}\left(\overrightarrow{AB} + \frac{1}{4}\overrightarrow{AK} + \frac{1}{2}\overrightarrow{AC}\right)$$

Donc $\overrightarrow{AK} = \frac{1}{2}\overrightarrow{AB} + \frac{1}{8}\overrightarrow{AK} + \frac{1}{4}\overrightarrow{AC} \Rightarrow \frac{7}{8}\overrightarrow{AK} = \frac{1}{2}\overrightarrow{AB} + \frac{1}{4}\overrightarrow{AC} \Rightarrow \overrightarrow{AK} = \frac{4}{7}\overrightarrow{AB} + \frac{2}{7}\overrightarrow{AC}$.

Les coordonnées de K dans le repère $(A ; \overrightarrow{AB}, \overrightarrow{AC})$ sont $\left(\frac{4}{7} ; \frac{2}{7}\right)$.

2. Dans le repère $(A ; \overrightarrow{AB}, \overrightarrow{AC})$, les coordonnées de A, B, C et P sont respectivement (0 ; 0), (1 ; 0), (0 ; 1), $(x_P ; y_P)$. Celles de $\overrightarrow{BC}$ sont (-1 ; 1).

$\overrightarrow{BP} = \frac{1}{3}\overrightarrow{BC}$ soit $x_P - 1 = -\frac{1}{3}$ et $y_P - 0 = \frac{1}{3}$ donc $x_P = \frac{2}{3}$ et $y_P = \frac{1}{3}$.

Il en résulte que $\overrightarrow{AP} = \frac{2}{3}\overrightarrow{AB} + \frac{1}{3}\overrightarrow{AC}$.

3. a. Les coordonnées de $\overrightarrow{AK}$ sont $\left(\frac{4}{7} ; \frac{2}{7}\right)$ et celles de $\overrightarrow{AP}$ sont $\left(\frac{2}{3} ; \frac{1}{3}\right)$. Puisque $\frac{4}{7} \times \frac{1}{3} - \frac{2}{3} \times \frac{2}{7} = 0$, les vecteurs $\overrightarrow{AK}$ et $\overrightarrow{AP}$ sont colinéaires. Donc les points A, K et P sont alignés, et donc les points A, K, J et P également puisque $J \in (AK)$.

b. Les points C, I, J et R sont alignés ainsi que les points B, K, I et Q.

4. Construisons les points P, Q et R tels que

$\overrightarrow{BP}=\frac{1}{3}\overrightarrow{BC}$, $\overrightarrow{CQ}=\frac{1}{3}\overrightarrow{CA}$ et $\overrightarrow{AR}=\frac{1}{3}\overrightarrow{AB}$.

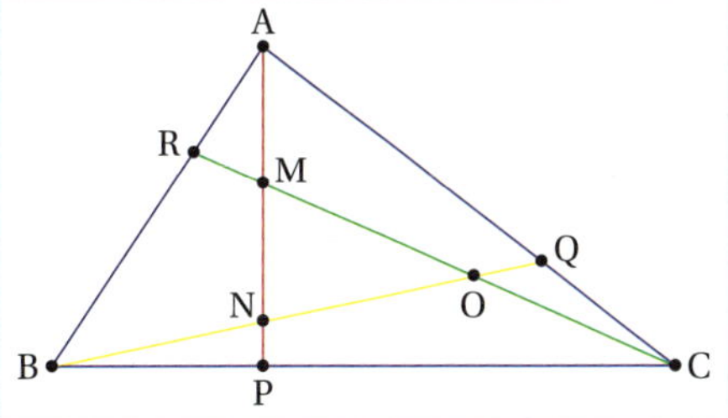

Construisons les droites (AP), (BQ), (CR).

Elles se coupent aux points attendus. Pour le vérifier, déterminons leurs équations dans le repère $(A\,;\overrightarrow{AB},\overrightarrow{AC})$.

Les coordonnées de P, Q et R sont respectivement $\left(\frac{2}{3};\frac{1}{3}\right)$, $\left(0;\frac{2}{3}\right)$ et $\left(\frac{1}{3};0\right)$.

• L'équation de (AP) est $y=\frac{1}{2}x$ puisqu'elle passe par l'origine du repère et que $y_P=\frac{1}{2}x_P$.

• Celle de (BQ) est $\frac{x}{1}+\frac{y}{\frac{2}{3}}=1$ donc $y=-\frac{2}{3}x+\frac{2}{3}$.

> Si une droite passe par les points de coordonnées $(\alpha\,;0)$ et $(\beta\,;0)$, son équation est $\frac{x}{\alpha}+\frac{y}{\beta}=1$ (à condition que $\alpha \neq 0$ et $\beta \neq 0$).

• Celle de (CR) est $\frac{x}{\frac{1}{3}}+\frac{y}{1}=1$ donc $y=-3x+1$.

L'intersection de (AP) et (CR) est le point M dont les coordonnées vérifient le système $\begin{cases} y=\frac{1}{2}x \\ y=-3x+1 \end{cases}$

qui conduit à $x_M=\frac{2}{7}$ et $y_M=\frac{1}{7}$.

On obtiendrait de même $x_N=\frac{4}{7}$ et $y_N=\frac{2}{7}$ puis $x_O=\frac{1}{7}$ et $y_O=\frac{4}{7}$.

> Les coordonnées du milieu de [CM] sont $\left(\frac{x_C+x_M}{2};\frac{y_C+y_M}{2}\right)$.

On vérifie que O est le milieu de [CM], M est le milieu de [AN] et N le milieu de [BO].

Ainsi J = M, I = O et K = N.

10 Produit scalaire

www.annabac.com

LE PRODUIT SCALAIRE est une opération qui fournit un nombre à partir de deux vecteurs. Son usage est apparu vers le milieu du XIXe siècle et des mathématiciens lui donnaient le nom de « produit intérieur ». On l'utilise notamment en physique pour calculer le travail d'une force.

1 Définition du produit scalaire de deux vecteurs

A Préliminaires

- Dans la suite, on considère deux vecteurs $\vec{u}$ et $\vec{v}$ de coordonnées respectives $(x\,;y)$ et $(x'\,;y')$ dans un repère $(\mathrm{O}\,;\vec{i},\vec{j})$.
- D'autre part, une unité de longueur est choisie une fois pour toutes.
- Enfin, on note $\|\vec{u}\|$ (prononcer « norme de u ») la longueur du vecteur $\vec{u}$; ainsi $\|\overrightarrow{\mathrm{AB}}\| = \mathrm{AB}$.

Si $\vec{u}$ est un vecteur non nul alors le vecteur $\dfrac{\vec{u}}{\|\vec{u}\|}$ a pour norme 1. C'est donc un vecteur unitaire.

De même si $\mathrm{A} \neq \mathrm{B}$, $\dfrac{\overrightarrow{\mathrm{AB}}}{\|\overrightarrow{\mathrm{AB}}\|}$ est un vecteur unitaire.

B Cas de deux vecteurs colinéaires

Définition

Lorsque $\vec{u}$ et $\vec{v}$ sont colinéaires, le **produit scalaire** de $\vec{u}$ et $\vec{v}$ est le nombre que l'on note $\vec{u}\cdot\vec{v}$ ou $\vec{v}\cdot\vec{u}$ et qui est égal à :

1. 0 si l'un des deux vecteurs est égal à $\vec{0}$.

2. $\|\vec{u}\|\|\vec{v}\|$ si $\vec{u}$ et $\vec{v}$ sont de même sens.

3. $-\|\vec{u}\|\|\vec{v}\|$ si $\vec{u}$ et $\vec{v}$ sont de sens contraires.

Le produit scalaire de deux vecteurs colinéaires est un nombre, et non un vecteur, d'où le qualificatif « scalaire », par opposition à « vectoriel ».

C Cas de deux vecteurs non colinéaires

Posons $\vec{u} = \overrightarrow{AB}$ et $\vec{v} = \overrightarrow{AC}$. Soit H la projection orthogonale de C sur (AB).

Définition

Le produit scalaire $\vec{u} \cdot \vec{v}$ est égal au produit scalaire $\overrightarrow{AB} \cdot \overrightarrow{AH}$.

Plusieurs configurations existent : $\overrightarrow{AB} \cdot \overrightarrow{AC} > 0$, $\overrightarrow{AB} \cdot \overrightarrow{AC} < 0$ et $\overrightarrow{AB} \cdot \overrightarrow{AC} = 0$.

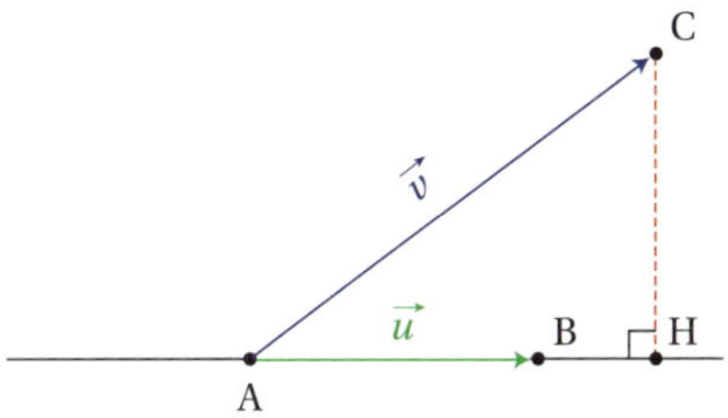

Figure 1

$\overrightarrow{\mathbf{AB}} \cdot \overrightarrow{\mathbf{AC}} > 0$

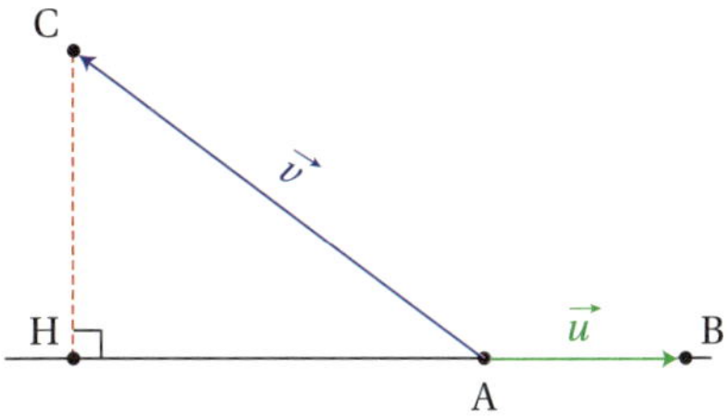

Figure 2

$\overrightarrow{\mathbf{AB}} \cdot \overrightarrow{\mathbf{AC}} < 0$

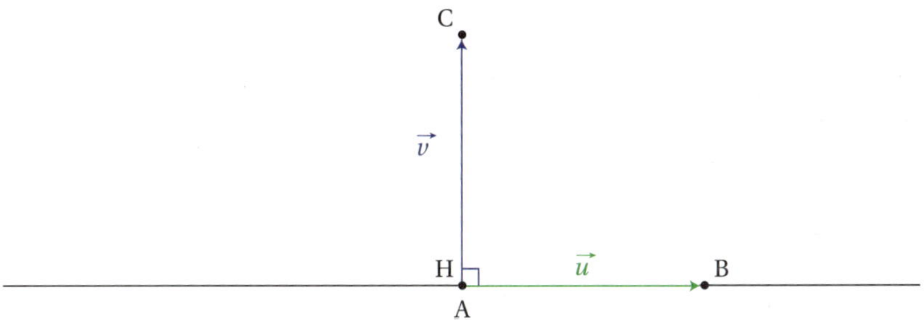

Figure 3

(AC) $\perp$ (AB) donc $\overrightarrow{AH} = \vec{0}$ et donc $\overrightarrow{\mathbf{AB}} \cdot \overrightarrow{\mathbf{AC}} = \mathbf{0}$

Remarques

1. Cette définition repose sur le fait que les vecteurs $\overrightarrow{AB}$ et $\overrightarrow{AH}$ sont colinéaires.

2. Il est toujours possible de choisir deux représentants de $\vec{u}$ et $\vec{v}$ ayant la même origine. On démontre que, quelle que soit cette origine, la valeur du produit scalaire ne change pas.

3. On a vu que $\vec{u} \cdot \vec{v} = \vec{v} \cdot \vec{u}$.

On voit donc que $\vec{u} \cdot \vec{v} = 0$ si et seulement si $\vec{u}$ et $\vec{v}$ sont perpendiculaires. Pour que $\vec{u} \cdot \vec{v} = 0$, il n'est donc pas nécessaire que l'on ait $\vec{u} = \vec{0}$ ou $\vec{v} = \vec{0}$; c'est juste suffisant.

D Expression du produit scalaire avec le cosinus

Théorème : Soient $\vec{u}$ et $\vec{v}$ deux vecteurs non nuls. Posons $\vec{u}=\overrightarrow{AB}$ et $\vec{v}=\overrightarrow{AC}$. Alors :

$$\boldsymbol{\vec{u}\cdot\vec{v}=\|\vec{u}\|\|\vec{v}\|\cos\widehat{BAC}}$$

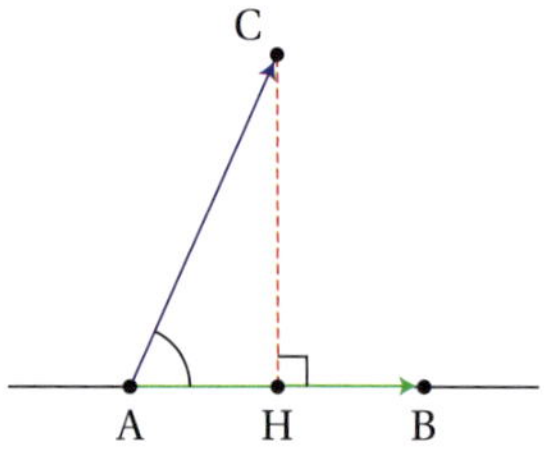

Démonstration

• Dans le cas où l'angle $\widehat{BAC}$ est aigu, on sait que $AH = AC\cos\widehat{BAC}$ et donc :

$\vec{u}\cdot\vec{v}=\overrightarrow{AB}\cdot\overrightarrow{AH}=AB\times AH=AB\times AC\cos\widehat{BAC}=\|\vec{u}\|\|\vec{v}\|\cos\widehat{BAC}$.

C'est ce qu'il fallait démontrer.

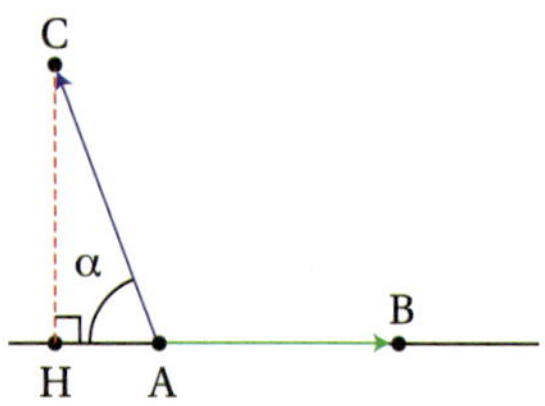

• Dans le cas où l'angle $\widehat{BAC}$ est obtus, on raisonne de la même façon sachant que l'angle α marqué sur la figure est égal à $\pi-\widehat{BAC}$ ($\widehat{BAC}$ étant exprimé en radians). On trouve que $\vec{u}\cdot\vec{v}=-AB\times AH=-AB\times AC\cos\alpha=AB\times AH\cos(\pi-\widehat{BAC})$. C'est ce qu'il fallait démontrer.

> Pour tout angle x, $\cos(\pi-x)=-\cos x$.

• Dans le cas où $\widehat{BAC}=90°$, on sait que $\cos\widehat{BAC}=0$ donc on a encore $\vec{u}\cdot\vec{v}=0=\|\vec{u}\|\|\vec{v}\|\cos\widehat{BAC}$.

E Cas général

Nous traitons ici du cas où les représentants de deux vecteurs n'ont pas la même origine. Pour cela, on admet le théorème suivant.

Théorème : La valeur du produit scalaire de deux vecteurs ne dépend pas du choix de leurs représentants.

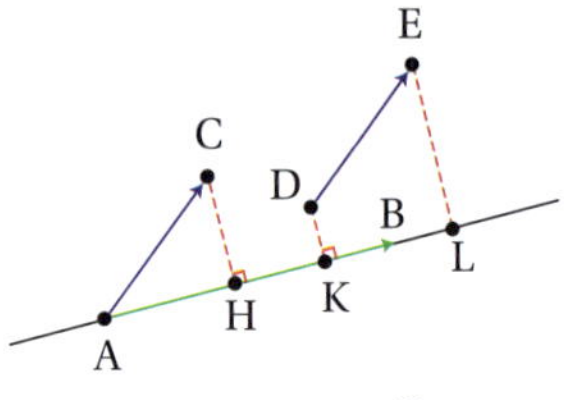

EXEMPLES

1. Sur la figure ci-contre, $\overrightarrow{AC}=\overrightarrow{DE}$. On en déduit que $\overrightarrow{AB}\cdot\overrightarrow{AC}=\overrightarrow{AB}\cdot\overrightarrow{DE}$ et donc $\overrightarrow{AB}\cdot\overrightarrow{AH}=\overrightarrow{AB}\cdot\overrightarrow{KL}$.

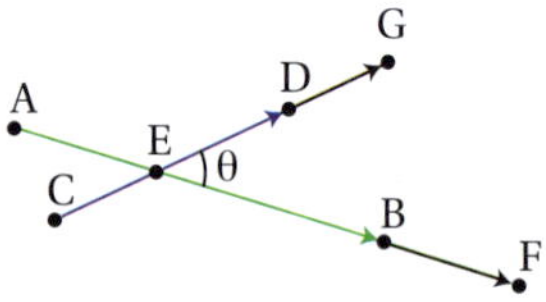

2. Sur la figure ci-contre, $\overrightarrow{CD}=\overrightarrow{EG}$ et $\overrightarrow{AB}=\overrightarrow{EF}$. On en déduit que $\overrightarrow{AB}\cdot\overrightarrow{CD}=\overrightarrow{EF}\cdot\overrightarrow{EG}=AB\times CD\cos\theta$.

2 Propriétés du produit scalaire

A Produit scalaire et opérations

Théorème : Pour tous vecteurs $\vec{u},\vec{v},\vec{w},\vec{t}$ et tout réel α, on a :

> Remarquer l'analogie avec la distributivité dans $\mathbb{R}$.

1. $\vec{u}\cdot(\vec{v}+\vec{w})=\vec{u}\cdot\vec{v}+\vec{u}\cdot\vec{w}$

2. $\vec{u}\cdot(\alpha\vec{v})=\alpha(\vec{u}\cdot\vec{v})$

3. $(\vec{u}+\vec{v})\cdot(\vec{w}+\vec{t})=\vec{u}\cdot\vec{w}+\vec{u}\cdot\vec{t}+\vec{v}\cdot\vec{w}+\vec{v}\cdot\vec{t}$

Démonstration

Posons $\vec{u}=\overrightarrow{AB}$, $\vec{v}=\overrightarrow{AC}$, $\vec{w}=\overrightarrow{AD}$ et $\vec{v}+\vec{w}=\overrightarrow{AS}$.

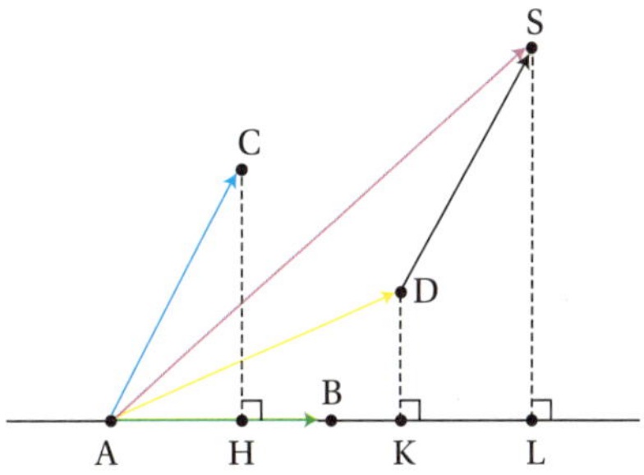

- Démontrons la première égalité dans le cas où les angles $\widehat{BAC}$ et $\widehat{BAD}$ sont aigus.

Dans ce cas, $\vec{u}\cdot(\vec{v}+\vec{w})=\overrightarrow{AB}\cdot\overrightarrow{AS}=AB\times AL$.

D'autre part, $\vec{u}\cdot\vec{v}=AB\times AH=AB\times KL$ (car $\overrightarrow{DS}=\overrightarrow{AC}$)

et $\vec{u}\cdot\vec{w}=AB\times AK$.

Donc $\vec{u}\cdot\vec{v}+\vec{u}\cdot\vec{w}=AB\times(KL+AK)=AB\times AL$.
C'est ce qu'il fallait démontrer.
On démontrerait de même cette égalité dans les autres cas de figure.

- Nous admettrons la seconde égalité.

- La troisième égalité résulte de la première appliquée deux fois.

Remarque : $\overrightarrow{AB}\cdot\overrightarrow{AC}=-\overrightarrow{BA}\cdot\overrightarrow{AC}$.

> **On déduit des égalités précédentes que le produit scalaire se comporte comme une multiplication. En particulier, $(\alpha\vec{u}-\vec{v})\cdot\vec{w}=\alpha\vec{u}\cdot\vec{w}-\vec{v}\cdot\vec{w}$.**
> **C'est pourquoi on se dispense souvent du « point » et on écrit simplement : $(\alpha\vec{u}-\vec{v})\vec{w}=\alpha\vec{u}\vec{w}-\vec{v}\vec{w}$.**

B Expression analytique du produit scalaire

Théorème : On considère deux vecteurs $\vec{u}$ et $\vec{v}$ de coordonnées respectives $(x\,;y)$ et $(x'\,;y')$ dans un repère orthonormé $(O;\vec{i},\vec{j})$. Alors, $\boldsymbol{\vec{u}\cdot\vec{v}=xx'+yy'}$.

En particulier, $\vec{u}\cdot\vec{u}=\|\vec{u}\|^2=x^2+y^2$.

Démonstration : On sait que $\vec{u}=x\vec{i}+y\vec{j}$ et $\vec{v}=x'\vec{i}+y'\vec{j}$. Donc :

$\vec{u}\cdot\vec{v}=(x\vec{i}+y\vec{j})\cdot(x'\vec{i}+y'\vec{j})=xx'\vec{i}\cdot\vec{i}+xy'\vec{i}\cdot\vec{j}+yx'\vec{j}\cdot\vec{i}+yy'\vec{j}\cdot\vec{j}$.

Or $\vec{i}\cdot\vec{i}=1=\vec{j}\cdot\vec{j}$ puisque les vecteurs $\vec{i}$ et $\vec{j}$ sont unitaires et $\vec{i}\cdot\vec{j}=\vec{j}\cdot\vec{i}=0$ puisque les vecteurs $\vec{i}$ et $\vec{j}$ sont orthogonaux. Donc $\vec{u}\cdot\vec{v}=xx'+yy'$.

C'est ce qu'il fallait démontrer.

Remarques

1. La formule n'est valide que dans un repère orthonormé.

2. Si on pose $\vec{u}=\overrightarrow{AB}$ alors $x=x_B-x_A$ et $y=y_B-y_A$. On retrouve alors la formule vue en classe de Seconde : $\|\vec{u}\|^2=AB^2=(x_B-x_A)^2+(y_B-y_A)^2$.

> **D'après la formule précédente, on a $\vec{u}\cdot\vec{i}=x$ et $\vec{u}\cdot\vec{j}=y$ car les coordonnées de $\vec{i}$ et $\vec{j}$ sont respectivement (1 ; 0) et (0 ; 1). Donc $\vec{u}=(\vec{u}\cdot\vec{i})\vec{i}+(\vec{u}\cdot\vec{j})\vec{j}$.**

C Expression du produit scalaire avec des normes

Théorème : On considère deux vecteurs $\vec{u}$ et $\vec{v}$ dans un repère orthonormé $(O;\vec{i},\vec{j})$. Alors :

$$\vec{u}\cdot\vec{v}=\frac{1}{4}\left(\|\vec{u}+\vec{v}\|^2-\|\vec{u}-\vec{v}\|^2\right)$$

Démonstration : On sait que :

$$\left\|\vec{u}+\vec{v}\right\|^2=(\vec{u}+\vec{v})\cdot(\vec{u}+\vec{v})=\vec{u}\cdot\vec{u}+\vec{u}\cdot\vec{v}+\vec{v}\cdot\vec{u}+\vec{v}\cdot\vec{v}=\left\|\vec{u}\right\|^2+2\vec{u}\cdot\vec{v}+\left\|\vec{v}\right\|^2.$$

On trouve de même que : $\left\|\vec{u}-\vec{v}\right\|^2=\left\|\vec{u}\right\|^2-2\vec{u}\cdot\vec{v}+\left\|\vec{v}\right\|^2$.

Donc $\left\|\vec{u}+\vec{v}\right\|^2-\left\|\vec{u}-\vec{v}\right\|^2=4\vec{u}\cdot\vec{v}$.

C'est ce qu'il fallait démontrer.

Exercice résolu : Choisir une expression adaptée du produit scalaire

ÉNONCÉ

Une unité de longueur est choisie.

1. On considère un parallélogramme ABCD dont les côtés mesurent 3 et 5.

a. Calculer AC^2+BD^2.

b. On suppose de plus que $\widehat{BAD}=60°$, calculer $\overrightarrow{AB}\cdot\overrightarrow{AD}$.

2. a. On suppose désormais que ABCD est un rectangle avec AB = 5. Calculer $\overrightarrow{AB}\cdot\overrightarrow{AC}$.

b. On suppose de plus que AD = 3, calculer $\overrightarrow{BD}\cdot\overrightarrow{AC}$.

MÉTHODE

1. a. Remarquer que $\overrightarrow{AC}=\overrightarrow{AD}+\overrightarrow{AB}$ et $\overrightarrow{BD}=\overrightarrow{AD}-\overrightarrow{AB}$.

b. La formule avec le cosinus s'impose.

2. a. Penser à la projection orthogonale de C sur (AB).

b. Choisir un repère orthonormé judicieux pour appliquer « $xx'+yy'$ ».

CORRIGÉ

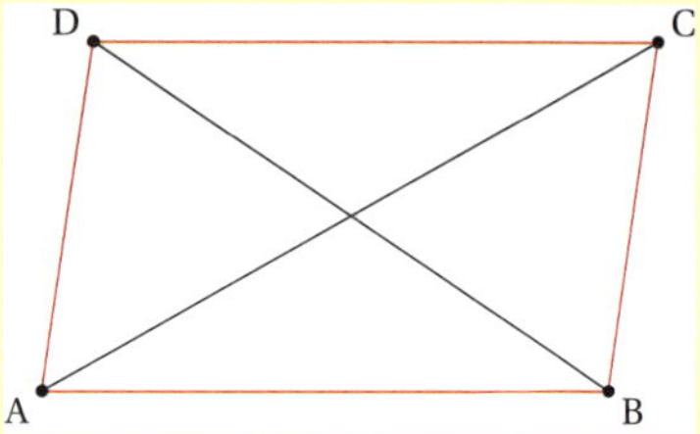

1. a. Posons $\vec{u}=\overrightarrow{AB}$ et $\vec{v}=\overrightarrow{AD}$.

Alors $AC^2=\left\|\vec{u}+\vec{v}\right\|^2=\left\|\vec{u}\right\|^2+\left\|\vec{v}\right\|^2+2\vec{u}\cdot\vec{v}$

et $BD^2=\left\|\vec{v}-\vec{u}\right\|^2=\left\|\vec{u}\right\|^2+\left\|\vec{v}\right\|^2-2\vec{u}\cdot\vec{v}$.

On en déduit par addition que :

> Il est inutile de savoir quels côtés mesurent 5 et 3 !

$$AC^2+BD^2=2\left(\left\|\vec{u}\right\|^2+\left\|\vec{v}\right\|^2\right)=2(AB^2+AD^2)=68.$$

b. On sait que $\overrightarrow{AB}\cdot\overrightarrow{AD}=AB\times AD\cos\widehat{BAD}=\frac{15}{2}$.

> La longueur de AC n'intervient pas dans le calcul.

2. a. La projection orthogonale de C sur (AB) est le point B. Donc, par définition, $\overrightarrow{AC}\cdot\overrightarrow{AB}=AB\times AB=25$.

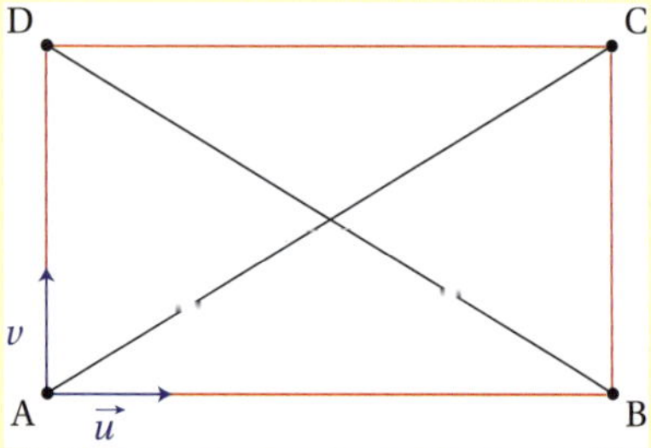

b. Posons $\vec{u}=\frac{\overrightarrow{AB}}{\left\|\overrightarrow{AB}\right\|}$ et $\vec{v}=\frac{\overrightarrow{AD}}{\left\|\overrightarrow{AD}\right\|}$. Le repère $(A;\vec{u},\vec{v})$ est un repère orthonormé et les coordonnées des vecteurs $\overrightarrow{BD}$ et $\overrightarrow{AC}$ sont respectivement (– 5 ; 3) et (5 ; 3).

Par conséquent, $\overrightarrow{BD}\cdot\overrightarrow{AC}=-25+9=-16$.

EXERCICE DE SYNTHÈSE

On considère un triangle ABC d'orthocentre H. Le but du problème est de caractériser vectoriellement H.

1. Montrer que $\overrightarrow{HA} \cdot \overrightarrow{HB} = \overrightarrow{HB} \cdot \overrightarrow{HC} = \overrightarrow{HC} \cdot \overrightarrow{HA}$.

2. Réciproquement, soit M un point tel que $\overrightarrow{MA} \cdot \overrightarrow{MB} = \overrightarrow{MB} \cdot \overrightarrow{MC} = \overrightarrow{MC} \cdot \overrightarrow{MA}$.

a. Calculer les produits scalaires $\overrightarrow{MA} \cdot \overrightarrow{BC}$, $\overrightarrow{MB} \cdot \overrightarrow{CA}$ et $\overrightarrow{MC} \cdot \overrightarrow{AB}$.

b. En déduire que M = H.

3. Conclure.

CORRIGÉ

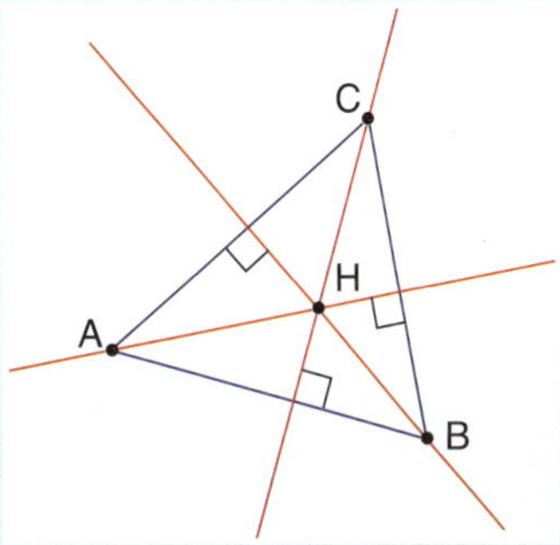

1. On a :

$\overrightarrow{HA} \cdot \overrightarrow{HB} = (\overrightarrow{HC} + \overrightarrow{CA}) \cdot \overrightarrow{HB} = \overrightarrow{HC} \cdot \overrightarrow{HB} + \overrightarrow{CA} \cdot \overrightarrow{HB}$.

Or $\overrightarrow{CA} \cdot \overrightarrow{HB} = 0$ car (HB) est perpendiculaire à (CA) ;

donc $\overrightarrow{HA} \cdot \overrightarrow{HB} = \overrightarrow{HC} \cdot \overrightarrow{HB}$.

On a de même $\overrightarrow{HB} \cdot \overrightarrow{HC} = \overrightarrow{HC} \cdot \overrightarrow{HA}$.

C'est ce qu'il fallait démontrer.

2. a. On a :

$\overrightarrow{MA} \cdot \overrightarrow{BC} = \overrightarrow{MA} \cdot (\overrightarrow{BM} + \overrightarrow{MC}) = \overrightarrow{MA} \cdot \overrightarrow{BM} + \overrightarrow{MA} \cdot \overrightarrow{MC} = -\overrightarrow{MA} \cdot \overrightarrow{MB} + \overrightarrow{MA} \cdot \overrightarrow{MC} = 0$.

De même, $\overrightarrow{MB} \cdot \overrightarrow{CA} = \overrightarrow{MC} \cdot \overrightarrow{AB} = 0$.

b. Des égalités précédentes, on déduit que :

- (MA) $\perp$ (BC) donc (MA) est la hauteur issue de A.
- (MB) $\perp$ (CA) donc (MB) est la hauteur issue de B.

Par conséquent, le point M est l'orthocentre de ABC puisque c'est le point de concours de deux hauteurs et M = H.

3. L'orthocentre d'un triangle ABC est donc l'unique point M tel que $\overrightarrow{MA} \cdot \overrightarrow{MB} = \overrightarrow{MB} \cdot \overrightarrow{MC}$.

11 Applications du produit scalaire

www.annabac.com

EN RAISON DE SON LIEN ÉTROIT avec le cosinus d'un angle, le produit scalaire fournit un bon moyen d'établir des formules de trigonométrie. Plus surprenant est son lien avec l'orthogonalité.
Par ailleurs, son application conduit à une généralisation du théorème de Pythagore en utilisant les relations établies par le mathématicien perse Al-Kashi.

Dans toute la suite, on se place dans un repère orthonormé $(O ; \vec{i}, \vec{j})$.

1 Équations cartésiennes de droites et de cercles

A Équations de droites

On sait qu'une droite a pour équation $ax + by + c = 0$, a, b et c étant trois constantes telles que $(a ; b) \neq (0 ; 0)$.
On sait aussi qu'un vecteur directeur de la droite associée à cette équation a pour coordonnées $(-b ; a)$.
Ici, on va voir que l'on peut donner à a et à b une autre signification.

Définition

Un **vecteur normal** à une droite est un vecteur perpendiculaire à cette droite.

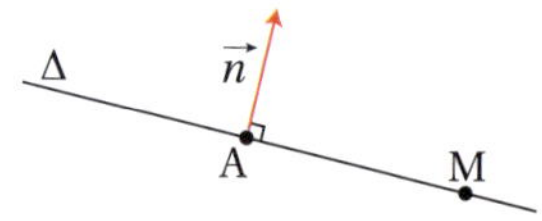

• Considérons une droite Δ dont un vecteur normal est $\vec{n}(a ; b)$.

Un point $M(x ; y) \in \Delta$ si et seulement si $\overrightarrow{AM}$ est perpendiculaire à $\vec{n}$ donc si et seulement si $\overrightarrow{AM} \cdot \vec{n} = \vec{0}$.

Les coordonnées de $\overrightarrow{AM}$ étant $(x - x_A ; y - y_A)$, on obtient l'égalité $a(x - x_A) + b(y - y_A) = 0$ équivalente à $ax + by - ax_A - by_A = 0$.
Cette équation est de la forme $ax + by + c = 0$.

• Réciproquement, soient a, b et c trois constantes telles que $(a ; b) \neq (0 ; 0)$. Considérons la droite d d'équation $ax + by + c = 0$. Un vecteur directeur $\vec{u}$ de cette droite a pour coordonnées $(-b ; a)$.

Le vecteur $\vec{n}(a, b)$ est perpendiculaire à $\vec{u}$ car $(-b)a + ab = 0$, et c'est donc un vecteur normal à d.
On en déduit le théorème suivant.

Théorème

Soit $\vec{n}(a ; b)$ un vecteur non nul. Toute droite dont un vecteur normal est $\vec{n}$ a une équation de la forme $ax + by + c = 0$.

Réciproquement, soient a, b et c trois constantes telles que $(a ; b) \neq (0 ; 0)$.
La droite d'équation $ax + by + c = 0$ a un vecteur normal de coordonnées $(a ; b)$.

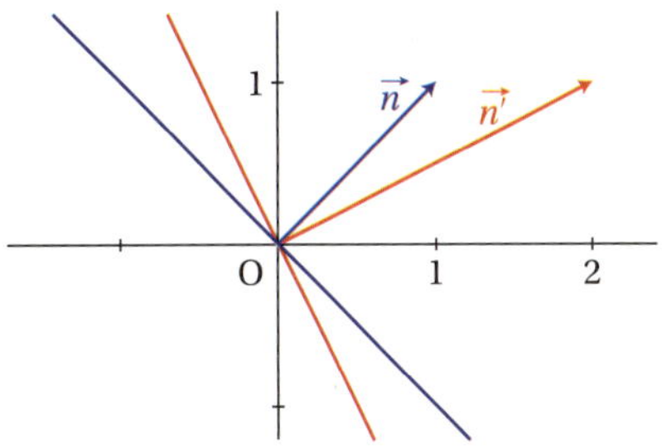

EXEMPLES

1. La droite passant par l'origine du repère et dont un vecteur normal $\vec{n}$ a pour coordonnées $(1 ; 1)$ a pour équation $x + y = 0$.

2. La droite d'équation $2x + y = 0$ est la droite passant par l'origine et dont un vecteur normal $\vec{n'}$ a pour coordonnées $(2 ; 1)$.

B Orthogonalité de deux droites

Théorèmes

1. Deux droites d et d' d'équations respectives $ax + by + c = 0$ et $a'x + b'y + c' = 0$ sont perpendiculaires si et seulement si :

$$\boldsymbol{aa' + bb' = 0}$$

2. Deux droites d et d' d'équations réduites respectives $y = mx + p$ et $y' = m'x + p'$ sont perpendiculaires si et seulement si :

$$\boldsymbol{mm' = -1}$$

Démonstration

1. Les deux droites d et d' sont perpendiculaires si et seulement si leurs vecteurs normaux de coordonnées respectives $(a ; b)$ et $(a' ; b')$ le sont, donc si et seulement si $aa' + bb' = 0$.

2. Les vecteurs directeurs des droites d et d' ont respectivement pour coordonnées $(1 ; m)$ et $(1 ; m')$. Les deux droites sont perpendiculaires si et seulement si leurs vecteurs directeurs le sont, donc si et seulement si $1 + mm' = 0$. C'est ce qu'il fallait démontrer.

Deux droites sont perpendiculaires si et seulement si leurs vecteurs normaux le sont, ou si et seulement si leurs vecteurs directeurs le sont.

Remarques

1. La condition d'orthogonalité de deux droites est à rapprocher de la condition de leur parallélisme. D'un côté, $aa' + bb' = 0$ (orthogonalité) et de l'autre, $ab' - a'b = 0$ (parallélisme).

2. Les deux droites d et d' sont perpendiculaires si et seulement si leurs vecteurs directeurs (de coordonnées respectives $(-b ; a)$ et $(-b' ; a')$) sont orthogonaux, donc si et seulement si $(-b)(-b') + aa' = 0$.
On retrouve la condition du théorème.

C Équations cartésiennes d'un cercle

On donne un cercle de centre $A(x_A ; y_A)$, un nombre positif R et on cherche à trouver une équation du cercle de centre A et de rayon R. Cela signifie qu'on cherche une équation faisant intervenir les coordonnées d'un point $M(x ; y)$. Celle-ci nous fournira deux types d'indications.
1. Si les coordonnées de M sont solutions de cette équation alors le point M appartient au cercle.

2. Si les coordonnées de M ne sont pas solutions de cette équation alors le point M n'appartient pas au cercle.

On a les équivalences suivantes :

$AM = R \Leftrightarrow AM^2 = R^2 \Leftrightarrow (x - x_A)^2 + (y - y_A)^2 = R^2$

$$\Leftrightarrow x^2 + y^2 - 2x_A x - 2y_A y + x_A^2 + y_A^2 - R^2 = 0$$

Cette équation est de la forme $x^2 + y^2 - 2ax - 2by + c = 0$ où a, b et c sont trois constantes dépendant de A et de R : $a = x_A$, $b = y_A$, et $c = x_A^2 + y_A^2 - R^2$. D'où le théorème.

Théorème

Tout cercle de centre A(a ; b) a pour équation

$$\boldsymbol{(x - a)^2 + (y - b)^2 = R^2}$$

que l'on peut écrire sous la forme $x^2 + y^2 - 2ax - 2by + c = 0$ où c est une constante dépendant de a, b et R.

Ce cercle s'appelle le cercle unité.

Remarques

1. Le cercle de centre O et de rayon 1 a pour équation $x^2 + y^2 - 1 = 0$.
En effet, $OM^2 = 1 \Leftrightarrow x^2 + y^2 = 1$.

2. Un cercle de centre donné a une infinité d'équations.
Si $x^2 + y^2 - 2ax - 2by + c = 0$ est l'une d'elles alors toute équation de la forme $k(x^2 + y^2 - 2ax - 2by + c) = 0$, k étant un nombre non nul, en est une autre.

3. Considérons trois constantes a, b et c. L'ensemble des points M dont les coordonnées (x ; y) vérifient l'équation $x^2 + y^2 - 2ax - 2by + c = 0$ n'est pas nécessairement un cercle ! Ce peut être l'ensemble vide.

Théorème

Soient A et B deux points. Un point M appartient au cercle de diamètre [AB] si et seulement si :

$$\overrightarrow{\mathbf{MA}} \cdot \overrightarrow{\mathbf{MB}} = \mathbf{0}$$

En utilisant la traduction analytique (c'est-à-dire avec les coordonnées) de l'égalité $\overrightarrow{MA} \cdot \overrightarrow{MB} = 0$, on trouve une équation de la forme attendue.

Démonstration : Un point M appartient au cercle de diamètre [AB] si et seulement si l'angle $\widehat{AMB}$ est droit, donc si et seulement si (MA) et (MB) sont perpendiculaires, équivalent à $\overrightarrow{MA} \cdot \overrightarrow{MB} = 0$.
C'est ce qu'il fallait démontrer.

Exercice résolu : Caractériser un ensemble de points

ÉNONCÉ

Dans un repère orthonormé (O ; $\vec{i}$, $\vec{j}$), on considère trois ensembles de points M(x ; y) notés E_1, E_2, E_3 dont les coordonnées vérifient les équations suivantes :

1. $x^2 + y^2 - 2x - 2y - 7 = 0$

2. $x^2 + y^2 - 6x + 2y + 10 = 0$

3. $x^2 + y^2 + 2x - 4y + 6 = 0$

Que sont ces ensembles ?

MÉTHODE

Pour examiner les ensembles de points dont les équations sont de la forme $x^2 + y^2 - 2ax - 2by + c = 0$, on peut choisir l'une des méthodes suivantes.

Méthode par cœur	Méthode avec des calculs
Le centre du cercle a pour coordonnées $(a\ ;\ b)$ et $c = a^2 + b^2 - R^2$, donc $R^2 = a^2 + b^2 - c^2$ s'il est positif.	Tenter de retrouver l'équation $(x - a)^2 + (y - b)^2 = R^2$ en utilisant des identités remarquables.

CORRIGÉ

Méthode par cœur

On calcule $a^2 + b^2 - c$. Si ce nombre est négatif alors l'ensemble considéré est vide. Sinon, c'est un cercle de rayon $\sqrt{a^2 + b^2 - c}$ car alors $R^2 = a^2 + b^2 - c$.

	a	b	c	$a^2 + b^2 - c$	Conclusion
1.	1	1	- 7	9	E_1 est le cercle de centre I(1 ; 1) et de rayon 3.
2.	3	- 1	10	0	E_2 est le cercle de centre I(3 ; - 1) et de rayon 0. Donc $E_2 = \{\text{I}\}$.
3.	- 1	2	6	- 1	$E_3 = \varnothing$.

Méthode avec des calculs

1. $x^2 + y^2 - 2x - 2y - 7 = x^2 - 2x + \underbrace{1 - 1}_{\text{astuce}} + y^2 - 2y + \underbrace{1 - 1}_{\text{astuce}} - 7$

$= (x^2 - 2x + 1) + (y^2 - 2y + 1) - 1 - 1 - 7$

$= (x - 1)^2 + (y - 1)^2 - 9$

Donc $x^2 + y^2 - 2x - 2y - 7 = 0 \Leftrightarrow (x - 1)^2 + (y - 1)^2 = 9$

Considérons le point I(1 ; 1). L'égalité précédente équivaut à $\text{IM}^2 = 3^2$.

L'ensemble cherché E_1 est donc le cercle de centre I et de rayon 3.

2. $x^2 + y^2 - 6x + 2y + 10 = x^2 - 6x + \underbrace{9 - 9}_{\text{astuce}} + y^2 + 2y + \underbrace{1 - 1}_{\text{astuce}} + 10$

$= (x^2 - 6x + 9) + (y^2 + 2y + 1) - 9 - 1 + 10$

$= (x - 3)^2 + (y + 1)^2$

Donc $x^2 + y^2 - 6x + 2y + 10 = 0 \Leftrightarrow (x - 3)^2 + (y + 1)^2 = 0$

Considérons le point I(3 ; - 1). L'égalité précédente équivaut à $\text{IM}^2 = 0$.

E_2 est donc le point I.

3. Par le même procédé, on trouve :

$x^2 + y^2 + 2x - 4y + 6 = 0 \Leftrightarrow (x + 1)^2 + (y - 2)^2 = - 1$

La somme de deux carrés étant positive, on ne peut pas trouver x et y donc $E_3 = \varnothing$.

2 Relations métriques dans un triangle

A Théorème de la médiane

Théorème : Considérons un segment [AB] et I son milieu. Alors, pour tout point M, on a :

1. $MA^2 + MB^2 = \frac{1}{2}AB^2 + 2MI^2$

2. $MA^2 - MB^2 = 2\overrightarrow{IM} \cdot \overrightarrow{AB}$

3. $\overrightarrow{MA} \cdot \overrightarrow{MB} = MI^2 - \frac{1}{4}AB^2$

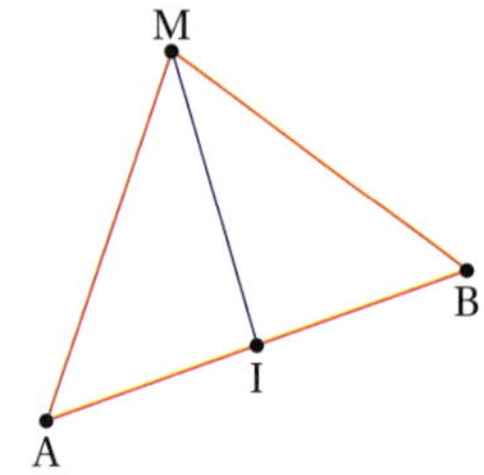

Démonstration

1. On sait que :

$MA^2 = (\overrightarrow{MI} + \overrightarrow{IA}) \cdot (\overrightarrow{MI} + \overrightarrow{IA}) = MI^2 + 2\overrightarrow{MI} \cdot \overrightarrow{IA} + IA^2$

$MB^2 = (\overrightarrow{MI} + \overrightarrow{IB}) \cdot (\overrightarrow{MI} + \overrightarrow{IB}) = MI^2 + 2\overrightarrow{MI} \cdot \overrightarrow{IB} + IB^2$

> On sait que $\overrightarrow{IA} + \overrightarrow{IB} = \vec{0}$ car I est le milieu de [AB].

Donc,

$MA^2 + MB^2 = 2MI^2 + IA^2 + IB^2 + 2\overrightarrow{MI} \cdot (\overrightarrow{IA} + \overrightarrow{IB}) = 2MI^2 + \left(\frac{1}{2}AB\right)^2 + \left(\frac{1}{2}AB\right)^2.$

D'où le résultat.

2. En utilisant la démonstration précédente, on trouve l'égalité demandée car

$$MA^2 - MB^2 = 2\overrightarrow{IM} . (\overrightarrow{AI} + \overrightarrow{IB})$$

3. Enfin,

$$\overrightarrow{MA} \cdot \overrightarrow{MB} = (\overrightarrow{MI} + \overrightarrow{IA}) \cdot (\overrightarrow{MI} + \overrightarrow{IB}) = MI^2 + \overrightarrow{MI} \cdot (\overrightarrow{IA} + \overrightarrow{IB}) + \overrightarrow{IA} \cdot \overrightarrow{IB} = MI^2 - \left(\frac{1}{2}AB\right)^2$$

C'est ce qu'il fallait démontrer.

B Formules d'Al-Kashi

Les formules qui vont suivre sont des généralisations du théorème de Pythagore dans le cas d'un triangle quelconque. Par exemple, si le triangle est rectangle en C, $\cos\widehat{C} = 0$ et on retrouve le résultat connu $c^2 = a^2 + b^2$.

Théorème : Soit ABC un triangle. On note $AB = c$, $BC = a$, $CA = b$.
Alors :

$a^2 = b^2 + c^2 - 2bc\cos\widehat{A}$

$b^2 = c^2 + a^2 - 2ca\cos\widehat{B}$

$c^2 = a^2 + b^2 - 2ab\cos\widehat{C}$

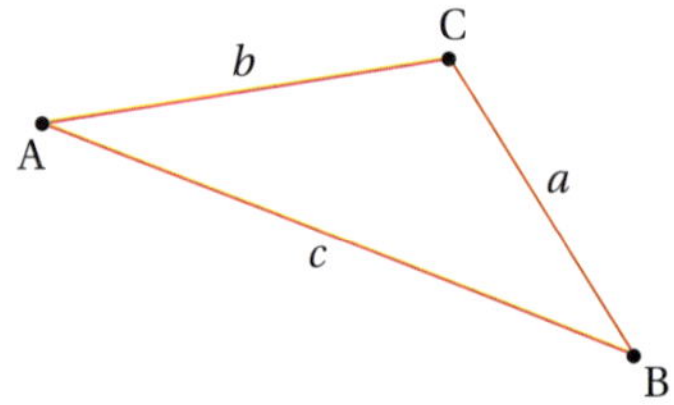

Démonstration

Démontrons la première égalité.

$BC^2 = \overrightarrow{BC} \cdot \overrightarrow{BC} = (\overrightarrow{BA} + \overrightarrow{AC}) \cdot (\overrightarrow{BA} + \overrightarrow{AC}).$

Donc $BC^2 = BA^2 + AC^2 + 2\overrightarrow{BA} \cdot \overrightarrow{AC} \Rightarrow a^2 = c^2 + b^2 - 2\overrightarrow{AB} \cdot \overrightarrow{AC} = c^2 + b^2 - 2bc\cos\widehat{A}$.

C'est ce qu'il fallait démontrer.

On procède de même pour les deux autres égalités.

Remarque
Une fois la première égalité mémorisée, on obtient la seconde par permutation circulaire, c'est-à-dire en remplaçant a par b, b par c et c par a. On opère de même pour la troisième.

Remarquer que le nom des côtés est la lettre minuscule de leur sommet opposé.

Exercice résolu : Trouver une équation d'une tangente à un cercle

ÉNONCÉ

Dans un repère orthonormé $(O ; \vec{i}, \vec{j})$, on donne un cercle $\mathscr{C}$ et un point A de ce cercle. Il s'agit de trouver une équation de la tangente (T) au cercle passant par A.

1. Le cercle a pour équation $x^2 + y^2 = 1$ et le point A a pour coordonnées $(-1 ; 0)$.

2. Le cercle $\mathscr{C}$ a pour centre I(1 ; 2) et le point A a pour coordonnées $(-1 ; 3)$.

MÉTHODE

Dans tous les cas, il suffit de trouver un vecteur normal à la tangente. Il s'agit de tout vecteur colinéaire à $\overrightarrow{IA}$.

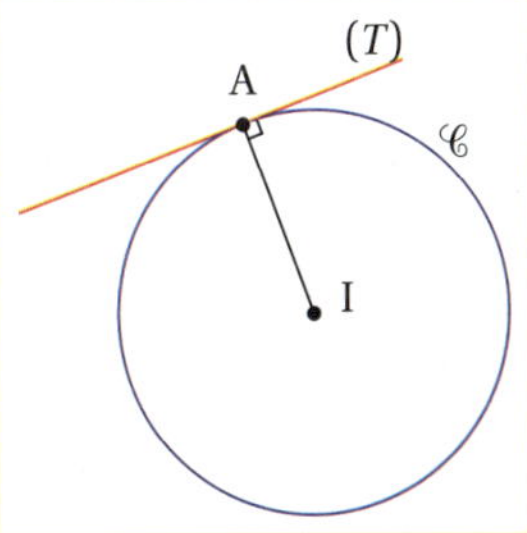

CORRIGÉ

1. Il s'agit du cercle unité, donc de centre O et de rayon 1. Les coordonnées de $\overrightarrow{OA}$ sont $(-1 ; 0)$ et c'est un vecteur normal à la tangente. Son équation est de la forme $-1x + 0y + c = 0$, donc $x = c$

Puisque $A(-1 ; 0) \in (T)$, $c = -1$. L'équation de (T) cherchée est $x = -1$.

2. Un point $M(x, y) \in (T)$ si et seulement si $\overrightarrow{AI} \cdot \overrightarrow{AM} = 0$. Le vecteur $\overrightarrow{AI}$ ayant pour coordonnées $(2 ; -1)$ on trouve pour l'équation de (T) $(x+1) \times 2 + (y-3) \times (-1) = 0$ c'est-à-dire $2x - y + 5 = 0$.

Dans cette question, on voit non seulement qu'il est inutile de connaître une équation du cercle mais aussi qu'il n'est pas utile de connaître son rayon (qui est égal à IA).

EXERCICE DE SYNTHÈSE

On donne une droite d d'équation $ax + by + c = 0$ et un point $A(x_0 ; y_0)$. L'objectif est de prouver que, H étant le projeté orthogonal de A sur d, on a $AH = \dfrac{|ax_0 + by_0 + c|}{\sqrt{a^2 + b^2}}$.

1. a. $\overrightarrow{AH}$ est un vecteur normal à d. Montrer qu'il existe $k \in \mathbb{R}$ tel que $\begin{cases} x_H = x_0 + ka \\ y_H = y_0 + kb \end{cases}$.

b. Montrer que $k = \dfrac{-ax_0 - by_0 - c}{a^2 + b^2}$.

2. a. Montrer que $AH = |k| \, \|\vec{n}\|$.

b. Conclure.

3. Application. On donne la droite d d'équation $y = 2x - 1$ et A le point de coordonnées $(-4 ; 3)$. Calculer AH.

CORRIGÉ

1. a. Un vecteur normal $\vec{n}$ à d a pour coordonnées $(a\ ;b)$. Il existe un nombre k tel que $\overrightarrow{AH}=k\vec{n}$ et donc $\begin{cases} x_H - x_0 = ka \\ y_H - y_0 = kb \end{cases}$.

C'est ce qu'il fallait démontrer.

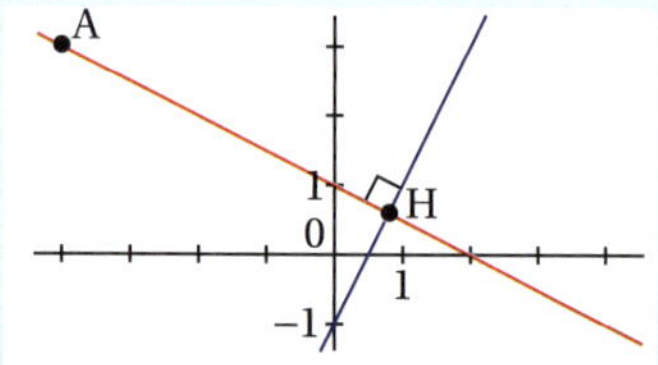

b. Puisque $H \in d$,
$a(x_0+ka)+b(y_0+kb)+c=0 \Rightarrow k(a^2+b^2)=-ax_0-by_0-c$.
C'est ce qu'il fallait démontrer.

2. a. Puisque $\overrightarrow{AH}=k\vec{n}$, on trouve $AH=\left\|\overrightarrow{AH}\right\|=\left\|k\vec{n}\right\|=|k|\left\|\vec{n}\right\|$.
C'est ce qu'il fallait démontrer.

b. Puisque $\left\|\vec{n}\right\|=\sqrt{a^2+b^2}$,

$$AH=\left|\frac{-ax_0-by_0-c}{a^2+b^2}\right|\sqrt{a^2+b^2}=\frac{\left|-(ax_0+by_0+c)\right|}{\left(\sqrt{a^2+b^2}\right)^2}\sqrt{a^2+b^2}$$

$$=\frac{\left|ax_0+by_0+c\right|}{\sqrt{a^2+b^2}}.$$

Pour tout nombre X, on a $|X|=|-X|$.

C'est ce qu'il fallait démontrer.

3. L'équation $y=2x+1$ équivaut à $2x-y+1=0$. En utilisant le résultat de la question précédente, on trouve :

$$AH=\frac{\left|2\times(-4)-3+1\right|}{\sqrt{2^2+(-1)^2}} \Rightarrow AH=\frac{10}{\sqrt{5}}=2\sqrt{5}.$$

12 Trigonométrie

@ www.annabac.com

On a vu au Collège et en classe de Seconde que la trigonométrie est l'étude des relations existant entre les longueurs des côtés d'un triangle rectangle et ses angles.
En classe de Première, on utilise le sinus et le cosinus dans des triangles quelconques et on les étudie comme des fonctions à part entière.

Dans toute la suite, on se place dans un repère orthonormé $(O ; \vec{i}, \vec{j})$.

1 Introduction

A Le cercle trigonométrique

Définition : Soit $\mathscr{C}$ le cercle de centre O et de rayon 1. Sur $\mathscr{C}$, il existe deux sens de parcours opposés. Par convention, le sens marqué d'une flèche sur la figure s'appelle le **sens trigonométrique**. Ainsi orienté, le cercle unité s'appelle le **cercle trigonométrique**.

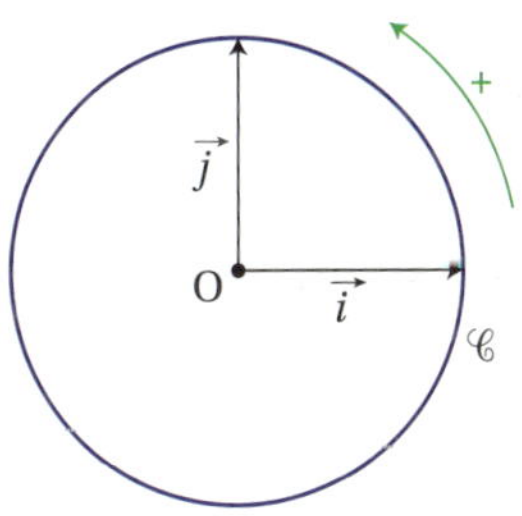

Remarque : Le sens trigonométrique s'appelle aussi le sens direct, ou positif.

B Mesures en radians d'un angle orienté

Définition : Soit M un point du cercle trigonométrique. Une mesure en radians de l'angle orienté $(\vec{i}, \overrightarrow{OM})$ est la longueur de l'arc $\overset{\frown}{AM}$ représenté en bleu sur la figure. Cette mesure est notée x.

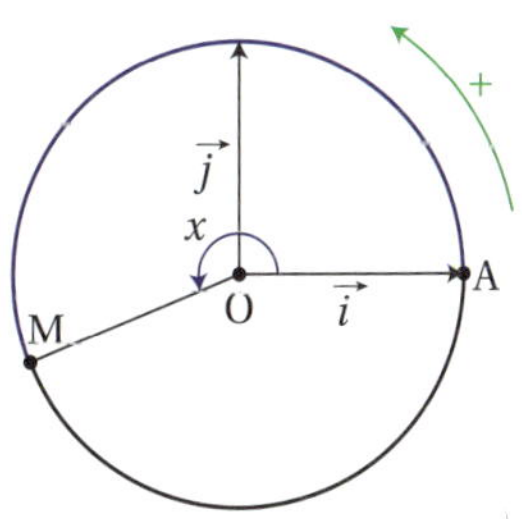

Remarques : L'angle au centre de mesure x radians intercepte un arc de mesure x unités (rappelons qu'on se place dans un repère orthonormé ; une unité de longueur est donc choisie une fois pour toutes.)
Imaginons un fil de longueur x.

- Fixons une extrémité en A et enroulons le fil sur le cercle dans le sens positif. La seconde extrémité se superpose à M. Si le fil a pour longueur $2\pi + x$ et si l'on fixe toujours l'extrémité en A, la seconde extrémité se superpose aussi en M car la longueur du cercle est égale à 2π. Il en va de même pour tout fil de longueur $k2\pi + x$, où $k \in \mathbb{N}$. Par conséquent, l'angle orienté $(\vec{i}, \overrightarrow{OM})$ a une infinité de mesures en radians de la forme $2k\pi + x$ où $k \in \mathbb{N}$.

L'abréviation de radian est rad.

• Si on parcourt le cercle dans le sens négatif, il faut un fil de longueur $2\pi - x$ pour relier A à M. On convient alors que l'angle orienté $(\vec{i}, \overrightarrow{OM})$ a pour mesure $-(2\pi - x)$ radians, c'est-à-dire $x - 2\pi$ radians. Des fils de longueurs $4\pi - x$, $6\pi - x$, et plus généralement $2k\pi - x$, $k \in \mathbb{N}$, conduisent aux mesures $x - 2k\pi$ radians.

$\mathbb{Z}$ **est l'ensemble des entiers relatifs 0 ; 1 ; – 1 ; 2 ; – 2...**

Définition et **théorème :** La mesure principale en radians d'un angle orienté sur le cercle trigonométrique est un nombre de l'intervalle $]-\pi ; \pi]$. Si on note x cette mesure alors tout nombre de la forme $2k\pi + x$, $k \in \mathbb{Z}$, est encore une mesure de l'angle orienté.

Voici les correspondances usuelles entre mesure en degrés et mesure en radians positive.

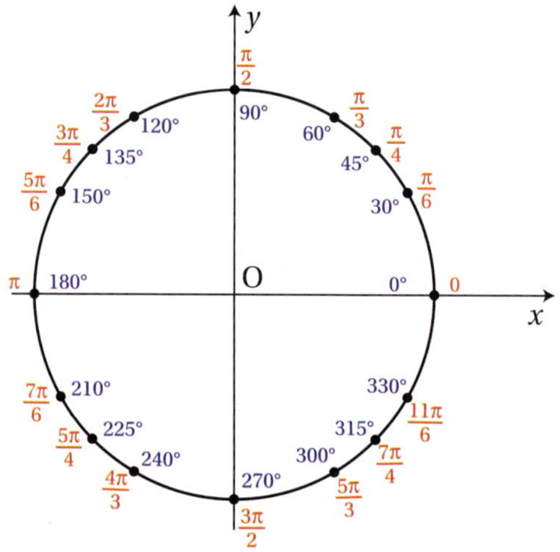

CONVERSION DES DEGRÉS EN RADIANS

On convertit les mesures en degrés en mesures en radians en utilisant le tableau de proportionnalité suivant :

Mesure en radians	r	π
Mesure en degrés	d	180

Ainsi, $180\,r = \pi d$. On voit que 180° mesurent le même angle que π rad.

2 Formules simples

A Rappels

Dans les classes précédentes, on a défini le sinus et le cosinus d'un angle aigu.

Cas d'un angle aigu dans un triangle rectangle

$\sin\widehat{A} = \dfrac{\text{côté opposé}}{\text{hypoténuse}} = \dfrac{CB}{CA}$

$\cos\widehat{A} = \dfrac{\text{côté adjacent}}{\text{hypoténuse}} = \dfrac{AB}{AC}$

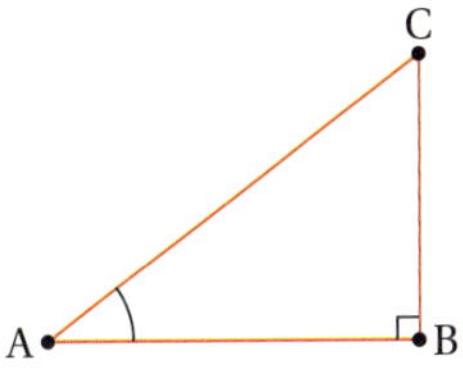

On définit aussi la tangente d'un angle aigu : $\tan\widehat{A} = \dfrac{\sin\widehat{A}}{\cos\widehat{A}}$.

Valeurs remarquables usuelles

$\widehat{A}$	0	$\frac{\pi}{6}$	$\frac{\pi}{4}$	$\frac{\pi}{3}$	$\frac{\pi}{2}$
$\sin\widehat{A}$	0	$\frac{1}{2}$	$\frac{\sqrt{2}}{2}$	$\frac{\sqrt{3}}{2}$	1
$\cos\widehat{A}$	1	$\frac{\sqrt{3}}{2}$	$\frac{\sqrt{2}}{2}$	$\frac{1}{2}$	0

Cas général

Soit M un point du cercle trigonométrique de coordonnées $(x_M ; y_M)$. Soit a la mesure en radians de l'angle orienté $(\vec{i}, \overrightarrow{OM})$. Alors :

$$\cos(a) = x_M \text{ et } \sin(a) = y_M$$

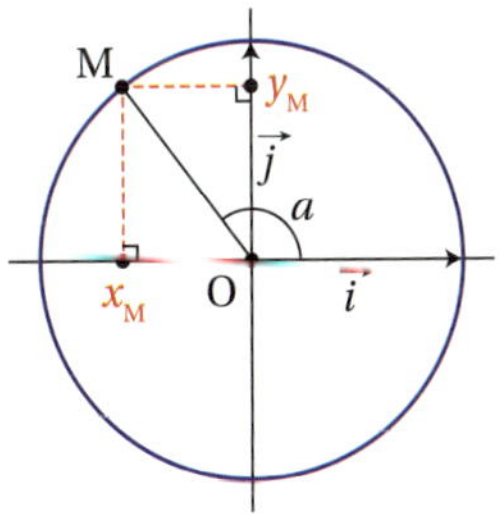

Pour tout réel a,
$-1 \leqslant \cos(a) \leqslant 1$
$-1 \leqslant \sin(a) \leqslant 1$
$\cos^2(a) + \sin^2(a) = 1$

Remarques

1. On peut écrire également $\cos a$ et $\sin a$ (sans parenthèses).

2. Sur la figure ci-dessous, on peut voir le signe de $\cos a$ et $\sin a$ en fonction de la place de M dans les différents quadrants.

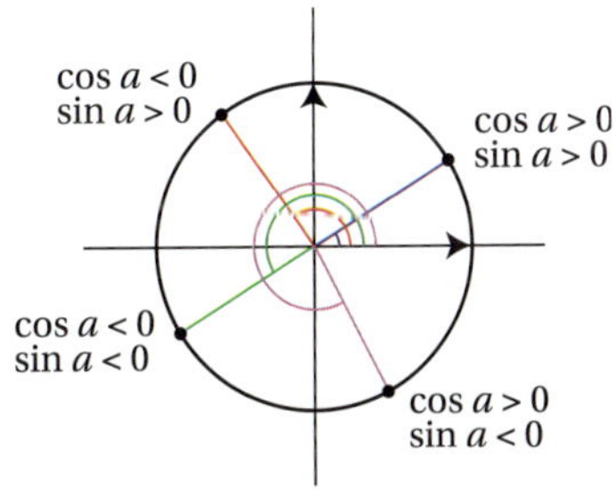

B Les formules

Avec 2π et l'opposé

<table>
<tr><th>Formule</th><th>Interprétation</th></tr>
<tr><td>$\cos(2\pi + a) = \cos(a)$
$\sin(2\pi + a) = \sin(a)$</td><td>Sur le cercle trigonométrique, les nombres a et $2\pi + a$ mesurent le même angle en radians. En effet, les deux points correspondants occupent la même place.</td></tr>
<tr><td>$\cos(- a) = \cos(a)$
$\sin(- a) = - \sin(a)$</td><td>

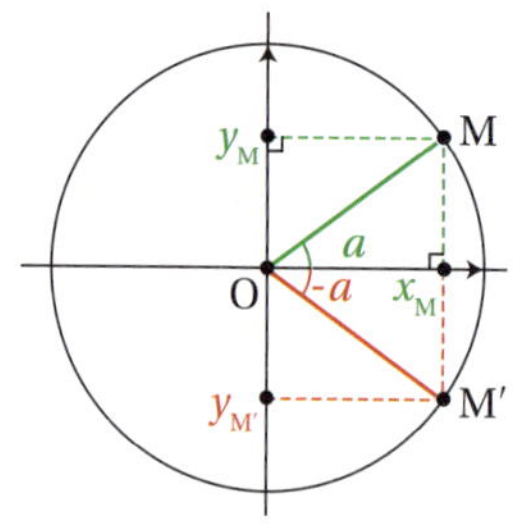

$x_M = x_{M'}$ et $y_M = - y_{M'}$

Les points correspondant à a et $- a$ sont symétriques par rapport à l'axe des abscisses.</td></tr>
</table>

Avec π

<table>
<tr><th>Formule</th><th>Interprétation</th></tr>
<tr><td>$\cos(\pi + a) = - \cos(a)$
$\sin(\pi + a) = - \sin(a)$</td><td>

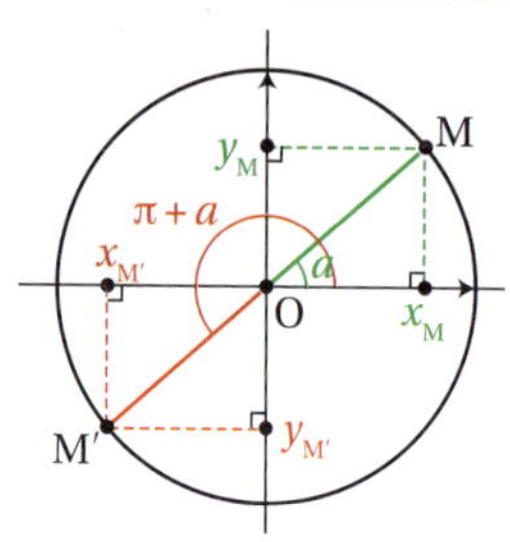

$x_{M'} = - x_M$ et $y_{M'} = - y_M$

Les points correspondant à a et $\pi + a$ sont symétriques par rapport à O.</td></tr>
<tr><td>$\cos(\pi - a) = - \cos(a)$
$\sin(\pi - a) = \sin(a)$</td><td>

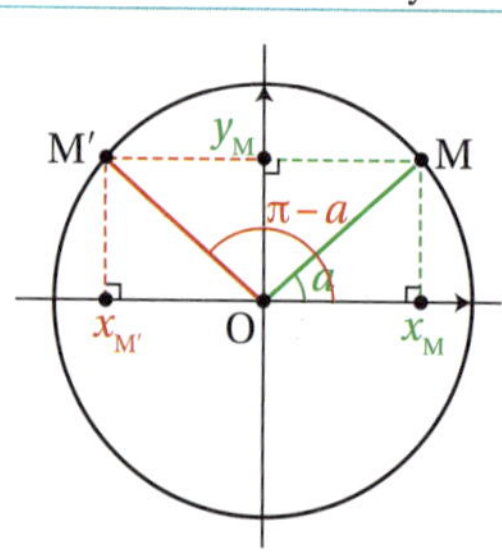

$x_M = - x_{M'}$ et $y_M = y_{M'}$

Les points correspondant à a et $\pi - a$ sont symétriques par rapport à l'axe des ordonnées.</td></tr>
</table>

Avec $\frac{\pi}{2}$

Formule	Interprétation
$\cos\left(\frac{\pi}{2}+a\right) = -\sin(a)$ $\sin\left(\frac{\pi}{2}+a\right) = \cos(a)$	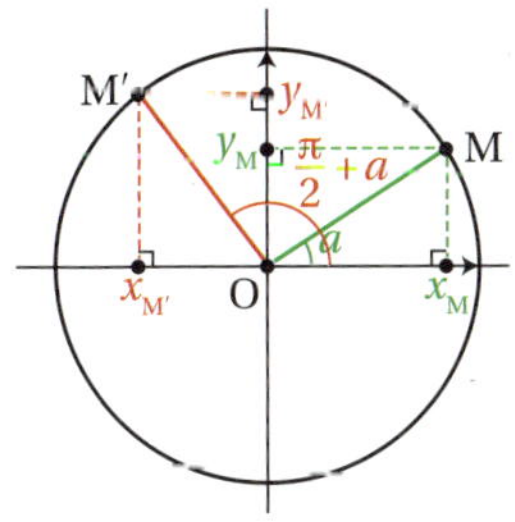 $x_{M'} = -y_M$ et $y_{M'} = x_M$
$\cos\left(\frac{\pi}{2}-a\right) = \sin(a)$ $\sin\left(\frac{\pi}{2}-a\right) = \cos(a)$	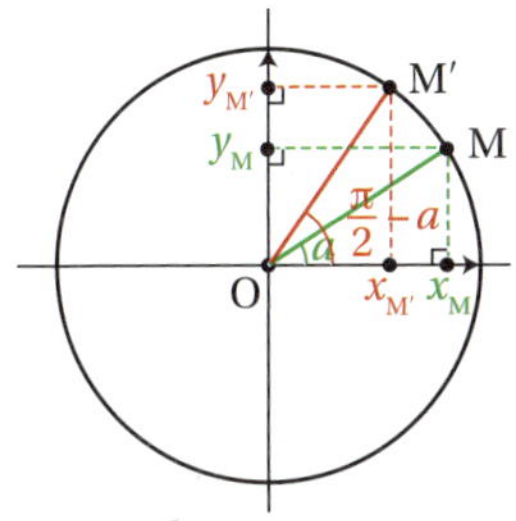 $x_M = y_{M'}$ et $y_M = x_{M'}$

POUR RETENIR LA FORMULE

Les angles dont les mesures en radians sont a et $\frac{\pi}{2} - a$ sont complémentaires car leur somme est égale à $\frac{\pi}{2}$. On sait que le cosinus de l'un est égal au sinus de l'autre, et vice-versa.

3 Formules d'addition

A La formule de base

Théorème : Pour tous nombres a et b,

$$\cos(a - b) = \cos(a)\cos(b) + \sin(a)\sin(b)$$

Démonstration : Les coordonnées de A et B sont respectivement $(\cos(a) ; \sin(a))$ et $(\cos(b) ; \sin(b))$.

Donc $\overrightarrow{OA} \cdot \overrightarrow{OB} = \cos(a)\cos(b) + \sin(a)\sin(b)$.

D'autre part, $\overrightarrow{OA} \cdot \overrightarrow{OB} = OA \times OB \cos\widehat{AOB}$. Or OA = OB = 1 car A et B appartiennent au cercle trigonométrique. Donc $\overrightarrow{OA} \cdot \overrightarrow{OB} = \cos\widehat{AOB}$.

Sur la figure, en admettant que $\widehat{AOB} = (\vec{i}, \overrightarrow{OB}) - (\vec{i}, \overrightarrow{OA})$, on constate que $\widehat{AOB} = b - a$. Donc, $\overrightarrow{OA} \cdot \overrightarrow{OB} = \cos(b - a)$.

Enfin, comme $\cos(b - a) = \cos(a - b)$, on en déduit que

$\cos(a - b) = \overrightarrow{OA} \cdot \overrightarrow{OB} = \cos(a)\cos(b) + \sin(a)\sin(b)$.

C'est ce qu'il fallait démontrer.

Dans un repère orthonormé $(O ; \vec{i}, \vec{j})$, le produit scalaire des vecteurs $\vec{u}(x ; y)$ et $\vec{u}'(x' ; y')$ est égal à $xx' + yy'$.

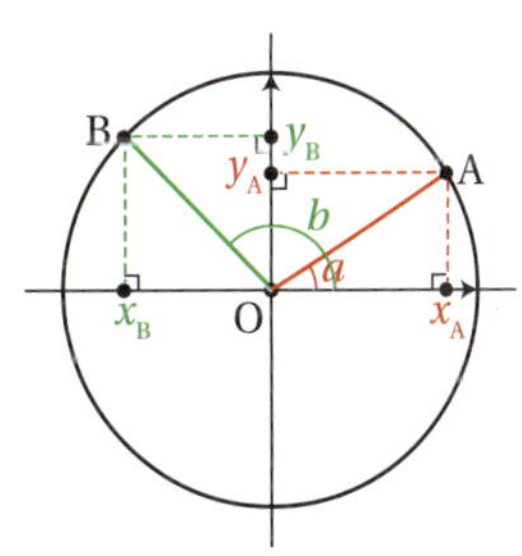

B Conséquences immédiates

Théorème : Pour tous réels a et b :

$$\cos(a+b) = \cos(a)\cos(b) - \sin(a)\sin(b)$$
$$\sin(a+b) = \sin(a)\cos(b) + \sin(b)\cos(a)$$
$$\sin(a-b) = \sin(a)\cos(b) - \sin(b)\cos(a)$$

Démonstration

1. $\cos(a+b) = \cos(a-(-b)) = \cos(a)\cos(-b) + \sin(a)\sin(-b) = \cos(a)\cos(b) - \sin(a)\sin(b)$.
Cela résulte de la formule de base et de l'expression du cosinus et du sinus de l'opposé (voir paragraphe 2. B).

2. $\sin(a+b) = \cos\left(\frac{\pi}{2} - (a+b)\right)$

$$= \cos\left(\frac{\pi}{2} - a - b\right) = \cos\left(\frac{\pi}{2} - a\right)\cos(b) + \sin\left(\frac{\pi}{2} - a\right)\sin(b) = \sin(a)\cos(b) + \cos(a)\sin(b)$$

On a utilisé les formules du paragraphe 2 B.
C'est ce qu'il fallait démontrer.

3. En utilisant la formule précédente, on obtient :
$\sin(a-b) = \sin(a+(-b)) = \sin(a)\cos(-b) + \sin(-b)\cos(a) = \sin(a)\cos(b) - \sin(b)\cos(a)$
C'est ce qu'il fallait démontrer.

C Formules de duplication

Théorème : Pour tout $a \in \mathbb{R}$:

$$\cos(2a) = \cos^2(a) - \sin^2(a) = 2\cos^2(a) - 1 = 1 - 2\sin^2(a)$$
$$\sin(2a) = 2\sin(a)\cos(a)$$

Démonstration : D'après les formules précédentes, on a :
1. $\cos(2a) = \cos(a+a) = \cos(a)\cos(a) - \sin(a)\sin(a) = \cos^2(a) - \sin^2(a)$
De plus, $\sin^2(a) = 1 - \cos^2(a)$
donc $\cos(2a) = \cos^2(a) - 1 + \cos^2(a) = 2\cos^2(a) - 1$

$\cos^2(a) + \sin^2(a) = 1$

De même, $\cos^2(a) = 1 - \sin^2(a)$
donc $\cos(2a) = 1 - \sin^2(a) - \sin^2(a) = 1 - 2\sin^2(a)$
C'est ce qu'il fallait démontrer.

2. $\sin(2a) = \sin(a+a) = \sin(a)\cos(a) + \sin(a)\cos(a) = 2\sin(a)\cos(a)$
C'est ce qu'il fallait démontrer.

Corollaire : Pour tout $a \in \mathbb{R}$:

$$\cos^2 a = \frac{1+\cos 2a}{2} \text{ et } \sin^2 a = \frac{1-\cos 2a}{2}$$

Démonstration : Ces deux égalités découlent de $2\cos^2 a = 1 + \cos 2a$ et $2\sin^2 a = 1 - \cos 2a$.

4 Équations trigonométriques

Théorèmes : 1. Soit c un nombre réel. Considérons l'équation d'inconnue x, $\cos(x) = c$.

- Si $c \in [-1\,;1]$ alors l'équation a une infinité de solutions. Si a est l'une d'elles alors $-a$ en est une autre. Toute solution est de la forme $a + 2k\pi$ ou $-a + 2k\pi$, où $k \in \mathbb{Z}$.
- Si $c \notin [-1\,;1]$, l'équation n'a pas de solution.

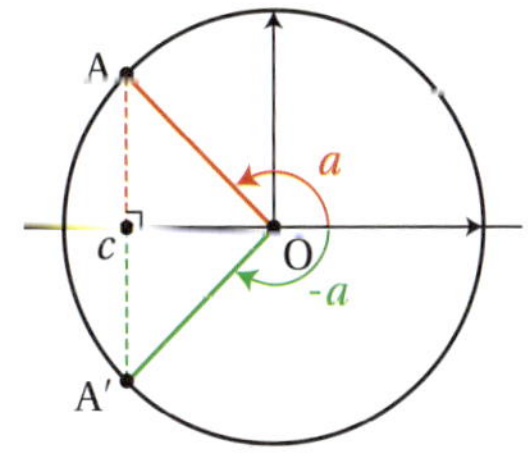

2. Soit s un nombre réel. Considérons l'équation d'inconnue x, $\sin(x) = s$.

- Si $s \in [-1\,;1]$ alors l'équation a une infinité de solutions. Si a est l'une d'elles alors $\pi - a$ en est une autre. Toute solution est de la forme $a + 2k\pi$ ou $\pi - a + 2k\pi$, où $k \in \mathbb{Z}$.
- Si $s \notin [-1\,;1]$, l'équation n'a pas de solution.

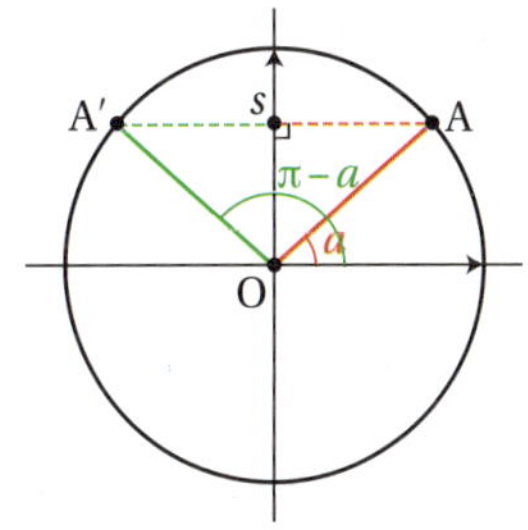

Ce théorème se comprend facilement en observant les figures et en se rappelant que le cosinus et le sinus d'un nombre sont compris entre − 1 et 1.

Exercice résolu : Résoudre une équation trigonométrique

ÉNONCÉ

1. Résoudre dans $\mathbb{R}$ l'équation $\sin x = -\dfrac{1}{2}$ et représenter les solutions principales sur le cercle trigonométrique.

2. Résoudre dans $\left[-\dfrac{3\pi}{2}\,;\dfrac{\pi}{2}\right]$ l'équation $\cos x = 0{,}4$ puis placer sur le cercle trigonométrique les valeurs des solutions à 10^{-2} près.

MÉTHODE

1. Il s'agit de trouver un nombre a tel que $\sin a = -\dfrac{1}{2}$ puis d'utiliser les résultats du paragraphe 3. Les solutions principales sont les mesures principales en radians des angles correspondant aux solutions.

2. On demande de résoudre l'équation dans un certain intervalle, et non dans $\mathbb{R}$ comme à la question précédente.

Il est nécessaire d'utiliser la calculatrice pour trouver un nombre a tel que $\cos a = 0{,}4$.

Remarquer que l'intervalle $\left[-\dfrac{3\pi}{2}\,;\dfrac{\pi}{2}\right]$ a pour longueur 2π.

CORRIGÉ

1. On sait que $\sin\left(-\frac{\pi}{6}\right)=-\frac{1}{2}$. On en déduit que l'équation proposée est équivalente à $\sin x=\sin\left(-\frac{\pi}{6}\right)$. Il en résulte que toutes les solutions sont de la forme $-\frac{\pi}{6}+2k\pi$ et $\pi-\left(-\frac{\pi}{6}\right)+2k\pi$ c'est-à-dire $\frac{7\pi}{6}+2k\pi$, k étant un entier relatif.

On peut aussi écrire la deuxième série de solutions sous la forme $-\frac{5\pi}{6}+2k\pi$. En effet, $-\frac{5\pi}{6}=\frac{7\pi}{6}-2\pi$.

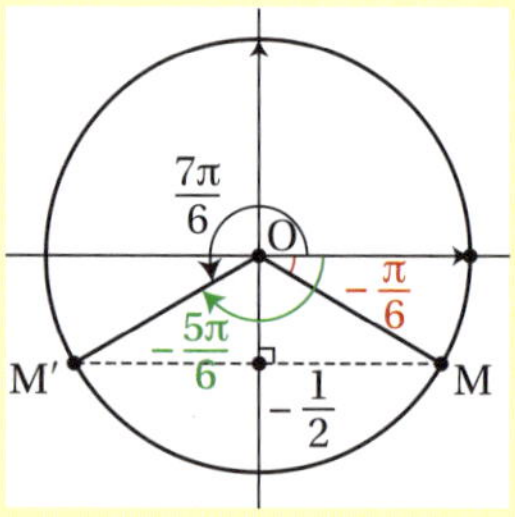

2. Notons a un réel de $\left[-\frac{3\pi}{2};\frac{\pi}{2}\right]$ tel que $\cos a=0{,}4$.

L'équation proposée équivaut à $\cos x=\cos a$. Il en résulte que $x=a$ ou $x=-a$.

On trouve $a\approx 1{,}16$. Sachant que $-\frac{3\pi}{2}\approx-4{,}71$ et $\frac{\pi}{2}\approx1{,}57$, cette valeur et son opposé conviennent.

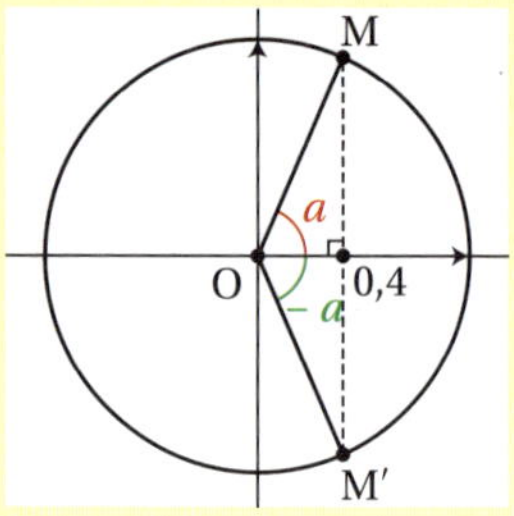

Les solutions de l'équation proposée sont donc a et $-a$.

EXERCICE DE SYNTHÈSE

Dans le plan muni d'un repère orthonormé $(O\,;\vec{i},\vec{j})$, on considère le point A du cercle $\mathscr{C}$ de centre O et de rayon 1 tel que $(\vec{i},\overrightarrow{OA})=\frac{\pi}{4}$.

1. Placer le point A et construire le triangle équilatéral ABC inscrit dans le cercle $\mathscr{C}$ de telle sorte que le point B soit au-dessus de l'axe des abscisses.

2. Sachant que $\cos\left(\frac{\pi}{6}\right)=\cos\left(2\frac{\pi}{12}\right)$, démontrer que $\cos\left(\frac{\pi}{12}\right)=\frac{(\sqrt{3}+1)\sqrt{2}}{4}$ et $\sin\left(\frac{\pi}{12}\right)=\frac{(\sqrt{3}-1)\sqrt{2}}{4}$.

3. a. Déterminer les mesures principales en radians des angles $(\vec{i},\overrightarrow{OB})$ et $(\vec{i},\overrightarrow{OC})$.

b. En déduire les valeurs exactes des coordonnées des points B et C en fonction de $\sqrt{3}$ et $\sqrt{2}$.

4. Hachurer la partie du plan composée des points M tels que $OM \leqslant 1$ et $\frac{\pi}{4}\leqslant(\vec{i},\overrightarrow{OM})\leqslant\frac{11\pi}{12}$.

CORRIGÉ

1. Voir la figure ci-dessous

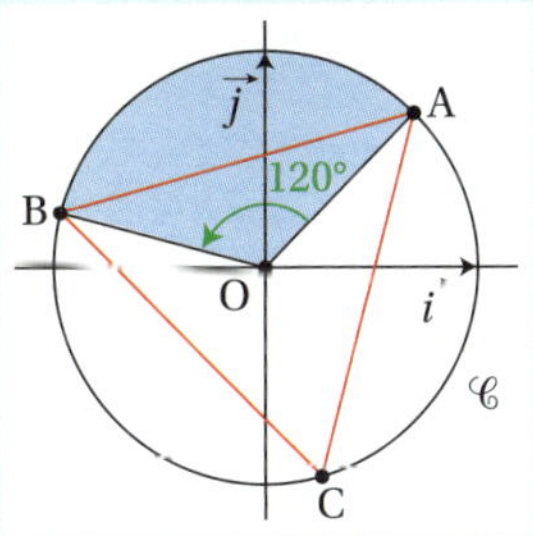

2. • On sait que $\cos\left(2\frac{\pi}{12}\right)=2\cos^2\left(\frac{\pi}{12}\right)-1$

donc $\cos^2\left(\frac{\pi}{12}\right)=\frac{\left(1+\cos\left(\frac{\pi}{6}\right)\right)}{2} \Rightarrow \cos^2\left(\frac{\pi}{12}\right)=\frac{1+\frac{\sqrt{3}}{2}}{2}=\frac{2+\sqrt{3}}{4}$

$\Rightarrow \cos\left(\frac{\pi}{12}\right)=\frac{\sqrt{2+\sqrt{3}}}{2}$ car $\cos\left(\frac{\pi}{12}\right)$ est positif.

Vérifions que $\frac{\sqrt{2+\sqrt{3}}}{2}=\frac{(\sqrt{3}+1)\sqrt{2}}{4}$. Comme les deux nombres sont positifs, il suffit de montrer que leurs carrés sont égaux.

$\left(\frac{\sqrt{2+\sqrt{3}}}{2}\right)^2=\frac{2+\sqrt{3}}{4}$ et $\left(\frac{(\sqrt{3}+1)\sqrt{2}}{4}\right)^2=\frac{(3+2\sqrt{3}+1)}{16}=\frac{4+2\sqrt{3}}{8}=\frac{2+\sqrt{3}}{4}$.

C'est ce qu'il fallait démontrer.

Noter le développement
$(\sqrt{3}+1)^2=(\sqrt{3})^2+2\sqrt{3}+1^2$
$=4+2\sqrt{3}$.

• Comme $\sin^2\left(\frac{\pi}{12}\right)=1-\cos^2\left(\frac{\pi}{12}\right)$, on a $\sin^2\left(\frac{\pi}{12}\right)=1-\frac{2+\sqrt{3}}{4}=\frac{2-\sqrt{3}}{4}$.

Un raisonnement analogue au précédent montre que $\sin\left(\frac{\pi}{12}\right)=\sqrt{\frac{2-\sqrt{3}}{4}}=\frac{(\sqrt{3}-1)\sqrt{2}}{4}$.

C'est ce qu'il fallait démontrer.

3. a. On trouve $(\vec{i},\overrightarrow{OB})=\frac{\pi}{4}+\frac{2\pi}{3}=\frac{11\pi}{12}$ et $(\vec{i},\overrightarrow{OC})=\frac{11\pi}{12}+\frac{2\pi}{3}=\frac{19\pi}{12}$.

En effet, $120°=\frac{2\pi}{3}$ rad.

$\frac{19\pi}{12}-2\pi=\frac{-5\pi}{12}$

b. • On a donc $x_B=\cos\frac{11\pi}{12}=\cos\left(\pi-\frac{\pi}{12}\right)=-\cos\left(\frac{\pi}{12}\right)=-\frac{(\sqrt{3}+1)\sqrt{2}}{4}$

et $y_B=\sin\frac{11\pi}{12}=\sin\left(\pi-\frac{\pi}{12}\right)=\sin\frac{\pi}{12}=\frac{(\sqrt{3}-1)\sqrt{2}}{4}$.

• De même $x_C=\cos\frac{19\pi}{12}=\cos\left(-\frac{5\pi}{12}\right)=\cos\left(\frac{\pi}{2}-\frac{\pi}{12}\right)=\sin\left(\frac{\pi}{12}\right)=\frac{(\sqrt{3}-1)\sqrt{2}}{4}$

$y_C=\sin\left(\frac{19\pi}{12}\right)=\sin\left(-\frac{5\pi}{12}\right)=-\sin\left(\frac{\pi}{2}-\frac{\pi}{12}\right)=-\cos\left(\frac{\pi}{12}\right)=-\frac{(\sqrt{3}+1)\sqrt{2}}{4}$

4. D'après les considérations précédentes, le secteur répondant à la question est colorié en bleu sur la figure.

PHYSIQUE-CHIMIE

Observer

1. Formation d'une image par une lentille 96
2. Couleur et vision 101
3. La production de la lumière 107
4. L'interaction entre la lumière et la matière 111
5. Les espèces chimiques colorées 118
6. Réaction chimique et couleur 122
7. Dosage d'une espèce chimique colorée 127
8. Molécules organiques et couleur 132

Comprendre

9. L'Univers à toutes les échelles 138
10. Le noyau atomique : stabilité et réaction 144
11. Énergie et réactions nucléaires 150
12. Les édifices chimiques solides : cohésion et mise en solution 155
13. Transformation physique d'un système 161
14. Description du monde physique à l'aide des champs 168
15. Relation entre les champs et les forces 173
16. Mouvement et énergie 177
17. La conservation de l'énergie 182

Agir

18. La production d'énergie 186
19. Transformation de l'énergie dans un circuit électrique 189
20. Énergie et réaction chimique 196
21. Transformation de l'énergie chimique en énergie électrique dans une pile 199
22. Les espèces chimiques organiques oxygénées 203
23. Transformation d'une espèce chimique organique en une autre 207

PHYSIQUE-CHIMIE

1 Formation d'une image par une lentille

www.annabac.com

L'HOMME A MIS AU POINT DES INSTRUMENTS d'optique tels que le microscope pour observer l'infiniment petit ou la lunette astronomique pour observer les astres lointains. Leur point commun ? Posséder une ou plusieurs lentilles convergentes dont le rôle est de former l'image de l'objet observé.

1 Présentation des lentilles minces convergentes

■ Une lentille mince convergente est constituée d'un milieu transparent (tel que le verre ou une matière plastique), en forme de disque renflé en son centre : un bord mince avec un centre épais. Lors de la traversée de la lentille, les rayons lumineux passent d'un milieu à un autre et sont ainsi déviés : c'est le phénomène de réfraction.

■ On appelle rayon incident tout rayon arrivant sur la lentille, et rayon émergent tout rayon sortant de la lentille.

■ Une lentille possède un axe de symétrie appelé **axe optique,** ainsi qu'un **centre optique O** correspondant au centre géométrique. On représente ces lentilles par un schéma normalisé.

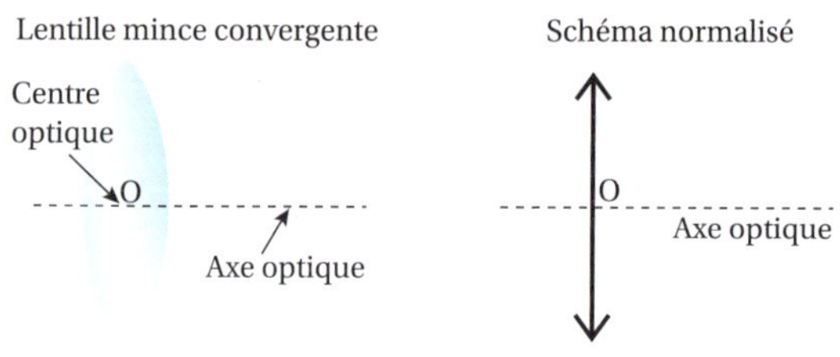

Figure 1 Représentation d'une lentille mince convergente et schéma normalisé

2 Caractéristiques des lentilles minces convergentes

■ Un faisceau de rayons parallèles à l'axe optique traversant une lentille mince convergente est transformé en un faisceau de rayons convergents en un point de l'axe optique appelé **foyer image**, noté **F′**. Le point symétrique à ce foyer image par rapport au centre optique O est appelé **foyer objet,** noté **F**.

■ La distance entre le centre optique O et le foyer image F′ est appelée **distance focale** f de la lentille.

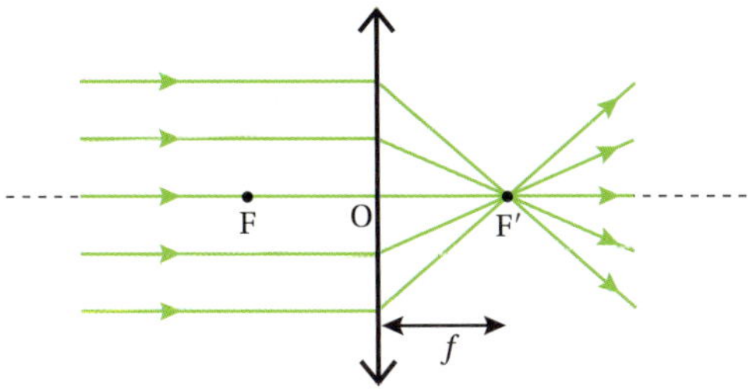

Figure 2 Caractéristiques d'une lentille mince convergente

■ La **vergence *C***, exprimée en **dioptries (δ)**, est une indication fournie par les fabricants. Elle est égale à l'inverse de la distance focale exprimée en mètres.

$$C = \frac{1}{f}$$ | C en dioptries (δ) ; f en mètres (m)

Ne pas oublier de convertir les unités en mètres avant d'appliquer la formule.

3 Tracer des rayons particuliers traversant une lentille mince convergente

■ Tout rayon incident parallèle à l'axe optique sort de la lentille en passant par le foyer image F′.

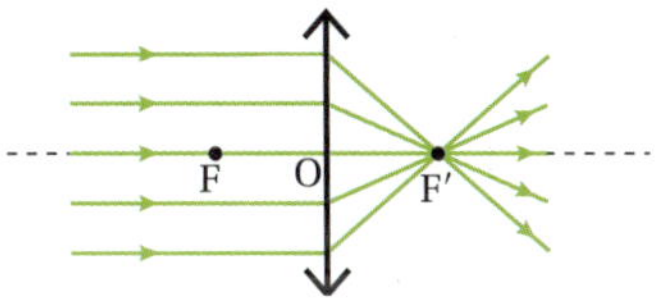

■ Tout rayon incident passant par le foyer objet F sort de la lentille parallèle à l'axe optique.

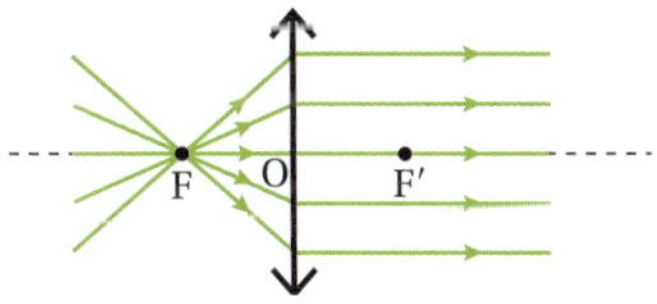

■ Tout rayon incident passant par le centre optique O n'est pas dévié.

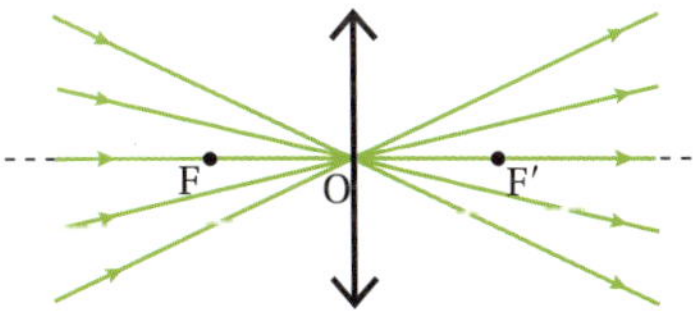

4 Construire l'image d'un objet par une lentille mince convergente

A Les étapes de la construction

On considère un objet AB plan et perpendiculaire à l'axe optique, dont le point A se trouve sur l'axe optique, en avant du foyer objet F.

■ On note A′B′ l'image donnée par la lentille convergente de l'objet AB.

■ Les trois rayons particuliers vus précédemment, issus du point objet B, permettent de tracer le point B′, image du point B. En effet, les trois rayons émergents se coupent en un même point : il s'agit de B′. Une fois B′ trouvé, le point A′, image de A par la lentille, se trouve sur l'axe optique, à la verticale de B′.

Deux rayons particuliers issus du point objet B suffisent pour tracer le point image B′.

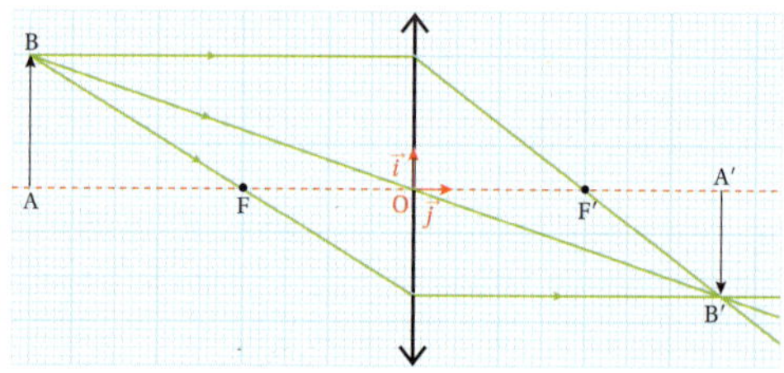

Figure 3 Construction de l'image A′B′ de l'objet AB

B Repérage d'un point sur le schéma

■ On définit sur le schéma un repère (O ; $\vec{i}$, $\vec{j}$) associé à un système d'axes perpendiculaires :
- O est le centre optique de la lentille ;
- $\vec{i}$ est le vecteur unitaire de l'axe optique, orienté dans le sens de propagation de la lumière ;
- $\vec{j}$ est le vecteur unitaire de l'axe perpendiculaire à l'axe optique, orienté vers le haut.

Les positions algébriques et les hauteurs algébriques peuvent être positives ou négatives, cela dépend des positions relatives des points par rapport au centre optique O.

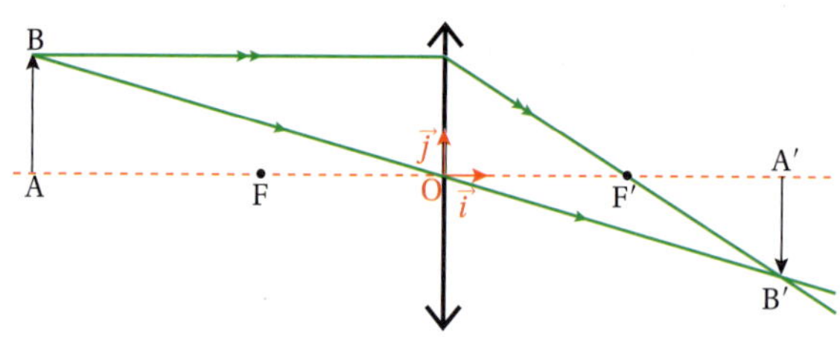

Figure 4 Définition du repère (O ; $\vec{i}$, $\vec{j}$)

■ On peut ainsi définir les **positions algébriques** des différents points sur l'axe optique : $\overline{OA}$, $\overline{OA'}$, $\overline{OF}$ et $\overline{OF'}$. On définit également les **hauteurs algébriques** des objets et des images : $\overline{AB}$ et $\overline{A'B'}$.

5 Image réelle, image virtuelle

■ Une **image** est **réelle** si elle peut être matérialisée sur un écran. Dans le cas contraire, on parlera d'**image virtuelle**. En fonction de la position relative de l'objet par rapport à la lentille, on peut obtenir soit une image réelle, soit virtuelle.
- Si $\overline{OA'} > 0$, alors l'image se forme derrière la lentille et peut être matérialisée sur un écran : **l'image est réelle**.
- Si $\overline{OA'} < 0$, alors l'image se forme en avant de la lentille et ne peut être matérialisée sur un écran ; **l'image est virtuelle**.

6 La formule de conjugaison des lentilles minces convergentes et le grandissement

Les positions de l'image et de l'objet sont reliées par **la relation de conjugaison** :

$$\frac{1}{\overline{OA'}} - \frac{1}{\overline{OA}} = \frac{1}{\overline{OF'}}$$

Cette formule permet de trouver la position $\overline{OA'}$ d'une image à partir de la connaissance de la position $\overline{OA}$ de l'objet et de la distance focale de la lentille ($\overline{OF'} = f$).

Ne pas oublier de mettre toutes les valeurs dans la même unité de longueur avant de commencer un calcul.

Le **grandissement**, noté γ, est égal au rapport de la hauteur algébrique $\overline{A'B'}$ de l'image sur celle $\overline{AB}$ de l'objet. Le grandissement est également égal au rapport algébrique de la position de l'image $\overline{OA'}$ sur celle de l'objet $\overline{OA}$. C'est une grandeur sans unité.

$$\gamma = \frac{\overline{A'B'}}{\overline{AB}} = \frac{\overline{OA'}}{\overline{OA}}$$

Le signe du grandissement nous renseigne sur le sens de l'image par rapport à l'objet :
- **si γ est positif,** l'image est droite (même sens que l'objet) ;
- **si γ est négatif,** l'image est inversée (sens opposé à l'objet).

La valeur absolue du grandissement nous renseigne sur la taille de l'image par rapport à celle de l'objet :
- **si $|\gamma| > 1$,** l'image est plus grande que l'objet ;
- **si $|\gamma| < 1$,** l'image est plus petite que l'objet ;
- **si $|\gamma| = 1$,** l'image a la même taille que l'objet.

PHYSIQUE-CHIMIE

EXERCICE DE SYNTHÈSE

Fonctionnement d'une loupe

Une loupe est un système optique, constitué d'une lentille, souvent utilisé pour l'observation de petits objets ou la lecture de petits caractères. Elle a pour particularité de donner une image agrandie des objets observés.

La lentille de la loupe

Des rayons parallèles traversant une lentille, convergent en un point comme le montre le schéma ci-dessous (échelle $\frac{1}{1}$) :

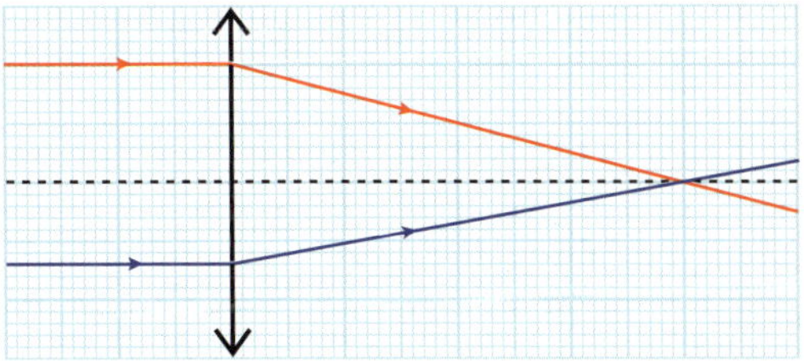

1. Déterminer la distance focale de cette lentille à partir du schéma.
2. En déduire sa vergence.

■ **Utilisation de la loupe**

On observe un texte à travers la loupe. La position algébrique $\overline{OA'}$ de l'image est égale à – 15,0 cm.

3. L'image obtenue est-elle réelle ou virtuelle ?

4. Par un calcul, déterminer la position algébrique du texte.

5. Calculer le grandissement de cette loupe.

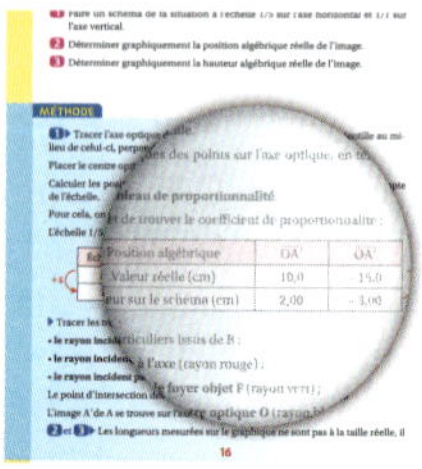

6. Sachant que les lettres du texte ont une hauteur égale à 3,5 mm, trouver la hauteur algébrique de l'image d'une lettre.

CORRIGÉ

1. Les rayons incidents parallèles à l'axe optique convergent après la lentille vers le foyer image F′. On mesure sur le graphique $\overline{OF'} = 4{,}0$ cm.

L'échelle valant $\frac{1}{1}$, nous pouvons en déduire que la distance focale réelle est égale à $f = \overline{OF'} = 4{,}0$ cm.

2. Nous savons que $C = \frac{1}{f}$. On convertit la distance focale en mètres : $f = 4{,}0 \text{ cm} = 4{,}0 \times 10^{-2}$ m.

Application numérique : $C = \frac{1}{4{,}0 \times 10^{-2}} = 25\ \delta$.

3. La position algébrique de l'image est négative, on en déduit que l'image est placée devant la lentille : l'image est donc virtuelle.

4. D'après la relation de conjugaison $\frac{1}{\overline{OA'}} - \frac{1}{\overline{OA}} = \frac{1}{\overline{OF'}}$, on obtient $\overline{OA} = \frac{\overline{OF'} \times \overline{OA'}}{\overline{OF'} - \overline{OA'}}$.

Les valeurs numériques de $\overline{OA'}$ et $\overline{OF'}$ sont $\overline{OA'} = -\ 15{,}0 \text{ cm} = -\ 15{,}0 \times 10^{-2}$ m et $\overline{OF'} = 4{,}0 \text{ cm} = 4{,}0 \times 10^{-2}$ m.

Application numérique : $\overline{OA} = \frac{4{,}0 \times 10^{-2} \times (-15{,}0 \times 10^{-2})}{[4{,}0 \times 10^{-2} - (-15{,}0 \times 10^{-2})]} = -\ 3{,}2 \times 10^{-2} \text{ m} = -\ 3{,}2$ cm.

5. La formule du grandissement est $\gamma = \frac{\overline{OA'}}{\overline{OA}}$.

Les valeurs numériques de $\overline{OA'}$ et $\overline{OA}$ sont $\overline{OA'} = -\ 15{,}0$ cm et $\overline{OA} = -\ 3{,}2$ cm.

Application numérique : $\gamma = \frac{-15{,}0}{-3{,}2} = 4{,}7$.

6. La formule du grandissement est $\gamma = \frac{\overline{A'B'}}{\overline{AB}}$.

On obtient $\overline{A'B'} = \overline{AB} \times \gamma$, avec les valeurs numériques de γ et $\overline{AB}$ telles que $\gamma = +\ 4{,}7$ et $\overline{AB} = 3{,}5$ mm.

Application numérique : $\overline{A'B'} = 4{,}7 \times 3{,}5 = 16 \text{ mm} = 1{,}6$ cm.

2 Couleur et vision

www.annabac.com

L'ŒIL EST L'ORGANE DE LA VISION. Les yeux peuvent distinguer des variations infimes de forme, de couleur, de luminosité et de distance. La fonction de l'œil est également de capter la lumière et de transformer les informations reçues en influx nerveux, qui sont transmis au cerveau où ils sont traités.

1 Fonctionnement optique de l'œil

A Modélisation de l'œil

■ Du point de vue optique, l'œil peut être considéré comme composé de trois parties :
- l'ensemble pupille-iris, qui joue le rôle de diaphragme (s'ouvre et se ferme en fonction de l'intensité lumineuse) ;
- le cristallin, qui joue le rôle d'une lentille convergente ;
- la rétine, qui joue le rôle d'un écran.

La distance lentille-écran reste fixe.

■ Il peut être modélisé par l'œil réduit :

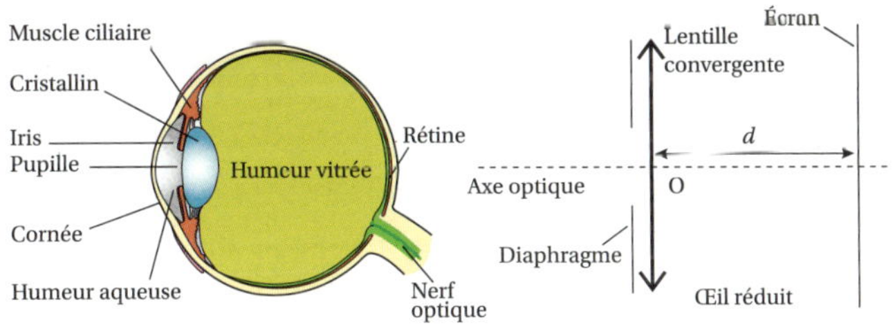

Figure 1 Correspondance entre l'œil et l'œil réduit

B Observation d'un objet selon sa position : éloigné ou proche

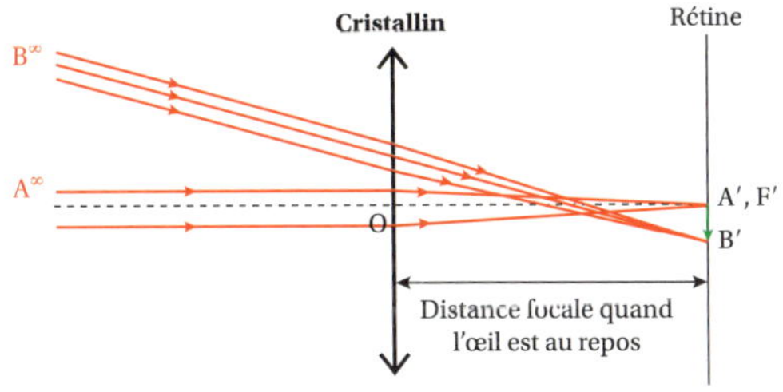

Figure 2 Formation de l'image d'un objet situé à l'infini

■ Lorsqu'un objet est très éloigné de l'œil (on parlera d'objet à l'infini), celui-ci n'a pas besoin de forcer pour l'observer : **l'œil est au repos**.

L'image se forme sur la rétine, qui est confondue avec le plan foyer image.

La distance cristallin-rétine est égale à la distance focale du cristallin lorsque l'œil est au repos : $f = 1{,}7 \times 10^{-2}$ m.

■ Si un œil au repos regarde un objet proche, l'image ne se formera pas sur la rétine et ne sera donc pas vue nettement. Pour observer nettement un objet proche, l'œil doit modifier la distance focale (ou la vergence) du cristallin. Des muscles agissent sur la courbure du cristallin afin que l'image se forme sur la rétine : **l'œil accommode.**

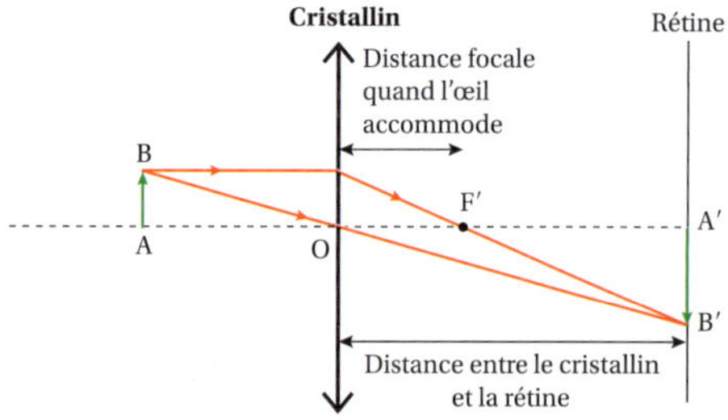

Figure 3 Formation de l'image d'un objet proche

■ Un œil normal doit accommoder pour voir nettement des objets proches, mais il a ses limites.
• Le **punctum proximum** est le point où se trouve l'objet le plus proche que l'on puisse voir nettement. Il est situé à 25 cm environ.
• Le **punctum remotum** est le point le plus éloigné où l'on verrait nettement un objet. Il est, en théorie, situé à l'infini.

2 Comparaison de l'appareil photographique et de l'œil

■ L'appareil photographique est un **système optique** qui permet d'obtenir une image permanente d'un objet. Qu'il soit argentique (avec pellicule) ou numérique, le principe de formation de l'image est le même, c'est la façon dont l'image est mémorisée qui change d'un type d'appareil à l'autre.
■ On peut donc comparer le fonctionnement de l'œil et de l'appareil photographique.

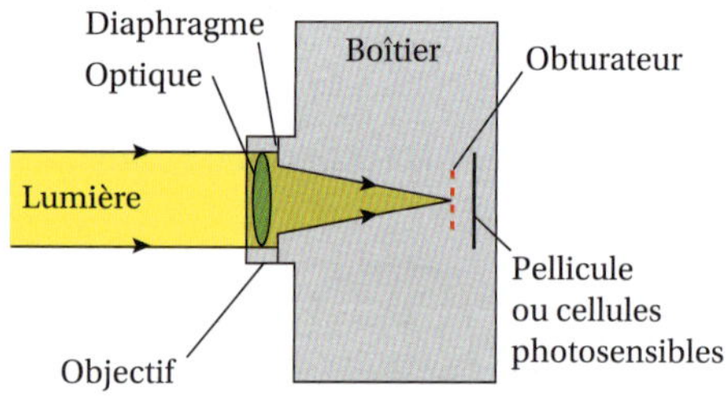

Figure 4 Schéma simplifié d'un appareil photographique

Œil	Appareil photographique	
	Argentique	Numérique
Paupière	Obturateur et cache	
Cristallin	Objectif	
Iris	Diaphragme	
Pupille	Ouverture	
Rétine	Pellicule	Cellules photosensibles
Accommodation (modification de la vergence du cristallin)	Mise au point (modification de la distance objectif-surface sensible)	
Images subjectives (conçues par le cerveau)	Images réelles	

L'appareil photographique est donc comme l'œil un système optique permettant d'obtenir une image nette d'un objet. Ces deux systèmes optiques ont des principes de fonctionnement similaires.

3 La couleur des objets

A Composition de la lumière blanche

■ La lumière blanche émise par une source telle que le Soleil ou une lampe à incandescence, est constituée d'une infinité de radiations colorées.
Elle peut être décomposée en toutes ses composantes colorées par un prisme.

Figure 5 Décomposition de la lumière blanche par un prisme

■ La figure obtenue sur l'écran correspond à l'ensemble des radiations visibles contenues dans la lumière blanche. Cette figure est appelée **spectre de la lumière blanche**. La lumière blanche est dite **polychromatique,** car elle est composée de plusieurs radiations colorées.

B Objet éclairé par différentes lumières colorées

■ Lorsqu'un objet est éclairé, il peut diffuser tout ou partie des radiations lumineuses qu'il reçoit en fonction de sa couleur.

■ La surface d'un objet absorbe une partie des radiations lumineuses qu'elle reçoit et diffuse les autres. Notre œil ne perçoit que les radiations diffusées. Ce sont les radiations diffusées par l'objet qui lui donne sa couleur.

■ L'étoile des couleurs nous permet de déterminer les couleurs absorbées par un objet coloré, éclairé par une lumière blanche.

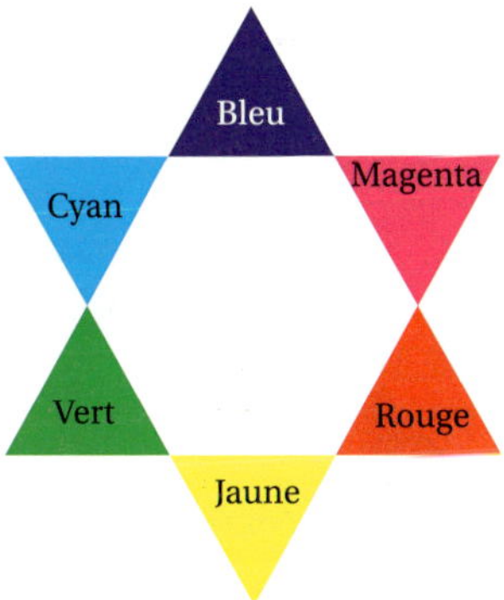

Figure 6 Étoile des couleurs

■ Prenons l'exemple d'une tomate rouge, éclairée sous différentes sources de lumière :

Source de lumière	Lumière blanche (qui contient toutes les couleurs)	Lumière bleue
Ce qui se passe	La tomate absorbe en intégralité toutes les couleurs qui sont face au rouge sur l'étoile des couleurs : vert, cyan et bleu. Elle absorbe partiellement les couleurs qui sont placées de part et d'autre du rouge : jaune et magenta.	La tomate absorbe le bleu et ne diffuse aucune couleur car les couleurs jaune, rouge et magenta sont absentes de la lumière bleue.
Résultat	La tomate va donc diffuser le rouge, ainsi qu'un peu de jaune et de magenta : elle nous apparaît rouge.	Elle nous apparaît donc noire.
Représentation	La lumière émise est blanche  L'objet paraît rouge **Figure 7 Tomate éclairée par une lumière blanche**	La lumière émise est bleue 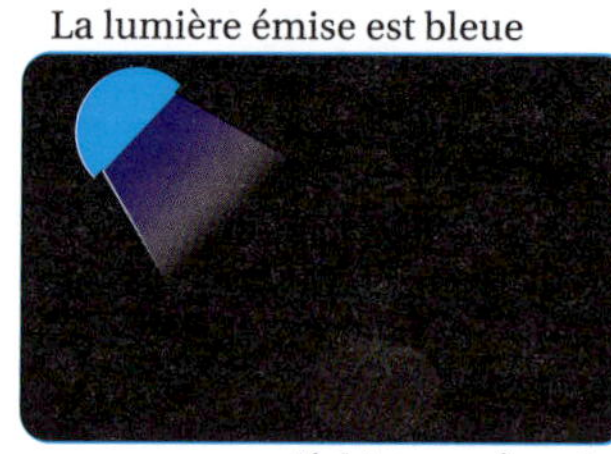 L'objet paraît noir **Figure 8 Tomate éclairée par une lumière bleue**

La couleur perçue d'un objet dépend à la fois de l'objet considéré et de la lumière qui l'éclaire.

4 Synthèse des couleurs

A Synthèse additive des couleurs

■ On parle de synthèse additive des couleurs quand on superpose plusieurs faisceaux lumineux colorés pour former une nouvelle couleur. Les **couleurs primaires** sont le **rouge**, le **vert** et le **bleu (RVB)**.

■ La superposition de deux couleurs primaires donne la couleur complémentaire de la troisième.

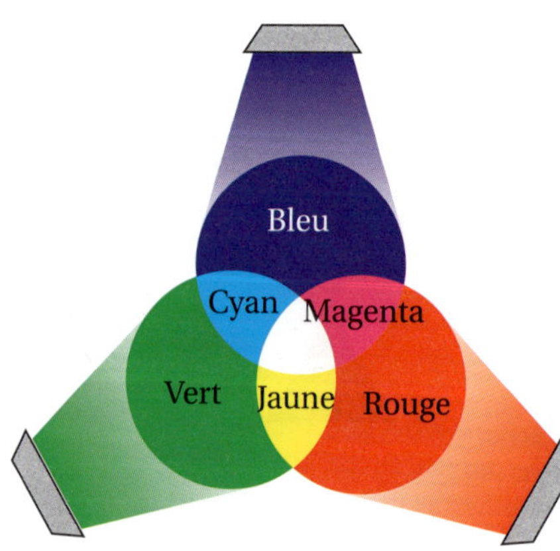

Figure 9 Synthèse additive

■ La **synthèse additive de couleurs** est obtenue par la **superposition de couleurs primaires.**

■ La synthèse additive concerne tous les mélanges de lumières colorées tels que les spots, la télévision, les appareils photo numériques, etc.

B Synthèse soustractive des couleurs

■ Les **couleurs primaires** de la synthèse soustractive sont le **cyan**, le **magenta** et le **jaune (CMJ)**.

■ Un faisceau de lumière blanche traverse un **filtre coloré** (constitué d'un milieu transparent coloré). Le filtre absorbe sélectivement certaines couleurs et transmet les autres. À la sortie du filtre, on observe un faisceau de lumière ayant changé de couleur (figure 10). Il faut de même savoir que la superposition de deux filtres permet la sélection d'une seule couleur.

La superposition des trois couleurs primaires donne du blanc. Le noir correspond à l'absence de couleur.

Couleur du (des) filtre(s)	Couleur(s) absorbée(s)	Couleur(s) transmise(s)
Cyan	Rouge	Bleu + Vert = Cyan
Magenta	Vert	Bleu + Rouge = Magenta
Jaune	Bleu	Rouge + Vert = Jaune
Cyan + Magenta	Rouge + Vert	Bleu
Magenta + Jaune	Vert + Bleu	Rouge
Jaune + cyan	Bleu + Rouge	Vert

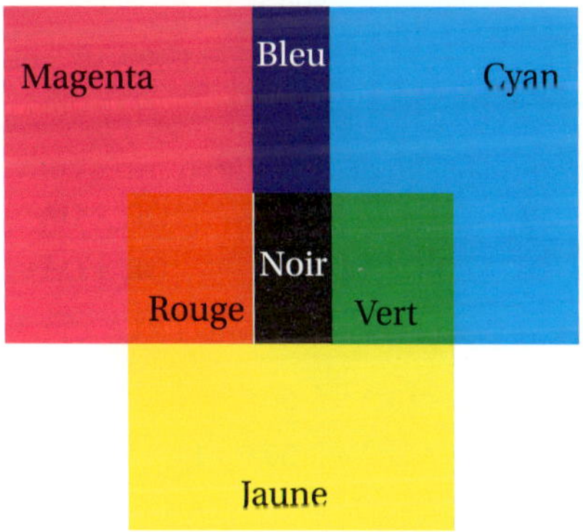

Figure 10 Synthèse soustractive

■ La synthèse soustractive concerne tous les mélanges de couleurs exploitant l'éclairement d'un support comme la peinture, les encres d'imprimerie ou d'imprimantes, mais aussi la superposition de filtres colorés sur une table lumineuse, la projection d'une diapositive sur un écran, etc.

La superposition des trois filtres (cyan, magenta, jaune) donne du noir.

PHYSIQUE-CHIMIE

EXERCICE DE SYNTHÈSE

Fonctionnement d'un appareil photographique

Pour obtenir une image nette avec un appareil photo, il faut déplacer l'objectif par rapport à la pellicule qui est fixe : c'est la mise au point. On dispose d'un appareil photo dont l'objectif est une lentille convergente de distance focale f = 35,0 mm. On souhaite photographier avec cet appareil, une maison située à 300 m de l'appareil.

1. À quelle distance faut-il placer l'objectif de la pellicule pour avoir une image nette sur la pellicule ?

2. On souhaite à présent photographier une fleur située à 50,0 cm de l'appareil.
Déterminer la distance objectif-pellicule après la mise au point.

3. Déduire des deux premières questions, comment varie la distance objectif-pellicule lorsque le sujet s'éloigne du photographe.

4. On change l'objectif de l'appareil photo. Pour un vélo situé à 1,20 m de l'appareil, on obtient une image nette sur la pellicule pour une distance objectif-pellicule de 20,0 mm.
Déterminer la distance focale du nouvel objectif.

5. En déduire la vergence.

CORRIGÉ

1. On applique la relation de conjugaison des lentilles minces convergentes :

$$\frac{1}{\overline{OA'}} - \frac{1}{\overline{OA}} = \frac{1}{\overline{OF'}} \Leftrightarrow \overline{OA'} = \frac{\overline{OF'} \times \overline{OA}}{\overline{OF'} + \overline{OA}}$$

Les valeurs numériques de $\overline{OA}$ et $\overline{OF'}$ sont : $\overline{OA} = -300$ m et $\overline{OF'} = 35{,}0$ mm $= 35{,}0 \times 10^{-3}$ m.

Application numérique : $\overline{OA'} = \dfrac{35{,}0 \times 10^{-3} \times (-300)}{[35{,}0 \times 10^{-3} + (-300)]} = 35{,}0 \times 10^{-3}$ m.

2. On applique la relation de conjugaison des lentilles minces convergentes :

$$\frac{1}{\overline{OA'}} - \frac{1}{\overline{OA}} = \frac{1}{\overline{OF'}} \Leftrightarrow \overline{OA'} = \frac{\overline{OF'} \times \overline{OA}}{\overline{OF'} + \overline{OA}}$$

On a $\overline{OA} = -50{,}0$ cm $= -50{,}0 \times 10^{-2}$ m et $\overline{OF'} = 35{,}0$ mm $= 35{,}0 \times 10^{-3}$ m.

Application numérique : $\overline{OA'} = \dfrac{35{,}0 \times 10^{-3} \times (-50{,}0 \times 10^{-2})}{[35{,}0 \times 10^{-3} + (-50{,}0 \times 10^{-2})]} = 37{,}6 \times 10^{-3}$ m.

3. Plus l'objet est proche de l'appareil photo, plus l'objectif est éloigné de la pellicule.

4. On applique la relation de conjugaison des lentilles minces convergentes :

$$\frac{1}{\overline{OF'}} = \frac{1}{\overline{OA'}} - \frac{1}{\overline{OA}} \Leftrightarrow \frac{1}{\overline{OF'}} = \frac{\overline{OA} - \overline{OA'}}{\overline{OA'} \times \overline{OA}} \Leftrightarrow \overline{OF'} = \frac{\overline{OA'} \times \overline{OA}}{\overline{OA} - \overline{OA'}}$$

Les valeurs numériques sont : $\overline{OA'} = 20{,}0 \times 10^{-3}$ m et $\overline{OA} = -1{,}20$ m.

Application numérique : $\overline{OF'} = \dfrac{20{,}0 \times 10^{-3} \times (-1{,}20)}{(-1{,}20) - 20{,}0 \times 10^{-3}} = 19{,}7 \times 10^{-3}$ m.

5. La vergence a pour formule $C = \dfrac{1}{f}$.

Application numérique : $C = \dfrac{1}{19{,}7 \times 10^{-3}} = 50{,}8\ \delta$.

3 La production de la lumière

La lumière que nous percevons provient de sources diverses : Soleil, lampes, objets éclairés... Dans quelles conditions une lumière peut-elle être émise par une source ? Quels renseignements peut nous apporter son analyse ?

1 La nature ondulatoire de la lumière

■ La lumière est composée de radiations lumineuses qui font partie des **ondes électromagnétiques**. Ces ondes électromagnétiques sont des phénomènes périodiques dans le temps et dans l'espace. Elles sont caractérisées par deux grandeurs :

• leur **période** T, exprimée en **secondes** : durée entre deux pics successifs de l'onde ;

• leur **longueur d'onde** λ, exprimée en **mètres** : longueur séparant deux pics d'onde successifs.

La fréquence υ est égale au nombre de périodes contenues dans une seconde :

$$\upsilon = \frac{1}{T}$$ **υ en hertz (Hz) ; T en secondes (s).**

■ Il existe différentes sortes d'ondes électromagnétiques, que l'on peut classer en fonction de leurs longueurs d'onde ou de leurs fréquences.

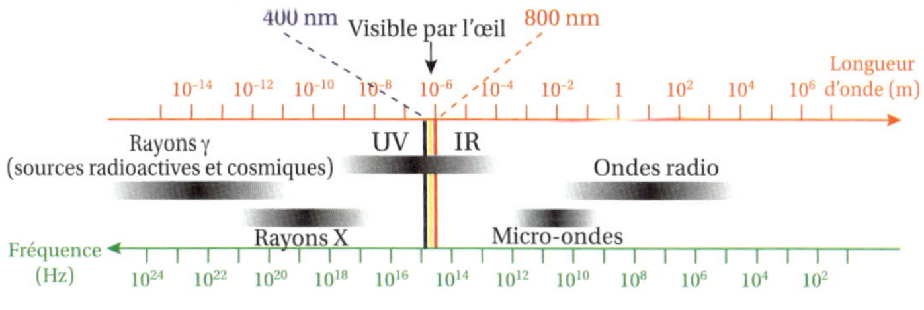

Figure 1 Les différentes catégories d'ondes électromagnétiques

Une onde électromagnétique du domaine visible, caractérisée par une longueur d'onde comprise entre 400 et 800 nanomètres dans le vide, est appelée radiation lumineuse.

2 Les sources de lumière

■ Il existe deux sortes de sources de lumière : les sources primaires et les sources secondaires.

• Les **sources primaires** produisent de la lumière par elles-mêmes en convertissant de l'énergie (chimique pour les bougies, électrique pour les lampes, nucléaire pour les étoiles) en énergie lumineuse.

• Les **sources secondaires** sont des objets éclairés qui renvoient, dans toutes les directions, une partie de la lumière qu'ils reçoivent (la Lune, les planètes, les objets qui nous entourent).

■ **Spectre de la lumière émise par une source**

Un prisme permet de réaliser la décomposition de la lumière. Lors de la traversée du prisme, la lumière est déviée par réfraction (voir figure 5, chapitre 2).

Chaque radiation lumineuse constituant la lumière sera déviée différemment selon sa longueur d'onde, ce qui permet d'obtenir le spectre de cette lumière. En fonction de la source lumineuse, le spectre d'émission obtenu va varier :

- pour un corps solide ou liquide chauffé (le filament d'une lampe par exemple), on obtient un **spectre continu** : toutes les radiations d'un intervalle de longueurs d'onde sont présentes (figure 2) ;
- pour un corps gazeux porté à haute température (une lampe à vapeur de mercure par exemple), on obtient un **spectre de raies** : seules quelques radiations sont présentes (figure 3).

Les raies d'émission sont caractéristiques des éléments chimiques présents dans le gaz.

Figure 2 Spectre de la lumière émise par une lampe à incandescence

Figure 3 Spectre de la lumière émise par une lampe à vapeur de mercure

■ Si le spectre obtenu est constitué de **plusieurs radiations lumineuses**, il s'agit d'une lumière **polychromatique** (figures 2 et 3). D'autre part, si la lumière n'est constituée que **d'une seule radiation lumineuse**, il s'agit alors d'une lumière **monochromatique** (figure 4).

Figure 4 Spectre de la lumière émise par un laser

3 La couleur des corps chauffés

La couleur émise par un corps chaud correspond à la superposition de l'ensemble des longueurs d'onde et non uniquement à la couleur du maximum d'intensité.

■ Lorsqu'on chauffe un corps, il reçoit de l'énergie qu'il va restituer en émettant des ondes électromagnétiques dont la fréquence augmente avec la température. Si on augmente suffisamment la température d'un objet, certains des rayonnements électromagnétiques qu'il émet deviennent visibles.

■ En fonction de l'énergie qu'il reçoit, et donc de sa température, un corps va émettre une lumière de couleur différente. Les premières radiations visibles seront rouges. En augmentant la température, la lumière va devenir orangée puis jaune, jusqu'à l'obtention d'une lumière blanche (superposition de toutes les radiations colorées visibles). Plus un corps est chauffé, plus le spectre des radiations lumineuses qu'il émet s'enrichit de radiations vers le bleu.

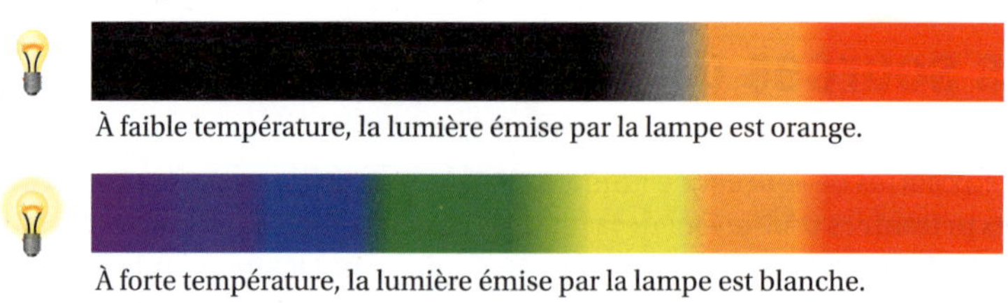

Figure 5 Spectre de la lumière émise par une lampe à incandescence à deux températures différentes

■ La **loi de Wien** permet de connaître la température d'un corps à partir de la longueur d'onde de la radiation correspondant à son maximum d'émission.

$$T = \frac{2{,}898 \times 10^{-3}}{\lambda_{max}}$$

T en kelvins (K)
λ_{max} en mètres (m)

4 Les spectres d'absorption

■ Un corps gazeux traversé par une lumière blanche absorbe, de manière sélective, des radiations lumineuses. Ces radiations dépendent de la composition chimique du gaz.

■ Le spectre de la lumière ayant traversé ce gaz est appelé **spectre d'absorption** : c'est un spectre de raies d'absorption.
Les raies noires représentent les radiations absorbées. Elles sont caractéristiques des éléments chimiques présents dans le gaz.

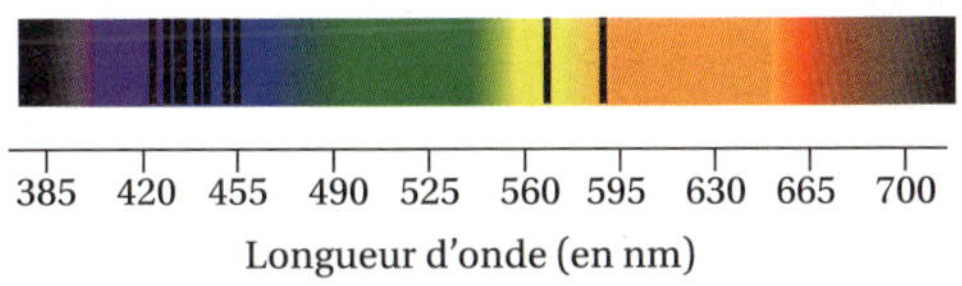

Figure 6 Spectre d'absorption du sodium

■ Le spectre d'absorption et le spectre d'émission d'un même élément chimique sont complémentaires (figures 6 et 7). Les raies d'absorption et d'émission d'une même espèce chimique ont la même longueur d'onde : **un atome d'un élément chimique absorbe les radiations qu'il est capable d'émettre.**

Figure 7 Spectre d'émission du sodium

■ L'étude des spectres de la lumière émise par les étoiles nous permet de connaître la composition de leur atmosphère.

EXERCICE DE SYNTHÈSE

Étude de la lumière provenant de Véga

Véga est la plus grosse étoile de la constellation de la Lyre. Elle est la cinquième plus brillante étoile du ciel, visible à l'œil nu dans la nuit d'été. Elle est 16 fois plus volumineuse et 37 fois plus lumineuse que le Soleil et se situe à une distance de 25 années-lumière de la Terre.
Véga émet une lumière bleue, sa température de surface est de 5 300 K.
Le spectre de la lumière émise par Véga ayant traversé son atmosphère est le suivant :

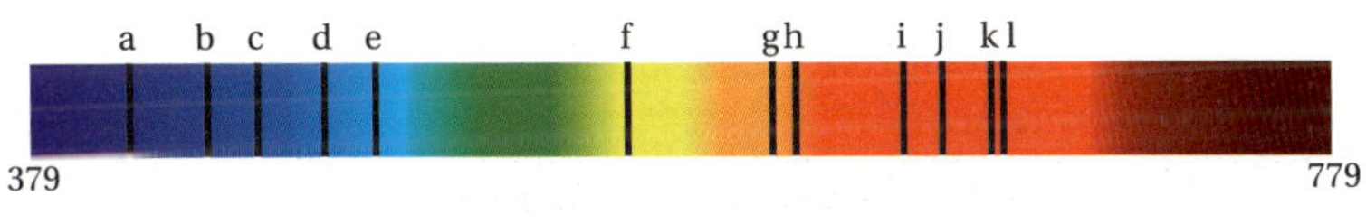

1. Déterminer la longueur d'onde de la radiation la plus intense émise par Véga.
2. À quel domaine de radiations appartient-elle ?
3. Le tableau ci-dessous nous indique les longueurs d'onde des radiations absorbées par des atomes appartenant à divers éléments chimiques.

Élément	Longueurs d'onde des raies absorbées (nm)						
Hydrogène	412	433	487	654			
Argon	448	470	566	603	642	668	
Lithium	610	671					
Mercure	405	429	545	577	578	579	621
Titane	464	465	466	467	498		

3. a. Déterminer les longueurs d'onde des raies numérotées a, b, c, d et e.
3. b. Déterminer deux des éléments chimiques présents dans l'atmosphère de Véga.

CORRIGÉ

1. On applique la loi de Wien : $T = \dfrac{2{,}898 \times 10^{-3}}{\lambda_{max}} \Leftrightarrow \lambda_{max} = \dfrac{2{,}898 \times 10^{-3}}{T}$.

Application numérique : $T = 5\,300$ K, d'où $\lambda_{max} = \dfrac{2{,}898 \times 10^{-3}}{5\,300} = 5{,}47 \times 10^{-7}\ \text{m} = 547\ \text{nm}$.

2. La longueur d'onde est comprise dans l'intervalle [400 nm ; 800 nm], il s'agit donc d'une radiation appartenant au domaine visible.

3. a. Positions relatives des raies par rapport à la graduation 379 nm :

Raie	a	b	c	d	e
Position relative (cm)	0,8	1,4	1,8	2,3	2,7

Détermination de l'échelle :

Longueur sur le spectre entre la graduation 379 et 779 (cm)	10,1	× 39,6
Différence de longueur d'onde (nm)	400	

On en déduit que 1 centimètre sur le document représente 39,6 nanomètres.
Détermination de la différence de longueur d'onde par rapport à 379 nm :

	Raie	a	b	c	d	e
× 39,6	Position relative (cm)	0,8	1,4	1,8	2,3	2,7
	Différence de longueur d'onde (nm)	32	55	71	91	107

Détermination de la longueur d'onde de chaque raie :
$\lambda_a = 379 + 32 = 411$ nm ; $\lambda_b = 379 + 55 = 434$ nm ;
$\lambda_c = 379 + 71 = 450$ nm ; $\lambda_d = 379 + 91 = 470$ nm ;
$\lambda_e = 379 + 107 = 486$ nm.

3. b. On peut identifier la présence des éléments hydrogène et argon dans l'atmosphère de Véga.
Hydrogène : $\lambda_a = 411$ nm ; $\lambda_b = 434$ nm ; $\lambda_e = 486$ nm.
Argon : $\lambda_c = 450$ nm ; $\lambda_d = 470$ nm.

4 L'interaction entre la lumière et la matière

@ www.annabac.com

À LA FIN DU XIXe SIÈCLE, de nombreux physiciens considéraient que l'édifice de la physique était achevé. Mais le XXe siècle allait engendrer deux grandes révolutions : la relativité et la mécanique quantique. Cette dernière justement, permet d'expliquer comment, à l'échelle atomique, un rayonnement lumineux peut être absorbé ou émis par la matière.

1 La dualité onde-corpuscule de la lumière

A Le modèle ondulatoire de la lumière

■ La lumière est une **onde électromagnétique** : il s'agit d'un phénomène de propagation **sans transport de matière,** mais **avec transport d'énergie**. Une radiation lumineuse est périodique à la fois dans le temps et dans l'espace.

■ Elle est caractérisée par sa **longueur d'onde λ** (qui représente la période spatiale) exprimée en **mètres (m)** et par sa **période temporelle *T*** exprimée en **secondes (s)**.

■ **Relation entre longueur d'onde et période**

La longueur d'onde est égale à la distance parcourue par la lumière pendant une durée égale à sa période temporelle. La **vitesse de la lumière**, notée **c**, peut alors s'exprimer de la façon suivante :

$$c = \frac{\lambda}{T}$$

c en mètres par seconde ($m \cdot s^{-1}$)
λ en mètres (m)
T en secondes (s)

> **Vitesse de la lumière dans le vide :**
> $c = 3{,}00 \times 10^8\ m \cdot s^{-1}$

■ **Fréquence d'une radiation**

La fréquence d'un phénomène périodique dans le temps est égale au nombre de périodes dans une seconde. Son unité est le **hertz (Hz)**. La relation mathématique entre la fréquence et la période est la suivante :

$$\nu = \frac{1}{T}$$

ν en hertz (Hz)
T en secondes (s)

■ **Relation entre longueur d'onde et fréquence**

En appliquant la formule précédente, on peut écrire une nouvelle expression de la vitesse de la lumière :

$$c = \lambda \times \nu$$

c en mètres par seconde ($m \cdot s^{-1}$)
λ en mètres (m)
ν en hertz (Hz)

B Le modèle corpusculaire de la lumière : le photon

■ La lumière peut être décrite non pas comme une onde mais comme constituée de petites particules de lumière appelées **photons**.

■ Les photons ont une **masse nulle** et se déplacent à la **vitesse de la lumière**. Chaque photon possède une énergie égale à un **quantum d'énergie *E*, qui dépend de la fréquence** ν de la radiation lumineuse :

$$E = h \times \nu$$

E en joules (J)
h en joules secondes ($J \cdot s$)
ν en hertz (Hz)

La constante h est appelée **constante de Planck :** $h = 6{,}626 \times 10^{-34}\ J \cdot s$.

$1\ keV = 10^3\ eV = 1{,}602 \times 10^{-16}\ J$
$1\ MeV = 10^6\ eV = 1{,}602 \times 10^{-13}\ J$
$1\ GeV = 10^9\ eV = 1{,}602 \times 10^{-10}\ J$

■ Le joule est une unité inadaptée car les énergies exprimées sont trop petites. On utilise en physique atomique l'**électronvolt,** noté **eV**, ou l'un de ses multiples :

$$1\ eV = 1{,}602 \times 10^{-19}\ J$$

■ La formule donnant l'énergie d'un photon en fonction de la longueur d'onde de la radiation est à connaître (ou savoir la retrouver) :

$$E = \frac{h \times c}{\lambda}$$

E en joules (J)
h en joules secondes ($J \cdot s$)
c en mètres par seconde ($m \cdot s^{-1}$)
λ en mètres (m)

2 Niveaux d'énergie des atomes

A Historique de la mécanique quantique

■ En 1913, Niels Bohr fait l'hypothèse que « **l'atome ne peut exister que dans certains états d'énergie bien définis. À chaque état est associé un niveau d'énergie** ». Ainsi l'énergie, qui était jusque-là considérée comme une grandeur continue, devient discontinue à l'échelle atomique : on parle de **quantification de l'énergie des atomes**.

B Diagramme d'énergie d'un atome

Pour représenter les différents niveaux d'énergie associés à un atome, on utilise un diagramme avec un axe vertical où sont spécifiés les niveaux d'énergie associés à l'atome (figure 1).

- L'état de plus basse énergie est appelé **état fondamental**.
- Les états d'énergie supérieurs sont appelés **états excités**.
- À chaque état est associé une énergie (notée E) : on dit que l'atome est dans le niveau d'énergie E.

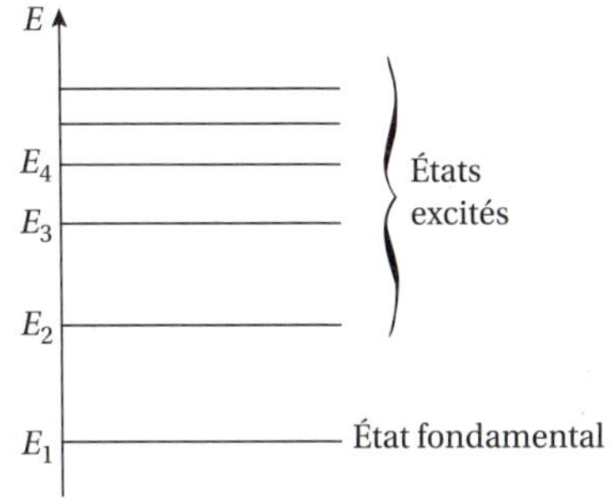

Figure 1 Diagramme d'énergie d'un atome

L'atome ne peut prendre que des niveaux d'énergie bien déterminés (E_1, E_2, E_3, E_4...). Ceci illustre bien le fait que l'énergie de l'atome est quantifiée.

3 Émission ou absorption d'une radiation par un atome

A Absorption d'une radiation par un atome

L'énergie d'un atome pris dans son état fondamental (c'est-à-dire à son niveau d'énergie le plus bas possible) peut augmenter en passant sur des niveaux supérieurs correspondant à des états excités (figure 2).

Pour cela, il doit **absorber** un photon dont l'énergie est exactement égale à la différence d'énergie ΔE entre l'énergie de l'état excité et l'énergie de l'état fondamental. Si l'énergie du photon est supérieure ou inférieure à la différence d'énergie, l'atome ne peut pas absorber le photon et reste dans son état d'énergie fondamental (figure 3).

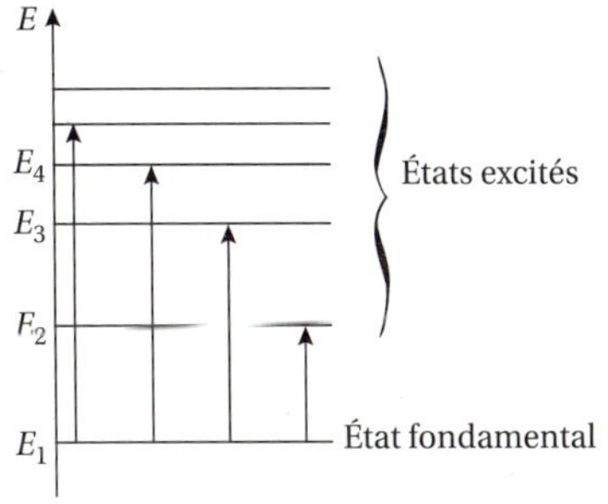

Figure 2 Augmentation de l'énergie d'un atome pris dans un état excité

Prenons l'exemple de la transition entre le niveau 1 (fondamental) et le niveau 2. Pour être absorbé, le photon doit avoir une énergie E égale à la différence entre E_2 et E_1 :

$$E = E_2 - E_1 = h \times \nu \qquad \text{soit} \qquad E = \Delta E = h \times \nu$$

Tous les photons qui ne possèdent pas cette énergie ne pourront pas être absorbés par l'atome et la transition de niveaux d'énergie ne se fera pas.

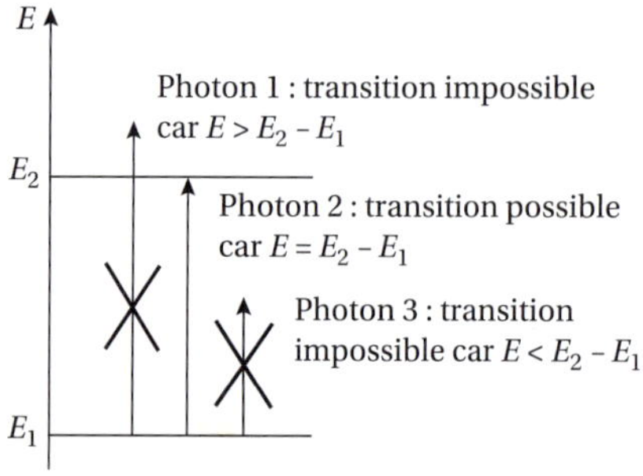

Figure 3 Illustration de l'absorption sélective d'un photon par un atome pour passer du niveau 1 au niveau 2

Pour augmenter son énergie, un atome peut absorber un photon si l'énergie du photon est exactement égale à la différence d'énergie entre deux niveaux d'énergie de l'atome.

B Émission d'une radiation par un atome

L'énergie d'un atome pris dans un état excité peut également diminuer en passant sur des niveaux d'énergie inférieurs.

Pour cela, il doit **émettre** un photon dont l'énergie est exactement égale à la différence d'énergie ΔE entre l'énergie de l'état excité de départ et l'énergie de l'état d'énergie inférieur.

Prenons l'exemple de la transition entre le niveau 4 et le niveau 1 (figure 4). Le photon émis doit avoir une énergie E égale à la différence entre E_4 et E_1 :

$$E = E_4 - E_1 = h \times \nu \qquad \text{soit} \qquad E = \Delta E = h \times \nu$$

Les sauts discontinus d'un niveau d'énergie à un autre sont appelés transitions. À toute transition est associée une variation d'énergie ΔE.

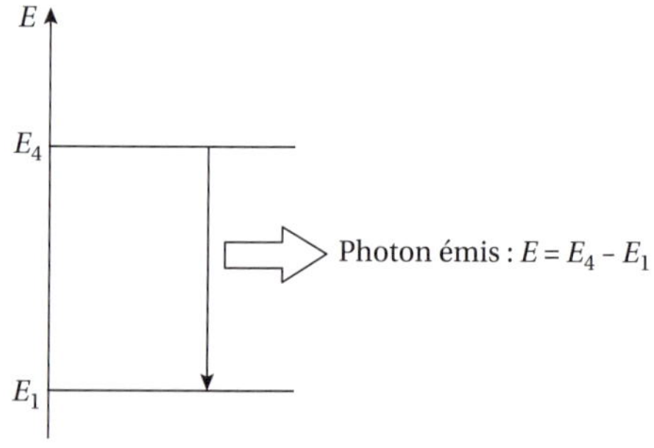

Figure 4 Illustration de l'émission sélective d'un photon par un atome pour passer du niveau 4 au niveau 1

Pour diminuer son énergie, un atome peut émettre un photon dont l'énergie est exactement égale à la différence d'énergie entre deux niveaux d'énergie de l'atome.

4 Analyse du spectre solaire

■ Le spectre d'émission (ou d'absorption) d'un atome est caractéristique de l'élément chimique auquel il appartient, car il dépend des transitions de niveaux d'énergie propres à chaque atome.

■ Ceci permet donc d'affirmer que le spectre d'émission (ou d'absorption) d'un gaz est la superposition des spectres d'émission (ou d'absorption) de tous les éléments chimiques présents dans le gaz.

■ L'analyse du spectre de la lumière provenant du Soleil nous permet donc d'identifier les éléments chimiques présents dans l'atmosphère solaire : on y trouve toutes les raies noires correspondant aux radiations absorbées par les atomes présents.

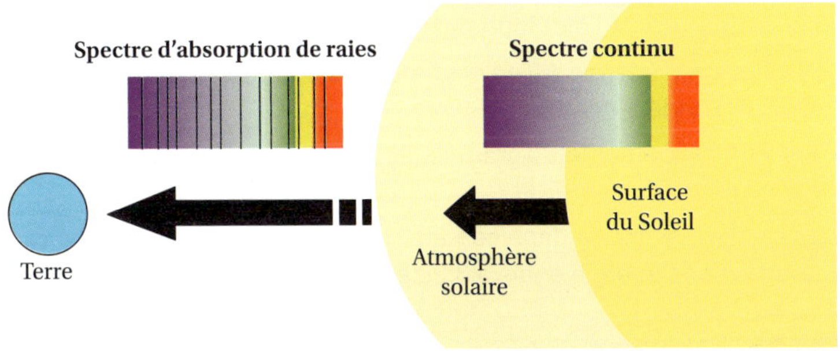

Figure 5 Absorption sélective de la lumière par les éléments chimiques de l'atmosphère solaire

EXERCICE DE SYNTHÈSE

Une lampe à vapeur de sodium

L'éclairage des tunnels routiers se fait avec des lampes à vapeur de sodium. Il s'agit de lampes contenant des vapeurs de sodium sous faible pression. Par une décharge électrique, on excite les atomes de sodium qui restituent ensuite l'énergie emmagasinée par l'émission de radiations lumineuses.

■ Étude du spectre de la lumière émise

On a répertorié dans le tableau ci-dessous les longueurs d'onde des radiations du spectre d'émission de la lampe :

Radiation	1	2	3	4	5	6	7
λ (nm)	330,3	568,8	589,0	589,6	615,4	819,5	1 138,2

1. Indiquer si les radiations appartiennent au domaine du visible, des ultraviolets ou de l'infrarouge.

2. Calculer la fréquence ν de la radiation de longueur d'onde λ égale à 615,4 nm.

3. Quelle est la radiation dont la fréquence sera la plus petite ? Justifier la réponse.

Exploitation du diagramme d'énergie

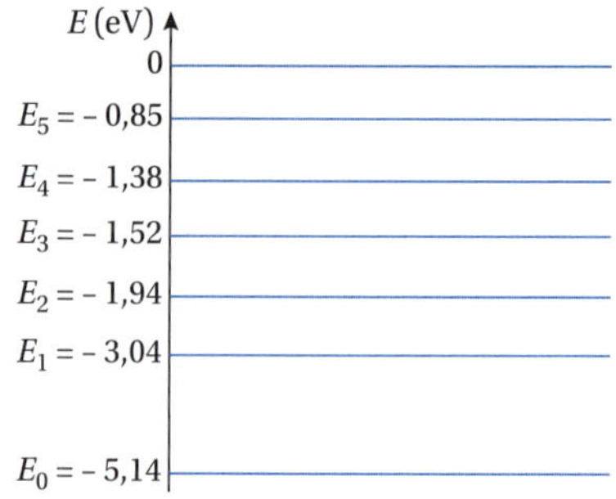

Figure 6 Diagramme d'énergie du sodium

4. Indiquer sur le diagramme l'état fondamental et les états excités.

5. Calculer la variation d'énergie ΔE en électronvolts correspondant à l'émission de la raie jaune de longueur d'onde λ égale à 589,0 nm.

6. Indiquer par une flèche sur le diagramme, la transition de niveaux d'énergie qui y correspond.

7. L'atome de sodium se trouve dans son état fondamental. Est-ce qu'une radiation dont les photons portent une énergie égale à 3,20 eV peut être absorbée ? Justifier la réponse.

CORRIGÉ

Étude du spectre de la lumière émise

1. On rappelle que :

si $\lambda < 400$ nm, la radiation appartient au domaine des ultraviolets ;

si $\lambda > 800$ nm, la radiation appartient au domaine de l'infrarouge ;

si 400 nm $< \lambda <$ 800 nm, la radiation appartient au domaine du visible.

Radiation 1 : ultraviolets.

Radiations 2, 3, 4, 5 : visible.

Radiations 6, 7 : infrarouge.

2. On utilise la formule $\nu = \frac{c}{\lambda}$.

Application numérique

On a : $\lambda = 615{,}4$ nm $= 6{,}154 \times 10^{-7}$ m et $c = 3{,}00 \times 10^{8}$ m·s^{-1}. On obtient : $\nu = 4{,}87 \times 10^{14}$ Hz.

3. On utilise la formule $\nu = \frac{c}{\lambda}$.

La fréquence est inversement proportionnelle à la longueur d'onde. On en déduit que la radiation dont la fréquence est la plus petite est celle ayant la plus grande longueur d'onde, soit $\lambda = 1\,138{,}2$ nm.

Exploitation du diagramme d'énergie

4.

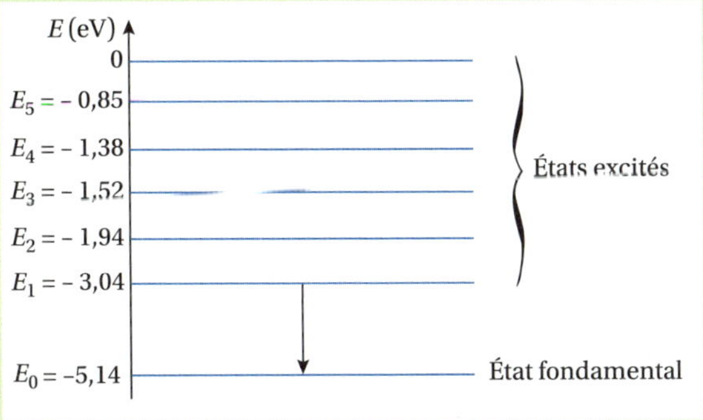

Figure 7 Diagramme d'énergie du sodium

5. On applique la formule $\Delta E = \frac{h \times c}{\lambda}$.

Application numérique :

on convertit la longueur d'onde en mètres : λ = 589,0 nm = $5{,}890 \times 10^{-7}$ m.

On a : $c = 3{,}00 \times 10^8$ m·s^{-1} et $h = 6{,}626 \times 10^{-34}$ J·s. On obtient : $\Delta E = 3{,}37 \times 10^{-19}$ J.

On convertit en électronvolts : ΔE = 2,10 eV.

6. Il faut chercher dans le diagramme deux niveaux d'énergie dont la différence d'énergie correspond à ΔE = 2,10 eV. On trouve les niveaux d'énergie E_0 et E_1.

$E_1 - E_0 = -3{,}04 - (-5{,}14) = 2{,}10$ eV

On représente sur le diagramme une flèche partant du niveau 1 et allant au niveau 0 (fondamental) : voir le diagramme de la question 4.

7. On calcule l'énergie de l'atome dans l'hypothèse où il absorberait le photon :

$E = E_0 + E_{photon}$ soit $E = -5{,}14 + 3{,}20 = -1{,}94$ eV.

Cette énergie correspond au niveau d'énergie E_2 (d'après le diagramme d'énergie). On en conclut que l'atome peut absorber la radiation.

PHYSIQUE-CHIMIE

5 Les espèces chimiques colorées

www.annabac.com

Depuis la plus haute Antiquité, et ce jusqu'au XIXe siècle, les substances colorées utilisées par les hommes étaient toutes d'origine naturelle et leur nombre se limitait à une quinzaine. Avec le développement de la chimie des colorants depuis le début du XXe siècle, on compte aujourd'hui plusieurs milliers de colorants différents.

1 Présentation des colorants

■ Un colorant est une matière colorée utilisée pour changer la couleur d'un textile, d'un aliment, d'un objet... Un colorant peut avoir une origine naturelle ou synthétique.

• Les **colorants naturels** sont extraits de leur milieu naturel grâce à des **techniques d'extraction** élaborées par les hommes depuis plusieurs siècles. On trouve des colorants d'**origine végétale** tels que l'indigo extrait de l'indigotier, ou d'**origine animale** tels que le rouge cochenille tiré de l'insecte appelé cochenille de racine.

• Les **colorants synthétiques** sont élaborés en laboratoire. La première synthèse a été réalisée en 1856 par un chimiste anglais, William Perkin : il s'agit de la mauvéine, un colorant mauve préparé de manière industrielle.

■ **L'origine d'un colorant donné n'a pas d'influence sur sa structure chimique :** la molécule d'indigo extraite de l'indigotier est identique en tout point à celle qui est synthétisée.

2 Couleur et absorption

■ Une molécule ou un ion absorbant de manière sélective certaines radiations du spectre visible, confère à la matière des propriétés colorantes. La suppression d'une couleur dans la lumière blanche conduit à l'observation de la couleur complémentaire.

■ **Relation entre la couleur et le spectre d'absorption d'un liquide coloré**

Jaune tartrazine (colorant alimentaire E102)	**Ion permanganate** (colorant de l'eau de Dakin)
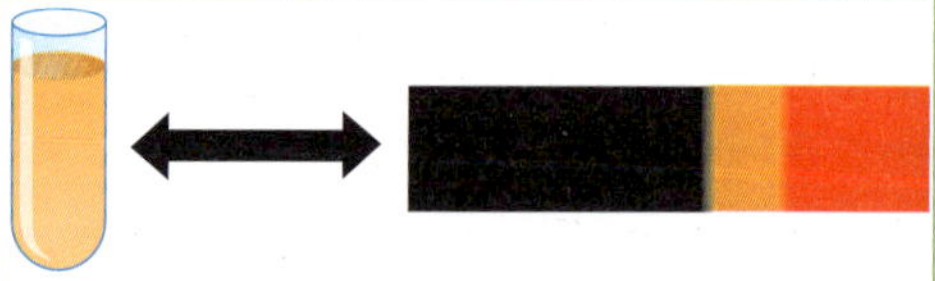	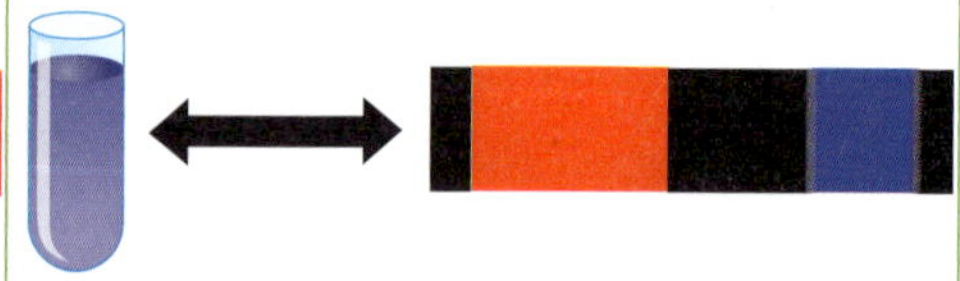
La solution absorbe principalement le bleu et le violet : les couleurs complémentaires sont le jaune et l'orange. On a une solution jaune-orangé.	La solution absorbe principalement le vert et le jaune : les couleurs complémentaires sont le violet et le rouge. On a une solution de couleur violette.

Une substance colorée en solution absorbe la couleur complémentaire de celle qu'elle donne à la solution.

3 Des caractéristiques physiques utiles

■ La **masse volumique μ** d'un liquide est égale au rapport de la masse m du liquide sur son volume V. Son unité est le kilogramme par mètre cube ($kg{\cdot}m^{-3}$) ; mais en chimie, l'unité la plus utilisée est le gramme par litre ($g{\cdot}L^{-1}$)

$$\mu = \frac{m}{V}$$

μ en grammes par litre ($g{\cdot}L^{-1}$)
V en litres (L)
m en grammes (g)

■ La **densité d'un liquide par rapport à l'eau** est égale au rapport de la masse m d'un volume fixé de ce liquide sur la masse m_0 du même volume d'eau.
On peut également utiliser une autre formule de la densité qui fait intervenir les masses volumiques μ du liquide et μ_0 de l'eau :

$$d = \frac{m}{m_0}$$

d est sans unité
m et m_0 en grammes (g)

ou

$$d = \frac{\mu}{\mu_0}$$

d est sans unité
μ et μ_0 en grammes par litre ($g{\cdot}L^{-1}$)

■ Deux liquides sont **miscibles** s'ils peuvent se mélanger en toutes proportions. Dans le cas contraire, ils ne sont pas miscibles. Deux liquides miscibles forment une seule phase liquide homogène.
Deux liquides **non miscibles** constituent un **mélange hétérogène** : il y a deux phases. Le liquide dont la densité est la plus faible compose la phase supérieure du mélange hétérogène.

■ La **solubilité *s*** d'une espèce chimique est égale à masse maximale m_{max} de l'espèce que l'on peut dissoudre dans le volume V de liquide considéré.

$$s = \frac{m_{max}}{V}$$

s en grammes par litre ($g{\cdot}L^{-1}$)
m_{max} en grammes (g)
V en litres (L)

4 Extraction d'un colorant à l'aide d'un solvant : exemple d'une feuille verte

De nombreux pigments naturels sont très solubles dans des **solvants organiques** et très peu solubles (voire même insolubles) dans l'eau. On utilise de tels solvants pour extraire ces pigments de leur milieu naturel. Ces solvants organiques sont des liquides incolores dont les molécules constitutives contiennent l'élément carbone (exemple : éthanol C_2H_6O).

■ Dans le cas d'une feuille verte, on la broie une fois finement découpée, dans quelques millilitres d'une solution d'alcool à 95° (95 % en volume d'éthanol). On continue le broyage jusqu'à obtenir un liquide vert. On filtre et on récupère le filtrat : il s'agit d'une solution hydro-alcoolique contenant tous les pigments de la feuille (chlorophylles vert, carotènes orange, xanthophylles jaune). Cette suite d'opérations constitue une **extraction solide-liquide**.

■ Pour extraire les pigments d'un liquide, on peut utiliser leur différence de solubilité par rapport à deux solvants organiques.

Nom	Solubilité s_1 dans l'alcool à 95°	Solubilité s_2 dans l'éther de pétrole
Chlorophylles	$s_1 << s_2$	
Carotènes	$s_1 << s_2$	

L'éther de pétrole et l'alcool à 95° ne sont pas miscibles. Le solvant utile à l'extraction liquide-liquide doit être non miscible avec le solvant contenant les pigments et avoir une solubilité vis-à-vis des pigments à extraire supérieure au premier solvant.

Cette extraction nécessite l'utilisation d'une **ampoule à décanter** (figure 1).

Après agitation, on observe que la phase éthérée prend une couleur verte intense et la phase hydro-alcoolique devient jaune pâle.

Il suffit alors de récupérer successivement les deux phases dans deux récipients pour réaliser la séparation. Cette suite d'opérations constitue une **extraction liquide-liquide.**

Figure 1 Extraction liquide-liquide à l'aide d'une ampoule à décanter

5 Synthèse d'une espèce chimique colorée

■ Une **synthèse** est une transformation chimique au cours de laquelle des espèces chimiques, appelées **réactifs**, réagissent pour donner une ou plusieurs espèces chimiques nouvelles, appelées **produits**. Parmi ces produits, se trouve l'espèce chimique colorée désirée.

■ **Protocole opératoire**

1. Préciser les quantités de matière des réactifs mis en jeu, ainsi que leur nature.
2. Donner les consignes de sécurité.
3. Décrire le matériel à utiliser pour réaliser la synthèse.
4. Détailler toutes les étapes permettant de réaliser la synthèse et d'isoler l'espèce chimique colorée produite.

■ **Identification de l'espèce chimique synthétisée**

1. Déterminer les températures de changement d'état.
2. Déterminer la densité (s'il s'agit d'un liquide).
3. Réaliser une chromatographie sur couche mince.

• La chromatographie sur couche mince (CCM) permet de séparer et d'identifier les espèces chimiques d'un mélange homogène. Elle est basée sur la différence d'affinité des espèces chimiques pour deux phases : la *phase stationnaire* ou *phase fixe* (solide ou liquide) et la *phase mobile* ou *éluant* (mélange de plusieurs solvants).

• La phase fixe est une plaque en papier ou en gel de silice fixé sur une plaque de verre, sur laquelle *les espèces chimiques migrent avec l'éluant* à des hauteurs différentes : elles sont ainsi séparées.

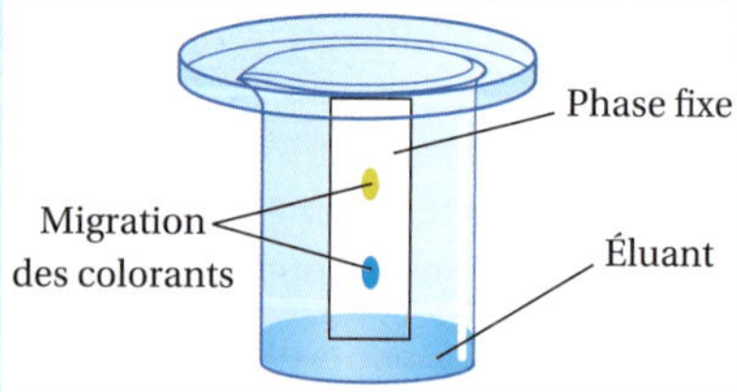

• On identifie ensuite les espèces chimiques par comparaison de leur hauteur de migration avec un témoin (une même substance migre à la même hauteur dans des conditions expérimentales identiques).

EXERCICE DE SYNTHÈSE

Chromatographie de sodas aux fruits

De nombreux sodas aux fruits contiennent des colorants, dont les plus couramment utilisés sont les suivants : le jaune orangé S (code E110) ; le rouge cochenille (code E124) ; l'azorubine rouge (code E122).

On réalise la chromatographie des colorants de deux sodas (notés S_1 et S_2).

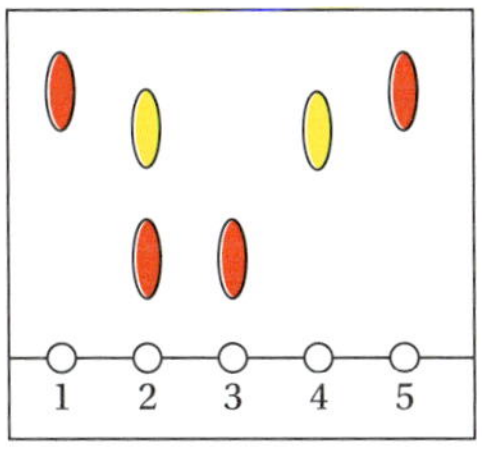

1 = Soda S_1
2 = Soda S_2
3 = Azorubine rouge
4 = Jaune orangé S
5 = Rouge cochenille

1. Déterminer les colorants présents dans les deux sodas.

2. Remplir les cases manquantes du tableau suivant :

Soda	S_1	S_2
Masse volumique ($g{\cdot}L^{-1}$)		$1{,}45 \times 10^3$
Densité	1,3	

Donnée : masse volumique de l'eau : $\mu_0 = 1{,}000 \times 10^3\ g{\cdot}L^{-1}$.

CORRIGÉ

1. Dans le soda S_1 on trouve du rouge cochenille, tandis que dans le soda S_2, on trouve de l'azorubine rouge et du jaune orangé S.

2. On utilise la formule reliant la densité à la masse volumique.

Masse volumique de S_1 : $\mu = d \times \mu_0$ avec $d = 1{,}3$ et $\mu_0 = 1{,}000 \times 10^3\ g{\cdot}L^{-1}$ soit $\mu = 1{,}3 \times 10^3\ g{\cdot}L^{-1}$.

Densité de S_2 : $d = \dfrac{\mu}{\mu_0}$ avec $\mu = 1{,}45 \times 10^3\ g{\cdot}L^{-1}$ soit $d = 1{,}45$.

On peut alors compléter le tableau :

Soda	S_1	S_2
Masse volumique ($g{\cdot}L^{-1}$)	$1{,}3 \times 10^3$	$1{,}45 \times 10^3$
Densité	1,3	1,45

PHYSIQUE-CHIMIE

6 Réaction chimique et couleur

www.annabac.com

Au cours des transformations chimiques, on observe une évolution de la composition de la matière : des espèces chimiques disparaissent, de nouvelles apparaissent.

1 Réaction mettant en jeu une espèce chimique colorée

A Système et transformation chimiques

■ On appelle **système chimique** un ensemble d'espèces chimiques contenues dans un même volume (liquide ou gaz).

■ L'**état** d'un système chimique est caractérisé par :
- les espèces chimiques présentes ;
- les quantités de matière associées à chaque espèce ;
- l'état physique de chaque espèce ;
- la température et la pression.

■ Une **transformation chimique** a lieu lorsque l'évolution du système chimique s'accompagne de l'apparition de nouvelles espèces (les **produits**) et la disparition d'espèces initialement présentes (les **réactifs**). Le système passe d'un **état initial** à un **état final**.

B Notion de réaction chimique et évolution de la couleur

La **réaction chimique** est une modélisation de la transformation : elle permet d'expliquer le passage des réactifs aux produits. Elle indique également dans quelles proportions (en quantités de matière) les réactifs sont consommés et les produits formés.

On peut aussi interpréter une équation chimique en termes de bilan de quantités de matière : α moles du réactif 1 réagissent avec β moles de réactif 2 pour donner γ moles de produit 1 et ε moles de produit 2.

■ Pour représenter symboliquement une réaction chimique, on écrit une équation dite **équation-bilan :**

$$\alpha \textbf{ réactif } 1_{(s)} + \beta \textbf{ réactif } 2_{(aq)} \rightarrow \gamma \textbf{ produit } 1_{(l)} + \varepsilon \textbf{ produit } 2_{(g)}$$

Les espèces chimiques (réactifs et produits) sont représentées par leur **formule**, en précisant leur **état physique** (solide, liquide, gaz, en solution aqueuse) et leur **nombre stœchiométrique** (α, β, γ, ε étant des nombres entiers).

■ **Équilibrer une équation chimique** consiste à trouver les nombres stœchiométriques en respectant les lois de conservation au cours de la transformation chimique :

- la **conservation des éléments chimiques** : tous les éléments chimiques mis en jeu sont conservés ;
- la **conservation de la quantité de matière** : les quantités de matière associées à chaque élément chimique sont conservées ;
- la **conservation de la charge** : la charge totale du système chimique est conservée.

■ Lors d'une transformation chimique, certaines espèces sont présentes mais n'interviennent pas dans la transformation : ce sont des **espèces spectatrices.** Elles n'apparaissent pas dans l'équation de la réaction.

EXEMPLE : la réaction chimique entre le diiode I_2 et les ions thiosulfates $S_2O_3^{2-}$ produit des ions tétrathionates de formule $S_4O_6^{2-}$ et des ions iodures de formule I^- selon l'équation-bilan :

$$I_{2(aq)} + 2\,S_2O_3^{2-}{}_{(aq)} \rightarrow S_4O_6^{2-}{}_{(aq)} + 2\,I^-{}_{(aq)}$$

Les ions sodium présents dans la solution de thiosulfate de sodium sont spectateurs.

■ Au cours d'une réaction chimique faisant intervenir une espèce colorée, la couleur de la solution évolue en fonction de la concentration de l'espèce colorée.

2 La chimie quantitative

■ Les échantillons de matière contiennent un très grand nombre de particules (molécules, ions, atomes...). Les chimistes ont défini une grandeur adaptée à notre échelle, en relation directe avec le nombre de particules : la **quantité de matière.** Elle est notée $\boldsymbol{n}$ et s'exprime **en moles,** de symbole mol. Dans une mole, il y a $\mathbf{6{,}02 \times 10^{23}}$ entités chimiques (atomes, molécules, ions...).

■ Principales relations faisant intervenir la quantité de matière n :

$$n = \frac{N}{N_A}\ ;\ n = \frac{m}{M}\ ;\ n = \frac{V}{V_m}\ ;\ n = \frac{\mu_0 \times d \times V}{M}\ ;\ C = \frac{n}{V}$$

n, quantité de matière en moles (mol)
N, nombre de particules sans unité ; N_A, constante d'Avogadro : $\mathbf{N_A = 6{,}02 \times 10^{23}\ mol^{-1}}$
m, masse en grammes (g)
M, masse molaire atomique ou moléculaire, en grammes par mole ($g{\cdot}mol^{-1}$)
V, volume en litres (L) ; V_m, volume molaire en litres par mole ($L{\cdot}mol^{-1}$)
d, densité, sans unité
μ_0, masse volumique de l'eau en grammes par litre ($g{\cdot}L^{-1}$)
C, concentration en moles par litre ($mol{\cdot}L^{-1}$)

3 Suivi d'une transformation chimique

A Description de l'évolution d'un système à l'aide d'un tableau d'avancement

■ Pour prévoir l'évolution d'une transformation chimique, les chimistes utilisent **l'avancement de réaction,** noté $\boldsymbol{x}$ et exprimé en moles (mol).
Dans l'état initial, cet avancement vaut 0 mol ; au cours de la transformation, l'avancement augmente jusqu'à atteindre une valeur maximale dans l'état final, notée $\boldsymbol{x_f}$ et appelée **avancement final**.

■ Pour déterminer l'état final d'un système chimique, on utilise un **tableau d'avancement**. Ce tableau permet de déterminer les quantités de tous les constituants du système chimique considéré (réactifs restants et produits formés).

■ **Construction du tableau**

- À l'état initial, l'avancement est nul ($x = 0$ mol) : seuls les réactifs sont présents.
- Dans un état au cours de la transformation, l'avancement est égal à x. Pour αx moles du réactif 1 consommées, βx moles du réactif 2 ont été consommées, tandis que γx moles de produit 1 et εx moles de produit 2 ont été formées.
- La réaction est terminée lorsqu'au moins un des réactifs a été totalement consommé : c'est l'état final (l'avancement est maximal).

Équation-bilan		α **réactif 1 +** β **réactif 2 →** γ **produit 1 +** ε **produit 2**			
État	Avancement (mol)	$n_{\text{(réactif 1)}}$ (mol)	$n_{\text{(réactif 2)}}$ (mol)	$n_{\text{(produit 1)}}$ (mol)	$n_{\text{(produit 2)}}$ (mol)
Initial	$x = 0$	$n_{\text{i (réactif 1)}}$	$n_{\text{i (réactif 2)}}$	0	0
Intermédiaire	x	$n_{\text{i (réactif 1)}} - \alpha x$	$n_{\text{i (réactif 2)}} - \beta x$	γx	εx
Final	$x = x_{\text{f}}$	$n_{\text{i (réactif 1)}} - \alpha x_{\text{f}}$	$n_{\text{i (réactif 2)}} - \beta x_{\text{f}}$	γx_{f}	εx_{f}

B Détermination du réactif limitant et prévision de l'état final d'un système chimique

■ L'état final est atteint si un seul des réactifs a été totalement consommé : on dit que ce **réactif est limitant**. Pour identifier le réactif limitant, il faut déterminer celui pour lequel l'avancement maximal est le plus petit.

- *Hypothèse 1.* Le réactif 1 est limitant : $n_{\text{i (réactif 1)}} - \alpha x_{\text{max1}} = 0$; $x_{\text{max 1}} = \dfrac{n_{\text{i (réactif 1)}}}{\alpha}$.
- *Hypothèse 2.* Le réactif 2 est limitant : $n_{\text{i (réactif 2)}} - \beta x_{\text{max2}} = 0$; $x_{\text{max 2}} = \dfrac{n_{\text{i (réactif 2)}}}{\beta}$.

On compare les valeurs de x_{max1} et x_{max2} :

si $x_{\text{max1}} < x_{\text{max2}}$ alors le réactif 1 est limitant et $x_{\text{f}} = x_{\text{max1}}$;

si $x_{\text{max1}} > x_{\text{max2}}$ alors le réactif 2 est limitant et $x_{\text{f}} = x_{\text{max2}}$.

■ Une fois le réactif limitant et la valeur de l'avancement final déterminés, on peut trouver les quantités des espèces chimiques du système présentes dans **l'état final** en remplaçant x_{f} par sa valeur dans la dernière ligne du tableau.

■ **Cas d'un mélange initial stœchiométrique**
Si les réactifs ont été introduits dans les proportions stœchiométriques de l'équation-bilan, tous les réactifs sont totalement consommés dans l'état final.
Dans ce cas : $x_{\text{f}} = x_{\text{max1}} = x_{\text{max2}}$.

EXERCICE DE SYNTHÈSE

Réaction entre les ions dichromates et les ions thiosulfates

On étudie la réaction chimique ayant lieu entre les ions dichromates ($Cr_2O_7^{2-}$) et les ions thiosulfates ($S_2O_3^{2-}$) en milieu aqueux acide, qui produit des ions chrome III (Cr^{3+}), des ions tétrathionates ($S_4O_6^{2-}$) et de l'eau selon l'équation :

$$Cr_2O_7^{2-}{}_{(aq)} + 6\ S_2O_3^{2-}{}_{(aq)} + 14\ H^+{}_{(aq)} \rightarrow 2\ Cr^{3+}{}_{(aq)} + 3\ S_4O_6^{2-}{}_{(aq)} + 7\ H_2O_{(l)}$$

On verse dans un bécher 15,0 mL de la solution de dichromate de potassium de concentration en ions dichromates $C_{(Cr_2O_7^{2-})} = 0{,}20\ mol \cdot L^{-1}$.

La solution de thiosulfate de potassium de concentration $C_{(S_2O_3^{2-})} = 2{,}0\ mol \cdot L^{-1}$ est introduite dans une burette graduée. Les ions hydrogène sont introduits en excès. En solution aqueuse, l'eau est en excès.

En solution, les ions dichromates sont jaunes, les ions chrome III sont verts et toutes les autres espèces du système chimique sont incolores.

1. Établir le tableau d'avancement correspondant à cette transformation chimique.

2. On verse 6,0 mL de la solution contenant les ions thiosulfates dans le bécher.

Déterminer les quantités de matière des réactifs à l'état initial.

3. Déterminer le réactif limitant et la valeur de l'avancement final.

4. Calculer les quantités de matière de toutes les espèces ioniques présentes à l'état final.

5. Quelle est la couleur de la solution ?

6. On réalise la même expérience en versant 9,0 mL de la solution contenant les ions thiosulfates dans le bécher.

Déterminer les quantités de matière des réactifs à l'état initial.

7. Déterminer le réactif limitant et la valeur de l'avancement final.

8. Calculer les quantités de matière de toutes les espèces ioniques présentes à l'état final.

9. Quelle est la couleur de la solution ?

CORRIGÉ

1.

Équation-bilan		$Cr_2O_7^{2-}{}_{(aq)} + 6\ S_2O_3^{2-}{}_{(aq)} + 14\ H^+{}_{(aq)} \rightarrow 2\ Cr^{3+}{}_{(aq)} + 3\ S_4O_6^{2-}{}_{(aq)} + 7\ H_2O_{(l)}$					
État	Avancement (mol)	$n_{(Cr_2O_7^{2-})}$	$n_{(S_2O_3^{2-})}$	$n_{(H^+)}$	$n_{(Cr^{3+})}$	$n_{(S_4O_6^{2-})}$	$n_{(H_2O)}$
Initial	$x = 0$	$n_{i(Cr_2O_7^{2-})}$	$n_{i(S_2O_3^{2-})}$	EXCÈS	0	0	EXCÈS
Intermédiaire	x	$n_{i(Cr_2O_7^{2-})} - x$	$n_{i(S_2O_3^{2-})} - 6x$	EXCÈS	$2x$	$3x$	EXCÈS
Final	$x = x_f$	$n_{i(Cr_2O_7^{2-})} - x_f$	$n_{i(S_2O_3^{2-})} - 6x_f$	EXCÈS	$2x_f$	$3x_f$	EXCÈS

PHYSIQUE-CHIMIE

2. Calcul de la quantité de matière initiale des ions dichromates :

$n_{i(Cr_2O_7{}^{2-})} = C_{(Cr_2O_7{}^{2-})} \times V_{(Cr_2O_7{}^{2-})} = 0{,}20 \times 15{,}0 \times 10^{-3} = 3{,}0 \times 10^{-3}$ mol.

Calcul de la quantité initiale d'ions thiosulfates :

$n_{i(S_2O_3{}^{2-})} = C_{(S_2O_3{}^{2-})} \times V_{(S_2O_3{}^{2-})} = 2{,}0 \times (6{,}0 \times 10^{-3}) = 6{,}0 \times 10^{-3}$ mol.

3. Si les ions dichromates sont limitants :

$n_{i(Cr_2O_7{}^{2-})} - x_{max1} = 0$ d'où $x_{max1} = n_{i(Cr_2O_7{}^{2-})} = 3{,}0 \times 10^{-3}$ mol.

Si les ions thiosulfates sont limitants :

$n_{i(S_2O_3{}^{2-})} - 6\,x_{max2} = 0$ d'où $x_{max2} = \dfrac{n_{i(S_2O_3{}^{2-})}}{6} = 2{,}0 \times 10^{-3}$ mol.

$x_{max1} > x_{max2}$: le réactif limitant est l'ion thiosulfate.

L'avancement final est $x_f = 2{,}0 \times 10^{-3}$ mol.

4. Les ions thiosulfates ont été totalement consommés : $n_{f(S_2O_3{}^{2-})} = 0$ mol.

Calcul de la quantité de matière d'ions dichromates à l'état final :

$n_{f(Cr_2O_7{}^{2-})} = n_{i(Cr_2O_7^{2-})} - x_f = 3{,}0 \times 10^{-3} - 2{,}0 \times 10^{-3} = 1{,}0 \times 10^{-3}$ mol.

Calcul de la quantité de matière d'ions chrome III à l'état final : $n_{f(Cr^{3+})} = 2\,x_f = 4{,}0 \times 10^{-3}$ mol.

Calcul de la quantité de matière des ions tétrathionates à l'état final :

$n_{f(S_4O_6{}^{2-})} = 3\,x_f = 6{,}0 \times 10^{-3}$ mol.

5. Des ions chrome III ont été produits et il reste des ions dichromates : la couleur de la solution est un mélange de jaune et de vert.

6. Calcul de la quantité de matière initiale des ions dichromates :

$n_{i(Cr_2O_7{}^{2-})} = C_{(Cr_2O_7{}^{2-})} \times V_{(Cr_2O_7{}^{2-})} = 0{,}20 \times 15{,}0 \times 10^{-3} = 3{,}0 \times 10^{-3}$ mol.

Calcul de la quantité initiale d'ions thiosulfates :

$n_{i(S_2O_3{}^{2-})} = C_{(S_2O_3{}^{2-})} \times V_{(S_2O_3{}^{2-})} = 2{,}0 \times 9{,}0 \times 10^{-3} = 1{,}8 \times 10^{-2}$ mol.

7. Si les ions dichromates sont limitants :

$n_{i(Cr_2O_7{}^{2-})} - x_{max1} = 0$ d'où $x_{max1} = n_{i(Cr_2O_7{}^{2-})} = 3{,}0 \times 10^{-3}$ mol.

Si les ions thiosulfates sont limitants :

$n_{i(S_2O_3{}^{2-})} - 6\,x_{max2} = 0$ d'où $x_{max2} = \dfrac{n_{i(S_2O_3{}^{2-})}}{6} = 3{,}0 \times 10^{-3}$ mol.

$x_{max1} = x_{max2}$: les réactifs ont été introduits dans les proportions stœchiométriques.
L'avancement final est $x_f = 3{,}0 \times 10^{-3}$ mol.

8. Les ions thiosulfates et les ions dichromates ont été totalement consommés :

$n_{f(S_2O_3{}^{2-})} = 0$ mol et $n_{f(Cr_2O_7{}^{2-})} = 0$ mol.

Calcul de la quantité de matière d'ions chrome III à l'état final : $n_{f(Cr^{3+})} = 2\,x_f = 6{,}0 \times 10^{-3}$ mol.

Calcul de la quantité de matière des ions tétrathionates à l'état final :

$n_{f(S_4O_6{}^{2-})} = 3\,x_f = 9{,}0 \times 10^{-3}$ mol.

9. Tous les ions dichromates ont été consommés, et les ions chrome III produits sont présents : la couleur de la solution est verte.

7 Dosage d'une espèce chimique colorée

DOSER UNE ESPÈCE CHIMIQUE EN SOLUTION, c'est déterminer sa concentration. On peut déterminer la concentration d'une espèce chimique colorée en solution soit en réalisant une échelle de teintes, soit en faisant une étude spectrophotométrique.

1 Couleur et concentration

A Solvant, soluté et solution

■ Un liquide dans lequel on dissout une espèce chimique est appelé **solvant**. L'espèce chimique dissoute est appelée **soluté**.

■ Lorsqu'une espèce chimique est dissoute dans un liquide, on obtient une **solution**. Si le solvant utilisé est l'eau, la solution obtenue est une solution aqueuse.

B Concentrations molaire et massiquc

■ La **concentration molaire** C_A d'un soluté A dans un volume V de solution a pour expression :

$$C_A = \frac{n_A}{V}$$

C_A en moles par litre ($mol \cdot L^{-1}$)
n_A en moles (mol)
V en litres (L)

■ La **concentration massique** t_A d'un soluté Λ dans un volume V de solution a pour expression :

$$t_A = \frac{m_A}{V}$$

t_A en grammes par litre ($g \cdot L^{-1}$)
m_A en grammes (g)
V en litres (L)

■ Relation entre concentration molaire et concentration massique :

$$C_A = \frac{t_A}{M_A}$$

C_A en molcs par litre ($mol \cdot L^{-1}$)
t_A en grammes par litre ($g \cdot L^{-1}$)
M_A, masse molaire en grammes par mole ($g \cdot mol^{-1}$)

C Lien entre la concentration d'une solution et l'intensité de sa couleur

■ Plus une solution est concentrée, plus l'intensité de sa couleur est grande.

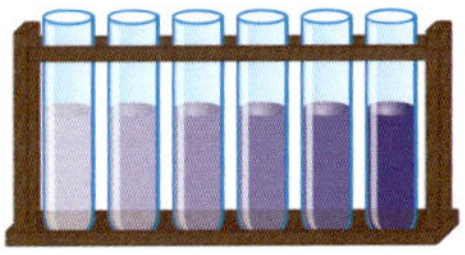

Figure 1 Solutions de permanganate de potassium classées par ordre croissant de concentration

■ Une échelle de teintes est une série de solutions contenant la même espèce chimique colorée avec des concentrations différentes. Pour déterminer la concentration inconnue d'une solution colorée, on compare sa couleur avec celles d'une échelle de teintes. On détermine un **encadrement** de la concentration inconnue.

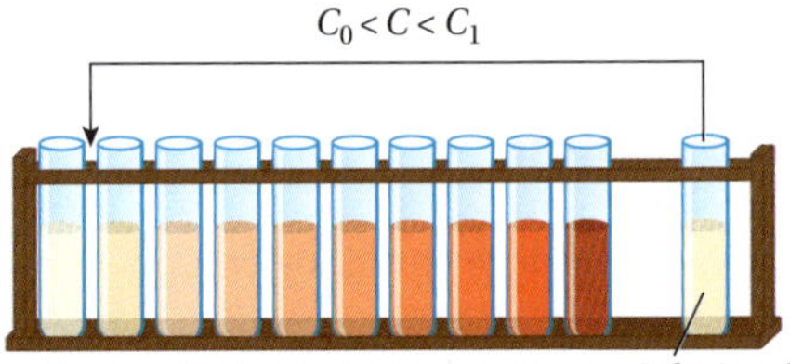

Figure 2 Détermination de la concentration inconnue d'une solution colorée à l'aide d'une échelle de teintes

■ Une échelle de teintes est préparée par une série de dilutions d'une solution colorée.

2 Préparation d'une solution

A Préparation par dissolution

Afin de préparer une solution de concentration C et de volume V, il faut dissoudre la quantité adéquate de soluté dans un volume de solvant déterminé.
À l'aide de la masse molaire M du soluté solide, on peut déterminer la masse m de soluté nécessaire à la préparation de la solution désirée.

$$\boldsymbol{m = C \times V \times M}$$

m en grammes (g)

C en moles par litre ($mol{\cdot}L^{-1}$)

V en litres (L)

M en grammes par mole ($g{\cdot}mol^{-1}$)

B Préparation par dilution

■ Diluer une solution, c'est augmenter son volume en ajoutant du solvant, sans changer la quantité de matière de soluté : on obtient une solution moins concentrée.

Figure 3 Principe de la dilution

■ La solution que l'on veut diluer est appelée **solution mère** de concentration C_0. La solution obtenue à partir de la solution mère est appelée **solution fille.** Son volume est noté V_f et sa concentration notée C_f. Pour préparer la solution fille, on prélève un volume V_0 de solution mère auquel on ajoute du solvant pour obtenir le volume V_f de la solution fille.

$$V_0 = \frac{C_f \times V_f}{C_0}$$

V_0 et V_f en litres (L)

C_0 et C_f en moles par litre (mol·L^{-1})

■ On appelle **facteur de dilution** ***F*** le quotient de la concentration de la solution mère par la concentration de la solution fille :

$$F = \frac{C_0}{C_f} = \frac{V_f}{V_0}$$

F sans unité

V_0 et V_f en litres (L)

C_0 et C_f en moles par litre (mol·L^{-1})

***F* est toujours supérieur à 1 car $C_0 > C_f$.**

3 Couleur et absorption

A Absorption de la lumière par une solution colorée

■ Une espèce colorée en solution absorbe de manière sélective certaines radiations de la lumière blanche. La lumière transmise ne sera plus blanche mais colorée.

■ Le **spectre d'absorption** dépend de l'espèce chimique colorée : il possède une ou plusieurs bandes noires correspondant aux plages de radiations absorbées.

■ On peut prévoir les couleurs absorbées en fonction de la couleur de l'espèce chimique en solution, grâce à l'étoile des couleurs.

Une solution colorée absorbe principalement les radiations correspondant aux couleurs complémentaires de sa couleur (celles qui sont en face de celle-ci dans l'étoile des couleurs).

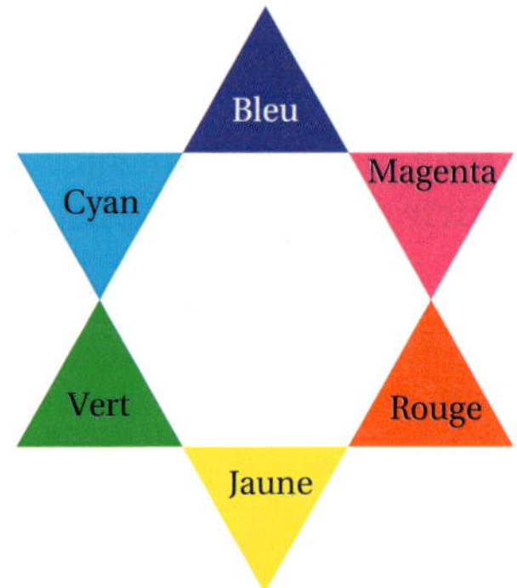

Figure 4 Étoile des couleurs

B Mesure et formule de l'absorbance

■ L'**absorbance** est une grandeur qui mesure la capacité d'un liquide à absorber une radiation lumineuse de longueur d'onde λ. L'absorbance dépend de la nature de l'espèce chimique colorée et de la longueur d'onde de la radiation lumineuse.

■ Pour déterminer l'absorbance d'une solution, on utilise un **spectrophotomètre**. Dans le spectrophotomètre, une radiation monochromatique traverse une cuve remplie de la solution colorée dont on veut déterminer la concentration. L'appareil mesure l'absorbance de celle-ci.

L'absorbance est d'autant plus grande que la proportion de lumière absorbée est grande.

■ La formule de l'absorbance selon la **loi de Beer-Lambert** est telle que :

$$A = \epsilon \times l \times C$$

avec :
A, absorbance de la solution (sans unité) ;
l, longueur de la solution traversée par la lumière (en cm) ;
C, concentration de l'espèce chimique colorée (en $mol{\cdot}L^{-1}$) ;
ϵ, coefficient d'extinction molaire (en $L{\cdot}mol^{-1}{\cdot}cm^{-1}$), qui dépend de la nature de la solution et de la longueur d'onde.

4 Dosage d'une solution colorée par étalonnage

Un dosage par étalonnage permet de déterminer la concentration d'une espèce chimique colorée en solution, à partir d'une courbe d'étalonnage préalablement tracée.

■ **Étape 1** : on mesure l'absorbance d'une série de solutions de l'espèce chimique colorée de concentrations connues.

■ **Étape 2** : on trace une courbe d'étalonnage $A = f(C)$. On obtient une droite qui passe par l'origine : concentration et absorbance sont proportionnelles (ce que confirme la loi de Beer-Lambert).

■ **Étape 3** : on mesure l'absorbance de la solution de concentration inconnue. On porte sur l'axe des ordonnées l'absorbance mesurée. On trouve le point de la courbe d'étalonnage ayant cette ordonnée, puis on lit l'abscisse de ce point : c'est la concentration inconnue recherchée.

EXERCICE DE SYNTHÈSE

Détermination de la concentration du Lugol

Le Lugol est une solution aqueuse de diiode (I_2), utilisée comme solution antiseptique.

On dispose d'une solution de Lugol (S_0) et d'une solution aqueuse de diiode S_1 de concentration molaire $C_1 = 1,0 \times 10^{-2}$ mol·L^{-1}. Pour déterminer la concentration de la solution de Lugol, on réalise une échelle de teintes constituée de 5 solutions, à partir de la solution S_1.

1. Expliquer pourquoi il est important d'utiliser des solutions contenant la même espèce chimique que la solution dont on veut déterminer la concentration.

• Partie A

Pour pouvoir déterminer la concentration de la solution de Lugol, il faut diluer la solution d'un facteur 10.

2. Déterminer le volume de solution mère à prélever pour préparer 50,0 mL de solution fille S_{f0}.

• Partie B

L'échelle de teintes est constituée de 5 solutions dont les concentrations sont indiquées dans le tableau ci-dessous :

Tube	1	2	3	4	5
Concentration de la solution fille (mol·L^{-1})	$1,0 \times 10^{-2}$	$5,0 \times 10^{-3}$	$4,0 \times 10^{-3}$	$3,0 \times 10^{-3}$	$2,0 \times 10^{-3}$

On verse de la solution commerciale diluée (S_{f0}) dans un tube à essais et on constate que la teinte de cette solution est comprise entre celles des solutions présentes dans les tubes 2 et 3.

3. Donner un encadrement de la concentration C_{f0} en diiode de la solution commerciale diluée.

4. Donner un encadrement de la concentration C_0 en diiode du Lugol.

CORRIGÉ

1. Le dosage par échelle de teintes est basé sur la comparaison de l'intensité d'une couleur. Pour pouvoir déterminer la concentration d'une espèce chimique en solution, il faut comparer la couleur de cette solution à celles de solutions contenant la même espèce chimique et donc ayant la même teinte mais avec des intensités différentes.

2. D'après l'énoncé, $F = 10$. Or $F = \frac{V_f}{V_0}$; d'où $V_0 = \frac{V_f}{F} = \frac{50,0 \times 10^{-3}}{10} = 5,0 \times 10^{-3}$ L.

Il faut prélever 5,0 mL de solution mère pour préparer la solution S_{f0}.

3. La teinte de la solution à doser se trouve entre celle des tubes 2 et 3, donc :

$$C_2 > C_{f0} > C_3$$

$$5,0 \times 10^{-3} \text{ mol·L}^{-1} > C_{f0} > 4,0 \times 10^{-3} \text{ mol·L}^{-1}$$

4. On sait que le Lugol est 10 fois plus concentré que la solution S_{f0}, donc on en déduit :

$$5,0 \times 10^{-2} \text{ mol·L}^{-1} > C_0 > 4,0 \times 10^{-2} \text{ mol·L}^{-1}$$

8 Molécules organiques et couleur

@ www.annabac.com

La chimie organique concerne les composés possédant un squelette carboné. Véritable bouleversement pour nos modes de vie depuis la fin du XIXe siècle (matières plastiques, médicaments, colorants...), la chimie organique joue en outre un rôle prépondérant dans le domaine des molécules colorées.

1 Présentation des molécules organiques

A Composition des molécules organiques

Les molécules organiques sont principalement constituées des éléments **carbone (C)** et **hydrogène (H)**.

EXEMPLES

Nom	Formule	Présent dans...
Méthane	CH_4	Le gaz naturel
Octane	C_8H_{18}	Les carburants automobiles
Éthanol	C_2H_6O	Les boissons alcoolisées
Glucose	$C_6H_{12}O_6$	Les boissons sucrées

B La liaison chimique covalente

La couche électronique externe est la dernière couche électronique occupée par des électrons dans l'atome.

Les molécules sont des **assemblages d'atomes** qui réalisent des liaisons entre eux afin d'assurer la cohésion et la stabilité de l'édifice chimique. La liaison entre deux atomes peut ainsi être réalisée par la mise en commun par chacun des atomes d'un électron de sa couche électronique externe (ou couche de valence). Les deux électrons constituent un **doublet électronique liant** appelé **liaison chimique covalente simple**.

Des atomes peuvent aussi réaliser entre eux des liaisons multiples :

Liaison double : deux doublets liants.
Liaison triple : trois doublets liants.

C Répartition électronique dans une molécule : la règle du duet et de l'octet

■ Dans une molécule, les atomes réalisent des liaisons covalentes de manière à acquérir une structure électronique stable en octet ou en duet.

■ Dans une molécule, les **électrons périphériques** se répartissent en paires et constituent deux types de **doublets électroniques** :

Structure en duet : deux électrons sur la couche externe K.
Structure en octet : huit électrons sur la couche externe L ou M.

- les **doublets liants** : ils composent les liaisons covalentes de la molécule. Un tel doublet est partagé par les deux atomes liés ;
- les **doublets non liants** : ils appartiennent à un seul atome.

Atome	Symbole	Numéro atomique Z	Structure électronique	Nombre de liaisons à réaliser	Doublets liants	Doublets non liants
Hydrogène	H	1	$(K)^1$	1	1	0
Carbone	C	6	$(K)^2(L)^4$	4	4	0
Azote	N	7	$(K)^2(L)^5$	3	3	1
Oxygène	O	8	$(K)^2(L)^6$	2	2	2
Chlore	Cl	17	$(K)^2(L)^8(M)^7$	1	1	3

2 Représentation d'une molécule organique

A La représentation de Lewis

Il s'agit d'une représentation de la molécule où apparaissent les atomes constitutifs, les doublets liants et les doublets non liants.

■ **Conventions de représentation**

- Un atome est représenté par son symbole.
- Un doublet liant est représenté par un trait entre les symboles des deux atomes liés.
- Un doublet non liant est représenté par un trait placé à côté du symbole de l'atome auquel il appartient.

■ **Cas de l'atome d'hydrogène** : il ne peut réaliser qu'une seule liaison et n'a pas de doublet non liant.

H—X

■ **Cas de l'atome de carbone** : il peut réaliser quatre liaisons et n'a pas de doublet non liant.

Cas 1 : quatre liaisons simples	Cas 2 : une liaison double et deux liaisons simples	Cas 3 : une liaison triple et une liaison simple
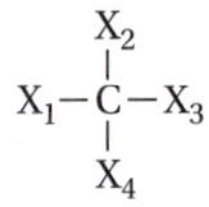	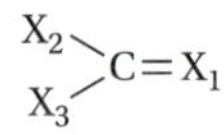	$X_2-C\equiv X_1$

■ **Cas de l'atome d'azote** : il peut réaliser trois liaisons et possède un doublet non liant.

Cas 1 : trois liaisons simples	Cas 2 : une liaison double et une liaison simple
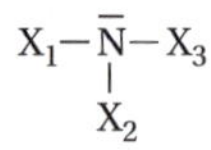	$X_2-\overline{N}=X_1$

■ **Cas de l'atome d'oxygène** : il peut réaliser deux liaisons et possède deux doublets non liants.

Cas 1 : deux liaisons simples	Cas 2 : une liaison double
$X_2-\underline{\overline{O}}-X_1$	$\underline{\overline{O}}=X_1$

B Les formules développée, semi-développée et topologique

Les formules développée et semi-développée d'une molécule dérivent de la formule de Lewis et constituent une simplification de leur représentation.

■ **Formule développée** : on ne représente plus les doublets non liants des atomes.

■ **Formule semi-développée** : on ne représente plus les liaisons engageant les atomes d'hydrogène. On écrit le symbole H à côté de l'atome lié et on met en indice le nombre de liaisons avec les hydrogènes.

EXEMPLE : le méthanol CH_4O.

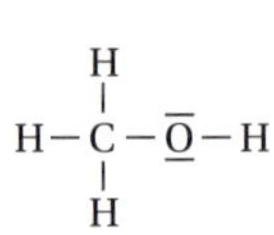

Représentation de Lewis

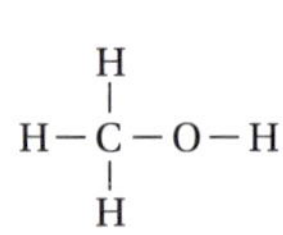

Formule développée

CH_3-OH

Formule semi-développée

■ **Formule topologique** : elle permet de représenter simplement une molécule et est très utile lorsque l'on a des molécules comportant un grand nombre de liaisons. Les règles d'écriture sont telles que :

- la chaîne carbonée est représentée par une ligne brisée où chaque segment représente une liaison. Les atomes de carbone et d'hydrogène ne sont pas représentés ;
- on trouve un atome de carbone à chaque sommet de la ligne brisée ;
- les atomes autres que H et C sont représentés par leur symbole. On représente aussi les atomes d'hydrogène auxquels ils sont liés.

EXEMPLE : le pentan-1-ol de formule brute $C_5H_{12}O$.

Formule de Lewis	Formule topologique
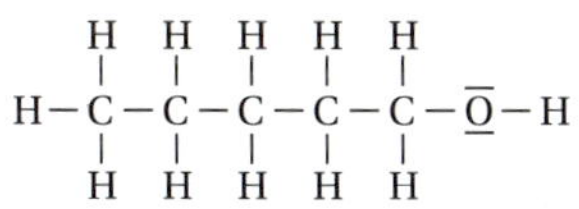	

3 L'isomérie Z-E

■ **Définition :** deux molécules sont isomères si elles possèdent la même formule brute mais n'ont pas la même formule développée.
La **rotation impossible de la double liaison C=C** entraîne un cas particulier d'isomérie propre aux doubles liaisons : l'**isomérie Z-E**.

Molécule A	Molécule B
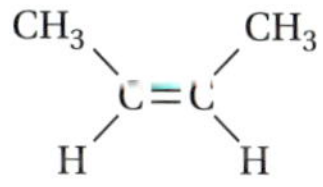	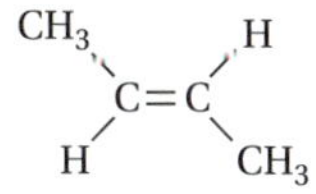

Les molécules A et B ont la même formule brute C_4H_8, mais elles ne sont pas superposables à cause de la double liaison C=C. Par conséquent, elles sont isomères.

■ **La convention Z-E**
On trace une droite qui passe par le centre des deux atomes de carbone doublement liés.

- L'**isomère Z** est celui où les deux atomes d'hydrogène sont du même côté de la droite.
- L'**isomère E** est celui où les deux atomes d'hydrogène sont de part et d'autre de la droite.

Application : la molécule A précédente est le (Z)-but-2-ène, tandis que la molécule B est le (E)-but-2-ène.

4 Les molécules organiques colorées

A Conjugaison des doubles liaisons

■ Certaines molécules possèdent plusieurs doubles liaisons C=C le long de leur chaîne carbonée. On les appelle des **polyènes**.

■ Considérons les formules semi-développées des deux molécules suivantes :

Molécule 1	Molécule 2
$CH_2{=}CH-CH_2-CH{=}CH_2$	$CH_2{=}CH-CH{=}CH-CH_3$

Dans la première molécule, les deux doubles liaisons sont séparées par deux liaisons simples successives. Dans la seconde molécule, il y a alternance de liaison simple et de liaison double : les deux liaisons doubles de la molécule sont dites conjuguées.

Deux liaisons doubles sont conjuguées lorsqu'elles ne sont séparées que par une seule liaison simple.

B Relation entre structure de la molécule et couleur

■ Un **chromophore** est un groupe d'atome possédant au moins une double liaison et qui présente une absorption caractéristique dans le domaine des radiations visibles ou ultraviolettes. Le plus simple des chromophores est la liaison double C=C, qui absorbe une radiation dans l'ultraviolet à 180 nm.

■ **Effet bathochrome**

Plusieurs liaisons doubles conjuguées ont pour effet d'augmenter la valeur de la longueur d'onde de la radiation absorbée.

Conséquence : une molécule comportant un grand nombre de liaisons doubles conjuguées peut absorber des radiations visibles à cause de l'effet bathochrome.

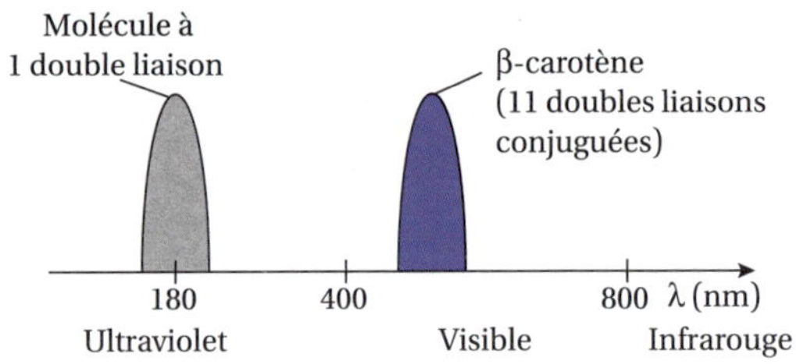

Figure 1 Illustration de l'effet bathochrome sur le maximum d'absorption

EXEMPLE : le β-carotène.

Il s'agit d'une molécule que l'on trouve dans les carottes et les feuilles des végétaux. Sa structure nous révèle 11 liaisons doubles conjuguées.

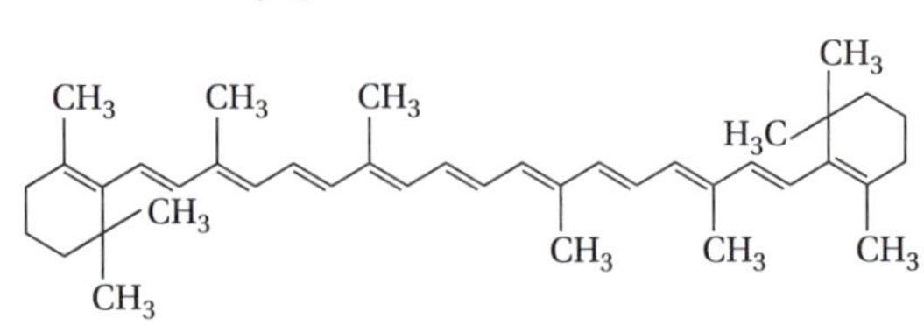

Figure 2 Molécule de β-carotène

Par effet bathochrome, cette molécule a son maximum d'absorption à une longueur d'onde λ = 450 nm (radiations bleues). Sa couleur correspond alors à la couleur complémentaire du bleu : cette molécule est orangée.

EXERCICE DE SYNTHÈSE

Étude d'un indicateur coloré : l'hélianthine

L'hélianthine est un indicateur coloré qui, en solution aqueuse est de couleur rouge tant que le pH est inférieur à 3, et de couleur jaune pour des pH supérieurs à 4,5.

La forme rouge de l'hélianthine a pour formule topologique :

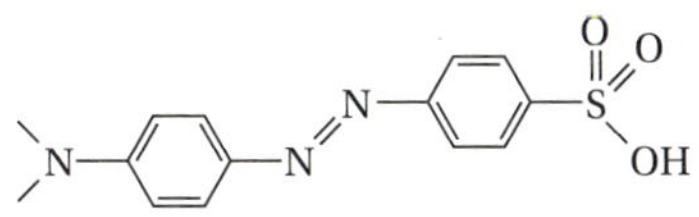

1. Trouver la formule brute de cette molécule.

2. Indiquer le nombre de liaisons doubles conjuguées dans la molécule.

3. On identifie dans la molécule d'hélianthine, un noyau benzénique qui dérive de la molécule de benzène, dont la formule topologique est la suivante :

a. Déterminer la formule de Lewis du benzène.

b. Déterminer la formule semi-développée du benzène.

c. Quelle est sa formule brute ?

d. Possède-t-il des liaisons doubles conjuguées ?

CORRIGÉ

1. La formule brute de cette molécule est $C_{14}H_{15}O_3N_3S$.

2. Il y a 6 liaisons doubles conjuguées dans la molécule.

3.

a. Formule de Lewis du benzène	**b.** Formule semi-développée du benzène
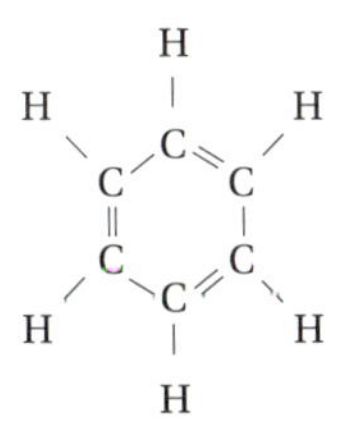	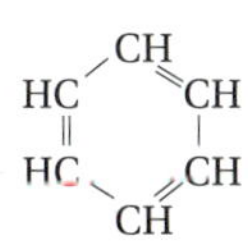

c. Sa formule brute est C_6H_6.

d. Il possède 3 liaisons doubles conjuguées.

PHYSIQUE-CHIMIE

9 L'Univers à toutes les échelles

De l'infiniment petit à l'infiniment grand, l'homme a toujours cherché à comprendre le monde qui l'entoure. De l'atome aux galaxies, la compréhension de la stabilité de la matière passe par la connaissance des forces d'interaction existant entre les différents constituants de l'Univers.

1 La structure à grande échelle

A Structure du Système solaire

■ Le Système solaire est constitué d'une étoile (le Soleil) autour de laquelle gravitent **huit planètes** et un ensemble de petits corps tels que les planètes naines (comme Pluton) et les astéroïdes.

■ Les planètes sont classées en deux catégories : les planètes telluriques (les plus proches du Soleil) et les planètes gazeuses (les plus éloignées du Soleil).

• Les **quatre planètes telluriques** (Mercure, Vénus, la Terre et Mars) possèdent une surface solide essentiellement composée de roche et de métal. On trouve au centre un noyau métallique (principalement du fer et du nickel), entouré d'un manteau composé de roches et de métaux en fusion.

• Les **quatre planètes gazeuses** (Jupiter, Saturne, Uranus et Neptune) sont beaucoup plus grandes que les planètes telluriques. Mis à part leur noyau solide, elles sont essentiellement composées de liquides et de gaz.

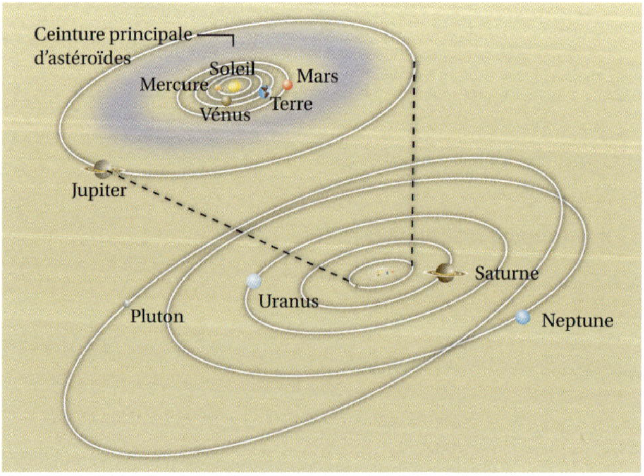

Figure 1 Le Système solaire

B Structure de la Voie lactée

Le Système solaire appartient à un regroupement de plusieurs milliards d'étoiles : notre galaxie appelée la **Voie lactée**, dont le diamètre est estimé à environ 10^{18} km ou 100 000 années-lumière (al).

1 al = $9,46 \times 10^{15}$ m

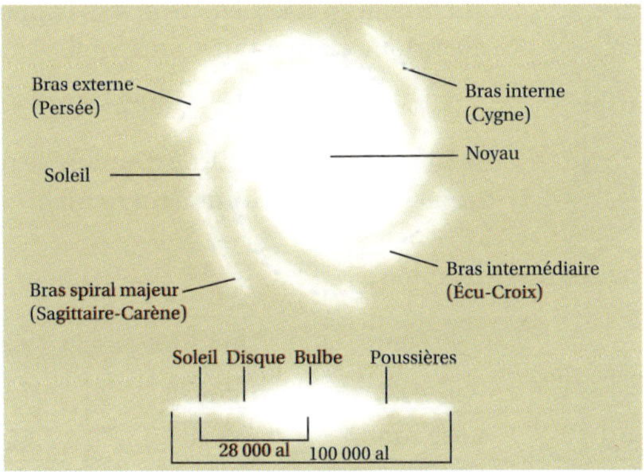

Figure 2 La Voie lactée

C Les amas et superamas de galaxies

■ Un amas de galaxies est un regroupement de plus de cent galaxies, qui sont liées entre elles par la **gravitation**. Ces amas se regroupent eux-mêmes en **superamas de galaxies** qui forment les structures stables les plus grandes et les plus massives de l'Univers observable.

■ Ordres de grandeur à grande échelle :

	Diamètre de la Terre	Diamètre du Soleil	Distance Terre-Soleil	Diamètre du Système solaire	Diamètre de la Voie lactée
Valeur approchée (m)	$1,3 \times 10^7$	$1,4 \times 10^9$	$1,5 \times 10^{11}$	$6,0 \times 10^{12}$	1×10^{21}
Ordre de grandeur (m)	10^7	10^9	10^{11}	10^{13}	10^{21}

2 La structure à petite échelle

La matière est constituée d'**atomes** qui peuvent s'assembler pour former des **molécules**. Un atome est assimilable à une sphère dont le diamètre est très petit (de l'ordre de 10^{-10} m).

A Les particules élémentaires : électrons, protons et neutrons

Un atome comporte un **noyau** autour duquel sont localisés des **électrons,** porteurs d'une **charge électrique négative**. Ce **noyau** est constitué de **nucléons** :
- les **protons** (porteurs d'une **charge électrique positive**) ;
- les **neutrons** (ne portant **pas de charge électrique**).

B La charge électrique élémentaire

■ La charge électrique portée par les protons est appelé **charge électrique élémentaire** ; elle est notée ***e*** et s'exprime **en coulombs (C)** :

> **La charge électrique est une propriété fondamentale de la matière. Une charge électrique se note *q* et est exprimée en coulombs, de symbole C.**
> **Toute charge électrique q est un multiple de la charge élémentaire :**
> **$q = n \times e$ avec *n* entier positif ou négatif.**

$$e = 1{,}602 \times 10^{-19}\ \text{C}$$

■ La charge d'un électron est l'opposée de la charge électrique élémentaire, on la note $-e$:

$$-e = -\ 1{,}602 \times 10^{-19}\ \text{C}$$

■ Un atome est constitué d'autant de protons que d'électrons : il est **éléctriquement neutre.**

■ Caractéristiques des constituants de l'atome :

	Proton	Neutron	Électron
Masse (kg)	$1{,}67 \times 10^{-27}$	$1{,}67 \times 10^{-27}$	$9{,}1 \times 10^{-31}$
Charge électrique (C)	$1{,}602 \times 10^{-19}$	0	$-\ 1{,}602 \times 10^{-19}$

■ Ordres de grandeur à petite échelle :

Longueur	Diamètre d'un globule rouge	Longueur d'une molécule d'eau	Diamètre de l'atome d'oxygène	Diamètre d'un virus	Diamètre du noyau d'uranium
Valeur approchée (m)	$7{,}0 \times 10^{-6}$	$4{,}0 \times 10^{-10}$	$1{,}2 \times 10^{-10}$	$9{,}1 \times 10^{-8}$	$3{,}2 \times 10^{-14}$
Ordre de grandeur (m)	10^{-5}	10^{-10}	10^{-10}	10^{-7}	10^{-14}

3 La cohésion de la matière à grande échelle

■ À grande échelle, la cohésion de la matière est due à la **force d'interaction gravitationnelle.** Cette force attractive nous permet de comprendre la structure du Système solaire, de notre galaxie...

■ **Loi d'interaction gravitationnelle** : deux corps de masse m_A et m_B, dont les masses sont régulièrement réparties autour de leurs centres notés A et B, séparés d'une distance *d*, exercent l'un sur l'autre des forces attractives $\vec{F}_{A \to B}$ et $\vec{F}_{B \to A}$ de même droite d'action, de sens opposés et de même valeur, soit :

$$\vec{F}_{A \to B} = -\vec{F}_{B \to A}$$

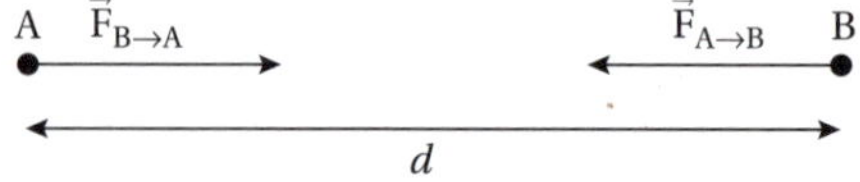

La valeur de ces forces est donnée par la formule suivante :

$$F_{A \to B} = F_{B \to A} = G \times \frac{m_A \times m_B}{d^2}$$

$F_{A \to B}$ et $F_{B \to A}$ en newtons (N)

m_A et m_B en kilogrammes (kg)

d en mètres (m)

G, constante gravitationnelle :

$G = 6{,}67 \times 10^{-11}$ SI

4 La cohésion de la matière à petite échelle

A L'interaction électromagnétique

■ Deux corps chargés électriquement exercent l'un sur l'autre des forces d'interaction électriques. Ces forces peuvent être soit **répulsives**, soit **attractives** : deux charges de même signe se repoussent, tandis que deux charges de signes opposés s'attirent.

■ **Loi des interactions électriques ou loi de Coulomb** : deux corps ponctuels, de charge q_A et q_B, séparés d'une distance d, exercent l'un sur l'autre des forces $\vec{F}_{A \to B}$ et $\vec{F}_{B \to A}$ de même direction, de sens opposés et de même valeur, soit :

$$\vec{F}_{A \to B} = -\vec{F}_{B \to A}$$

Cas où les charges sont de signes opposés	Cas où les charges sont de même signe
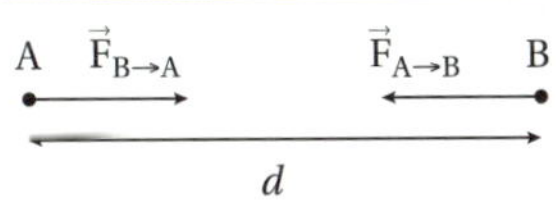	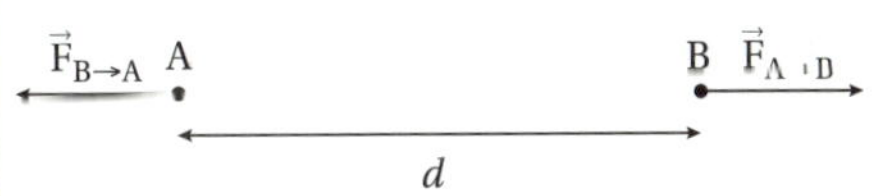
Les forces d'interaction électriques sont **attractives.**	Les forces d'interaction électriques sont **répulsives.**

■ La valeur de ces forces est donnée par la formule suivante :

$$F_{A \to B} = F_{B \to A} = k \times \frac{|q_A| \times |q_B|}{d^2}$$

$F_{A \to B}$ et $F_{B \to A}$ en newtons (N)

q_A et q_B en coulombs (C)

d en mètres (m)

$k = 9{,}0 \times 10^{-9}$ SI

Pour déterminer la valeur des forces d'interaction électriques, il faut prendre la valeur absolue des charges des corps considérés : la valeur de ces forces est toujours positive.

■ La **cohésion de l'atome** est assurée par les forces d'interaction électriques attractives entre les électrons (chargés négativement) et le noyau (chargé positivement).
Lorsque les particules chargées sont en mouvement, il se rajoute à la force électrique une autre force, appelée **force de Lorentz**, faisant intervenir le champ magnétique. La résultante de ces deux forces est appelée **force électromagnétique**.

B L'interaction forte

■ L'interaction électrique entre les protons est répulsive : la stabilité des noyaux s'explique par l'existence d'une force **attractive** entre les nucléons, appelée **interaction forte.** Sa valeur est supérieure à celle de l'interaction électromagnétique. Cette force a une **très courte portée d'action** : elle n'agit que sur des distances inférieures ou égales à la dimension du noyau (10^{-15} m). Au contraire, les forces d'interaction gravitationnelle et électromagnétique ont une portée d'action infinie.

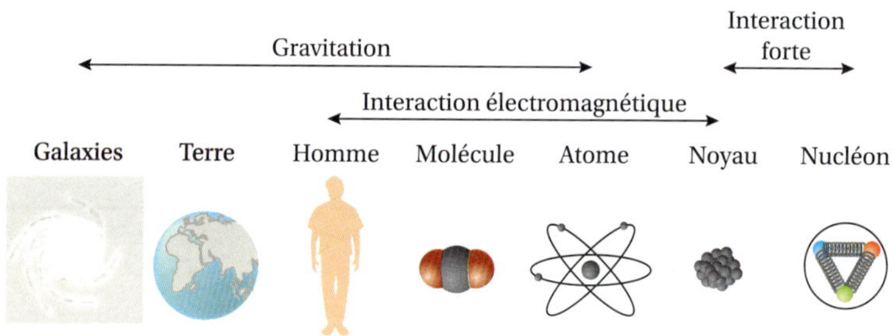

Figure 3 Champ d'action des différentes interactions

■ Pour des échelles supérieures ou égales à l'échelle humaine, les corps sont électriquement neutres : ils ne subissent pas l'interaction électromagnétique. En revanche, les particules qui constituent la matière subissent ses effets.

Remarque : il existe quatre interactions fondamentales parmi lesquelles on trouve l'interaction forte, électromagnétique et gravitationnelle. La quatrième est l'interaction faible qui intervient lors de la désintégration radioactive de certains noyaux atomiques instables (désintégrations β^- et β^+).

EXERCICE DE SYNTHÈSE

Stabilité de l'atome d'hydrogène

L'atome d'hydrogène est constitué d'un électron et d'un proton.

Lors du calcul de la force d'interaction électrique, on prend la valeur absolue des charges électriques.

1. Déterminer la valeur F_G de la force d'interaction gravitationnelle entre le proton et l'électron.

2. Déterminer la valeur F_E de la force d'interaction électrique entre le proton et l'électron.

3. Ces forces sont-elles attractives ou répulsives ?

4. Comparer les deux forces d'interaction.

5. En déduire quelle force est à l'origine de la cohésion de l'atome d'hydrogène.

6. Trouver l'ordre de grandeur des deux forces d'interaction.

Données :

Particule	Proton	Neutron	Électron
Masse (kg)	$1{,}67 \times 10^{-27}$	$1{,}67 \times 10^{-27}$	$9{,}1 \times 10^{-31}$
Charge électrique (C)	$1{,}602 \times 10^{-19}$	0	$-1{,}602 \times 10^{-19}$

Distance moyenne proton-électron dans un atome d'hydrogène : $0{,}53 \times 10^{-10}$ m.

CORRIGÉ

1. Détermination de la valeur de la force d'interaction gravitationnelle entre ces particules :

$$F_G = G \times \frac{m_A \times m_B}{d^2}$$

Application numérique : $F_G = 6{,}67 \times 10^{-11} \times \dfrac{1{,}67 \times 10^{-27} \times 9{,}1 \times 10^{-31}}{(0{,}53 \times 10^{-10})^2} = 3{,}6 \times 10^{-47}$ N.

2. Détermination de la valeur de la force d'interaction électrique existant entre ces particules :

$$F_E = k \times \frac{|q_A| \times |q_B|}{d^2}$$

Application numérique : $F_E = 9{,}0 \times 10^{9} \times \dfrac{|1{,}602 \times 10^{-19}| \times |-1{,}602 \times 10^{-19}|}{(0{,}53 \times 10^{-10})^2}$

$$F_E = 9{,}0 \times 10^{9} \times \frac{1{,}602 \times 10^{-19} \times 1{,}602 \times 10^{-19}}{(0{,}53 \times 10^{-10})^2} = 8{,}2 \times 10^{-8}\ \text{N.}$$

3. La force gravitationnelle est attractive.
La force électrique est attractive, car les signes des charges de l'électron et du proton sont opposés.

4. Comparaison des deux forces d'interaction : $\dfrac{F_E}{F_G} = \dfrac{8{,}2 \times 10^{-8}}{3{,}6 \times 10^{-47}} = 2{,}3 \times 10^{39}$.

5. La force d'interaction gravitationnelle est négligeable par rapport à la force d'interaction électrique : c'est l'interaction électrique qui est à l'origine de la cohésion de l'atome.

6. Détermination de l'ordre de grandeur de la force d'interaction gravitationnelle :
$F_G = 3{,}6 \times 10^{-47}$ N, donc l'ordre de grandeur est égal à 10^{-47} N.

Détermination de l'ordre de grandeur de la force d'interaction électrique :
$F_E = 8{,}2 \times 10^{-8}$ N, donc l'ordre de grandeur est égal à 10^{-7} N.

10 Le noyau atomique : stabilité et réaction

www.annabac.com

LA PHYSIQUE NUCLÉAIRE est née avec le XXe siècle et a marqué de son empreinte l'histoire : bombes atomiques sur Hiroshima et Nagasaki en 1945, accidents des centrales nucléaires de Tchernobyl (1986) et de Fukushima (2011). Toutefois, elle est aussi à l'origine d'importantes applications telles que la curiethérapie contre le cancer, l'imagerie médicale (IRM et scintigraphie), la datation au carbone 14 en archéologie…

1 Introduction à la physique nucléaire

A Description du noyau

■ Un noyau peut-être assimilé à une sphère dont le diamètre a pour ordre de grandeur 10^{-15} m. Ce noyau est constitué de nucléons de deux types :

- les **protons,** qui portent une charge électrique élémentaire positive e ;
- les **neutrons,** qui sont électriquement neutres.

■ **Représentation symbolique du noyau**

$${}^{A}_{Z}\mathrm{X}$$

X : symbole de l'élément chimique auquel appartient le noyau

A : nombre de nucléons (protons et neutrons) présents dans le noyau, appelé **nombre de masse**

Z : nombre de protons présents dans le noyau, appelé **nombre de charge** ou **numéro atomique**

■ **Représentation des particules en physique nucléaire**

La représentation des particules en physique nucléaire s'appuie sur celle utilisée pour le noyau.

$${}^{A}_{Z}\mathrm{P}$$

P : symbole de la particule

A : nombre de nucléons

Z : nombre de charges électriques élémentaires algébriques

Particule	Représentation	Nombre de nucléons	Nombre de charges électriques élémentaires portées
Proton	${}^{1}_{1}\text{p}$	1	1 charge positive
Neutron	${}^{1}_{0}\text{n}$	1	aucune
Électron	${}^{0}_{-1}\text{e}$	0	1 charge négative
Positon	${}^{0}_{1}\text{e}$	0	1 charge positive

B Isotopie

■ Deux noyaux sont isotopes s'ils possèdent **le même nombre de protons et un nombre de neutrons différent.**

■ Deux isotopes appartiennent au même élément chimique. Pour nommer les différents isotopes d'un même élément chimique, on utilise **le nom de l'élément chimique suivi du nombre de masse de l'isotope.**

Deux noyaux isotopes possèdent un même nombre de charge *Z* et un nombre de masse *A* différent.

EXEMPLE : les isotopes de l'hydrogène : hydrogène 1 ${}^{1}_{1}\text{H}$, hydrogène 2 (ou deutérium) ${}^{2}_{1}\text{H}$, hydrogène 3 (ou tritium) ${}^{3}_{1}\text{H}$.

■ **Applications de l'isotopie**

- L'isotope 14 du carbone ${}^{14}_{6}\text{C}$ est utilisé pour dater des objets vieux de plusieurs milliers d'années.
- L'isotope 235 de l'uranium ${}^{235}_{92}\text{U}$ est le combustible des centrales nucléaires à fission.
- L'isotope 131 de l'iode ${}^{131}_{53}\text{I}$ est utilisé en médecine pour visualiser la thyroïde grâce à une technique appelée scintigraphie.

2 La désintégration radioactive d'un noyau

La radioactivité désigne le phénomène physique au cours duquel un noyau instable se désintègre spontanément en un nouveau noyau avec émission d'une particule et d'un rayonnement.

A Les trois types de radioactivité

Au cours de leur désintégration, les noyaux radioactifs émettent des particules qui, en fonction de leur nature, définissent trois types de radioactivité.

■ **Radioactivité α (alpha)** : la particule α est un **noyau d'hélium 4** qui est très stable. Un noyau possédant un excès de nucléons éjectera cette particule pour donner une nouveau noyau.

Cette radioactivité concerne principalement les noyaux radioactifs les plus lourds.

■ **Radioactivité β^- (béta moins)** : la particule β^- est un **électron**. Dans le noyau, un neutron se transforme en un proton et un électron est éjecté du noyau.

■ **Radioactivité β^+ (béta plus)** : la particule β^+ est un **positon**, antiparticule de l'électron.

B Le rayonnement gamma (γ)

Lorsqu'un nouveau noyau se forme à l'issue d'une désintégration radioactive, celui-ci se trouve dans un **état d'énergie excité**. Pour retourner à son **état fondamental**, il se désexcite en émettant un **photon**. Le rayonnement émis par le noyau au cours de sa désexcitation, appartient au domaine du **rayonnement γ** (voir figure 11, chapitre 2). Ce rayonnement γ, dont la longueur d'onde est inférieure à celui du rayonnement X, est très énergétique, et donc extrêmement dangereux en cas d'exposition.

C Les équations de désintégration radioactive

■ La **transmutation des noyaux** : au cours de la désintégration radioactive, le noyau de départ (appelé **noyau père**) se transforme en un nouveau noyau (appelé **noyau fils**). Le noyau père et le noyau fils n'appartiennent pas au même élément chimique : c'est la **transmutation nucléaire.**

■ Les **lois de conservation** : il existe deux lois de conservation (appelées aussi **lois de Soddy**) auxquelles obéit une réaction nucléaire :

- **conservation du nombre de nucléons** : au cours d'une transformation nucléaire, le nombre total de nucléons ne varie pas ;
- **conservation du nombre de charges électriques** : au cours d'une transformation nucléaire, la charge électrique totale ne varie pas.

On représente les photons γ dans les équations de désintégration lorsque les noyaux fils sont produits dans un état excité, puis se désexcitent en émettant un photon γ.

■ **Écriture des différents types de désintégration**

Ces équations s'écrivent en respectant les deux lois de conservation. Dans les équations suivantes, X est l'élément chimique du noyau père et Y celui du noyau fils.

- **Radioactivité α** : ${}^{A}_{Z}X \rightarrow {}^{A-4}_{Z-2}Y + {}^{4}_{2}He$
- **Radioactivité β^-** : ${}^{A}_{Z}X \rightarrow {}_{Z+1}^{A}Y + {}_{-1}^{0}e$
- **Radioactivité β^+** : ${}^{A}_{Z}X \rightarrow {}_{Z-1}^{A}Y + {}_{1}^{0}e$

3 Évolution d'un échantillon radioactif au cours du temps

A Activité d'un échantillon radioactif

■ L'activité d'un échantillon radioactif est égale au **nombre de désintégrations radioactives ayant lieu par seconde**. On la note A et son unité est le **becquerel (Bq).** Par définition, **un becquerel est égal à une désintégration par seconde**.

■ L'activité se mesure grâce à un dispositif appelé **compteur Geiger-Müller.**
Ce compteur contient un gaz qui s'ionise lors du passage d'une particule (α, β^+ ou β^-) ou d'un photon γ. Chaque passage s'accompagne d'une impulsion électrique qui est mesurée. Son défaut est de ne pas pouvoir distinguer les différentes particules entre elles ou le rayonnement γ.

B Évolution de l'activité au cours du temps

■ À chaque instant, des noyaux radioactifs d'un échantillon disparaissent : leur nombre diminue donc au cours du temps. L'activité d'un échantillon diminue continuement au cours du temps.

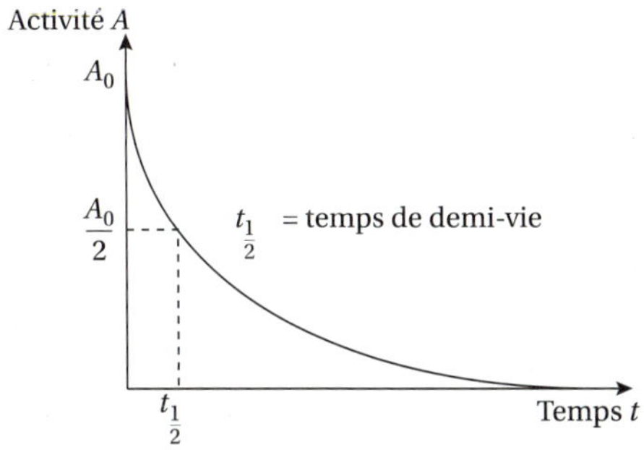

■ **Temps de demi-vie d'un noyau radioactif** : c'est la **durée au bout de laquelle l'activité initiale de l'échantillon a été divisée par deux.** Ce temps, noté $t_{\frac{1}{2}}$, est une caractéristique du type de noyau radioactif. Il est aussi appelé **période radioactive**.

Noyau	Technétium 99	Iode 131	Carbone 14	Uranium 238
Temps de demi-vie	6,0 h	8,0 j	$5{,}7 \times 10^3$ ans	$4{,}5 \times 10^9$ ans

4 Les réactions nucléaires

A Les réactions de fusion

La fusion nucléaire est une réaction au cours de laquelle **des noyaux légers fusionnent pour donner un noyau plus lourd**. Cette réaction s'accompagne de l'émission de particules (protons, neutrons, positons, photons γ...).

■ **Condition nécessaire à la réalisation d'une réaction de fusion** : pour que deux noyaux fusionnent, ceux-ci doivent pouvoir se rapprocher malgré la force de répulsion électrique due aux charges positives portées par chacun. Ils doivent donc posséder de très grandes vitesses pour vaincre cette **répulsion coulombienne** et entrer en contact. Cette condition est réalisée lorsque l'on se trouve **à très haute température : de l'ordre de quelques millions de degrés.**

EXEMPLE : des réactions de fusion nucléaire ont lieu au cœur du Soleil, où règnent des températures de l'ordre de 15 millions de degrés.

■ **Écriture d'une réaction de fusion**
Les lois de conservation (lois de Soddy) s'appliquent à ces réactions.

$$^{2}_{1}\mathrm{H} + {}^{2}_{1}\mathrm{H} \rightarrow {}^{3}_{2}\mathrm{He} + {}^{1}_{0}\mathrm{n}$$

B Les réactions de fission

La fission nucléaire est une réaction au cours de laquelle **un noyau lourd se scinde en deux noyaux plus légers**. Cette réaction s'accompagne de l'émission de particules (protons, neutrons, positons, photons γ...).

■ **Condition de réalisation d'une réaction de fission** : des noyaux très lourds peuvent subir spontanément une fission ; mais dans la plupart des cas, on bombarde le noyau avec un projectile tel qu'un neutron pour initier la fission.

EXEMPLE : des réactions de fission nucléaire ont lieu dans les réacteurs des centrales nucléaires.

■ **Écriture d'une réaction de fission**

Les lois de conservation (lois de Soddy) s'appliquent à ces réactions.

$$^{235}_{92}U + ^{1}_{0}n \rightarrow ^{93}_{36}Kr + ^{140}_{56}Ba + 3\,^{1}_{0}n$$

EXERCICE DE SYNTHÈSE

Datation des roches par la méthode potassium-argon

La méthode potassium-argon est adaptée à la datation des roches volcaniques (jusqu'à un milliard d'années). Dans les roches, le potassium 40 se désintègre dans 11 % des cas en un gaz, l'argon 40, qui reste emprisonné. Lors d'une éruption volcanique, tout l'argon 40 présent dans le magma est éliminé. Lorsque la lave se solidifie, l'argon 40 est à nouveau piégé et s'accumule dans la roche.

1. Le mode de désintégration radioactive du potassium 40 le plus fréquent (88 %) est celui aboutissant au calcium 40. Il s'agit d'une radioactivité β^-. Écrire l'équation de la réaction.

2. L'équation de désintégration du potassium 40 en argon 40 est la suivante :

$$^{40}_{19}K \rightarrow ^{40}_{18}Ar + ^{A}_{Z}p$$

Identifier la particule émise et le type de radioactivité.

3. Un modèle numérique permet de donner l'évolution de l'activité d'un échantillon de un gramme de potassium 40 au cours du temps.

Temps (× 10^9 ans)	0	1,0	1,2	1,3	1,4	1,6
Activité (× 10^5 Bq)	2,6	1,5	1,4	1,3	1,2	1,1

a. Quelle est la valeur de l'activité initiale A_0 ?

b. Trouver le temps de demi-vie $t_{\frac{1}{2}}$ du potassium 40.

c. Quel est le nombre de désintégrations par seconde du potassium 40 au bout de 1,6 milliard d'années ?

4. Lors de la datation d'une coulée volcanique, des calculs permettent de remonter à la valeur de l'activité d'un gramme de potassium 40.

On trouve $A = 1{,}5 \times 10^5$ Bq.

a. Trouver l'âge de la coulée volcanique correspondant à la durée écoulée entre le temps initial et le temps de la datation.

b. Quelle serait la valeur de l'activité du potassium 40 au bout d'une durée égale à $2{,}6 \times 10^9$ ans ?

Données :

Élément	Argon (Ar)	Potassium (K)	Calcium (Ca)
Nombre de charge Z	18	19	20

CORRIGÉ

1. En utilisant le tableau des données pour obtenir les nombres de charge du potassium et du calcium, on peut écrire l'équation de la réaction. La particule émise est un électron.

$$^{40}_{19}K \rightarrow ^{40}_{20}Ca + ^{0}_{-1}e$$

2. On applique les lois de Soddy.

Conservation du nombre de nucléons : $40 = 40 + A$ soit $A = 0$.

Conservation du nombre de charges : $19 = 18 + Z$ soit $Z = 1$.

La particule recherchée est le positon $^{0}_{1}e$. Il s'agit d'une radioactivité de type β^+.

3. a. L'activité initiale est $A_0 = 2{,}6 \times 10^5$ Bq.

b. Le temps de demi-vie du potassium 40 est égal à la durée au bout de laquelle l'activité a diminué de moitié. On a : $\frac{A_0}{2} = 1{,}3 \times 10^5$ Bq. D'après le tableau, on obtient : $t_{\frac{1}{2}} = 1{,}3 \times 10^9$ ans.

c. On sait que 1 Bq = 1 désintégration/seconde. Le nombre de désintégrations par seconde au bout d'une durée de 1,6 milliard d'années est donc égal à $1{,}1 \times 10^5$.

4. a. D'après le tableau, l'âge de la coulée volcanique est de $1{,}0 \times 10^9$ ans.

b. La durée égale à $2{,}6 \times 10^9$ ans correspond à deux fois le temps de demi-vie du potassium. On en déduit que l'activité sera divisée par 4 au bout d'une telle durée, soit : $A = \frac{A_0}{4} = 6{,}5 \times 10^4$ Bq.

PHYSIQUE-CHIMIE

11 Énergie et réactions nucléaires

www.annabac.com

Dès la fin des années 1930, Les physiciens découvrent deux types de réaction qui permettent de libérer les phénoménales quantités d'énergie que contiennent les noyaux : les réactions de fusion nucléaire, qui se déroulent notamment au cœur des étoiles et les réactions de fission nucléaire, qui permettent aujourd'hui de produire 15 % de l'énergie électrique mondiale (fission de noyaux d'uranium au sein des centrales nucléaires).

1 Équivalence masse-énergie

Selon **la relation d'Einstein,** tout corps de masse m possède une énergie au repos E donnée par la relation suivante :

c est la vitesse de la lumière dans le vide : $c = 3{,}00 \times 10^8$ m·s^{-1}.

$$E = m \times c^2$$

E en joules (J)
m en kilogrammes (kg)
c en mètres par seconde (m·s^{-1})

Cette formule, proposée par Albert Einstein en 1905, représente l'équivalence entre l'énergie (représentée par E) et la matière (représentée par la masse m).

Les multiples de l'électronvolt
Le kilo-électronvolt : 1 keV = 10^3 eV = $1{,}602 \times 10^{-16}$ J
Le méga-électronvolt : 1 MeV = 10^6 eV = $1{,}602 \times 10^{-13}$ J
Le giga-électronvolt : 1 GeV = 10^9 eV = $1{,}602 \times 10^{-10}$ J

Le kilogramme et le joule sont des **unités** trop grandes pour la **physique nucléaire**. On préfère utiliser des unités plus adaptées :
- **l'unité de masse atomique** (de symbole **u**) : **1 u = $1{,}66054 \times 10^{-27}$ kg ;**
- **l'électronvolt** (de symbole **eV**) : **1 eV = $1{,}602 \times 10^{-19}$ J.**

2 Variation de la masse au cours d'une réaction nucléaire

On calcule pour les trois types de réactions nucléaires, la masse des particules avant la réaction, notée m_{avant}, et la masse des particules après la réaction notée $m_{\text{après}}$. On compare ensuite ces masses entre elles.

A Cas d'une désintégration radioactive

$$^{12}_{7}N \rightarrow {}^{12}_{6}C + {}^{0}_{1}e$$

Données :

Particule	Azote 12	Carbone 12	Positon
Masse (u)	12,018 61	12,010 70	0,000 55

$m_{avant} = m\,(^{12}_{7}N\ ) = 12{,}018\ 61$ u.

$m_{après} = m\,(^{12}_{6}C\ ) + m\,(^{0}_{1}e\ ) = 12{,}011\ 25$ u.

La variation de la masse Δm est égale à : $\Delta m = m_{après} - m_{avant} = 12{,}011\ 25 - 12{,}018\ 61$.
Soit : $\Delta m = -\ 0{,}007\ 36$ u.
On constate que $\Delta m < 0$. La masse a diminué au cours de la réaction de désintégration radioactive : $m_{après} < m_{avant}$.

B Cas d'une réaction de fusion

$$^{2}_{1}H + {}^{2}_{1}H \rightarrow {}^{3}_{2}He + {}^{1}_{0}n$$

Données :

Particule	Hydrogène 2	Hélium 3	Neutron
Masse (u)	2,013 55	3,014 93	1,008 66

$m_{avant} = 2 \times m\,(^{2}_{1}H) = 4{,}027\ 10$ u.

$m_{après} = m\,(^{3}_{2}He) + m\,(^{1}_{0}n) = 4{,}023\ 59$ u.

La variation de la masse Δm est égale à : $\Delta m = m_{après} - m_{avant} = 4{,}023\ 59 - 4{,}027\ 10$.
Soit : $\Delta m = -\ 0{,}003\ 51$ u.
On constate que $\Delta m < 0$. La masse a diminué au cours de la réaction de fusion :
$m_{après} < m_{avant}$.

C Cas d'une réaction de fission

$$^{235}_{92}U + {}^{1}_{0}n \rightarrow {}^{91}_{36}Kr + {}^{142}_{56}Ba + 3\,{}^{1}_{0}n$$

Données :

Particule	Uranium 235	Krypton 91	Baryum 142	Neutron
Masse (u)	235,044	90,923	141,916	1,008 66

$m_{avant} = m\,(^{235}_{92}U) + m\,(^{1}_{0}n) = 236{,}053$ u.

$m_{après} = m\,(^{91}_{36}Kr) + m\,(^{142}_{56}Ba) + 3 \times m\,(^{1}_{0}n) = 235{,}865$ u.

La variation de la masse Δm est égale à : $\Delta m = m_{après} - m_{avant} = 235{,}865 - 236{,}053$.
Soit : $\Delta m = -0{,}188$ u
On constate que $\Delta m < 0$. La masse a diminué au cours de la réaction de fission :
$m_{après} < m_{avant}$.

Au cours d'une réaction nucléaire, il y a une diminution de la masse totale des particules :

$$m_{\text{après}} < m_{\text{avant}}$$

La variation de la masse Δm, définie par $\Delta m = m_{\text{après}} - m_{\text{avant}}$, est négative.

3 Variation d'énergie au cours d'une réaction nucléaire

■ Au cours d'une transformation nucléaire, la variation de la masse Δm entraîne une variation de l'énergie ΔE du système, donnée par la relation suivante :

$$\Delta E = m \times c^2$$

E en joules (J)
m en kilogrammes (kg)
c en mètres par seconde ($m{\cdot}s^{-1}$)

L'énergie libérée se retrouve sous forme rayonnante portée par les photons γ et sous forme cinétique portée par les particules produites.

La variation de la masse étant négative, on en déduit que la variation d'énergie du système est aussi négative : le système constitué par les particules impliquées dans la transformation nucléaire perd de l'énergie.

■ **Application à quelques réactions nucléaires**

Cas d'une désintégration radioactive	Cas d'une réaction de fusion	Cas d'une réaction de fission
${}^{12}_{7}N \rightarrow {}^{12}_{6}C + {}^{0}_{1}e$	${}^{2}_{1}H + {}^{2}_{1}H \rightarrow {}^{3}_{2}He + {}^{1}_{0}n$	${}^{235}_{92}U + {}^{1}_{0}n \rightarrow {}^{91}_{36}Kr + {}^{142}_{56}Ba + 3\,{}^{1}_{0}n$
$\Delta m = m_{\text{après}} - m_{\text{avant}} = -0{,}007\,36$ u $= -1{,}22 \times 10^{-29}$ kg	$\Delta m = m_{\text{après}} - m_{\text{avant}} = -0{,}003\,51$ u $= -5{,}83 \times 10^{-30}$ kg	$\Delta m = m_{\text{après}} - m_{\text{avant}} = -0{,}188$ u $= -3{,}12 \times 10^{-28}$ kg
Soit : $\Delta E = -1{,}10 \times 10^{-12}$ J $= -6{,}87$ MeV	Soit : $\Delta E = -5{,}25 \times 10^{-13}$ J $= -3{,}28$ MeV	Soit : $\Delta E = -2{,}81 \times 10^{-11}$ J $= -175$ MeV
On constate que la variation d'énergie est de l'orde de 10 MeV.	On constate que la variation d'énergie est de l'ordre de 1 MeV.	On constate que la variation d'énergie est de l'orde de 200 MeV.

Au cours d'une transformation nucléaire (désintégration radioactive, fusion, fission) de l'énergie est libérée du fait de la perte de masse entre les particules avant la réaction et celles après la réaction. L'énergie libérée varie de quelques MeV à quelques centaines de MeV.

4 La stabilité des noyaux

On s'intéresse à un noyau d'hélium 4. Il est constitué de deux protons et de deux neutrons. Comparons la masse du noyau à celle de la masse totale de ses nucléons pris séparément :

$m({}^{4}_{2}He) = 4{,}001\,51$ u et $m(\text{nucléons}) = 2 \times m({}^{1}_{1}p) + 2 \times m({}^{1}_{0}n) = 2 \times 1{,}007\,28 + 2 \times 1{,}008\,66$;

soit : $m(\text{nucléons}) = 4{,}031\,88$ u.

On constate que : $m\,({}^{4}_{2}\mathrm{He}) < m$ (nucléons).

La masse du noyau d'hélium 4 est inférieure à celle de ces nucléons pris séparément. Ce résultat est généralisable à tous les noyaux.

A Défaut de masse du noyau

Le défaut de masse Δm d'un noyau de symbole ${}^{A}_{Z}\mathrm{X}$ est égal à la différence entre la masse totale de ces nucléons constitutifs et la masse du noyau.

$$\Delta m = [Z \times m\,({}^{1}_{1}\mathrm{p}) + (A - Z) \times m\,({}^{1}_{0}\mathrm{n})] - m\,({}^{A}_{Z}\mathrm{X})$$

Conséquence : ce défaut de masse étant toujours positif, il y a une libération d'énergie au cours de la formation d'un noyau à partir de ses nucléons pris séparément.

B Énergie de liaison d'un noyau et énergie de liaison par nucléon d'un noyau

■ L'**énergie de liaison E_{liaison} d'un noyau** est égale à l'énergie qui est libérée au cours de la formation du noyau à partir de ses nucléons pris séparément et au repos.

> L'énergie de liaison est toujours positive.

$$E_{\text{liaison}} = \Delta m \times c^2$$

$$E_{\text{liaison}} = [Z \times m\,({}^{1}_{1}\mathrm{p}) + (A - Z) \times m\,({}^{1}_{0}n) - m\,({}^{A}_{Z}\mathrm{X})] \times c^2$$

E_{liaison} en joules (J)

Δm en kilogrammes (kg)

c en mètres par seconde ($\mathrm{m \cdot s^{-1}}$)

■ L'**énergie de liaison par nucléon d'un noyau** est égale au rapport de l'énergie de liaison du noyau par le nombre total de nucléons composant le noyau (c'est-à-dire le nombre de masse A) :

$$\frac{E_{\text{liaison}}}{A} \text{ (en MeV/nucléon)}$$

> Un noyau est d'autant plus stable que son énergie de liaison par nucléon est grande.

EXEMPLES

- Noyau de plutonium 239 : $\dfrac{E_{\text{liaison}}\,({}^{239}_{94}\mathrm{Pu})}{A} = 7{,}58$ MeV/nucléon.
- Noyau de fer 56 : $\dfrac{E_{\text{liaison}}\,({}^{56}_{26}\mathrm{Fe})}{A} = 8{,}79$ MeV/nucléon.

Le noyau de fer 56 est plus stable que celui de plutonium 239.

EXERCICE DE SYNTHÈSE

L'énergie de la fission nucléaire

Les radio-isotopes les plus utilisés dans l'industrie nucléaire sont l'uranium 235 et le plutonium 239.

1. L'uranium 235 est le combustible nucléaire le plus courant. L'énergie libérée au cours d'une fission dépend des produits de la réaction de fission.

On considère l'équation de réaction de fission suivante : ${}^{235}_{92}\mathrm{U} + {}^{1}_{0}\mathrm{n} \rightarrow {}^{94}_{38}\mathrm{Sr} + {}^{140}_{54}\mathrm{Xe} + 2\,{}^{1}_{0}\mathrm{n}$.

a. Calculer pour la réaction, la variation de la masse Δm.

b. Calculer l'énergie libérée en joules, puis en MeV.

c. Sous quelles formes est libérée cette énergie ?

PHYSIQUE-CHIMIE

2. Le plutonium 239 n'existe pas à l'état naturel, mais peut être fabriqué au cœur des réacteurs nucléaires selon la réaction suivante : ${}^{239}_{93}\text{Np} \rightarrow {}^{239}_{94}\text{Pu} + {}^{0}_{-1}\text{e}$.

a. Quel est le type de réaction ?

b. Donner la composition en protons et en neutrons des noyaux de neptunium 239 et de plutonium 239.

c. Calculer l'énergie de masse du plutonium 239.

d. Calculer l'énergie libérée au cours de la réaction en MeV.

Données : vitesse de la lumière $c = 3{,}00 \times 10^8$ m·s^{-1} ;
1 u = 1,660 54 × 10^{-27} kg ; 1 MeV = 1,602 × 10^{-13} J.

Particule	${}^{235}_{92}\text{U}$	${}^{94}_{38}\text{Sr}$	${}^{140}_{54}\text{Xe}$	${}^{1}_{0}\text{n}$
Masse (u)	235,044	93,915	139,925	1, 008 66
Particule	${}^{239}_{93}\text{Np}$	${}^{239}_{94}\text{Pu}$	${}^{0}_{-1}\text{e}$	
Masse (u)	239,052 90	239,052 16	0,000 55	

CORRIGÉ

1. a. On calcule la variation Δm de la masse :

$m_{\text{avant}} = m({}^{235}_{92}\text{U}) + m({}^{1}_{0}\text{n}) = 236{,}053$ u ; $m_{\text{après}} = m({}^{94}_{38}\text{Sr}) + m({}^{140}_{54}\text{Xe}) + 2 \times m({}^{1}_{0}\text{n}) = 235{,}857$ u.

La variation de la masse Δm est égale à : $\Delta m = m_{\text{après}} - m_{\text{avant}} = 235{,}857 - 236{,}053 = -0{,}196$ u.

b. On applique la relation $\Delta E = \Delta m \times c^2$, avec $\Delta m = -0{,}196$ u $= -3{,}25 \times 10^{-28}$ kg soit :
$\Delta E = -2{,}93 \times 10^{-11}$ J = - 183 MeV.

c. Cette énergie est libérée sous forme d'énergie rayonnante et d'énergie cinétique.

2. a. C'est une désintégration radioactive de type β^-.

> **Nombre de protons = Z**
> **Nombre de neutrons = $A - Z$**

b. Neptunium 239 : 93 protons et 146 neutrons.
Plutonium 239 : 94 protons et 145 neutrons.

> **1 u = 1,660 54 × 10^{-27} kg**

c. L'énergie de masse du plutonium 239 a pour formule $E = m \times c^2$
avec $m = m({}^{239}_{94}\text{Pu}) = 239{,}052\ 16$ u $= 3{,}969\ 56 \times 10^{-25}$ kg
soit : $E = 3{,}57 \times 10^{-8}$ J $= 2{,}23 \times 10^5$ MeV.

d. On calcule la variation Δm de la masse :

$m_{\text{avant}} = m({}^{239}_{93}Np) = 239{,}052\ 90$ u ; $m_{\text{après}} = m({}^{239}_{94}\text{Pu}) + m({}^{0}_{-1}\text{e}) = 239{,}052\ 71$ u.

La variation de la masse Δm est égale à :
$\Delta m = m_{\text{après}} - m_{\text{avant}} = 239{,}052\ 71 - 239{,}052\ 90 = -0{,}000\ 19$ u.

On applique la relation $\Delta E = \Delta m \times c^2$, avec $\Delta m = -0{,}000\ 19$ u $= -3{,}2 \times 10^{-31}$ kg soit :
$\Delta E = -2{,}9 \times 10^{-14}$ J = - 0,18 MeV.

12 Les édifices chimiques solides : cohésion et mise en solution

www.annabac.com

Les solides ioniques sont à la base de la préparation d'un très grand nombre de liquides utilisés dans la vie courante : eau de Javel, engrais liquides pour la croissance des plantes, déboucheurs liquides… On les trouve aussi à l'origine de la minéralisation des eaux de source et de la salinité de l'eau de mer.

1 Structure d'un solide ionique

A Organisation d'un solide ionique

■ Un **solide ionique,** également appelé **cristal,** est un **empilement régulier et ordonné d'anions** (ions chargés négativement) **et de cations** (ions chargés positivement). Dans un cristal, chaque anion est entouré de cations et chaque cation est entouré d'anions.

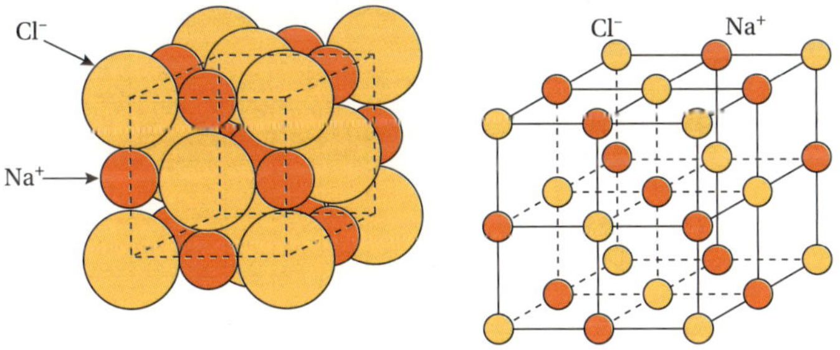

Figure 1 Structure du chlorure de sodium $NaCl_{(s)}$

■ Trois types de forces d'interaction électriques (vues au chapitre 9) existent dans le cristal ionique :

- la force entre les anions et les cations : c'est une force attractive, car les anions et les cations ont des charges de signes opposés ;
- la force entre les anions : c'est une force répulsive, car les anions ont des charges de même signe ;
- la force entre les cations : c'est une force répulsive, car les cations ont des charges de même signe.

Les calculs montrent que la valeur de **la force attractive entre les cations et les anions est supérieure aux valeurs des autres forces.** C'est cette force qui permet d'assurer la **cohésion du cristal.**

B Formule d'un solide ionique

■ Tout composé chimique étant **électriquement neutre,** les solides ioniques contiennent des cations et des anions dans des proportions telles que la charge positive des cations compense exactement la charge négative des anions.

■ La formule d'un solide ionique est une **formule statistique :** elle indique la nature et les proportions des ions présents dans le cristal, mais ne mentionne pas leurs charges.

EXEMPLE : la formule statistique du fluorure de calcium est $CaF_{2(s)}$.

2 Structure d'un solide moléculaire

A Électronégativité d'un élément

■ L'**électronégativité** (notée χ) d'un élément traduit la tendance d'un atome de cet élément à attirer les électrons d'une liaison de covalence qu'il forme avec un autre atome dans une molécule. **Plus un atome attire facilement les électrons de covalence, plus il est électronégatif.**

■ Pour connaître l'électronégativité d'un élément chimique, il faut considérer sa place dans la classification périodique des éléments : plus l'élément est à droite et en haut de la classification, plus celui-ci est électronégatif.
D'après l'échelle de Pauling, l'élément le plus électronégatif est le **fluor.**

Les éléments de la dernière colonne (les gaz nobles) ne sont pas pris en compte, car ils ne réalisent pas de liaisons covalentes du fait de leur structure électronique en octet ou en duet (voir chapitre 8).

$\chi \nearrow$ (de gauche à droite) ; $\chi \nearrow$ (de bas en haut)

3 10 Li 6,94	4 1,5 Be 9,01											5 2,0 B 10,81	6 2,5 C 12,1	7 3,0 N 14,1	8 3,5 O 16,0	9 4,0 F 19,00
11 0,9 Na 22,99	12 1,2 Mg 24,31											13 1,5 Al 26,98	14 1,5 Si 28,09	15 2,5 P 30,97	16 2,5 S 32,07	17 3,0 Cl 35,45
19 0,8 K 39,10	20 1,0 Ca 40,06	21 1,3 Sc 44,96	22 1,5 Ti 47,87	23 1,5 V 50,94	24 1,8 Cr 52,00	25 1,5 Mn 54,94	26 1,8 Fe 55,85	27 1,8 Co 58,93	28 1,8 Ni 58,69	29 1,9 Cu 63,55	30 1,6 Zn 65,38	31 1,5 Ga 69,72	32 1,5 Ge 72,64	33 2,0 As 74,92	34 2,4 Se 76,96	35 2,8 Br 79,90
37 0,8 Rb 85,47	38 1,0 Sr 87,62	39 1,2 Y 88,91	40 1,4 Zr 91,22	41 1,5 Nb 92,91	42 1,8 Mo 95,9	43 1,9 Tc 96	44 3,2 Ru 101,07	45 2,2 Rh 102,91	46 2,2 Pd 106,42	47 1,9 Ag 107,87	48 1,7 Cd 112,41	49 1,7 In 114,82	50 1,8 Sn 118,71	51 1,9 Sb 121,76	52 2,1 Te 127,60	53 2,5 I 126,90
55 133 Cs 132,91	56 138 Ba 137,33	57-71	72 1,3 Hf 178,49	73 1,5 Ta 180,95	74 1,7 W 183,84	75 1,9 Re 186,21	76 2,2 Os 190,23	77 2,2 Ir 192,22	78 2,2 Pt 195,08	79 2,4 Au 196,97	80 1,9 Hg 200,59	81 1,8 Tl 204,38	82 1,5 Pb 207,2	83 1,9 Bi 206,96	84 2,5 Po 209	85 2,2 At 210
87 0,7 Fr 223	88 0,9 Ra 226	89-103	104 - Rf 267	105 - Db 268	106 - Sg 271	107 - Bh 272	108 - Hs 277	109 - Mt 276	110 - Ds 281	111 - Rg 280	112 - Cn 285	113 - Uut 284	114 - Uuq 289	115 - Uup 288	116 - Uuh 293	117 - Uus 294

Figure 2 Variation de l'électronégativité en fonction de la position dans la classification périodique (échelle de Pauling)

■ Si les atomes intervenant dans une liaison covalente ont des électronégativités différentes, l'atome le plus électronégatif attire davantage les électrons de la liaison : **la liaison est polarisée**. La polarisation de la liaison est d'autant plus grande que la différence d'électronégativité est grande.

■ L'atome le plus électronégatif porte un **excès de charge négative** noté δ^-, tandis que l'autre atome porte un **défaut de charge négative** noté δ^+.

EXEMPLE : la **liaison carbone-oxygène**. L'oxygène est plus électronégatif que le carbone. Dans la liaison carbone-oxygène, les électrons sont davantage attirés par l'oxygène que par le carbone :

$$\overset{\delta^+}{C}—\overset{\delta^-}{O}$$

■ Une liaison entre deux atomes identiques n'est **pas polarisée,** car les deux atomes mis en jeu ont la même électronégativité.

EXEMPLES : les liaisons carbone-carbone C—C, hydrogène-hydrogène H—H, etc.

B Polarité des molécules

■ On appelle **molécule polaire** une molécule dont les barycentres des charges positives (noyaux) et des charges négatives (électrons) ne coïncident pas.
Cela est dû à la **présence de liaisons polarisées dans la molécule**.

EXEMPLES

• la **molécule d'eau H_2O** contient deux liaisons polarisées et les barycentres des charges positives et négatives ne coïncident pas : **la molécule est polaire** ;

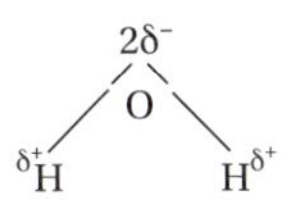

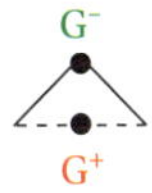

• la **molécule de dioxyde de carbone CO_2** possède deux liaisons polarisées mais n'est pas polaire, car les barycentres des charges positives et négatives coïncident.

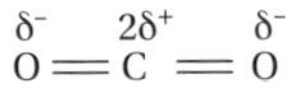

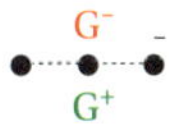

C Cohésion du solide moléculaire

■ Un solide moléculaire est constitué de molécules liées entre elles par des forces d'origine électrique : les **forces d'interaction électrique** et les **forces de Van der Waals.**
• Les forces de Van der Waals sont attractives et de faible intensité. Elles interviennent aussi bien entre les molécules polaires que non polaires.
• Les forces d'interaction électrique s'effectuent entre les charges partielles positives et négatives des molécules polaires. Les forces attractives l'emportent sur les forces répulsives.
La cohésion du solide est assurée par ces deux types de forces.

■ La **liaison hydrogène** entre les molécules polaires est une force d'interaction électrique entre un atome d'hydrogène portant une charge électrique partielle positive δ^+ et un atome appartenant à une autre molécule portant une charge électrique partielle négative δ^-.
Par exemple, la grande cohésion de l'eau s'explique par l'existence de ces liaisons hydrogène entre les atomes d'hydrogène et d'oxygène.

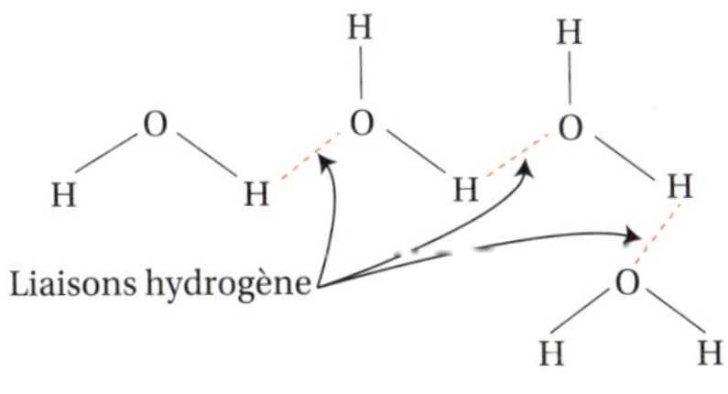

Figure 3 Liaisons hydrogène entre les molécules d'eau

> **La liaison hydrogène n'est pas une liaison chimique, c'est pourquoi on la désigne aussi par « pont hydrogène ».**

3 Mise en solution d'un solide ionique

A Caractère polaire d'un solvant

Un solvant est dit polaire si les molécules qui le constituent sont polaires. L'eau, l'acétone et l'éthanol sont des solvants polaires, tandis que le cyclohexane, le pentane et le tétrachlorure de carbone sont des solvants apolaires.

PHYSIQUE-CHIMIE

B Dissolution d'un solide ionique dans l'eau

La dissolution d'un solide ionique dans l'eau se fait en 3 étapes : la solvatation, la dissociation, puis la dispersion.

Étape 1 : la solvatation

Les ions s'entourent de molécules de solvant : l'orientation des molécules d'eau autour des ions s'explique en fonction des interactions électriques attractive ou répulsive.
Un anion sera entouré par les atomes d'hydrogène (portant la charge partielle δ^+) des molécules d'eau, tandis qu'un cation sera entouré par les atomes d'oxygène (portant la charge partielle δ^-). La solvatation est aussi appelée hydratation lorsque l'eau est le solvant. Les ions solvatés sont alors appelés ions hydratés.

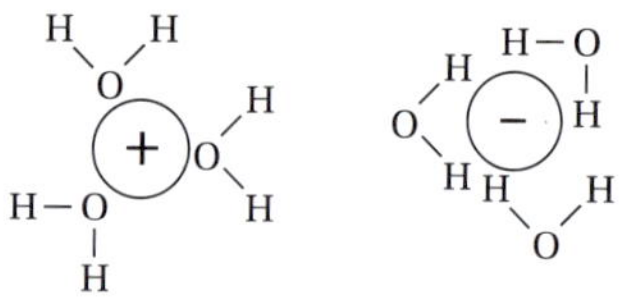

Figure 4 Solvatation des ions

Étape 2 : la dissociation

Les ions entourés de molécules de solvant s'attirent beaucoup moins : la valeur des forces d'interaction électrique qui assurent la cohésion du cristal ionique sont grandement diminuées. Les ions peuvent alors s'éloigner les uns des autres.

Étape 3 : la dispersion

Les ions solvatés se dispersent dans toute la solution. On accélère le processus en agitant la solution : elle devient alors peu à peu homogène en cations et en anions.

Lorsqu'on introduit un solide ionique dans un solvant, il subit une transformation : il est dissous et on obtient une solution ionique.
Cette transformation est modélisée par l'**équation de dissolution d'un solide ionique** :

$$\mathbf{A_{\alpha}\,B_{\beta(s)} \rightarrow \alpha\,A^{\beta+}_{(aq)} + \beta\,B^{\alpha-}_{(aq)}}$$

Le solide ionique est constitué du cation $A^{\beta+}$ et de l'anion $B^{\alpha-}$.

C Caractéristiques d'une solution ionique

Une solution conductrice du courant électrique est appelée électrolyte. Les solutions aqueuses ioniques sont des électrolytes.

Après avoir dissous un solide ionique dans l'eau, on obtient une **solution aqueuse ionique** constituée d'anions et de cations dispersés et en mouvement parmi les très nombreuses molécules d'eau. Les solutions ioniques sont **électriquement neutres** mais **conduisent le courant électrique**, car elles possèdent des ions solvatés qui sont des charges mobiles.

Les solutions ioniques sont caractérisées par leur formule qui fait apparaître le type et les proportions des ions présents dans le solvant.

EXEMPLE : la formule de la solution ionique de fluorure de calcium est $(Ca^{2+}_{(aq)} + 2\,F^{-}_{(aq)})$.

4 Concentration du soluté apporté et concentration effective

Concentration molaire du soluté apporté

Elle est notée $C_{\text{soluté}}$ et a pour formule :

$$C_{\text{soluté}} = \frac{n_{\text{soluté}}}{V_{\text{solution}}}$$

$C_{\text{soluté}}$ en moles par litre (mol·L^{-1})
$n_{\text{soluté}}$ en moles (mol)
V_{solution} en litres (L)

Concentration effective des ions en solution

On note [X] la concentration effective d'un ion X présent en solution :

$$[X] = \frac{n_X}{V_{\text{solution}}}$$

[X] en moles par litre (mol·L^{-1})
n_X en moles (mol)
V_{solution} en litres (L)

Relation entre concentration apportée et concentration effective

Pour déterminer la relation entre les différentes concentrations, il faut utiliser un tableau d'avancement :

Équation de dissolution		$A_\alpha B_{\beta(s)}$	$\rightarrow$ $\alpha A^{\beta+}_{(aq)}$	+ $\beta B^{\alpha-}_{(aq)}$
État	**Avancement (mol)**	$n_{(A_\alpha B_\beta)}$ (mol)	$n_{(A^{\beta+})}$ (mol)	$n_{(B^{\alpha-})}$ (mol)
Initial	$x = 0$	n	0	0
Intermédiaire	x	$n - x$	αx	βx
Final	$x = x_f$	$n - x_f$	αx_f	βx_f

Dans l'état final, tout le solide a été dissous : $n_{(A_\alpha B_\beta)} - x_f = 0$ donc $x_f = n_{(A_\alpha B_\beta)}$.

D'après le tableau d'avancement, on peut alors écrire, en remplaçant x_f par $V(z) = \frac{U}{2} - \frac{U}{d} \times z$:
$n_{(A^{\beta+})} = \alpha \times n_{(A_\alpha B_\beta)}$ et $n_{(B^{\alpha-})} = \beta \times n_{(A_\alpha B_\beta)}$.
On en déduit que : $[A^{\beta+}] = \alpha \times C_{(A_\alpha B_\beta)}$ et $[B^{\alpha-}] = \beta \times C_{(A_\alpha B_\beta)}$.

EXERCICE DE SYNTHÈSE

Sulfate de cuivre cristallisé et mise en solution

Le sulfate de cuivre solide se présente sous deux formes :
- le sulfate de cuivre anhydre, solide blanc de formule $CuSO_{4(s)}$;
- le sulfate de cuivre hydraté, solide bleu de formule $CuSO_4, 5\ H_2O_{(s)}$.

La couleur bleue est due à la présence de molécules d'eau entourant l'ion cuivre II.

1. Écrire les équations de dissolution des deux solides dans l'eau.

2. Pourquoi la dissolution du sulfate de cuivre anhydre dans l'eau donne-t-elle une solution aqueuse de couleur bleue ?

PHYSIQUE-CHIMIE

3. Quelle est la formule de la solution aqueuse de sulfate de cuivre ?

4. On réalise la dissolution d'une masse m = 16 g de sulfate de cuivre anhydre pour préparer une solution aqueuse de volume V = 100 mL. Calculer la concentration en sulfate de cuivre apporté C_{CuSO_4}.

5. Réaliser le tableau d'avancement de la dissolution du sulfate de cuivre anhydre.

6. En déduire les relations entre les concentrations effectives des ions et la concentration en sulfate de cuivre apporté.

7. Calculer les concentrations effectives de chaque ion.

Données : masses molaires atomiques de l'oxygène : $M_O = 16{,}0\ g\cdot mol^{-1}$; du soufre : $M_S = 32{,}1\ g\cdot mol^{-1}$; du cuivre : $M_{Cu} = 63{,}5\ g\cdot mol^{-1}$.

CORRIGÉ

1. Équation de dissolution du sulfate de cuivre anhydre : $CuSO_{4(s)} \rightarrow Cu^{2+}_{(aq)} + SO_4^{2-}{}_{(aq)}$.

Équation de dissolution du sulfate de cuivre hydraté :

$CuSO_4, 5\,H_2O_{(s)} \rightarrow Cu^{2+}_{(aq)} + SO_4^{2-}{}_{(aq)} + 5\,H_2O_{(l)}$.

2. Les ions cuivre II sont hydratés au cours de la dissolution : ils se retrouvent entourés de molécules d'eau.

3. Formule de la solution aqueuse de sulfate de cuivre : $(Cu^{2}{}_{(aq)} + SO_4^{2-}{}_{(aq)})$.

4. Concentration en sulfate de cuivre apporté : $C_{CuSO_4} = \dfrac{n_{CuSO_4}}{V}$

avec $n_{CuSO_4} = \dfrac{m}{M_{CuSO_4}}$ et $M_{CuSO_4} = M_{Cu} + M_S + 4 \times M_O = 159{,}6\ g\cdot mol^{-1}$;

soit $n_{CuSO_4} = \dfrac{16}{159{,}6} = 0{,}10$ mol, donc $C_{CuSO_4} = \dfrac{0{,}10}{0{,}100} = 1{,}0\ mol\cdot L^{-1}$.

5. Tableau d'avancement de la dissolution :

Équation de dissolution		$CuSO_{4\,(s)}$ $\rightarrow$	$Cu^{2+}_{(aq)}$ +	$SO_4^{2-}{}_{(aq)}$
État	**Avancement (mol)**	n_{CuSO_4} (mol)	$n_{Cu^{2+}}$ (mol)	$n_{SO_4^{2-}}$ (mol)
Initial	$x = 0$	n	0	0
Intermédiaire	x	$n - x$	x	x
Final	$x = x_f$	$n - x_f$	x_f	x_f

6. Dans l'état final, tout le solide a été dissous : $n_{CuSO_4} - x_f = 0$ donc $x_f = n_{CuSO_4}$.

D'après le tableau d'avancement, on peut écrire, en remplaçant x_f par n_{CuSO_4} :
$n_{Cu^{2+}} = n_{CuSO_4}$ et $n_{SO_4^{2-}} = n_{CuSO_4}$.

On en déduit que : $[SO_4^{2-}] = C_{CuSO_4}$ et $[Cu^{2+}] = C_{CuSO_4}$.

7. Calcul de la concentration effective en ions cuivre II : $[Cu^{2+}] = C_{CuSO_4} = 1{,}0\ mol\cdot L^{-1}$.

Calcul de la concentration effective en ions sulfates : $[SO_4^{2-}] = C_{CuSO_4} = 1{,}0\ mol\cdot L^{-1}$.

13 Transformation physique d'un système

TOUS LES CORPS CÉLESTES, les objets et êtres vivants de la Terre sont composés de matière. Celle-ci peut exister sous trois états : solide, liquide ou gaz. Les différences de propriétés physiques entre ces états, observées à l'échelle macroscopique, peuvent s'expliquer en se plaçant au niveau microscopique.

1 Les trois états de la matière

A Caractéristiques des trois états

Les trois états de la matière sont différenciables par leur structure et par leurs caractéristiques physiques. On trouve l'état solide, liquide et gazeux.

■ L'**état solide** est un état dans lequel les particules sont **ordonnées,** très proches les unes des autres et liées entre elles par des forces d'interaction : elles sont fixes les unes par rapport aux autres. Un solide a une forme et un volume qui lui sont propres : il occupera toujours le même volume et sa forme ne pourra être modifiée. Un solide est **incompressible.**

■ Dans l'**état liquide,** les particules sont à la fois proches les unes des autres, et en mouvement les unes par rapport aux autres : c'est un état **désordonné.** Un liquide a un volume propre, mais pas de forme propre : il prend la forme du récipient qui le contient et est **incompressible.**

■ À l'**état gazeux,** les particules ne sont plus liées les unes aux autres : la structure est **totalement désordonnée.** Les particules sont en mouvement permanent et sont éloignées les unes des autres afin d'occuper tout l'espace disponible : les gaz sont **expansibles.** À l'état gazeux, la matière n'a ni forme ni volume propres.

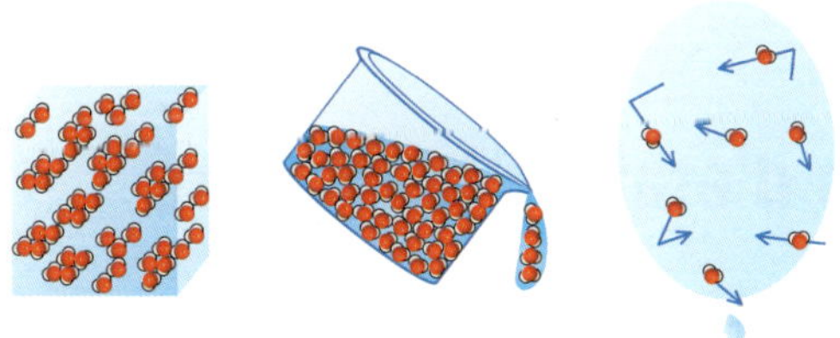

Figure 1 Structure de l'eau à l'état solide, liquide et gazeux

> **Les états solide et liquide sont des états condensés, alors que l'état gazeux est un état dispersé.**

■ La **comparaison des masses volumiques à l'état dispersé (gaz) et à l'état condensé (liquide et solide)** montre que le volume occupé par une même quantité de matière est supérieur pour l'état dispersé (les molécules sont éloignées les unes des autres) que pour l'état condensé (les molécules sont proches les unes des autres). La masse volumique d'une espèce chimique est environ 1 000 fois plus grande pour l'état condensé que pour l'état dispersé.

B Aspect énergétique de la cohésion de la matière

■ L'**énergie de cohésion intermoléculaire** est égale à l'énergie qu'il faudrait apporter à un ensemble de molécules pour les **disperser** de manière à ce qu'elles n'aient plus d'interaction les unes avec les autres.

■ L'**énergie de cohésion d'un solide** est égale à l'énergie nécessaire pour **sublimer** une mole de ce solide (passage de l'état solide à l'état gazeux).

■ L'**énergie de cohésion d'un liquide** est égale à l'énergie nécessaire pour **vaporiser** une mole de ce liquide (passage de l'état liquide à l'état gazeux).

EXEMPLES : énergies de cohésion de quelques liquides.

Nom de l'espèce	Eau	Méthane	Butane	Méthanol	Éthanol
Formule de l'espèce	H_2O	CH_4	C_4H_{10}	CH_3OH	C_2H_5OH
$E_{cohésion}$ (kJ·mol^{-1})	40,7	8,2	22,3	35,3	38,6

La cohésion d'un liquide ou d'un solide est d'autant plus importante que son énergie de cohésion est grande : l'eau est le liquide ayant la plus grande cohésion dans la liste précédente et le méthane la plus petite. Ceci est dû à la présence de liaisons hydrogène qui augmentent l'énergie de cohésion des liquides et des solides.

C L'agitation thermique

■ L'agitation thermique se manifeste dans tous les états de la matière, elle correspond aux **mouvements des molécules** dans le système **à une température *T*.** L'énergie d'agitation thermique est une **fonction croissante de la température absolue *T*.**

■ La comparaison de l'énergie de cohésion et de l'énergie d'agitation thermique permet d'interpréter la différence de comportement des solides et des liquides.
- Si $E_{\text{cohésion}} >> E_{\text{th}}$: les molécules gardent une position fixe ; c'est le cas des solides, qui gardent leur forme propre.
- Si $E_{\text{cohésion}} << E_{\text{th}}$: les molécules restent au voisinage les unes des autres mais peuvent se déplacer les unes par rapport aux autres ; c'est le cas des liquides, qui ont un volume propre mais n'ont pas de forme propre.

2 Les changements d'état de la matière

A Présentation

■ Une **transformation physique** est une transformation au cours de laquelle il y a modification de la structure de la matière, mais pas de sa composition : les liaisons intermoléculaires sont rompues, mais pas les liaisons chimiques dans les molécules.

■ Un **changement d'état** est une transformation physique. Les différents changements d'état sont :
- la **fusion** : passage de l'état solide à l'état liquide ;
- la **solidification** : passage de l'état liquide à l'état solide

- la **liquéfaction** : passage de l'état gazeux à l'état liquide (on parle aussi de **condensation liquide)** ;
- la **vaporisation** : passage de l'état liquide à l'état gazeux ;
- la **sublimation** : passage de l'état solide à l'état gazeux ;
- la **condensation** : passage de l'état gazeux à l'état solide.

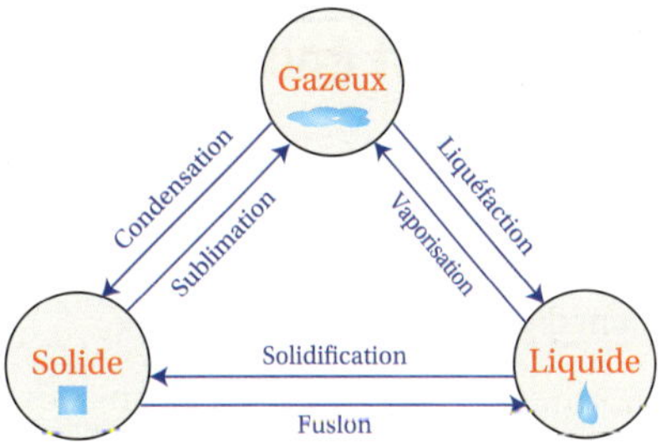

Figure 2 Les changements d'état

■ L'état physique d'un corps dépend à la fois de la température et de la pression : les changements d'état s'effectuent lorsque les conditions physiques évoluent.

■ À pression constante, lorsqu'on élève continûment la température, le système passe successivement de l'état solide à l'état liquide puis à l'état gazeux.

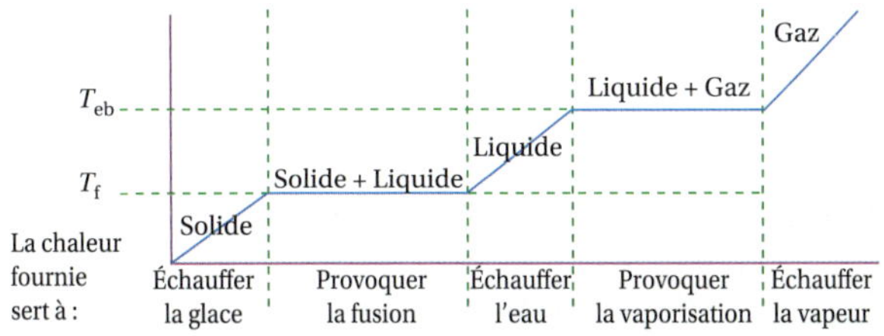

Figure 3 Les états de l'eau (corps pur) en fonction de la température

■ Pour les **corps purs**, lors du changement d'état, la température reste constante : on parle de **palier de température**. Cette température est appelée **température de changement d'état**.
Il y a identité des températures de changement d'état deux à deux :

$$T_{fusion} = T_{solidification}$$
$$T_{vaporisation} = T_{liquéfaction}$$
$$T_{sublimation} = T_{condensation}$$

■ Pour les **mélanges,** le changement d'état ne se fait pas à température constante.

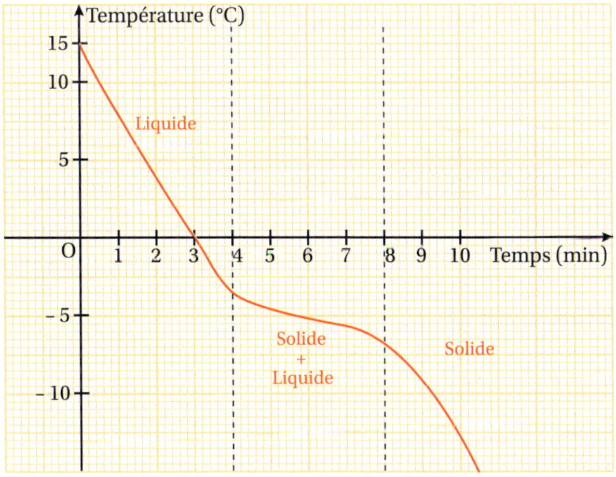

Figure 4 Les états de l'eau salée (mélange) en fonction de la température

B Aspect énergétique d'un changement d'état

Si un système reçoit de l'énergie thermique, alors sa température augmente : l'agitation thermique des molécules est de plus en plus importante. Lorsque la température du système atteint celle d'un changement d'état, l'énergie thermique reçue est utilisée pour effectuer le changement d'état physique du système.

Lors d'un échange thermique, si le système reçoit de l'énergie thermique, on parle de phénomène *endothermique* ; si le système libère de l'énergie thermique, on parle de phénomène *exothermique*.

Au cours d'un changement d'état, il y a variation des énergies de cohésion et thermique du système.

- Lors du **passage d'un état ordonné de la matière à un état plus désordonné** (fusion ou vaporisation), l'énergie thermique du système augmente alors que l'énergie de cohésion diminue : il s'agit d'un **phénomène endothermique**.
- Lors du **passage d'un état désordonné de la matière à un état plus ordonné** (solidification ou liquéfaction), l'énergie thermique du système diminue alors que l'énergie de cohésion augmente : il s'agit d'un **phénomène exothermique**.

3 Transformation physique des espèces chimiques organiques

La chimie organique est la chimie des composés du carbone. Les espèces chimiques organiques contiennent non seulement du carbone, mais aussi généralement de l'hydrogène, et parfois de l'oxygène, de l'azote...

A Les alcanes

Formule brute des alcanes

Les alcanes sont des composés organiques contenant uniquement des atomes de carbone et d'hydrogène. Ils ne forment que des liaisons simples. Leur formule brute est de la forme :

$$C_nH_{2n+2}$$

Les différentes catégories d'alcanes

On appelle groupe alkyle une chaîne carbonée formée à partir d'un alcane qui aurait perdu un atome d'hydrogène pour former une liaison avec la chaîne principale d'une molécule.
Exemple : 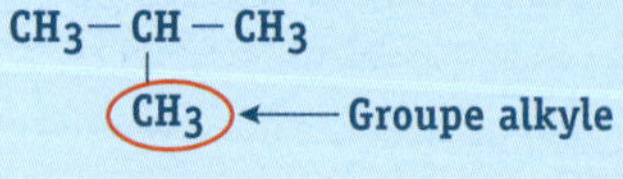

- Les **alcanes linéaires** : la chaîne carbonée est linéaire.

EXEMPLE : $CH_3-CH_2-CH_2-CH_3$

- Les **alcanes linéaires ramifiés :** ils sont constitués d'une chaîne carbonée linéaire sur laquelle se fixent des ramifications appelées **groupes alkyles.**

EXEMPLE : 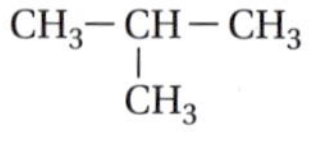

- Les **alcanes cycliques** : les atomes de carbone sont liés de façon à former un cycle (leur formule brute est C_nH_{2n}).

EXEMPLE : 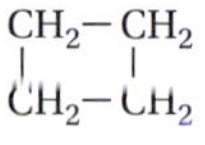

Nomenclature des alcanes

Le nom d'une espèce organique dépend du nombre d'atomes de carbone contenus dans sa chaîne principale.
Les quatre premiers alcanes portent des noms usuels, les suivants portent des noms dont le préfixe indique le nombre d'atomes de carbone de la chaîne principale.
Tous les noms d'alcanes se terminent par le suffixe - **ane**.

Formule brute	Nom	Formule brute	Nom
CH_4	Méthane	C_6H_{14}	Hexane
C_2H_6	Éthane	C_7H_{16}	Heptane
C_3H_8	Propane	C_8H_{18}	Octane
C_4H_{10}	Butane	C_9H_{20}	Nonane
C_5H_{12}	Pentane	$C_{10}H_{22}$	Décane

La nomenclature des groupes alkyles est basée sur celle des alcanes, mais leurs noms se terminent par le suffixe *-yle*.
Exemple :

$$CH_3-\underset{\displaystyle |\atop \displaystyle CH_3}{CH}-CH_3$$

CH_3 ← Le groupe alkyle est un méthyle.

Pour nommer un alcane (qu'il soit linéaire, ramifié ou cyclique), on commence par chercher la chaîne carbonée la plus longue : c'est elle qui donne son nom à l'alcane.

- **Si l'alcane est ramifié,** on ajoute en préfixe le nom du ou des groupe(s) alkyle(s) qui lui sont ramifiés en enlevant le *e* final du nom du groupe alkyle.

Il est important de signaler où se trouve la ramification. Pour cela, on numérote tous les atomes de carbone de la chaîne principale de façon à ce que le carbone portant la ramification ait le plus petit nombre possible. On indique la position du groupement alkyle en plaçant avant son nom le numéro de l'atome de carbone sur lequel il se trouve (appelé **indice de position**).
Si l'alcane contient plusieurs groupements alkyles, on les place par ordre alphabétique.
Si l'alcane est ramifié par plusieurs groupes identiques, on place le préfixe di- ou tri- devant le nom du groupement alkyle concerné.

EXEMPLE : $\overset{4}{C}H_3-\overset{3}{C}H_2-\underset{\displaystyle |\atop \displaystyle CH_3}{\overset{2}{C}H}-\overset{1}{C}H_3$

le groupement alkyle ne contient qu'un atome de carbone et se trouve sur le 2e atome de carbone de la chaîne principale : il s'agit du 2-méthylbutane.

- **Si l'alcane est cyclique,** on fait précéder le nom de l'alcane du préfixe **cyclo**-.

B Effet de la longueur de la chaîne carbonée sur les températures de changement d'état

La température de changement d'état des hydrocarbures d'une même famille augmente avec la longueur de la chaîne carbonée.

Plus la longueur de la chaîne carbonée d'une espèce organique est grande, plus la température de changement d'état est élevée.

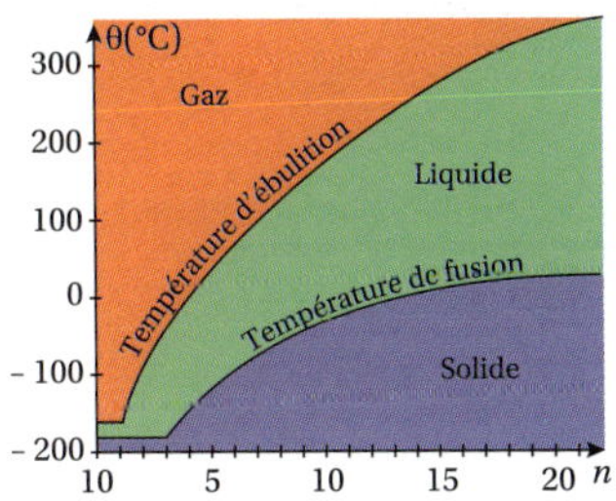

Figure 5 Évolution des températures de changement d'état des alcanes linéaires à la pression atmosphérique en fonction du nombre *n* d'atomes de carbone contenus dans la chaîne principale

C Une application : la distillation fractionnée du pétrole

Pour séparer les différents constituants du pétrole, on utilise la distillation fractionnée qui s'appuie sur les différences de températures de vaporisation des constituants. Cette opération, également appelée **raffinage,** se déroule au sein de tours de distillation.

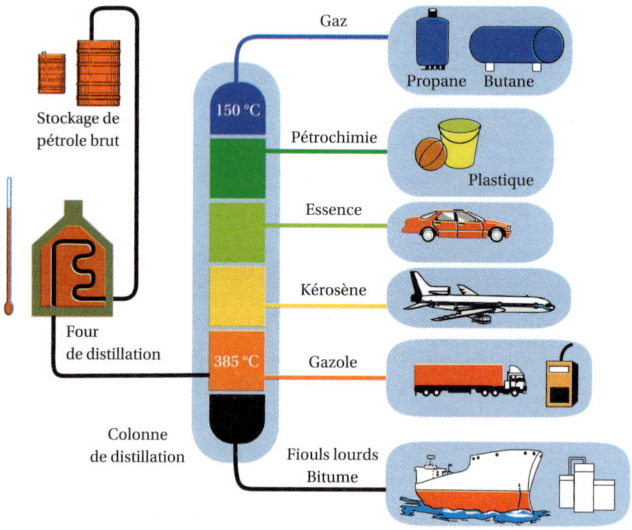

Figure 6 Distillation fractionnée du pétrole brut et utilisation de ses différents constituants

Le pétrole brut est chauffé à 385 °C dans un four, puis est injecté en bas de la tour de distillation. À cette température, la plus grande partie des composés se vaporise et commence à monter dans la tour. À mesure que les vapeurs montent, la température diminue. Lorsqu'une espèce chimique atteint sa température de vaporisation, elle se condense et est récupérée sur des plateaux situés à différents niveaux dans la tour.

En haut de la tour, la température est de 150 °C, on récupère les dernières vapeurs qui ne se sont pas condensées : les gaz de pétrole. Il ne reste à la base de la tour que les produits très lourds, les résidus.

Les composés les plus lourds ont une température de vaporisation élevée : ce seront les premiers à se condenser ; les composés les plus légers se condensent en dernier.
Ce procédé permet de récupérer une dizaine de types de produits, des bitumes jusqu'aux gaz.

EXERCICE DE SYNTHÈSE

Distillation fractionnée du pétrole

Le GPL (gaz de pétrole liquéfié) est utilisé dans les briquets, dans les bonbonnes de gaz pour la cuisine ou le chauffage, et comme carburant par certaines voitures (5 % de la production française). Il est essentiellement constitué de butane et/ou de propane.

1. Donner la formule brute des constituants principaux du GPL.

2. À l'aide du tableau fourni, compléter le schéma suivant en indiquant à quel niveau de la tour de distillation on récupère le GPL.

3. Le fioul (utilisé pour le chauffage de certaines habitations) est constitué d'hydrocarbures dont la chaîne principale contient entre 15 et 25 atomes de carbone. À l'aide du tableau fourni, compléter le schéma suivant en indiquant à quel niveau de la tour de distillation on récupère le fioul.

4. L'asphalte est une des produits les plus lourds obtenus lors de la distillation du pétrole, il ne se vaporise pas dans la tour. Il sert au revêtement autoroutier. Compléter le schéma suivant en indiquant à quel niveau de la tour de distillation on récupère l'asphalte.

5. Quelle indication le schéma ci-dessous nous donne-il sur la température de vaporisation de l'asphalte ?

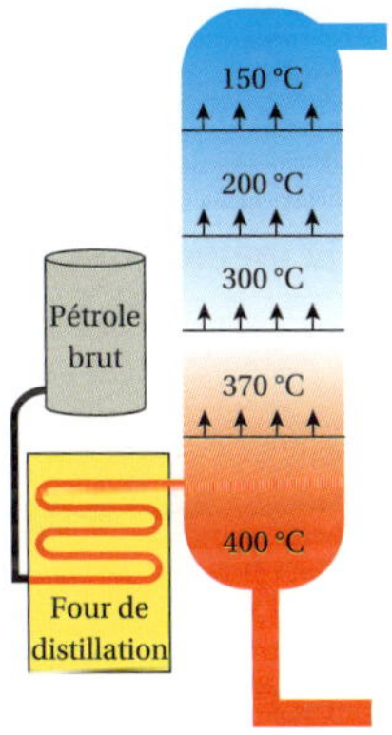

Nom commun	Température de vaporisation (°C)
Butane	0
Propane	– 42
Fioul	entre 271 et 343

CORRIGÉ

1. Le butane a pour formule brute C_4H_{10} et le propane C_3H_8.

2. à **4.**

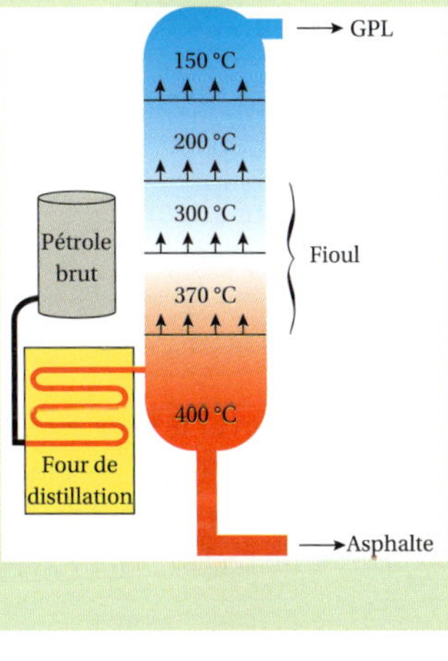

La température de vaporisation des composants des GPL est inférieure à 150 °C. Ces composants du pétrole sont donc récupérés dans la partie haute de la tour de distillation.

Le fioul se condense pour une température comprise entre 271 et 343 °C : il sera récupéré sur les plateaux correspondants à ces températures.

L'asphalte reste liquide dans la tour : il est récupéré dans la partie basse de celle-ci.

5. D'après le schéma et les indications données dans l'énoncé, nous pouvons dire que l'asphalte a une température de vaporisation supérieure à 400 °C.

14 Description du monde physique à l'aide des champs

www.annabac.com

L'ORIENTATION DES OISEAUX MIGRATEURS au cours de leur voyage, la faculté de « la pierre d'aimant » à attirer les objets en fer, l'orientation de l'aiguille d'une boussole, tous ces phénomènes sont dus à l'existence d'un champ magnétique. La connaissance de ce champ ainsi que de ses propriétés sont aujourd'hui essentielles pour l'homme, afin de mieux comprendre le monde qui l'entoure.

1 Le champ magnétique terrestre

A Observation du champ magnétique terrestre à l'aide d'une boussole

■ Une aiguille aimantée permet la détection du champ magnétique terrestre. Placée en un lieu fixé, l'aiguille aimantée d'une boussole s'oriente toujours dans la même direction et le même sens.

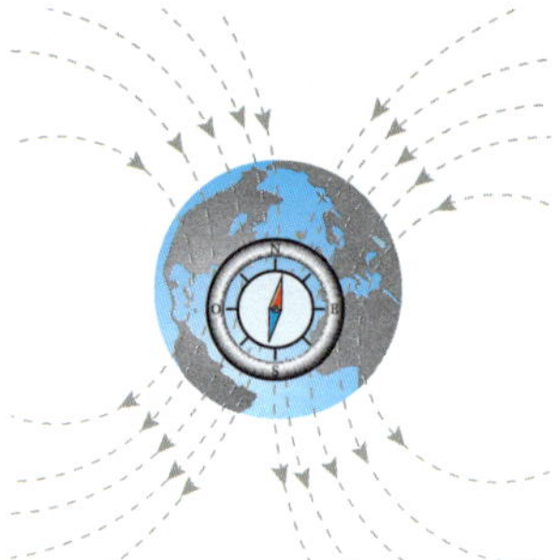

Figure 1 Orientation de l'aiguille d'une boussole dans le champ magnétique terrestre

■ Cette aiguille possède des propriétés magnétiques du fait de la magnétite qu'elle contient et qui lui donne son aimantation.

■ Une aiguille aimantée possède un pôle sud et un pôle nord repérés par un code de couleurs : rouge pour le nord et noir ou bleu pour le sud. Le pôle sud de l'aiguille s'oriente vers le pôle nord magnétique de la Terre et son pôle nord vers le pôle sud magnétique.

Les pôles géographiques terrestres étant inversés par rapport aux pôles magnétiques terrestres, il s'avère que le pôle nord de l'aiguille aimantée pointe vers le nord géographique de la Terre.

■ La direction et le sens du champ magnétique terrestre dépendent du lieu où l'on se trouve à la surface de la Terre. Des laboratoires de géophysique ont mesuré le champ magnétique terrestre : sa valeur dépend du lieu où s'effectue la mesure. La valeur d'un champ magnétique est exprimée **en teslas (T).** La valeur moyenne du champ magnétique terrestre est de 5×10^{-5} T.

B Caractérisation du champ magnétique

Le champ magnétique en un point de l'espace est caractérisé par un vecteur noté $\vec{B}$, appelé **vecteur champ magnétique**, défini par :
- sa direction : celle prise par l'aiguille aimantée ;
- son sens : du pôle sud vers le pôle nord de l'aiguille ;
- sa longueur : proportionnelle à la valeur mesurée du champ magnétique exprimée en teslas (T).

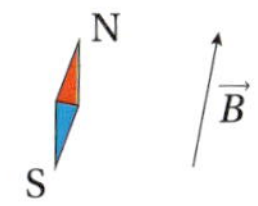

Figure 2 Vecteur champ magnétique

2 Champ magnétique créé par des aimants

A Présentation des aimants et du champ magnétique

■ Un aimant est un objet constitué d'un matériau magnétique tel que la magnétite (minerai aussi appelé « pierre d'aimant »). Un aimant peut prendre différentes formes. Tous les aimants possèdent un pôle nord et un pôle sud.

■ Une aiguille aimantée est sensible à la proximité d'un aimant : **un aimant est une source de champ magnétique**. L'orientation de l'aiguille dépend de la position relative de l'aiguille par rapport à l'aimant. Le pôle sud de l'aiguille aimantée est attiré par le pôle nord de l'aimant.

■ Pour visualiser un champ magnétique, on répand autour d'un aimant permanent de la limaille de fer (grains de fer). On constate que ces grains s'orientent suivant des lignes, appelées **lignes de champ.** La figure formée par ces lignes est appelée **spectre du champ magnétique.**

■ **Propriétés du vecteur champ magnétique**
- Le vecteur champ magnétique est **tangent aux lignes de champ** en tout point de l'espace.
- L'orientation des lignes de champ correspond à celle du vecteur.

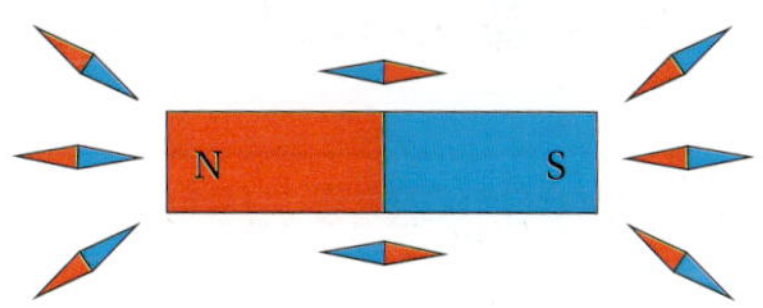

Figure 3 Orientation des aiguilles aimantées autour d'un aimant

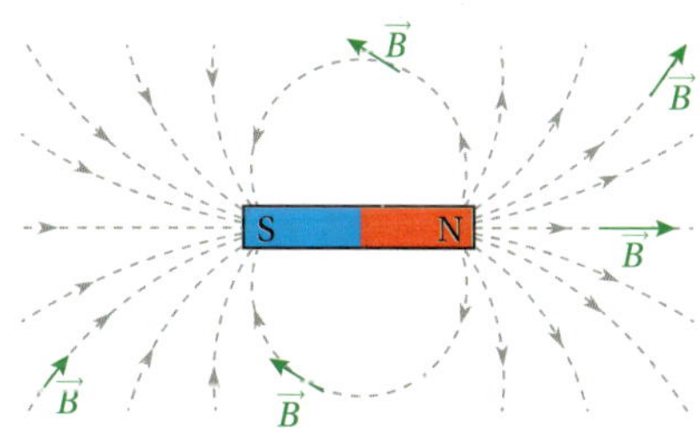

Figure 4 Spectre du champ magnétique produit par un aimant droit

Les lignes de champ sont des lignes joignant le pôle nord au pôle sud de l'aimant. Elles sont orientées du pôle nord vers le pôle sud.

B Étude du champ magnétique dans l'entrefer d'un aimant en U

■ On réalise le spectre du champ magnétique à l'aide de la limaille de fer, puis on représente les lignes de champ.
On constate que toutes les lignes de champ dans l'entrefer sont parallèles et orientées dans le même sens ; de plus, la valeur du champ magnétique est également la même en tout point. On en déduit que **le champ magnétique dans l'entrefer de l'aimant en U est uniforme.**

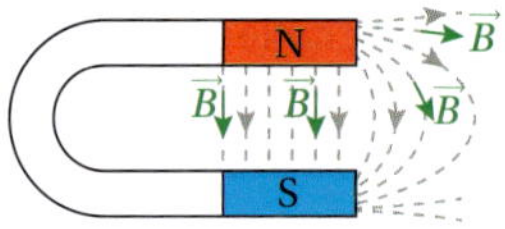

Figure 5 Spectre du champ magnétique produit par un aimant en U

■ **Un champ est uniforme si en tout point de l'espace, il possède les mêmes caractéristiques.** En particulier, le vecteur champ associé est identique (sens, direction et valeur) en chaque point. Pour un champ magnétique uniforme, les lignes de champ sont parallèles.

3 Champ magnétique créé par des courants électriques

A L'expérience historique d'Œrsted

En 1820, le physicien danois **Hans Christian Œrsted** découvre la relation entre l'électricité et le magnétisme. Son expérience consiste à faire passer un courant électrique dans un fil placé au voisinage d'une aiguille aimantée. Il observe que l'aiguille aimantée change d'orientation suivant que le fil est ou non traversé par un courant, et que cette orientation dépend aussi du sens dans lequel le courant circule.
Il en conclut qu'**un courant électrique est une source de champ magnétique.**

B Champ créé par un fil rectiligne parcouru par un courant

Les lignes de champ sont des cercles centrés sur le fil. Elles forment des plans perpendiculaires à l'axe du fil. Leur sens est donné par la règle du tire-bouchon.

Règle du tire-bouchon
En tournant le tire-bouchon dans le sens du courant parcourant la spire, celui-ci se « visse » dans le sens du champ magnétique.

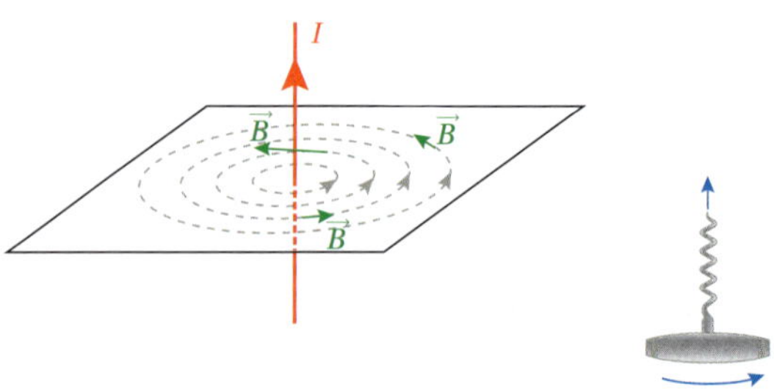

Figure 6 Lignes de champ pour un fil conducteur

C Champ créé par un solénoïde

Un solénoïde est constitué par l'enroulement d'un fil conducteur autour d'un cylindre. Les lignes de champ à l'intérieur du solénoïde parcouru par un courant sont parallèles et orientées dans le même sens (selon la règle du tire-bouchon). **Le champ magnétique est donc uniforme à l'intérieur d'un solénoïde.**

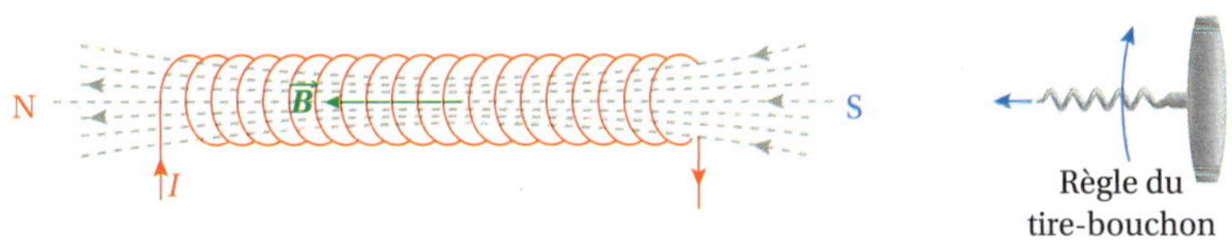

Figure 7 Lignes de champ pour un solénoïde

D Valeur du champ magnétique créé par un courant électrique

■ Quelle que soit la forme du circuit électrique, la valeur B du champ magnétique en un point est proportionnelle à l'intensité I du courant électrique.

$$\boldsymbol{B = K \times I}$$

B en teslas (T)
I en ampères (A)
K en $T{\cdot}A^{-1}$

Le coefficient K dépend de la géométrie du circuit et de la position du point.

EXERCICE DE SYNTHÈSE

Étude du champ magnétique créé par un fil parcouru par un courant

Un fil conducteur parcouru par un courant électrique est source d'un champ magnétique dont les lignes de champ sont représentées ci-dessous.

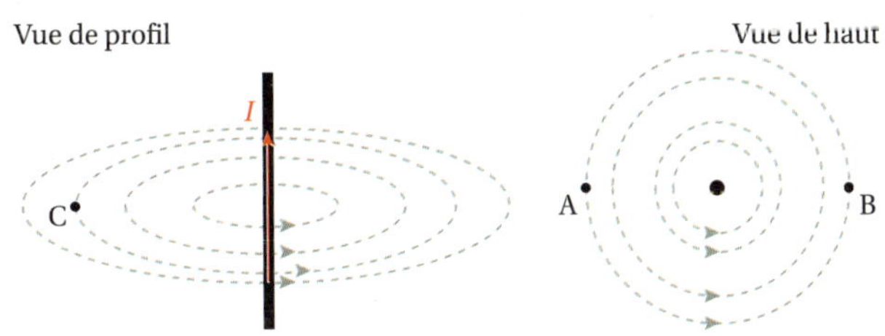

1. Sans souci d'échelle, sur la vue de haut, tracer le vecteur champ magnétique aux points A et B.

2. Tracer au point C, sur la vue de profil, une aiguille aimantée en précisant son pôle nord et son pôle sud. Comparer la direction du fil et celle de l'aiguille.

3. On réalise la mesure du champ magnétique B en un point, en fonction de la distance d au fil et pour un courant d'intensité I égale à $1{,}0 \times 10^3$ mA.

Distance d (cm)	1,0	2,0	4,0	8,0
Valeur de B (T)	$2{,}0 \times 10^{-5}$	$1{,}0 \times 10^{-5}$	$5{,}0 \times 10^{-6}$	$2{,}5 \times 10^{-6}$

a. Comment varie la valeur du champ magnétique en fonction de la distance au fil ?

b. Déterminer la valeur du coefficient K pour une distance au fil égale à $d_1 = 1{,}0$ cm puis $d_2 = 4{,}0$ cm. Que peut-on constater ?

c. Sachant que $K = 2{,}5 \times 10^{-6}$ T·A^{-1} pour la distance $d = 8{,}0$ cm, trouver la valeur de B si l'intensité du courant $I = 0{,}50$ A. Comparer cette valeur à celle donnée dans le tableau pour la même distance. Que peut-on en conclure ?

CORRIGÉ

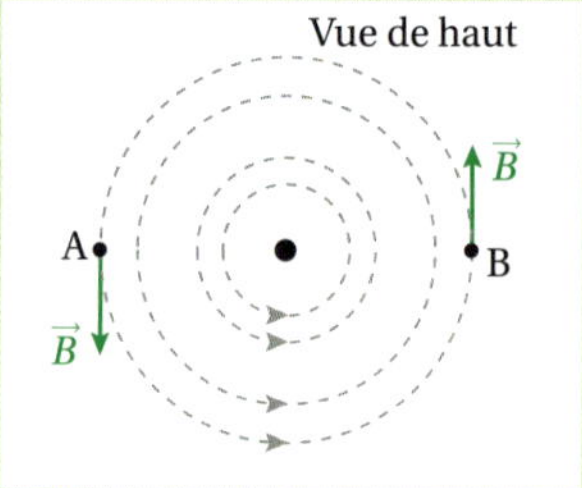

1. Le vecteur champ magnétique aux points A et B est tangent aux lignes de champ circulaires et orienté dans le même sens que celles-ci.

2. Au point C, l'aiguille aimantée est orientée de telle sorte que son pôle nord (en rouge sur le schéma) pointe dans le sens d'orientation des lignes de champ. L'aiguille aimantée est dans le même plan que les lignes de champ : elle est donc perpendiculaire à la direction du fil.

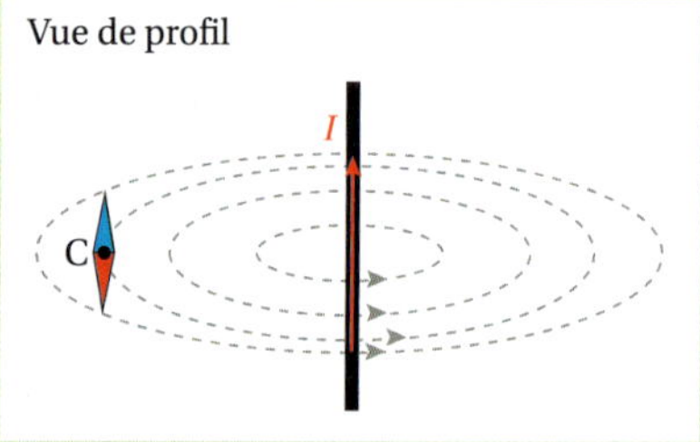

3. a. L'intensité du champ magnétique est une fonction décroissante de la distance au fil.

b. On applique la formule $x_1 = \frac{-b-\sqrt{\Delta}}{2a}$.

Pour $d_1 = 1{,}0$ cm : $B = 2{,}0 \times 10^{-5}$ T, d'après le tableau.

Soit $K = 2{,}0 \times 10^{-5}$ T·A^{-1}.

Pour $d_2 = 4{,}0$ cm : $B = 5{,}0 \times 10^{-6}$ T, d'après le tableau.

Soit $K = 5{,}0 \times 10^{-6}$ T·A^{-1}.

On constate que K dépend de la distance au fil : c'est une fonction décroissante de cette distance.

c. On applique la formule $B = K \times I$, avec $K = 2{,}5 \times 10^{-6}$ T. A^{-1} et $I = 0{,}50$ A.

Soit $B = 1{,}3 \times 10^{-6}$ T.

On compare la valeur du tableau à celle calculée :

$B_{calcul} = 1{,}3 \times 10^{-6}$ T pour $I = 0{,}50$ A ; $B_{tableau} = 2{,}5 \times 10^{-6}$ T pour $I = 1{,}0$ A.

Soit $B_{calcul} < B_{tableau}$.

On en conclut que le champ magnétique B est une fonction croissante de l'intensité I.

15 Relation entre les champs et les forces

www.annabac.com

La masse est à l'origine du champ de pesanteur de la Terre, tandis que la charge électrique donne lieu au champ électrique, tel celui créé par la répartition de charges électriques de signes opposés entre le sol et la base des nuages à l'origine de la foudre.

1 Le champ de pesanteur

A La loi de la gravitation universelle appliquée à la Terre

■ L'intensité de la force $F_{T \to S}$ exercée au voisinage de la Terre sur un système de masse m, situé à une distance D_{ST} du centre de la Terre, a pour expression :

$$F_{T \to S} = G \times \frac{M_T \times m}{D_{ST}^2}$$

$F_{T \to S}$ en newtons (N)
M_T et m en kilogrammes (kg)
D_{ST} en mètres (m)
G en unités du Système international (SI)

G est la **constante de la gravitation universelle :** $G = 6{,}67 \times 10^{-11}$ SI.
M_T est la masse de la Terre : $M_T = 5{,}98 \times 10^{24}$ kg.

■ La distance D_{ST} peut s'exprimer en fonction du rayon de la Terre R_T et de l'altitude h du système :

$$D_{ST} = R_T + h$$

R_T et h en mètres (m)
$R_T = 6{,}38 \times 10^3$ km.

B Le poids d'un système à la surface de la Terre

■ Par définition, le poids P d'un système à la surface de la Terre est égal au produit de sa masse m par une grandeur g appelée **intensité de la pesanteur**.

$$P = m \times g$$

P en newtons (N)
m en kilogrammes (kg)
g en newtons par kilogramme ($N \cdot kg^{-1}$)

■ Le poids est représenté par un **vecteur poids** $\vec{P}$, dirigé vers le bas et dont la direction s'identifie avec la verticale du lieu considéré.

■ **Lien entre poids et force gravitationnelle** : en un point, le vecteur poids d'un système s'identifie au vecteur force gravitationnelle exercée par la Terre sur le système :

$$\vec{P} = \vec{F}_{T \to S}$$

C Caractéristiques du champ de pesanteur

■ Par définition, le vecteur champ de pesanteur $\vec{g}$ est donné par la relation suivante :

$$\vec{g} = \frac{\vec{F}_{T \to S}}{m}$$

■ L'intensité du champ de pesanteur peut s'écrire :

$$g = G \times \frac{M_T}{{D_{ST}}^2}$$

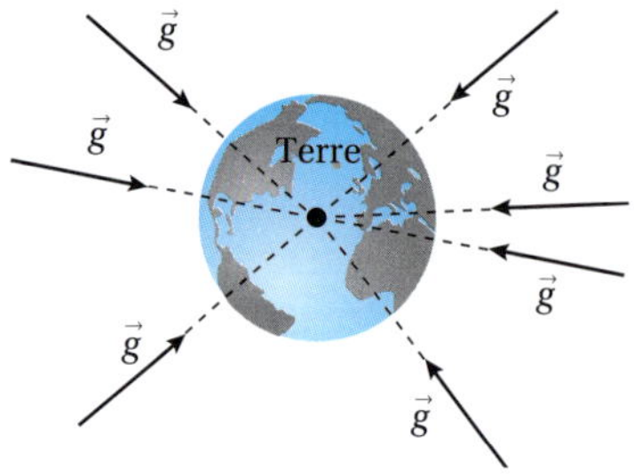

Figure 1 Vecteur champ de pesanteur autour de la Terre

■ **Orientation du vecteur champ de pesanteur autour de la Terre**

• Direction : celle du rayon issu du centre de la Terre et passant par le point où est estimé le champ.

• Sens : il pointe vers le centre de la Terre.

■ **Effet de l'altitude sur le champ de pesanteur**

On exprime la valeur du champ de pesanteur en fonction de l'altitude h en utilisant les relations : $D_{ST} = R_T + h$ et $g = G \times \frac{M_T}{{D_{ST}}^2}$.

On obtient : $g = G \times \frac{M_T}{(R_T + h)^2}$

Le champ de pesanteur est une fonction décroissante de l'altitude.

h (m)	100	1 000	10 000	100 000	1 000 000
g (N·kg^{-1})	9,798	9,796	9,768	9,450	7,323

■ **Le champ de pesanteur local**

Sur une surface de la Terre relativement petite devant les dimensions de la planète, on peut considérer que la direction et le sens du champ de pesanteur restent les mêmes. Pour des altitudes ne dépassant pas la centaine de mètres, on peut considérer que l'intensité du champ de pesanteur est inchangée. En conclusion, le champ de pesanteur local est un **champ uniforme**.

2 Champ électrostatique dans un condensateur

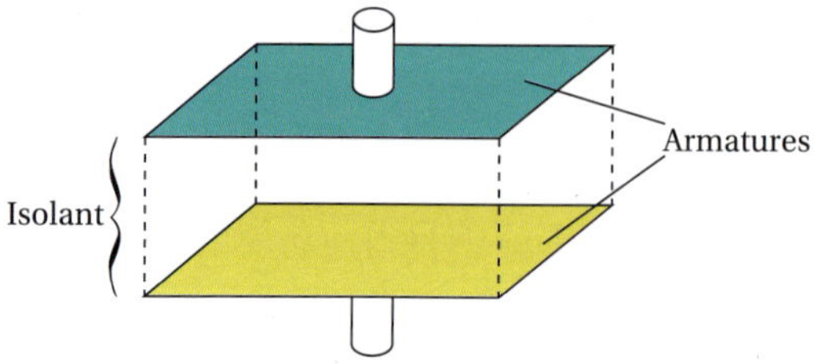

Figure 2 Principaux éléments d'un condensateur

Un condensateur est constitué de deux plaques conductrices séparées par un isolant. Les plaques, appelées **armatures**, portent des charges électriques opposées.

A Le champ électrostatique

■ Entre les deux armatures du condensateur règne un **champ électrique uniforme**.

■ Les lignes de champ sont perpendiculaires aux armatures et sont orientées de l'armature positive vers l'armature négative.

■ Le vecteur champ électrique a une droite d'action parallèle aux lignes de champ et est orienté vers l'armature chargée négativement.

■ L'intensité du champ électrique E est égale au rapport de la tension électrique U entre les deux plaques par la distance d entre les deux armatures.

$$\boldsymbol{E = \frac{U}{d}}$$

E en volts par mètre ($V{\cdot}m^{-1}$)
U en volts (V)
d en mètres (m)

B Orientation du vecteur force électrique dans un condensateur

■ Une charge électrique q placée entre les armatures du condensateur est soumise à une force électrostatique $\vec{F_e}$ due au champ électrique $\vec{E}$ régnant entre les armatures. Le vecteur force électrique $\vec{F_e}$ a pour expression :

$$\vec{F_e} = q \times \vec{E}$$

■ La droite d'action de $\vec{F_e}$ est perpendiculaire aux plaques du condensateur. Suivant le signe de la charge électrique q, le sens du vecteur force sera différent :

- si $q > 0$, $\vec{F_e}$ sera dirigé vers l'armature négative ;
- si $q < 0$, $\vec{F_e}$ sera dirigé vers l'armature positive.

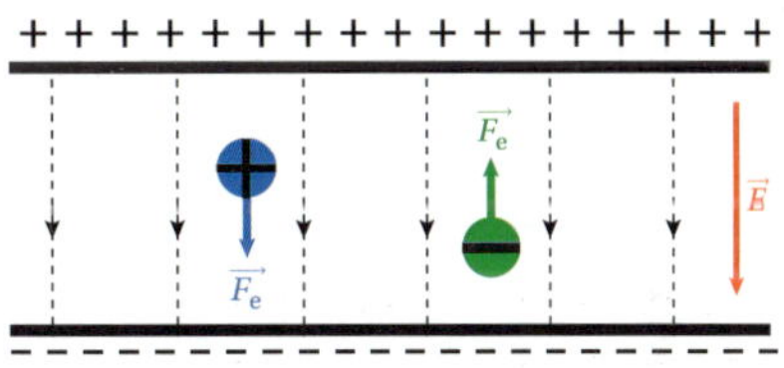

Figure 3 Orientation du vecteur force électrique dans un condensateur

EXERCICE DE SYNTHÈSE

Lancement d'un satellite depuis la surface de la Terre

La Terre n'est pas parfaitement sphérique, elle est aplatie au niveau des pôles. Ceci a pour conséquence que l'on peut définir un rayon polaire R_P = 6 356 km et un rayon équatorial R_E = 6 378 km.

1. Calculer l'intensité du champ de pesanteur g_E à l'équateur et g_P aux pôles.

2. Représenter sans souci d'échelle les deux vecteurs intensités de la pesanteur aux points A (sur l'équateur) et au point B (au pôle nord).

3. Calculer la force gravitationnelle exercée par la Terre sur un lanceur (fusée capable de mettre en orbite des satellites) de masse m = 210 t, à l'équateur puis aux pôles.

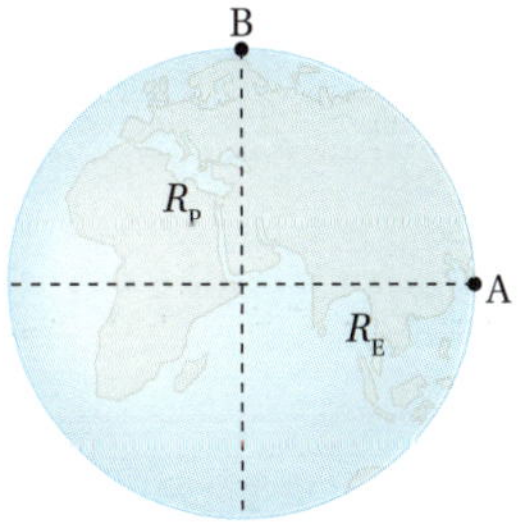

4. Déduire du calcul précédent où il serait plus judicieux de placer les bases de lancement spatial.

5. Un satellite géostationnaire évolue à une altitude de 36 000 km, sur une orbite incluse dans le plan équatorial, à une vitesse telle qu'il se trouve toujours à la verticale du même point de la surface de la Terre.

a. Calculer l'intensité du champ de pesanteur sur cette orbite.

b. Comment évolue cette intensité entre le sol et l'orbite géostationnaire ?

c. Déterminer la force exercée sur un satellite géostationnaire en orbite, de masse $m = 5\ 000$ kg.

d. Quelle est la masse d'un satellite géostationnaire dont la force gravitationnelle appliquée par la Terre est égale à 444 N ?

Données : G = $6{,}67 \times 10^{-11}$ SI ; masse de la Terre : $M_T = 5{,}98 \times 10^{24}$ kg.

CORRIGÉ

1. On applique la formule $g = G \times \dfrac{M_T}{(R_T + h)^2}$.

- Pour le point A à l'équateur : $h = 0$ et $R_T = R_E = 6{,}378 \times 10^6$ m. Soit $g_E = 9{,}80$ N·kg^{-1}.
- Pour le point B au pôle nord : $h = 0$ et $R_T = R_P = 6{,}356 \times 10^6$ m. Soit $g_P = 9{,}87$ N·kg^{-1}.

2.

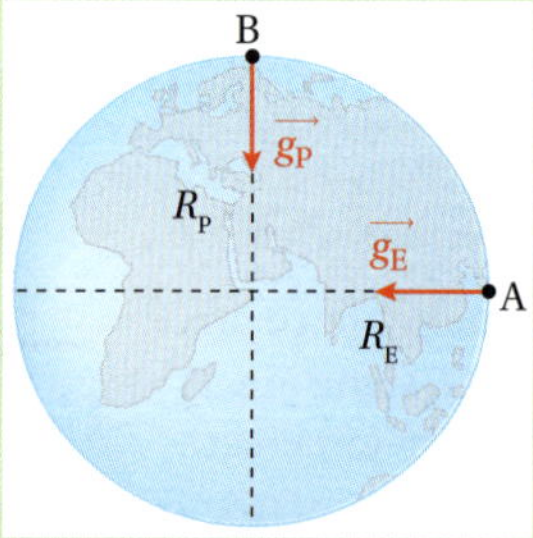

3. On a $\vec{g} = \dfrac{\vec{F}_{T \to L}}{m}$, soit $g = \dfrac{F_{T \to L}}{m}$, donc $F_{T \to L} = m \times g$.

- À l'équateur : $F_{T \to L} = m \times g_E$.

On a $m = 210$ t $= 2{,}10 \times 10^5$ kg et $g_E = 9{,}81$ N·kg^{-1}. Soit $F_{T \to L} = 2{,}06 \times 10^6$ N.

- Aux pôles : $F_{T \to L} = m \times g_P$.

On a $m = 210$ t $= 2{,}10 \times 10^5$ kg et $g_E = 9{,}87$ N·kg^{-1}. Soit $F_{T \to L} = 2{,}07 \times 10^6$ N.

4. Il est plus judicieux de placer les bases de lancement spatial à l'équateur, car la force gravitationnelle exercée par la Terre sur le lanceur y est plus faible.

5. a. On applique la formule $g = G \times \dfrac{M_T}{(R_T + h)^2}$.

Pour un point sur cette orbite : $h = 36\ 000$ km $= 36\ 000 \times 10^3$ m et $R_T = R_E = 6\ 378$ km $= 6{,}378 \times 10^6$ m. Soit $g = 0{,}222$ N·kg^{-1}.

b. L'intensité de g diminue avec l'altitude.

c. $F_{T \to S} = m \times g$.

On a $m = 5\ 000$ kg et $g = 0{,}222$ N·kg^{-1}. Soit $F_{T \to S} = 1{,}11 \times 10^3$ N.

d. Calcul de la masse d'un satellite géostationnaire dont la force gravitationnelle appliquée par la Terre est égale à 444 N :

$$g = \frac{F_{T \to S}}{m} \qquad m = \frac{F_{T \to S}}{g}$$

On a $F_{T \to S} = 444$ N et $g = 0{,}222$ N·kg^{-1}. Soit $m = 2{,}00 \times 10^3$ kg.

16 Mouvement et énergie

www.annabac.com

Un système possède de l'énergie sous différentes formes, dont une partie ou la totalité peut passer d'une forme à une autre. La notion d'énergie est liée à des modifications macroscopiques d'un système (mouvement, forme), mais aussi à des modifications microscopiques (agitation des molécules).

1 Énergie cinétique

Tout corps possède une énergie liée à son mouvement : l'**énergie cinétique**. Elle est proportionnelle à la masse du corps et au carré de sa vitesse. On la note E_c et a pour unité le **joule (J).**

$$E_c = \frac{1}{2} \times m \times v^2$$

E_c en joules (J)
m en kilogrammes (kg)
v en mètres par seconde ($m \cdot s^{-1}$)

2 Énergie potentielle de pesanteur

Tout corps dans un champ de pesanteur possède une énergie liée à sa position dans ce champ : l'**énergie potentielle de pesanteur**. Elle est proportionnelle à l'altitude z du corps et à l'intensité de pesanteur g du champ de pesanteur considéré. Elle se note E_p et est exprimée **en joules (J).** Cette énergie est définie par rapport à une position choisie arbitrairement servant de référence, en général le sol.

$$E_p = m \times g \times z$$

E_p en joules (J)
m en kilogrammes (kg)
g en newtons par kilogramme ($N \cdot kg^{-1}$)
z en mètres (m)

3 Énergie mécanique

À chaque instant, l'énergie mécanique d'un système est égale à la somme de son énergie cinétique et de son énergie potentielle de pesanteur : $E_m = E_c + E_p$.

La variation de l'énergie mécanique d'un système entre deux instants est égale à la somme des variations d'énergie cinétique et potentielle de pesanteur de ce système : $\Delta E_m = \Delta E_c + \Delta E_p$.

A Évolution de l'énergie mécanique au cours d'une chute libre

■ **Un corps est en chute libre s'il n'est soumis qu'à son poids.**
Pour étudier son mouvement, on relève à intervalles de temps réguliers sa position $z(t)$ par chronophotographie et on en déduit sa vitesse $v(t)$. À partir de ces mesures, on détermine à chaque instant les valeurs des énergies cinétique, potentielle de pesanteur et mécanique. Les variations de ces énergies sont représentées dans le graphique ci-dessous.

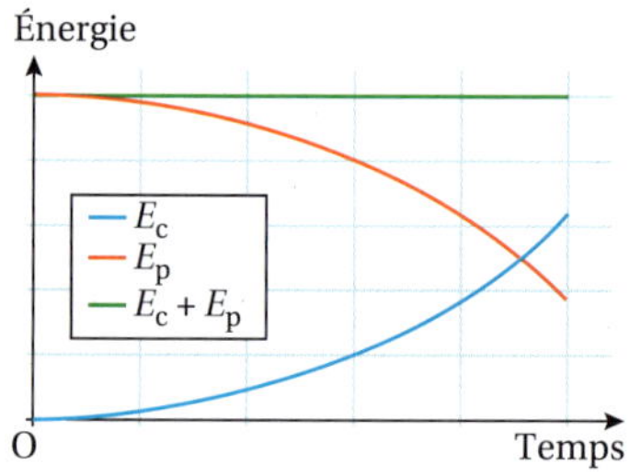

Figure 1 Variations des énergies cinétique, potentielle de pesanteur et mécanique d'un objet en chute libre au cours du temps.

■ On remarque que la valeur de l'énergie cinétique augmente au cours du temps. À l'instant $t = 0$, le système a été lâché sans vitesse initiale, son énergie cinétique est nulle. Dès que $t > 0$, il est en mouvement, sa vitesse augmente : son énergie cinétique aussi.

■ L'énergie potentielle de pesanteur diminue au cours du temps ; elle est proportionnelle à l'altitude de l'objet dans le champ de pesanteur. Le système se rapprochant du sol (origine du repère), son altitude diminue : son énergie potentielle de pesanteur aussi.

Lors d'un mouvement de chute libre, l'énergie mécanique du système est conservée.

■ L'énergie mécanique étant égale à la somme des énergies cinétique et potentielle de pesanteur, elle est constante au cours du temps.

■ Si l'énergie mécanique est constante, cela signifie que sa variation est nulle, on en déduit :

$$\Delta E_m = \Delta E_c + \Delta E_p = 0$$

$$\boldsymbol{\Delta E_c = -\Delta E_p}$$

Au cours du mouvement, l'énergie potentielle de pesanteur perdue par le système a été transformée en énergie cinétique : il y a eu **transfert d'énergie**.

B Évolution de l'énergie mécanique lors d'une chute avec frottements

■ On étudie la chute d'une bille dans un liquide visqueux.

Comme pour l'étude de la chute libre, on détermine à intervalles de temps réguliers la position $z(t)$ et la vitesse $v(t)$ de la bille. À partir de ces mesures, on détermine à chaque instant les valeurs des énergies cinétique, potentielle de pesanteur et mécanique. Les variations de ces énergies sont représentées dans le graphique ci-dessous.

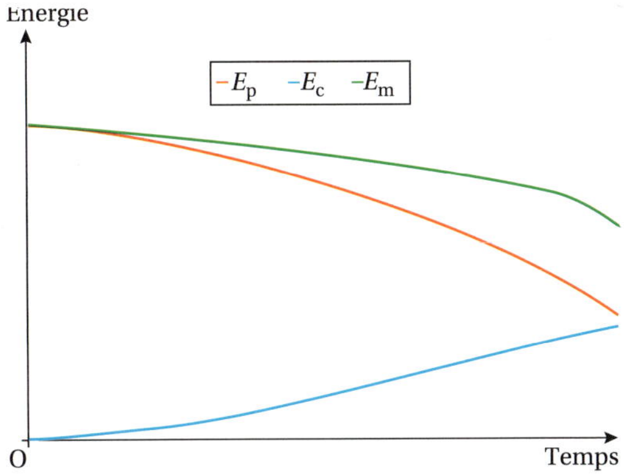

Figure 2 Variations des énergies cinétique, potentielle de pesanteur et mécanique d'un objet en chute avec frottements

■ On remarque que la valeur de l'énergie cinétique augmente au cours du mouvement pour atteindre une valeur maximale : la vitesse initiale du système est nulle ; une fois qu'elle est lâchée, la bille accélère jusqu'à atteindre une vitesse limite dont la valeur dépend des frottements subis par le système. L'énergie potentielle de pesanteur diminue au cours du temps ; elle est proportionnelle à l'altitude de l'objet dans le champ de pesanteur. Le système se rapprochant du sol (origine du repère), son altitude diminue : son énergie potentielle de pesanteur aussi.

Lors d'une chute avec frottements, l'énergie mécanique n'est pas conservée.

■ On remarque cette fois-ci qu'au cours du mouvement, l'énergie mécanique diminue.

■ Les mouvements de solides avec frottements s'accompagnent généralement d'une élévation de la température du système. Celle-ci entraîne une augmentation de l'agitation des molécules et atomes constituants le système considéré : il y a eu modification de l'énergie thermique du système.

■ L'**énergie thermique** d'un corps est l'énergie cinétique d'agitation des particules constituant ce corps ; elle est due à l'agitation désordonnée des molécules et des atomes le constituant.
Lors d'un mouvement avec frottements, il n'y a plus conservation de l'énergie mécanique du système : une partie de l'énergie du système est passée sous une autre forme d'énergie par **transfert thermique**. La variation d'énergie mécanique est égale à la variation d'énergie thermique (notée Q) du système :

$$\Delta E_m = Q$$

4 Transfert d'énergie entre énergie cinétique et énergie potentielle de pesanteur

A Travail d'une force

■ Une force exercée sur un système peut « travailler ». Les effets du travail d'une force sont variés :
- modification de la vitesse du système ;
- modification de son altitude ;
- déformation du système (temporaire ou définitive) ;
- élévation de la température.

■ Une force travaille à condition que :
- **son point d'application se déplace** (le système est en mouvement) ;
- **sa direction ne soit pas perpendiculaire au déplacement.**

■ Le travail d'une force constante $\vec{F}$ pour un déplacement de son point d'application entre deux points A et B est le **produit scalaire** de $\vec{F}$ par $\overrightarrow{AB}$:

$$\boldsymbol{W_{AB}(\vec{F}) = \vec{F} \cdot \overrightarrow{AB} = F \times AB \times \cos\alpha}$$

W_{AB} en joules (J)
F en newtons (N)
AB en mètres (m)
α en degrés ou radians (° ou rad)

■ Le travail d'une force constante $\vec{F}$ dont le point d'application M se déplace d'un point A à un point B ne dépend pas du trajet suivi par M entre A et B, mais de la distance séparant les deux points. Selon la valeur de l'angle α, **le travail peut être positif, négatif ou nul** (c'est une grandeur algébrique).

Le travail d'une force est dit *moteur* si la force favorise le mouvement ; il est dit *résistant* lorsque la force s'oppose au mouvement.

$W_{AB} > 0$	$W_{AB} = 0$	$W_{AB} < 0$
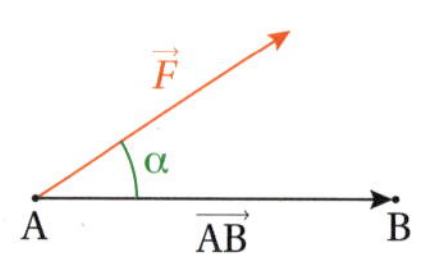	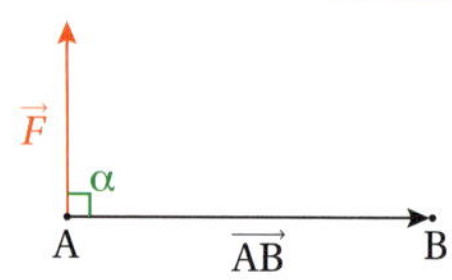	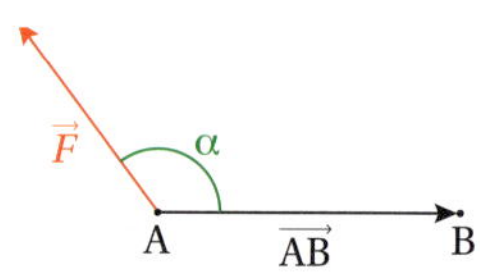
$0 \leqslant \alpha < 90°$	$\alpha = 90°$	$90° < \alpha \leqslant 180°$
$0 < \cos\alpha \leqslant 1$	$\cos\alpha = 0$	$-1 \leqslant \cos\alpha < 0$
La force favorise le mouvement	La force n'a pas d'effet sur le mouvement	La force s'oppose au mouvement
Le travail est moteur	Le travail est nul	Le travail est résistant

B Travail du poids

■ On considère que dans une zone étendue à quelques kilomètres au-dessus de la surface de la Terre, le poids est une force constante. Lorsque le centre d'inertie G d'un corps passe d'un point A à un point B, le travail du poids dépend seulement de l'altitude z_A du point de départ et de l'altitude z_B du point d'arrivée. **Il ne dépend pas du chemin suivi :**

$$\boldsymbol{W_{AB}(P) = m \times g \times (z_A - z_B) = -m \times g \times \Delta z} \text{ avec } \Delta z = z_B - z_A$$

- Si le système descend, $z_A > z_B$, $\Delta z < 0$: le travail est moteur, le poids favorise le mouvement du système.
- Si le système s'élève, $z_A < z_B$, $\Delta z > 0$: le travail est résistant, le poids « s'oppose » au mouvement du système.
- Si le mouvement est horizontal, $z_A = z_B$, $\Delta z = 0$: le travail du poids est nul, le poids n'a pas d'influence sur le mouvement du système.

■ On remarque que le travail du poids est égal à l'inverse de la variation de l'énergie potentielle du système au cours du mouvement : $\boldsymbol{W_{AB}(\vec{P}) = -\Delta E_p(AB)}$.

Le travail du poids permet le transfert de l'énergie potentielle en énergie cinétique.

Or on sait que la variation de l'énergie potentielle du système au cours du mouvement de chute libre est égale à l'opposé de la variation de son énergie cinétique : $\boldsymbol{-\Delta E_p = \Delta E_c}$.

On en déduit : $\boldsymbol{W_{AB}(\vec{P}) = -\Delta E_p(AB) = \Delta E_c(AB)}$.

EXERCICE DE SYNTHÈSE

Skateboard

Un skateur de 50,0 kg prend son élan pour atteindre le haut d'une rampe lisse (point C sur le schéma). Pour cela il parcourt une distance AB de 30 mètres afin d'avoir une vitesse suffisante lui permettant d'atteindre le point C. Lorsqu'il atteint cette position C, le skateur a une vitesse nulle.

Le haut de la rampe se trouve à une hauteur $z_C = 2{,}0$ m. La rampe BC étant lisse, on néglige tous les frottements à sa surface.

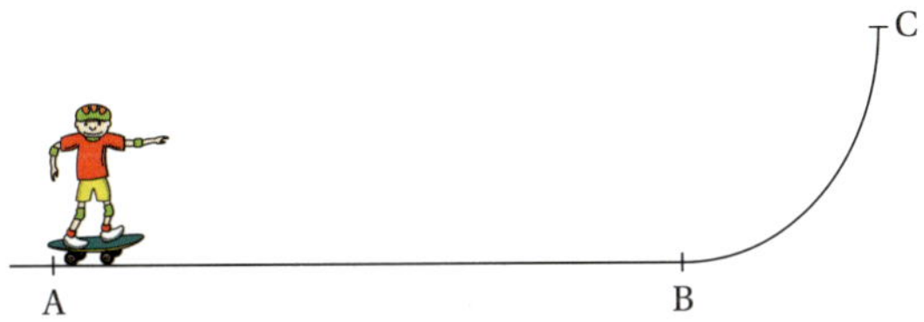

Donnée : intensité de pesanteur $g = 9{,}81$ N·kg^{-1}.

1. Déterminer la valeur de l'énergie potentielle du skateur en B.
2. Déterminer la valeur de l'énergie potentielle du skateur en C.
3. Déterminer la valeur de l'énergie cinétique du skateur en C.
4. Que peut-on dire de l'énergie mécanique au cours du mouvement entre B et C ?
5. En utilisant les réponses aux questions précédentes, déterminer la valeur de l'énergie cinétique du skateur au point B.
6. En déduire la vitesse du skateur lorsqu'il passe au point B.
7. Entre A et B, le poids travaille-t-il ? Si oui, est-il moteur ou résistant ?
8. Lors de la montée entre B et C, le poids travaille-t-il ? Si oui, est-il moteur ou résistant ?

CORRIGÉ

1. Détermination de la valeur de l'énergie potentielle du skateur en B :
$E_p(B) = m \times g \times z_B$ soit $E_p(B) = 50{,}0 \times 9{,}81 \times 0 = 0$ J.

2. Détermination de la valeur de l'énergie potentielle du skateur en C :
$E_p(C) = m \times g \times z_C$ soit $E_p(C) = 50{,}0 \times 9{,}81 \times 2{,}0 = 9{,}8 \times 10^2$ J.

3. Détermination de la valeur de l'énergie cinétique du skateur en C :
au point C (hauteur maximale que peut atteindre le skateur), la vitesse du skateur est nulle :
$v_C = 0$ m·s^{-1}. Soit $E_c(C) = \frac{1}{2} \times m \times v_C{}^2 = 0$ J.

4. Au cours du mouvement entre B et C, il y a conservation de l'énergie mécanique du skateur : $\Delta E_m = 0$.

5. D'après la question précédente, on peut écrire : $\Delta E_m = \Delta E_c + \Delta E_p = 0$ soit $\Delta E_c = -\Delta E_p$.

On en déduit : $E_c(C) - E_c(B) = E_p(B) - E_p(C)$ d'où $E_c(B) = E_p(C) - E_p(B) + E_c(C)$.

Soit $E_c(B) = 9{,}8 \times 10^2 - 0 + 0 = 9{,}8 \times 10^2$ J.

6. Calcul de la vitesse du skateur lorsqu'il passe au point B :
$E_c(B) = \frac{1}{2} \times m \times v_B{}^2$ d'où $v_B = \sqrt{\frac{2 \times E_c(B)}{m}}$. Soit $v_B = \sqrt{\frac{2 \times 9{,}8 \times 10^2}{50{,}0}} = 6{,}3$ m·s^{-1}.

7. $z_A = z_B$ donc $\Delta z = 0$: le poids ne travaille pas entre A et B.

8. Lors de la montée entre B et C, le poids travaille (car $\Delta z > 0$). Dans ce cas, le travail du poids est résistant, le poids « s'oppose » à la montée du skateur.

PHYSIQUE-CHIMIE

17 La conservation de l'énergie

Nous avons vu dans le chapitre précédent que l'on peut associer une énergie mécanique à un mouvement. Quelles sont les autres formes d'énergie d'un système ? Comment l'énergie passe-t-elle d'une forme à l'autre ? L'énergie totale d'un système est-elle constante ou variable ?

1 L'énergie d'un système

A Énergie interne d'un système

■ Lorsqu'un corps est déformé ou que sa température augmente, c'est au niveau microscopique que le système a subi des modifications.

• Si la température du corps a évolué, les particules le constituant n'ont plus la même agitation thermique : une partie de l'énergie mécanique a été transformée en **énergie cinétique microscopique**. Celle-ci est assimilable à l'agitation thermique : plus les particules ont un mouvement désordonné et rapide, plus elles vont posséder une énergie cinétique élevée, et plus la température du corps va augmenter.

• Si le système a été déformé, c'est la distance entre les particules du système qui a changé : une partie de l'énergie mécanique du système a été transformée en **énergie potentielle microscopique**. Celle-ci correspond aux énergies de liaison entre les particules (voir le chapitre 13, Transformation physique d'un système).

■ On appelle **énergie interne** d'un système, l'ensemble des formes d'énergie que possède un système au niveau microscopique : l'énergie potentielle microscopique ($E_{p,\,m}$) et l'énergie cinétique microscopique ($E_{c,\,m}$). On la note $\boldsymbol{U}$ et elle s'exprime **en joules (J).**

$$U = E_{p,\,m} + E_{c,\,m}$$

B Énergie totale d'un système

À tout système, dans un état donné, on peut associer une grandeur appelée **énergie totale** notée $\boldsymbol{E}$, égale à la somme de son énergie mécanique E_m (énergie cinétique E_c + énergie potentielle de pesanteur E_p) et de son énergie interne U. Comme toutes les énergies, l'énergie totale est exprimée **en joules (J).**

$$E = E_m + U \quad \text{ou} \quad E = E_c + E_p + U$$

• Si le système reçoit de l'énergie, son énergie totale augmente (on ajoute l'énergie gagnée à l'énergie totale initiale).

• Si le système cède de l'énergie, son énergie totale diminue (on soustrait l'énergie cédée à l'énergie totale initiale).

2 Variation de l'énergie d'un système

Si l'énergie totale d'un système varie, cela signifie qu'il y a eu variation de son énergie mécanique ou de son énergie interne par transfert d'énergie avec l'extérieur. Ce transfert d'énergie peut s'effectuer sous différentes formes.

A Les transferts d'énergie

■ **Travail d'une force** est un transfert d'énergie ayant pour effet de modifier le mouvement ou la forme d'un corps. On le note W_m et il s'exprime **en joules (J)**.

■ **Transfert thermique** a pour effet de modifier la température du corps ou de provoquer un changement d'état. On le note Q et il s'exprime **en joules (J)**.

■ Lorsque deux corps de températures différentes sont en contact, il y a spontanément un transfert thermique. Celui-ci s'effectue toujours du corps de plus haute température vers le corps de plus basse température : la température du corps froid augmente et celle du corps chaud diminue.
Lorsque $T_{\text{corps chaud}} = T_{\text{corps froid}}$, les deux objets sont à **l'équilibre thermique**.

■ Le **transfert d'énergie par rayonnement** s'effectue lorsque le corps absorbe ou émet des radiations électromagnétiques (lumière, rayonnement infrarouge...). On le note W_R et il s'exprime **en joules (J)**. En absorbant des radiations, le corps voit son énergie augmenter, tandis qu'en émettant des radiations, l'énergie du corps diminue.

B Principe de la conservation de l'énergie

■ La variation de l'énergie totale d'un système fermé est égale à la somme des transferts d'énergie avec le milieu extérieur :

$$\Delta E = Q + W_m + W_R$$

■ Pour un système isolé avec l'extérieur, c'est-à-dire qui n'échange ni matière ni énergie avec l'extérieur, on a : $\Delta E = 0$
L'énergie d'un système isolé est conservée.

> **On appelle système fermé, un système qui n'échange pas de matière avec l'extérieur.**

3 Énergie d'une particule chargée dans un champ électrostatique

■ Une particule chargée située dans un champ électrique possède une énergie appelée **énergie potentielle électrique**, notée E_p. Cette énergie dépend de la charge q de la particule et du potentiel électrique V auquel la particule est soumise :

$$E_p = q \times V$$

E_p en joules (J)
q en coulombs (C)
V en volts (V)

La tension électrique U_{AB} entre deux points A et B est égale à la différence de potentiel entre les deux points : $U_{AB} = \Delta V = V_A - V_B$

■ Le **potentiel électrique** est une grandeur qui permet de définir l'état électrique d'un point de l'espace. Il se note V et son unité est le **volt (V).**

■ Dans un condensateur règne un champ électrostatique uniforme $\vec{E}$. La **tension électrique** entre les deux armatures est égale à la différence de potentiel ΔV entre les armatures. Elle est notée U et s'exprime **en volts (V).**

■ Le potentiel électrique, à l'intérieur du condensateur, est une fonction linéaire de la position z du point situé entre les deux armatures.

$$V(z) = \frac{U}{2} - \frac{U}{d} \times z$$

$V(z)$ et U en volts (V)
d et z en mètres (m)

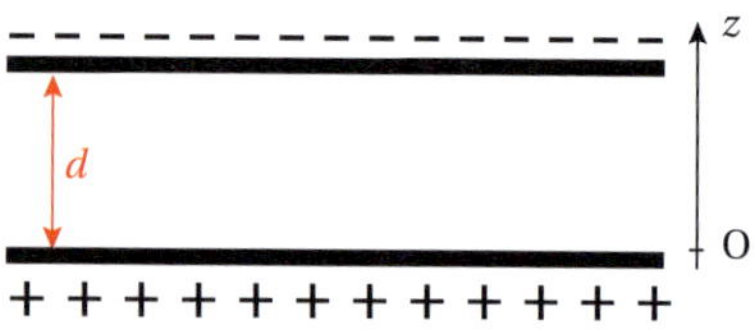

Figure 1 Position z d'un point dans un condensateur plan

EXERCICE DE SYNTHÈSE

Chute d'un grêlon

Les grêlons se forment dans les nuages à des altitudes comprises entre 1 000 et 10 000 m. Lorsque le grêlon chute depuis une altitude de 1 500 m, celui-ci atteint le sol avec une vitesse égale à 150 km·h^{-1}.

Données : intensité de pesanteur g = 9,81 N·kg^{-1} ; masse du grêlon : m = 10,0 g.

1. Calculer la valeur de l'énergie mécanique du grêlon au début de sa chute, sachant que sa vitesse initiale est nulle.

Lors d'une chute libre, il y a conservation de l'énergie mécanique.

2. Déterminer la valeur de l'énergie mécanique du grêlon lorsqu'il touche le sol, en considérant qu'il s'agit d'une chute libre (le grêlon est soumis uniquement à son propre poids).

3. Déterminer l'énergie cinétique du grêlon lorsqu'il arrive au sol.

4. En déduire la vitesse du grêlon lorsqu'il arrive au sol.

5. Comparer avec la vitesse donnée dans l'énoncé. Que peut-on en déduire ?

6. Calculer la variation de l'énergie mécanique au cours de la chute du grêlon, puis en déduire la variation de l'énergie du système « grêlon ».

7. Trouver la valeur du travail de la force de frottement qui s'exerce sur le grêlon au cours de sa chute.

CORRIGÉ

1. Calcul de la valeur de l'énergie mécanique au début de la chute : $E_m = E_c + E_p$.

Conversions :
1 m·s^{-1} = 3,6 km·h^{-1}
1 g = 10^{-3} kg

La vitesse initiale est nulle : $E_c = \frac{1}{2} \times m \times v^2$ donc $E_c = 0$ J.

Initialement : z = 1 500 m.

Or $E_p = m \times g \times z$ soit $E_p = 10{,}0 \times 10^{-3} \times 9{,}81 \times 1\,500 = 147$ J.

On obtient : $E_m = E_c + E_p = 0 + 147 = 147$ J.

2. En chute libre, l'énergie mécanique est constante au cours du mouvement :

E_m (initiale) = E_m (arrivée au sol).

Donc E_m (arrivée au sol) = 147 J.

3. Détermination de la valeur de l'énergie cinétique au sol.

L'énergie mécanique est égale la somme des énergies cinétique et potentielle :

$E_m = E_c + E_p$ soit $E_c = E_m - E_p$.

Au sol, l'altitude est nulle : $z_{sol} = 0$. Or $E_p = m \times g \times z_{sol}$ donc $E_p = 0$ J.

On obtient : $E_c = 147 - 0 = 147$ J.

4. Calcul de la vitesse au sol :

$E_c = \frac{1}{2} \times m \times v^2$ d'où $v = \sqrt{\frac{2 \times E_c}{m}}$.

Soit $v = \sqrt{\frac{2 \times 147}{10{,}0 \times 10^{-3}}} = 171 \text{ m·s}^{-1}$.

5. On réalise la conversion de la vitesse calculée dans la question précédente :

$v = 171 \times 3{,}6 = 616 \text{ km·h}^{-1}$.

On constate que : $616 \text{ km·h}^{-1} > 150 \text{ km·h}^{-1}$. Le grêlon n'est donc pas soumis qu'à son propre poids au cours de sa chute. Il existe une force qui limite sa vitesse : la force de frottement de l'air. Ce n'est donc pas une chute libre.

6. Calcul de la variation de l'énergie mécanique au cours de la chute du grêlon :

$\Delta E_m = E_m$ (arrivée au sol) – E_m (initiale).

On a : E_m (initiale) = 147 J et E_m(arrivée au sol) $= \frac{1}{2} \times m \times v^2 + m \times g \times z_{sol}$

avec $v = 150 \text{ km·h}^{-1} = 41{,}7 \text{ m·s}^{-1}$; $m = 10{,}0$ g ; $z_{sol} = 0$ m ; soit E_m (arrivée au sol) = 8,69 J.

On obtient au final : $\Delta E_m = 8{,}69 - 147 = -138$ J.

La variation d'énergie du système « grêlon » s'identifie à la variation d'énergie mécanique donc : $\Delta E = \Delta E_m = -138$ J.

7. On sait que $\Delta E = Q + W_m + W_R$. Or $Q = W_R = 0$ J. Donc $\Delta E = W_m$ (force de frottement).

Soit W_m (force de frottement) = – 138 J.

Le travail de la force de frottement est négatif : c'est un travail résistant.

18 La production d'énergie

@ www.annabac.com

De nos jours, la vie sans électricité est inenvisageable. À défaut d'avoir un moyen de stocker l'énergie électrique en grande quantité, l'homme a dû inventer et construire des usines capables d'en produire, afin de subvenir à ses besoins.

1 Les ressources énergétiques

■ Il existe différentes méthodes de production de l'énergie électrique, qui utilisent chacune des ressources différentes. Certaines ressources sont disponibles **en quantités limitées (énergies fossiles et uranium),** les autres sont appelées **énergies renouvelables (énergies solaire, éolienne, hydraulique).**

■ Les ressources en **énergies fossiles (charbon, pétrole, gaz naturel)** sont des produits de la fossilisation d'éléments organiques (végétaux et animaux morts). Elles sont disponibles en quantités limitées car il faudrait plusieurs millions d'années pour renouveler complètement le stock d'énergies fossiles déjà consommé par les hommes. De même, la quantité disponible d'uranium, l'énergie primaire des centrales nucléaires, est limitée.

■ **Les ressources d'énergies renouvelables sont inépuisables** : elles ne sont pas consommées, mais seulement exploitées. Les éoliennes utilisent l'énergie du vent mais ne consomment pas l'air mis en mouvement ; de même les centrales hydroélectriques exploitent l'énergie d'une chute d'eau, mais ne consomment pas l'eau elle-même.

2 Production de l'énergie électrique

■ En fonction du type d'**énergie primaire** utilisée pour produire l'énergie électrique, les centrales ont des noms et des fonctionnements différents. Il existe cinq types principaux de centrales électriques :
- les centrales thermiques à combustibles fossiles (charbon, pétrole et gaz naturel) ;
- les centrales thermiques à combustibles nucléaires ;
- les centrales hydroélectriques ;
- les centrales éoliennes ;
- les centrales solaires ou photovoltaïques.

■ Dans une **centrale thermique,** on fait chauffer de l'eau afin de la vaporiser, grâce à l'énergie issue de la combustion d'une matière fossile ou des réactions de fission. Cette vapeur d'eau est alors transportée sous haute pression et sous haute température vers une turbine. Sous la pression, les pales de la turbine se mettent à tourner : l'énergie thermique est donc transformée en énergie mécanique. Puis celle-ci est transformée à son tour en énergie électrique *via* un alternateur. À la sortie de la turbine, la vapeur d'eau est retransformée en eau liquide au contact de parois froides (par condensation) pour être renvoyée dans la chaudière où le cycle recommence.

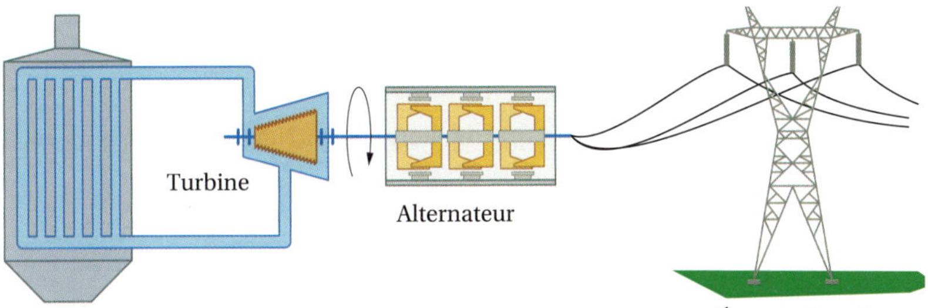

Figure 1 Principe d'une centrale thermique (classique ou nucléaire)

■ Dans les **centrales hydroélectriques,** c'est l'eau accumulée dans les barrages ou l'eau mise en mouvement par les marées qui va fournir l'énergie mécanique (potentielle et/ou cinétique) nécessaire à la rotation de la turbine. Cette énergie mécanique est ensuite convertie à son tour en énergie électrique *via* un alternateur.

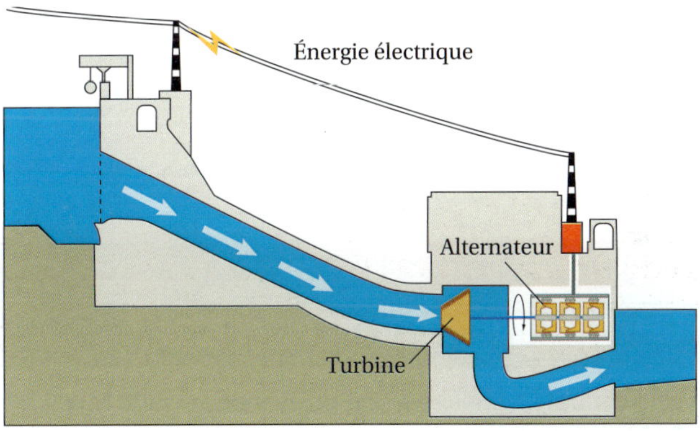

Figure 2 Principe d'une centrale hydroélectrique

■ Les **centrales éoliennes** ne contiennent pas de turbine, les pâles jouent ce rôle : elles transforment l'énergie cinétique du vent en énergie mécanique, qui sera directement convertie par l'alternateur en énergie électrique.

■ Les **centrales solaires** ne produisent pas de l'énergie électrique de la même façon que les centrales citées précédemment.
Dans les centrales solaires, l'énergie des rayonnements lumineux du Soleil est directement transformée en un courant électrique par des cellules photovoltaïques.

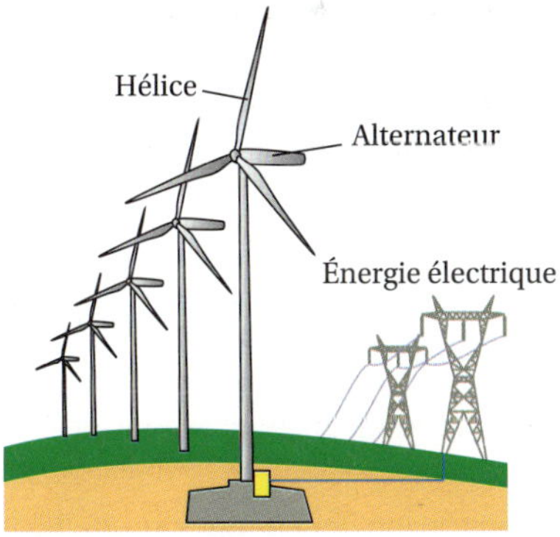

Figure 3 Principe d'une centrale éolienne

■ Toutes les **centrales électriques** (sauf les centrales solaires) fonctionnent grâce à :
- un **réservoir d'énergie** dite primaire, qui sera transformée en énergie mécanique ;
- une **turbine,** qui possède de l'énergie mécanique du fait de son mouvement de rotation (sauf les centrales éoliennes) ;
- un **alternateur,** qui convertit l'énergie mécanique de la turbine en énergie électrique à l'aide de bobines et d'électroaimants ayant la propriété, lorsqu'ils sont en mouvement par rapport aux bobines, de produire un courant électrique.

3 Énergie, puissance et rendement

La **puissance électrique** $\boldsymbol{P_e}$ est la quantité d'énergie électrique W_e fournie ou reçue par un système par unité de temps Δt.

$$\boldsymbol{P_e = \frac{W_e}{t}}$$

P_e en watts (W)
W_e en joules (J)
Δt en secondes (s)

Le rendement η d'une centrale électrique est le rapport de l'énergie électrique produite par la centrale sur l'énergie primaire :

$$\eta = \frac{W_{e\ produite}}{W_{primaire}}$$

η sans unité
$W_{e\ produite}$ et $W_{primaire}$ en joules (J)

EXERCICE DE SYNTHÈSE

Centrale nucléaire ou éoliennes ?

Une centrale nucléaire a une puissance P = 900 MW. La centrale fonctionne en moyenne 200 jours par an.

Une éolienne fournit par an une énergie $E = 1{,}0 \times 10^6$ kWh.

Calculer le nombre d'éoliennes nécessaires pour remplacer la centrale nucléaire.

Exprimer les énergies en joules : 1 kWh = $3{,}6 \times 10^6$ J.

CORRIGÉ

Calcul de l'énergie délivrée par la centrale nucléaire par année : $E_{nucléaire} = P \times \Delta t$.

Application numérique : $E_{nucléaire} = 900 \times 10^6 \times 200 \times 24 \times 60 \times 60 = 1{,}56 \times 10^{16}$ J.

Conversion de l'énergie délivrée par une éolienne par année en joules :

$E_{éolienne} = 1{,}0 \times 10^6 \times 3{,}6 \times 10^6 = 3{,}6 \times 10^{12}$ J.

Comparaison des énergies annuelles délivrées par la centrale nucléaire et par une éolienne :

$$\frac{E_{nucléaire}}{E_{éolienne}} = \frac{1{,}56 \times 10^{16}}{3{,}6 \times 10^{12}} = 4{,}3 \times 10^3.$$

Il faut près de 4 300 éoliennes pour remplacer une centrale nucléaire.

19 Transformation de l'énergie dans un circuit électrique

www.annabac.com

La plupart des appareils qui nous entourent utilisent de l'énergie électrique qu'ils transforment en d'autres formes d'énergie pour fonctionner. Mais comment s'effectuent ces changements ? Y a-t-il des pertes d'énergie ?

1 Montages

■ Un **circuit électrique** est une suite ininterrompue de conducteurs électriques reliés par des fils conducteurs. On distingue deux types de composants électriques :

- les **générateurs** (pile ou batterie par exemple), qui produisent un courant électrique ;
- les **récepteurs** (lampe ou moteur par exemple), qui sont simplement traversés par le courant électrique.

■ On représente les circuits selon une schématisation normalisée. Par convention, chaque constituant d'un circuit électrique est représenté par un symbole.

Dipôle	Générateur	Pile	Interrupteur ouvert	Interrupteur fermé	Fil
Symbole	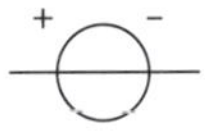	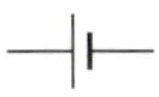			
Dipôle	Diode	Électrolyseur	Résistance	Moteur	Lampe
Symbole	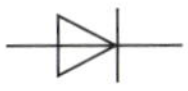		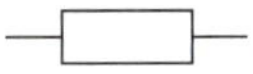	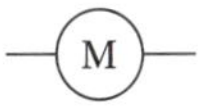	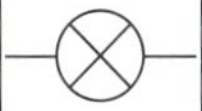

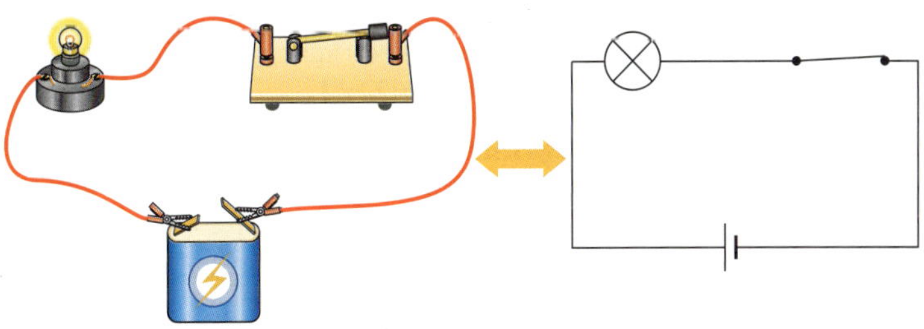

Figure 1 Représentation d'un circuit en série

■ Dans les **circuits en série**, les dipôles sont branchés les uns à la suite des autres de façon à ne former qu'une seule « boucle » (voir figure 1).

■ Les **circuits en dérivation** sont des circuits comportant plusieurs « boucles ».
On appelle **nœud** d'un circuit électrique, un point du circuit où plus de deux fils sont connectés ensemble.

On appelle **branche,** une portion de circuit se trouvant entre deux nœuds. La **branche principale** est la branche du circuit contenant le générateur, les **branches secondaires** sont les branches reliées à la branche principale.

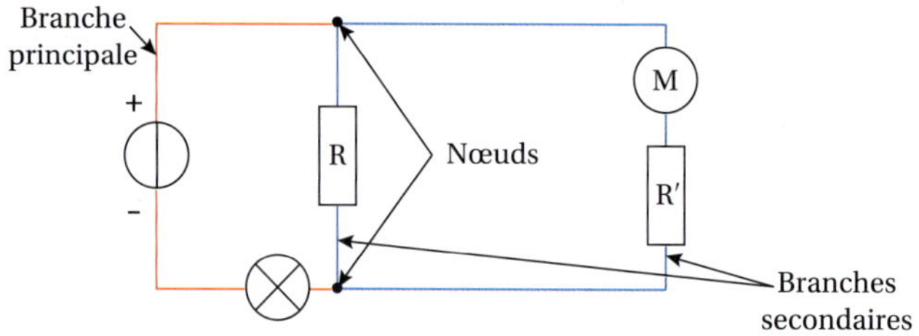

Figure 2 Circuit en dérivation

2 Grandeurs électriques caractéristiques d'un circuit

A L'intensité du courant

■ Un **courant électrique** est un **déplacement de charges électriques** (électrons dans les métaux ou ions dans les solutions électrolytiques). L'**intensité du courant électrique** est notée $\boldsymbol{I}$ et s'exprime **en ampères (A).**

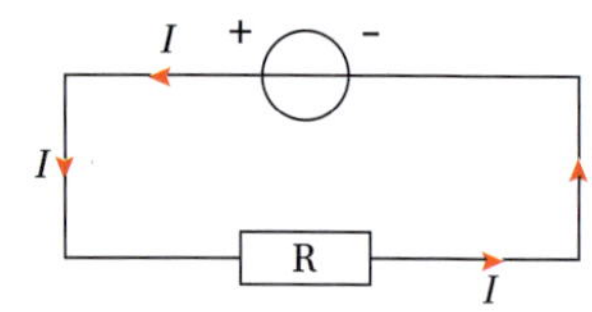

■ **Sens conventionnel du courant :** à l'extérieur du générateur, le courant circule **de la borne positive vers la borne négative du générateur.** Il est représenté par une flèche placée sur les fils, orienté dans le circuit de la borne + du générateur vers la borne –.

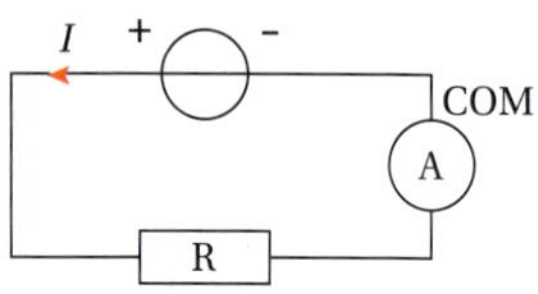

■ L'intensité du courant se mesure avec un **ampèremètre** (symbolisé par —(A)—), qui se branche **en série** dans la branche du circuit dont on veut déterminer l'intensité du courant.

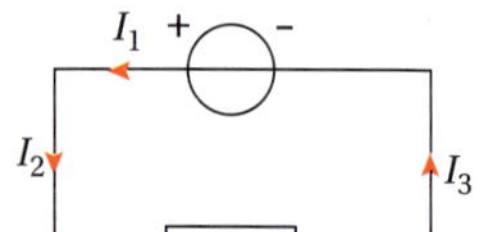

■ **Loi d'unicité de l'intensité**
Dans un circuit en série, l'intensité du courant électrique est partout la même. Dans l'exemple ci-contre : $\boldsymbol{I_1 = I_2 = I_3}$.

■ **Loi des nœuds (ou loi d'additivité des intensités)**
La somme des intensités des courants arrivant à un nœud est égale à la somme des intensités des courants qui en partent. Dans l'exemple ci-contre, au nœud A :
$\boldsymbol{I_1 = I_2 + I_3}$ et au nœud B : $\boldsymbol{I_2 + I_3 = I_1}$.

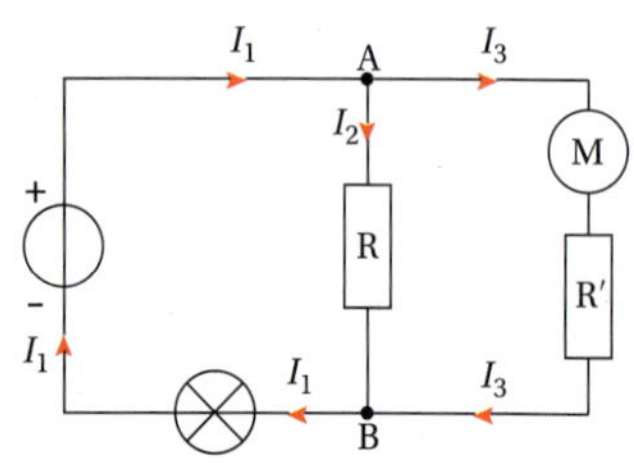

B Potentiel électrique et tension électrique

■ **Le potentiel électrique** d'un point du circuit caractérise son état électrique. Il est noté V_X, où X désigne le point du circuit. Son unité est le **volt (V).** On ne peut pas mesurer directement le potentiel électrique d'un point ; par contre, on peut mesurer la **différence de potentiel électrique** entre deux points, aussi appelée **tension électrique.**

■ **La tension U_{AB}** aux bornes d'un dipôle est la différence de potentiel électrique entre les points A et B :

$$U_{AB} = V_A - V_B$$

C'est une grandeur algébrique : $U_{AB} = -U_{BA}$.

■ Une tension U_{AB} aux bornes d'un dipôle AB est représentée par une flèche placée à côté du dipôle, orientée de B vers A.

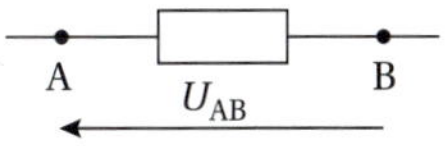

■ La tension se mesure avec un **voltmètre** (symbolisé par –(V)–) qui se branche **en dérivation** aux bornes du composant dont on veut déterminer la tension.

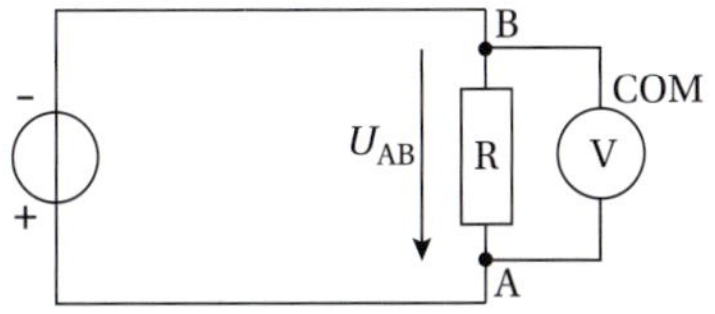

Pour mesurer une tension U_{AB}, il faut relier la borne COM du voltmètre au point B.

■ **Loi d'unicité des tensions :** les tensions aux bornes de dipôles branchés en dérivation sont égales. Dans l'exemple ci-dessous : $U_G = U_R = U_M$.

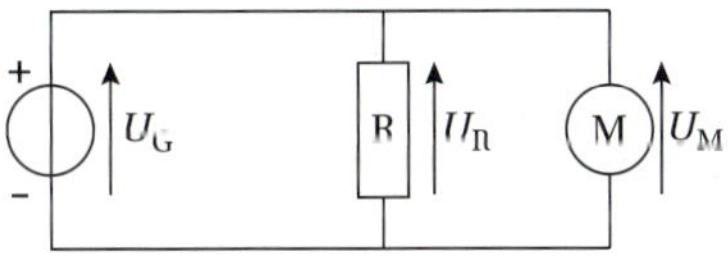

■ **Loi d'additivité des tensions :** la tension aux bornes d'un ensemble de dipôles branchés en série est égale à la somme des tensions aux bornes de chacun des dipôles. Dans l'exemple ci-dessous : $U_3 = U_1 + U_2$.

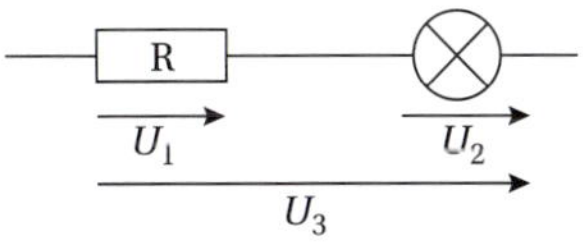

3 Relation entre intensité et tension

Pour chaque dipôle (générateur ou récepteur), il existe une relation mathématique entre tension et intensité. On appelle **caractéristique d'un dipôle,** la représentation graphique de la tension en fonction de l'intensité du courant qui le traverse : cette courbe caractérise le fonctionnement du dipôle.

A Caractéristique d'un générateur

■ La tension aux bornes d'un générateur est une fonction affine de l'intensité du courant :

$$U_{AB} = E - r \times I$$

avec U_{AB}, la tension électrique aux bornes du générateur en volts (V) ;
E, la force électromotrice du générateur en volts (V) ;
r, la résistance interne du générateur en ohms (Ω) ;
I, l'intensité du courant fournie par le générateur en ampères (A).

■ La caractéristique d'un générateur a ainsi l'allure suivante :

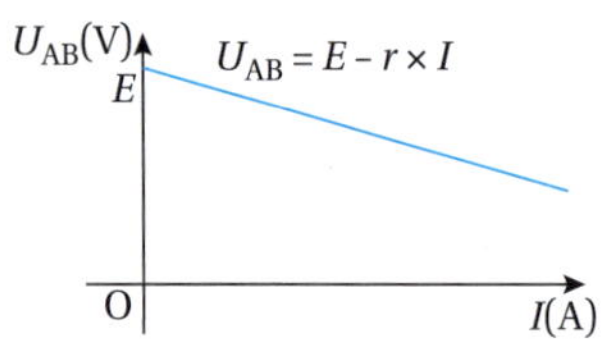

ou

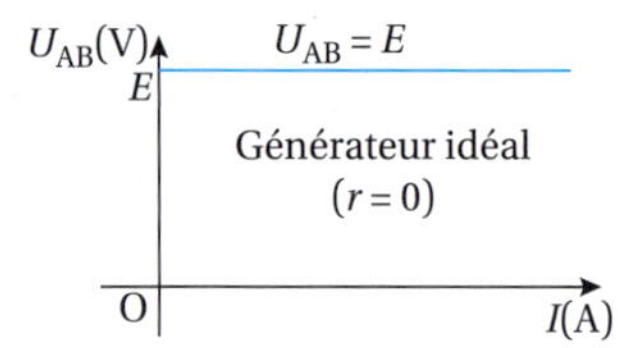

B Caractéristique d'un récepteur

■ La tension aux bornes d'un récepteur est une fonction affine de l'intensité :

$$U_{AB} = E' + r' \times I$$

avec U_{AB}, la tension électrique aux bornes du récepteur en volts (V) ;
E', la force contre-électromotrice du récepteur en volts (V) ;
r', la résistance interne du récepteur en ohms (Ω) ;
I, l'intensité du courant traversant le récepteur en ampères (A).

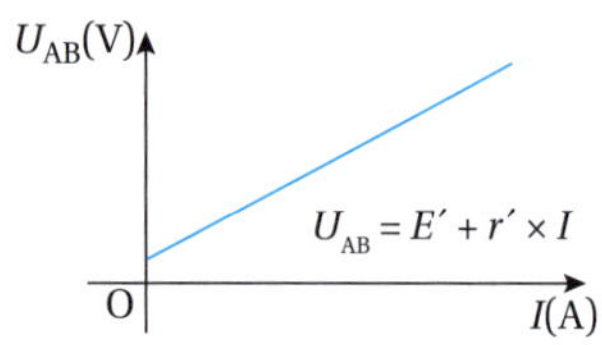

■ La caractéristique d'un récepteur a l'allure ci-contre.

■ Les dipôles dont la caractéristique ne passe pas par l'origine sont appelés **dipôles actifs**.

C La loi d'Ohm

■ La tension U_{AB} aux bornes d'un conducteur ohmique de résistance R est égale au produit de l'intensité du courant I qui circule de A vers B par la résistance R.

$$U_{AB} = R \times I$$

avec U_{AB}, la tension électrique aux bornes du conducteur ohmique en volts (V) ;
R, la résistance du conducteur ohmique en ohms (Ω) ;
I, l'intensité du courant traversant le conducteur ohmique en ampères (A).

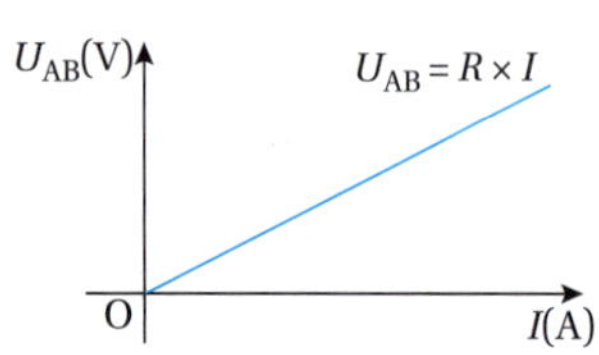

■ La caractéristique d'un conducteur ohmique a l'allure ci-contre. La caractéristique d'un conducteur ohmique passe par l'origine : le conducteur ohmique est un **dipôle passif**.

4 Conversion d'énergie dans un circuit

L'énergie électrique reçue ou fournie par un dipôle a pour expression :

$$\boldsymbol{W_e = U_{AB} \times I \times \Delta t}$$

avec W_e, l'énergie reçue ou fournie par le dipôle en joules (J) ;
U_{AB}, la tension électrique aux bornes du dipôle en volts (V) ;
I, l'intensité du courant traversant le dipôle en ampères (A) ;
Δt, la durée de fonctionnement du dipôle en secondes (s).

A Bilan énergétique des récepteurs

■ Un **récepteur** est un composant électrique qui transforme l'énergie électrique reçue en une ou plusieurs autres formes d'énergie.

■ Les **conducteurs ohmiques** sont des dipôles qui transforment toute l'énergie électrique reçue en énergie thermique : c'est l'**effet Joule**.

Pour ces dipôles : $U_{AB} = R \times I$.

L'énergie électrique reçue par un conducteur ohmique est donc :

$$\boldsymbol{W_e \text{ (conducteur ohmique)} = R \times I^2 \times \Delta t}$$

On en déduit que l'énergie thermique dissipée par ce dipôle a pour expression :
$\boldsymbol{Q_j = R \times I^2 \times \Delta t}$.

Figure 3 Bilan énergétique d'un conducteur ohmique

■ Pour un **récepteur actif** : $\boldsymbol{U_{AB} = E' + r' \times I'}$.
L'énergie électrique reçue par un dipôle actif est donc :

$$\boldsymbol{W_e \text{ (dipôle actif)} = E' \times I \times \Delta t + r' \times I^2 \times \Delta t}$$

On peut écrire l'énergie reçue par le dipôle actif sous la forme :

$$\boldsymbol{W_e \text{ (dipôle actif)} = W_u + Q_j}$$

avec $W_u = E' \times I \times \Delta t$ et $Q_j = r' \times I^2 \times \Delta t$.

Les récepteurs actifs transforment seulement une partie de l'énergie électrique reçue en énergie thermique, le reste peut être transformé en différentes formes d'énergie qui vont dépendre du dipôle considéré. L'énergie reçue par le dipôle qui n'est pas transformée en énergie thermique est appelée **énergie utile** ($\boldsymbol{W_u}$) :

$$\boldsymbol{W_u = W_e - Q_j}$$

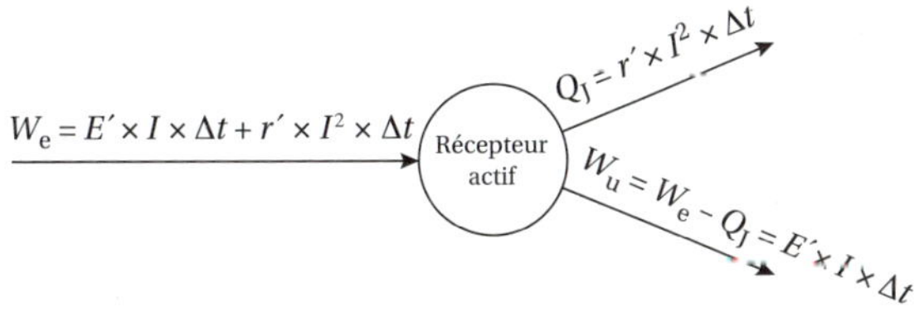

Figure 4 Bilan énergétique d'un récepteur actif

EXEMPLE : le moteur transforme une partie de l'énergie électrique reçue en énergie thermique et l'autre partie en énergie mécanique.

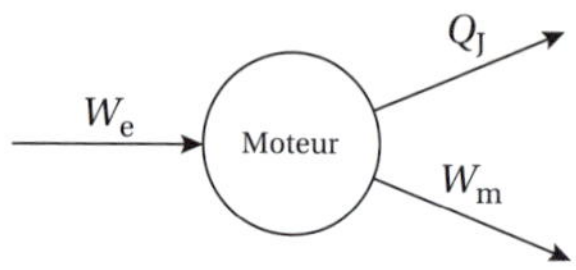

Figure 5 Bilan énergétique d'un moteur

B Bilan énergétique d'un générateur

■ Un **générateur** est un composant électrique qui fournit de l'énergie électrique.
Pour un générateur : $U_{AB} = E - r \times I$.

L'énergie électrique délivrée par un générateur est :

W_e **(générateur)** $= E \times I \times \Delta t - r \times I^2 \times \Delta t$ soit W_e **(générateur)** $= W_t - Q_j$

D'après la relation précédente, seulement une partie de l'énergie totale fournie par le générateur (W_t) est transférée au circuit sous forme d'énergie électrique (W_e), le reste est dissipé sous forme d'énergie thermique (Q_J).

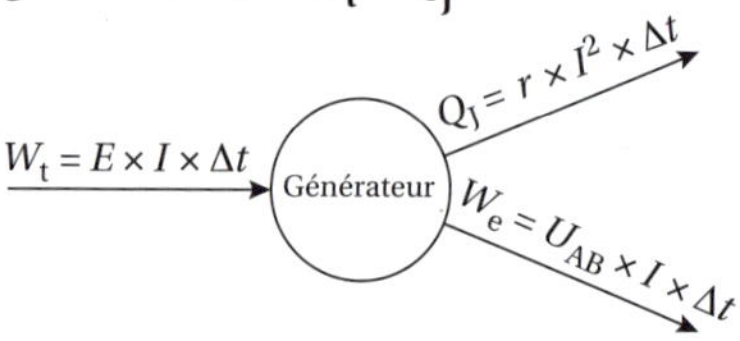

Figure 6 Bilan énergétique d'un générateur

EXERCICE DE SYNTHÈSE

Étude d'une plaque à induction

La puissance électrique P est égale au produit de la tension U aux bornes d'un dipôle par l'intensité du courant I qui le traverse :

$$P = U \times I$$

- P en watts (W)
- U en volts (V)
- I en ampères (A)

La puissance nominale est la puissance nécessaire à un appareil électrique pour qu'il fonctionne dans des conditions optimales.

Soit une table à induction possédant trois plaques (ou foyers), chacune ayant une puissance nominale de 2 000 W. Cette table à induction est alimentée par une tension de 220 V.

1. Déterminer l'intensité du courant qui alimente un foyer lorsqu'il fonctionne dans des conditions optimales.

2. Déterminer l'énergie électrique reçue par une plaque à induction si elle est utilisée pendant 30 minutes dans des conditions optimales.

3. On appelle rendement d'un appareil électrique le rapport entre l'énergie utile et l'énergie électrique reçue par l'appareil. Pour une plaque à induction le rendement moyen est de 90 %.

Déterminer la valeur de l'énergie utile pour une plaque à induction.

4. En déduire la valeur de la force contre-électromotrice de chaque foyer de cette table à induction.

CORRIGÉ

1. Détermination de l'intensité du courant qui traverse la plaque à induction lorsqu'elle fonctionne dans des conditions optimales : $P = U \times I$ soit $I = \frac{P}{U}$.

Application numérique : $I = \frac{2000}{220} = 9{,}09$ A.

2. Détermination de l'énergie électrique reçue par une plaque à induction utilisée pendant 30 minutes dans des conditions optimales :

$W_e = U_{AB} \times I \times \Delta t$.

Application numérique : $W_e = 220 \times 9{,}09 \times 30 \times 60 = 3{,}6 \times 10^6$ J.

3. Détermination de la valeur de l'énergie utile de la plaque à induction :

$\eta = \frac{W_u}{W_e}$ soit $W_u = \eta \times W_e$.

Application numérique : $W_u = 0{,}90 \times 3{,}6 \times 10^6 = 3{,}2 \times 10^6$ J.

4. Calcul de la force contre-électromotrice d'une plaque à induction :

$W_u = E' \times I \times \Delta t$ soit $E' = \frac{W_u}{I \times \Delta t}$.

Application numérique : $E' = \frac{3{,}2 \times 10^6}{9{,}09 \times 30 \times 60} = 2{,}0 \times 10^2$ V.

20 Énergie et réaction chimique

Au cours d'une réaction chimique, il y a une réorganisation des liaisons entre les atomes, ce qui entraîne dans certains cas une libération d'énergie de la part du système chimique. C'est le cas en particulier des réactions de combustion.

1 Réaction de combustion des alcanes et des alcools

Voir chapitre 13 pour la nomenclature des alcanes.

La réaction de combustion d'un alcane ou d'un alcool correspond à une réaction entre l'espèce organique considérée et le **dioxygène**. Il se forme du **dioxyde de carbone** et de l'**eau**.

• **Équation-bilan de la combustion d'un alcane**

Combustion du méthane dans le dioxygène :

$CH_{4(g)} + 2O_{2(g)} \rightarrow CO_{2(g)} + 2H_2O_{(g)}$

Une équation est équilibrée si les lois de conservation sont respectées : conservation des éléments chimiques, des quantités de matière associées et de la charge électrique.

Combustion de l'éthane dans le dioxygène :

$$C_2H_{6(g)} + \frac{7}{2}O_{2(g)} \rightarrow 2CO_{2(g)} + 3H_2O_{(g)}$$

Équation générale (n est un entier supérieur ou égal à 1) :

$$\mathbf{C_nH_{2n+2} + \frac{(3n+1)}{2}\,O_2 \rightarrow n\,CO_2 + (n+1)\,H_2O}$$

• **Équation-bilan de la combustion d'un alcool**

Combustion du méthanol dans le dioxygène :

$$CH_3OH_{(l)} + \frac{3}{2}\,O_{2(g)} \rightarrow CO_{2(g)} + 2H_2O_{(g)}$$

Combustion de l'éthanol dans le dioxygène :

$C_2H_5OH_{(l)} + 3O_{2(g)} \rightarrow 2CO_{2(g)} + 3H_2O_{(g)}$

Équation générale (n est un entier supérieur ou égal à 1) :

$$\mathbf{C_nH_{2n+1}OH + \frac{3n}{2}\,O_2 \rightarrow n\,CO_2 + (n+1)\,H_2O}$$

2 Énergie dans une molécule

■ Pour une liaison A-B entre deux atomes A et B, l'**énergie de liaison** est l'énergie nécessaire pour rompre cette liaison. Elle est notée $D_{A\text{-}B}$ et a pour unité usuelle le **kilojoule par mole (kJ·mol⁻¹)**. La rupture des liaisons est réalisée à l'état gazeux.

■ La solidité d'une molécule est mesurée par son **énergie molaire de cohésion :** c'est l'énergie qu'il faut fournir à une mole de cette molécule pour la dissocier en tous ses atomes constitutifs. Au cours du processus, toutes les liaisons entre les atomes sont rompues.

L'énergie de liaison dépend du nombre de liaisons entre les atomes et du type d'atome engagé dans la liaison :
D_{C-C} = 345 kJ·mol^{-1} ;
$D_{C=C}$ = 615 kJ·mol^{-1} ;
D_{C-O} = 356 kJ·mol^{-1}.

L'énergie molaire de cohésion est égale à la somme des énergies des liaisons entre les atomes de la molécule.

$$E_{mC} = \sum_i D_{A_i - B_i}$$

$E_{mC} > 0$; en kilojoules par mole (kJ·mol^{-1})

3 Énergie libérée au cours d'une combustion

A Énergie molaire de réaction

■ Au cours d'une réaction chimique, il y a une réorganisation des atomes constituant les réactifs pour former de nouvelles espèces chimiques (les produits). Il y a donc des liaisons qui se rompent et de nouvelles liaisons qui se forment. Une liaison rompue consomme de l'énergie (comptée positivement) tandis qu'une liaison formée en libère (comptée négativement). Le bilan des énergies consommées et libérées nous fournit l'énergie de réaction.

■ L'**énergie molaire de réaction** est égale à la somme algébrique des énergies des liaisons rompues et formées, sur la base de l'équation-bilan de la réaction.

$$E_{mR} = \sum_i D_{A_i - B_i}\ \text{(rompues)} - \sum_j D_{A_j - B_j}\ \text{(formées)}$$

E_{mR} en kJ·mol^{-1}

B Variation de l'énergie chimique

■ La réorganisation des liaisons chimiques entraîne une variation de l'énergie chimique du système constitué par les espèces réactives et produites. Cette variation $\Delta E_{chimique}$ est appelée **énergie de réaction**.

■ L'énergie molaire de réaction est égale à la variation de l'énergie chimique du système lorsque l'avancement x de la réaction varie d'une mole.

$$\Delta E_{chimique} = x \times E_{mR}$$

$\Delta E_{chimique}$ en kJ
x en mol
E_{mR} en kJ·mol^{-1}

PHYSIQUE-CHIMIE

C Cas de la combustion des alcanes et des alcools

Lors d'une combustion, la variation d'énergie chimique est négative. Ce qui signifie que le système chimique perd de l'énergie. La totalité de cette énergie chimique perdue est convertie en énergie thermique cédée à l'extérieur du système chimique : **une réaction de combustion libère de l'énergie.**

Les énergies molaires des réactions de combustion des alcanes et des alcools sont négatives.

Une réaction au cours de laquelle il y a un dégagement d'énergie thermique est dite **exothermique** (une réaction qui consomme de l'énergie est dite **endothermique**). Les réactions de combustion des alcanes et des alcools sont donc exothermiques.

EXERCICE DE SYNTHÈSE

Évaluer la cohésion de quelques molécules

On considère les quatre espèces chimiques suivantes : le méthanol, le propanol, le méthane et le propane ayant respectivement pour formule brute CH_3OH, C_3H_7OH, CH_4 et C_3H_8.

1. Calculer l'énergie molaire de cohésion des alcools.
2. Calculer l'énergie molaire de cohésion des alcanes.
3. À longueur de chaîne égale, qui des alcanes ou des alcools possèdent la plus grande cohésion ?

Données : $D_{C-C} = 345$ kJ·mol^{-1} ; $D_{C-H} = 415$ kJ·mol^{-1} ;
$D_{O-H} = 463$ kJ·mol^{-1} ; $D_{C-O} = 356$ kJ·mol^{-1}.

CORRIGÉ

1. Méthanol : 3 liaisons C–H, 1 liaison C–O et 1 liaison O–H.

On applique la formule : $E_{mC} = 3\,D_{C-H} + D_{C-O} + D_{O-H}$.

Application numérique : $E_{mC} = 2\,064$ kJ·mol^{-1}.

Propanol : 2 liaisons C–C, 7 liaisons C–H, 1 liaison C–O et 1 liaison O–H.

On applique la formule : $E_{mC} = 2\,D_{C-C} + 7\,D_{C-H} + D_{C-O} + D_{O-H}$.

Application numérique : $E_{mC} = 4\,414$ kJ·mol^{-1}.

2. Méthane : 4 liaisons C–H.

On applique la formule : $E_{mC} = 4\,D_{C-H}$.

Application numérique : $E_{mC} = 1\,660$ kJ·mol^{-1}.

Propane : 2 liaisons C–C, 8 liaisons C–H.

On applique la formule : $E_{mC} = 2\,D_{C-C} + 8\,D_{C-H}$.

Application numérique : $E_{mC} = 4\,010$ kJ·mol^{-1}.

3. On constate que : $E_{mC}(CH_4) < E_{mC}(CH_3OH)$ et $E_{mC}(C_3H_8) < E_{mC}(C_3H_7OH)$

On en conclut qu'à longueur de chaîne égale, les alcools possèdent une cohésion plus grande que celle des alcanes.

21 Transformation de l'énergie chimique en énergie électrique dans une pile

Les piles et les batteries font aujourd'hui partie intégrante de notre quotidien : jouets, montres, téléphones et ordinateurs portables… Mais d'où provient l'énergie électrique délivrée ? Quels types de réactions chimiques ont lieu dans les piles et les batteries ?

1 Réactions d'oxydoréduction

A Définition d'un couple oxydant/réducteur

■ Un **réducteur** est une espèce chimique susceptible de céder un ou plusieurs électrons.

■ Un **oxydant** est une espèce chimique susceptible de capter un ou plusieurs électrons.

■ Un **couple oxydant/réducteur** est constitué d'un oxydant et d'un réducteur, dans lequel on passe d'un membre du couple à l'autre par un transfert d'électron e^-. On peut symboliser ce passage par une demi-équation redox :

$$\text{oxydant} + n\,e^- = \text{réducteur}$$

Ce couple est appelé **couple redox** et se note **Ox/Red**.

EXEMPLES

Couple $Zn^{2+}_{(aq)}/Zn_{(s)}$: $Zn^{2+}_{(aq)} + 2\,e^- = Zn_{(s)}$

Couple $Cu^{2+}_{(aq)}/Cu_{(s)}$: $Cu^{2+}_{(aq)} + 2\,e^- = Cu_{(s)}$

B Écrire les réactions d'oxydoréduction

■ Au cours d'une réaction d'oxydoréduction, il y a un transfert d'électrons e^- entre l'oxydant d'un couple redox et le réducteur d'un autre couple redox.

■ Ainsi, une réaction redox, qui met en jeu le réducteur d'un couple Ox_1/Red_1 et l'oxydant d'un couple Ox_2/Red_2, traduit le transfert d'un ou plusieurs électrons de Red_1 vers Ox_2 selon l'équation-bilan suivante :

$$Red_1 = n_1\,e^- + Ox_1 \quad (\times n_2)$$

$$Ox_2 + n_2\,e^- = Red_2 \quad (\times n_1)$$

$$\overline{n_2\,Red_1 + n_1\,Ox_2 \rightarrow n_2\,Ox_1 + n_1\,Red_2}$$

Le nombre d'électrons cédés par le réactif réducteur est égal au nombre d'électrons captés par le réactif oxydant.

On multiplie les deux demi-équations électroniques par les coefficients n_1 et n_2 pour respecter la loi de conservation de la charge électrique au cours de la réaction chimique.

EXEMPLE : la réaction entre le métal zinc et les ions cuivre II produit des ions zinc II et du métal cuivre :

$$Zn_{(s)} + Cu^{2+}{}_{(aq)} \rightarrow Zn^{2+}{}_{(aq)} + Cu_{(s)}$$

2 Principe d'une pile électrochimique

A Caractère réducteur des métaux

Les métaux perdent facilement un ou plusieurs électrons au cours d'une réaction redox pour former des cations métalliques.
Couple redox : $\mathbf{M^{n+}{}_{(aq)}/M_{(s)}}$.

Demi-équation redox : $\mathbf{M^{n+}{}_{(aq)} + \mathit{n}\, e^- = M_{(s)}}$.

B La demi-pile

Une demi-pile est constituée par une plaque d'un métal M plongeant dans une solution aqueuse contenant les ions métalliques M^{n+}, oxydant du couple M^{n+}/M.

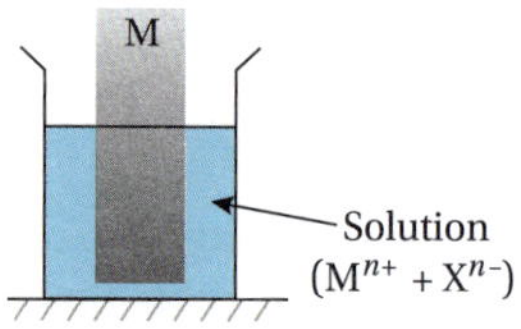

Figure 1 Demi-pile

C Constitution d'une pile

■ Une pile est constituée de **deux demi-piles**, chacune formée par l'un des couples oxydant/réducteur : $M_1{}^{n_1+}{}_{(aq)}/M_{1(s)}$ et $M_2{}^{n_2+}{}_{(aq)}/M_{2(s)}$. Les deux demi-piles sont reliées par un **pont salin**.

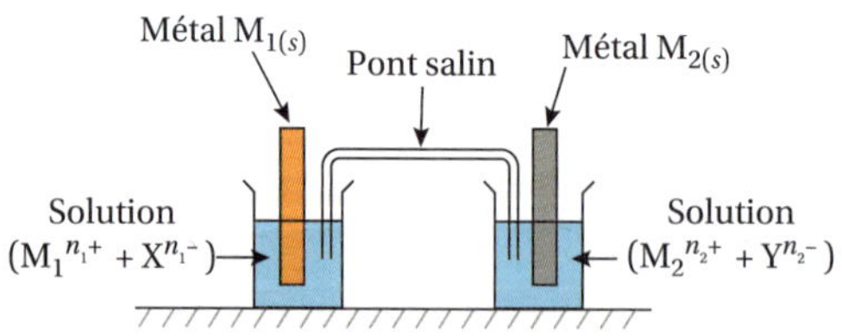

Figure 2 Schéma d'une pile

■ Le pont salin contient des ions, ce qui permet le passage du courant électrique entre les deux demi-piles, lorsque la pile fonctionne. Le pont salin assure l'électroneutralité des solutions aqueuses.

■ Les plaques métalliques M_1 et M_2 sont appelées les **électrodes** : elles constituent les bornes de la pile.
- L'**électrode négative** est appelée **anode**.
- L'**électrode positive** est appelée **cathode**.

3 Fonctionnement d'une pile

A Les réactions aux électrodes

- À l'**anode** (électrode négative) a lieu une **oxydation** : $M_{1(s)} = M_1{}^{n_1+}{}_{(aq)} + n_1\ e^-$.
- À la **cathode** (électrode positive) a lieu une **réduction** : $M_2{}^{n_2+}{}_{(aq)} + n_2\ e^- = M_{2(s)}$.

B La réaction de fonctionnement global de la pile

- Elle traduit la réaction globale qui s'effectue dans la pile :

$$\mathbf{n_2\ M_{1(s)} + n_1\ M_2{}^{n_2+}{}_{(aq)} \rightarrow n_2\ M_1{}^{n_1+}{}_{(aq)} + n_1\ M_{2(s)}}$$

- Au cours du fonctionnement de la pile, il y a un **transfert indirect et spontané d'électrons** entre un **métal (réducteur)** et un **cation métallique (oxydant)**. Le transfert s'effectue à travers un circuit de charge à l'extérieur de la pile.

C Migration des ions dans la pile et circulation des électrons à l'extérieur de la pile

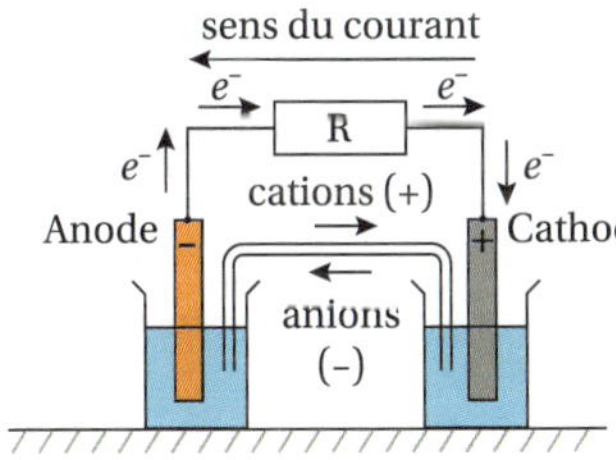

Le sens de circulation du courant est l'opposé de celui des électrons et des anions.

D Rôle de la pile

La pile est un **générateur électrochimique** : elle fournit un courant électrique au circuit auquel elle est branchée. Dans la pile, il y a **conversion d'énergie chimique en énergie électrique**.

E Énergie électrique fournie

Considérons une pile ayant fonctionné pendant une **durée** $\boldsymbol{\Delta t}$ et ayant débité un courant d'**intensité constante** $\boldsymbol{I}$. La **tension** $\boldsymbol{U}$ aux bornes de la pile est également constante au cours du fonctionnement.

L'**énergie électrique** W_e fournie au circuit durant le fonctionnement est égale à :

> **La tension U d'une pile débitant un courant électrique d'intensité I a pour expression : $U = E - r \times I$ où r est la résistance interne de la pile et E sa force électromotrice.**

$$W_e = U \times I \times \Delta t$$

W_e en joules (J)
U en volts (V)
I en ampères (A)
Δt en secondes (s)

EXERCICE DE SYNTHÈSE

La pile Daniell

La pile Daniell a été conçue par le physicien britannique John Daniell en 1836. Son principal atout à l'époque est de délivrer un courant constant. Le modèle étudié est constitué de deux demi-piles (une électrode de zinc et une électrode de cuivre) reliées par un pont salin. L'équation-bilan de la réaction de fonctionnement a pour expression :

$$Zn_{(s)} + Cu^{2+}_{(aq)} \rightarrow Zn^{2+}_{(aq)} + Cu_{(s)}$$

L'électrode positive de cette pile est l'électrode de cuivre.

1. Identifier l'oxydant et le réducteur parmi les réactifs, puis écrire les couples redox mis en jeu.

2. Réaliser un schéma de la pile.

3. Ajouter aux bornes de la pile un conducteur ohmique et indiquer le sens de passage du courant dans et hors de la pile.

4. Une pile Daniell délivre un courant constant d'intensité I = 124 mA pendant une durée de 20 minutes. La tension U est égale à 1,05 V. Calculer l'énergie électrique fournie par la pile.

5. Calculer la résistance interne r de la pile, sachant que la force électromotrice E = 1,25 V.

CORRIGÉ

1. L'oxydant est l'ion cuivre II et le réducteur est le métal zinc.
Couples redox mis en jeu : $Cu^{2+}_{(aq)}/Cu_{(s)}$ et $Zn^{2+}_{(aq)}/Zn_{(s)}$.

2. et **3.** Schéma de la pile.

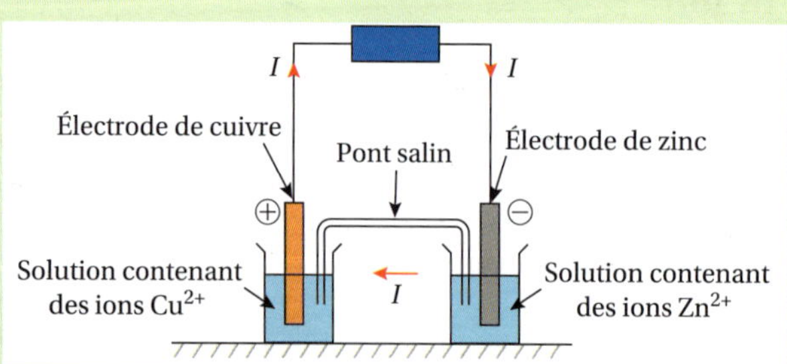

4. On applique la formule $W_e = U \times I \times \Delta t$
avec I = 124 mA = 0,124 A ; Δt = 20 min = 20 × 60 s ; U = 1,05 V.
Soit $W_e = 0{,}124 \times 1{,}05 \times 20 \times 60 = 1{,}6 \times 10^2$ J.

5. On applique la formule $U = E - r \times I$ d'où $r = \frac{E - U}{I}$. Soit $r = \frac{1{,}25 - 1{,}05}{0{,}124} = 1{,}6\ \Omega$.

22 Les espèces chimiques organiques oxygénées

www.annabac.com

DANS LA VIE COURANTE, on trouve une multitude d'espèces chimiques organiques oxygénées : éthanol, paracétamol, glucose, acide acétique... Quelles sont les particularités constitutives de ces molécules ? Comment les différencier les unes des autres ?

1 Généralités sur les espèces organiques

■ Un **groupe caractéristique** est un assemblage d'atomes lié à la chaîne principale de la molécule organique, qui contient des atomes tels que l'oxygène, l'azote, le chlore...

EXEMPLES : groupe hydroxyle : —OH ; groupe carbonyle : C=O ; groupe amine : $—NH_2$.

■ Différentes molécules organiques possédant le même groupe caractéristique appartiennent à la même famille de composés organiques.

EXEMPLES : les alcools, les aldéhydes, les cétones...

■ Le même groupe caractéristique porté par différentes molécules organiques confère à ces dernières des propriétés chimiques communes.

■ On appelle **carbone fonctionnel** l'atome de carbone portant le groupe caractéristique.

2 Les alcools

■ Les alcools sont des composés organiques qui comportent le groupe hydroxyle de formule —OH. La **formule brute** des alcools est de la forme **R—OH**. Il existe de même différentes catégories (ou **classes**) d'alcools, qui dépendent de la classe de l'atome de carbone portant le groupe hydroxyle.

■ **Les différentes catégories d'alcools**

Alcools primaires	Alcools secondaires	Alcools tertiaires
Le carbone fonctionnel est lié à un seul (ou aucun) atome de carbone, ses autres liaisons étant des liaisons carbone-hydrogène.	Le carbone fonctionnel est lié à deux atomes de carbone, ses autres liaisons étant des liaisons carbone-hydrogène.	Le carbone fonctionnel est lié à trois atomes de carbone.
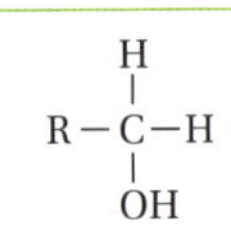	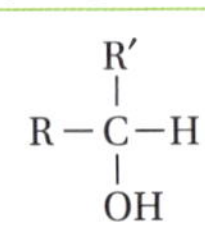	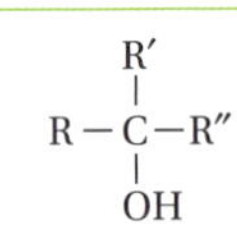

Détermination expérimentale de la classe d'un alcool

L'organigramme ci-dessous permet d'identifier la classe d'un alcool à partir de tests chimiques simples.

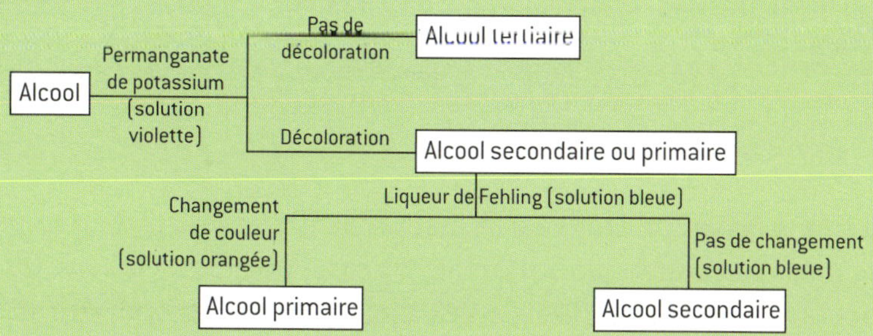

Nomenclature : le nom d'un alcool s'obtient en ajoutant le suffixe **-ol** au nom de l'hydrocarbure correspondant (en remplacement de la terminaison *e*) et en précisant la position du groupe hydroxyle sur la chaîne carbonée.

EXEMPLES

$HO-{}^{1}CH_2-{}^{2}CH_2-{}^{3}CH_3$

La chaîne principale contient 3 atomes de carbone, la fonction alcool se trouve sur le 1er carbone : il s'agit du **propan-1-ol**.

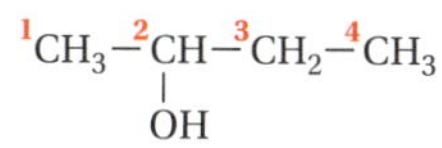

La chaîne principale contient 4 atomes de carbone, le groupement hydroxyle se trouve sur le 2e carbone : il s'agit du **butan-2-ol.**

Pour les alcools ramifiés, on procède comme pour les alcools linéaires, en ajoutant les noms et les positions des groupes alkyles sur la chaîne principale.

EXEMPLE

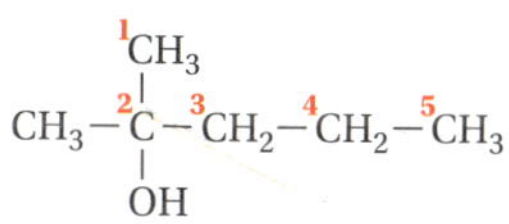

La chaîne principale contient 5 atomes de carbone, le groupement hydroxyle se trouve sur le 2e carbone, qui porte également un groupe méthyle : il s'agit du **2-méthylpentan-2-ol**.

3 Les composés carbonylés

Les composés carbonylés sont des espèces chimiques comportant la **fonction carbonyle** (C=O). Il existe deux types de composés carbonylés : les aldéhydes et les cétones.

A Les aldéhydes

Les aldéhydes sont des composés carbonylés dont le carbone portant la fonction carbonyle est primaire. La **formule brute** des aldéhydes est de la forme **R—CHO**.

EXEMPLE

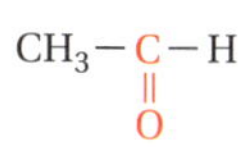

■ **Nomenclature** : le nom d'un aldéhyde s'obtient en ajoutant le suffixe **-al** au nom de l'hydrocarbure correspondant (en remplacement de la terminaison *e*). Pour un aldéhyde, il n'est pas nécessaire de lui attribuer un indice de position, car la fonction carbonyle est toujours en position 1.

EXEMPLE

$$^{4}CH_3-{}^{3}CH_2-{}^{2}CH_2-{}^{1}\underset{\underset{\displaystyle O}{\|}}{C}-H$$

La chaîne principale contient 4 atomes de carbone : il s'agit du **butanal**.

B Les cétones

■ Les cétones sont des composés carbonylés dont le carbone portant la fonction carbonyle est secondaire. La **formule brute** des cétones est de la forme **R—CO—R′**.

EXEMPLE

$$CH_3-CH_2-\underset{\underset{\displaystyle O}{\|}}{C}-CH_3$$

■ **Nomenclature** : le nom d'une cétone s'obtient en ajoutant le suffixe **-one** au nom de l'hydrocarbure correspondant (en remplacement de la terminaison *e*) et en précisant la place de la fonction carbonyle dans la chaîne carbonée.

EXEMPLE

$$^{5}CH_3-{}^{4}CH_2-{}^{3}CH_2-{}^{2}\underset{\underset{\displaystyle O}{\|}}{C}-{}^{1}CH_3$$

La chaine principale contient 5 atomes de carbone, la fonction carbonyle se trouve sur le 2e carbone : il s'agit du **pentan-2-one**.

4 Les acides carboxyliques

■ Les acides carboxyliques sont des composés comportant une fonction carboxyle (—COOH), où un atome de carbone est relié à un groupe hydroxyle (—OH) et à un atome d'oxygène par une double liaison. La **formule brute** des acides carboxyliques est de la forme **R—COOH** ou **RCO_2H**.

EXEMPLE

$$CH_3-\underset{\underset{\displaystyle O}{\|}}{C}-OH$$

■ **Nomenclature** : le nom d'un acide carboxylique s'obtient en ajoutant le suffixe **-oïque** au nom de l'hydrocarbure correspondant (en remplacement de la terminaison *e*) et en le faisant précéder du terme **acide**. Pour un acide carboxylique, il n'est pas nécessaire de lui attribuer un indice de position, car la fonction carboxyle est toujours en position 1.

EXEMPLE

$$^{3}CH_2-{}^{2}CH_2-{}^{1}\underset{\underset{\displaystyle O}{\|}}{C}-OH$$

La chaine principale contient 3 atomes de carbone : il s'agit de l'**acide propanoïque**.

> **Beaucoup d'acides carboxyliques ont des noms usuels : par exemple, l'acide méthanoïque est également appelé acide formique car il est sécrété par les fourmis.**

■ La **solubilité** dans l'eau des acides carboxyliques est totale jusqu'à l'acide butanoïque, puis elle diminue et devient nulle à partir de l'acide nonanoïque.
Pour un acide carboxylique donné, la solubilité croît avec le pH de la solution.

EXERCICE DE SYNTHÈSE

Composés oxygénés possédant 4 atomes de carbone

1. Identifier la (ou les) famille(s) chimique(s) à laquelle (ou auxquelles) appartient (appartiennent) les molécules ci-dessous.

a. $CH_3-CH(CH_3)-C(=O)-OH$

b. $CH_3-CH(OH)-CH_2-CH_3$

c. $CH_3-C(CH_3)(OH)-CH_3$

d. $CH_3-CH_2-CH_2-C(OH)=O$

e. $CH_3-C(=O)-CH_2-CH_3$

f. $CH_3-C(=O)-CH_3$

g. $CH_3-CH(CH_3)-CH_2-OH$

h. $CH_3-CH_2-CH_2-CH=O$

i. $CH_3-CH_2-CH_2-CH_2-OH$

2. Étude des alcools

a. Identifier et nommer le ou les alcool(s) primaire(s).

b. Identifier et nommer le ou les alcool(s) secondaire(s).

c. Identifier et nommer le ou les alcool(s) tertiaire(s).

d. Qu'observerait-on si l'on mélangeait quelques millilitres de permanganate de potassium à l'espèce c ?

e. Qu'observerait-on si l'on mélangeait quelques millilitres de liqueur de Fehling à l'espèce i ?

3. Étude des acides carboxyliques

a. Donner les noms des acides carboxyliques identifiés.

b. Donner leurs formules topologiques (voir le chapitre 8).

CORRIGÉ

1. Les espèces a et d sont des acides carboxyliques. Les espèces b, c, g et i sont des alcools. Les espèces e et f sont des cétones. L'espèce h est un aldéhyde.

2. a. La molécule i est un alcool primaire : il s'agit du butan-1-ol.
La molécule g est un alcool primaire : il s'agit du 2-méthylpropan-1-ol.

b. La molécule b est un alcool secondaire : il s'agit du butan-2-ol.

c. La molécule c est un alcool tertiaire : il s'agit du 2-méthylpropan-2-ol.

d. Si on mélange quelques millilitres de permanganate de potassium à l'espèce c, on n'observera pas de décoloration car l'alcool est tertiaire.

e. Si nous mélangeons quelques millilitres de liqueur de Fehling à l'espèce i, on observera un changement de couleur : la solution obtenue sera orangée car l'alcool est primaire.

3. a. La molécule a est l'acide 2-méthylpropanoïque.
La molécule d est l'acide butanoïque.

b. Molécule a :

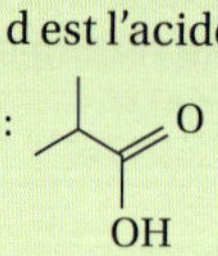

Molécule d :

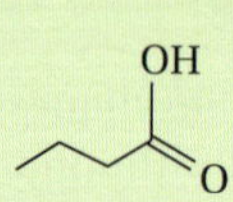

23 Transformation d'une espèce chimique organique en une autre

Sans la synthèse de nouvelles molécules, il serait impossible de développer des matériaux plus adaptés à nos modes de vie (nouveaux médicaments, vêtements...). Au cours de ces synthèses, les chimistes s'ingénient à fabriquer des espèces chimiques organiques aux propriétés nouvelles à partir d'espèces déjà connues.

1 Réactions d'oxydation des alcools et des aldéhydes

A Oxydation des alcools

■ L'ion permanganate MnO_4^- est capable d'oxyder des alcools primaires et secondaires dans un milieu réactionnel acide.

Le couple redox et la demi-équation redox associés à l'ion permanganate sont :

$MnO_4^-{}_{(aq)}/Mn^{2+}{}_{(aq)}$ et $MnO_4^-{}_{(aq)} + 8\,H^+{}_{(aq)} + 5\,e^- = Mn^{2+}{}_{(aq)} + 4\,H_2O_{(l)}$.

■ En fonction de la classe de l'alcool, le produit obtenu après oxydation ne sera pas le même :

- l'**oxydation** d'un **alcool primaire** conduit à la formation d'un **aldéhyde**. La demi-équation redox a pour expression :

$$R{-}CH_2{-}OH = R{-}CHO + 2\,H^+{}_{(aq)} + 2\,e^-$$

(alcool primaire) (aldéhyde)

- l'**oxydation** d'un **alcool secondaire** conduit à la formation d'une **cétone**.
La demi-équation redox a pour expression :

$$R{-}CHOH{-}R' = R{-}CO{-}R' + 2\,H^+{}_{(aq)} + 2\,e^-$$

(alcool secondaire) (cétone)

- un alcool tertiaire n'est pas oxydable en milieu acide par l'ion permanganate.

> Milieu acide signifie présence dans celui-ci d'ions hydrogène $H^+{}_{(aq)}$.

> L'ion manganèse Mn^{2+} est le réducteur conjugué de l'ion permanganate.

> L'aldéhyde R—CHO est l'oxydant conjugué de l'alcool primaire $R{-}CH_2{-}OH$; tandis que la cétone R—CO—R′ est celui de l'alcool secondaire R—CHOH—R′. Les couples redox associés sont : $R{-}CHO/R{-}CH_2{-}OH$ et $R{-}CO{-}R'/R{-}CHOH{-}R'$

B Oxydation des aldéhydes

En milieu acide, l'ion permanganate peut oxyder un aldéhyde en un acide carboxylique. La demi-équation redox associée est la suivante :

Lorsque l'ion permanganate est en excès dans le milieu réactionnel, un alcool primaire peut s'oxyder en aldéhyde qui lui-même est oxydé en acide carboxylique.

$$R\text{—}CHO + H_2O = R\text{—}CO_2H + 2\,H^+_{(aq)} + 2\,e^-$$

(aldéhyde) (acide carboxylique)

2 Principe d'une synthèse organique

Les réactions mettant en jeu des espèces chimiques organiques sont généralement lentes (quelques heures ou plus). Pour réduire la durée de la transformation chimique, on peut chauffer le milieu réactionnel : l'augmentation de la température permet d'augmenter la vitesse de la réaction.

A Montage : chauffage à reflux

■ Ce montage permet de réaliser le chauffage d'un milieu réactionnel liquide, tout en minimisant les pertes par évaporation au cours du chauffage.

■ Rôle des différents composants du montage :
- **ballon** : récipient contenant le milieu réactionnel liquide ;
- **chauffe-ballon** : élément de chauffage ;
- **condenseur à eau** : élément de verrerie constitué d'un double tube entre les parois duquel circule de l'eau froide. Les vapeurs se trouvant dans le tube intérieur sont condensées au contact des parois refroidies par la circulation de l'eau.

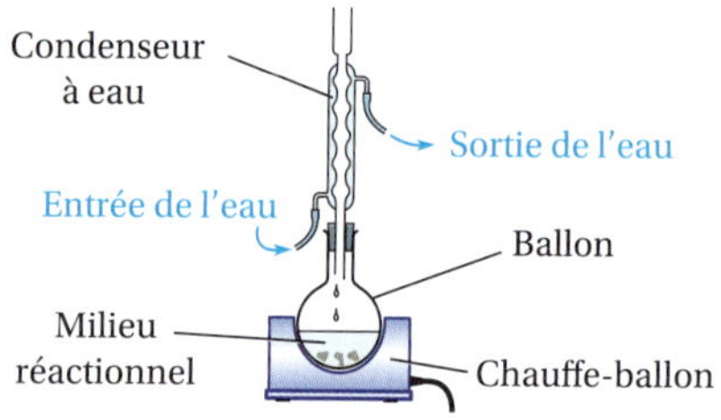

B Techniques de séparation des espèces chimiques

Une fois la réaction terminée, il faut isoler l'espèce chimique synthétisée des autres espèces composant le milieu réactionnel. Pour cela, on dispose de différentes techniques de séparation.

■ La **filtration sous vide** permet de séparer la phase solide de la phase liquide d'un mélange hétérogène.

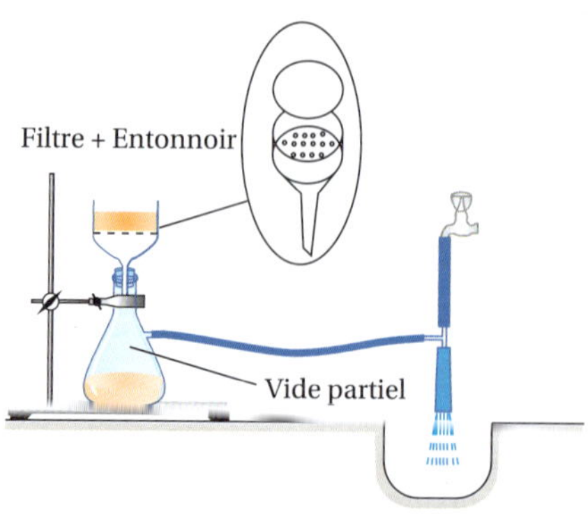

■ La **distillation** permet de séparer les différentes espèces chimiques composant un mélange homogène liquide à partir de leurs différences de températures de vaporisation.

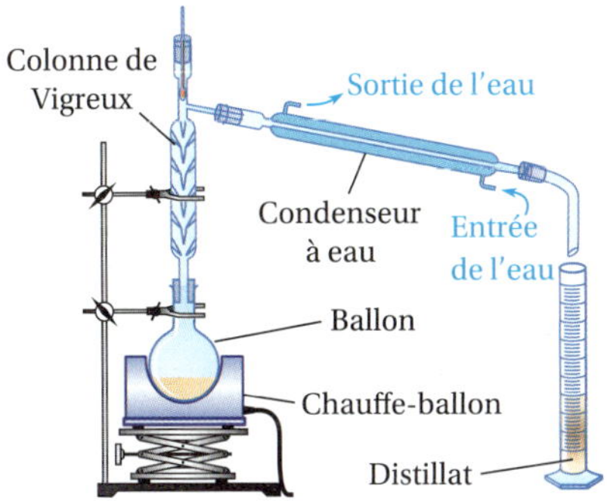

• On recueille en premier l'espèce chimique la plus volatile (c'est-à-dire celle dont la température de vaporisation est la plus basse).
• Cette technique de séparation n'est efficace que si les températures de vaporisation sont suffisamment éloignées les unes des autres (au moins 10 °C d'écart).

C Rendement d'une synthèse

Le rendement d'une synthèse, noté ρ, est égal au rapport de la quantité réelle de produit formé sur la quantité maximale de produit attendu.

$$\rho = \frac{n_{\text{formé}}}{n_{\text{max}}}$$

ρ : sans unité

$0 < \rho < 1$ (ou en %)

3 Synthèse des matières plastiques

■ Les matières plastiques n'existent pas dans la nature et doivent donc être fabriquées. Leur synthèse a un grand intérêt industriel et économique. Les matières plastiques sont principalement composées de **polymères**. Il s'agit de macromolécules organiques constituées par la répétition un très grand nombre de fois d'un même enchaînement d'atomes appelé **motif**. On appelle **degré de polymérisation** le nombre de motifs présents dans le polymère.

■ Les polymères sont obtenus par des **réactions de polyaddition** au cours desquelles des molécules toutes identiques (appelées **monomères**) et comportant une double liaison C=C vont se lier par ouverture de la double liaison.

$$n\,CH_2{=}CHX \rightarrow -\!\!(CH_2{-}CHX)\!\!-_n$$

(monomère) **(polymère)**

n est le degré de polymérisation.

■ La nature du groupement d'atomes X détermine le polymère synthétisé.

Groupement X	H	Cl	CH_3
Polymère	Polyéthylène (PE)	Polychlorure de vinyle (PVC)	Polypropylène (PP)

EXERCICE DE SYNTHÈSE

Oxydation du cyclohexanol

Le cyclohexanol $C_6H_{11}OH$ est un alcool dont la formule semi-développée est :

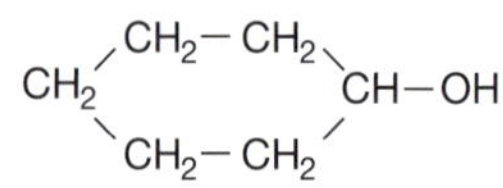

On réalise l'oxydation de cet alcool par l'ion dichromate $Cr_2O_7^{2-}$ en solution aqueuse et acide (couple redox $Cr_2O_7^{2-}{}_{(aq)}/Cr^{3+}{}_{(aq)}$).

1. Quelle est la classe du cyclohexanol ? En déduire quel type de produit donnera son oxydation.

2. Écrire la formule semi-développée du produit obtenu et sa formule brute.

3. Que signifie le fait que la réaction se fasse en milieu acide ?

4. Le couple redox du cyclohexanol est $C_6H_{10}O_{(l)}/C_6H_{11}OH_{(l)}$.
Établir les demi-équations redox des couples mis en jeu, puis l'équation-bilan.

CORRIGÉ

1. Le cyclohexanol est un alcool secondaire. Le produit de son oxydation sera une cétone.

2. La formule semi-développée de la cétone obtenue est :

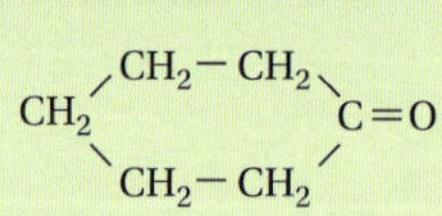

Sa formule brute est $C_6H_{10}O$.

3. Le fait que la réaction se fasse en milieu acide signifie qu'il y a présence d'ions hydrogène H^+ dans le milieu réactionnel.

4. Demi-équations redox :

$C_6H_{11}OH_{(l)} = C_6H_{10}O_{(l)} + 2\,H^+{}_{(aq)} + 2\,e^-$ (× 3)

$Cr_2O_7^{2-}{}_{(aq)} + 14\,H^+{}_{(aq)} + 6\,e^- = 2\,Cr^{3+}{}_{(aq)} + 7\,H_2O_{(l)}$

Équation-bilan :

$3\,C_6H_{11}OH_{(l)} + Cr_2O_7^{2-}{}_{(aq)} + 8\,H^+{}_{(aq)} = 3\,C_6H_{10}O_{(l)} + 2\,Cr^{3+}{}_{(aq)} + 7\,H_2O_{(l)}$

SVT

La vie et l'évolution du vivant

1. Reproduction conforme de la cellule et réplication de l'ADN...... 212
2. L'expression du patrimoine génétique 219
3. Variabilité génétique et mutation de l'ADN............................. 228
4. Variation génétique et santé 234

La Terre et les enjeux planétaires contemporains

5. La mobilité horizontale dans l'histoire de la Terre.................... 246
6. Le modèle de la tectonique des plaques................................. 255
7. Marges passives et ressources pétrolières............................... 264
8. Nourrir l'humanité.. 271

Le corps humain et la santé

9. Devenir femme ou homme 280
10. Sexualité et procréation 289
11. De l'œil au cerveau 299

SCIENCES DE LA VIE ET DE LA TERRE

SVT

1 Reproduction conforme de la cellule et réplication de l'ADN

www.annabac.com

LA CELLULE, unité fonctionnelle de tous les êtres vivants, possède une information génétique codée en langage ADN qui contrôle toutes les activités cellulaires. La reproduction des organismes unicellulaires et le développement des organismes pluricellulaires reposent sur la multiplication des cellules : toute cellule provient d'une cellule préexistante. Grâce aux mécanismes de cette multiplication cellulaire, toutes les cellules possèdent la même information génétique.

1 Le chromosome dans tous ses états

Au cours du développement d'un organisme et de sa vie, il y a constamment production de nouvelles cellules à partir de cellules préexistantes.

Un cycle cellulaire comprend l'ensemble des événements qui se déroulent dans une cellule, depuis sa naissance (à l'issue d'une mitose) jusqu'à la fin de sa propre division. Le cycle cellulaire comprend donc l'**interphase**, située entre deux mitoses, et la **mitose.**

La durée de la mitose est très courte : une heure en moyenne.

Les événements les plus marquants du cycle cellulaire concernent les chromosomes. Ils font que la cellule mère et les cellules filles ont le même stock de chromosomes.

A Les différents états du chromosome au cours du cycle cellulaire

a. Les états du chromosome mitotique

L'image classique du chromosome est le chromosome métaphasique. Les chromosomes sont particulièrement visibles, au microscope optique, pendant la division cellulaire (mitose), lorsqu'ils sont situés à l'équateur de la cellule. Cette période de la mitose est appelée métaphase. Il est alors possible de les observer et

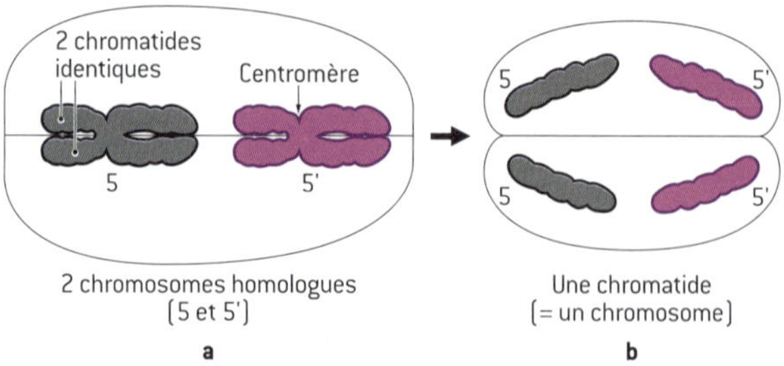

Document 1.a. Aspect d'une paire de chromosomes homologues en métaphase. **b.** Aspect de la même paire de chromosomes en fin de mitose.

de les classer de façon à obtenir un **caryotype**. **Chaque chromosome est formé de deux chromatides** réunies en un point appelé centromère.
Le caryotype met en évidence les paires de chromosomes homologues (23 chez l'Homme, 4 chez la drosophile) (document 1b). Les chromosomes homologues ont la même taille et la même forme (même position du centromère).

Le chromosome en fin de division cellulaire est un chromosome simple. Une chromatide de chacun des chromosomes métaphasique se retrouve dans une cellule fille ; la chromatide est désormais un chromosome. La vision classique du chromosome est en réalité celle d'un chromosome double constitué de deux futurs chromosomes. **Il est double en début de mitose et simple en fin de mitose.**

Les *chromosomes homologues*, qu'ils soient simples ou doubles, possèdent les mêmes gènes, mais possèdent des allèles différents pour certains de ces gènes. Les *deux chromatides* d'un chromosome sont génétiquement identiques : elles possèdent les mêmes allèles des mêmes gènes.

b. Les états du chromosome interphasique

Le chromosome au début de l'interphase est invisible au microscope optique. En microscopie électronique, il apparaît sous la forme d'un filament grêle dont la longueur moyenne est d'environ 500 µm soit 100 fois plus long que durant la division cellulaire (5 µm). Ce stade constitue la **phase G1** de l'interphase.

Le chromosome en fin d'interphase est formé de deux filaments grêles, les chromatides, non visibles au microscope optique et reliées au niveau du centromère. Ces deux chromatides sont identiques entre elles et identiques au chromosome initial en phase G1. Le stade où les chromosomes sont dans cet état constitue la **phase G2** de l'interphase.

Entre les phases G1 et G2, au cours d'une phase appelée S, le chromosome simple se duplique en deux chromosomes fils (chromatides) strictement semblables et liés l'un à l'autre au niveau du centromère.

Fondamentalement, le chromosome simple possède toute l'information génétique nécessaire au fonctionnement de la cellule. Dans une cellule qui ne se divise plus (une cellule nerveuse par exemple), les chromosomes restent simples.

B Explication des changements d'état constatés

a. Le passage du chromosome interphasique invisible en microscopie optique au chromosome visible durant la mitose et vice versa

Le chromosome interphasique en phase G1 est constitué d'**une seule molécule d'ADN** (de 2 nm de diamètre) associée à des protéines, les histones. La molécule d'ADN n'est pas linéaire mais se présente sous la forme d'une série de « perles sur un fil », chaque « perle » correspondant à un enroulement de l'ADN autour d'un noyau d'histones (document 2a). Le fil de 10 nm de diamètre est lui-même compacté en une fibre de 30 nm de diamètre (document 2b).
En phase G2, chaque chromatide du chromosome double est constituée comme le chromosome simple de la phase G1.

Le passage du chromosome double en phase G2 au chromosome mitotique est caractérisé par un compactage très important, appelé « condensation », de chacune des chromatides. En s'enroulant de plus en plus, elles deviennent visibles au microscope optique au début de la mitose (phase M du cycle cellulaire). Elles atteignent leur condensation maximale à la métaphase de la division cellulaire.

Le passage du chromosome simple en fin de mitose au chromosome simple en phase G1 est caractérisé par la « décondensation » du chromosome qui passe de l'état compacté à celui de filament grêle.

b. Le passage du chromosome simple (G1) au chromosome double (G2) et vice versa

La duplication du chromosome simple est fondamentalement liée à la réplication de la molécule d'ADN (formation de deux molécules d'ADN identiques à partir d'une molécule d'ADN initiale) durant la **phase S**, ce que traduisent les variations du taux d'ADN (document 3).

Le passage du chromosome double mitotique au chromosome simple mitotique est dû à la séparation des chromatides au niveau du centromère (document 3).

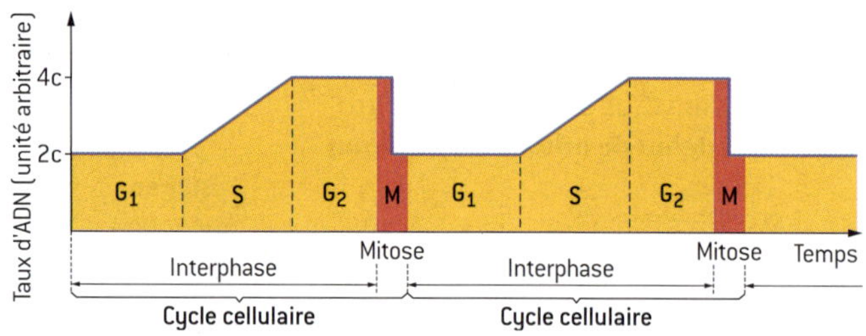

Document 3. Évolution de la quantité d'ADN dans le noyau d'une cellule au cours de deux cycles cellulaires.

2 La reproduction conforme

Durant la phase S de l'interphase se produit un **événement remarquable** : le chromosome simple devient un chromosome double. Ce passage se réalise grâce à la réplication de la molécule d'ADN contenue dans chaque chromosome.

A La réplication de l'ADN au cours de l'interphase

La molécule d'ADN est constituée de deux chaînes (deux brins) complémentaires de nucléotides formant une double hélice (document 4).
C'est la séquence des nucléotides qui contient l'information génétique.

La double hélice de la molécule d'ADN ne doit pas être confondue avec le chromosome dupliqué : chaque chromatide contient une molécule d'ADN formée de ses deux brins complémentaires.

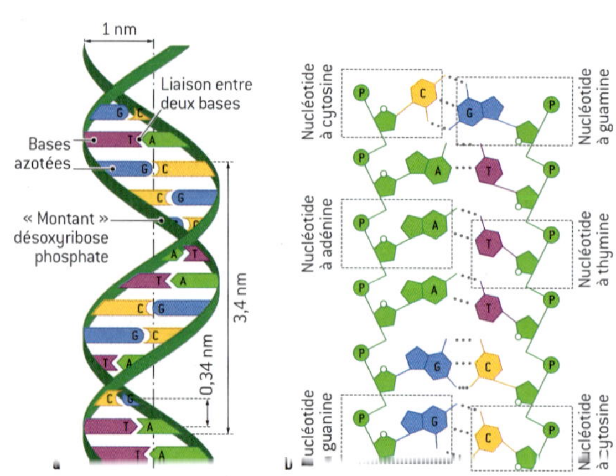

Document 4. a. La molécule d'ADN. **b.** Les deux chaînes de nucléotides de l'ADN sont complémentaires ; la réplication repose sur cette complémentarité.

■ **La réplication (durant la phase S)** d'une molécule d'ADN exige la présence de la molécule elle-même, de nucléotides libres à adénine, thymine, guanine et cytosine, et d'un système complexe de protéines enzymatiques dont la plus importante est l'ADN polymérase.

L'ADN polymérase écarte progressivement les deux brins de la molécule d'ADN, chaque brin servant alors de matrice, de « moule », pour la synthèse d'un brin complémentaire à partir des nucléotides libres présents dans le noyau (document 5).

Si on désigne les deux brins de la molécule par A et A', le brin A sert de matrice pour la synthèse d'un nouveau brin A' et le brin A' pour la synthèse d'un nouveau brin A.

Les nucléotides libres proviennent en partie de la digestion des molécules d'ADN de nos aliments et en partie de leur synthèse à partir d'autres nutriments.

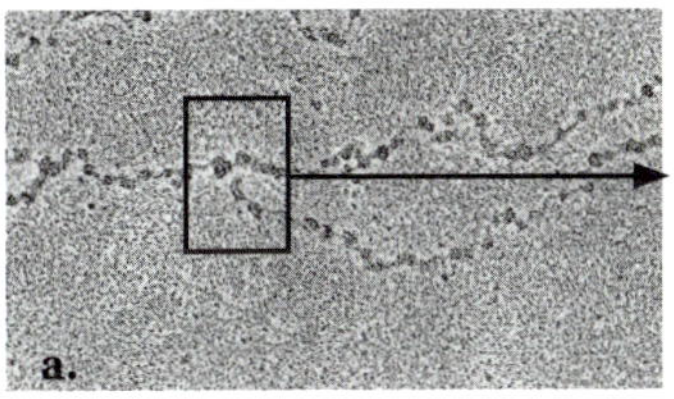

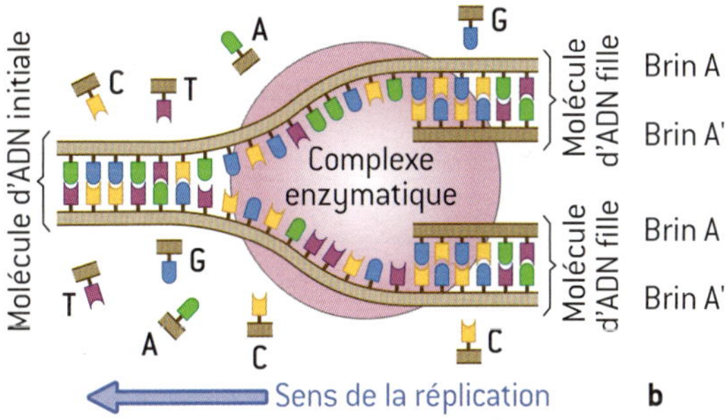

Document 5. La réplication semi-conservative de l'ADN
a. Aspect du chromosome au cours de sa réplication (phase S).
b. Interprétation au niveau moléculaire.

■ On dit que **la réplication de l'ADN est semi-conservative** car chaque double hélice fille d'ADN est constituée d'un brin conservé et d'un brin nouvellement synthétisé.

Toutes les molécules d'ADN de tous les chromosomes se répliquent de la même façon, au même moment.

■ **Que deviennent les molécules d'ADN dupliquées ?** Durant la phase G2, les molécules d'ADN filles issues de la réplication d'une molécule mère restent liées au niveau du centromère : associées à des histones, elles constituent les deux chromatides d'un chromosome double. Les deux chromatides de chacun des 46 chromosomes (chez l'Homme) sont génétiquement identiques. **Par rapport à la phase G1, l'information génétique globale de la cellule se trouve donc en deux exemplaires identiques.**

L'ADN polymérase assure la séparation des deux brins de la molécule d'ADN initiale, la mise en place progressive des nucléotides libres sur chaque brin matrice et l'enchaînement de ces nucléotides entre eux.

B La répartition de l'information génétique répliquée au cours de la mitose

■ **La mitose débute** par la compaction de plus en plus marquée de tous les chromosomes (46 chromosomes doubles chez l'Homme), à l'intérieur du noyau (document 6a).

■ **La membrane nucléaire disparaît** et tous les chromosomes viennent se disposer à l'équateur de la cellule : les chromosomes sont alignés et bien distincts les uns des autres (document 6b).

■ **Les deux chromatides de chaque chromosome se séparent et migrent** vers les pôles opposés de la cellule (document 6c). Ceci a lieu en même temps pour tous les chromosomes.

En pensant à l'origine de la cellule œuf, rappelez-vous que pour chaque paire de chromosomes homologues l'un est d'origine paternelle (bleu), l'autre d'origine maternelle (rouge).

La condensation, ou compaction des chromosomes, est indispensable à leurs déplacements coordonnés et donc à la répartition équitable de l'information dupliquée.

Un lot de chromosomes simples (46 chez l'Homme) migre vers l'un des pôles de la cellule et l'autre vers le pôle opposé. Ces deux lots sont génétiquement identiques. Chaque cellule fille aura la même information génétique que l'autre cellule fille et que la cellule mère initiale en phase G1 : la reproduction est dite **conforme.**

- **Les chromosomes arrivent aux pôles** et se « décondensent », une nouvelle enveloppe nucléaire se forme autour de chaque lot de chromosomes (document 6d).
- Le cytoplasme se divise ensuite.

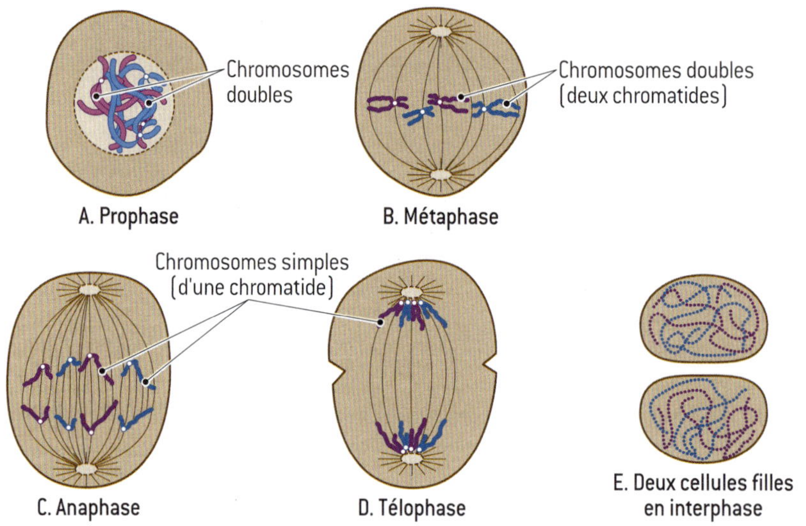

Document 6. Mitose d'une cellule possédant deux paires de chromosomes homologues. Pour chaque paire, un chromosome est représenté en bleu (origine paternelle), l'autre en rouge (origine maternelle).

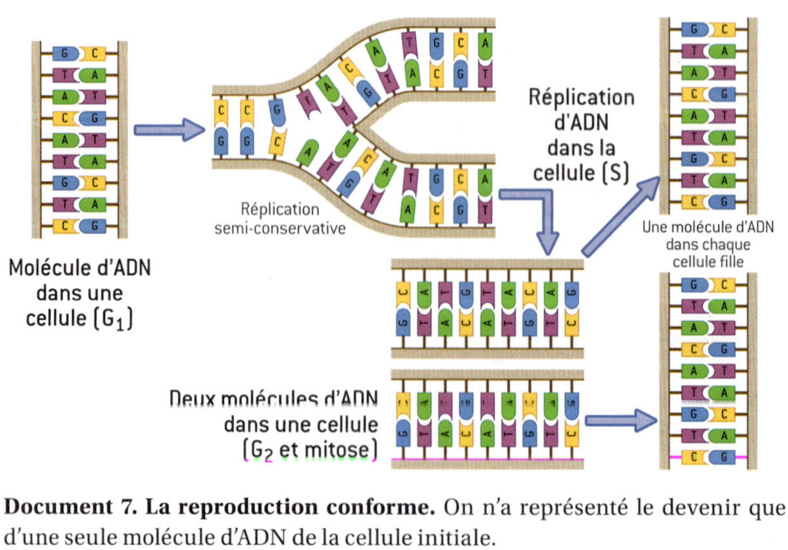

Document 7. La reproduction conforme. On n'a représenté le devenir que d'une seule molécule d'ADN de la cellule initiale.

EXERCICE DE SYNTHÈSE

La bromodésoxy-uridine

La bromodésoxy-uridine (BrdU) est une base azotée analogue de la thymine. Lorsque des cellules sont cultivées sur un milieu dépourvu de thymine et contenant de la BrdU, celle-ci est incorporée à la place de la thymine lors de la réplication de l'ADN.

Lorsque la BrdU remplace la thymine **dans les deux brins** de la molécule d'ADN d'un chromosome, celui-ci apparaît en grisé alors qu'il apparaît noir si un seul ou aucun brin de l'ADN n'a incorporé de la BrdU (document 8).

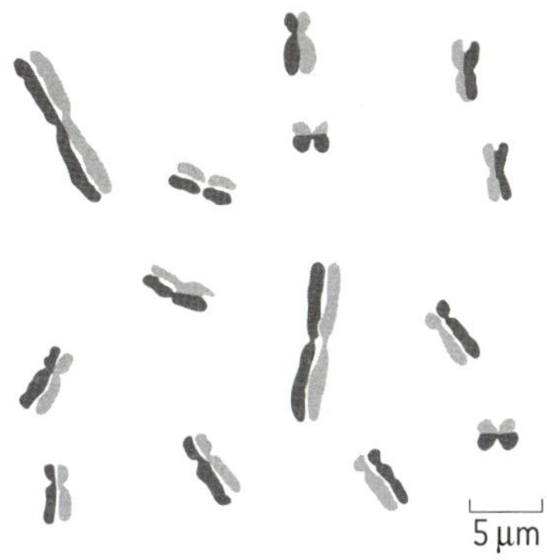

Document 8.

Expliquer comment, possédant au départ des chromosomes normaux, des cellules placées dans le milieu de culture décrit ci-dessus peuvent présenter des chromosomes analogues à ceux figurant sur le document 8. Accompagner la réponse de schémas (en couleurs) en vous limitant à la séquence d'ADN ci-dessous.

A	G	T	C	A
|	|	|	|	|
T	C	A	G	T

Attention ! La couleur grise (chromatide non colorable) n'apparaît que lorsque les deux brins sont sans thymine.

SVT

CORRIGÉ

Les cellules transférées dans le milieu à BrdU ont initialement des chromosomes avec une molécule d'ADN dont les deux brins contiennent de la thymine. Suite à la première réplication de l'ADN de chaque chromosome (réplication semi conservative) la molécule d'ADN, présente dans chaque chromatide, possède un brin avec thymine et un brin avec BrdU (document 9). Puisqu'il faut que les deux brins de l'ADN contiennent de la BrdU pour que la coloration du chromosome change, les 2 chromatides du chromosome double se colorent normalement (en noir). Cela ne peut rendre compte de l'aspect des chromosomes du document 8.

À la suite de la réplication des molécules d'ADN issues de ce premier cycle cellulaire, une des chromatides du chromosome dupliqué contient deux brins d'ADN avec de la BrdU (chromatide non colorable) et l'autre une molécule d'ADN avec un brin à thymine et un brin à BrdU (chromatide colorable) (document 9) : cela rend compte de l'aspect des chromosomes du document 8.

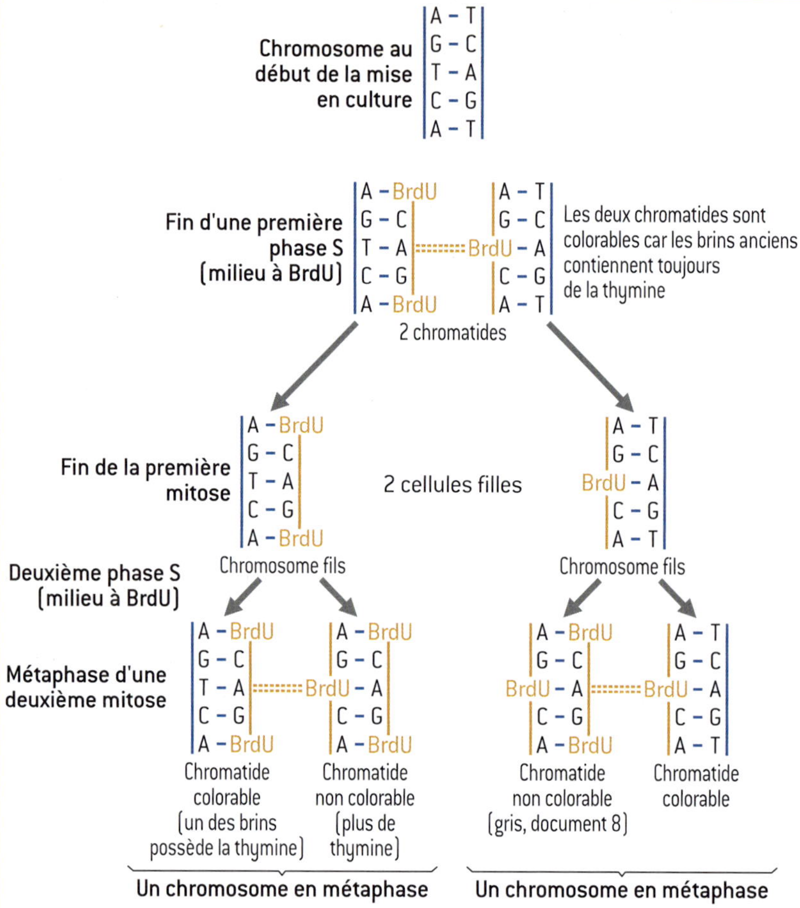
Chromosome au début de la mise en culture
A - T
G - C
T - A
C - G
A - T
Fin d'une première phase S (milieu à BrdU)
A - BrdU
G - C
T - A
C - G
A - BrdU
A - T
G - C
BrdU - A
C - G
A - T
Les deux chromatides sont colorables car les brins anciens contiennent toujours de la thymine
2 chromatides
Fin de la première mitose
2 cellules filles
Chromosome fils
Chromosome fils
Deuxième phase S (milieu à BrdU)
Métaphase d'une deuxième mitose
Chromatide colorable (un des brins possède la thymine)
Chromatide non colorable (plus de thymine)
Chromatide non colorable (gris, document 8)
Chromatide colorable
Un chromosome en métaphase
Un chromosome en métaphase

Document 9

2 L'expression du patrimoine génétique

www.annabac.com

À LA FIN D'UNE MITOSE, les deux cellules filles ont une taille égale à la moitié de celle de la cellule mère. Elles vont croître puis se diviser à leur tour. La croissance de la cellule implique la synthèse de tous ses constituants. Cette synthèse, ainsi que toutes les autres activités de la vie cellulaire, s'effectue en suivant les instructions contenues dans les gènes : elles résultent de l'expression des gènes. C'est cette expression qui détermine les caractéristiques de l'organisme : son phénotype.

1 Le principe de la liaison phénotype-génotype

L'expression du patrimoine génétique sous-entend l'expression des gènes (plus exactement des allèles des gènes). Les modalités d'expression sont communes à tous les gènes.

A Les niveaux d'analyse du phénotype : phénotypes drépanocytaire et non drépanocytaire

Pour comprendre comment l'expression d'un gène détermine certaines caractéristiques d'un organisme, on utilise un **exemple modèle** chez lequel la **différence phénotypique** entre deux organismes est due à la différence entre les allèles d'un gène (**le génotype)** que possèdent ces organismes.

Lors de la réplication, tout l'ADN d'une cellule se *reproduit à l'identique*.

a. Le phénotype macroscopique (clinique)

La drépanocytose est une maladie chronique montrant les symptômes (fatigue, pâleur, vertiges…) d'une anémie (diminution du nombre d'hématies), des périodes de crise se traduisant par des douleurs au niveau de divers organes, de la fièvre, une grande sensibilité aux infections…

b. Le phénotype cellulaire (microscopique)

Les symptômes caractéristiques du drépanocytaire par rapport au non-drépanocytaire résultent en grande partie d'une différence de comportement des hématies. Chez les non-drépanocytaires, les hématies ont la forme de disques biconcaves, souples, déformables, pouvant circuler dans les capillaires sanguins dont le diamètre est légèrement supérieur. Chez les drépanocytaires, lorsque le milieu est appauvri en dioxygène, les hématies s'incurvent, prennent une forme de faucille, d'où le nom d'anémie falciforme donnée à la drépanocytose, et deviennent rigides. Elles obstruent des capillaires, privant ainsi d'oxygène certaines régions de l'organisme. C'est la destruction de ces hématies qui est responsable de l'anémie chronique.

c. Le phénotype moléculaire

Chaque hématie contient 280 millions de molécules d'hémoglobine qui constituent 33 % de sa masse.

Le comportement des molécules d'hémoglobine. Les hématies sont des cellules dépourvues de noyau. Elles contiennent dans leur cytoplasme un grand nombre de molécules d'hémoglobine assurant le transport du dioxygène.

Chez l'individu non drépanocytaire, les molécules d'hémoglobine (dites **HbA**) sont **solubles dans l'eau** de l'hématie. Chez le drépanocytaire, lorsque les molécules d'hémoglobine (dites HbS) sont désoxygénées, **elles se polymérisent** en formant des **fibres insolubles**, ce qui rigidifie l'hématie.
Ce sont ces différences entre le phénotype moléculaire du drépanocytaire et celui du non-drépanocytaire qui entraînent des différences de phénotype cellulaire et donc de phénotype clinique, macroscopique.

Un polypeptide est une macromolécule formée par l'association d'acides aminés (le plus souvent entre 50 et 1 000). Seulement vingt types d'acide aminé constituent les polypeptides de tous les êtres vivants.

Les protéines jouent des rôles extrêmement variés. Elles peuvent être constituées d'une seule ou de plusieurs chaîne(s) polypeptidique(s).

Les différences de structure entre HbA et HbS. La molécule d'hémoglobine est une protéine formée par l'association de quatre chaînes polypeptidiques : **deux chaînes β et deux chaînes** α. L'analyse des molécules d'hémoglobine HbA et HbS montre qu'elles diffèrent par leurs chaînes β. Comme tout **polypeptide**, la chaîne β est constituée d'un enchaînement de molécules plus petites, les **acides aminés**. La chaîne β présente une séquence bien déterminée de 146 acides aminés.
La chaîne β d'une personne drépanocytaire diffère de celle d'une personne non drépanocytaire par un seul acide aminé : l'acide glutamique de HbA en position 6 est remplacé par la valine chez HbS.
La valine ayant des propriétés différentes de celles de l'acide glutamique, sa présence en position 6 entraîne la polymérisation des molécules HbS.

B La relation génotype-phénotype

L'exemple de la drépanocytose montre que le phénotype macroscopique, via le phénotype cellulaire, dépend fondamentalement du phénotype moléculaire (le type de chaîne β fabriqué par les globules rouges).
La synthèse de la chaîne β est assurée par un seul gène, situé chez l'Homme sur le chromosome 11.
L'individu drépanocytaire possède deux allèles βS de ce gène, alors que l'individu non drépanocytaire possède deux allèles βA de ce gène.
Les allèles βS et βA ont la même séquence de nucléotides sauf en un seul endroit (document 1).
C'est cette seule différence qui détermine le remplacement de l'acide glutamique de la chaîne βA par la valine dans la chaîne βS.

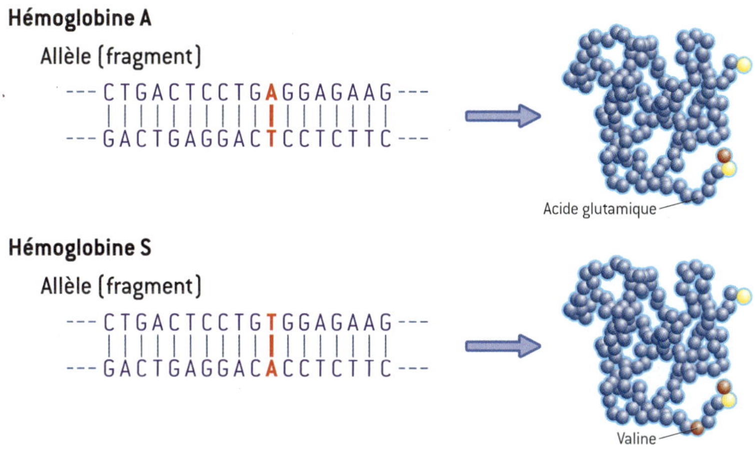

Document 1. Différence dans la séquence de nucléotides des allèles βA et βS et conséquence sur le phénotype moléculaire

2 Expression des gènes et transcription

On dit qu'un gène s'exprime lorsqu'il y a synthèse, dans la cellule, du polypeptide pour lequel il code.

A Les deux étapes de l'expression d'un gène

Le seul rôle d'un gène est de coder la nature et l'ordre des acides aminés d'un polypeptide.

■ La synthèse d'une chaîne polypeptidique ne s'effectue pas dans le noyau mais **dans le cytoplasme**, où se trouvent les organites acteurs de cette synthèse : les **ribosomes**. Les **gènes**, fragments d'ADN des chromosomes, restent toujours **dans le noyau**. La synthèse d'une chaîne polypeptidique exige donc un **transfert d'information du noyau vers le cytoplasme. Ce transfert d'information est assuré par une molécule : l'ARN messager (ARNm).**

> **ARN signifie acide ribonucléique.**

■ Comme l'ADN, l'**ARN** est constitué par un enchaînement de nucléotides dont la séquence détermine l'information génétique. Parmi ces nucléotides, on retrouve ceux à guanine, à adénine et à cytosine. L'ARN ne possède pas de nucléotide à thymine, ceux-ci sont remplacés par des nucléotides à uracile (base azotée complémentaire de l'adénine de l'ADN).
À la différence de l'ADN, l'ARN est constitué d'un seul brin (une seule chaîne) de nucléotides. Son sucre constitutif n'est pas le désoxyribose (ADN), mais le ribose (document 2). Une molécule d'ARNm est de même beaucoup plus petite qu'une molécule d'ADN : elle n'est constituée que de quelques centaines à quelques milliers de nucléotides, contre 250 millions de nucléotides pour une seule molécule d'ADN.

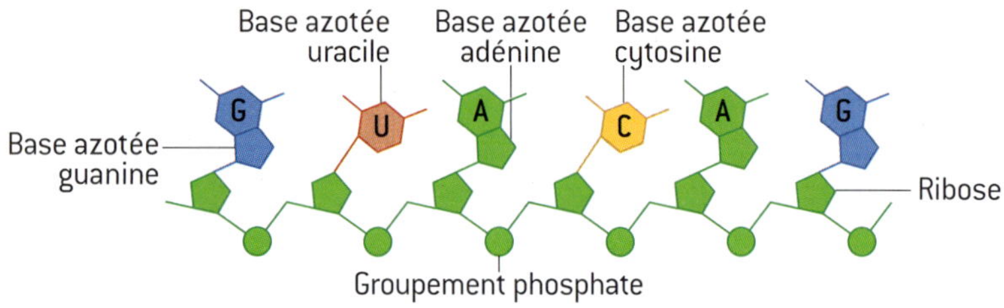

Document 2. La constitution chimique de l'ARNm.

Les étapes de l'expression d'un gêne

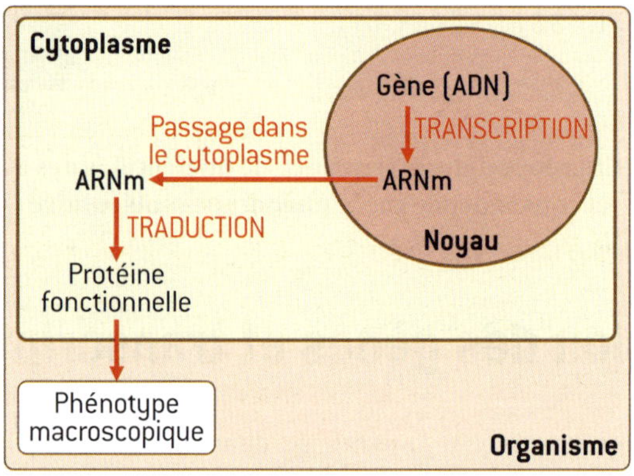

Document 3. Les deux étapes de l'expression d'un gène.

B La transcription

Comme pour la réplication de l'ADN, la transcription repose sur la **séparation des deux brins** de la molécule d'ADN, mais uniquement au niveau du gène concerné. Cette séparation est assurée par un ensemble de protéines enzymatiques dont **l'ARN polymérase** est le constituant essentiel. Un seul des deux brins de l'ADN est informatif : il sert de moule pour la synthèse d'un brin complémentaire.

C'est la **complémentarité des bases azotées adénine-uracile et cytosine-guanine** qui permet à l'information contenue dans le brin d'ADN d'être transcrite en langage ARNm. Lorsque toute la séquence de nucléotides constituant le gène a été transcrite, l'ARNm est libéré et quitte le noyau tandis que les deux brins de la molécule d'ADN s'apparient à nouveau (document 4).

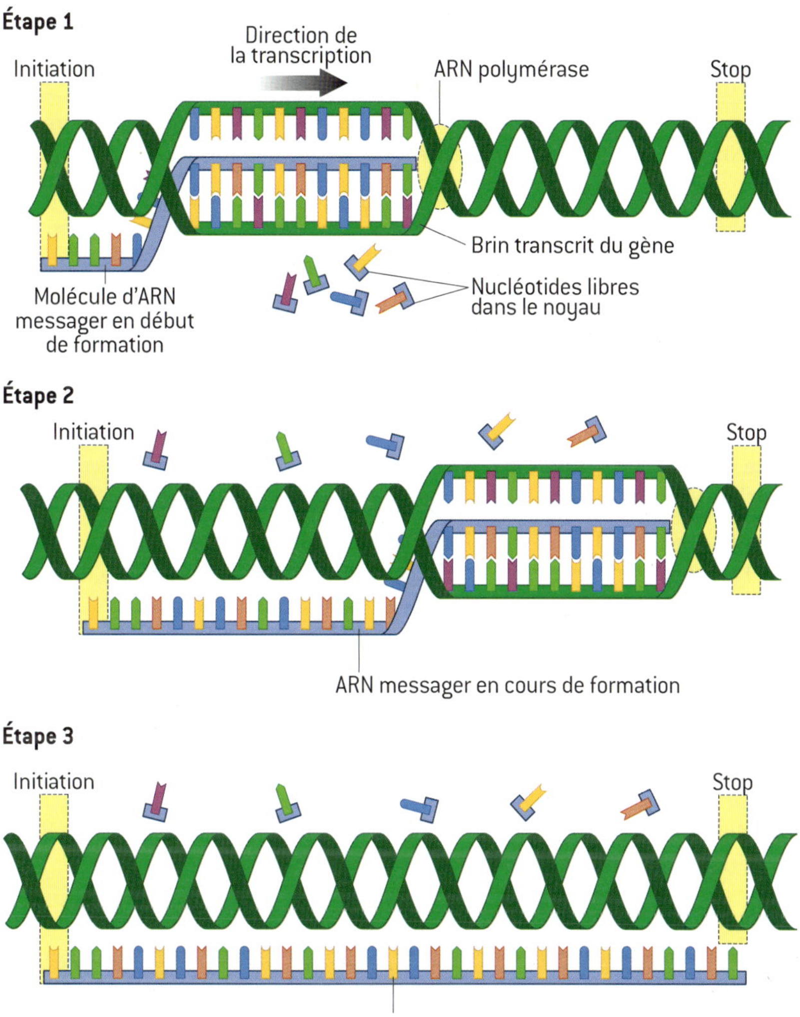

Document 4. Trois étapes de la transcription d'un gène.

Chez les Eucaryotes, un gène comporte des **régions codantes (exons)** et des **régions non codantes (introns)**. Seule l'information contenue dans les exons sert à la synthèse du polypeptide. Au cours de la transcription, l'ensemble du gène (exons et introns) est transcrit en ARN ; cet ARN est appelé **ARN pré-messager**.

Dans le noyau, l'ARN pré-messager subit une **maturation** en ARN messager (ARNm) : on parle d'**épissage**. L'opération consiste en la **suppression** des introns de l'ARN pré-messager et au raccordement des exons.
C'est cet ARN messager mature qui passe dans le cytoplasme où il sera traduit.

L'ARN pré-messager d'un même gène peut subir des **épissages différents** suivant les types cellulaires où il s'exprime : des **ARNm différents peuvent donc être fabriqués à partir d'un même gène, ce qui conduit à des protéines différentes.**

Dans un souci de simplification, la séquence d'un gène est le plus souvent représentée par celle du brin non transcrit car, en remplaçant la thymine par l'uracile, elle donne directement la séquence des nucléotides de l'ARNm.

Le dogme initial « un gène = un polypeptide » a été remis en cause : la connaissance scientifique évolue sans cesse.

3 Traduction et code génétique

Dans cette partie, on étudie comment l'information portée par la séquence linéaire des nucléotides de l'ARNm est traduite en une séquence linéaire d'acides aminés.

A Le code génétique

■ L'**ARNm** est constitué à partir de **4 nucléotides** que nous symboliserons **A, C, G** et **U**. Seules les combinaisons de nucléotides permettent de coder, sans ambiguïté, la totalité des 20 acides aminés.

Chaque acide aminé est codé par un triplet de nucléotides appelé codon. Comme l'ARN est composé de 4 nucléotides différents, il existe 4 × 4 × 4 = 64 combinaisons possibles de triplets de nucléotides ou codons.

L'ensemble des correspondances entre les 64 codons et les 20 acides aminés constitue le **code génétique.** La succession des codons sur la molécule d'ARNm détermine, conformément au code génétique, l'assemblage des acides aminés dans un ordre précis.

■ **Les caractères du code génétique :** Parmi les 64 combinaisons possibles, trois codons ne correspondent à aucun acide aminé : **UAA, UAG et UGA** ; ils indiquent un « **stop** », la terminaison du polypeptide synthétisé.
Chaque acide aminé peut être codé, soit par un seul codon (méthionine = AUG et tryptophane = UGG) ; soit par deux, trois... jusqu'à six codons (leucine).
Plusieurs codons pouvant coder pour le même acide aminé, on dit que le code est dégénéré.
À un codon donné correspond toujours un seul acide aminé : le code est non ambigu.
Le code génétique est universel : il est valable pour la totalité des êtres vivants.

2ᵉ nucléotide

1er nucléotide	U		C		A		G		3ᵉ nucléotide
U	UUU	Phényl-alanine	UCU	Sérine	UAU	Sérine	UGU	Cystéine	U
	UUC		UCC		UAC		UGC		C
	UUA	Leucine	UCA		UAA	Codon stop	UGA	Codon stop	A
	UUG		UCG		UAG	Codon stop	UGG	Trytophane	G
C	CUU	Leucine	CCU	Proline	CAU	Histidine	CGU	Arginine	U
	CUC		CCC		CAC		CGC		C
	CUA		CCA		CAA	Glutamine	CGA		A
	CUG		CCG		CAG		CGG		G
A	AUU	Iso-leucine	ACU	Thréo-nine	AAU	Asparagine	AGU	Aspara-gine	U
	AUC		ACC		AAC		AGC		C
	AUA		ACA		AAA	Lysine	AGA	Lysine	A
	AUG	Méthio-nine	ACG		AAG		AGG		G
G	GUU	Valine	GCU	Alanine	GAU	Acide aspartique	GGU	Glycine	U
	GUC		GCC		GAC		GGC		C
	GUA		GCA		GAA	Acide glutamique	GGA		A
	GUG		GCG		GAG		GGG		G

Document 5. Le code génétique.

B Les ribosomes et la synthèse des polypeptides : la traduction

L'ARNm mature, ne comprenant que les exons transcrits, est exporté vers le cytoplasme où il est traduit en polypeptide grâce aux **ribosomes**.
Les ribosomes sont des organites complexes composés notamment de nombreuses protéines. Ils assurent la lecture de l'ARNm, c'est-à-dire la mise en place successive des acides aminés selon les règles du code génétique, et catalysent la liaison des acides aminés entre eux (document 6).

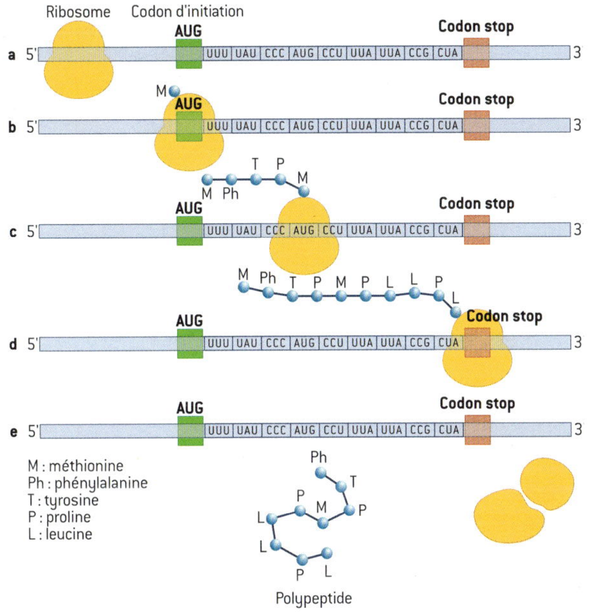

Document 6. Le ribosome et la synthèse d'un polypeptide. Sur le document, les codons sont séparés ; dans la réalité, les nucléotides sont en parfaite continuité. Un ribosome se fixe à une extrémité de l'ARNm **(a)** et parcourt la séquence de nucléotides jusqu'à atteindre un **codon d'initiation AUG (b)** qui correspond à un acide aminé, **la méthionine.** Le ribosome parcourt alors l'ARNm, sélectionne les acides aminés en fonction des codons successifs rencontrés et les incorpore au polypeptide en formation **(c)**. Lorsque le ribosome atteint un **codon stop (d),** la traduction s'achève, le ribosome se détache de l'ARNm et du polypeptide qui est libéré **(e)**.

Tout l'ARNm n'est pas traduit ; il existe des régions non traduites en amont et en aval de la partie effectivement traduite.

4 Génotype, phénotype et environnement

Le phénotype global d'un organisme dépend des phénotypes des cellules qui le constituent et de l'environnement.

A L'expression différentielle des gènes et les phénotypes cellulaires

■ Les phénotypes cellulaires (cellules nerveuses, musculaires, osseuses, sanguines...) diffèrent par leur collection de protéines. La collection de protéines propre à une cellule constitue son phénotype moléculaire global.

■ Toutes les cellules d'un organisme possèdent les mêmes allèles des gènes de l'espèce. Comment expliquer que des cellules ayant les mêmes gènes possèdent des phénotypes moléculaires globaux différents ? En réalité, toutes les cellules ont en commun un certain nombre de protéines qui règlent les aspects fondamentaux de la vie cellulaire (respiration, synthèse de molécules comme les lipides membranaires...). Elles sont le produit de **gènes qui s'expriment dans toutes les cellules.**

■ Les protéines spécifiques à un type cellulaire résultent de l'expression de gènes qui restent muets dans les autres types cellulaires. Chaque type cellulaire présente donc un profil spécifique de gènes fonctionnels et de gènes non fonctionnels, muets, qui ne s'expriment pas. **C'est cette expression différentielle des gènes qui est à l'origine de la différenciation cellulaire.**

B Diversité des phénotypes cellulaires et macroscopiques globaux

Les phénotypes cellulaires d'un organisme lui confèrent un ensemble de caractères observables, morphologiques, anatomiques, physiologiques et comportementaux qui constituent son **phénotype macroscopique global**.

Il existe un très grand nombre de phénotypes globaux au sein d'une même espèce. Ces différences sont liées :

- au **polymorphisme des gènes** ; pour beaucoup de gènes, il existe plusieurs allèles. Chaque organisme possède une collection des allèles de tous les gènes de son espèce qui lui est propre ;
- **aux effets de l'environnement**.

C Aperçu sur la complexité des relations génotype, phénotype et environnement

a. Conséquences du polyallélisme au sein des populations

La relation génotype-phénotype est rendue plus complexe par le fait qu'un organisme possède deux allèles d'un gène. Ces deux allèles peuvent être identiques (individu **homozygote** pour le gène considéré) ou différents (individu **hétérozygote**).

> Les deux traits (//) utilisés dans la représentation du génotype symbolisent les deux chromosomes homologues porteurs des allèles du gène.

> Un phénotype est dominant s'il s'exprime chez un hétérozygote et récessif si ce n'est pas le cas.

■ Prenons l'exemple du gène qui code pour la chaîne β de l'hémoglobine : certains individus **hétérozygotes** possèdent un allèle βA et un allèle βS ; leur génotype s'écrit par convention : βA//βS.

Les individus βA//βS ont généralement un phénotype non drépanocytaire, comme les individus homozygotes βA//βA. Le phénotype non drépanocytaire est dit dominant ; le phénotype drépanocytaire récessif. Par extension, on dit que **l'allèle βA est dominant et l'allèle βS récessif.**

Un même phénotype peut donc correspondre à des génotypes différents.

b. Les interactions génotype, phénotype et environnement

■ **L'environnement peut agir en stimulant ou en réprimant l'expression du gène.** La pratique de la musculation intense, par exemple, développe la musculature et change donc le phénotype macroscopique. Ce changement est dû à une synthèse accrue des protéines musculaires, qui résulte d'une stimulation des gènes codant pour ces protéines.

L'environnement peut agir sur les propriétés du phénotype moléculaire. La coloration de la peau et des poils est due à un pigment, la mélanine, dont la synthèse est permise notamment grâce à l'expression d'un gène codant une enzyme, **la tyrosinase**.
Certains albinos ont une **pigmentation quasi normale de la peau et des poils** au niveau de certaines **parties du corps relativement froides** (bras et jambes). Les autres régions du corps sont dépigmentées. La tyrosinase est présente dans toutes les cellules épidermiques de ces personne albinos, mais n'est active que dans les régions où la température de la peau est basse.

L'environnement (ici la température) agit sur le phénotype macroscopique en modifiant l'activité du phénotype moléculaire.

L'environnement peut agir directement sur le phénotype macroscopique : certains nouveau-nés présentent dès la naissance des symptômes graves : diarrhées avec déshydratation, ballonnements... provoqués par l'alimentation lactée et plus précisément par un glucide du lait, le lactose. Ces enfants sont incapables de digérer le lactose car ils ne synthétisent pas de lactase, enzyme codée par un gène et nécessaire à cette digestion. Ils possèdent deux allèles du gène de la lactose qui codent une enzyme inefficace. La maladie a donc une origine génétique.
Si on supprime le lait, où si on nourrit le bébé avec un lait sans lactose, les troubles disparaissent : **le phénotype macroscopique est donc directement modifié.**

SVT

EXERCICE DE SYNTHÈSE

Les propriétés du code génétique

Remplir les cases vides du tableau en utilisant les informations fournies par les cases remplies et le code génétique.

Brin transcrit du gène			GGG	
Brin non transcrit du gène	TAC			
ARN messager				CCU
Polypeptide		Méthionine		

Utilisez vos connaissances sur les relations brin transcrit et brin non transcrit, brin non transcrit et ARNm, ARNm et polypeptide.

CORRIGÉ

Pour compléter le tableau, il faut utiliser la propriété de complémentarité des deux brins de l'ADN et celle du brin transcrit et de l'ARN messager, et bien sûr le code génétique.

Brin transcrit du gène	ATG	UAC	GGG	GGA
Brin non transcrit du gène	TAC	ATG	CCC	CCT
ARN messager	UAC	AUG	CCC	CCU
Polypeptide	Tyrosine	Méthionine	Proline	Proline

3 Variabilité génétique et mutation de l'ADN

Tous les individus d'une espèce possèdent les mêmes gènes, mais la diversité génétique des individus est due à l'existence, pour de nombreux gènes, de plusieurs allèles. Deux individus de la même espèce ne possèdent jamais les mêmes séquences de nucléotides pour la totalité de leur ADN. Les molécules d'ADN sont extrêmement stables, comme le montre la transmission des mêmes allèles de génération cellulaire en génération cellulaire ; cependant, elles peuvent subir, en un endroit quelconque de la séquence de nucléotides, un changement appelé mutation, notamment au moment de leur réplication. Ces mutations sont à l'origine de la biodiversité.

1 Mutants et mutations

A La drosophile mutante *D. antennapedia*

***Drosophila melanogaster* signifie littéralement « amateur de rosée au ventre noir ».**

La drosophile (mouche du vinaigre ou mouche des fruits), *Drosophila melanogaster* (document 1) constitue un matériel remarquable pour la recherche en génétique : une petite taille, qui permet un élevage facile en flacons, des générations abondantes (une femelle pond environ 400 œufs) se succédant tous les 10 à 12 jours.

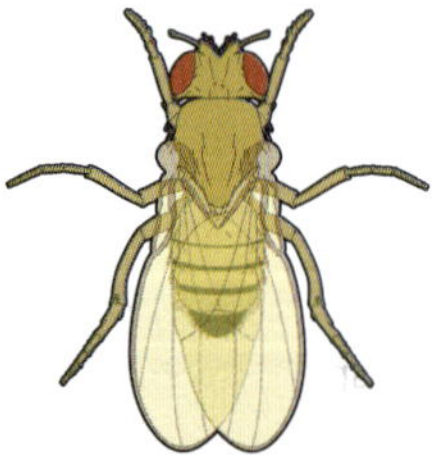

Document 1. *Drosophila melanogaster.*

- Dans un élevage de drosophiles où les générations se succèdent en grand nombre, identiques à elles-mêmes, il apparaît parfois un individu ayant un phénotype différent des autres mouches de son espèce qui porte des pattes à la place des antennes. Ainsi, la mouche de phénotype *antennapedia*, est dite « mutante ».

- Le croisement entre une drosophile femelle *antennapedia* et une drosophile mâle normale donne une descendance constituée de 50% de drosophiles normales et 50% de drosophiles *antennapedia*. Le **phénotype *antennapedia* est donc héréditaire**, ce qui révèle que le **génotype** des mouches *antennapedia* est **différent** de celui des mouches normales.

Pour interpréter les résultats, les généticiens partent de l'hypothèse que la différence entre les deux types de drosophiles est due à un seul gène. Les mouches normales possèdent deux allèles normaux du gène appelé *antennapedia* qui dirigent la mise en place normale des pattes au niveau du thorax. Les mouches *antennapedia* possèdent un allèle normal et un allèle muté responsable de la mise en place d'une paire de pattes à la place des antennes.

■ **L'allèle *antennapedia* (Antp) est dominant sur l'allèle normal (Antp⁺).**

■ **L'allèle Antp est présent dans toutes les cellules** de la mouche *antennapedia*, alors que ses parents (deux mouches sauvages) ne le possédaient pas.
Toutes les cellules de la mouche *antennapedia* proviennent du développement d'un œuf, cellule unique qui possédait l'allèle Antp. Cet œuf résulte de l'union de deux gamètes, un spermatozoïde et un ovule : c'est donc l'un des gamètes qui a apporté l'allèle Antp. Pourtant, les cellules des deux mouches sauvages à l'origine des gamètes possédait le génotype $Antp^+//Antp^+$. Au cours de la formation des cellules sexuelles, de nombreuses divisions cellulaires ont lieu, impliquant de nombreuses réplications de l'ADN. C'est au cours de ces réplications que des erreurs peuvent se produire, modifiant la séquence des nucléotides d'un allèle. La cellule fille portera cet allèle muté.

La mutation ne se produit pas chez l'individu mutant, mais dans une cellule sexuelle de l'un de ses parents.

■ Le terme de mutant laisse à penser que c'est un organisme entier qui a muté alors qu'en réalité, ce n'est pas le cas : **une mutation est un phénomène moléculaire qui se produit dans une cellule et au cours duquel un nouvel allèle se forme à partir d'un allèle préexistant. Ce nouvel allèle diffère de l'allèle initial par une modification de la séquence de nucléotides.**

B Mutations somatiques et mutations germinales

Puisque la mutation est un phénomène cellulaire, elle peut toucher toutes les cellules et notamment celles qui se divisent : en effet, les mutations ont souvent pour origine une erreur lors de la réplication de l'ADN.

■ Les cellules qui ne participent pas à la formation des cellules reproductrices sont appelées **cellules somatiques**. Les mutations qui affectent ces cellules (**mutations somatiques**) ne se transmettent pas à la descendance de l'individu concerné. Mais en se multipliant, ces cellules peuvent former un **clone** dont toutes les cellules possèdent la mutation.
Nous verrons que des mutations affectant certains gènes sont à l'origine de cancers.

Remarquez bien que dans le cas d'une mutation somatique, contrairement aux mutations germinales, le phénotype mutant peut être visible chez l'organisme où est apparue la mutation.

■ Si la mutation affecte une **cellule germinale**, c'est à dire une cellule à l'origine d'un ovule ou d'un spermatozoïde, l'allèle muté (**mutation germinale**) pourra être transmis à la cellule œuf : c'est le cas pour la mutation *antennapedia*. Toutes les cellules de l'organisme issues de cet œuf posséderont alors la séquence de nucléotides mutée.

2 Diversité des mutations et de leurs conséquences phénotypiques

Les mutations se traduisent toujours par une modification de l'ADN et peuvent affecter aussi bien les régions codantes que les régions non codantes.
Les mutations résultent de mécanismes divers. On envisage ici les principaux mécanismes qui affectent les séquences codantes, ainsi que leurs conséquences sur les polypeptides codés.

A Les mutations ponctuelles

Les mutations ponctuelles touchent un à quelques nucléotides seulement.

■ **La substitution** est un type de mutation qui entraîne le remplacement, en un site précis du gène, d'une paire de nucléotides par une autre. Selon les conséquences sur le polypeptide codé par le gène, on distingue :
- **Les substitutions silencieuses,** qui ne modifient pas la séquence du polypeptide en raison de la redondance du code génétique ;
- **Les substitutions faux-sens,** qui ont pour effet le remplacement d'un acide aminé par un autre dans la séquence du polypeptide. Certaines sont dites **conservatrices** car elles ne modifient pas les propriétés du polypeptide ; d'autres, au contraire, sont dites **non conservatrices**, car elles entraînent un changement plus ou moins important dans la fonction et les propriétés du polypeptide, pouvant aller jusqu'à la perte totale d'activité ;
- **Les substitutions non-sens,** qui entraînent le remplacement d'un triplet codant un acide aminé par un **triplet stop**. Au cours de la synthèse du polypeptide, il y a un arrêt anticipé de la traduction ; le polypeptide est tronqué, souvent instable et généralement non fonctionnel.

■ **Les mutations par délétion ou insertion** touchent une paire ou un petit nombre de paires de nucléotides qui sont soit supprimées soit ajoutées à la séquence nucléotidique. Elles entraînent le plus souvent un **décalage du cadre de lecture**, donc une modification complète de la séquence d'acides aminés en aval de la mutation et l'apparition fréquente d'un triplet stop anticipé. Le polypeptide codé par de tels allèles est généralement non fonctionnel.

B Les mutations de grande ampleur

■ La mutation consiste en la **répétition d'une courte séquence de nucléotides**, souvent un triplet. Un exemple remarquable est fourni par le gène dont certains allèles sont à l'origine d'une maladie héréditaire, la chorée de Huntington. Les premiers signes de la maladie apparaissent généralement à l'âge adulte, s'aggravent ensuite et traduisent une dégénérescence de certaines zones du cerveau : mouvements involontaires, désordonnés, perturbation du psychisme et finalement démence. Le **gène possède dans sa séquence une région contenant une répétition du triplet CAG :** ...CAGCAGCAGCAG... Les allèles diffèrent par le **nombre de répétitions du triplet :** entre 11 et 35 pour les allèles « normaux » ; 40 et au-delà pour les allèles à l'origine de la maladie.

■ Les mutations ponctuelles ne créent pas de nouveaux gènes, mais seulement de nouveaux allèles. Or, au cours de l'histoire évolutive des êtres vivants, de nouveaux gènes sont apparus, à l'origine de nouvelles fonctions. **La duplication génique** est un mécanisme essentiel ayant conduit à la formation de nouveaux gènes. La duplication d'un gène signifie qu'il se forme, par un mécanisme génétique complexe, **deux gènes identiques à partir d'un seul.** Ces duplications d'un même gène peuvent se répéter et conduire à la formation d'une famille du même gène. L'expression simultanée de tous ces gènes augmente la quantité de polypeptide synthétisé.

Les copies du gène dupliqué peuvent être l'objet de mutations ponctuelles différentes, pouvant conduire à des gènes différents, codant pour des protéines aux propriétés plus ou moins différentes. C'est le cas de la famille de gènes codant pour les protéines (pigments) impliquées dans la vision des couleurs. Ces gènes appartenant à une même famille constituent une famille multigénique.

3 Environnement et mutations

Les effets de l'environnement sont souvent avancés pour expliquer l'apparition de mutations. Nous allons étudier quelques aspects des rapports entre facteurs environnementaux et mutations.

A L'environnement et la fréquence des mutations : les agents mutagènes

Certains facteurs de l'environnement augmentent la fréquence des mutations. Il en existe deux grands types :
- les radiations : rayons X, ultraviolets, rayons γ d'origine atomique...
- les produits chimiques, très nombreux, dont les effets seront étudiés à propos des cancers.

B L'environnement oriente-t-il les mutations ?

Les mutations sont-elles des réponses à l'environnement ?

■ Par exemple, à la suite de l'épandage d'insecticide contre les moustiques, on a détecté dans la région traitée la présence de moustiques résistant à cet insecticide. Le phénotype [résistant] est héréditaire et on a découvert la mutation en cause : une **amplification par duplications successives d'un gène** codant pour une enzyme, l'estérase, qui neutralise les effets de l'insecticide (document 2).

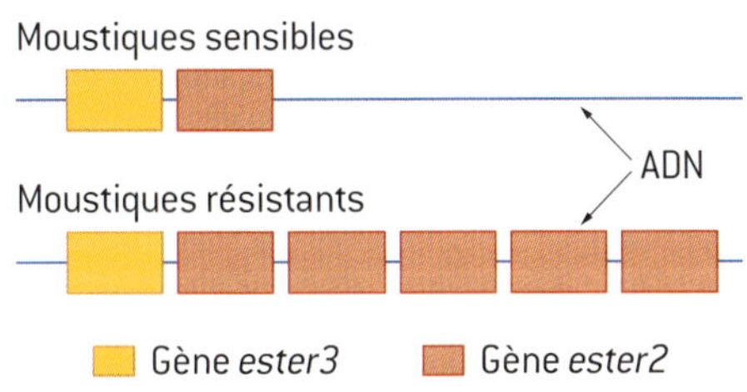

Document 2. Les gènes *ester*3 et *ester*2 codent des enzymes, les estérases, qui agissent sur les insecticides organophosphorés en les empêchant d'atteindre leur cible au sein de l'organisme.

Est-ce l'épandage de l'insecticide qui est responsable de l'amplification du gène de l'estérase *(ester 2)* déjà présent chez les moustiques [sensibles] ?

■ Dans un article de *Médecine Sciences,* Michel Raymond et son équipe écrivent :

« Il est important de comprendre que le moustique ne mute pas pour résister aux insecticides ! De très nombreuses mutations préexistent dans les immenses populations de moustiques. Lorsque des insecticides sont présents dans l'environnement, les moustiques qui ont des mutations favorables à leur survie se reproduisent, alors que les moustiques sensibles aux toxiques meurent ! **Les mutations conférant aux moustiques la capacité de résister aux insecticides ne sont pas engendrées, mais sélectionnées par le milieu.** »

4 Mutations et biodiversité

Précédemment, nous avons étudié les divers types de mutation et examiné leurs conséquences polypeptidiques de façon un peu formelle. La présentation de ces mutations peut aussi laisser penser qu'elles sont surtout la cause de maladies génétiques. En réalité, c'est une perception fausse. Les **mutations** sont aussi à l'origine de la **biodiversité du monde vivant.**

N'oubliez pas que la plupart des caractères sont déterminés par plusieurs gènes ; le caractère drépanocytaire ou non, dépendant essentiellement d'un seul gène, est un cas simple, assez rare.

N'oubliez pas que toutes les espèces sont apparentées : les mammifères et les poissons partagent des gènes hérités de leur ancêtre commun qui a vécu il y a environ 400 millions d'années.

■ Les mécanismes génétiques sous-tendant les variations de la couleur de la peau des humains sont complexes et loin d'être tous élucidés. Ce qui est sûr, c'est que plusieurs gènes sont en jeu. Un de ces gènes a été découvert en 2005, et c'est l'histoire de sa découverte que nous allons retracer.

■ La découverte de ce gène a pour origine une étude chez le poisson zèbre, une espèce qui présente des rayures sombres sur ses flancs. À la suite de l'apparition d'un mutant « golden » aux rayures beaucoup plus claires, les chercheurs ont identifié le gène en cause qui, chez ce poisson, intervient dans la pigmentation de la peau.
En essayant de retrouver ce gène dans le génome humain, les chercheurs ont découvert un gène, le **SLC24A5**, dont la séquence présente de très grandes similitudes avec le gène du poisson zèbre. Ce gène existe aussi chez de nombreux autres vertébrés.
En injectant le gène humain dans un œuf de poisson zèbre golden (par transgenèse), ils ont constaté que le gène humain rétablissait la pigmentation du poisson issu de l'œuf (comme le fait l'injection de l'allèle sauvage du gène du poisson zèbre). **Le gène humain intervient donc également dans la pigmentation de la peau.**

■ Les chercheurs ont ensuite identifié **deux allèles** de ce gène dans les populations humaines. Les deux allèles ne diffèrent que par un nucléotide : le triplet 111 est GCA dans un allèle, ACA dans l'autre (brin non transcrit). Les polypeptides résultant de l'expression de ces deux allèles diffèrent au niveau de leur 111e acide aminé : c'est l'**alanine** (Ala) pour l'un, la **thréonine** (Thr) pour l'autre. Lorsqu'on analyse les séquences du même gène chez le chimpanzé et chez d'autres vertébrés, on trouve au codon 111 le triplet GCA qui code pour l'alanine. Cela indique que l'allèle « Ala 111 » est l'allèle ancestral présent dans les premières populations humaines. L'allèle « Thr 111 » résulte d'une mutation de cet allèle.

■ Dans les populations humaines, la fréquence des deux allèles est très différente. Chez les Européens, la fréquence de l'allèle « Thr » muté est comprise entre 98,7 et 100% suivant les échantillons de population étudiés. Chez les Africains, elle est comprise entre 0 et 7%. Des études chez des populations métissées avec des génotypes Ala//Ala, Ala//Thr et Thr //Thr montrent que statistiquement les personnes de génotype Ala//Ala ont le plus fort index mélanique (la mélanine est le pigment qui donne la couleur à la peau) et celles de génotype Thr//Thr, le plus faible. Le gène intervient bien dans la pigmentation de la peau humaine, l'allèle « Ala » entraînant une peau plus foncée, l'allèle « Thr » une peau plus claire. On estime que ce gène intervient pour 25 à 38% des différences de l'index mélanique entre Européens et Africains ; mais d'autres gènes sont en jeu. **La mutation de l'allèle ancestral « Ala 111 » participe donc à la diversité de la couleur de peau chez les humains.**

■ Il reste à comprendre la différence de fréquence considérable de l'allèle ancestral et de l'allèle muté suivant les populations. Les premières populations d'*Homo sapiens* sont apparues en Afrique il y a un peu moins de 200 000 ans ; entre -70 000 et -60 000 ans, des populations ont quitté l'Afrique et colonisé les autres régions du monde. L'allèle muté étant présent dans toutes les populations, la mutation a probablement eu lieu avant la sortie d'*Homo sapiens* d'Afrique. La mutation germinale à l'origine de l'allèle muté a dû se produire chez un ou quelques individus.
Les mécanismes permettant **l'extension** d'un allèle dans les populations sont la **sélection naturelle et la dérive génique**. Dans le cas du gène SCL24A5, c'est la sélection naturelle qui est en cause. Une faible pigmentation de la peau dans les régions très ensoleillées assure une mauvaise protection contre les UV : c'est pourquoi dans les régions africaines, l'allèle « Thr » est soumis à une pression sélective négative et ne se répand pas dans les populations. Dans les régions européennes à plus faible éclairement, l'allèle « Thr » est soumis à une pression sélective positive et l'allèle ancestral à une pression négative. En effet, les UV en faible quantité sont indispensables pour la formation de vitamine D à partir d'un précurseur dans les cellules de la peau. En faible ensoleillement, l'absorption importante des UV par la mélanine fait que la synthèse de vitamine D est insuffisante chez les individus à la peau noire, d'où la sélection négative. **Nous portons dans notre bagage génétique l'histoire de nos ancêtres.**

Au niveau d'un groupe, la **biodiversité** provient des **mutations qui engendrent des gènes nouveaux,** mais aussi des **mutations qui en suppriment d'autres par délétion.**

La sélection naturelle

La sélection naturelle peut agir sur la fréquence des allèles des gènes dans une population si trois conditions sont remplies :
- existence d'une variation phénotypique (morphologique, physiologique ou comportementale) au sein de la population ;
- existence d'un déterminisme génétique pour cette variation ;
- existence d'une relation plus ou moins directe entre la variation phénotypique et la survie et/ou l'aptitude à la reproduction des divers phénotypes.

Si ces trois conditions sont remplies, la sélection naturelle peut provoquer un changement orienté de la fréquence des allèles en favorisant l'expansion de ceux qui confèrent aux individus une probabilité de survie et de reproduction plus grande.

EXERCICE DE SYNTHÈSE

Les thalassémies

Les allèles THA1, THA5 et THA8 codent pour la chaîne bêta de l'hémoglobine. Ils sont à l'origine de maladies génétiques, les **thalassémies**, caractérisées par l'absence de chaîne bêta de l'hémoglobine dans les hématies. Ces allèles résultent de mutations indépendantes de l'allèle bêta qui code pour une chaîne bêta normale de 146 aminés. Les caractéristiques des polypeptides résultant de l'expression des allèles THA1, THA5 et THA8 sont indiquées ci-dessous :
- THA1 : le polypeptide n'a que 17 acides aminés, identiques aux 17 premiers acides aminés de la chaîne bêta normale ;
- THA5 : le polypeptide n'a que 73 acides aminés. Les 72 premiers sont identiques à ceux de la chaîne bêta normale ; le 73e est différent. En outre, la région codante de l'ARN messager correspondant à THA5 comprend 439 nucléotides ;
- THA8 : le polypeptide comprend 59 acides aminés ; sa séquence est la même que celle de la chaîne bêta normale jusqu'au 42e acide aminé ; après, elle diffère. La séquence codante de l'ARN messager comprend 434 nucléotides.

Parmi les types de mutation suivants, substitutions silencieuse, faux-sens, non-sens, délétion et insertion, indiquer celle qui est à l'origine de chacun des trois allèles.

CORRIGÉ

Mutations à l'origine des allèles :
- THA1 : substitution non-sens ; le 18e triplet (codon) devient un triplet STOP ;
- THA5 : insertion d'un nucléotide au niveau du 73e triplet ; il en résulte un décalage du cadre de lecture avec un 73e triplet différent et un 74e qui devient un codon STOP ;
- THA8 : puisque l'ARNm ne comporte que 434 nucléotides, la mutation est une délétion de 4 nucléotides ; elle intéresse le 43e triplet et le premier nucléotide du 44e ; il en résulte l'apparition d'un STOP au 60e triplet.

4 Variation génétique et santé

Les notions abordées dans les trois premiers chapitres permettent d'envisager des questions de santé liées à la génétique : déterminisme et transmission de maladies génétiques, aspects génétiques du cancer, acquisition de la résistance aux antibiotiques par les bactéries.

1 Une maladie monogénique : la mucoviscidose

Le phénotype de la mucoviscidose se caractérise par des troubles du fonctionnement de nombreux organes, en particulier de l'appareil digestif et de l'appareil respiratoire.

A La mucoviscidose, maladie génétique

■ Le phénotype de la mucoviscidose a été bien défini à la fin des années 30 et trois hypothèses ont été proposées pour rendre compte de son origine : maladie due à un déficit nutritionnel durant la grossesse, maladie de nature infectieuse, maladie génétique héréditaire. Pour tester cette dernière hypothèse, les études ont porté sur un grand nombre de **familles où un enfant est atteint** : les chercheurs ont fait l'inventaire des frères et sœurs de l'enfant malade de façon à déterminer ceux qui sont eux-mêmes atteints et ceux qui ne le sont pas.
Au cours de la première étude de ce type (à une époque où le dépistage prénatal n'existait pas) portant sur 58 frères et sœurs d'enfants malades, on a obtenu les résultats suivants.

	Atteints	Non malades	Total
Frères et sœurs d'enfants malades	13	45	58

Le rapport $\frac{\text{enfants atteints}}{\text{nombre total d'enfants}}$ est égal à $\frac{13}{58}$ soit 22,4 %. Or, dans la **population générale,** la fréquence de la maladie était de $\frac{1}{2500}$ au moment de cette étude (soit 0,04 %).

La fréquence beaucoup plus élevée de la maladie dans les familles où un enfant est atteint que dans la population générale confirme l'hypothèse qu'il s'agit bien d'une **maladie héréditaire.**

■ La caractéristique essentielle de l'hérédité de la mucoviscidose est que **les parents d'enfants atteints ne sont jamais malades :** le phénotype malade est donc **récessif**. La transmission de la maladie s'explique en formulant l'hypothèse qu'un seul gène est en jeu. L'allèle responsable de la maladie (m) est récessif, l'allèle normal (m^+) est dominant. Les parents d'un enfant malade sont hétérozygotes. La fréquence des hétérozygotes pour cette maladie dans la population européenne est d'environ 1/25.

■ **Le gène impliqué**, appelé *CFTR*, comme la protéine qu'il code, a été localisé sur le chromosome 7. Actuellement, on connaît plus de 1500 mutations de ce gène, chacune à l'origine d'une forme plus ou moins grave de mucoviscidose.

La mutation du gène *CFTR* la plus fréquente (65 à70 %) est la mutation ΔF508, qui correspond à une délétion de 3 nucléotides se traduisant par la perte d'un acide aminé, la phénylalanine, en position 508.

■ **Le gène *CFTR*** s'exprime dans les cellules de la paroi des bronches, des canaux pancréatiques, biliaires, etc. Il code une protéine de 1480 acides aminés qui forme un canal dans la membrane de ces cellules. Son bon fonctionnement assure la fluidité du mucus. **La mutation ΔF508** empêche la protéine mutée (de 1479 acides aminés) de s'insérer dans la membrane. Le mucus est alors visqueux et ne peut être évacué**.**

DU GÉNOTYPE AU PHÉNOTYPE CLINIQUE		
	Normal	**Malade**
Génotype	Au moins 1 allèle normal du gène *CFTR*	2 allèles mutés du gène *CFTR*
Phénotype moléculaire	Protéine CFTR normale	Protéine CFTR mutée
Phénotype cellulaire	Canaux membranaires présents	Canaux membranaires absents
Phénotype macroscopique	Mucus fluide	Mucus épais, visqueux et conséquences cliniques

B Environnement et traitement de la maladie

C'est par des modifications de l'environnement du patient atteint que l'on traite le phénotype clinique.

■ **Au niveau pulmonaire :**
- **la kinésithérapie** vise à éliminer le mucus épais des bronches ;
- **l'antibiothérapie** lutte contre les infections microbiennes ;
- **des bronchodilatateurs** facilitent les échanges respiratoires ;
- **des mucolytiques** détruisent ou fluidifient le mucus ;
- **l'oxygénothérapie** apporte un supplément de dioxygène afin de maintenir ou rétablir une bonne oxygénation du sang…

■ **Au niveau de l'appareil digestif :**
- **suivre un régime** pauvre en graisses, car elles sont mal digérées en raison du déficit enzymatique ;
- **prendre des extraits pancréatiques** sous forme de gélules protégées de la digestion gastrique et libérant leur contenu enzymatique dans l'intestin…

Ces traitements sont *palliatifs* : ils agissent sur les symptômes et non sur les causes.

C La thérapie génique

■ Les tentatives de thérapie génique sont encore actuellement limitées au traitement des poumons. Contrairement aux traitements palliatifs, la thérapie génique cherche à agir au niveau des **phénotypes moléculaire et cellulaire**. Son principe consiste à introduire un allèle sain

SVT

Il n'existe pas aujourd'hui de traitement curatif de la maladie.

du gène dans les cellules touchées. Pour cela, on utilise un vecteur, en général un virus inactivé, dans lequel on a introduit le gène *CFTR*. On espère que les cellules ayant reçu et incorporé ce gène vont l'exprimer et produire ainsi des protéines CFTR normales. Malheureusement, les résultats cliniques obtenus jusqu'à présent ne sont pas probants.

D Le risque génétique

■ L'évaluation d'un risque génétique repose sur la connaissance du mode de transmission de la maladie, ici sur le fait que la mucoviscidose est une maladie monogénique récessive.

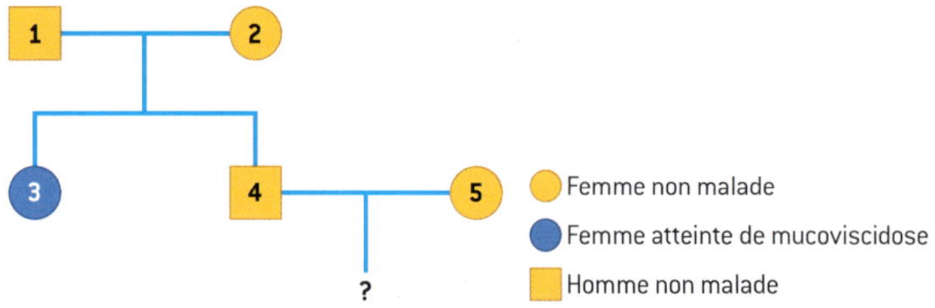

Document 1. Arbre généalogique d'une famille atteinte de la mucoviscidose. Le couple 4-5 n'est pas atteint par la maladie. Il faut que les deux membres du couple soient hétérozygotes pour connaître un risque d'avoir un enfant malade.

■ **Le couple 4-5** de l'arbre généalogique (document 1) attend un enfant. Il souhaite savoir quel est le risque (c'est-à-dire la probabilité) pour que cet enfant soit atteint de mucoviscidose étant donné la présence d'un cas de cette maladie dans la famille.

■ **La femme 5** n'a pas, sans autres précisions, de cas de mucoviscidose dans son ascendance ; la probabilité pour qu'elle soit hétérozygote est donc de $\frac{1}{25}$ comme dans la population générale en Europe.

■ **L'homme 4** a des parents 1 et 2 hétérozygotes **m^+//m** (avec **m** allèle muté récessif et **m^+** allèle normal dominant), car ils ont une fille 3 malade de génotype m//m. Les génotypes possibles des enfants du couple 1-2 sont regroupés dans l'échiquier de croisement ci-dessous.

Gamètes de 1 / **Gamètes de 2**	m^+	m
m^+	m^+//m^+ [non malade]	m^+//m [non malade]
m	m//m^+ [non malade]	m//m [malade]

■ **L'individu 4** n'est pas malade ; il peut donc avoir un des deux génotypes **m^+//m^+** ou **m^+//m**. L'échiquier de croisement indique que la **probabilité qu'il soit hétérozygote est de 2 sur 3**.

■ La probabilité pour que 4 et 5 soient tous les deux hétérozygotes est égale au produit des probabilités pour que chacun le soit : $\frac{2}{3} \times \frac{1}{25}$.

S'ils sont tous les deux hétérozygotes, ils ont, comme le couple 1-2 (voir tableau ci-dessus), une chance sur quatre d'avoir un enfant atteint.

Le risque pour le couple 4-5 d'avoir un enfant malade est donc de $\frac{2}{3} \times \frac{1}{25} \times \frac{1}{4} \times \frac{1}{150}$.

2 Une maladie multifactorielle : le diabète de type 2

Il existe des maladies héréditaires beaucoup plus communes que les maladies monogéniques et qui sont dites maladies à hérédité complexe ou maladies multifactorielles. Nous allons utiliser l'exemple du diabète de type 2 pour étudier les modalités de cette forme d'hérédité.

A Origine de la maladie

La concentration du glucose dans le plasma sanguin (**glycémie**) chez un individu non diabétique est « maintenue » en permanence au voisinage de 1 g·L^{-1}. On parle de diabète (ou d'hyperglycémie chronique) lorsque la glycémie est de façon permanente supérieure à 1,26 g·L^{-1}, à jeun.

Les deux types de diabète

- Le diabète de *type 1* (10 à 15 % des diabétiques en France) survient généralement chez le jeune et se traduit par une insuffisance grave ou totale de la sécrétion d'insuline. Il est dit insulinodépendant.
- Le diabète de *type 2* (85 à 90 % des diabétiques en France) survient le plus souvent après 45-50 ans. Il est liée à la fois à une déficience plus ou moins marquée de la sécrétion d'insuline et surtout à une réponse insuffisante des organes cibles de celle-ci (foie, muscles, tissu adipeux), d'où le terme insulinorésistant utilisé pour qualifier ce type de diabète.

a. Origine génétique, environnementale ou les deux ?

Intéressons-nous à deux groupes d'Indiens Pimas ayant migré il y a 700 ans depuis le continent asiatique : l'un s'est implanté en Arizona, l'autre a poursuivi sa route jusqu'au Mexique.
Les Pimas du Mexique vivent dans une région montagneuse difficile d'accès et gardent un mode de vie ancestral, alors que les Pimas d'Arizona, implantés près de Phoenix, sont très influencés par la civilisation occidentale. Un groupe de Mexicains voisins des Pimas du Mexique a également été examiné.

La prévalence du diabète est très différente chez les deux groupes de Pimas. Cette différence est corrélée au mode de vie, lequel se traduit par des différences de corpulence (80% des Pimas d'Arizona malades sont obèses). Les deux populations ayant les mêmes caractéristiques génétiques, cela met en évidence l'influence du mode de vie sur le risque de diabète de type 2.
La comparaison entre Pimas du Mexique et Mexicains souligne, quant à elle, le rôle des facteurs génétiques. Les Pimas sont près de trois fois plus touchés par le diabète de type 2 que les Mexicains, bien qu'ils aient un mode de vie semblable et un **indice de masse corporelle** (IMC) plus faible.

L'apparition du diabète de type 2 est donc liée à la fois à des facteurs génétiques et à des facteurs environnementaux.

L'IMC est calculé en divisant la masse d'un individu (en kg) par le carré de sa taille (en mètres). Un IMC > 26 indique un surpoids ; un IMC > 30 est signe d'obésité.

b. Le diabète de type 2, une maladie génétique

> **Le risque relatif est égal au rapport de la prévalence de la maladie chez les apparentés d'un sujet malade sur la prévalence dans la population.**

Les **études familiales** montrent que, statistiquement, lorsque l'un des parents est diabétique, 30 % des enfants le sont également et que lorsque les deux parents sont malades, 50 % des enfants le sont aussi. Or, la prévalence de la maladie dans la population générale est de 4 %. Cet excédent de cas familiaux est traduit par le **risque relatif** : 30/4 = 7,5 si l'un des parents est diabétique ; 50/4 = 12,5 si les deux parents le sont.

Cela signifie qu'il y a **7,5 fois plus de risque d'être diabétique** si l'un des parents est atteint que lorsqu'aucun des parents n'est malade et 12,5 fois plus de risque que dans la population générale lorsque les deux parents sont diabétiques. Cela ne signifie pas qu'un enfant dans l'un de ces cas sera obligatoirement atteint, ni que celui qui n'a pas de parent(s) diabétique(s) ne le sera pas.

La **méthode des jumeaux** permet de confirmer l'intervention de facteurs génétiques dans l'apparition de la maladie. Dans le cas des vrais jumeaux (monozygotes), l'indice de concordance est de 80 à 90 %. Cela signifie que si l'un des jumeaux est diabétique, l'autre l'est également dans 80 % des cas.

Dans le cas des faux jumeaux (dizygotes), l'indice de concordance est compris entre 16 et 40 %.

> ***L'indice de concordance* est le rapport du nombre de couples dont les deux jumeaux sont diabétiques sur le nombre total de couples de jumeaux étudiés.**

Le fait que l'indice de concordance soit plus élevé pour les jumeaux monozygotes (qui ont le même patrimoine génétique) que pour les jumeaux dizygotes (qui ont un patrimoine génétique différent) confirme l'importance des **facteurs génétiques** dans l'apparition du diabète de type 2.

Dans ce type d'étude, l'environnement n'intervient pas ; en effet, s'il existe des différences dans l'environnement de vrais jumeaux, il en existe de la même manière dans celui de faux jumeaux.

La méthode familiale et la méthode des jumeaux **confirment l'importance des facteurs génétiques dans l'apparition du diabète de type 2.**

c. Le diabète de type 2, une maladie polygénique

Si la maladie était monogénique récessive, tous les diabétiques de type 2 seraient homozygotes d//d et tous les enfants d'un couple de diabétiques devraient être diabétiques ; or, nous avons vu que seulement 50 % de la descendance de tels parents est diabétique. La maladie n'est donc pas monogénique récessive.

Si la maladie était monogénique dominante, il suffirait que l'un des parents soit homozygote (D//D) pour que tous les enfants soient atteints, ce qui statistiquement n'est pas le cas. Si les parents étaient hétérozygotes ($D//D^+$), statistiquement 75% des enfants seraient diabétiques et non 50%. La maladie n'est donc pas monogénique dominante.

La transmission du diabète de type 2 ne s'explique pas par un mode de transmission héréditaire mettant en jeu un seul gène. On admet qu'il s'agit d'un cas d'hérédité plus complexe, mettant en jeu les allèles mutés de plusieurs gènes dont ne connaît ni le nombre ni la nature. **Ces gènes sont dits gènes de susceptibilité. Certains allèles de ces gènes confèrent un risque accru de développer la maladie, mais, chacun d'eux, isolément, n'est pas suffisant pour la provoquer. C'est une association d'allèles de susceptibilité de plusieurs gènes qui constituent le terrain génétique prédisposant à l'apparition de la maladie.**

d. Le diabète de type 2, une maladie environnementale

Comme le suggère les études comparative sur les Pimas, l'obésité est un facteur de risque important du diabète.

Les études épidémiologiques montrent que l'**obésité abdominale** est le facteur de risque le plus important. Cette forme d'obésité se révèle simplement par la mesure du tour de taille.

■ L'**épidémie** de diabète observée dans les populations mondiales est due à une augmentation de l'obésité constatée dans le monde. Cette obésité, considérée elle-même comme une maladie multifactorielle, est en grande partie liée à des facteurs environnementaux (mauvaise alimentation, vie sédentaire, activité physique insuffisante...) et à des prédispositions génétiques.

3 Perturbations du génome et cancérisation

Le dépistage d'un cancer se fait le plus souvent par la détection d'une tumeur. Celle-ci est formée de cellules aux propriétés différentes des cellules normales du tissu dans lequel elle se développe. Il s'agit d'étudier les propriétés de ces cellules cancéreuses et l'origine de ces particularités.

A Le phénotype des cellules cancéreuses

Les cellules cancéreuses :
- **se divisent de façon indépendante** sans attendre les signaux chimiques émis par leur environnement, normalement nécessaires au déclenchement des divisions ;
- **ignorent les signaux** émis par les cellules adjacentes qui, comprimées, leur ordonnent d'arrêter de se diviser ;
- **stimulent la croissance des capillaires sanguins** irriguant la tumeur et lui fournissant un surplus de nutriments et de dioxygène au détriment des autres cellules ;
- **sont immortelles.** En culture une cellule normale meurt au bout d'une soixantaine de divisions ; dans une tumeur, si beaucoup de cellules meurent prématurément à cause des anomalies génétiques, celles qui survivent se reproduisent indéfiniment échappant au vieillissement qui normalement débouche sur la mort cellulaire (appelée apoptose) ;
- **sont capables de quitter l'organe d'origine** et d'établir de nouvelles tumeurs à distance (appelées métastases).

Les cellules cancéreuses ont un phénotype tel qu'elles **n'obéissent plus aux règles de la vie en société des cellules.**

B L'origine du phénotype des cellules cancéreuses

■ À l'échelle cellulaire, **les propriétés de la cellule cancéreuse sont héréditaires.** Les cellules cancéreuses possèdent donc un **génome différent** de celui des cellules normales. Comme une cellule cancéreuse provient toujours d'une cellule non cancéreuse préexistante, le passage de l'une à l'autre résulte de mutations. Il s'agit de **mutations somatiques**. On a montré que toutes les cellules d'une tumeur ont pour origine une seule cellule : l'ensemble de ces cellules cancéreuses constitue donc un **clone**. En réalité, au cours du développement de la tumeur, de nouvelles mutations surviennent sans cesse : il s'agit d'un clone dans lequel les cellules peuvent différer les unes des autres.

■ Au sein de toutes les cellules de l'organisme, **de nombreux gènes codent des protéines** qui contrôlent directement ou indirectement les différentes phases du cycle cellulaire. Ces gènes, appelés **proto-oncogènes (ou pré-oncogènes)**, empêchent les cellules de se diviser de façon anarchique.
La mutation de certains de ces proto-oncogènes, différents selon les cancers, les transforme en **oncogènes** qui entraînent la prolifération cellulaire.

> **Oncogène vient du grec *ogkos* « grosseur » et *genês* « origine », engendrer.**

■ Dans le génome de toutes les cellules existent des **gènes dits « suppresseurs de tumeur » ou anti-oncogènes**. Un des plus importants est appelé *P53*. Sa fonction normale est de bloquer la division cellulaire en cas de lésion de l'ADN (mutation d'un proto-oncogène, par exemple) et de déclencher éventuellement la mort de la cellule si la réparation n'a pas lieu. **Si le gène P53 lui-même est muté**, les protéines P53 mutées sont incapables de remplir leur rôle et la prolifération des cellules cancéreuses peut avoir lieu.

■ **La plupart des cancers résultent de mutations somatiques et ne sont pas héréditaires.** Le cancer du sein dans la plupart des familles n'est pas héréditaire. Cependant, il existe des familles où sont transmis des allèles de prédisposition d'un gène qui augmentent la probabilité d'apparition d'un cancer du sein (allèles des gènes BRCA1, BRCA2, etc.). Dans ce cas, il y a une transmission héréditaire de la maladie.

4 Variations génétiques des bactéries et résistance aux antibiotiques

La découverte des **antibiotiques** a fait naître l'espoir que les maladies liées aux infections bactériennes allaient être éradiquées. L'apparition du phénomène de résistance bactérienne aux antibiotiques a mis fin à cet espoir. Qu'est-ce qui est à l'origine de cette résistance ?

A Mise en évidence de la résistance aux antibiotiques

■ *Escherichia coli* est une bactérie intestinale des mammifères, très commune chez l'Homme. C'est une bactérie commensale, mais certaines souches peuvent devenir pathogènes et provoquer des gastroentérites, des infections urinaires, des septicémies...

■ Chez deux malades A et B atteints d'une infection due à *E. coli*, on recherche le ou les antibiotiques efficaces sur les souches responsables. Pour cela, on réalise un **antibiogramme** pour chaque malade.
On ensemence la surface d'un milieu solide avec la souche à tester et on dépose de petits disques de papier filtre imbibés chacun d'un antibiotique déterminé. L'ensemble est placé à l'étuve à 37°C pendant 24 heures.
Au bout de ces 24 heures, on constate que les bactéries se sont multipliées et ont envahi le milieu de culture sauf autour de certains disques : leur croissance a été bloquée par la présence de l'antibiotique qui, à partir de chaque disque, a diffusé dans le milieu de culture.
Le malade A pourra être traité par les antibiotiques CF ou AMC, alors que B pourra être traité par n'importe lequel des quatre antibiotiques.
La souche *d'Escherichia coli* qui a infecté le **malade A est sensible aux antibiotiques CF et AMC, mais résistante aux antibiotiques AMX et TIC.** Par contre, la souche qui a infecté le **malade B** est sensible aux quatre antibiotiques.

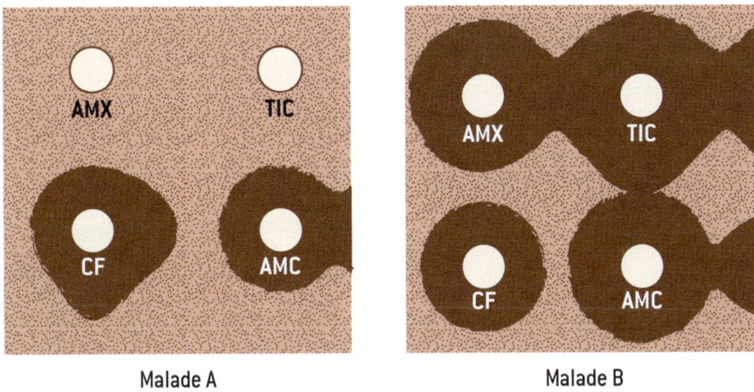

Document 2

B Histoire de la résistance du staphylocoque doré aux antibiotiques

Le staphylocoque doré (*Staphylococcus aureus)* est l'une des principales bactéries responsables d'infections. Présent sur les muqueuses, en particulier du nez, il a un fort pouvoir pathogène : infections cutanées, infections de plaies traumatiques, infections postopératoires... Il est responsables de nombreuses infections nosocomiales graves.

Nosocomial vient du grec *nosos* « maladie » et *komein* « soigner » : se dit des maladies contractées en milieu hospitalier.

Le document 3 présente l'évolution de la résistance du staphylocoque doré à trois antibiotiques.

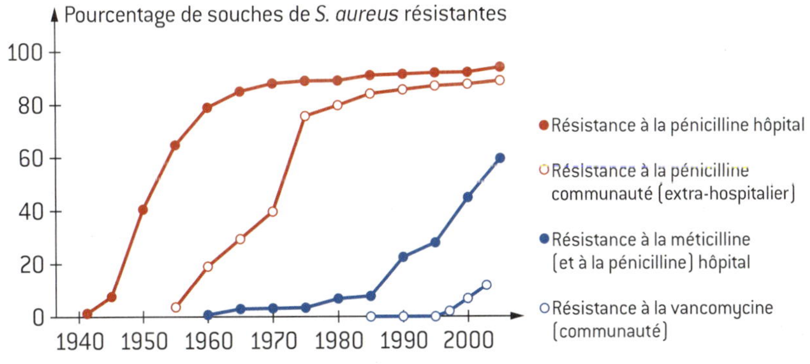

Document 3. Évolution de la résistance du staphylocoque doré (S. aureus) à trois antibiotiques.

La résistance à un antibiotique déterminé (par exemple, la pénicilline) est d'abord détectée chez quelques souches bactériennes puis on constate que, peu à peu, elle se généralise. Au bout de quelques années, la majorité des souches sont résistantes. Le même phénomène se produit lorsqu'on utilise un nouvel antibiotique (par exemple, la méticilline) : certaines souches de staphylocoque sont ainsi devenues multirésistantes. Comment expliquer l'apparition de cette résistance et son expansion ?

C L'acquisition de la résistance

Chaque antibiotique agit sur une cible, un constituant de la bactérie, en entravant une fonction vitale et donc sa multiplication (document 4).

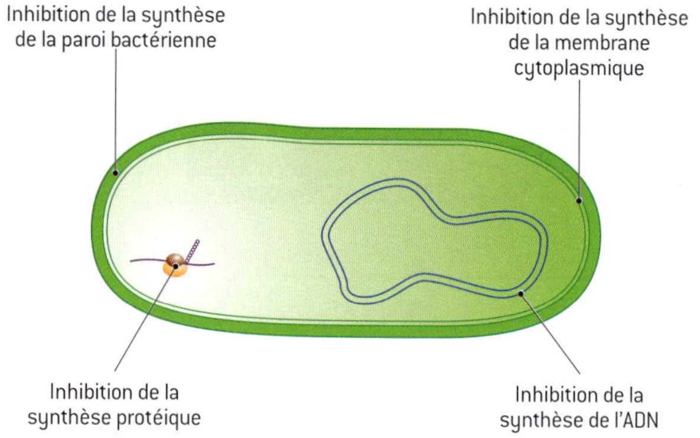

Document 4. Cibles bactériennes des antibiotiques.

Plusieurs mécanismes sont à l'origine de la résistance aux antibiotiques :
- une modification de la cible de l'antibiotique ; les protéines cibles constitutives du ribosome peuvent muter, la molécule antibiotique ne les « reconnaissant » pas, elle ne peut plus s'y fixer ;
- la production d'enzymes par les bactéries, qui inactivent ou détruisent l'antibiotique ;
- la modification de la perméabilité membranaire bactérienne empêchant l'entrée de l'antibiotique ou favorisant son expulsion.

Tous les moyens qui permettent aux bactéries de s'opposer à l'action des antibiotiques résultent de la modification de leur génotype, donc de mutations. Celles-ci sont ensuite transmises à tous les descendants de la bactérie mutante.

D La résistance aux antibiotiques, un processus par étapes

La résistance aux antibiotiques a pour origine des mutations. Bien que la fréquence des mutations soit faible (une bactérie mutante sur 10^7 ou 10^9 bactéries), elle reste significative car **la vitesse de multiplication des bactéries est énorme** si les conditions sont favorables : une bactérie peut donner naissance à 10^9 descendants en quelques heures.

Lors d'une infection, les bactéries responsables se multiplient de manière intensive dans l'organisme. Dans l'énorme population ainsi formée, il existe toujours des formes mutantes plus ou moins résistantes.

Si on traite une infection bactérienne avec un antibiotique efficace, on modifie le milieu de vie des bactéries : les formes sensibles vont disparaître. Les mutants résistants, épargnés, vont se multiplier : l'antibiotique exerce donc une pression sélective **(sélection naturelle)**. Cependant, une fois que les défenses naturelles de l'organisme **(mécanismes immunitaires)** ont acquis toutes leurs capacités (ce qui demande toujours quelques jours après le début de l'infection), elles peuvent contrôler l'invasion (ou l'infection) bactérienne et éventuellement les éliminer.

Durant la période où les formes résistantes sont présentes, leur diffusion dans la population humaine est possible par transmission entre individus **(contagion)**.

Étant donné leur taille gigantesque, les populations bactériennes contiennent toujours un grand nombre de bactéries mutantes. Il faut bien se rappeler que l'antibiotique ne provoque pas les mutations et que celles-ci se produisent au hasard.

L'acquisition de la résistance à un antibiotique ne signifie pas une augmentation de la virulence. Les formes mutantes ne sont ni plus ni moins pathogènes que les formes non mutantes

EXERCICES DE SYNTHÈSE

EXERCICE 1 Critique

Dans les articles de certains journaux ou dans certains sites Internet, on voit souvent des expressions telles que : « On a découvert le gène de la mucoviscidose, on a découvert le gène de la myopathie », etc.

Expliquer pourquoi de telles expressions sont critiquables.

EXERCICE 2 Une maladie génétique très rare

Le *xeroderma pigmentosum* est une maladie génétique, héréditaire, très rare, due à une mutation d'un des gènes intervenant dans la réparation de l'ADN.

À partir des informations extraites des documents A, B et C, et en utilisant vos connaissances, répondez aux questions suivantes.

Indiquer si cette maladie est récessive ou dominante et préciser les génotypes des enfants malades et de leurs parents. Calculer la probabilité pour que l'enfant à naître du couple III4-III5 soit atteint de la maladie.

Montrer en quoi des mutations germinales, des mutations somatiques et l'environnement contribuent à la réalisation du phénotype malade.

Document A. Le phénotype « *xeroderma pigmentosum* »

Le *xeroderma pigmentosum* se caractérise dès les premières années de la vie par l'apparition de rougeurs sévères, de type « coup de soleil » après une exposition même minime au soleil. Ces brûlures cicatrisent mal et peuvent persister plusieurs semaines. La peau est sèche (*xeroderma* signifie « peau sèche ») et le terme *pigmentosum* fait référence à l'aspect très pigmenté de la peau exposée au soleil. En effet, des tâches brunes irrégulières apparaissent progressivement sur toutes les parties exposées du corps : tête, cou, etc. Des cancers cutanés surviennent généralement avant l'âge de 10 ans dans les zones exposées au soleil. Une fréquence des cancers cutanés de 1000 à 4000 fois supérieure à celle de la population générale est observée chez les personnes malades.
La fréquence des allèles à l'origine de la maladie est de l'ordre de 1 pour 1000 dans la population.
On a constaté que les cellules cancéreuses de la peau présentaient fréquemment des mutations ponctuelles du gène suppresseur de tumeur *P53* en des sites que les protéines normales, codées par les gènes de réparation de l'ADN, réparent en cas d'altération par les UV.

Document B. Arbre généalogique d'une famille dont certains membres sont atteints de *xeroderma pigmentosum*.

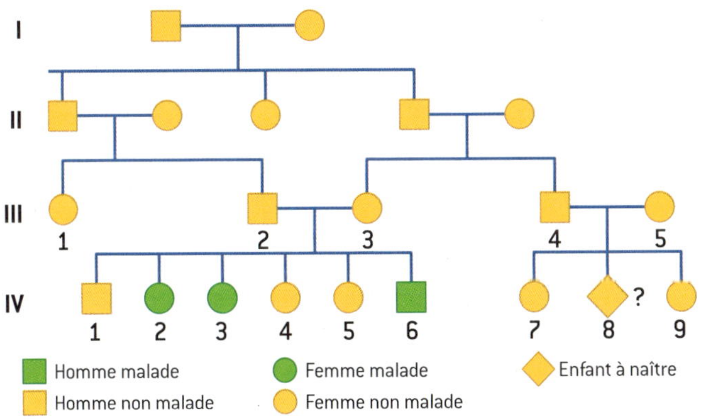

Document C. Le traitement

Il n'existe actuellement aucun traitement permettant de guérir de cette maladie. Le seul moyen de prévenir l'apparition des lésions cutanées et des cancers est d'éviter au maximum et en permanence l'exposition au soleil. Par exemple, à l'extérieur il est recommandé de porter des chapeaux à large bord, des gants, des vêtements longs, des cols fermés. Les fenêtres de la maison, de la voiture doivent être équipées de filtres anti-UV.

CORRIGÉ

EXERCICE 1 Critique

Pris à la lettre, ce type d'expression signifie que les personnes malades possèdent un gène responsable de la maladie que les autres ne possèdent pas. C'est faux, car c'est confondre **gène et allèles d'un gène**. Un gène code une protéine jouant un rôle spécifique (exemple : le gène *CFTR* code une protéine membranaire). Il existe plusieurs allèles de ce gène, dont certains codent pour une protéine non fonctionnelle : ce sont ces allèles qui sont à l'origine de la maladie. Désigner un gène par le nom d'une maladie, c'est-à-dire décrire la fonction d'un gène par le résultat de son seul dysfonctionnement est une sorte de non-sens.

EXERCICE 2 Une maladie génétique très rare

Exploitation du document B

Le texte introductif indique qu'il s'agit d'une maladie héréditaire monogénique. Les parents des enfants atteints ne sont pas malades, ce qui indique que la maladie est récessive.

On désigne par **x** un allèle du gène à l'origine de la maladie et par $\mathbf{x^+}$ un allèle fonctionnel. Puisque la maladie est récessive, les enfants atteints ont le génotype **x//x**. Leurs parents sont hétérozygotes (phénotype non malade et transmission de l'allèle **x** à leurs enfants atteints). Pour chacun, le génotype est $\mathbf{x^+//x}$.

Pour que l'enfant du couple III4-III5 soit atteint de la maladie, il faut que les deux parents soient hétérozygotes. La probabilité pour que III5 (sans histoire familiale de la maladie indiquée) le soit correspond à la fréquence de l'allèle dans la population, soit 1 pour 1000.

Puisque III3 est hétérozygote, un des parents de III4 l'était aussi. La probabilité pour que III4 soit hétérozygote est donc de 1/2.

La probabilité pour que III4 et III5 soient tous les deux hétérozygotes est donc de

$$\frac{1}{2} \times \frac{1}{1000} = \frac{1}{2000}.$$

S'ils sont hétérozygotes, la probabilité pour qu'ils aient un enfant atteint du *xeroderma pigmentosum* est de ¼.

La probabilité pour que leur enfant ait cette maladie génétique est donc de

$$\frac{1}{2000} \times \frac{1}{4} = \frac{1}{8000}.$$

Exploitation des documents A et C

Bien que la maladie soit monogénique héréditaire, les documents A et C montrent l'importance de l'exposition au soleil (et donc aux UV), donc d'un facteur d'environnement dans l'apparition du phénotype clinique, macroscopique. Les manifestations de la maladie, liées à l'anomalie génétique, en particulier les cancers cutanés, apparaissent si la peau est exposée au soleil et plus précisément aux rayons UV. Contrairement aux autres cellules de l'organisme, les cellules cancéreuses présentent un ou deux allèles du gène *P53* muté ; cela signifie que les cellules à l'origine de ces cellules cancéreuses ont subi une mutation somatique du gène *P53*.

Bilan

Les enfants malades ont hérité des allèles responsables de leur maladie de leurs parents (cousins germains) lesquels l'ont hérité d'un de leurs parents, etc. Mais cet allèle non fonctionnel d'un gène de réparation de l'ADN provient d'une mutation d'un allèle fonctionnel. En remontant dans l'ascendance de la famille, on trouverait un cas où les deux parents ont deux allèles fonctionnels du gène et un de leurs enfants un allèle fonctionnel et **un allèle muté**. Cela suppose une **mutation germinale** (néomutation) lors de la formation d'un gamète d'un des deux parents. C'est **le point de départ** de la transmission de l'allèle dans la famille, mais la maladie n'apparaît qu'à la suite d'une union entre cousins germains, tous deux possesseurs de l'allèle muté.

Les rayons UV du soleil sont mutagènes : ils provoquent des mutations dans l'ADN des cellules. Normalement, les protéines codées par les gènes de réparation de l'ADN suppriment ces erreurs, mais dans une cellule où les deux allèles du gène de réparation de l'ADN sont mutés, les dommages provoqués par les UV ne sont pas réparés. Ils deviennent permanents dans la cellule : **il s'agit de mutations somatiques**. Si ces mutations touchent des protooncogènes ou des gènes suppresseurs de tumeur comme le gène *P53*, la probabilité pour que la cellule devienne cancéreuse est élevée.

Le schéma ci-dessous illustre la part des mutations germinales, somatiques et de l'environnement dans l'apparition du phénotype *xeroderma pigmentosum*.

Mutation germinale d'un gène de réparation de l'ADN

↓

Transmission au cours des générations successives

↓

Enfant ayant deux allèles mutés dans la famille

↓

Mutations somatiques dans les cellules de la peau à la suite de l'exposition aux UV du soleil (environnement) et à l'absence de réparation de l'ADN

↓

Cancers cutanés (phénotype clinique)

SVT

SVT

5 La mobilité horizontale dans l'histoire de la Terre

www.annabac.com

Jusqu'à la fin du XIXe siècle et au début du XXe siècle, la conception dominante que l'on avait de l'histoire de la Terre était celle de la fixité : on pensait que la position des continents et des océans n'avait pas changé au cours des temps géologiques. La conception actuelle, qui date des années 1960, montre au contraire que des changements de la position des continents et des bassins océaniques ont eu lieu au cours de l'histoire du globe à la suite de mouvements horizontaux.

1 Wegener et la dérive des continents

A La théorie dominante au début du XXe siècle

La théorie dite de la contraction du globe repose sur l'idée que la Terre, initialement en fusion, ne cesse de se refroidir. En se refroidissant, l'intérieur du globe se contracte, entraînant le plissement de son écorce superficielle, à la manière de la peau d'une vieille pomme qui se fripe en se desséchant. **Selon cette conception, les continents et les fonds océaniques sont fondamentalement de même nature.**

B La théorie de Wegener (1912)

■ En 1912, Alfred Wegener, un météorologue allemand, s'interroge sur la similitude des formes des côtes américaines et des côtes européenne et africaine de part et d'autre de l'Atlantique. Cette similitude ne pouvait être liée au hasard, ni être expliquée par la théorie de la contraction du globe.

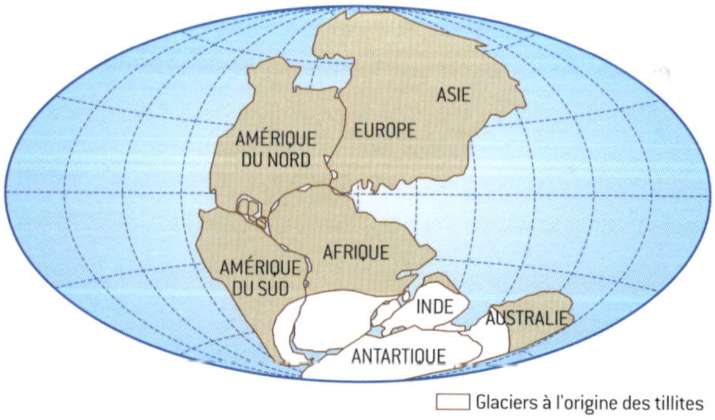

Document 1. La Pangée.

« La première idée des translations continentales me vint à l'esprit dès 1910. En considérant la carte du Globe, je fus subitement frappé par la concordance des côtes de l'Atlantique. »

Extrait de l'ouvrage de Wegener (1928) :
La Genèse des continents et des océans, traduit de l'allemand par Armand Lerner, réédition janvier 1991, Christian Bourgois Éditeur.

Wegener émet alors l'idée, et c'est l'**hypothèse fondamentale**, que les continents étaient **autrefois** réunis en un seul **supercontinent,** la Pangée, entouré d'un océan unique (document 1).

Wegener **suppose** que la Pangée s'est par la suite fragmentée et que les différents morceaux (continents) se sont séparés en se déplaçant sur les fonds océaniques comme des icebergs dérivant à la surface de la mer.

> « On remarquera aisément que toute la conception de la dérive des continents procède de l'hypothèse que les fonds océaniques et les socles continentaux diffèrent par leur constitution, qu'ils sont en quelque sorte des couches différentes du Globe. La plus extérieure de celles-ci est constituée par les socles continentaux. Les fonds océaniques représentent la surface de la couche suivante sur laquelle reposeraient les socles continentaux. »

Wegener **trouve une confirmation** de l'existence de deux couches de nature différente en étudiant la répartition des altitudes à la surface du globe. Si la nature des continents et des océans était la même, la répartition des altitudes devrait être unimodale. Or, la courbe de fréquence présente deux maxima : l'un au voisinage d'une centaine de mètres, l'autre vers -4700 m (document 2).

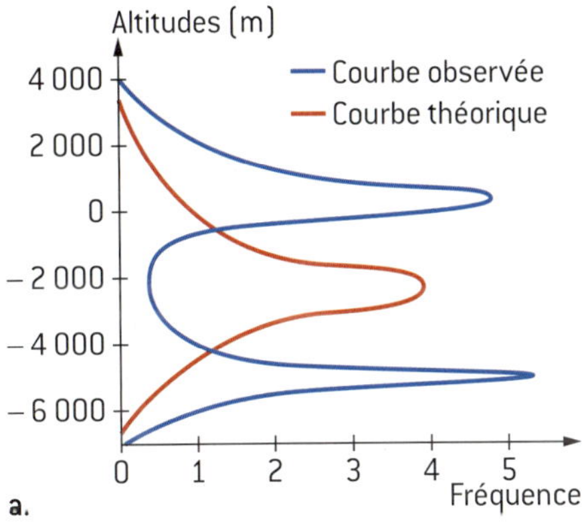

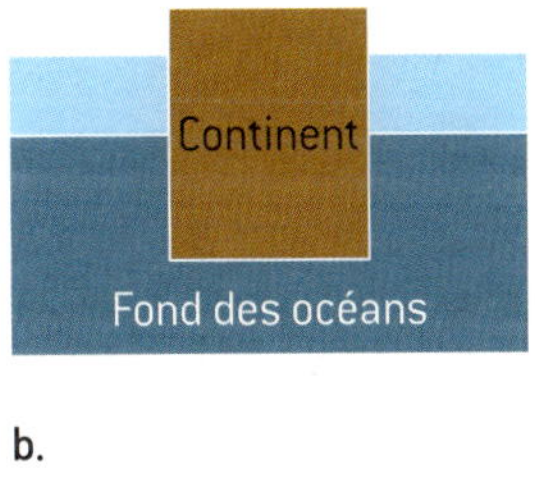

Document 2.
a. Distribution des altitudes terrestres par rapport au niveau de la mer.
b. Relations entre socles continentaux et fonds océaniques selon Wegener.

Wegener apporte divers arguments à l'appui de sa théorie.

> « Ce n'est qu'en réunissant les données de toutes les sciences qui se rapportent à l'étude du Globe que nous pourrons espérer obtenir « la vérité », c'est-à-dire l'image qui systématise de la meilleure façon la totalité des faits connus et qui peut par conséquent prétendre être la plus probable. Et même dans ce cas, nous devons nous attendre à ce qu'il soit modifié par toute nouvelle découverte. »

• **Des arguments climatologiques.** Wegener remarqua que des dépôts glaciaires (tillites), tous âgés de 300 millions d'années, étaient présents au sud de l'Amérique du Sud, au sud de l'Afrique, au sud de l'Inde, en Antarctique et au sud de l'Australie (document 3). La présence de ces tillites ne s'explique pas avec la configuration actuelle des continents. En revanche, elle s'explique bien si les continents étaient regroupés au voisinage du pôle Sud il y a 300 millions d'années (document 1).

Les tillites (ou till) sont des sédiments déposés par les glaciers (mélange de boue, de sable de galets...), qui témoignent du climat qui régnait dans la région où ils se sont déposés.

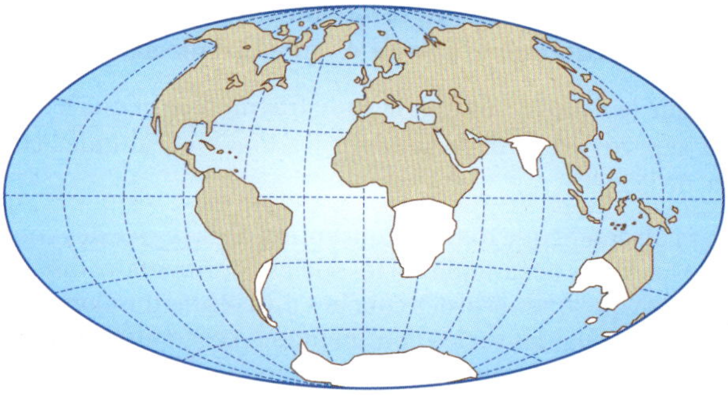

Document 3. Répartition actuelle (en blanc) des tillites qui se sont déposées il y a 300 millions d'années.

Une espèce terrestre, africaine par exemple, ne peut se retrouver en Amérique du Sud ou en Australie... simplement parce qu'elle est incapable de traverser les océans à la nage.

• **Des arguments paléontologiques.** Wegener montra que l'on les retrouvait, sur plusieurs continents, un certain nombre d'espèces fossiles datées du Trias. La présence de ces espèces ne peut s'expliquer qu'en admettant que les continents étaient accolés les uns aux autres, il y a environ 250 millions d'années (document 4).

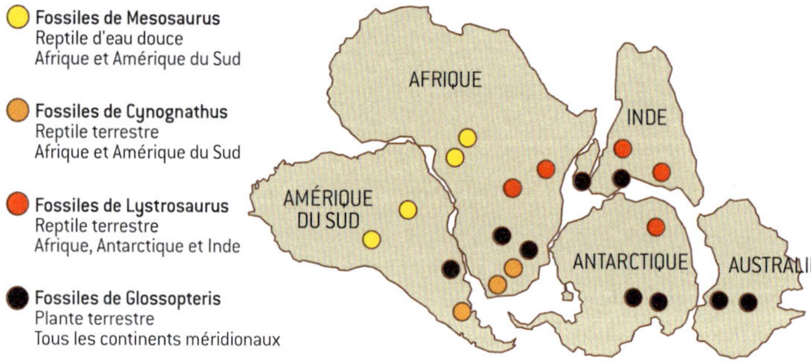

Document 4.

• **Des arguments géologiques.** Le lent soulèvement des boucliers scandinave et canadien (1 mètre par siècle), à la suite de la fonte des calottes glaciaires qui les recouvraient il y a 20 000 ans, témoigne de l'existence de mouvements verticaux. Partant de cette observation, Wegener conclut :

> « Si les socles continentaux flottent dans un fluide, fût-il même très visqueux, il n'y a aucun motif d'admettre qu'ils ne puissent se mouvoir que verticalement, les mouvements horizontaux étant exclus. »

Ainsi, durant les années 1910-1920, la théorie de la dérive des continents était bien acceptée.

C Critique et rejet de la théorie de Wegener

Au début du XXe siècle, les géophysiciens étudient la structure interne de la Terre par l'intermédiaire des ondes sismiques. Ils en déduisent que l'intérieur du globe est solide et qu'il n'y a pas de couche « plastique », en particulier au niveau des fonds océaniques : **la théorie de Wegener stipulant le déplacement des continents sur un milieu plastique est alors infirmée.**

La rigidité des couches terrestres s'oppose à l'idée que les continents se déplacent sur la croûte océanique. Les forces imaginées par Wegener pour les faire dériver sont beaucoup trop faibles. **A la fin des années 1920,** en l'absence d'une explication plausible du mécanisme moteur de la dérive des continents, les géophysiciens, puis les géologues **rejettent la théorie de Wegener**. De 1930 à 1960, on revient à une théorie fixiste du globe.

Toutefois, quelques géologues, notamment l'Anglais Arthur Holmes et le Sud-Africain A. Du Toit continuent d'accorder du crédit à la théorie de Wegener et la développent. Holmes postule l'existence de mouvements ascendants dans le manteau sous les continents et provoquant leur dérive.

2 Expansion des fonds océaniques et dérive des continents

L'idée de mobilité horizontale des continents allait renaître à la suite de découvertes sur les océans.

A 1945-1960 : de nouvelles données sur les océans

Les géophysiciens ont recueilli de nombreuses nouvelles données entre 1945 et 1960 grâce au développement des techniques océanographiques : navires spécialisés, bathyscaphe, sonars, sismique réflexion, sismique réfraction…

a. La bathymétrie des fonds océaniques

La bathymétrie est la mesure des profondeurs sous-marines. Elle est réalisée en continu grâce au sondage par ultrasons et non plus ponctuellement par des sondages manuels. Les relevés mettent en évidence (document 5) :
- des rides, ou dorsales océaniques, dans tous les océans, dont les sommets se situent à 2 à 2,5 km sous la surface de la mer ;
- des plaines abyssales (4 à 5 km de profondeur) ;
- des marges continentales (plateau continental, talus), zone de transition entre océans et continents ;
- des fosses océaniques profondes (de 6 à près de 12 km de profondeur) en bordure du Pacifique.

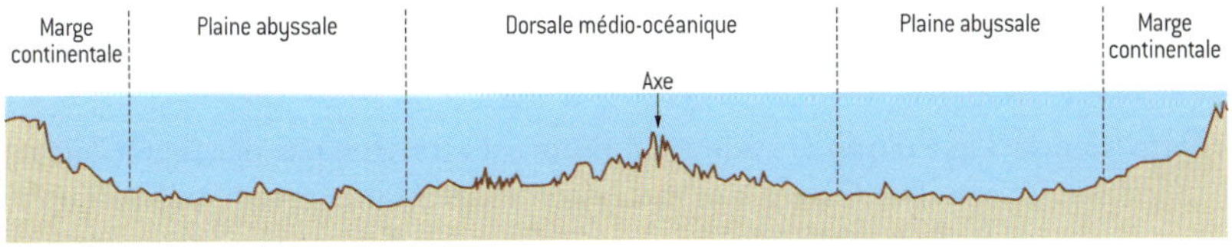

Document 5. Profil bathymétrique de l'océan Atlantique.

La découverte fondamentale est l'existence de dorsales océaniques dans tous les océans, qui forment une chaîne d'environ 60 000 km de longueur sur 1000 à 2000 km de largeur. À l'axe de certaines de ces dorsales (celle de l'Atlantique, par exemple), un fossé bien net occupe toute la longueur de la dorsale. Les observations révèlent de plus une **activité sismique importante** au niveau de l'axe des dorsales.

b. La croûte océanique et les sédiments des fonds marins

Les progrès techniques (sismique réflexion) permettent de mettre en évidence certaines caractéristiques des **dépôts sédimentaires sur les fonds océaniques**.

- **Les sédiments sont très peu épais à l'axe de la dorsale**, puis s'épaississent progressivement à mesure que l'on s'éloigne de celle-ci. Ces sédiments sont essentiellement constitués d'argile et de coquilles d'organismes planctoniques.
- L'épaisseur maximale de la couche de sédiments est cependant **beaucoup plus faible** que celle à laquelle on pourrait s'attendre s'ils s'étaient accumulés depuis le début de l'histoire de la Terre (autrement dit, si la surface terrestre était restée telle qu'elle existe aujourd'hui, comme le stipule la théorie fixiste).
- Les forages profonds ont confirmé que les **fonds océaniques** (sous les sédiments, lorsqu'ils existent) sont exclusivement de **nature basaltique**.

c. Le flux de chaleur à l'axe des dorsales

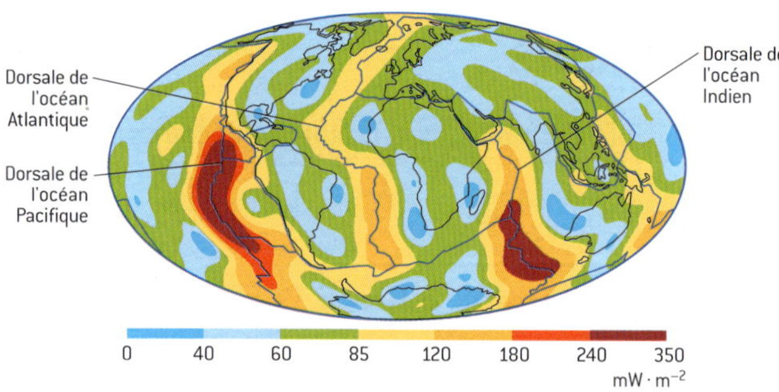

Document 6. Flux de chaleur à la surface du globe terrestre.

Dans un système « thermodynamique », **la chaleur s'écoule des parties les plus chaudes vers les plus froides.** Dans la croûte terrestre, comme la température augmente avec la profondeur, un flux de chaleur diffuse de l'intérieur vers la surface du Globe. En un point du Globe, le flux de chaleur est le produit du gradient géothermique et de la conductivité thermique des roches en ce point. Sa valeur moyenne est de 0,06 watt par mètre carré (W/m^2).

Au niveau des dorsales, le flux de chaleur (ou flux thermique) est nettement plus élevé, pouvant atteindre 0,30 W/m^2 (document 6).

Le gradient géothermique **est la variation de température au sein de la croûte terrestre par unité de longueur. Près de la surface, sa valeur moyenne est de l'ordre de 3 °C pour 100 m, soit 0,003 °C · m^{-1} (la température augmente de 3 °C tous les 100 m de profondeur).**
La conductivité thermique **des roches (propriété d'une roche à transmettre la chaleur) est déterminée en laboratoire.**

B L'interprétation de ces données : la théorie de Hess (1962)

Au début des années 1960, l'Américain Harry Hess proposa une théorie tout à fait nouvelle, dénommée « Essai en géopoésie », qui, très rapidement, sera appelée la « **théorie de l'expansion des fonds océaniques** ».

Selon cette théorie, l'axe d'une dorsale océanique est alimenté par des matériaux en fusion issus du manteau. En se refroidissant, ces matériaux forment une **croûte océanique nouvelle qui s'éloigne ensuite de part et d'autre de l'axe**. La surface des océans augmente, entraînant une expansion des fonds océaniques (document 7).

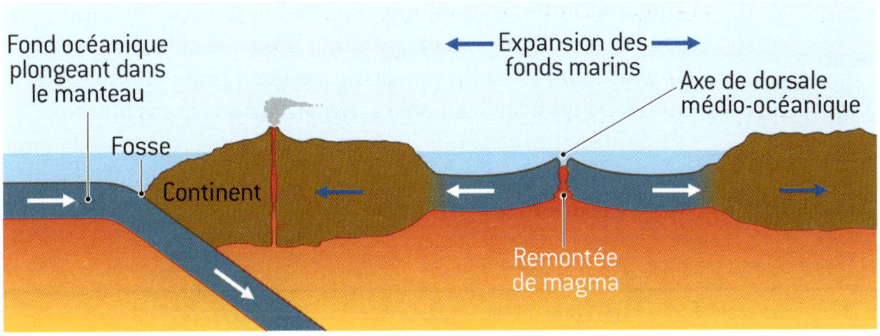

Document 7. L'expansion des fonds océaniques selon la théorie de Hess.

Puisque la Terre ne semble pas augmenter de volume, Hess supposa que, pour compenser cette création de croûte au niveau des dorsales, une **quantité équivalente de croûte devait disparaître au niveau des fosses océaniques.**

L'expansion des fonds océaniques éloigne les continents, du moins s'il n'y a pas de fosse à la limite continent-océan. Il y a donc bien une « dérive des continents », comme le pensait Wegener, mais elle est une **conséquence de l'expansion des fonds océaniques et non due à un déplacement autonome des continents.**

L'existence d'un continent unique il y a environ 250 millions d'années, la Pangée, postulée par Wegener, est conservée dans la théorie de l'expansion des fonds océaniques. Sa fragmentation est liée à l'apparition de dorsales dont l'activité engendre les fonds océaniques (naissance et élargissement d'un océan) et, par suite, la dérive des continents.

SVT

3 Les anomalies magnétiques à l'appui de la théorie de Hess

Des mesures du champ magnétique terrestre au niveau des océans ont permis de tester la théorie de l'expansion des fonds océaniques.

A Définition d'une anomalie magnétique

Au cours des années 1950, des magnétomètres ont été mis au point pour mesurer l'intensité du champ magnétique en un lieu donné.

L'intensité mesurée du champ magnétique en un lieu donné dépend de :
- l'intensité du champ magnétique terrestre créé par l'activité interne du globe terrestre ;
- l'aimantation des roches proches de la surface en ce lieu ; en général très faible, elle est relativement plus élevée dans les basaltes.

L'intensité du champ magnétique terrestre d'origine interne peut être **calculée** en tout lieu.

Origine de l'aimantation d'une roche volcanique

Lorsqu'un magma basaltique se solidifie, des cristaux de magnétite se forment. À une température inférieure à 600 °C, soumis au champ magnétique terrestre, ils s'aimantent tous suivant la direction de ce champ : chacun d'eux constitue un minuscule aimant dipolaire. Cette aimantation acquise persiste, « fossilisant » ainsi le champ magnétique terrestre existant au moment de la formation de la roche (aimantation rémanente).

Le calcul et la mesure du champ magnétique s'effectuant pour un même lieu, la différence constatée ne peut être due qu'à l'aimantation des roches.

Une anomalie magnétique, en un lieu donné, correspond à la différence entre l'intensité mesurée et l'intensité calculée.
Une anomalie est dite positive lorsque l'intensité mesurée est supérieure à l'intensité calculée et négative dans le cas inverse.
Ces anomalies sont dues à l'aimantation des roches de la croûte (cristaux de magnétite) qui s'ajoute ou se retranche de la valeur du champ magnétique terrestre mesuré.

B Les caractéristiques des anomalies magnétiques dans les bassins océaniques

Document 8.

Durant les années 1960, des résultats significatifs ont été obtenus. On a mis en évidence (document 8) :
- une **forte anomalie positive au-dessus de l'axe** des dorsales océaniques ;
- **des bandes d'anomalies alternativement positives** (en noir) **et négatives** (en blanc), de quelques dizaines de kilomètres de large et de plusieurs milliers de kilomètres de long, parallèlement à l'axe des dorsales ;
- **une symétrie de ces bandes d'anomalies** de part et d'autre de la dorsale.

Sur les continents, l'étude du champ magnétique ne montre pas de résultats comparables (pas d'organisation en bandes des anomalies magnétiques).

C Le test de la théorie de Hess

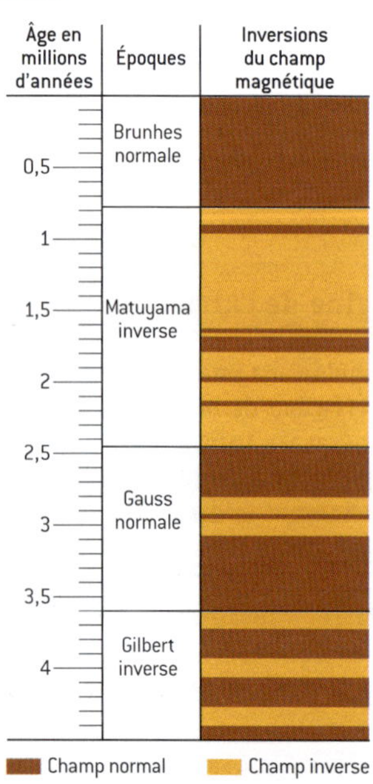

À certaines périodes de l'histoire de la Terre, **le pôle Nord magnétique devient le pôle Sud et inversement.** Ces inversions ont été établies en étudiant le magnétisme de **basaltes continentaux :** l'aimantation de certaines coulées de lave était dans le même sens que le champ magnétique actuel (période normale), d'autres avaient une aimantation opposée (période inverse).

Document 9. Chronologie des inversions du champ magnétique terrestre.

La chronologie des inversions du champ magnétique terrestre a été établie pour les quatre derniers millions d'années (document 9), en combinant l'étude de l'aimantation des basaltes continentaux avec leur datation.

Deux chercheurs britanniques, Fred Vine et Drummond Matthews, ont **relié l'existence d'anomalies magnétiques à l'expansion des fonds océaniques** (théorie de Hess). Pour cela, ils ont interprété les anomalies magnétiques en prenant en compte les inversions du champ magnétique terrestre. Les bandes d'anomalies magnétiques positives et négatives des fonds océaniques dues à l'aimantation rémanente des basaltes de la croûte océanique correspondent en effet à des périodes de polarité respectivement normales et inverses par rapport au champ magnétique terrestre actuel. La disposition des anomalies magnétiques au fond des océans correspond de plus bien à celle que l'on doit observer si la théorie de l'expansion des fonds océaniques est exacte (document 10). C'est un test qui **confirme la théorie de Hess.**

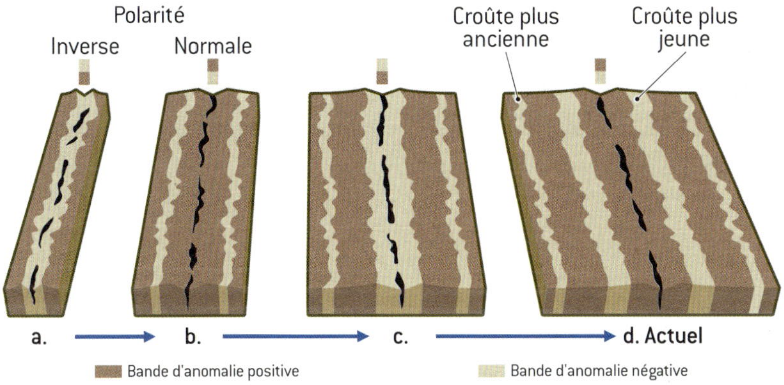

Document 10. Naissance des différentes bandes de polarités alternées dues à l'expansion des fonds océaniques.

EXERCICE DE SYNTHÈSE

L'expansion des fonds océaniques

À partir des informations extraites du document 11 mises en relation avec vos connaissances :

a. Expliquer ce qu'on entend par expansion des fonds océaniques.

b. Comparer les vitesses d'expansion de l'océan Atlantique et de l'océan Pacifique.

c. Dater l'âge maximal des fonds océaniques actuels.

Si l'on excepte la fosse des Antilles, les marges (frontière continent-océan) de l'océan Atlantique, contrairement à celles du Pacifique (exemple : marge avec l'Amérique du Sud), ne sont pas bordées de fosses océaniques.

d. Que pouvez-vous en déduire sur l'âge de l'océan Atlantique ? Peut-on aboutir à une conclusion semblable pour le Pacifique ?

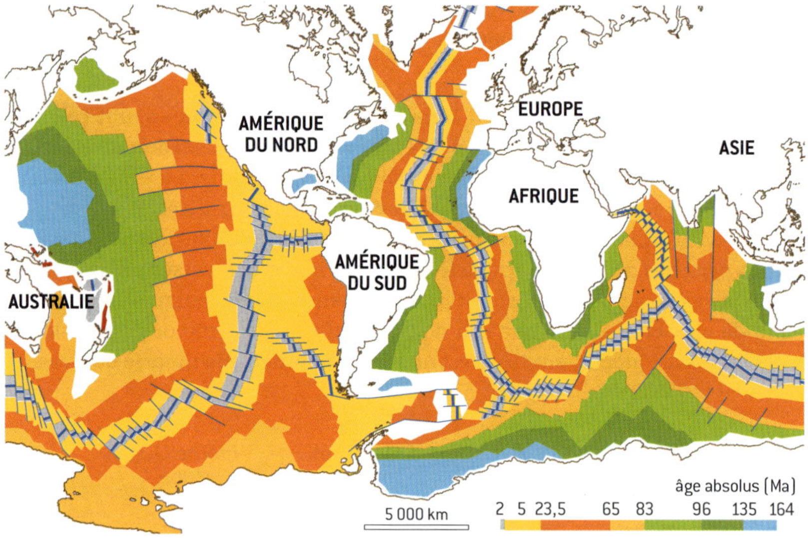

Document 11. Carte de l'âge des fonds océaniques établie à l'aide des anomalies magnétiques.

CORRIGÉ

Il faut faire attention à ne pas réciter le cours, mais raisonner à partir des données fournies.

a. Aussi bien pour l'Atlantique que pour le Pacifique, les fonds océaniques les plus récents sont situés **au niveau de l'axe de la dorsale.** L'âge de la croûte océanique **augmente** dans les deux océans au fur et à mesure que l'on s'éloigne de cet axe. Le phénomène s'interprète bien si l'on admet que la croûte est formée continuellement à l'axe de la dorsale, puis qu'elle est entraînée de part et d'autre de l'axe. La croûte océanique la plus ancienne est donc celle qui s'est formée en premier. Cette production de croûte qui augmente la superficie d'un océan est appelée expansion des fonds océaniques.

b. On constate que la largeur d'une bande de croûte océanique formée pendant un temps donné est toujours plus importante dans l'océan Pacifique que dans l'océan Atlantique. Cela signifie que la vitesse d'expansion du Pacifique est plus grande que celle de l'Atlantique.

c. La plus vieille croûte de l'Atlantique est située dans l'Atlantique central, à proximité de la côte africaine à l'est, de celle de l'Amérique du Nord à l'ouest. Représentée en bleu, son âge est compris entre 135 et 164 millions d'années. On trouve un âge semblable pour la croûte du Pacifique. Cela signifie que l'âge maximal de la croûte océanique actuelle est inférieur à 200 millions d'années.

d. Les marges de l'Atlantique ne possèdent pas de fosses. Comme c'est au niveau des fosses que la croûte océanique disparaît dans le manteau, cela signifie que toute la croûte océanique élaborée par l'activité de la dorsale atlantique est encore présente. En conséquence, l'âge de l'océan Atlantique est celui de ses fonds les plus anciens, c'est-à-dire inférieur à 200 millions d'années. On ne peut rien dire sur l'océan Pacifique, car étant bordé de fosses, sa croûte océanique la plus ancienne a disparu.

Cela est très inférieur à l'âge des formations continentales les plus anciennes qui approchent 4 milliards d'années.

6 Le modèle de la tectonique des plaques

www.annabac.com

LA THÉORIE DE L'EXPANSION des fonds océaniques, confirmée par l'étude des anomalies magnétiques, a conduit à de nouvelles recherches. Elles ont débouché sur un modèle de la dynamique externe de notre planète : la tectonique des plaques ou tectonique globale.

1 Le concept de lithosphère et d'asthénosphère

La connaissance de la structure interne du globe terrestre découle en grande partie de l'analyse des enregistrements des ondes sismiques (séismogrammes) permettant de calculer la vitesse des ondes sismiques en fonction des milieux qu'elles traversent lors de leur propagation.

A Les ondes sismiques et la structure générale du Globe

Les séismes ont pour origine une rupture au sein des roches entraînant le déplacement relatif et brusque de deux compartiments situés de part et d'autre d'une faille. Cette rupture se produit au foyer du séisme, situé à une profondeur de moins de 60 km pour les séismes superficiels, jusqu'à 600-700 km pour les séismes les plus profonds. Elle déclenche la formation d'ondes sismiques qui se propagent dans toutes les directions et sont enregistrées par des séismographes en différentes stations de mesure.

Trois types d'onde sont enregistrés :

- **les ondes P**, ondes premières, de faible amplitude, sont longitudinales (ou de compression-décompression) et **se propagent dans tous les milieux** ;
- **les ondes S**, ondes secondes, d'amplitude plus importante, sont des ondes transversales (ou de cisaillement). Elles ne **se propagent pas dans les liquides** ;
- **les ondes L**, tardives et de forte amplitude, ne se propagent que dans les couches superficielles du globe. Elles sont à l'origine des principaux dégâts des séismes.

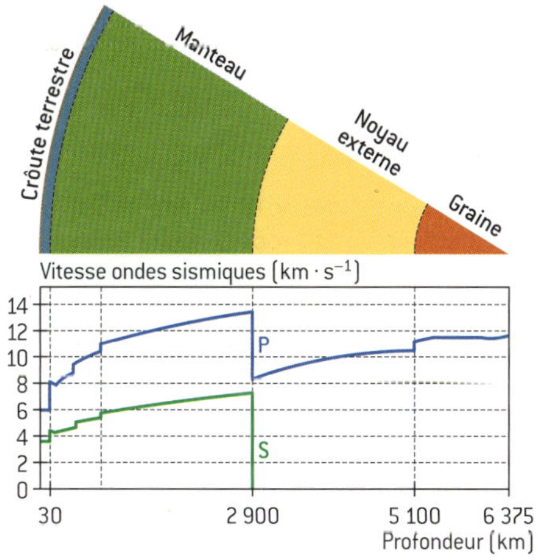

Document 1. Les ondes P et S révèlent la structure interne du globe terrestre.

Les changements de vitesse **des ondes P et S** en fonction de la profondeur apportent des renseignements sur la structure interne du globe terrestre, permettant d'élaborer un modèle (document 1).

B Ondes sismiques, lithosphère et asthénosphère

Durant les années 1960, grâce à de nombreuses mesures, on a précisé la vitesse des ondes P et S dans la partie superficielle du manteau.

La vitesse des ondes S diminue brusquement vers 100 km de profondeur (document 2). Cette **« zone à faible vitesse »** (LVZ = *Low Velocity Zone*) se prolonge jusqu'à 200-300 km ; au-delà, la vitesse des ondes S augmente à nouveau.

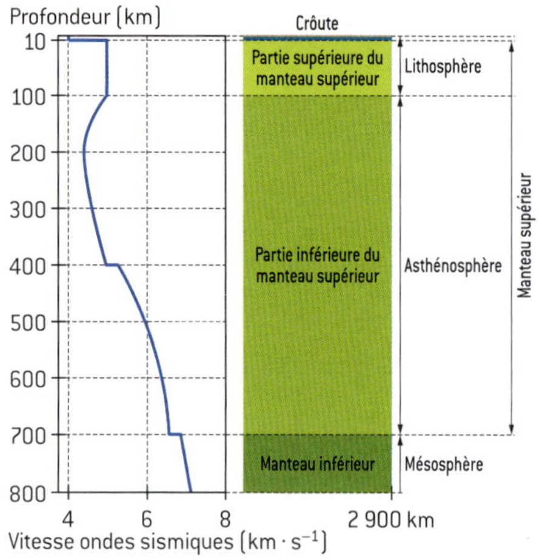

Document 2. La vitesse des ondes sismiques dans le manteau supérieur.

Cette diminution de vitesse des ondes S ne peut résulter que d'un changement d'état physique du milieu traversé. Les ondes S, qui ne se propagent pas dans les liquides, sont **fortement ralenties lorsqu'elles traversent un milieu plastique**. Cette « zone à faible vitesse » semble donc relativement ductile, en raison d'une **fusion partielle** (1 %) des roches. En effet, les conditions de température et de pression régnant à 100 km de profondeur sont celles où débute la fusion des roches du manteau (péridotites).

Au-delà de 300-400 km de profondeur, les conditions de pression et de température sont telles que la fusion devient impossible : le manteau est solide, ce qui explique l'augmentation de la vitesse des ondes S à cette profondeur.

La structure superficielle du globe se présente ainsi en deux grandes parties :
- une couche externe, appelée **lithosphère rigide** (*lithos* = pierre), épaisse de 70 km sous les océans et de 120 à 150 km sous les continents en moyenne, comprend la totalité de la croûte plus une partie du manteau supérieur ;
- sous la lithosphère se situe **l'asthénosphère plastique** (*asthenos* = sans résistance), ductile, capable de « fluer » sous de faibles contraintes. Elle ne peut donc se briser et produire des séismes. Sa limite inférieure se trouve vers 650-700 km de profondeur.

Soumise à une faible contrainte, la lithosphère rigide se déforme, mais elle reprend sa forme initiale lorsque la contrainte cesse. Si la contrainte est trop forte, la lithosphère se rompt, provoquant un séisme. L'asthénosphère étant ductile, elle ne peut se casser en réponse à des contraintes et donc ne peut être le siège de séismes. Ne pas confondre la limite croûte-manteau (document 1) avec la limite lithosphère-asthénosphère (document 2).

En distinguant lithosphère et asthénosphère, on retrouve l'existence de deux couches : l'une rigide, la lithosphère, reposant sur une couche plus plastique, l'asthénosphère, ainsi que l'avait imaginé Wegener. Mais, alors que celui-ci pensait que la croûte continentale reposait sur une couche océanique plastique, les ondes sismiques montrent une lithosphère rigide présente au niveau des océans comme des continents et reposant sur l'asthénosphère plastique.

C Lithosphère océanique et lithosphère continentale

a. Manteau asthénosphérique et manteau lithosphérique

Le **manteau asthénosphérique**, comme le manteau lithosphérique, est constitué de péridotite, une roche vert sombre composée à 90 % d'olivine et de pyroxènes. Le **manteau lithosphérique** a la même composition minéralogique dans les lithosphères continentale et océanique. **Les manteaux lithosphérique et asthénosphérique ne diffèrent que par leurs propriétés physiques : le premier est rigide, alors que le second est plus plastique, plus ductile.**

b. Croûte continentale et croûte océanique

Lithosphère continentale et lithosphère océanique diffèrent uniquement par leur croûte.

■ **La croûte océanique** (7 km d'épaisseur en moyenne) comprend, sous les sédiments, une succession de couches:
- des basaltes (en coussins sur environ 0,5 km, en filons sur environ 1,5 km), roches magmatiques résultant de la solidification rapide et de la cristallisation partielle du magma arrivant en surface ;
- des gabbros (environ 5 km), roches magmatiques résultant de la solidification lente et de la cristallisation complète du magma, sous les basaltes.

Basaltes et gabbros ont la même composition minéralogique (olivine, pyroxène et feldspaths plagioclases) et chimique : **la composition chimique et minéralogique de la croûte océanique est donc globalement celle du basalte.**

■ **La croûte continentale** (35 km d'épaisseur en moyenne) est plus hétérogène. Sous une couche sédimentaire d'épaisseur variable suivant les régions se trouvent des roches ayant la composition du granite (quartz, feldspaths et micas) : le granite (roche magmatique plutonique) et le gneiss (roche métamorphique) .

■ **Croûte océanique et croûte continentale sont deux entités différentes.** L'origine de la croûte continentale, âgée, dans certaines régions, de plus de 4 milliards d'années, sera abordée en Terminale S. La croûte océanique se forme à l'axe de la dorsale par la remontée d'un magma issu du manteau ; son âge est au maximum d'environ 200 millions d'années.
La nature différente des croûtes continentale et océanique font qu'elles ont des densités différentes : 2,7 pour la croûte continentale, 2,9 pour la croûte océanique. Il en est de même pour les lithosphères continentale et océanique (le manteau lithosphérique seul a une densité moyenne de 3,3).
La lithosphère océanique est plus dense que la lithosphère continentale, d'où **la différence d'altitude importante, par rapport à l'altitude moyenne du Globe, entre fonds océaniques et continents.**

2 Le modèle de la tectonique des plaques

A La répartition des séismes

■ Les géologues ont établi une carte des séismes ayant affecté le globe terrestre entre 2000 et 2008 (document 3). On observe trois zones principales d'activité sismique :
- **les dorsales océaniques,** où les séismes sont très superficiels (foyers inférieur à 20 km) ;
- **la zone péripacifique,** notamment le long des grandes fosses océaniques, où les séismes peuvent être superficiels, intermédiaires ou profonds (jusqu'à 700 km) ;

– une **zone située au sein des continents** allant des Alpes aux chaînes de l'Asie centrale, caractérisée par des séismes superficiels ou intermédiaires.

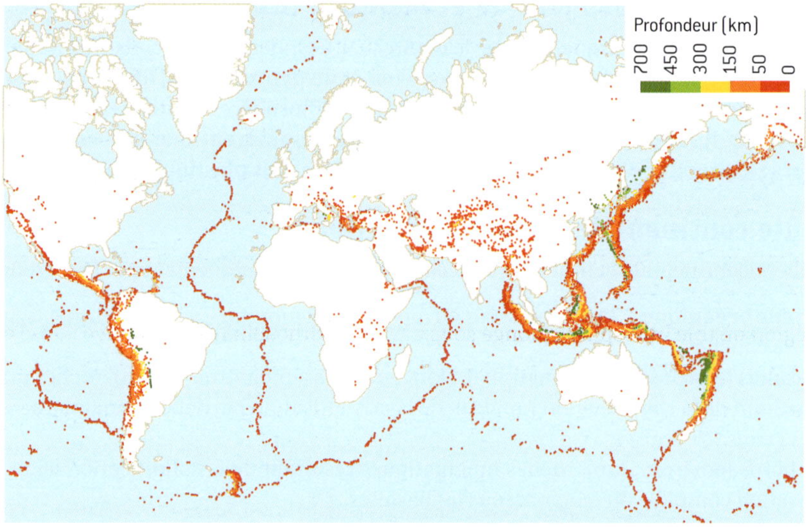

Document 3. Localisation des séismes sur le Globe et profondeurs des foyers.

B L'activité sismique dans les régions des grandes fosses océaniques

■ La fosse océanique qui borde le Chili (document 4) constitue une frontière entre une région océanique, dite de Nazca, et une région continentale, l'Amérique du Sud. Au niveau de la fosse, il n'y a que des séismes superficiels ; les foyers des séismes intermédiaires et profonds sont nettement décalés vers le continents et ceci d'autant plus qu'ils sont profonds. **L'ensemble des foyers sismiques se répartit le long d'une surface inclinée, le plan de Benioff, qui passe sous le continent.**

■ La même disposition des foyers est observée pour toutes les fosses océaniques entourant le Pacifique, même celles qui ne sont pas en bordure d'un continent (fosses du Pacifique Ouest, comme celle des Mariannes, par exemple).

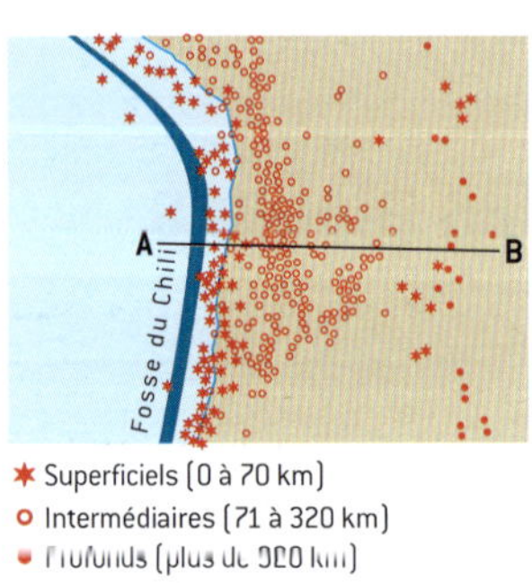

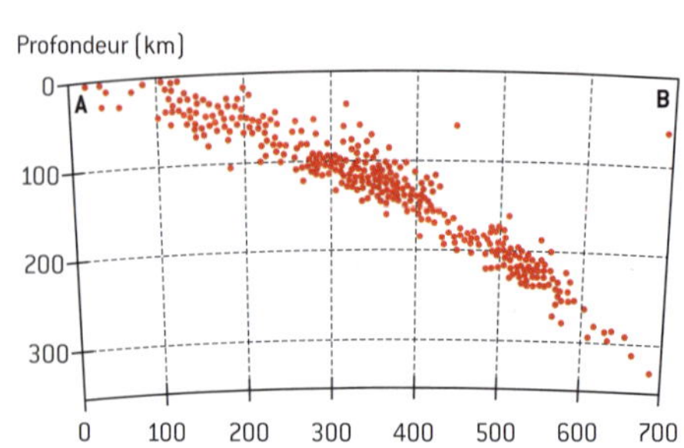

Documents 4. Profondeurs des séismes en bordure du Chili.

C Interprétation du plan de Benioff

Si l'on respecte le modèle lithosphère-asthénosphère (document 3), il faut expliquer pourquoi les séismes se produisent à des profondeurs supérieures à 100-150 km. En effet, dans une région correspondant à ces profondeurs, les séismes ne devraient pas pouvoir se produire, car l'asthénosphère est plastique. Il faut donc postuler l'existence d'une **lithosphère rigide, disposée suivant le plan de Benioff**, à des profondeurs où, normalement, elle n'existe pas.

Si cette lithosphère était statique, elle devrait, à ces profondeurs, se réchauffer et perdre son identité. Si elle persiste, c'est qu'**elle est sans cesse renouvelée.**

En bordure du Chili, la lithosphère océanique (Nazca) plonge sous la lithosphère continentale (Amérique du Sud).

La région où une lithosphère plonge sous une autre lithosphère et s'enfonce dans l'asthénosphère est appelée **zone de subduction** (déjà postulée par Hess, voir document 8, chap. 5)**.**

Cette interprétation est confirmée par l'étude de la vitesse de propagation des ondes sismiques ou **tomographie sismique** dans une telle région (document 5).

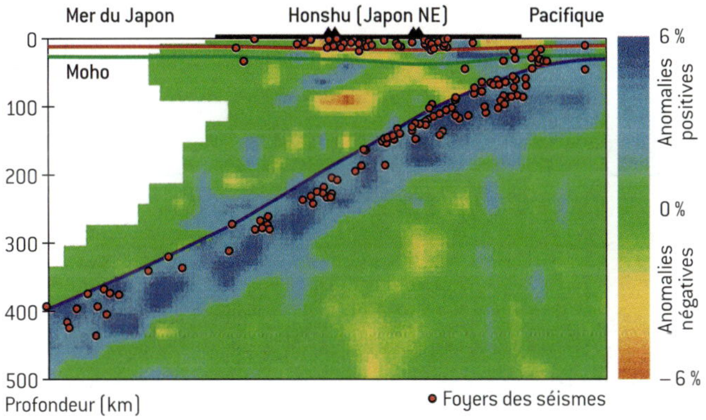

Document 5. Profil tomographique du manteau au niveau du Japon. On peut déterminer avec précision dans une région la vitesse des ondes P et S et comparer ces mesures avec les valeurs attendues (théoriques) de ces vitesses suivant le modèle sphérique de la Terre. On reconnaît alors, dans certaines régions, des anomalies positives (vitesses plus grandes que prévues) et négatives (vitesses plus faibles). Ces anomalies sont interprétées en terme d'anomalies de température à une profondeur donnée : anomalies positives = zones plus froides que prévues, anomalies négatives = zones plus chaudes que prévues.

D Généralisation : la tectonique des plaques

La **création de lithosphère** océanique a lieu au niveau des dorsales et sa **disparition** au niveau des fosses.

Les ceintures sismiques encadrent de larges espaces où les tremblements de terre sont rares. Les contraintes à l'origine de séismes sont rares ou absentes dans ces régions dites asismiques.

Les zones sismiques révèlent l'existence de contraintes entraînant des ruptures dans la lithosphère qui ne peuvent se comprendre que par l'existence de deux blocs de lithosphère animés de mouvements différents.

La **théorie des plaques** synthétise toutes ces données **: la lithosphère, discontinue, est formée de plusieurs calottes subsphériques appelées plaques** (document 6), qui glissent sur l'asthénosphère et sont en mouvement constant les unes par rapport aux autres. Ce sont ces mouvements qui, à leurs frontières, sont à l'origine des séismes. En réalité, ces **mouvements sont des mouvements de rotation,** car se déroulent sur une sphère, celle du globe terrestre.

La limite continent-océan, appelée marge, n'est pas obligatoirement une limite de plaque. Lorsque cette limite correspond à une zone de subduction, on parle de marge active ; si la limite continent-océan appartient à une même plaque, on parle de marge passive (marges américaines et européennes de l'Atlantique, par exemple).

Certaines plaques sont purement océaniques (plaque Pacifique), d'autres comportent à la fois océan et continent (plaque sud-américaine, par exemple). Les **continents sont passifs, entraînés par les mouvements des plaques** dont ils font partie.

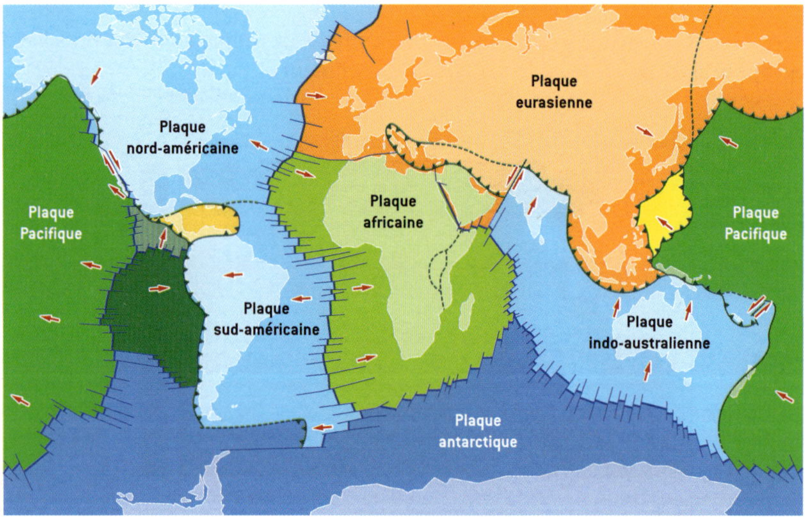

Document 6. Les principales plaques tectoniques du globe terrestre.

E Les frontières de plaques

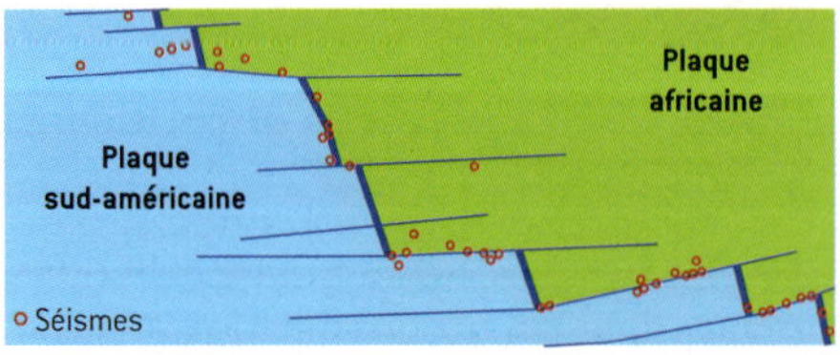

Document 7. Dorsale et failles transformantes.

Frontières au niveau d'une dorsale océanique. Une dorsale océanique n'est pas continue, elle est formée de segments décalés les uns par rapport aux autres par des zones de fracture (document 7). Il existe donc deux types de limite entre plaques au niveau d'une dorsale : les segments de dorsale, d'une part, et les fractures (failles transformantes) joignant deux segments de dorsale, d'autre part.

Les segments de dorsale, frontières de divergence, sont les zones de création de nouvelle lithosphère océanique à partir de matériaux issus de l'asthénosphère, ce qui se traduit par un écartement des plaques entraînant des séismes superficiels.

Les failles transformantes, frontières de coulissage, sont les régions où ne se produit ni création ni destruction de lithosphère, mais un coulissage de deux plaques l'une par rapport à l'autre, se traduisant, ici encore, par des séismes superficiels.

Les fosses océaniques, frontières de convergence, sont des zones de disparition de la lithosphère compensant sa création au niveau des dorsales. La lithosphère d'une plaque disparaît sous la lithosphère d'une autre plaque qui la chevauche (subduction), en plongeant dans l'asthénosphère. De nombreux séismes superficiels, mais aussi profonds, sont associés à cette subduction (document 8).

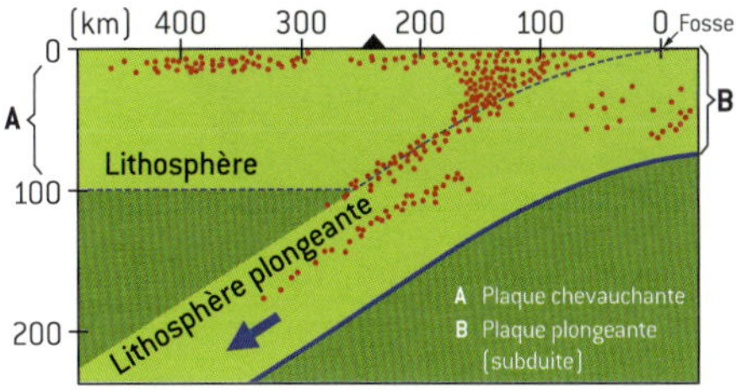

Document 8. Fosse océanique et activité sismique associée. A. Plaque chevauchante. **B.** Plaque plongeante (subduite).

Familiarisez-vous avec les termes utilisés à propos de la subduction : plaque chevauchante et plaque plongeante ou subduite. C'est la répartition des foyers sismiques qui permet de distinguer la plaque subduite et la plaque chevauchante

SVT

3 Des confirmations du déplacement des plaques

A Volcanisme des points chauds et déplacement des plaques

Il existe un volcanisme intra-plaque, aussi bien continental qu'océanique, éloigné des frontières de plaques. C'est le cas de l'archipel volcanique des îles Hawaii, prolongé par les monts de l'Empereur dans l'océan Pacifique (document 9).

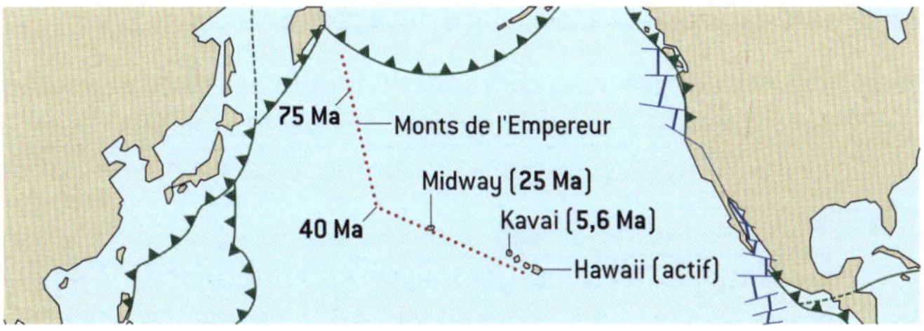

Document 9. L'archipel des îles Hawaii est constitué de volcans actifs (Mauna Loa, Kilauea...) situés sur l'île principale et de volcans éteints et submergés (Midway...) lorsqu'on s'éloigne vers l'Ouest. Tous ces volcans sont alignés ESE-NNW. Cette chaîne hawaiienne se prolonge par celle des monts de l'Empereur, orientée SSE-NNW, formée de volcans éteints et immergés.

La datation des volcans indique que **leur âge augmente à mesure que l'on s'éloigne d'Hawaii**, les volcans des monts de l'Empereur étant les plus anciens.

■ Pour expliquer ce volcanisme, on fait appel à l'existence de **points chauds** : en ces points, du magma remonte du manteau, traverse la lithosphère et donne naissance à des volcans.

Le point chaud responsable du volcanisme hawaiien est actuellement situé sous les îles Hawaii. On considère que sa position n'a pas varié au moins durant les derniers 80 millions d'années.

■ C'est le déplacement de la plaque Pacifique au-dessus de ce point chaud qui engendre la chaîne volcanique hawaiienne (document 10).

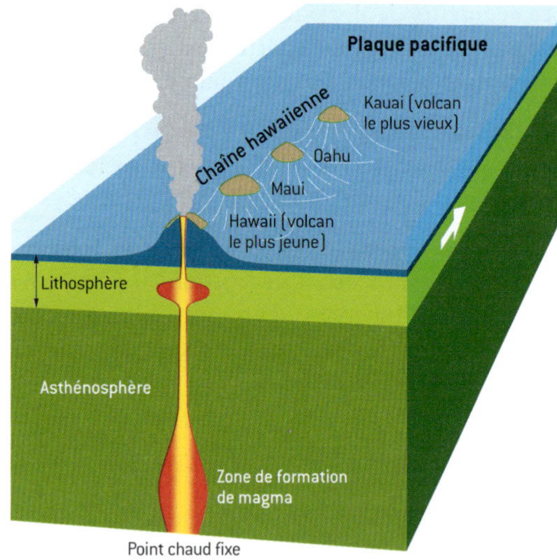

Document 10. Point chaud, fixe, situé sous la plaque Pacifique.

■ L'alignement des volcans n'apparaît plus que comme la conséquence du déplacement de la plaque pacifique. Leur écartement fournit un moyen de **calculer la vitesse de déplacement de la plaque océanique :** la distance entre deux volcans divisée par leur différence d'âge donne une vitesse de 8 à 10 cm par an.

Fait remarquable, cette **vitesse** de déplacement est **très voisine de celle trouvée à partir des anomalies magnétiques**. Cette concordance est donc une **confirmation de la réalité du déplacement des plaques.**

La différence d'orientation entre la chaîne volcanique hawaiienne et celle des Monts de l'Empereur révèle que le déplacement de la plaque Pacifique a changé de direction il y a 40 millions d'années.

B Mesures géodésiques et déplacement des plaques

Depuis les années 1980, on peut, grâce au système de positionnement par satellite (**GPS** ou *Global Positioning System*), suivre les variations de longitude et de latitude d'un grand nombre de points à la surface de la Terre. Les résultats obtenus permettent de déterminer les vecteurs vitesse de déplacement de différents points à la surface du globe (document 11).

Les vitesses de déplacement mesurées grâce au GPS sont du **même ordre de grandeur** que les vitesses calculées à partir **des anomalies magnétiques et des points chauds.** Elles sont plus importantes dans le Pacifique que dans l'Atlantique, corroborant également les données issues des anomalies magnétiques.

Les stations PAMA et HILO, situées à l'intérieur de la plaque Pacifique, se déplacent à la même vitesse et surtout dans la même direction (ESE-NNW) que celle de l'alignement des volcans hawaiiens. Cela montre que la plaque Pacifique (comme les autres) se comporte comme un seul bloc rigide.

Grâce au GPS, on sait que deux points, l'un situé en Amérique du Nord, l'autre en Europe, s'éloignent l'un de l'autre. Cela confirme la dérive des continents, entraînés par l'expansion des fonds océaniques.

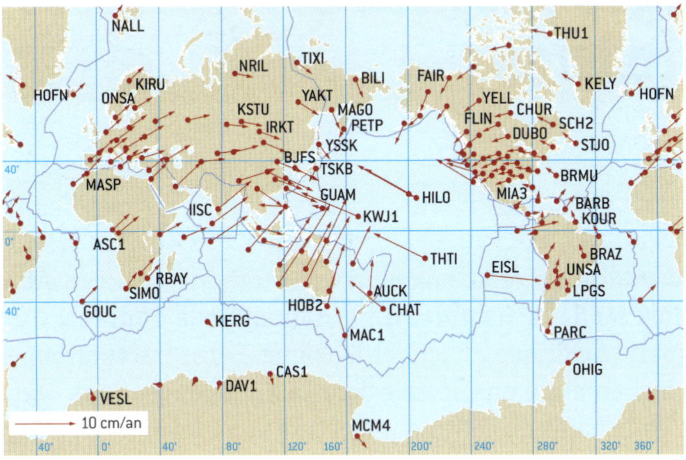

Document 11.

EXERCICE DE SYNTHÈSE

Identifier une frontière de plaque à partir de données sismiques et bathymétriques

Les îles Kermadec forment un archipel volcanique dans l'océan Pacifique. Le document 12 fournit des données sur la bathymétrie et la séismicité de cette région.

À partir des informations extraites du document 12, montrer que cette région est une frontière de plaque et préciser le type de frontière dont il s'agit.

Réaliser une coupe schématique de la région suivant AB.

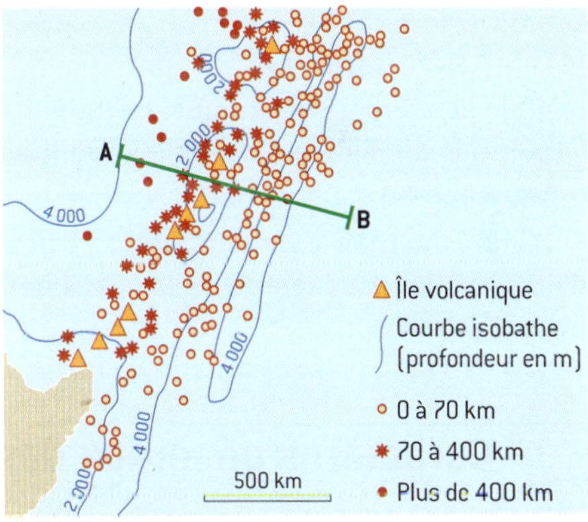

Document 12.

CORRIGÉ

La région des îles Kermadec est **très sismique**. On peut donc penser qu'il s'agit d'une **frontière de plaques** à l'ouest de l'océan Pacifique. La zone sismique est bordée à l'est par une fosse (6000 m de profondeur). En outre, on constate l'existence de séismes profonds (foyers à une profondeur supérieure à 400 km). Cela indique l'existence d'une **zone de subduction**, donc d'une frontière en convergence.

On constate que la profondeur des foyers sismiques augmente d'est en ouest. C'est la marque d'un panneau de lithosphère océanique plongeant sous une autre plaque. La plaque qui subducte est située à l'est (c'est la plaque Pacifique) ; la plaque chevauchante est située à l'ouest comme le montre la coupe AB.

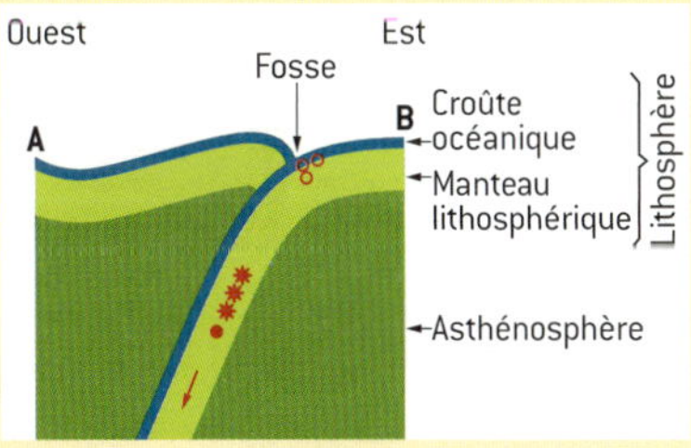

SVT

7 Marges passives et ressources pétrolières

www.annabac.com

UN OCÉAN PEUT NAÎTRE DE LA FRACTURATION D'UN CONTINENT. L'océan Atlantique Sud est ainsi né de la fracture, il y a 140 millions d'années, d'un continent qui regroupait l'Amérique du Sud et l'Afrique. Cette fracturation est complète lorsque se met en place une dorsale dont l'activité engendrera l'expansion d'un océan. Les deux bords du continent fracturé vont devenir des marges passives. Dans certains cas, les conditions de sédimentation dans ces marges permettent la genèse de pétrole.

1 Naissance d'un océan et de ses marges passives

La marge continentale est une zone immergée qui fait la transition entre la croûte continentale et la croûte océanique. Certaines de ces marges sont des limites de plaque (ouest de l'Amérique du Sud, par exemple) et sont donc des zones à forte séismicité : on les appelle des **marges actives**.

D'autres marges continentales, très peu sismiques actuellement, sont situées à l'intérieur d'une plaque (par exemple, les marges bordant l'océan Atlantique actuel) : on les appelle des marges **passives.**

A Caractères généraux des marges passives

Une **marge passive** (document 1) est généralement constituée par :
- une plateforme ou **plateau continental** jusqu'à 200 m de profondeur ;
- un **talus** qui descend rapidement jusqu'à 3000 m ;
- un **glacis** qui, vers 5 000 m de profondeur, rejoint les plaines abyssales.

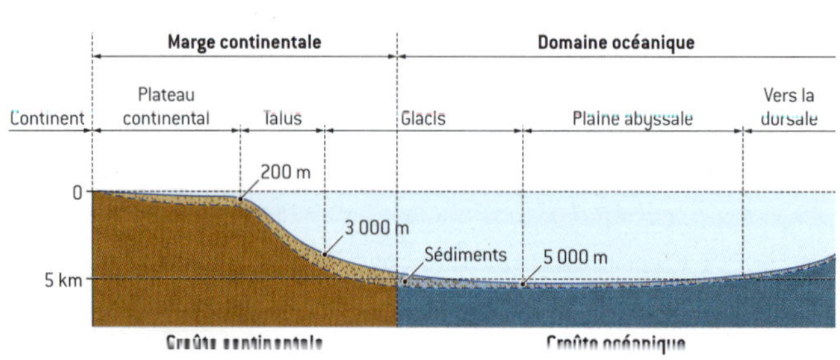

Document 1. Morphologie d'une marge continentale passive.

■ Les marges passives ont une histoire qui se déroule en deux grandes étapes :
- une **phase continentale** embryonnaire marquée par la fracturation du continent : c'est le stade **rift** (document 2) ;
- une **phase marge passive adulte,** lorsque la fracturation débouche sur la naissance d'une dorsale et l'expansion d'un océan.

B La phase continentale : la naissance du rift

Il existe aujourd'hui des régions où la fracturation d'un continent est visible : ce sont les **rifts** ou fossés d'effondrement. Ils peuvent être avortés (fossé rhénan, en Alsace) ou en activité comme dans la région des grands lacs, à l'est de l'Afrique, où un océan est en formation.

■ Le rift est un bassin long, étroit, limité par un système de failles normales qui témoigne d'une tectonique en extension, de mouvements de divergence.

■ Le rift résulte d'un **étirement local de la lithosphère continentale.** L'extension se traduit, au niveau de la croûte, par l'apparition de failles normales qui délimitent des **blocs basculés.**
Il en résulte un amincissement de la croûte continentale qui entraîne un affaissement du rift dont le fond est généralement occupé par des lacs ou un bras de mer. Cet affaissement est appelé **subsidence.** Des sédiments se déposent en général dans les fossés formés entre les blocs basculés (document 2).

La période durant laquelle les phénomènes tectoniques sont uniquement continentaux est appelée rifting. Elle se termine lorsque la dorsale se met en place et que commence la phase d'expansion océanique.

L'amincissement de la lithosphère continentale (croûte + manteau lithosphérique) s'accompagne d'une **montée de l'asthénosphère** (document 2b), ce qui entraîne une activité volcanique plus ou moins intense au niveau du rift et des dépôts volcaniques souvent importants.

La phase continentale de rifting s'achève lorsque la montée de l'asthénosphère entraîne la **naissance d'une dorsale** (document 2c) à l'origine de la formation et de la mise en place de lithosphère océanique.

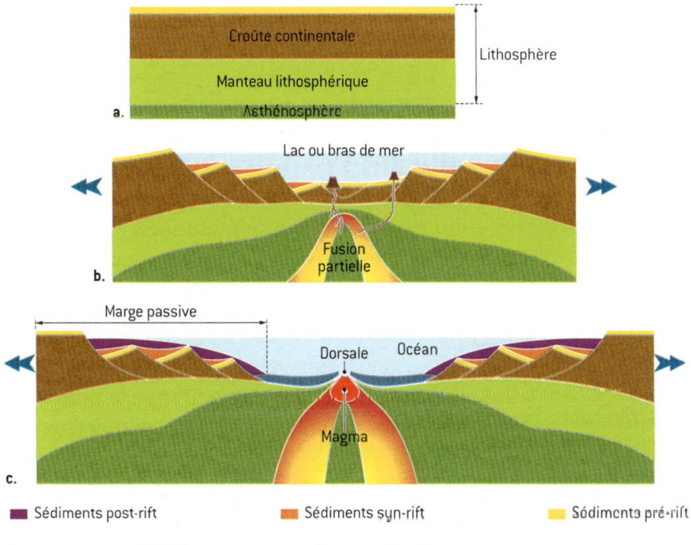

Document 2. Rifting et expansion océanique.

C Genèse et évolution de la lithosphère océanique

■ **À l'axe de la nouvelle dorsale**, il y a production de lithosphère océanique, peu épaisse (10 à 20 km) et essentiellement formée de croûte océanique.

■ La croûte océanique, constituée de basaltes et de gabbros, provient du refroidissement d'un magma. Comment expliquer la genèse de ce magma à l'axe de la dorsale, sachant que tout le manteau supérieur (lithosphère et asthénosphère) est solide (le manteau asthénosphérique est cependant plastique) ?

■ Les données de la tomographie sismique mettent en évidence l'existence d'un matériel plus chaud à l'axe de la dorsale, ce qui traduit une **montée de l'asthénosphère**.

■ En montant, l'**asthénosphère**, qui garde la même température (supérieure à 1 300 °C), est soumise à une diminution de pression. Or, la température de fusion (fusion commençante) d'un matériau solide diminue lorsque la pression diminue. Les conditions de température et de pression qui règnent sous la dorsale sont telles qu'**une partie (10 à 20 %) de la péridotite asthénosphérique fond.**

Cette fusion partielle conduit à un magma de type basaltique. Plus léger que la péridotite résiduelle, ce magma monte vers la surface et s'accumule dans une chambre magmatique. Une partie du magma se refroidit alors lentement, cristallise en gabbros, alors que le reste parvient en surface et se refroidit rapidement au contact de l'eau, formant des basaltes en coussins.

■ **La partie** non fondue (80 à 90 % de la roche initiale) **du manteau asthénosphérique** reste sous la croûte nouvellement formée, se refroidit et devient du **manteau lithosphérique**. Cette nouvelle lithosphère océanique est ensuite entraînée de part et d'autre de la dorsale.

■ En s'éloignant de la dorsale, **la lithosphère océanique se refroidit.** L'asthénosphère sous-jacente se refroidit également et acquiert la rigidité du manteau lithosphérique auquel elle s'ajoute. **La lithosphère océanique s'épaissit** donc au fur et à mesure qu'elle s'éloigne de la dorsale.

■ En s'épaississant, la densité de la **lithosphère océanique** augmente. En conséquence, elle s'enfonce peu à peu en s'éloignant de la dorsale et descend de 2 500 m, à l'axe de la dorsale, à plus de 5 000 m de profondeur, dans les plaines abyssales.

D Les marges passives durant l'expansion océanique

■ Pendant la phase d'expansion océanique, la marge continentale, qui avait une activité sismique et souvent volcanique lors du rifting, **devient passive** (très peu ou pas d'activité sismique et volcanique).

■ L'évolution globale de la marge passive est essentiellement caractérisée par sa **subsidence**. Le socle fracturé lors du rifting s'enfonce. Cependant, la profondeur de la marge passive, toujours immergée, n'augmente pas, car l'enfoncement du socle est compensé par le dépôt de sédiments parfois très abondants.

Ils proviennent essentiellement de l'érosion intense des continents proches et de dépôts marins de faible profondeur ; ce sont des **sédiments post-rift**. Dans le cas de certaines marges (marges du Niger, du Gabon, de l'Angola...), l'épaisseur de ces sédiments peut atteindre une dizaine de kilomètres.

Les sédiments qui se déposent dans une région de rifting sont dits :
– pré-rift, lorsqu'ils couvrent la croûte continentale avant qu'elle ne commence à subir le rifting ;
– syn-rift, lorsqu'ils se déposent durant le rifting ;
– post-rift, lorsqu'ils se déposent après le rifting, durant la phase d'expansion océanique.

2 Tectonique des plaques et recherche d'hydrocarbures

La tectonique des plaques est un modèle qui explique un grand nombre de phénomènes géologiques (séismes, volcanisme, formation des chaînes de montagnes, des océans, caractères de la sédimentation sur les marges et les fonds océaniques).

La tectonique des plaques peut également orienter la recherche des ressources énergétiques et, en particulier, des hydrocarbures.

A Conditions nécessaires à la formation d'un système pétrolier

a. La genèse d'hydrocarbures

Les pétroles ont pour origine de la **matière organique** provenant des restes d'organismes morts qui se sont déposés avec d'autres sédiments (souvent des argiles) en milieu lacustre ou marin peu profond. Pour devenir du pétrole, cette matière organique doit, au moins en partie, échapper à la dégradation par les bactéries aérobies et par les organismes vivant sur les fonds.

Dans des conditions anaérobies (en absence de dioxygène), cette matière organique est dégradée par des bactéries anaérobies qui la transforment en **kérogène,** un ensemble de molécules organiques complexes. Le kérogène imbibe le sédiment minéral qui deviendra la **roche mère** des hydrocarbures.

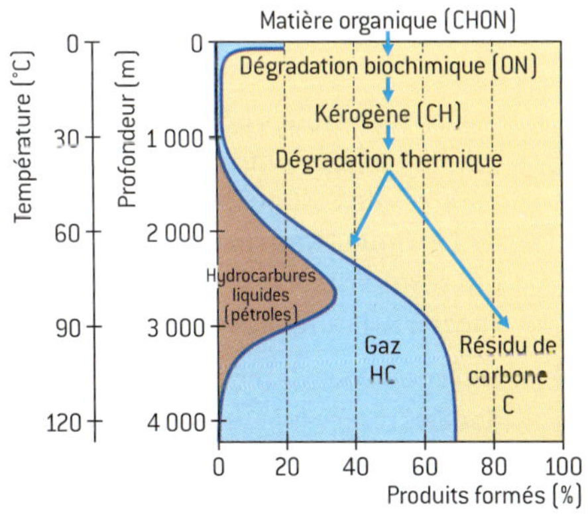

Le kérogène ne peut se transformer en **hydrocarbures** que s'il subit des températures supérieures à 60 °C. Cela n'est possible que si la roche mère, imbibée de kérogène, est entraînée à une profondeur suffisante (document 3). Ainsi, entre 2 et 5 kilomètres de profondeur, à une température comprise entre 60 et 150 °C, les réactions chimiques transforment les grosses molécules organiques du kérogène en hydrocarbures liquides (pétrole brut) et gazeux.

Document 3.

b. Le gisement d'hydrocarbure type

Les hydrocarbures liquides et a fortiori gazeux ont une densité faible. Ils tendent à quitter la roche mère et à monter vers la surface, d'autant plus facilement lorsqu'il existe un réseau de failles. Si, au cours de leur montée, ils rencontrent un **piège,** leur migration s'interrompt et ils s'accumulent dans le piège.

Un piège comprend :
- une **roche réservoir**, poreuse (calcaire, grès...), dans les pores de laquelle s'insinue le pétrole ;
- une **roche de couverture**, constituée par une roche imperméable (roche saline, argile...) ;
- une **structure géologique** qui piège le pétrole dans la roche réservoir (faille, structure anticlinale, par exemple).

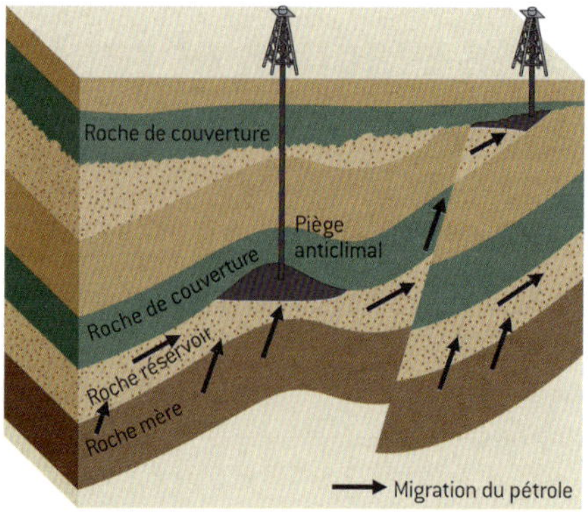

Document 4. Un système pétrolier.

B Les champs pétrolifères et leur contexte géologique

On constate que les principales provinces pétrolifères connues (30 % de la surface du Globe) sont liées à la tectonique des plaques : **rifts, marges passives, zones de collision entre continents...** Les marges passives (30 %) et les rifts (31 %) représentent les deux tiers des grands champs pétrolifères. Ce sont les sites les plus favorables à la genèse des hydrocarbures.

Certaines régions comme le golfe Persique ont des ressources pétrolières associées à une histoire géologique complexe faisant intervenir plusieurs aspects de la tectonique des plaques : rift, marge passive, collision...

C Pétroles et marges passives

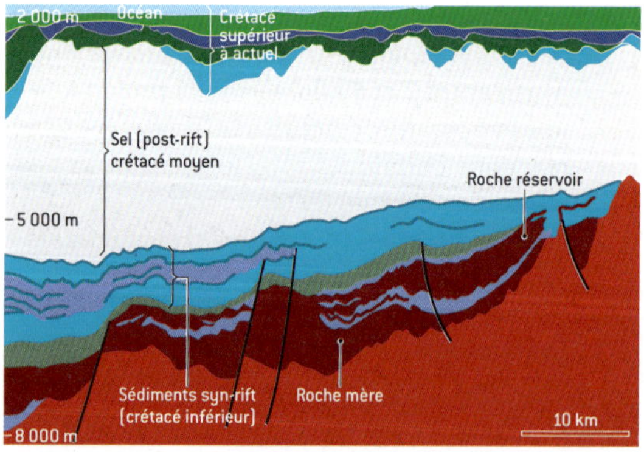

Document 5. Coupe géologique de la marge passive brésilienne.

Des **recherches pétrolières** actives ont lieu aujourd'hui dans les marges passives de l'est du Brésil et de l'ouest de l'Afrique (Niger, Gabon, Angola...) qui résultent toutes de l'ouverture de l'océan Atlantique Sud.

Depuis 2007, des champs pétrolifères dont les réserves paraissent considérables (huiles et gaz) ont été découverts à 300 km au sud de Rio de Janeiro et à 300 km au large des côtes brésiliennes. Sous 2 000 m d'eau environ, les forages (document 5) ont atteint la couche réservoir après avoir traversé 5000 m de roches sédimentaires. La zone d'exploration est localisée dans la **marge passive brésilienne**.

La **roche mère** a été identifiée : il s'agit de sédiments lacustres qui se sont déposés au moment de la création du rift (syn-rift) ayant conduit à la séparation de l'Amérique du Sud et de l'Afrique.

Les conditions anoxiques qui règnaient au sein du rift ont favorisé la conservation de la **matière organique abondante** (kérogène) dans la roche mère.

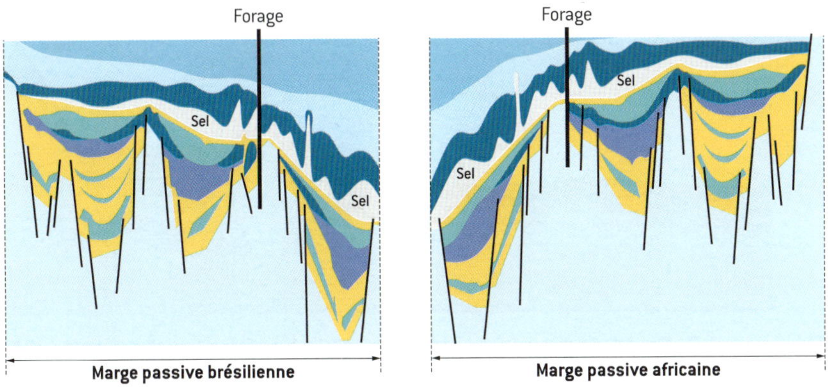

Document 6.

À la suite de la subsidence de la marge passive, la roche mère est aujourd'hui enfouie sous 5 000 m de sédiments. L'élévation de température conséquente a transformé le kérogène de la roche mère en pétrole et en gaz.

- La **sédimentation** syn-rift ou post-rift de la marge passive a conduit à la formation de roches réservoir (des calcaires poreux, dans cet exemple).
- La **couche de sel** qui recouvre la roche réservoir joue le rôle de **roche de couverture** pour le piège à pétrole. Sa formation est liée à l'histoire de la marge dont les eaux, parfois en communication, parfois isolées de l'océan mondial, ont subi des phénomènes d'évaporation intense entraînant d'importants dépôts de roches salines.

Ainsi, dans l'histoire de cette marge passive, toutes les conditions ont été réunies pour qu'elle devienne une région pétrolifère.

La découverte de ces gisements dans la marge passive brésilienne laisse à penser que des gisements comparables peuvent être présents dans la marge passive africaine (document 6). C'est pourquoi des compagnies pétrolières explorent encore aujourd'hui l'off-shore africain.

SVT

EXERCICE DE SYNTHÈSE

Histoire du golfe d'Aden

À partir des informations extraites des documents mises en relation avec vos connaissances, dégager les grands traits de l'histoire géologique du golfe d'Aden depuis 25 Ma.

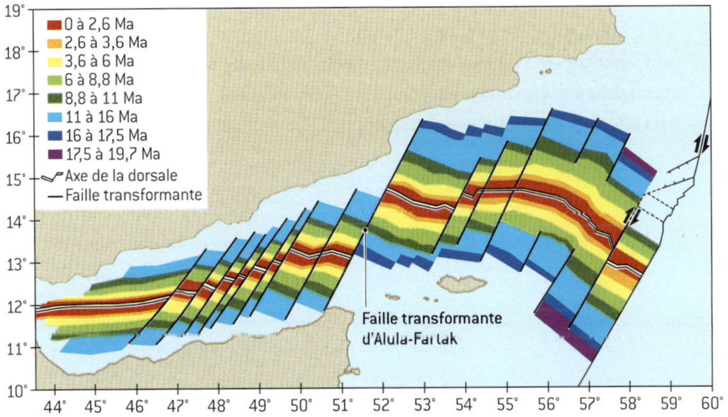

Document A. Carte de l'âge de la croûte du golfe d'Aden.

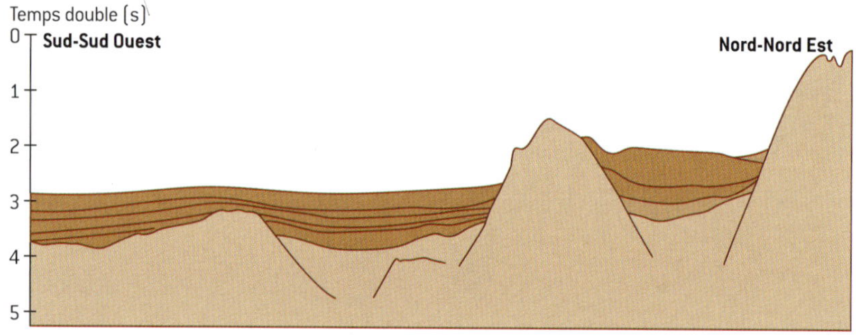

Document B. Profil de sismique réflexion de la bordure nord du golfe d'Aden.

CORRIGÉ

Histoire du golfe d'Aden

Exploitation du document A

La croûte la plus récente (0-2,6 millions d'années) est au milieu du golfe. L'âge de la croûte augmente au fur et à mesure que l'on s'éloigne de part et d'autre de cette zone centrale, la croûte la plus ancienne étant sur les bords du golfe. Ce sont là des caractéristiques de croûte océanique. Par conséquent, au milieu du golfe d'Aden, une dorsale engendre de la croûte océanique. La croûte la plus ancienne, à l'est, est datée de 20 millions d'années environ : c'est l'âge de ce jeune océan qu'est le golfe d'Aden. On constate que la croûte la plus ancienne du golfe, à l'ouest, est datée de 16 millions d'années : l'ouverture du golfe d'Aden s'est donc effectuée d'est en ouest.

Exploitation du document B

Le profil de sismique réflexion (document B), réalisé dans la marge nord du golfe de Suez montre une couverture sédimentaire au-dessus d'un socle. Celui-ci est affecté par des failles normales qui limitent des blocs basculés. Cela traduit une tectonique en extension et donc un épisode de rifting de la croûte continentale. Dans les fossés situés entre ces blocs, on distingue des sédiments qui se sont déposés pendant la période de rifting : ce sont des sédiments syn-rift.
Au-dessus, et plus ou moins en discordance, on distingue des sédiments post-rift qui se sont déposés pendant la période d'océanisation du golfe d'Aden.

Bilan

Les documents A et B illustrent deux étapes de la genèse d'un océan.
D'abord, la fracturation d'un continent aboutissant finalement à la séparation de l'Arabie et de l'Afrique. L'épisode initial de rifting continental est visible sur le profil de sismique réflexion de la bordure nord du golfe, donc de la marge nord.
Puis, à la suite de la phase de rifting, à partir de 20 millions d'années, la mise en place d'une dorsale qui va engendrer l'expansion du jeune océan. Pendant cette phase d'océanisation, des sédiments post-rift se déposent sur ses marges.

8 Nourrir l'humanité

JUSQU'À IL Y A ENVIRON 10 000 ANS, les écosystèmes naturels étaient la seule source de nourriture pour les humains. Depuis l'invention de l'agriculture, l'Homme a transformé des écosystèmes en agrosystèmes. Cette agriculture, de plus en plus intensive, a nourri une population humaine croissante, mais s'est accompagnée de nuisances environnementales.

1 Le fonctionnement d'un écosystème

Un écosystème est un espace défini par les caractéristiques physiques et chimiques du milieu, le biotope, et par l'ensemble des espèces qui y vivent, la biocénose.

A Description fonctionnelle de la biocénose

Si l'on utilise le mode de nutrition comme critère, les espèces de tout écosystème peuvent être réparties en grands ensembles.

Les producteurs primaires sont les organismes chlorophylliens capables d'élaborer leur matière organique à partir de nutriments minéraux : eau, dioxyde de carbone, ions minéraux (nitrates, phosphates, ions potassium, etc.). Ces organismes sont dits **autotrophes**.
Dans les écosystèmes terrestres, ces organismes sont les plantes à fleurs, les fougères, les mousses. Seules les parties chlorophylliennes de la plante sont le siège de la **photosynthèse**. Le bilan global de la photosynthèse aboutissant à la synthèse d'un glucide, le glucose ($C_6H_{12}O_6$), est représenté par la réaction ci-dessous.

$$6\,CO_2 + 6\,H_2O \xrightarrow{+\text{ Énergie solaire}} C_6H_{12}O_6 + 6\,O_2$$

L'énergie lumineuse, captée par les pigments chlorophylliens, est la source d'énergie permettant cette synthèse. L'équation montre que l'**eau** est, au même titre que le **dioxyde de carbone,** un aliment pour la plante.

Les producteurs secondaires sont les organismes qui fabriquent leur matière organique à partir de la matière organique provenant d'autres êtres vivants. Ces organismes sont dits hétérotrophes. Ce sont les consommateurs et les décomposeurs.
Il existe des consommateurs primaires, qui élaborent leur matière organique à partir des végétaux qu'ils consomment (exemple : les bovins) et des consommateurs secondaires, qui produisent leur matière organique à partir des animaux qu'ils consomment (exemple : les carnivores). Enfin, les consommateurs tertiaires se nourrissent de consommateurs secondaires.

Les décomposeurs sont les organismes qui se nourrissent des matières organiques des animaux et des végétaux morts à partir desquels ils élaborent leur propre matière organique.

Ce sont les lombrics, de nombreux arthropodes du sol et des populations considérables de microorganismes, champignons et bactéries du sol.

Les relations alimentaires au sein de l'écosystème permettent d'identifier des **chaînes alimentaires** dont les premiers maillons sont les producteurs primaires. À vrai dire, beaucoup d'espèces sont à la fois des consommateurs primaires et secondaires voire tertiaires. Ce sont donc des **réseaux alimentaires** plus ou moins complexes qui sont à l'œuvre dans les écosystèmes.

B Flux d'énergie dans un écosystème

Le *rendement* de la photosynthèse est le rapport entre l'énergie de la production primaire et l'énergie lumineuse reçue.

La seule source d'énergie de la biocénose d'un écosystème est l'**énergie lumineuse**. Grâce à la photosynthèse réalisée par les organismes chlorophylliens, elle est convertie en énergie chimique dans les matières organiques synthétisées. Le rendement de la photosynthèse est estimé en moyenne à 1 %.

Les **matières organiques** résultant de la production primaire sont la **source d'énergie** utilisée par les organismes de la biocénose, producteurs primaires compris. La dégradation de ces matières organiques par la respiration, qui rend utilisable leur énergie, sert aux synthèses des cellules, à maintenir leurs structures, à permettre leurs mouvements, etc. Le rendement de la conversion énergétique résultant de la respiration est inférieur à 50 %, le reste de l'énergie étant libéré dans le milieu sous forme de chaleur.

$$C_6H_{12}O_6 + 6\,O_2 \longrightarrow 6\,CO_2 + 6\,H_2O + \textbf{Énergie utilisable} + \textbf{Chaleur}$$

La biocénose d'un écosystème est ainsi globalement traversée par un **flux d'énergie** : l'énergie lumineuse, captée par les végétaux chlorophylliens, est totalement restituée au milieu sous forme de chaleur par la biocénose. Ce flux d'énergie peut être précisé en considérant les divers niveaux trophiques (producteurs primaires, consommateurs primaires, etc.).
Par la respiration de leurs cellules (chlorophylliennes et non chlorophylliennes), les producteurs primaires dégradent une partie des matières organiques élaborées par la photosynthèse. La **production primaire nette** (qui se traduit par l'augmentation de la masse sèche des producteurs primaires) est égale à la production primaire brute (qui résulte de la photosynthèse) moins la production primaire utilisée par la respiration. Pour une forêt tempérée de chênes et de pins, la production primaire nette correspond à environ 45 % de la production primaire brute.

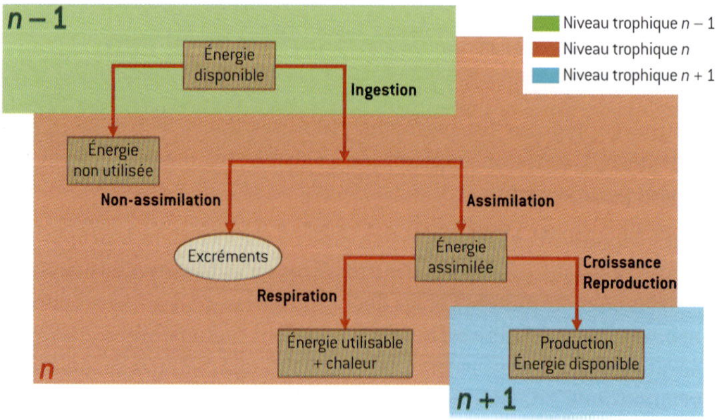

Document 1. Transmission d'énergie d'un niveau trophique à un autre dans un réseau alimentaire de producteurs consommateurs. L'énergie non utilisée (correspondant à la partie non mangée) et l'énergie des excréments seront utilisées par les décomposeurs.

Les matières organiques **ingérées** par les consommateurs primaires d'un écosystème ne sont pas entièrement digérées : une partie est rejetée dans le milieu sous la forme d'excréments, le reste étant assimilé (livré aux cellules). Une partie de la matière assimilée est dégradée par la respiration des cellules des consommateurs primaires, le reste servant à leur production secondaire. La production secondaire est donc nettement inférieure à la matière ingérée et ce d'autant plus que les dépenses énergétiques des consommateurs primaires sont grandes (document 1).

■ Le même processus a lieu lorsque les consommateurs secondaires (les carnivores) mangent des animaux. Il en résulte que la production des consommateurs secondaires est nettement plus faible que celle des consommateurs primaires. Ainsi, la quantité d'énergie fixée par la production des organismes diminue de niveau trophique en niveau trophique comme l'illustre la pyramide des productivités (document 2).

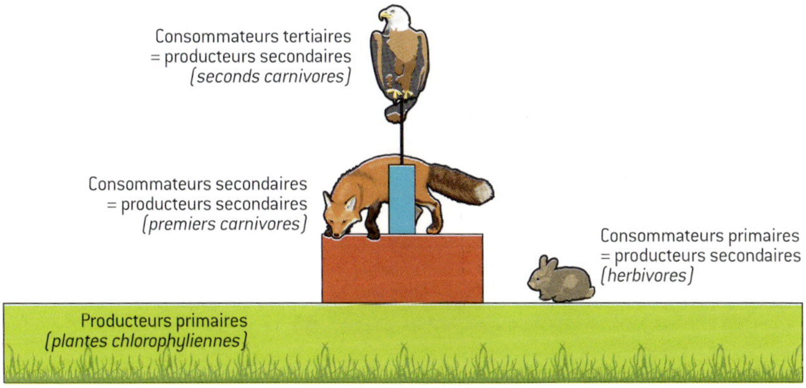

Document 2. Pyramide écologique des productivités.
La productivité d'un niveau trophique par rapport à la biomasse ingérée est comprise entre 6 et 20 % ; elle est en moyenne de 10 %.

C Recyclage de la matière dans un écosystème

■ Dans un écosystème, les flux de matières sont les supports des flux d'énergie. Cependant, s'il n'existe pas de cycle de l'énergie, on peut parler de cycle de la matière. Ainsi, par la respiration des organismes de la biocénose, le carbone des matières organiques se retrouve dans le dioxyde de carbone et devient disponible pour la photosynthèse des producteurs primaires.

■ Dans ce processus de recyclage, les **décomposeurs** du sol, et en particulier les **micro-organismes**, jouent un rôle fondamental. Leurs métabolismes sont très variés et complémentaires et font qu'ils sont capables de digérer des matières organiques comme la lignine, contrairement aux consommateurs primaires. Certains font que l'azote contenu dans les matières organiques azotées (acides aminés, nucléotides) se retrouve sous la forme d'ions minéraux (ammonium, nitrates) utilisables par les producteurs primaires.
La minéralisation des matières organiques découlant de l'activité des organismes de la biocénose correspond ainsi à un **recyclage de la matière.**

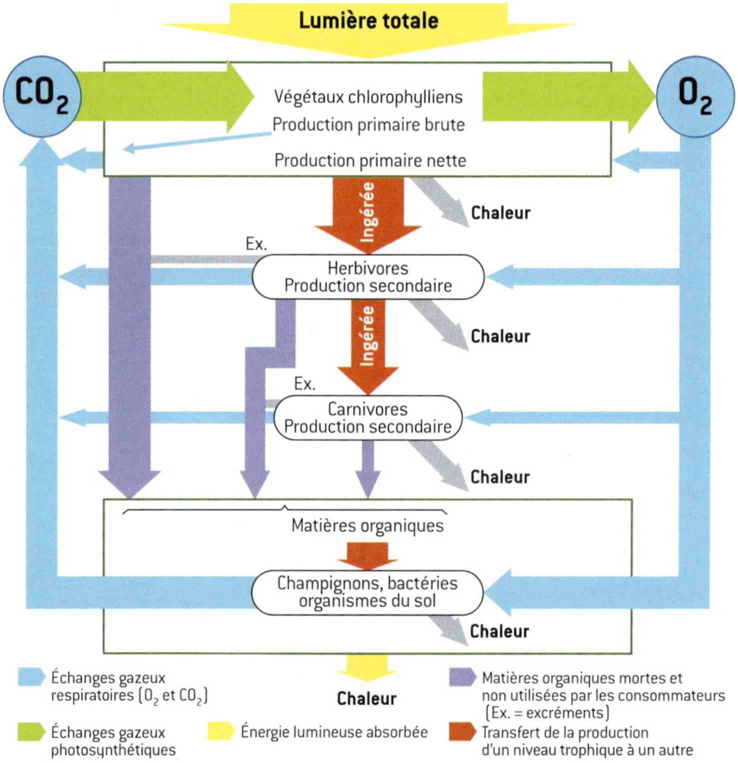

Document 3. Flux d'énergie et cycle de la matière.

2 Les agrosystèmes

Un agrosystème, ou écosystème agricole, est un écosystème créé ou modifié, contrôlé et maîtrisé par l'Homme dans le but d'exploiter une partie de la matière organique végétale (cultures) ou animale (élevage) qu'il produit, dans un but alimentaire voire industriel ou énergétique. Nous nous limiterons dans cette partie à l'étude des agrosystèmes de grande culture (blé, maïs, riz...).

A Les caractères communs aux agrosystèmes et aux écosystèmes naturels

- Dans les deux types d'écosystème, **la production primaire repose sur la photosynthèse** : elle exige de l'eau, des ions minéraux, du dioxyde de carbone et de l'énergie solaire.
- **L'importance de l'eau** est primordiale. La plante puise l'eau par ses racines et en libère par ses feuilles sous la forme de vapeur (transpiration).

L'eau puisée par les plantes est en partie retenue sous forme d'eau constitutive et en partie utilisée comme aliment au cours de la photosynthèse ; mais la plus grande partie (99 %) est rejetée dans l'atmosphère par la transpiration et ne revient pas, au **sol, qui s'appauvrit donc en eau.** Ce flux d'eau qui traverse la plante est indispensable à l'entrée et au transport des ions minéraux. La transpiration se produit au niveau de petites ouvertures à la surface de la feuille, les stomates, par lesquels **pénètre également le dioxyde de carbone**. L'évapotranspiration est régulée grâce aux stomates : en cas de manque d'eau, ils se ferment, d'où résulte une entrée plus faible de CO_2 et, par là, une diminution de la production de matières organiques (baisse de rendement).

Les **chaînes alimentaires trophiques** existent dans les deux systèmes. Dans les agrosystèmes, l'Homme est en compétition avec les animaux qui se nourrissent des plantes cultivées (insectes, larves, gastéropodes, champignons, oiseaux, petits mammifères...).

B Agrosystèmes et eau

Dans l'agrosystème**, la diversité** caractéristique d'un écosystème est **limitée** : il faut cibler un seul producteur primaire, génétiquement sélectionné, afin d'obtenir de hauts rendements. Cela implique de limiter également la concurrence des plantes adventices ou « mauvaises herbes » vis-à-vis de l'eau et des nutriments du sol par l'utilisation d'herbicides.

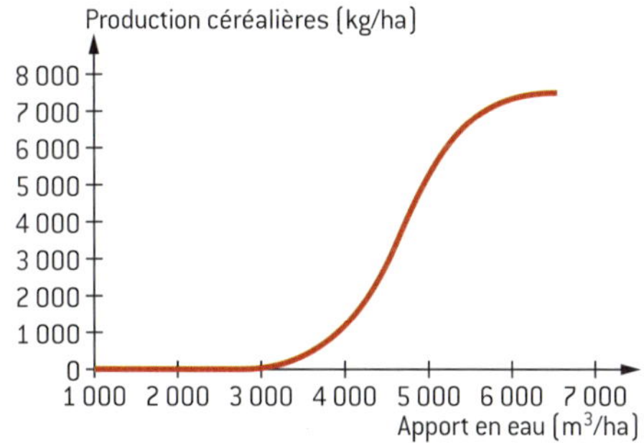

Document 4. Importance de l'apport d'eau dans la production d'une variété de plante céréalière.

Une alimentation en eau la plus constante possible est nécessaire pour éviter les périodes de jeûne (provoquées par la fermeture des stomates en cas de manque d'eau) et assurer ainsi un rendement élevé (document 4). C'est ce qui justifie la pratique de l'**irrigation.**

Pour assurer l'irrigation, certains pays effectuent des prélèvements d'eau très importants en comparaison des prélèvements nécessaires à d'autres usages de l'eau (eau potable, industrie...) (document 5). Certains pays en voie de développement utilisent 80 à 90 % de leurs réserves en eau pour l'irrigation des cultures. Dans tous les cas, qu'il s'agisse de culture pluviale ou de culture irriguée, l'eau est indispensable : le rendement végétal est tributaire de l'eau.

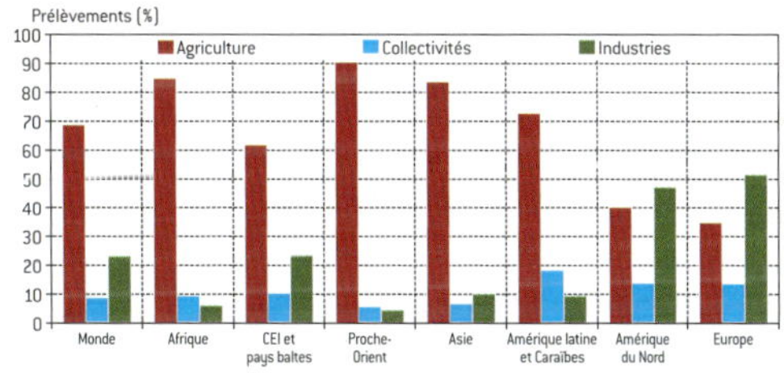

Document 5. Importance des prélèvements d'eau par région et par secteur d'activité.

L'eau virtuelle d'un produit (alimentaire ou non) est la quantité d'eau qui a nécessité sa production. Par exemple, pour produire 1 kg de blé, 1 300 litres d'eau sont en moyenne nécessaires (document 6). Le blé ne contient qu'une infime quantité de cette eau ; le reste, prélevé dans le sol et rejeté lors de l'évapotranspiration de la culture, a été cependant indispensable à la production de la céréale. John Anthony Allan, à l'origine de cette notion d'eau virtuelle, écrit : « L'eau est dite virtuelle, car une fois que le blé pousse, l'eau réelle utilisée pour le cultiver n'est plus contenue dans le blé. »

> **Lors des usages collectifs et industriels, la majeure partie de l'eau est restituée au réservoir où elle a été prélevée. Dans les usages agricoles, au moins 50 % de l'eau s'évapore et n'est donc pas restituée au réservoir d'origine.**

Cette notion d'eau virtuelle permet de prendre en compte l'eau nécessaire pour produire les matières alimentaires. Un pays qui importe ces matières alimentaires économise l'eau qui a été nécessaire à leur fabrication : il importe de l'eau virtuelle.

Aliment	Blé (1 kg)	Maïs (1 kg)	Riz (1 kg)	Pomme (1 kg)	Orange (1 kg)	Tomate (1 kg)	Pomme de terre (1 kg)	Thé (1 L)	Bière (1 L)	Vin (1 L)	Café (1 L)
Eau virtuelle (en litre)	1300	900	1400	700	500	185	250	140	300	960	1120

Document 6. Eau nécessaire à la fabrication de quelques aliments d'origine végétale.

C Les déséquilibres d'un agrosystème et la nécessité d'intrants

Contrairement à l'écosystème où le recyclage de la matière est complet, une grande partie de la production de l'agrosystème est **exportée**. Lors de la récolte de blé cultivé, seulement 16 % (racines, quelques feuilles) de la matière organique fabriquée reste sur le terrain. Sur 17 tonnes de blé qui poussent à l'hectare, 6,5 tonnes sont constituées par les grains et 7,5 tonnes par les tiges et les feuilles (paille) : 14 tonnes sont donc exportées. Le sol, lieu du recyclage de la matière, s'appauvrit... et il y a donc nécessité d'apporter des **engrais.**

Les *intrants* désignent tous les produits apportés aux cultures et élevages (engrais, amendements, herbicides, insecticides, semences) et, plus généralement, tout ce qui est nécessaire au fonctionnement de l'agrosystème.

La maîtrise des chaînes alimentaires par l'Homme est nécessaire pour maintenir le **rendement** de l'agrosystème. Tout ce qui attaque la plante (feuilles, tronc, racines, fruits, grains...) doit être combattu par divers intrants (pesticides divers, insecticides, herbicides, fongicides...) sous peine d'une baisse du rendement.

D L'agrosystème, un système gourmand en énergie

En plus de l'énergie solaire renouvelable, l'agrosystème de grande culture utilise des énergies non renouvelables (entrées) (document 7). L'énergie sort de l'agrosystème (sorties) sous la forme du contenu énergétique des plantes cultivées. En tenant compte des entrées et des sorties, on peut établir un bilan énergétique de l'exploitation.

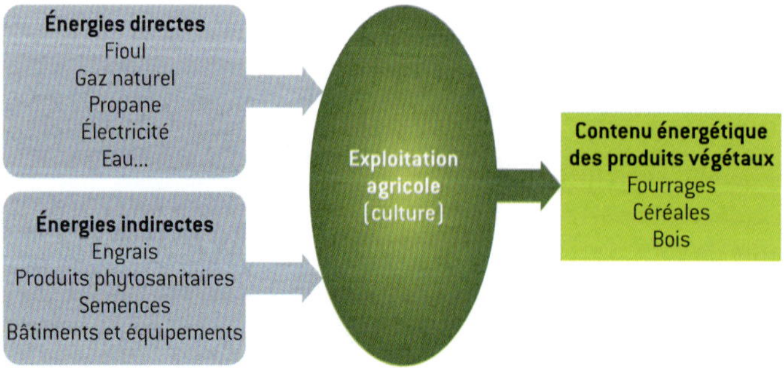

Document 7. Entrées et sorties énergétiques dans une exploitation.

On définit l'**efficacité énergétique** d'un agrosystème par le rapport entre l'énergie produite (matière organique provenant de la culture) et l'énergie consommée (entrant dans l'agrosystème). Le document 8 compare le rendement énergétique d'exploitations spécialisées dans la culture du maïs, l'une en culture intensive (rendement de 90 quintaux à l'hectare), l'autre de type économe (50 quintaux à l'hectare).

La production de l'exploitation agricole en grande culture intensive (apport d'intrants élevé) est plus importante que celle en grande culture économe (apport d'intrants limité). Si la production énergétique de la culture économe est inférieure à celle du système intensif, son efficacité énergétique est en revanche supérieure.
Dans les deux cas, il y a une entrée d'énergie relativement importante par rapport à la sortie : 20 % dans le système économe et 30 % environ dans le système intensif.
L'apport d'énergie est relativement important par rapport à celle des produits obtenus.

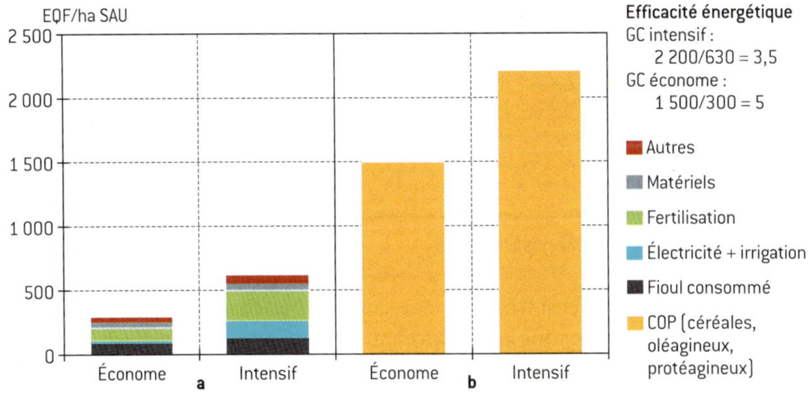

Document 8. Grandes cultures (GC). a. Consommation d'énergie (entrées). **b.**Production d'énergie (sorties). EQF : équivalent litre de fioul, SAU : surface agricole utile.

3 Les agrosystèmes d'élevage

Dans tous les pays industrialisés et dans beaucoup de pays en voie de développement, la consommation de produits animaux augmente. Quelles sont les caractéristiques des agrosystèmes orientés vers l'élevage ?

A Caractéristiques de la production animale

L'animal d'élevage est un **consommateur primaire** qui reçoit une alimentation végétale : pâturages, fourrages ou aliments fabriqués hors de l'exploitation. L'animal fournit du lait ou de la viande (production secondaire) mais comme pour tout écosystème, sa production secondaire (exprimée en énergie) est très nettement inférieure à sa consommation d'aliments (exprimée en énergie).

Dans un écosystème, la production secondaire des consommateurs primaires représente environ 10 % de la production primaire ingérée (document 2). Pour une surface donnée, la **production animale** est donc très inférieure à la production végétale.
Nourrir l'humanité par des productions animales serait donc dix fois moins efficace que par des productions végétales.

Les intrants nécessaires au fonctionnement d'un agrosystème d'élevage (document 9) représentent une dépense énergétique importante. Ils sont tels que ce type d'agrosystème a une **efficacité énergétique très inférieure** (0,7 et 1,3 contre 3,5 et 5) à celle d'une exploitation de grande culture (document 8). L'agrosystème d'élevage est très gourmand en énergie non renouvelable.

Comme pour un agrosystème de culture, un agrosystème d'élevage intensif produit davantage qu'un élevage économe en énergie, mais son efficacité énergétique est plus faible.

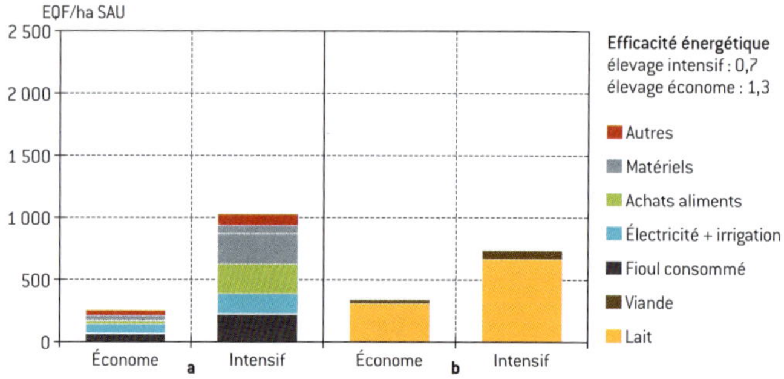

Document 9. Élevage bovin.
a. Consommation d'énergie (entrées).
b. Production d'énergie (sorties). Voir légende du document 8.

B Bilan en eau d'un élevage

La **perte en eau** d'un animal est très inférieure à la quantité transpirée (et donc perdue) par un végétal. On peut donc penser que la consommation d'eau par un animal est nettement inférieure à celle des végétaux. En réalité, il faut utiliser le concept d'**eau virtuelle** et prendre en compte la quantité d'eau nécessaire pour produire l'aliment végétal dont se nourrit l'animal. La quantité d'eau utilisée pour produire 1 kg d'un produit animal est donc supérieure à celle nécessaire pour produire 1 kg d'un aliment végétal (document 10).

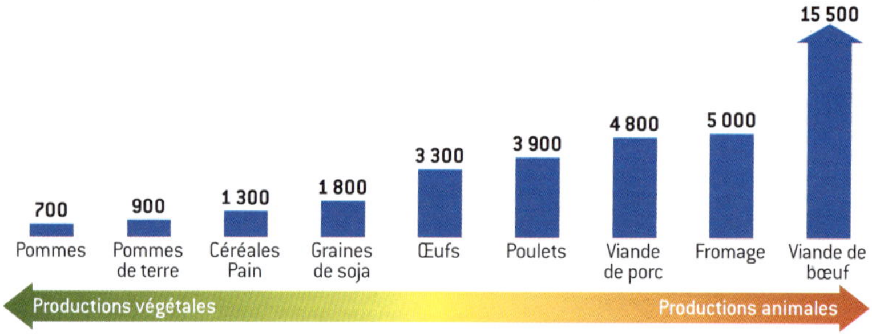

Document 10. Eau virtuelle de quelques aliments (en litres par kg).

À l'aide du concept d'eau virtuelle, on peut calculer la quantité d'eau réelle nécessaire à différents régimes alimentaires. On établit ainsi que le régime alimentaire moyen aux États-Unis correspond à une consommation de 5,4 m^3 (5 400 litres) d'eau par personne et par jour. En comparaison, un régime végétarien nécessite 2,6 m^3 d'eau par personne et par jour et un régime minimal pour répondre aux besoins biologiques ne demande que 1 m^3 d'eau.

EXERCICE DE SYNTHÈSE

Calculer des rendements énergétiques

Le **document 11** présente un flux d'énergie dans une prairie pâturée en se limitant aux principaux consommateurs primaires, les bovins.

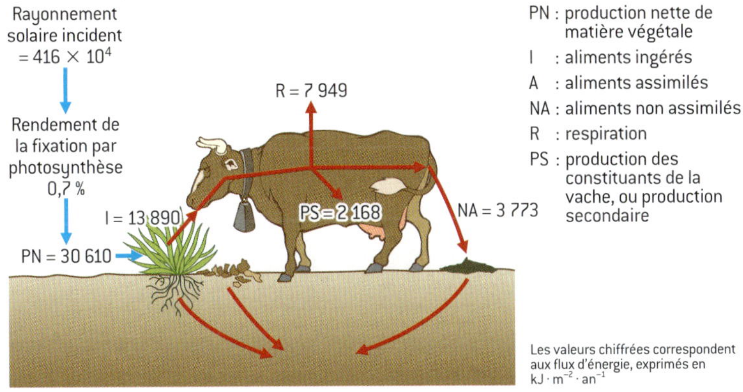

Document 11.

1. Indiquer ce qu'on entend par production nette des plantes de la prairie.
2. Calculer le rapport assimilation/ingestion des bovins.
3. Calculer les rapports production/assimilation et production/ingestion des bovins.
4. Que deviennent la partie de la production primaire non ingérée par les bovins ainsi que les matières organiques contenues dans leurs excréments ?

CORRIGÉ

1. La production nette des plantes est la quantité de matière organique (ou son équivalent énergétique) résultant directement ou indirectement de la photosynthèse (production brute) diminuée de la quantité de matière organique (ou son équivalent énergétique) dégradée par la respiration des plantes.

2. La quantité d'énergie assimilée par les bovins est de 13 890 – 3773 soit 10 117 kJ/m^2/an. Le rapport assimilation/ingestion est donc de : 10 117/13 890 soit : 0,73 ou 73 %.

3. Le rapport production/assimilation est de 2168/10 117, soit un peu moins de 22 %. Le rapport production/ingestion est de 73 % × 22 % = 16 %.

4. La partie de la production primaire non ingérée par les bovins et les excréments sont consommés par les décomposeurs de la prairie, ce qui assure un recyclage partiel de la matière.

9 Devenir femme ou homme

www.annabac.com

La différence phénotypique la plus évidente au sein de l'espèce humaine est liée au sexe. La réalisation des phénotypes masculin et féminin s'effectue progressivement au cours de la vie embryonnaire et fœtale pour s'achever à la puberté.

1 Les phénotypes masculin et féminin

A Les phénotypes cellulaires

Les cellules des hommes et des femmes possèdent toutes (mis à part les gamètes) 23 paires de chromosomes. Vingt-deux de ces paires sont identiques dans les deux sexes (autosomes). La vingt-troisième paire, qui constitue la paire de chromosomes sexuels, est différente : elle est formée, chez la femme, de deux chromosomes identiques (X et X) et chez l'homme, de deux chromosomes différents (X, semblable à un chromosome X féminin, et Y).

La différence entre les phénotypes cellulaires de l'homme et de la femme apparaît dès le stade œuf. Elle est à l'origine des phénotypes morphologiques et physiologiques différents.

B Les phénotypes macroscopiques

• Un message hormonal est constitué par la concentration de l'hormone (messager) à un moment donné.
• Une hormone est un messager. C'est une molécule élaborée par des cellules spécialisées de l'organisme, déversée dans le sang (le milieu intérieur) et agissant sur d'autres cellules (ou cellules cibles) qui, en réponse, modifient leur métabolisme. Pour agir, les hormones doivent se fixer à des récepteurs cellulaires spécifiques que seules les cellules cibles possèdent.

a. Les glandes génitales ou gonades (caractères sexuels primordiaux)

■ Les gonades (testicules ou ovaires) ont une double fonction : produire des **gamètes** et produire des **hormones**.

Les gonades diffèrent par les gamètes produits : **spermatozoïdes** pour les testicules et **ovules** pour les ovaires. Elles diffèrent également par les hormones sécrétées : **testostérone et AMH** (hormone antimüllérienne) pour les testicules, **œstrogènes (œstradiol) et progestérone** pour les ovaires.

■ **Les structures responsables de la double fonction sont différentes.**

Le testicule (document 1) est constitué de deux compartiments : les tubes séminifères et les cellules interstitielles de Leydig. Dans la paroi des tubes séminifères se déroule la spermatogenèse qui aboutit à la naissance des spermatozoïdes libérés dans la lumière du tube séminifère. Les cellules interstitielles, situées entre les tubes séminifères, sécrètent la testostérone.

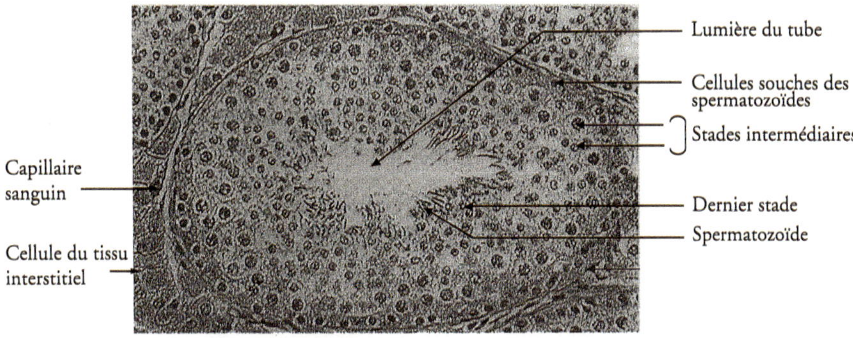

Document 1. Testicule humain : coupe transversale au niveau d'un tube séminifère.

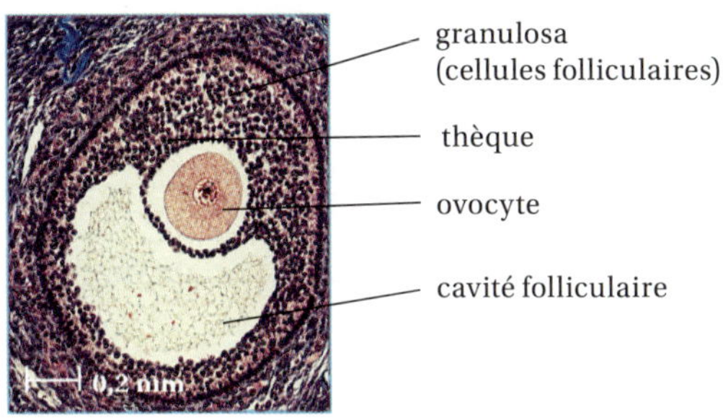

Document 2. Un follicule en voie de développement.

Les structures caractéristiques de l'ovaire sont les follicules ovariens (document 2). Chaque follicule ovarien comprend : un **ovocyte** (futur gamète) et des cellules ovariennes non sexuelles, les cellules folliculaires, qui sécrètent les hormones féminines. Les follicules présentent différents stades de développement.

b. Les voies génitales, les glandes annexes et les organes génitaux externes (caractères sexuels primaires)

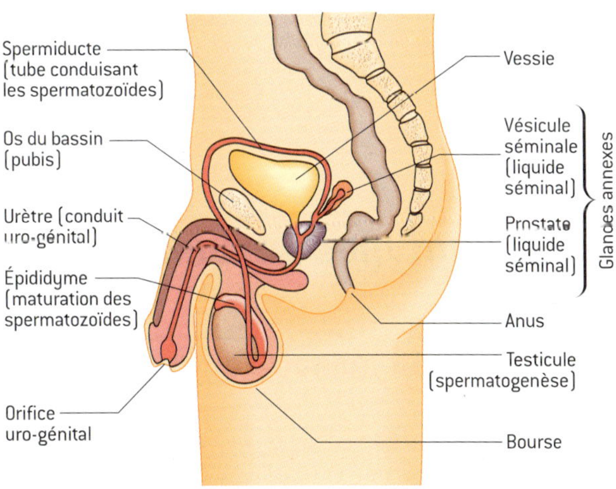

Document 3. Appareil génital masculin.

Les voies génitales masculines (document 3) sont les canaux (épididymes et spermiductes) qui permettent le transport des spermatozoïdes et leur éjection lors des rapports sexuels, et le pénis, organe d'accouplement. **Les glandes annexes** sont les vésicules séminales et la prostate qui sécrètent le liquide séminal, nutritif pour les spermatozoïdes, avec lesquels il constitue le sperme.

Les voies génitales féminines comprennent les oviductes (trompes), l'utérus et le vagin. Le document 4 précise le rôle de chacune de ces régions en schématisant le résultat d'un rapport sexuel ayant abouti à une fécondation. Celle-ci a lieu dans les trompes ; le développement de l'embryon commence dans les trompes et se poursuit dans l'utérus qui est l'organe de la gestation.

SVT

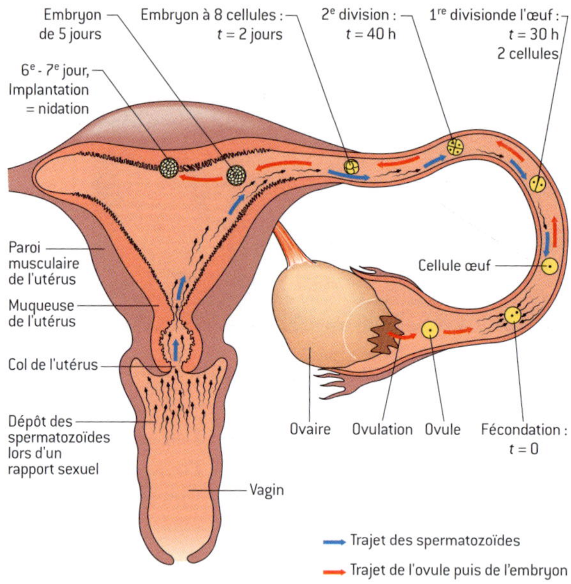

Document 4. Appareil génital féminin (fécondation et devenir de l'embryon).

c. Les caractères sexuels secondaires

Les caractères sexuels secondaires apparaissent à la puberté.

■ Par rapport à l'homme, **la femme** a une taille moyenne moins élevée, un bassin plus large que les épaules, une moindre pilosité faciale et corporelle, une peau à grain fin, une accumulation de tissu adipeux au niveau des fesses, des cuisses et des hanches, des seins développées, des glandes mammaires fonctionnelles...

■ Par rapport à la femme, **l'homme** a une taille moyenne plus élevée, des mains et des pieds plus grands, des os du squelette plus épais, une pilosité marquée sur le torse, l'abdomen et le visage, une peau plus épaisse et plus rude, du tissu adipeux s'accumulant essentiellement autour de l'abdomen et de la taille, une musculature développée, une pomme d'Adam marquée, une voix grave...

2 La réalisation des phénotypes sexuels

A Différenciation durant la vie embryonnaire et fœtale

a. Le stade indifférencié

L'embryon humain de sept semaines, masculin ou féminin, possède un appareil génital non différencié (document 5), comprenant :
- des gonades indifférenciées ;
- des organes génitaux externes non formés ;
- une ébauche des voies génitales masculines (les canaux de Wolff) et une ébauche des voies génitales féminines (les canaux de Müller) qui coexistent.

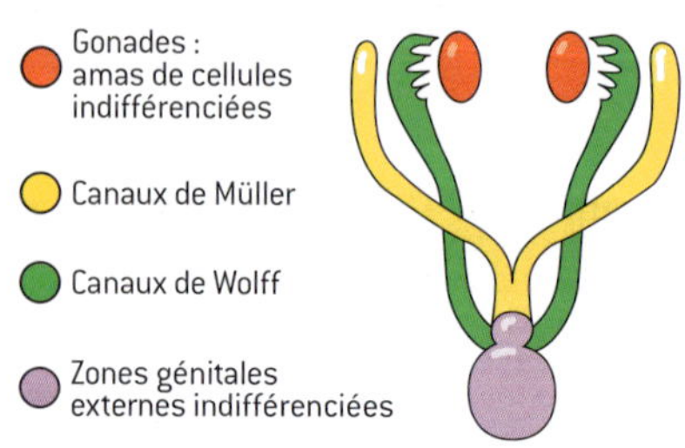

Document 5. Appareil génital indifférencié.

b. La différenciation des gonades

Le caryotype est seul responsable de la première différenciation entre l'homme et la femme : c'est la différenciation gonadique. Le chromosome Y (document 2) possède un **gène *Sry*** (ou *SRY*) dont l'expression conduit à la différenciation des gonades en **testicules**. En l'absence de ce gène *Sry* (donc chez la femme), les gonades évoluent spontanément en ovaire. **À partir du moment où le testicule est différencié, le rôle du gène *Sry* est terminé.**

c. La différenciation des voies génitales masculines

Le testicule fœtal comprend deux compartiments (document 8) :
- les cordons séminifères (futurs tubes séminifères) avec deux populations cellulaires, les spermatogonies (cellules mères des spermatozoïdes) et les cellules de Sertoli ;
- le tissu interstitiel avec les cellules interstitielles (cellules de Leydig).

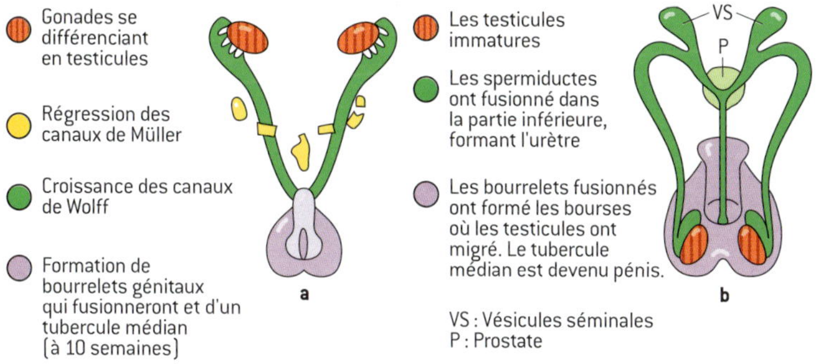

Document 6. Différenciation de l'appareil génital masculin.
a. Vers la 8e semaine de la vie embryonnaire. **b.** À la naissance.

Les cellules de Leydig et de Sertoli, dès la 8e-9e semaine, débutent une activité hormonale (document 7) : les cellules de Leydig sécrètent la testostérone et les cellules de Sertoli, l'AMH (hormone antimüllérienne).
L'AMH entraîne la dégénérescence des ébauches des canaux féminins (canaux de Müller). **La testostérone** entraîne le développement et la différenciation des voies génitales masculines (canaux de Wolff) en épididyme, spermiductes (canaux déférents) et glandes annexes (prostate et vésicules séminales) ; elle entraîne également la masculinisation des organes génitaux externes.

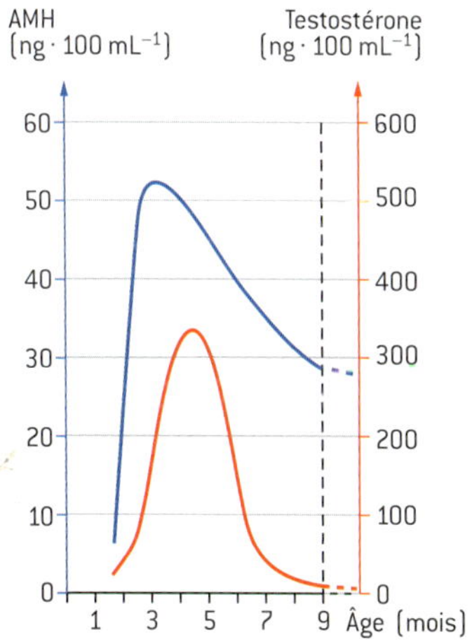

Document 7. Évolution des concentrations de testostérone et d'hormone antimüllérienne (AMH) durant la vie embryonnaire et fœtale.

d. La différenciation des voies génitales féminines

Les ovaires fœtaux ne sont pas indispensables à la différenciation de l'appareil génital féminin. **En l'absence de testostérone,** les voies génitales masculines (canaux de Wolff) s'atrophient et disparaissent ; les organes génitaux se développent en organes féminins. **En l'absence d'AMH,** les canaux de Müller se développent en voies génitales féminines : oviductes (trompes), utérus et partie supérieure du vagin (document 8).

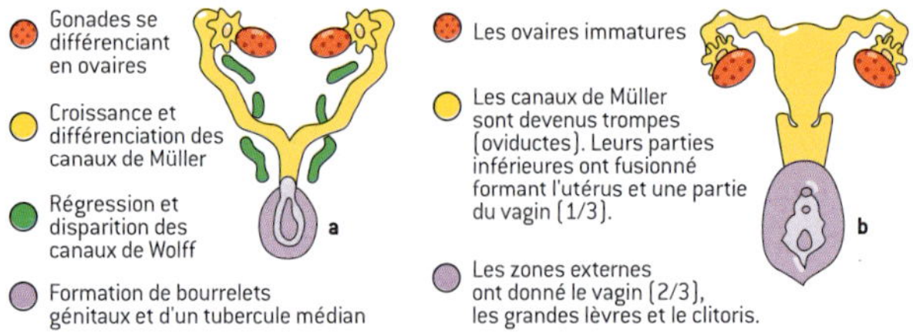

Document 8. Différenciation de l'appareil génital féminin.
a. À la 12e semaine de la vie fœtale. **b.** À la naissance.

B La puberté et la réalisation des phénotypes adultes

À la puberté, les gonades deviennent fonctionnelles, produisant gamètes et hormones (document 9). Sous l'action de ces hormones, testostérone chez l'homme et œstrogènes chez la femme, les caractères sexuels primaires deviennent fonctionnels et les caractères sexuels secondaires apparaissent et se développent.

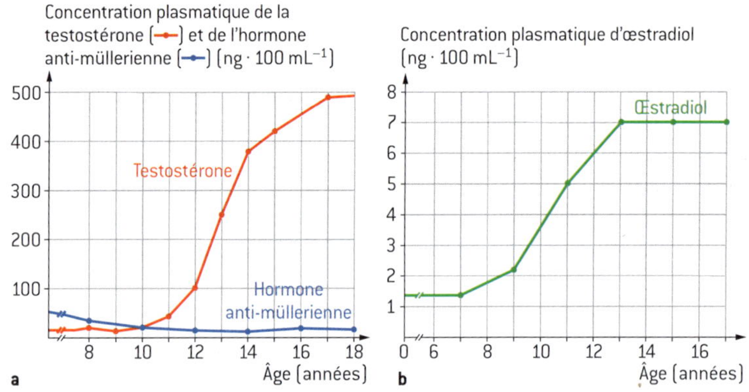

Document 9. a. Hormones testiculaires durant la période prépubertaire et pubertaire.
b. Hormone ovarienne (œstradiol) durant la période prépubertaire et pubertaire.

3 Les phénotypes sexuels adultes fonctionnels

A Chez l'homme

Le **phénotype masculin** persiste toute la vie. En particulier, la concentration plasmatique de testostérone reste relativement constante (entre 300 et 1 200 ng/mL) ; le maintien de cette concentration est indispensable à la fonctionnalité de l'appareil génital et donc à la procréation. La castration, par exemple, est suivie d'une régression des vésicules séminales et de la prostate qui cessent de produire le liquide séminal.
La testostérone est nécessaire à la réalisation d'une spermatogenèse complète : elle agit sur les cellules de Sertoli des tubes séminifères dont la fonction principale est de régler les étapes de la différenciation des cellules germinales en gamètes.

Par son action sur les centres nerveux, la testostérone est aussi indispensable au comportement reproducteur. La castration est suivie d'une disparition plus ou moins nette des composantes du comportement sexuel.

B Chez la femme

La différenciation de l'ovaire durant la vie fœtale est caractérisée par la formation d'un stock définitif (environ 400 000) de follicules ovariens dits primordiaux (30 µm de diamètre) formés d'un ovocyte entouré de quelques cellules folliculaires.
Jusqu'à la puberté, certains de ces follicules entament un développement jusqu'au stade follicule cavitaire jeune (1 à 3 mm de diamètre ; voir le document 2) mais ils finissent par dégénérer : le nombre de follicules diminue donc constamment à partir de la naissance.

a. Le cycle des structures ovariennes

Dans l'espèce humaine, **l'activité ovarienne est cyclique (cycle ovarien)**, contrairement à celle du testicule. On parle de **cycle menstruel :** le début des règles marque la fin d'un cycle et le début du suivant.

Chaque cycle ovarien comprend deux phases, la phase folliculaire (préovulatoire) et la phase lutéale (post-ovulatoire) séparées par l'ovulation (document 10) :
- **au début d'un cycle**, une cohorte de follicules cavitaires de 3 à 5 mm de diamètre croissent ;
- **vers le 7e ou le 8e jour**, tous les follicules dégénèrent sauf un, le follicule dominant, qui poursuit sa croissance (20 à 25 mm de diamètre) et atteint sa maturité vers le 14e jour ;
- **au 14e jour**, l'ovocyte (ovule) est expulsé du follicule et de l'ovaire : c'est la **ponte ovulaire** ;
- **après l'expulsion de l'ovocyte**, les cellules de la paroi du follicule se multiplient et celui-ci devient un organe plein, richement vascularisé, le **corps jaune.**
- **huit à dix jours après la ponte ovulaire**, le corps jaune commence sa dégénérescence, qui est complète 4 à 6 jours plus tard et est associée au début des règles. Durant cette phase post-ovulatoire, aucun follicule cavitaire ne se développe dans les ovaires.

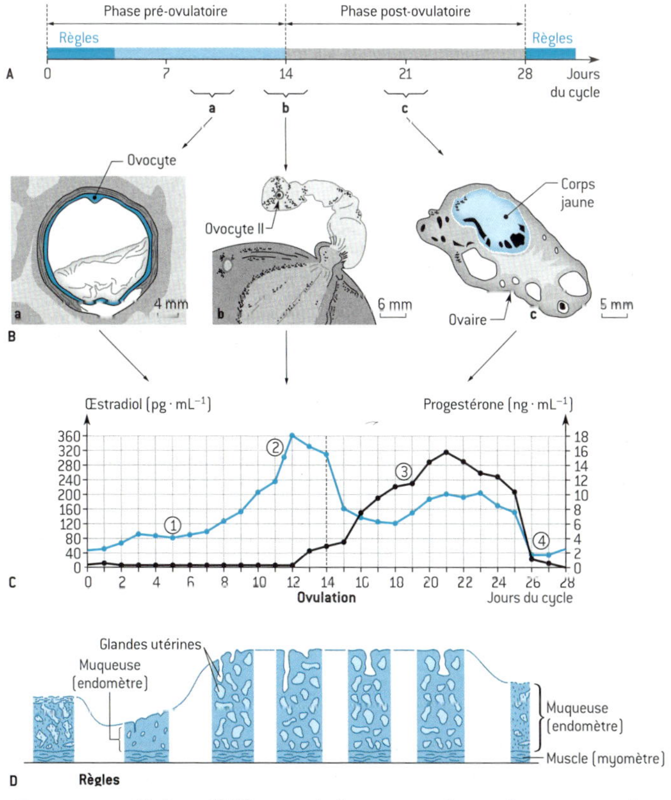

Document 10. Les différents événements du cycle menstruel.

b. Le cycle des hormones ovariennes

Le cycle des structures ovariennes s'accompagne d'un cycle des hormones ovariennes (document 10 c) avec trois caractéristiques essentielles :
- **l'œstradiol** est seul présent durant la phase folliculaire ; sa concentration plasmatique augmente (1) avec le nombre de cellules folliculaires qui le sécrètent durant la croissance des follicules, puis celle du follicule dominant seul ;
- **le pic d'œstradiol** (2), 48 heures avant la ponte ovulaire ;
- **la progestérone** est présente uniquement durant la phase lutéale (3) ; elle est sécrétée par le corps jaune qui continue également à produire de l'œstradiol.

La dégénérescence du corps jaune entraîne la chute des concentrations d'œstradiol et surtout celle de progestérone qui devient nulle (4). Cette chute marque la fin du cycle menstruel.

c. Le cycle des voies génitales

Le cycle des hormones ovariennes détermine un cycle de leurs organes cibles : l'utérus et le col de l'utérus (document 10 d).

Durant la phase folliculaire

• **À la fin des règles**, la muqueuse utérine, en grande partie détruite, est réduite à sa partie basale (épaisseur 0,5 mm). Durant la phase folliculaire, la sécrétion d'**œstradiol** entraîne sa **cicatrisation** qui se traduit par un épaississement de 3 à 4 mm au moment de l'ovulation. Sous l'action de l'œstradiol, les cellules de la muqueuse acquièrent également des **récepteurs à la progestérone.**

• **Le pic d'œstradiol** conduit à la production par les cellules du col de l'utérus d'un mucus abondant, à mailles larges, autorisant le passage des spermatozoïdes (document 13). En dehors de cette période, le mucus est imperméable aux gamètes mâles. L'œstradiol stimule la contractilité du muscle utérin (myomètre), contribuant ainsi à la progression des spermatozoïdes vers le lieu de la fécondation (document 5). Le pic d'œstradiol prépare ainsi à la **fécondation.**

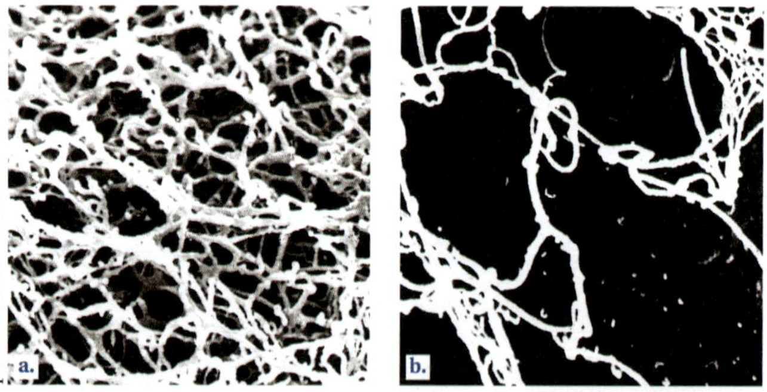

Document 11. Mucus cervical. a. Vers le 6e jour du cycle.
b. Au 14e jour du cycle, il permet le passage des spermatozoïdes.

Durant la phase lutéale

• La progestérone inhibe la contractilité du myomètre et agit sur la muqueuse utérine en la préparant à héberger un embryon : les glandes utérines deviennent fonctionnelles, se ramifient, s'allongent, donnant à la muqueuse, très développée et abondamment irriguée, un aspect en dentelle. Par ces deux actions, **la progestérone est indispensable à la gestation.** Elle agit en outre sur les glandes du col de l'utérus qui sécrètent alors à nouveau un mucus peu abondant à mailles serrées, imperméable aux gamètes mâles.

• En l'absence de gestation, l'arrêt des sécrétions hormonales, en particulier celle de la progestérone par le corps jaune, a pour conséquence la désintégration d'une partie de la muqueuse utérine et des capillaires sanguins qui l'irriguent, processus à l'origine des **règles.**

d. Conséquences comportementales

Chez la plupart des femelles de mammifères, la manifestation la plus notable du cycle sexuel est le comportement d'œstrus (rut, chaleurs) contemporain de l'ovulation : c'est la seule période durant laquelle la femelle est attractive pour le mâle et accepte l'accouplement. On parle de **cycle œstrien**, le terme de **cycle menstruel** étant réservé aux primates.

Seuls les primates catarrhiniens (babouin, macaque, gibbon, orang-outan, gorille, chimpanzé et homme) ont des règles.

Chez les Hominidés (gorille, chimpanzé, Homme), la période des rapports sexuels occupe une grande partie du cycle sexuel. L'**espèce humaine** est cependant la seule où la sexualité ne paraît pas corrélée au cycle menstruel.

EXERCICE DE SYNTHÈSE

La différenciation de l'appareil génital

À partir des seules informations extraites de l'exploitation du document, dégager certains des mécanismes qui interviennent dans la différenciation de l'appareil génital masculin.

	Caryotype	Organes génitaux externes	Organes génitaux internes	Gonades
Sujet A	44 + XY	Féminins	Féminins	Fibreuses sans cellules germinales
Sujet B	44 + XY	Féminins	Pas de voie génitale féminine sauf partie inférieure du vagin Pas de voies génitales masculines	Testicules
Sujet C	44 + XY	Masculins	Masculins	Testicules

Document. Caryotypes et phénotypes de trois sujets A, B et C.

L'analyse de l'ADN des sujets A, B et C a révélé :
– que l'allèle du gène *SRY* porté par le chromosome Y du sujet A est un allèle muté qui code pour une protéine tronquée non fonctionnelle ;
– que le sujet B possède sur son chromosome X un allèle muté d'un gène qui code le récepteur à la testostérone ;
– que le sujet C ne présente aucune mutation, ni sur le gène *SRY*, ni sur le gène du récepteur à la testostérone.

CORRIGÉ

Le sujet C dont les gonades, les organes génitaux internes et externes sont conformes au caryotype masculin, est le **sujet témoin**.

Les sujets A et C ont le même caryotype avec notamment une paire de chromosomes sexuels X et Y. La différence réside dans le fait que le sujet A possède un gène muté *SRY* codant pour une

SVT

protéine non fonctionnelle. Les différences phénotypiques entre les sujets A et C sont donc dues à cette différence génétique. Le sujet A a des gonades fibreuses, sans cellules germinales, la différenciation des gonades en testicules n'a pas eu lieu durant la vie fœtale. On peut en conclure que le gène *SRY* est indispensable à la différenciation des gonades en testicules.

En outre, la différenciation des organes génitaux externes et internes ne s'est pas faite conformément au caryotype XY. Deux interprétations sont à priori possibles. Suivant la première, l'évolution vers un phénotype féminin (et non masculin) a eu lieu à cause de l'absence de testicules. Suivant la seconde, le gène *SRY*, en s'exprimant dans les voies génitales indifférenciées, est à l'origine de leur différenciation vers un type masculin. S'il est muté, ces voies évoluent vers le type féminin.

Les sujets B et C ont un caryotype masculin avec un gène *SRY* fonctionnel. Le fait que le sujet B possède des testicules conforte la conclusion sur le rôle du gène *SRY* dans la différenciation des gonades en testicules.

Contrairement au sujet C, le sujet B possède un gène qui code pour un récepteur à la testostérone non fonctionnel. En conséquence, la testostérone, hormone produite par les testicules, n'agit pas sur ses cellules cibles chez le sujet B contrairement à ce qui se passe pour le témoin C.

Le sujet B a des organes génitaux externes de type féminin : on peut en conclure que **la testostérone** provoque la masculinisation des organes génitaux externes au cours de la vie fœtale. Le sujet B n'a pas de voies génitales masculines **: la testostérone** est donc indispensable au développement des voies génitales mâles au cours de la vie fœtale.

Les sujets B et C n'ont pas de voies génitales féminines. L'absence de récepteurs à la testostérone chez le sujet B n'a pas eu d'effet sur les voies génitales féminines. La testostérone n'agit donc pas sur les voies génitales féminines (canaux de Müller).

Conclusion

Le gène *SRY* entraîne uniquement la différenciation des gonades en testicules. La testostérone produite par les testicules fœtaux est indispensable au développement des voies génitales mâles et à la masculinisation des organes génitaux externes. Mais la testostérone n'a pas d'action sur les voies génitales femelles qui, chez le fœtus mâle, disparaissent que la testostérone soit active ou non.

10 Sexualité et procréation

À PARTIR DE LA PUBERTÉ, le fonctionnement de l'appareil génital est sous la dépendance du système nerveux et plus précisément du complexe hypothalamo-hypophysaire. D'autres structures cérébrales, qui constituent le circuit de récompense, interviennent également dans le comportement sexuel. Les connaissances acquises sur le contrôle de l'appareil génital par le cerveau ont permis à l'espèce humaine de dissocier procréation et sexualité : c'est la maîtrise de la procréation.

1 Régulation du fonctionnement des appareils génitaux masculin et féminin

A Action du complexe hypothalamo-hypophysaire sur les gonades

a. Hypophyse et gonades

Le fonctionnement des testicules et des ovaires, aussi bien en ce qui concerne la production de gamètes que celle d'hormones, est **totalement dépendant** de messages hormonaux émis par l'**hypophyse.** Ces messages sont déterminés par la concentration plasmatique de deux hormones, les gonadostimulines **FSH** et **LH.**

L'hypophyse est une glande endocrine (hormonale) de la taille d'un petit pois et située sous le cerveau. Elle est rattachée à l'hypothalamus qui contrôle son fonctionnement et forme avec lui le complexe hypothalamo-hypophysaire (CHH). L'hypophyse est formée de deux parties : la partie antérieure contient les cellules sécrétrices de FSH *(Follicle Stimulating Hormone)* et de LH *(Luteinizing Hormone)*.

b. Action de l'hypothalamus sur l'hypophyse

■ Les relations fonctionnelles entre hypothalamus et hypophyse (document 1) sont assurées par un système vasculaire appelé **système porte hypophysaire**. Des axones de neurones hypothalamiques se terminent au contact d'un premier réseau de capillaires situé dans la tige

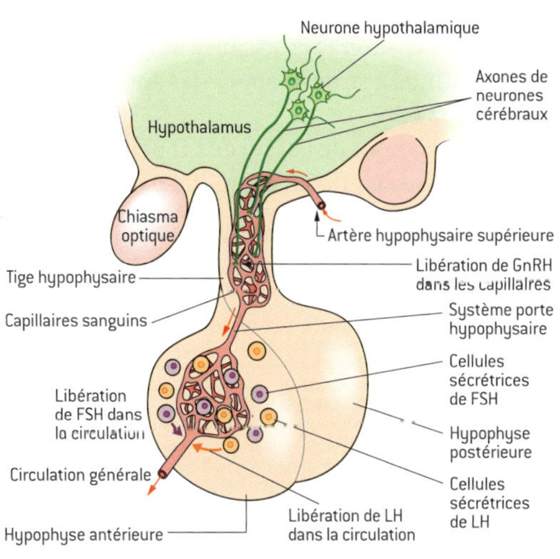

Document 1. Relations fonctionnelles entre l'hypothalamus et l'hypophyse.

hypophysaire. Lorsque ces neurones émettent des messages, leurs axones libèrent une substance, une neurohormone, la GnRH *(Gonado Releazing Hormone)*. La GnRH est emportée par la circulation sanguine jusqu'à un deuxième réseau de capillaires situé dans l'hypophyse antérieur. Quittant les capillaires, elle est captée par des récepteurs membranaires des cellules hypophysaires. Celles-ci répondent par une sécrétion de FSH et de LH.

■ L'association **hypothalamus-hypophyse est** une unité fonctionnelle qui régit le fonctionnement des gonades.

B Les gonadostimulines et le fonctionnement des gonades

a. Gonadostimulines et testicules

■ La LH agit sur les cellules interstitielles des testicules en stimulant la sécrétion de testostérone. Comme pour toutes les hormones, les molécules de testostérone sont constamment dégradées. Le maintien de la concentration de testostérone dans le sang implique donc une sécrétion permanente par les cellules interstitielles et, pour cela, la LH est indispensable.

■ La FSH agit sur les cellules de Sertoli des tubes séminifères et, par leur intermédiaire, sur la spermatogenèse. La testostérone agit aussi sur les cellules de Sertoli et, par leur intermédiaire, est aussi nécessaire à la spermatogenèse.

■ Les deux gonadostimulines sont donc indispensables à la production de spermatozoïdes par les tubes séminifères, l'une (FSH) agissant directement sur les tubes séminifères, l'autre (LH), indirectement, par l'intermédiaire de la testostérone dont elle stimule la sécrétion.

b. Gonadostimulines et ovaires

■ La FSH stimule la croissance folliculaire. Associée à la LH, elle est indispensable à la production d'œstradiol par les follicules ovariens. La LH est également indispensable à la sécrétion de progestérone par le corps jaune. À forte concentration, la LH déclenche l'ovulation d'un follicule arrivé à maturité.

c. Le cycle des gonadostimulines et le cycle ovarien

■ **Pendant les premiers jours du cycle ovarien,** la concentration plasmatique de FSH augmente. Bien que modérée, cette augmentation suffit pour déclencher la croissance d'une cohorte de follicules ovariens (document 2).

■ **Au milieu de la phase folliculaire**, la concentration de FSH diminue. Elle devient alors insuffisante pour assurer la croissance de plusieurs follicules ; seul le follicule dit dominant (parfois deux) continue à se développer (les autres follicules dégénèrent). Il devient alors extrêmement sensible à la FSH.
Les concentrations de FSH et de LH pendant la phase folliculaire sont toujours suffisantes pour déclencher la sécrétion d'œstradiol par le follicule ovarien.

■ **La fin de la phase folliculaire** est caractérisée par un pic de FSH et surtout de LH ; c'est ce pic de LH qui déclenche **l'ovulation du follicule dominant arrivé à maturité.**

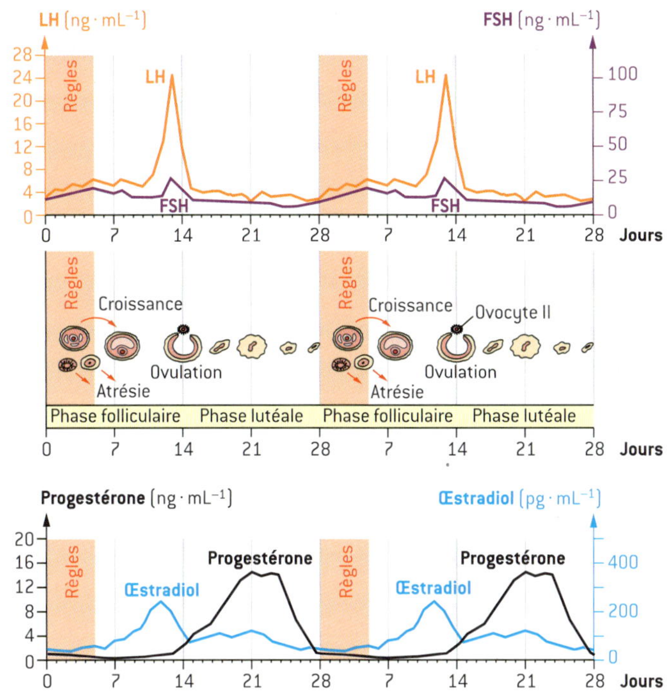

Document 2. Synchronisme des cycles sexuels chez la femme.

Durant la phase lutéale, les concentrations de FSH et de LH sont faibles. La LH régit l'activité du corps jaune en lui faisant sécréter de la progestérone et de l'œstradiol. La concentration de FSH est insuffisante durant cette phase pour déclencher la croissance d'une nouvelle cohorte de follicules. Cependant, chez les primates, et donc chez la femme, l'arrêt du fonctionnement du corps jaune n'est pas dû à une chute de la sécrétion de LH mais à une propriété intrinsèque de ce corps jaune qui cesse de répondre à la LH.

C Action des hormones gonadiques sur le CHH

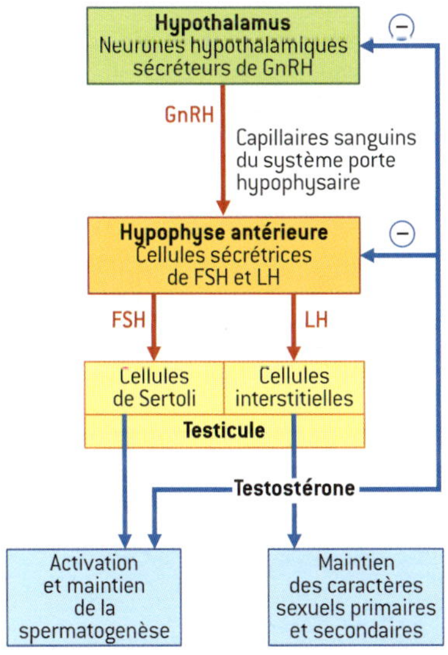

Document 3. Régulation de la testostéronémie.

a. Le CHH, capteur de la concentration de testostérone dans le sang

À partir de la puberté, le CHH fonctionne et il y a une sécrétion permanente des deux gonadostimulines FSH et LH (qui compense leur dégradation). Mais la sécrétion des gonadostimulines, en particulier de LH, est influencée par la testostérone. Celle-ci diminue la production de LH par l'hypophyse. On dit que **la testostérone exerce une rétroaction négative sur le CHH responsable de sa sécrétion**. C'est cette rétroaction négative qui intervient dans le maintien d'une concentration constante de testostérone, laquelle est indispensable au bon fonctionnement de l'appareil génital (document 3). Par exemple, si la concentration de testostérone dans le sang diminue, la rétroaction négative sur le CHH est plus faible. Cela entraîne une augmentation de la sécrétion de LH qui stimule les testicules à produire davantage de testostérone.

b. Le CHH, capteur de la concentration d'hormones ovariennes

En l'absence d'hormones ovariennes (femme ménopausée ou ovariectomisée), la concentration des gonadostimulines reste **constamment élevée** et il n'y a plus de pic de concentration de LH et FSH. Cela indique que les hormones ovariennes agissent de deux façons : en freinant la sécrétion de gonadostimulines d'une part et en déclenchant des pics de sécrétion, d'autre part. Le complexe hypothalamo-hypophysaire est aussi un capteur d'informations sur l'activité ovarienne. Ces informations sont fournies par la concentration plasmatique des hormones ovariennes.

Action de l'œstradiol sur le CHH

À faible concentration (inférieure à 200 pg/mL), l'œstradiol exerce une **rétroaction négative** sur le CHH, en particulier sur la sécrétion de FSH. **À forte concentration** (supérieure à 200 pg/mL), l'œstradiol exerce une **rétroaction positive** sur le CHH. Il déclenche un pic de sécrétion de gonadostimulines, en particulier de LH, par l'hypophyse.

Action de la progestérone sur le CHH

Secrétée uniquement durant la phase lutéale, la progestérone exerce constamment une **rétroaction négative** sur le complexe hypothalamo-hypophysaire. Chez la femme ménopausée où il n'y a plus de cycles ovariens du fait de l'absence de follicules dans l'ovaire, la concentration des hormones ovariennes est très faible. Il en résulte une rétroaction négative nulle, d'où la concentration élevée de gonadostimulines. Puisque la concentration en œstradiol est toujours très faible, il ne peut y avoir de rétroaction positive et donc de pic de LH.

c. Communication CHH-ovaires et réalisation du cycle ovarien

À la fin d'un cycle et au début du suivant, la concentration d'œstradiol est faible, ainsi que sa rétroaction négative sur l'hypophyse ; en conséquence, la sécrétion de FSH est relativement élevée, ce qui déclenche la croissance d'une cohorte de follicules ovariens.

À la fin de la phase folliculaire (48 heures environ avant l'ovulation), un follicule arrive à maturité et sécrète beaucoup d'œstradiol. Les autres follicules ont dégénéré.

Le pic d'œstradiol exerce une rétroaction positive sur l'hypophyse et produit un pic de FSH et de LH ; ce dernier déclenche l'ovulation.

Durant la phase post-ovulatoire, la LH agit sur le corps jaune qui sécrète de l'œstradiol et de la progestérone. La rétroaction négative de ces hormones maintient la FSH à un niveau faible (absence de croissance folliculaire).

2 Maîtrise de la procréation

La sexualité humaine présente un double aspect : d'une part, elle permet la procréation, donc la survie de l'espèce ; d'autre part, elle procure du plaisir par le comportement et l'acte sexuel. La maîtrise de la procréation sépare ces deux aspects : soit elle favorise la procréation, soit elle l'évite pour ne conserver que l'aspect plaisir.

A La contraception féminine

a. La contraception hormonale : la pilule combinée

Les pilules combinées associent un œstrogène et un progestatif de synthèse. L'œstrogène a une action similaire à celle de l'œstradiol sécrété par le follicule en croissance et le corps jaune. Au cours d'un cycle sous pilules, celles-ci sont prises pendant 21 jours ; un arrêt de 7 jours intervient avant le début d'un nouveau cycle sous pilules. Cet arrêt entraîne des règles, qui simule un cycle naturel.
Le progestatif a une action comparable à celle de la progestérone sécrétée par le corps jaune. Ces hormones de synthèse, contrairement aux hormones naturelles, peuvent être prises par voie orale et ont une durée de vie plus longue.

Les hormones de synthèse exercent un rétrocontrôle négatif sur le complexe hypothalamo-hypophysaire, freinant la sécrétion des gonadostimulines (document 4). La FSH reste ainsi sous le seuil nécessaire à la croissance folliculaire et à la sécrétion d'œstradiol : la croissance folliculaire étant stoppée, il ne peut y avoir ovulation.

Si, exceptionnellement un follicule arrive à maturité, la présence du progestatif de synthèse empêche le CHH de réagir à la concentration élevée d'œstradiol en produisant un pic de LH : il y a **blocage de l'ovulation**. Sans émission d'ovule, la fécondation est évidemment impossible.

Les voies génitales sont également sensibles à l'action de la **pilule**. Dans les conditions naturelles, en présence de progestérone (phase lutéale), le mucus cervical sécrété par le col de l'utérus est à mailles serrées, imperméable aux spermatozoïdes. Le progestatif de synthèse a le même effet que la progestérone et rend ainsi impossible la rencontre des gamètes.

De même, après les règles, sous l'action des hormones artificielles, la muqueuse utérine cicatrise et se développe. Cependant, le développement de la muqueuse utérine est moindre qu'au cours d'un cycle normal ; il est donc peu favorable à la nidation d'un éventuel embryon. L'arrêt de la prise de pilules à partir du 21e jour entraîne de nouvelles règles.

La minipilule ou micropilule contient seulement un progestatif de synthèse à faible dose (pas d'œstrogène). Elle agit essentiellement en rendant le mucus cervical imperméable aux spermatozoïdes. Elle doit être prise sans interruption, 365 jours par an et ne supprime pas, ou rarement, les règles.

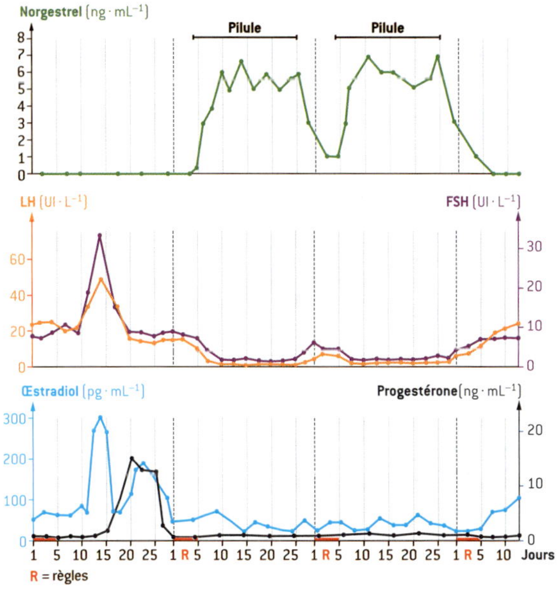

Document 4. Évolution des concentrations plasmatiques des gonadostimulines LH et FSH et des hormones ovariennes naturelles chez une femme, au cours d'un cycle normal, puis de deux cycles sous pilules (Norgestrel).

b. La contraception hormonale d'urgence

La **pilule du lendemain** contient de la progestérone à forte dose qui, par un rétrocontrôle négatif, interdit le pic de LH et donc la ponte ovulaire si celle-ci n'avait pas eu lieu au moment du rapport sexuel : elle retarde l'ovulation ou la perturbe si elle est sur le point de se produire. Les spermatozoïdes ayant une durée de vie de l'ordre de 4 à 5 jours dans les voies génitales féminines, la fécondation peut être évitée. Cette pilule doit être prise le plus tôt possible : si possible dans les 12 heures après les rapports, au plus tard jusqu'à 3 jours. Elle est en vente libre.

La **pilule dite du surlendemain** contient une substance qui se lie avec une forte affinité aux récepteurs de la progestérone humaine. Le mécanisme d'action fondamental est de bloquer ou de retarder l'ovulation, même si celle-ci est sur le point de se produire. Elle entraîne également des modifications de l'endomètre utérin, le rendant impropre à la nidation. Elle doit être prise le plus tôt possible (dans les 12 heures après les rapports) et au plus tard dans les cinq jours. Elle n'est délivrée que sur prescription médicale.

c. La contraception non hormonale

Elle met en place un certain nombre de « barrières » qui, globalement, empêchent les spermatozoïdes de franchir le col de l'utérus :
- le **préservatif féminin** couvre la paroi interne du vagin et protège des **IST** (infections sexuellement transmissibles ; l'appellation MST, pour maladies sexuellement transmissibles, a été abandonnée) ;
- le **diaphragme**, disque en latex placée au fond du vagin afin de couvrir le col de l'utérus ;
- la **cape cervicale**, capuchon en latex placée au fond du vagin, plus facile à mettre en place que le diaphragme, mais moins efficace. Elle peut rester en place 72 heures contre 24 heures pour le diaphragme. Diaphragme et cape cervicale ne protègent pas des IST.

B La contraception masculine

a. La contraception hormonale

Le but de ce type de contraception est d'aboutir à la production d'un sperme très pauvre en spermatozoïdes de façon à ce que les risques de fécondation soient faibles ou nuls, sans que les caractères sexuels secondaires, la libido ou le comportement sexuel ne soient affectés.
Pour bloquer la production de spermatozoïdes, on limite la production de testostérone et de FSH indispensables à la spermatogenèse. On agit ainsi sur le CHH en utilisant le rétrocontrôle négatif des hormones sexuelles sur ce CHH.

À ce jour, il n'existe pas de contraceptif oral masculin. De nombreuses tentatives ont essayé d'associer des traitements à base d'ingestions de testostérone et de progestérone pour bloquer le fonctionnement hypophysaire par un double rétrocontrôle négatif. Toutes les méthodes encore expérimentales sont extrêmement astreignantes et lourdes. Par exemple : mise en place d'un implant diffusant en continu de fortes doses de testostérone et injection d'un progestatif de synthèse tous les trimestres.

b. La contraception non hormonale

La **méthode indienne**, dite du Risug, consiste à injecter dans le spermiducte, par une intervention bénigne, un gel qui tapisse les parois des canaux déférents. Ce gel tue les spermatozoïdes ou les rend incapables de se déplacer. Les effets peuvent durer pendant une dizaine d'années et cette stérilisation temporaire peut être interrompue à tout moment par une injection dans les canaux de bicarbonate de soude qui neutralise le gel.

■ Les **méthodes classiques** de contraception non hormonales restent l'utilisation du préservatif masculin et la stérilisation par ligature (ou section) des canaux déférents dont la réversibilité n'est assurée, par microchirurgie, que dans 25 % des cas.

C Contraception et IST

■ **Les IST (infections sexuellement transmissibles)**, principalement transmises par voies sexuelles, peuvent être communiquées par le sang et, plus rarement, par la salive.

Les principales IST sont dues à :
- des virus : sida (VIH), hépatite B (VHB), herpès génital (VHS), condylomes (papillomavirus ou VPH, pouvant dégénérer en cancer du col de l'utérus)... ;
- des bactéries : syphilis (tréponème pâle), blennorragie (gonocoque)... ;
- des champignons : candidoses (*Candida albicans*)...

Seul le préservatif masculin est une barrière efficace contre les IST. Les autres modes de contraception, qu'ils soient hormonaux ou mécaniques, sont inefficaces.

■ La **vaccination** permet de prévenir l'apparition de deux IST : la vaccination du nourrisson contre l'**hépatite B** qui tue environ 60 000 personnes par an en France et est à l'origine de cirrhoses et de cancers du foie ; la vaccination contre le **papillomavirus** responsable de l'apparition de cancers du col de l'utérus 20 à 30 ans après une infection survenue en général entre 14 et 23 ans (elle doit avoir eu lieu à la fin de l'enfance ou au début de l'adolescence, et avant le début de l'activité sexuelle).

3 L'infertilité et ses traitements

L'infertilité (stérilité) se définit par l'incapacité, pour un couple, d'obtenir une grossesse après deux ans de relations sexuelles non protégées. Cette infertilité peut être d'origine masculine (un tiers des cas), féminine (un tiers des cas) ou due à une association de facteurs masculins et féminins.

A Stérilité d'origine hypothalamique

La stérilité d'origine hypothalamique est liée à l'absence ou au non-fonctionnement des neurones sécrétant la GnRH. Des **injections de GnRH** suivant un mode pulsatile grâce à la mise en place d'une pompe à GnRH (une injection toutes les une à deux heures) peut remédier transitoirement à la stérilité en provoquant la reprise des cycles chez la femme ou de la spermatogenèse chez l'homme.

Dans les conditions naturelles, les neurones à GnRH ont une activité pulsatile : il en résulte que la sécrétion de GnRH est elle même pulsatile. Une injection en continu de GnRH est sans effet sur l'hypophyse : seule une injection pulsatile est efficace.

B Stérilité d'origine hypophysaire

■ Dans le cas de la stérilité d'origine hypophysaire, chez la femme, la patiente ne présente pas de cycles complets avec ovulation. L'hypophyse, bien que stimulée par la GnRH, ne sécrète pas assez de gonadostimulines, et en particulier de FSH, ce qui peut être dû à une trop grande sensibilité au rétrocontrôle négatif exercé par l'œstradiol.

■ Le rétrocontrôle négatif excessif peut être diminué par l'utilisation d'un **anti-œstrogène** comme le citrate de clomifène. Libérée d'une partie du rétrocontrôle, l'hypophyse sécrète alors davantage de FSH, ce qui peut suffire pour stimuler la croissance folliculaire.
Si le clomifène s'avère inefficace, on peut procéder à des injections de **gonadostimulines**. La difficulté est d'obtenir des effets proches de la stimulation physiologique naturelle : stimulation d'une cohorte de follicules, **puis uniquement du follicule dominant.** Cela implique une surveillance de la réponse des ovaires par échographie (repérage du nombre de follicules qui se développent) et par des dosages de l'œstradiol plasmatique.

C Stérilité traitée par les PMA

Les PMA (procréations médicalement assistées) regroupent l'ensemble des procédés par lesquels la fécondation résulte non de relations sexuelles mais d'une intervention médicale.

■ L'**insémination artificielle** consiste à introduire des spermatozoïdes dans la cavité utérine l'appareil génital féminin. L'insémination intra-utérine est pratiquée dans les cas d'incompatibilité de la glaire cervicale vis-à-vis des spermatozoïdes du conjoint ou en cas de trouble de l'éjaculation ou de l'érection. Cette insémination doit se faire au plus près du moment de l'ovulation.

■ **La fivete** (fécondation *in vitro* et transfert d'embryon) s'adresse en premier lieu aux cas de stérilité dus à des trompes obstruées ou absentes, ou lorsqu'il existe une insuffisance spermatique (nombre, mobilité, anomalies diverses).
Elle consiste à effectuer la fécondation et les toutes premières étapes du développement embryonnaire en laboratoire, puis de transférer les embryons dans l'utérus de la femme.
• **La maîtrise du fonctionnement ovarien** est obtenue en libérant celui-ci du contrôle du CHH. On utilise un analogue de la GnRH qui, par son action sur l'hypophyse, annule quasiment la sécrétion de FSH et de LH, ainsi que les réactions de l'hypophyse au rétrocontrôle de l'œstradiol. Le CHH est mis au repos.
• **L'hyperstimulation de l'ovaire par injection de gonadostimulines** à fortes doses provoque le développement synchrone d'un nombre important de follicules de façon à obtenir la maturation de plusieurs follicules et non d'un seul.
• **Le suivi des résultats du traitement** se fait grâce à l'échographie (qui permet de déterminer la taille et le nombre de follicules) et des dosages d'œstradiol. La mise en sommeil du CHH évite toute ovulation spontanée.
• **On déclenche l'ovulation** en mimant le pic de LH par une injection importante d'une substance qui a les mêmes effets que la LH. Le prélèvement des ovocytes par ponction folliculaire dans l'ovaire s'effectue environ 36 heures après l'injection, quelques heures avant le moment où les follicules auraient ovulé. Plusieurs ovocytes (ovules) sont recueillis.
• **La fécondation *in vitro*** s'effectue le jour du prélèvement des ovocytes. Environ 5000 spermatozoïdes sont placés dans le milieu de culture avec les ovocytes. La fécondation est constatée quand on observe la présence de deux noyaux dans certains ovocytes (devenus œufs) au bout d'environ 17 heures.
• **Le transfert d'embryons** (deux, exceptionnellement trois) dans la cavité utérine de la femme a lieu 48 à 72 heures après le prélèvement des ovocytes. Les embryons non transférés sont conservés par congélation. Après le transfert, un traitement d'une quinzaine de jours avec de la progestérone administrée par voie vaginale est pratiqué afin de favoriser l'implantation et le début de la grossesse.

■ L'**ICSI** (injection intra-cytoplasmique de spermatozoïdes)est utilisée lorsque le sperme est très pauvre en spermatozoïdes mobiles et normaux. Le protocole est le même que celui de la fivete. Seul change le processus de la fécondation : on injecte un spermatozoïde directement dans l'ovocyte à l'aide d'une micropipette.

EXERCICE DE SYNTHÈSE

Étude d'un cas de stérilité

Mme X consulte un gynécologue pour cause de stérilité. Son mari a un spermogramme normal ; tous les examens effectués ont montré qu'il était fertile. Le médecin prescrit des examens sanguins (document A) à Mme X. Le gynécologue prescrit un traitement au citrate de clomifène pendant 4 jours. Le clomifène est un analogue structural de l'œstradiol et inhibe l'action de cette hormone sur le complexe hypothalamo-hypophysaire. Le document B illustre les résultats des dosages effectués au cours et à la suite de ce traitement.

À partir des informations extraites des documents A et B, mises en relation avec vos connaissances, indiquer si le traitement proposé à Mme X pour soigner sa stérilité est efficace et proposer une explication à sa stérilité initiale.

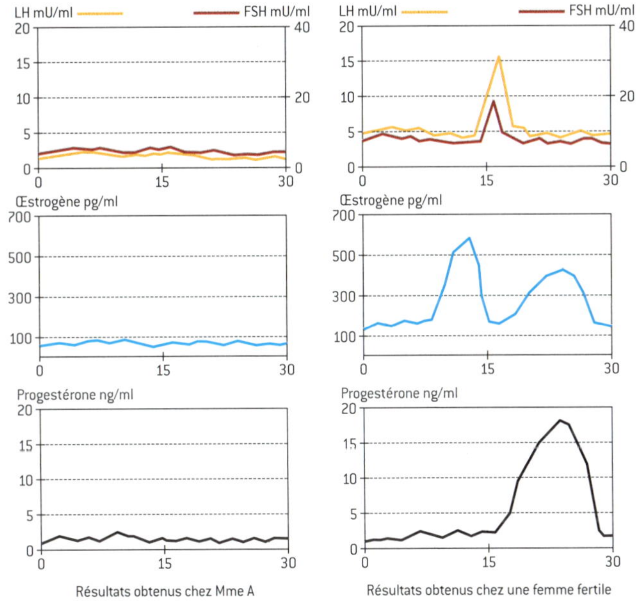

Document A.

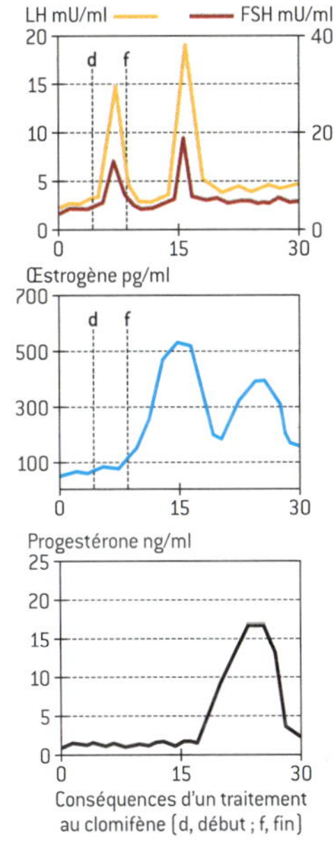

Document B.

CORRIGÉ

Exploitation du document A

La concentration d'œstradiol demeure constante au voisinage de 60 à 70 pg/ml. Celle de la progestérone reste quasiment nulle. Cela indique **l'absence de cycles ovariens chez Mme X d'où sa stérilité.** Les concentrations de gonadostimulines de Mme X sont inférieures à celles trouvées chez une femme ayant des cycles menstruels normaux et elles ne montrent pas de variations. On peut donc penser que **c'est la faible sécrétion de gonadostimulines** et notamment de FSH qui est à l'origine de l'absence de cycle ovarien.

Exploitation du document B

L'injection du clomifène durant 4 jours environ a pour **premier effet** de provoquer une **augmentation** transitoire des concentrations de **FSH et de LH**.

Il a eu pour **deuxième effet** de provoquer un cycle des hormones ovariennes après l'interruption du traitement. L'évolution de la concentration de progestérone indique un corps jaune actif et qu'il y a eu ovulation. Celle-ci a été provoquée par le pic de LH visible au 14e jour, consécutif au pic d'œstradiol révélant un follicule arrivé à maturité.

Bilan

En stimulant la sécrétion de LH et surtout de FSH, le traitement au clomifène a permis de déclencher un cycle ovarien normal. L'augmentation de la concentration en FSH a provoqué la croissance d'une cohorte de follicules jusqu'à l'arrivée à maturité de l'un d'entre eux, puis l'ovulation et le fonctionnement normal d'un corps jaune.

Mme X ne produisait pas assez de FSH pour initier un cycle ovarien. Le clomifène en provoquant une augmentation de la concentration de FSH a permis le démarrage d'un cycle.

Il reste à expliquer le mode d'action du clomifène. On dit qu'il s'oppose à l'action de l'œstradiol sur le complexe hypothalamo-hypophysaire. Comme l'œstradiol exerce un rétrocontrôle négatif sur ce complexe, il supprime ce rétrocontrôle, ce qui provoque une augmentation de la concentration des gonadostimulines, permettant le démarrage d'un cycle.

On en déduit aussi que la sensibilité du CHH de Mme X au rétrocontrôle de l'œstradiol devait être suffisamment forte (même aux faibles concentrations d'œstradiol) pour maintenir la concentration de FSH sous le seuil nécessaire à la croissance folliculaire. C'est l'origine de sa stérilité.

11 De l'œil au cerveau

www.annabac.com

La vision débute par la formation d'une image sur la rétine grâce au système optique de l'œil (étudié en physique). La rétine n'est pas une simple plaque photographique : elle convertit une image en messages nerveux envoyés vers le cerveau. C'est de l'activité cérébrale que naît la perception visuelle : nous voyons avec notre cerveau.

1 Le cristallin dans le système optique de l'œil

A Rappel de l'organisation de l'œil

- En physique, le modèle de l'œil réduit a été étudié et mis en correspondance avec l'organisation de l'œil réel dont le document 1 résume l'organisation. L'ensemble des milieux transparents de l'œil – conjonctive, cornée, humeur aqueuse, cristallin, humeur vitrée – est équivalent à une lentille convergente projetant l'image d'un objet sur la rétine.

- Le système optique de l'œil est tel que les images d'objets situés à des distances différentes sont nettes sur la rétine. Cela implique que sa vergence se modifie en fonction de la distance de l'objet : c'est l'accommodation. Le cristallin est le seul milieu transparent de l'œil qui intervienne dans l'accommodation.

- **La rétine**, sur laquelle se forme l'image, est une couche sensible aux stimuli lumineux, qui émet un message nerveux véhiculé par les fibres du nerf optique jusqu'au cerveau.

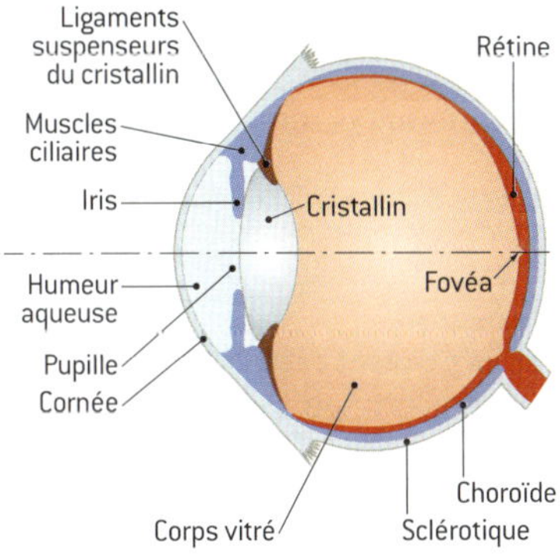

Document 1. L'organisation de l'œil.

Attention, malgré sa forme de lentille, le cristallin n'est pas la seule structure de l'œil qui contribue à la formation d'une image sur la rétine. La cornée est même la structure la plus importante. Mais le cristallin est seul capable de faire varier la vergence.

B Propriétés du cristallin et accommodation

a. Place dans l'œil et propriétés du cristallin

Le cristallin est situé derrière l'iris (documents 1 et 2). C'est une lentille biconvexe de 10 mm de diamètre et de 4 mm d'épaisseur. Le cristallin est déformable : au repos, lorsqu'il n'accommode pas, son rayon de courbure antérieure est de 10 mm et son rayon de courbure postérieure de 6 mm. Au cours de l'accommodation maximale, le rayon de courbure antérieure passe à 6 mm et le postérieur à 5,5 mm.

Le *punctum proximum* (PP) est le point le plus proche qui peut être vu distinctement en accommodant au maximum.
Le *punctum remotum* (PR) est le point le plus éloigné que puisse voir l'œil sans accommoder. Chez un individu jeune et emmétrope (qui a un œil sans défaut), PR est situé à l'infini et PP à environ 25 cm de l'œil.

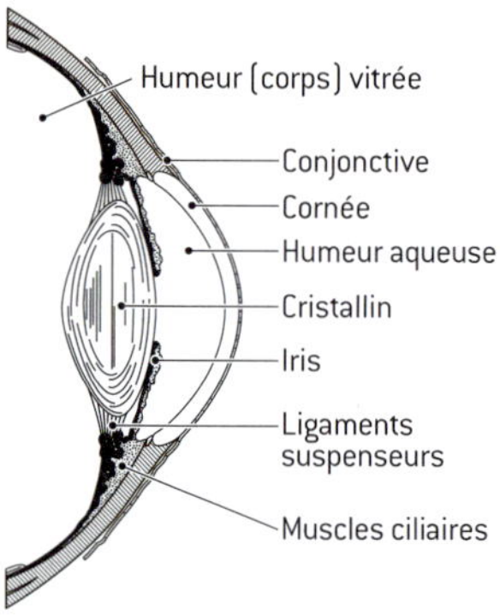

Document 2. Le cristallin.

b. Structure du cristallin

Le cristallin est entouré d'une capsule non cellulaire (de quelques micromètres d'épaisseur), reliée à des muscles ciliaires par des ligaments suspenseurs. Il est ni innervé ni vascularisé.

Le reste du cristallin, **totalement cellulaire**, est formé d'un millier de couches de **cellules empilées** sur 4 millimètres. Ces cellules sont des fibres allongées dépourvues d'organites cellulaires (absence de noyau, de système de synthèse des protéines). Cependant elles **demeurent vivantes,** ne sont pas supprimées au cours de la vie. Leur cytoplasme est très riche en protéines appelées cristallines qui, elles non plus, ne sont jamais renouvelées. C'est cette solution aqueuse de cristallines, l'absence d'organites cellulaires et l'absence de vascularisation qui confèrent cette transparence au cristallin.

Les cellules cristalliniennes ont une longévité exceptionnelle. Jamais supprimées ni remplacées, elles peuvent rester fonctionnelles pendant une centaine d'années.

Les **fibres cristalliniennes** formées au cours de la vie fœtale se localisent au centre du cristallin. Après la naissance et durant la vie adulte, de nouvelles fibres se forment, s'ajoutant aux plus anciennes. Elles sont issues des divisions d'une couche mince de cellules cubiques situées sur la face antérieure du cristallin. Les cellules nouvellement créées s'enfoncent dans la zone équatoriale, s'allongent et s'ajoutent aux fibres existantes : l'épaisseur du cristallin augmente au cours de la vie.

c. Le mécanisme de l'accommodation

Hors de l'organisme, le cristallin a une forme **sphérique**. Lorsqu'on l'étire, il s'aplatit grâce à l'élasticité de ses fibres (document 3).

Lors de la vision d'un objet éloigné, les muscles ciliaires sont relâchés (leur volume diminue), ce qui s'accompagne d'une tension des ligaments suspenseurs. Ceux-ci tirent sur le cristallin qui s'aplatit. Les rayons de courbure des faces antérieure (10 mm) et postérieure (6 mm) sont maximaux.

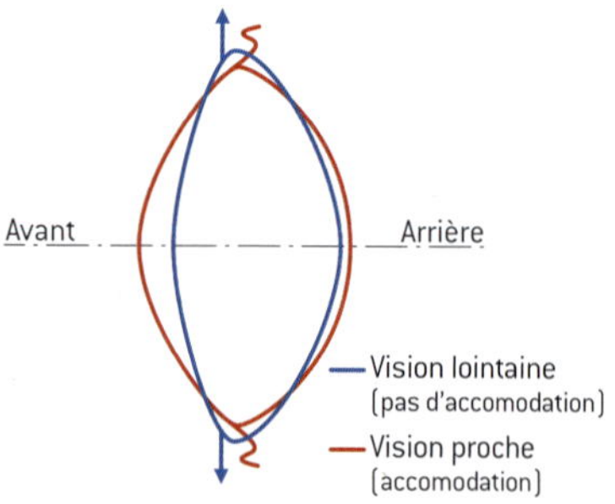

Document 3. Le cristallin et l'accommodation.

Lors de la vision d'un objet proche, par un mécanisme réflexe, les muscles ciliaires se contractent (leur volume augmente), ce qui entraîne un relâchement de la tension qu'exercent les ligaments suspenseurs sur le cristallin. Celui-ci, par suite de son élasticité, tend à reprendre une forme sphérique. Les rayons de courbure sont alors de 6 mm (face antérieure) et de 5,5 mm (face postérieure).

C Les dysfonctionnements du cristallin

La **presbytie** se traduit par des difficultés à lire ou à effectuer un travail de près tout en gardant une bonne vision de loin. Le *punctum proximum* passe progressivement de 25 à environ 35 cm de l'œil. La presbytie est due à une perte d'élasticité du cristallin qui, avec l'âge, a de plus en plus de difficultés à reprendre sa forme sphérique initiale, ce qui entraîne une perte d'amplitude de l'accommodation.

Cette perte d'élasticité est liée au vieillissement des fibres cristalliniennes. Elle est sans doute également due à une augmentation de l'épaisseur du cristallin en raison de l'ajout incessant de nouvelles cellules cristalliniennes. La presbytie est corrigée par le port de lunettes ou, en cas de déficience grave, par la mise en place d'un cristallin artificiel.

La **cataracte** est une opacification progressive de tout ou partie du cristallin qui peut conduire à terme à la cécité. Elle se traduit par une perte d'acuité visuelle affectant essentiellement, du moins au début, la vision de loin. La perte de transparence serait due à une précipitation des protéines contenues dans les cellules cristalliniennes. Ces protéines ne se renouvelant pas, elles finissent par cristalliser et entraîner une opacification.

La cataracte ne peut être corrigée que par la chirurgie : on met en place un implant au sein de la capsule après avoir enlevé le cristallin devenu opaque.

La **myopie** est due soit à un cristallin trop convergent, soit à un œil trop long. L'image d'un objet situé au-delà du *punctum remotum* se forme en avant de la rétine : l'image formée sur la rétine est donc floue.

L'**hypermétropie** est due soit à un cristallin pas assez convergent, soit à un œil trop court. L'image d'un objet situé au-delà du *punctum remotum* se forme en arrière de la rétine. L'hypermétropie est souvent plus difficile à détecter car elle est corrigée par le réflexe d'accommodation. Elle entraîne cependant, lorsqu'elle est forte, des difficultés dans la vision de près.

2 La rétine

En faible éclairement, on ne distingue pas la couleur des objets qui, de plus, sont perçus de manière imprécise. **En fort éclairement**, on distingue les couleurs des objets et on perçoit beaucoup plus de détails qu'en faible éclairement. Cela laisse supposer qu'il existe dans la rétine deux systèmes : l'un fonctionnant en faible éclairement et l'autre en fort éclairement.

Depuis le XIXe siècle, on sait qu'en mélangeant trois couleurs (bleu, vert et rouge) en proportions variables, on peut obtenir toutes les autres couleurs. Cette observation est à l'origine de la **théorie trichromatique** qui suppose l'existence de trois types de détecteurs rétiniens des couleurs.

Que sait-on aujourd'hui de la rétine qui puisse expliquer ces généralités ?

La rétine est une membrane constituée de cellules nerveuses (ou neurones) connectées les unes aux autres et formant un réseau complexe.

Un neurone type comprend un corps cellulaire et des prolongements cytoplasmiques : dendrites et axone. Il comprend une zone réceptrice (dendrites et corps cellulaire) qui reçoit les messages issus d'autres neurones et une région émettrice où le message est élaboré (à la base de l'axone), puis conduit vers d'autres neurones (extrémité de l'axone).

SVT

> Sauf au niveau de la fovea, la lumière doit traverser deux couches avant d'atteindre les cellules réceptrices et les stimuler. Le message nerveux qui naît de cette stimulation se propage alors en sens inverse, de la couche des cellules photoréceptrices vers les neurones multipolaires.

La rétine est constituée de trois couches de cellules nerveuses (document 4b et c) **:**

- la couche la plus éloignée du cristallin (la plus externe) est celle des cellules photoréceptrices : ce sont les **seuls neurones de la rétine** excitables par la lumière. C'est dans ces neurones sensoriels que naît le message nerveux. Leurs axones sont en contact avec les cellules nerveuses bipolaires ;
- la couche moyenne est constituée de cellules nerveuses bipolaires dont les axones sont en rapport avec les dendrites et les corps cellulaires des cellules nerveuses multipolaires ;
- la couche la plus interne est celle des cellules nerveuses multipolaires dont les axones constituent les fibres du nerf optique.

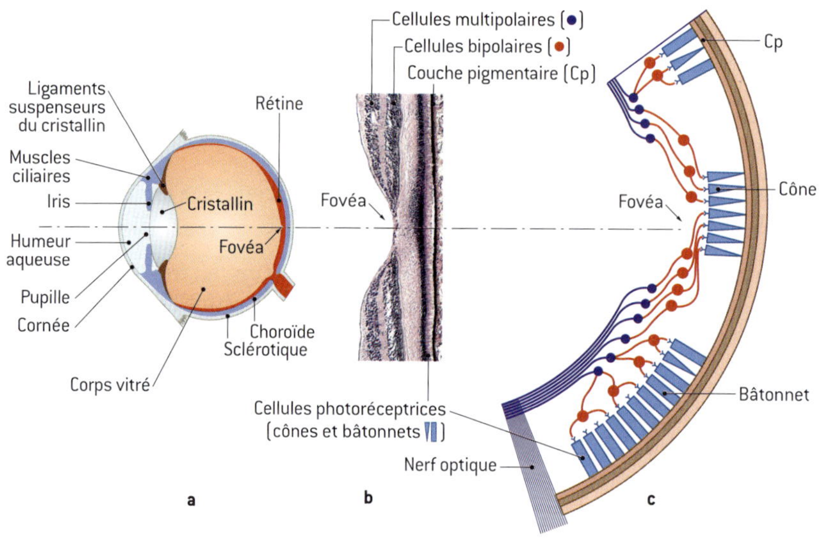

Document 4.

C Les cellules photoréceptrices

a. Organisation

Il existe **deux types** de cellules photoréceptrices (document 5) qui diffèrent par leur segment externe : elles sont soit en forme de cône, soit en forme de bâtonnet d'où la distinction des deux types de cellules photoréceptrices, les cônes et les bâtonnets.

Dans l'axe optique, la fovéa ne comporte que des cellules à cônes ; lorsqu'on s'éloigne de la fovéa, le nombre des cônes diminue et celui des bâtonnets augmente (document 4b et c).

C'est dans le segment externe, dans les replis ou les disques, que sont localisés les **pigments** qui ont la propriété d'absorber les radiations lumineuses. Cette absorption déclenche un processus complexe qui aboutit à la naissance d'un message nerveux.

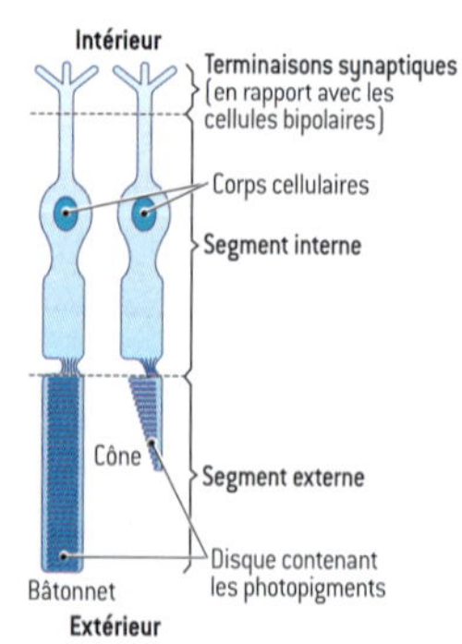

Document 5. Structure des bâtonnets et des cônes.

b. Le fonctionnement des cellules photoréceptrices en faible éclairement

■ **Seuls les bâtonnets sont fonctionnels** en faible éclairement. Le grand nombre de disques de leur segment externe et les propriétés de leur pigment, la rhodopsine, les rendent 1 000 fois plus sensibles à la lumière que les cônes.

■ La rétine périphérique, riche en bâtonnets, est donc la rétine fonctionnelle en faible éclairement. En faible éclairement, **la perception des couleurs est impossible**, car les bâtonnets contiennent tous le même pigment, la rhodopsine, qui absorbe les photons (document 6) avec un maximum d'absorption pour les longueurs d'onde de 498 nm. Tous les bâtonnets stimulés répondent de la même façon aux mêmes longueurs d'onde. À une intensité lumineuse donnée, la réponse d'un bâtonnet (le message nerveux), qui dépend du nombre de photons absorbés, **est exactement la même** pour une radiation de longueur d'onde 450 nm (bleu-violet) que pour une longueur d'onde de 540 nm (vert-jaune) : il n'y a donc pas de discrimination des couleurs.

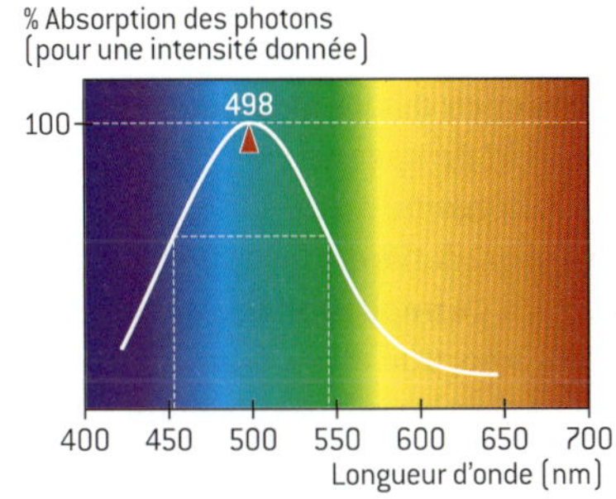

Document 6. Spectre d'absorption des bâtonnets.

c. Le fonctionnement des cellules photoréceptrices en fort éclairement

■ **Seuls les cônes sont fonctionnels en fort éclairement.** Il existe trois types de cônes qui diffèrent par leur pigment et donc par des spectres d'absorption différents (document 7) :
- les « **cônes bleus** » présentent une absorption maximale des photons à **437 nm**, c'est-à-dire à des longueurs d'onde situées dans le bleu-violet **(pigment S** [small]**) ;**
- les « **cônes verts** » présentent une absorption maximale à **533 nm**, c'est-à-dire à des longueurs d'onde situées dans le vert (**pigment M** [middle]) ;
- les **« cônes rouges »** présentent une absorption maximale à **564 nm**, c'est-à-dire à des longueurs d'onde situées dans le jaune-rouge **(pigment L** [long]).

Les trois pigments sont des **opsines (iodopsines)** : ils diffèrent d'un type de cône à l'autre.

■ **Chaque type de cône ne peut isolément adresser un message spécifique d'une couleur précise**. Par exemple, un cône émet le même message pour des radiations assez peu intenses qu'il absorbe beaucoup et pour des radiations plus intenses qu'il absorbe moins (l'absorption de photons est la même).

Par contre, le message résultant de l'activité des trois types de cônes sera, indépendamment de l'intensité lumineuse, caractéristique d'une longueur d'onde et donc d'une couleur précise : qu'un seul type de cône ou que plusieurs soient concernés, le message résultant ne sera jamais équivoque (document 7).

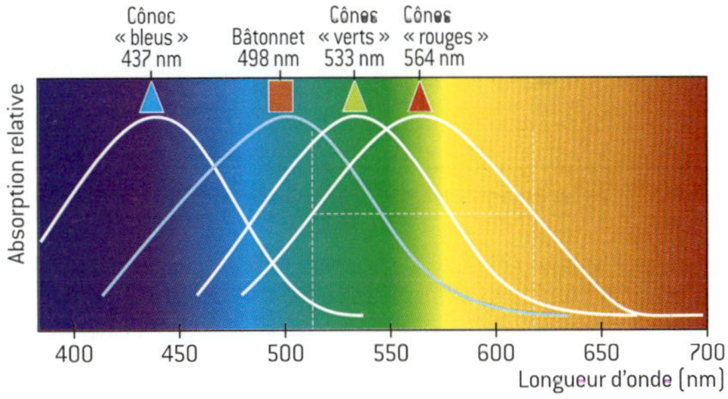

Document 7. Spectres d'absoption des cellules photoréceptrices. Les messages émis par les cellules photoréceptrices ne sont jamais équivoques. Ainsi, si les cônes rouges (L) absorbent avec la même intensité les radiations dans le rouge (618 nm) et dans le vert (510 nm), leur activité en réponse est couplée avec celle des cônes verts (M) pour la radiation rouge et à celle des cônes bleus (S) et verts pour la radiation verte absorbée. C'est donc l'association des messages émis par les trois populations de cônes qui est spécifique d'une radiation donnée.

■ Les anomalies liées au disfonctionnement des cônes confirment ce qui vient d'être établi en ce qui concerne la vision des couleurs :
- **en cas d'absence totale de cônes (achromatie),** la personne ne voit pas les couleurs ; la vision, peu précise, n'a recours qu'à la partie périphérique de la rétine ;
- **en cas d'absence des cônes verts et rouges (monochromatie),** l'acuité visuelle est meilleure en fort éclairement, mais la vision des couleurs n'est pas assurée (un seul type de cône est fonctionnel) ;
- **l'absence des cônes bleus**, affection très rare, empêche la perception dans la partie violet-bleu-vert du spectre ;
- **le daltonisme** est dû soit à l'absence de cônes verts, soit à celle de cônes rouges. Ces deux types de cônes sont actifs dans des régions très proches du spectre (document 7). Dans les deux cas de daltonisme, il y a impossibilité à distinguer les couleurs bleu, vert, jaune, orangé, rouge, qui apparaissent toutes sous une teinte jaune, plus ou moins délavée (document 10). Aucun daltonien ne confond exactement les mêmes couleurs, mais la confusion affecte en général la vision du rouge et du vert.

D Structure de la rétine et acuité visuelle

La discrimination des détails est imparfaite à la périphérie de la rétine car, dans cette région, des centaines de cellules réceptrices sont reliées à une seule cellule bipolaire et plusieurs bipolaires à une seule cellule multipolaire. L'acuité visuelle est beaucoup plus importante en vision centrale (fovea) où chaque photorécepteur (cône) est relié à un neurone multipolaire.

La convergence du réseau nerveux est beaucoup plus marquée à la périphérie qu'au niveau de la fovéa.

À la fovéa :

une cellule réceptrice	→	une cellule bipolaire	→	une cellule multipolaire

À proximité de la fovéa :

10 cellules réceptrices	→	5 cellules bipolaires	→	une cellule multipolaire

À la périphérie de la rétine :

200 cellules réceptrices	→	10 cellules bipolaires	→	une cellule multipolaire

3 La génétique des pigments visuels

A L'histoire des gènes responsables

■ Chaque pigment visuel est une protéine codée par un gène. Il existe donc 4 gènes : le **gène *rho*** porté par le chromosome 3, qui ne s'exprime que dans les bâtonnets, le **gène *S*** porté par le chromosome 7, qui s'exprime dans les cônes « bleus », le gène *M*, dans les cônes « verts » et le gène *L*, dans les cônes « rouges », ces deux gènes étant portés par le chromosome sexuel X.
Bien que se trouvant dans tous les photorécepteurs, seul l'un de ces gènes s'exprime dans un type de cellule donnée.

■ Les **séquences nucléotidiques** de ces quatre gènes ont été comparées. Le document 8 montre la très grande similitude (98 %) des gènes *M* et *L* (vert et rouge) et des protéines qu'ils codent (96 %). Cela signifie que ce sont des gènes homologues, issus de la duplication d'un même gène ancestral.

	rho	S (bleu)	M (vert)	L (rouge)
rho	100	45	43	42
S		100	44	43
M			100	98
L				100

Document 8. Comparaison des séquences nucléotidiques des gènes *rho*, *S*, *M* et *L*.
Seul le pourcentage de sites identiques est indiqué.

L'homologie entre deux gènes est révélée par le degré de similitude de leurs séquences nucléotidique. Ils sont en général homologues si la similitude est supérieure à 35-40%.
Les similitudes nucléotidiques (exprimées en pourcentages) très fortes entre *M* et *L* se retrouvent, avec des valeurs plus faibles, avec les gènes des deux autres pigments (voir document 8). Ces quatre gènes sont des gènes homologues, dérivant d'un même gène ancestral.

B L'histoire de ces gènes au sein des primates

■ La plupart des mammifères sont **dichromates** : ils possèdent un gène *S* et un gène *ML*. Le chat possède un pigment S qui absorbe les longueurs d'onde vers 430 nm et un pigment ML qui les absorbe vers 555 nm (document 9).

■ Les primates platyrrhiniens (« singes du Nouveau Monde ») sont dichromates alors que tous les primates catarrhiniens (« singes de l'Ancien Monde » : macaque, chimpanzé, Homme...) possèdent les trois gènes *S*, *M* et *L* : ils sont **trichromates**. Ce caractère commun aux catarrhiniens est hérité d'un ancêtre commun. Des données indiquent que la séparation entre platyrrhiniens et catarrhiniens a eu lieu il y a environ 40 Ma. La duplication à l'origine des gènes *M* (vert) et *L* (rouge) a donc eu lieu après la séparation des catarrhiniens et des platyrrhiniens.

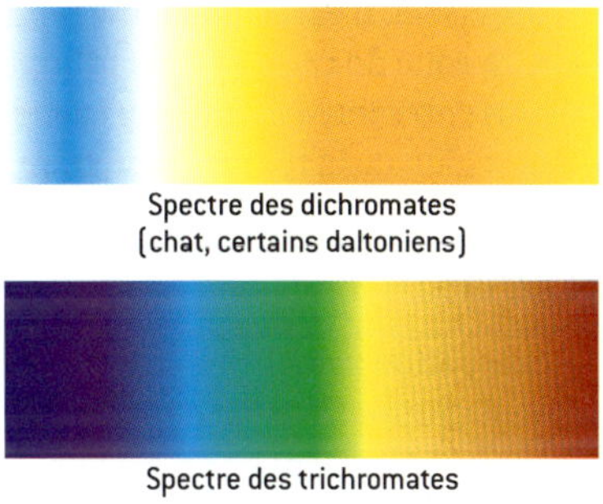

Document 9.

La comparaison des séquences des gènes *S*, *M* et *L* permet de préciser les relations de parenté entre les diverses espèces de catarrhiniens.

4 Les aires corticales visuelles

A La liaison rétine-cortex cérébral

■ La perception visuelle ne naît pas au niveau de la rétine. Celle-ci transforme l'image en messages nerveux qui sont ensuite véhiculés jusqu'au cortex cérébral. La perception visuelle résulte de l'interprétation de ces messages par le cortex.

■ Les autres organes sensoriels, la peau, la membrane sensible de l'oreille interne, etc., émettent aussi des messages nerveux qui renseignent le cerveau sur d'autres paramètres de l'environnement. Quel que soit l'organe des sens, les messages nerveux sont de même nature : ce sont des combinaisons de signaux électriques. Cependant, le cerveau est capable d'identifier la provenance de ces messages, car chacun d'entre eux arrive en une zone bien définie du cortex cérébral (document 10). Ainsi, les messages issus de la rétine arrivent dans une zone située dans le lobe occipital, appelée **cortex visuel primaire** ou aire visuelle primaire (document 11).

Le cortex cérébral désigne une couche de substance grise de quelques millimètres d'épaisseur, à la surface des hémisphères cérébraux. La substance grise est constituée de milliards de neurones connectés les uns aux autres.

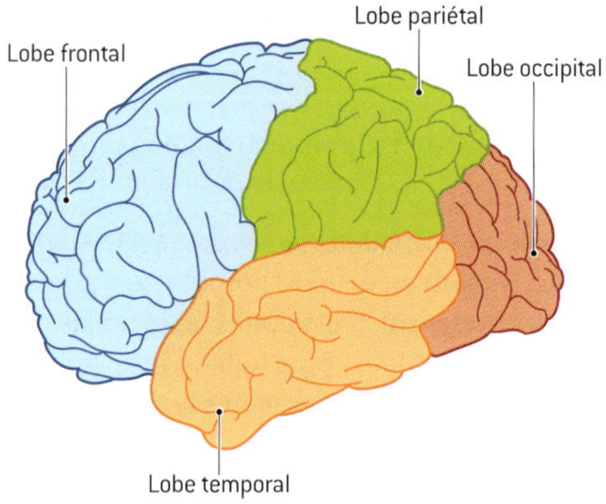

Document 10. Les grandes régions du cortex cérébral.

Les messages issus d'une région précise de la rétine arrivent aussi en une région précise du cortex visuel. Il existe donc une représentation corticale de la rétine, mais elle est déformée. En effet, la zone du cortex visuel primaire qui traite les messages issus de la fovéa (rétine centrale) est surreprésentée par rapport au reste de la rétine. Cela est en rapport avec le fait que la fovéa est la région de la rétine permettant l'analyse de l'image la plus précise.

En raison du croisement des fibres nasales des deux nerfs optiques (document 11), le cortex visuel droit traite des messages du champ visuel gauche et vice versa.

La perception visuelle ne naît pas de l'activité de l'aire visuelle primaire, mais si les deux aires visuelles primaires sont détruites, la personne est aveugle. Ces aires visuelles sont le siège d'un **premier traitement des messages issus de la rétine** : les informations issues de ce traitement sont transmises à d'autres aires visuelles, d'où résulte la perception visuelle.

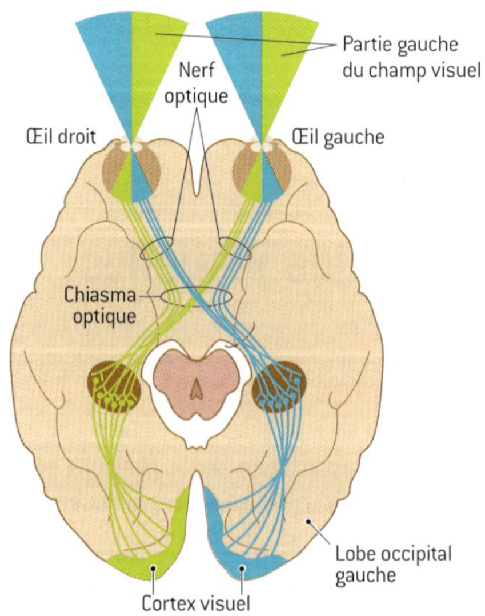

Document 11. Les voies visuelles vues du dessous.

B Les deux grandes voies de traitement de l'information visuelle

Le traitement des informations visuelles fournies par le cortex visuel primaire s'effectue selon deux grandes voies (document 12) : la voie **ventrale** (ou occipito-temporale) et la voie **dorsale** (ou occipito-pariétale).

À la suite d'accidents vasculaires cérébraux, certaines personnes perdent la faculté de reconnaître la forme des objets et de les identifier. En revanche, elles peuvent toujours diriger leur main vers cet objet et placer leurs doigts afin de le saisir. Ces personnes souffrent d'agnosie visuelle : elles ne perçoivent plus consciemment les objets, mais ont conservé l'aptitude à les manipuler. Elles souffrent de **lésions touchant le cortex occipito-temporal** (voie ventrale).

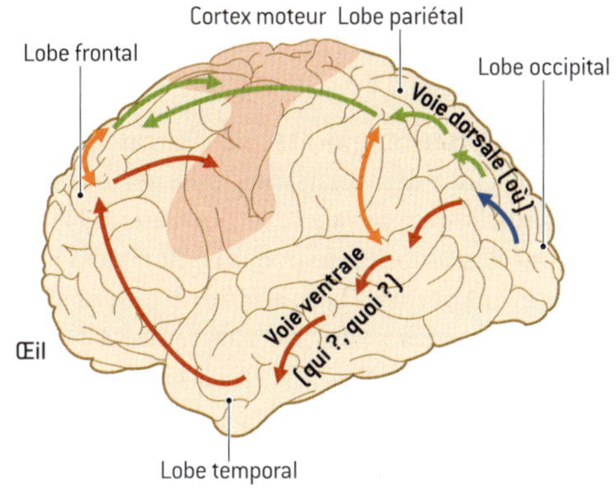

Document 12. Les voies de traitement des informations visuelles.

D'autres personnes sont capables d'identifier les objets, mais pas de les saisir ou de les manipuler convenablement (la main est mal dirigée, les doigts ne se referment plus en pince autour de l'objet). Elles souffrent de **lésions touchant le cortex occipito-pariétal** (voie dorsale).

La voie ventrale est spécialisée dans le traitement de la forme et plus généralement des caractéristiques physiques des objets ; cette voie intervient dans l'identification et répond à la question : qui ? quoi ? (reconnaître).
La **voie dorsale** est engagée dans la localisation des objets et leur analyse dans l'espace (analyse du mouvement) des objets perçus. Elle intervient dans l'envoi des commandes motrices permettant de manipuler les objets et répond à la question : où ? (localiser, agir sur les objets).
Ainsi se dégage l'idée d'un traitement en parallèle de l'information visuelle. Il ne faut pas toutefois penser que ces deux voies fonctionnent de façon indépendante car, bien entendu, l'identification, la capacité à localiser et l'action sur les objets ont lieu normalement en même temps.

C Des aires visuelles spécialisées

Les données cliniques et plus encore l'**imagerie cérébrale** ont permis de découvrir que le traitement de l'information visuelle ne se fait pas globalement, mais nécessite la coopération des aires visuelles spécialisées.

L'imagerie cérébrale permet de repérer les zones actives du cerveau lorsque le sujet est soumis à des stimulations ou doit effectuer des tâches précises.

Par exemple, sur la voie ventrale, dans le cortex occipital, on a mis en évidence une aire (V4), très proche de l'ère visuelle primaire (document 13), spécialisée dans la reconnaissance des couleurs. Les patients chez qui cette aire est détruite décrivent leur environnement comme terne, formé seulement de nuances de gris. Ils restent toujours capables de percevoir la forme des objets, de les identifier. Pourtant leur rétine est normale et comprend les trois types de cônes.

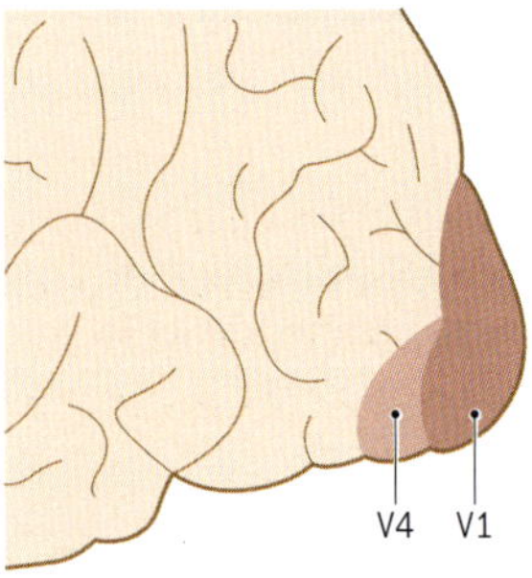

Document 13. Situation de l'aire de reconnaissance des couleurs (V4) et l'aire visuelle primaire (V1) dans le lobe occipital.

Dans le cortex temporal (voie ventrale), on a mis en évidence des aires spécialisées dans la reconnaissance des objets, des mots écrits, des visages, des éléments de l'environnement (maisons, bâtiments, paysages...) (document 14). L'ordonnancement de ces régions est le même pour tout le monde. Si la spécialisation n'est pas absolue, on a cependant trouvé des cas de personnes ayant perdu, à la suite d'un accident vasculaire cérébral, la seule capacité de reconnaissance des visages : elles ne parviennent plus à identifier le visage de leurs proches, ni à se reconnaître dans un miroir. Tous les visages familiers paraissent étrangers. En revanche, les objets et les lieux sont parfaitement identifiés.

Le syndrome de la cécité aux mouvements

Sur la voie dorsale, on a identifié plusieurs aires spécialisées. L'une des plus remarquables est celle spécialisée dans la reconnaissance des mouvements.

« Mme W souffre de l'étrange syndrome de la cécité aux mouvements qui se manifeste par des arrêts sur image de plusieurs secondes. Il lui est difficile de faire la conversation, car elle ne voit pas bouger les lèvres de ses interlocuteurs. Elle éprouve des difficultés à servir le thé, car elle ne voit pas le niveau monter dans la tasse. C'est pour elle une épreuve de traverser la rue, car elle ne peut pas estimer le mouvement des voitures. En revanche, elle a toujours la capacité de reconnaître la forme et la couleur des objets, et de les identifier. »

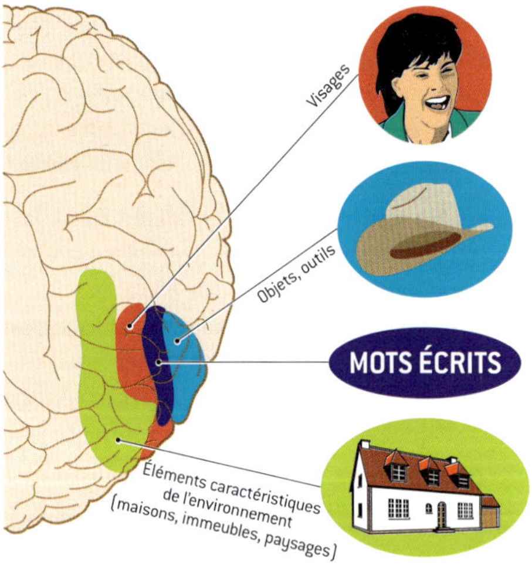

Document 14. Exemples d'aires spécialisées dans le cortex temporal ventral.

Le cerveau construit une représentation visuelle du monde grâce à de nombreuses aires spécialisées fonctionnant en parallèle. Néanmoins, notre expérience de tous les jours indique que chaque scène visuelle est perçue comme un tout muni de tous les attributs adéquats. Cela est lié au fait que toutes ces aires sont interconnectées et en liaison avec des aires intégratives situées notamment dans le cortex frontal, d'où résulte une vision unifiée.

Il est possible, en dehors de toute stimulation extérieure, de percevoir des images visuelles mentales : l'imagerie cérébrale à révélé que chez une personne imaginant un objet, un visage... il y avait activation des mêmes aires cérébrales (document 14) que celles mises en jeu par une stimulation visuelle externe.

Des substances comme le **LSD** peuvent activer directement ces réseaux neuroniques responsables de la perception visuelle en dehors de toute stimulation naturelle et être ainsi à l'origine d'hallucinations et de pertes de contact avec la réalité.

3 Vision et plasticité cérébrale

La perception visuelle est une **création de notre cerveau** qui résulte du travail d'un grand nombre d'aires spécialisées communiquant entre elles. Notre façon de voir le monde dépend de la façon dont notre cerveau est construit. La question du déterminisme de la construction du cerveau se pose alors. Quelle est la part d'un déterminisme génétique dans la construction du système visuel ? Quelle est la part de l'environnement ?

Des études menées chez le singe macaque ont révélé que l'organisation du système visuel était la même que chez l'Homme : entrée des informations visuelles au niveau d'une aire visuelle primaire située dans le cortex occipital, existence de deux grandes voies de traitement des messages visuels avec les mêmes aires spécialisées, agencées de la même façon. Certes, le cortex visuel humain est plus développé que celui du macaque, mais l'architecture fonctionnelle globale est la même. Cela indique un **déterminisme génétique** de la construction globale du système visuel, héritage de l'ancêtre commun à tous les primates (dont l'Homme fait partie).

Chez des aveugles de naissance ayant appris à lire le braille, des études d'imagerie cérébrale ont montré une activation du cortex visuel, notamment de l'aire visuelle primaire, au cours d'un exercice de lecture. Par cet apprentissage, le cortex visuel qui, normalement, traite les messages nerveux issus de la rétine, traite les messages tactiles issus des doigts. On a même mis en évidence une représentation des doigts dans le cortex visuel de ces aveugles lecteurs de braille. Cela traduit les possibilités de réorganisation des réseaux neurones cérébraux à la suite d'un apprentissage : c'est ce que l'on appelle la **plasticité cérébrale**. Cette dernière est notamment à l'œuvre lors de l'apprentissage de la lecture.

Les divers phénotypes d'un individu dépendent de l'interaction entre son génome et l'environnement. C'est particulièrement vrai pour le **phénotype cérébral** dont le déterminisme génétique laisse, grâce à la plasticité des réseaux neuroniques, une marge d'adaptation à l'environnement. Des inventions culturelles telles que la lecture mettent à profit cette plasticité.

SVT

EXERCICE DE SYNTHÈSE

Le monde selon monsieur X

Monsieur X souffre depuis peu d'un problème de vision. À la suite d'examens et de dialogues avec lui, les médecins ont établi la façon dont M. X voit le monde (document A).

Par ailleurs, les examens ophtalmologiques n'ont révélé aucune anomalie au niveau des rétines de M. X.

À partir des informations extraites des deux documents, proposer une origine possible aux troubles de la vision de M. X.

Document A. Le monde vu par M. X.

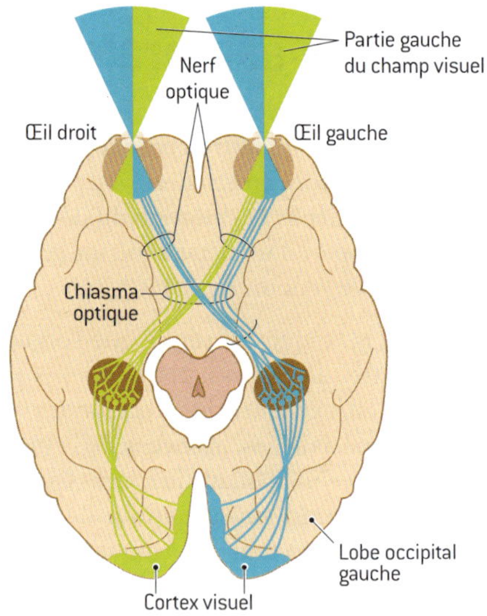

Document B. Schéma des voies visuelles (vue ventrale).

CORRIGÉ

Exploitation du document A

M. X ne voit plus les couleurs des objets situés dans son **champ visuel droit**, alors qu'il perçoit la couleur de ceux situés dans son champ visuel gauche. En revanche, il identifie correctement les objets puisqu'il est capable de les décrire. Son déficit visuel se limite donc à la **perte de la vision des couleurs** dans son champ visuel droit. Puisque les examens rétiniens sont normaux, ce déficit ne semble pas dû à une maladie de la rétine : il doit avoir **une origine cérébrale.**

Exploitation du document B

On constate que les objets situés dans la partie droite du champ visuel ont une image sur la **rétine nasale** de **l'œil droit** et sur **la rétine temporale** de **l'œil gauche**. Les fibres nasales du nerf optique droit croisent de sorte qu'elles adressent leurs messages au cortex visuel gauche, comme les fibres temporales du nerf optique gauche. Les messages issus du champ visuel droit sont traités par l'hémisphère gauche.

Bilan

Puisque le trouble de la vision de M. X touche uniquement les objets situés dans son champ visuel droit, cela signifie qu'il y a une anomalie dans le **système visuel de l'hémisphère gauche** uniquement. Cette anomalie ne touche pas le cortex visuel primaire, sinon M. X ne verrait rien dans son champ visuel droit. Comme l'anomalie porte sur la vision des couleurs, on peut penser qu'à la suite d'un accident vasculaire cérébral, l'aire occipito-temporale indispensable à la vision des couleurs a subi une lésion.

FRANÇAIS

La méthode

1. Les méthodes du baccalauréat 312

1. La question sur corpus 312
2. Le commentaire littéraire 313
3. La dissertation 316
4. L'écriture d'invention 319
5. L'oral : l'exposé et l'entretien 322

Les objets d'étude

2. Le personnage de roman 331

3. Le texte théâtral et sa représentation 345

4. Écriture poétique et quête du sens 358

5. La question de l'homme dans l'argumentation 373

1 Les méthodes du baccalauréat

www.annabac.com

L'ÉCRIT ET L'ORAL DU BACCALAURÉAT nécessitent un travail régulier tout au long de l'année. Un entraînement progressif aux trois grands exercices que sont le commentaire, la dissertation et l'écriture d'invention ainsi qu'à la prise de parole vous permettra d'en maîtriser les règles et les codes.

1 La question sur corpus

A Typologie des questions

Le chapeau est la courte introduction qui précède et situe un extrait. Il est rédigé par la personne qui a élaboré le corpus.

■ **Situer un/des texte(s) dans son/leur contexte.** Il faut s'appuyer sur le paratexte de chaque extrait - nom de l'auteur, titre, date de publication, notes, chapeau... - ainsi que sur vos connaissances d'histoire littéraire acquises en première et seconde.

■ **Rattacher un corpus à un objet d'étude.** Les indices sont à chercher dans les genres dont les textes sont issus, les registres qu'ils mobilisent et les thèmes qu'ils déploient.

■ **Analyser l'énonciation.** La réponse doit préciser qui parle, à qui, où, quand et étudier la modalisation.

■ **Identifier le genre et/ou le registre.** La forme d'un texte constitue un bon indice de genre. L'étude des figures de rhétorique et des registres en garantit la juste détermination.

■ **Repérer le principe d'unité.** Les textes peuvent être d'auteurs, de genres, d'époques ou de registres fort différents. Il est alors nécessaire de dégager la cohérence du corpus, qui peut s'articuler autour d'un thème, d'une forme littéraire, d'un problème d'écriture, d'une stratégie d'argumentation. Une première lecture de l'ensemble des documents doit vous permettre de découvrir ce qui a présidé à leur regroupement ; le repérage des champs lexicaux peut vous conforter dans votre impression première.

■ **Étudier le circuit argumentatif d'un texte.** Il faut identifier la thèse, les arguments et les exemples en s'appuyant sur les connecteurs logiques.

■ **Comparer les stratégies argumentatives.** Il s'agit de déterminer si un texte relève de la conviction, de la persuasion ou de la délibération. Dans le cadre d'une argumentation indirecte, il convient d'expliciter la comparaison déployée.

■ **Analyser un portrait.** Il faut identifier le type de portrait (physique, moral) et évaluer l'effet produit par cette représentation.

B Méthode de réponse

a. Le travail préparatoire

■ **Repérage au crayon sur les textes.** Pointez les éléments à exploiter pour produire la démonstration demandée. En marge, identifiez les procédés mis en œuvre et notez éventuellement les effets produits.

■ **Relevé au brouillon de tous les éléments repérés.** Classez-les en fonction de leur importance au regard de la réponse à donner.

■ **Établissement d'un tableau comparatif.** Pour confronter plusieurs textes, faites un tableau soulignant la singularité de chacun (nature, genre, époque, visée) et leurs points de contacts (thèmes, registres, procédés...).

b. La rédaction au propre

■ L'**introduction** reprend l'intitulé de la question en en définissant les mots clés. Elle présente également la nature des différents textes du corpus ainsi que le principe qui a présidé à leur regroupement.

■ Le **développement** doit être étayé à chaque nouvelle étape par un exemple intégré à la rédaction. Il s'attache à regrouper les documents recourant aux mêmes procédés et à souligner les écarts et variations d'un texte à l'autre.

■ La **conclusion** récapitule brièvement les grands moments de la démonstration et répond fermement à la question de départ. Cette dernière doit avoir permis de mettre en lumière un aspect particulier du corpus, en rapport avec l'objet d'étude.

■ La **réponse** doit tenir sur une à deux pages. Il faut varier les expressions employées dans l'analyse. Il convient de sélectionner les exemples les plus significatifs et de proscrire les citations trop longues.

2 Le commentaire littéraire

A Le travail préparatoire

a. Les premières lectures

■ La **découverte du texte** est une phase cruciale dans l'optique de son commentaire : même si vous l'avez déjà abordé à travers les questions sur corpus, vous devez essayer de vous mettre dans la peau du lecteur « normal », qui lit le texte pour son plaisir, et non pour l'interpréter. L'intérêt est de saisir l'**effet que provoque le texte sur son lecteur**, pour commencer à comprendre ses enjeux.

■ Pour cela, vous devez **lire le texte plusieurs fois**, très attentivement. Pendant les deux premières lectures, ne notez rien ; annotez seulement à la troisième lecture, dans la marge. À partir de ces premières remarques, **définissez un projet de lecture** en essayant d'identifier l'**intérêt littéraire du texte**. Demandez-vous par exemple pourquoi on vous a demandé de commenter ce texte en particulier. Vos réflexions constitueront un **premier état de la problématique** que vous formulerez dans l'introduction.

■ Avant d'entrer dans les détails du texte, **construisez sa carte d'identité** en répondant à une série de questions simples qui permettent de cerner ses enjeux. Cela vous évitera de faire des contresens fâcheux, mais pourra aussi vous donner des **pistes de réflexion** pour guider votre analyse linéaire.

FRANÇAIS

Nous prenons ici pour exemple l'extrait du Père Goriot proposé p. 340(document 1).

Carte d'identité du portrait de Poiret	
Objet d'étude	Il est généralement indiqué par le sujet. Il s'agit ici du **roman et ses personnages,** ce que confirme le fait que le texte fasse le portrait d'un personnage de roman.
Genre	Le **roman**. Autrement dit, il s'agit d'un texte fictif : le personnage de Poiret est inventé par l'auteur, même si ce dernier s'est certainement inspiré de personnes réelles pour le créer.
Mouvement littéraire	La date de publication du *Père Goriot* (1834) inscrit ce roman dans la **génération romantique**. Cependant, la recherche de la vraisemblance et l'intérêt pour la société de son temps classe Balzac parmi les précurseurs du **réalisme**.
Thème	À travers le personnage de Poiret, Balzac fait le portrait de la catégorie sociale de l'employé. Poiret est donc un **personnage type**.
Registre	Le registre est essentiellement **satirique** : Balzac tourne son personnage en dérision, multiplie les connotations péjoratives pour le décrire. Il emploie même le mot révélateur *caricature* dans ce portrait.
Structure	Les premières lignes font le **portrait physique** de Poiret (silhouette, accessoires, vêtements, visage), suivi d'un **portrait moral** qui se mue rapidement en **portrait social**, sous forme interrogative.
Questions générales	• **Qui parle ?** C'est ici la question du **narrateur**, puisque nous sommes dans un roman : il s'agit d'un narrateur extérieur à l'histoire. Il fait le portrait de Poiret en focalisation externe. • **Où ?** C'est la question du **lieu** de l'action : nous sommes à Paris (« Jardin des Plantes », « boulevard Italien »), cadre par excellence du roman réaliste et de l'investigation sociale. • **Quand ?** C'est la question du **moment** de l'action : il n'est pas vraiment précisé ici, mais on suppose qu'il est contemporain de l'époque où le roman fut publié, dans les premières décennies du XIXe siècle.

b. L'analyse linéaire

■ Explorez le texte, **phrase par phrase**, en notant au brouillon tout ce que vous pouvez dire sur chaque phrase. C'est dans cette phase que se joue l'explication proprement dite et que se construit un **véritable parcours de lecture**.

■ Il faut aussi repérer les **rapports qui se tissent entre toutes les phrases**. Champs lexicaux, métaphores filées, répétitions... ordonnent le texte et indiquent souvent sa thématique. Soyez donc attentif aux **effets de structure**, aux **permanences** qui se font jour, d'une phrase à l'autre.

■ Au fur et à mesure de votre analyse linéaire, **notez les procédés que vous repérez**, et **interprétez-les** : relever telle ou telle figure de style ne sert que si on lui donne une signification précise, adaptée au sens du texte.

B La construction du plan

■ **La synthèse de l'analyse linéaire.** Il vous faut regrouper sur une feuille séparée les informations recueillies pour dresser une **liste des principales caractéristiques du texte** dégagées par l'explication. C'est une sorte de résumé de tout le travail préparatoire.

La définition des axes de lecture. Le travail de synthèse facilite considérablement la définition des axes de lecture : au nombre de deux ou trois, ces **pistes d'interprétation** apportent chacune un éclairage particulier sur l'extrait à commenter. C'est leur combinaison qui dévoile, de façon progressive, la signification profonde du texte. Ces deux ou trois axes de lecture constitueront les **deux ou trois grandes parties du commentaire**.

La formulation de la problématique. C'est la **question** à laquelle votre commentaire va répondre, le **problème que vous vous proposez de résoudre**. En effet, interpréter un texte, ce n'est pas seulement le décrire, c'est avant tout se demander **pourquoi il est écrit de cette façon**, et donc quels sont le sens et les fonctions de ses caractéristiques principales. Il faut formuler la problématique à partir du parcours de lecture dessiné par les axes que vous avez définis.

L'élaboration du plan. Vous devez ensuite donner un **titre pertinent et attractif** à chacun de vos axes de lecture, qui vont constituer la base de votre plan. Pour développer ces parties, il suffit de reprendre la synthèse de l'analyse linéaire et de **classer les caractéristiques** dégagées dans la partie qui leur correspond.

Il y a deux dangers à éviter dans la construction du plan : dissocier le fond et la forme (l'un ne va pas sans l'autre), et suivre l'ordre du texte (chaque partie doit porter sur l'ensemble du texte).

C L'introduction et la conclusion

L'**introduction** est un exercice difficile, qui fournit des indications précieuses au correcteur : il faut donc la soigner tout particulièrement et la rédiger intégralement au brouillon.
Elle est formée d'**un seul paragraphe** composé de cinq points.

1 L'amorce	Elle débute sur une idée qui accroche le lecteur : un thème littéraire repris par le texte, le courant où il s'inscrit...
2 Le thème du texte	Il précise le sujet explicite du texte à commenter : la rencontre amoureuse, le portrait romanesque...
3 La structure du texte	Elle doit être donnée de façon claire, en fonction du thème précédemment dégagé.
4 La problématique	Elle dirige votre explication. C'est le problème que vous allez essayer de résoudre à propos du texte. Elle peut avoir la forme d'une question.
5 L'annonce du plan	Elle doit être formulée très clairement. Ne la développez pas trop : n'indiquez que le contenu des grandes parties.

La conclusion est une sorte de **bilan** : elle doit **répondre clairement à la problématique** posée en introduction et, pour cela, récapituler rapidement les différentes étapes du devoir.
Il n'est **pas obligatoire de faire un élargissement** de la problématique (une **ouverture**) : celle-ci ne vaut que si elle a un rapport avec le commentaire qui vient d'être fait.

Faites la conclusion au brouillon avant de commencer à rédiger le commentaire : on manque souvent de temps à la fin de l'épreuve.

FRANÇAIS

D La rédaction au propre

■ Les **paragraphes** du devoir doivent toujours être rédigés sur le même modèle :
- on énonce clairement l'**idée principale** du paragraphe ;
- on justifie cette idée par des **arguments** qui la développent et des **exemples** qui prouvent sa véracité ;
- on **conclut** le paragraphe **en ouvrant** vers l'idée suivante.

■ Il faut soigner la mise en page de sa copie pour guider l'œil et la lecture du correcteur.
• L'**introduction** est formée d'un seul paragraphe, à la suite duquel on saute deux lignes.
• Chaque **grande partie** commence par une petite introduction rappelant son enjeu et annonçant les différentes sous-parties qui la forment. On va ensuite à la ligne pour commencer la première **sous-partie**, puis à nouveau à la ligne pour la sous-partie suivante. Chaque grande partie est donc composée de plusieurs paragraphes entre lesquels on ne saute pas de ligne.

> **N'oubliez pas de marquer les paragraphes par un alinéa de trois ou quatre carreaux.**

• Entre la première et la deuxième grande partie, comme entre la deuxième et la troisième grande partie, il faut sauter une ligne.
• Enfin, on saute deux lignes avant la **conclusion** (un seul paragraphe).

3 La dissertation

A L'élaboration de la problématique

a. La forme du sujet

Il est important d'identifier la forme du sujet pour bien comprendre ce que l'on vous demande.

> **Soyez attentif à la forme de la consigne.** ***Expliquez et commentez, Discutez, Pensez-vous que..., Montrez que...* : ces consignes n'ont pas tout à fait le même sens et n'engagent pas la même réflexion. Attention au hors-sujet !**

■ **Le sujet interrogatif**
Il prend l'apparence d'une **question**, généralement suivie d'une consigne vous demandant de développer votre argumentation en vous appuyant sur les textes du corpus et sur les lectures que vous avez faites pendant l'année.
Cette question peut s'adresser directement à vous pour **solliciter votre opinion** (ex. : *La pièce de théâtre est-elle un texte comme les autres ?*). Elle peut aussi **confronter deux points de vue, deux possibilités**, en vous demandant de prendre parti (ex. : *Selon vous, la pièce de théâtre est-elle un texte à lire ou un spectacle à voir ?*).

■ **Le sujet affirmatif**
Il prend l'apparence d'une **affirmation** à laquelle il vous est demandé de réagir. Vous devez alors **discuter le point de vue exprimé** : à vous de déterminer la position qui vous semble la plus juste. Néanmoins, si l'on vous demande de réfléchir à partir de cette affirmation, c'est que les propos qu'elle tient ne sont pas dénués de sens ni d'intérêt ; si tout vous semble faux, c'est peut-être que vous n'avez pas tout compris.
Cette affirmation peut être **formulée directement** par les concepteurs du sujet ou **par un auteur identifié** et reproduite dans le sujet sous la forme d'une **citation** (ex. : *Dans la préface de* L'Amour médecin *(1665), Molière affirme « que les comédies ne sont faites que pour être jouées ». Partagez-vous son point de vue ?*).

b. L'analyse du sujet

■ Après avoir identifié la forme du sujet, vous devez en faire l'analyse. Commencez par **repérer les mots clés**, ceux sur lesquels se construit la réflexion. Ils serviront de fondement à tout votre travail.

■ Vous devez ensuite **reformuler le sujet**, c'est-à-dire le réécrire avec vos propres mots. L'enjeu est d'**expliciter la thèse exprimée ou sous-entendue par le sujet** : c'est elle que vous serez amené à discuter dans votre dissertation.

■ Cette phase d'analyse est essentielle : la reformulation doit vous permettre de **vérifier votre compréhension du sujet**. Surtout, elle est un bon moyen d'**éviter le contresens** (lorsque le sujet est mal compris, voire compris à l'envers) **et le hors-sujet** (lorsque les limites du sujet sont mal définies).

c. La formulation de la problématique

Lorsque le sujet est explicité et reformulé, essayez de trouver **ce qui pose problème, ce qui ne va pas de soi** dans la thèse qu'il défend. Demandez-vous **pourquoi la question se pose**, autrement dit **quel est l'intérêt de ce sujet**. Quels sont ses présupposés, ses sous-entendus ? Comment les discuter ? C'est cette **mise en perspective du sujet** qui vous permettra de formuler une **problématique**.

Il ne faut pas confondre la problématique et le sujet (même si celui-ci est une question) : la problématique explicite la question, elle dégage les enjeux du sujet et ouvre la discussion.

B La construction du plan

a. La recherche des idées

■ Pour trouver des idées, **interrogez les mots clés** que vous avez identifiés à l'étape précédente et **replacez-les dans un contexte plus large**, en apportant d'autres réponses que celles données par la citation, ou en développant ces réponses. C'est un **travail nécessairement désordonné** : l'organisation vient ensuite, lors de la construction du plan.

■ Appuyez-vous aussi sur le **corpus** pour enrichir votre réflexion : les textes proposés ont un rapport direct avec votre problématique. La **question sur corpus**, souvent conçue comme un travail préparatoire pour la dissertation, a aussi pu vous mettre sur une piste. Si la citation qui sert de fondement au sujet est **empruntée à l'un des textes du corpus**, relisez ce dernier : il pourra vous donner des idées essentielles pour le traitement du sujet.

■ Puisez enfin des idées dans vos **connaissances sur l'objet d'étude** : il y a des chances que vous ayez rencontré la problématique pendant l'année, lorsque vous avez étudié cet objet d'étude. Mais ne transformez pas la dissertation en question de cours ! Ne sélectionnez dans votre cours et vos connaissances que ce qui permet de traiter le sujet...

b. La recherche des exemples

■ La recherche d'exemples s'effectue **en même temps que la recherche d'idées** : vous devez trouver un exemple pour chaque idée avancée. Par *exemple*, on n'entend pas ici la simple mention d'une œuvre et de son auteur, mais l'exploitation d'un **passage précis**, fondée sur l'**analyse de détails signifiants**.

■ Le sujet est généralement suivi de la consigne suivante : *Vous développerez votre argumentation en vous appuyant sur les textes du corpus, ainsi que sur ceux étudiés en classe et sur vos lectures personnelles.* À vous d'exploiter les trois pistes suggérées par la consigne pour trouver des exemples.

c. L'élaboration du plan

Vous devez ensuite **organiser les idées** que vous avez trouvées. Pour y parvenir, vous pouvez vous appuyer sur un certain nombre de **plans types** mais, le plus souvent, **le plan que vous adopterez découlera logiquement de votre analyse du sujet**.

	Plan dialectique	Plan thématique	Plan analytique
Type de sujet	Sujet qui invite à discuter une thèse.	Sujet qui invite à développer une thèse sous différents angles.	Sujet qui demande une explication.
1re partie	Thèse : développe le point de vue exprimé par le sujet.	1er aspect de la thèse, 1re définition.	Contextualisation : pourquoi la question se pose-t-elle ?
2e partie	Antithèse : développe le point de vue opposé.	2e aspect de la thèse, 2e définition.	Approfondissement : quelles sont les implications de la question ?
3e partie	Synthèse : surmonte l'opposition.	3e aspect de la thèse, 3e définition.	Élargissement : quels sont les autres aspects de la question ?

d. L'introduction et la conclusion

■ Elles répondent au même principe de composition que l'introduction et la conclusion du commentaire (voir p. 315).

■ L'introduction est formée d'**un seul paragraphe** composé de cinq points.

1 L'amorce	Elle peut s'ouvrir sur le contexte littéraire dans lequel s'insère le sujet, sur un aperçu très large de la problématique, sur un thème littéraire… mais jamais par des platitudes sur l'auteur de la citation.
2 La citation du sujet	Elle reprend intégralement la citation, d'une seule traite si elle est brève, en la décomposant si elle est plus longue.
3 La reformulation et l'analyse du sujet	Elles reprennent et mettent en valeur les mots clés. Cette phase essentielle montre si le sujet est compris.
4 La problématique	Elle dirige votre démonstration. C'est le problème que posait implicitement le sujet et que vous allez essayer de résoudre. Elle peut avoir la forme d'une question.
5 L'annonce du plan	Elle indique le titre des grandes parties liées logiquement en une seule phrase. Elle privilégie la clarté plutôt que l'élégance.

C La rédaction au propre

Comme pour le commentaire, veillez au respect des règles élémentaires de rédaction et de mise en page (voir p. 316).

4 L'écriture d'invention

A Les différentes formes de l'écriture d'invention

a. L'écriture d'invention argumentative

■ Dans ce cadre, l'invention réside dans la **recherche d'arguments et d'exemples** en relation avec un thème donné, une position à soutenir, un objectif défini et un destinataire précis. Elle s'inscrit toujours dans le genre prescrit par la consigne d'écriture.

■ Il vous faut donc **circonscrire au plus près le problème posé**, respecter la situation d'énonciation imposée, faire le choix d'une stratégie argumentative appropriée (convaincre, persuader, délibérer, etc.) et vous tenir aux règles dictées par le genre.

Genres	Modalités d'écriture	Procédés
L'article	• Titre et éventuel chapeau synthétisant l'idée directrice du propos. • Respect de la situation d'énonciation et du registre. • Choix d'écriture en lien avec le type d'article à produire.	Lexique laudatif/péjoratif, connotations. Présent d'énonciation, de vérité générale.
Le dialogue	• Au moins deux interlocuteurs. • Caractérisation et confrontation de leurs idées divergentes ou opposées.	Style direct. Déictiques, marques d'oralité.
Le monologue	• Discours direct commandé par *je*. • Progression du texte commandée par l'objectif, généralement une prise de décision. • Invocation possible d'interlocuteurs fictifs pour donner plus de naturel.	Marques pronominales de la première personne. Questions oratoires. Alternatives.
Le discours	• Forme oratoire marquée. • Souci de composition. • Procédés rhétoriques.	Adresse à l'auditoire. Interjections, questions oratoires, ponctuation expressive.
L'essai	• Énonciation commandée par *je/nous*. • Exposition de points de vue variés soumis à un jugement subjectif qui les étaye, les réfute, les rejette, afin de livrer sa propre position.	Marques pronominales de la première personne. Modalisation forte des énoncés. Alternatives, jugements.
La fable	• Volonté de plaire autant que d'instruire. • Brièveté, efficacité narrative, attrait de la forme et visée didactique.	Juxtaposition, ellipse. Présence explicite ou non d'une moralité. Intervention du conteur. Implication du lecteur.
La lettre	• Contraintes de l'épistolaire : indications de lieu et de temps, en-tête, mention du destinataire, formules d'usage, signature... • Situation d'énonciation et registre selon le type de lettre (privée/ouverte).	Marqueurs spatio-temporels. Indices de l'énonciation. Questions oratoires.

b. L'écriture d'invention par transformation

L'ellipse narrative passe sous silence un événement de la narration, auquel le lecteur doit suppléer.

L'amplification consiste à **développer un texte préexistant** sous différentes formes (corps d'une ellipse narrative, suite d'un texte, articulation d'un dénouement à un récit, insertion d'une description, d'un portrait ou d'une péripétie, exemples pour nourrir une argumentation, réfutation d'une thèse, réponse à une lettre).

Elle suppose de réinvestir le mode d'énonciation, le registre dominant, le système de temps du texte source et d'exploiter les éléments qui touchent le cadre spatio-temporel, les personnages, la logique dramatique. Elle appelle cependant l'**introduction d'éléments nouveaux** dans le respect de l'esprit du texte d'origine (action, caractères, valeurs, visée...). Elle invite à veiller particulièrement à l'articulation entre le texte d'appui et le texte à produire, en recourant notamment à des connecteurs logiques et des indicateurs chronologiques.

La transposition consiste à **modifier un texte du corpus**, qui demeure le support essentiel de la rédaction. Il peut s'agir de passer d'un genre à un autre, de changer l'époque d'un récit, de réécrire un texte selon un mode d'énonciation ou un point de vue différent, de substituer un registre à un autre. Transposer implique de **repérer avec rigueur les traits distinctifs du texte source** et d'avoir clairement en tête les changements que la consigne vous demande d'opérer.

c. L'écriture d'invention par imitation

La production d'un texte par imitation répond à une démarche méthodique qui passe nécessairement par l'analyse scrupuleuse du texte à imiter et l'identification précise de ses caractéristiques notoires.

Genres	Modalités d'écriture	Procédés
Le pastiche	• Genre, forme, type de discours et registre du texte d'appui. • Sélection préalable des éléments à reprendre : situation ou thème propre de l'œuvre, figures de style, expression emblématique de l'auteur...	Figures de construction, d'insistance.
La parodie	• Conservation éventuelle du genre du texte source en en modifiant le niveau de langue ou le registre. • Inversion des intentions ou des valeurs du texte parodié.	Lexique valorisant/dévalorisant. Connotations.

d. L'écriture d'invention narrative

En liaison avec l'objet d'étude sur le roman et ses personnages notamment, l'invention peut porter sur le **développement d'un récit** : qu'il s'agisse de donner corps à une ellipse, de poursuivre ou clore une narration ou d'insérer un **portrait**, il convient de toujours tenir compte des éléments et du cadre fournis par le texte source (respect du système verbal, des pronoms, du cadre spatio-temporel, du statut des personnages...).

B Le travail préparatoire

a. Se fonder sur le corpus

L'écriture d'invention s'inspire directement des extraits réunis dans le corpus. **Identifier d'abord les caractéristiques majeures des textes d'appui** est donc fondamental. La production du texte demandé implique au préalable une **démarche rigoureuse d'analyse** : observation du paratexte, détermination du thème et des thèses en présence, repérage des genres et des registres mobilisés, définition des traits rhétoriques et stylistiques, interprétation de la visée.

b. Cerner la consigne d'écriture

■ Examinez attentivement les **différents termes** qu'il contient et les **attentes implicites** qu'il pose.

■ Déterminez le **type de travail attendu** : s'agit-il de transformer, transposer ou imiter un texte compris dans le corpus ou bien de rédiger un texte argumentatif (essai, dialogue, lettre, article, fable...) ?

■ Identifiez le **genre** (narratif, lyrique, dramatique ou argumentatif) dans lequel inscrire le texte à produire.

Pour transformer, transposer ou imiter un texte, repérez d'abord les caractéristiques formelles du texte d'appui à conserver ou à changer.

c. Établir la liste des contraintes d'écriture

■ **Explicites**, les contraintes apparaissent en toutes lettres. **Implicites**, il vous revient de les dégager de l'intitulé du sujet lui-même.

Rédigez une lettre au courrier des lecteurs d'une revue littéraire dans laquelle vous défendrez l'utilité de la poésie.
La forme épistolaire est explicitement demandée, de même que la situation d'énonciation vous est imposée.

■ **Le registre à mettre en œuvre.** Celui-ci est parfois mentionné dans le libellé mais il doit généralement être déduit de l'énoncé.

Un lecteur indigné écrit à une revue littéraire pour dénoncer avec véhémence le scandale...
« Indigné » et « véhémence » impliquent ici le registre polémique.

■ **La situation et le type d'énonciation à mettre en place.** Il vous faut déterminer qui doit parler dans le texte produit et dans quel contexte : qui écrit la lettre ? Quel en est le destinataire ? Qui prononce le discours ? Devant quel auditoire ? Dans quelles circonstances ? Qui sont les interlocuteurs du dialogue ? Sont-ils sur un pied d'égalité ?

Rédigez le dialogue qui opposerait deux metteurs en scène, l'un considérant que le texte de théâtre n'est qu'un prétexte à la représentation, l'autre qu'il faut être fidèle à la lettre du texte.
On attend ici un dialogue polémique. La discussion pourra aboutir à un *statu quo*.

■ **Un principe de structure et des procédés d'écriture.** La consigne formule parfois des règles d'organisation du texte (nombre de paragraphes, morale donnée en conclusion de la fable... ou assigne un style et une langue déterminés (prose poétique...). Mais la forme du texte et les figures utilisées sont plus souvent implicites.

Écrivez en prose et dans un registre comique une fable qui montre les excès où conduit l'imagination humaine.
Votre fable non versifiée, mobilisera les procédés de l'humour, voire de l'ironie.

FRANÇAIS

d. Réunir les éléments utiles

■ **Puisez dans vos connaissances acquises** au cours de l'année sur l'objet d'étude concerné, **dans vos idées personnelles et dans celles** suggérées par les différents textes **du corpus**.

■ **Empruntez au texte source, soit indirectement** (par exemple, lorsque l'on vous demande de rédiger une réponse à une lettre présente dans le corpus), **soit directement** (pour la rédaction d'un pastiche, d'une parodie ou de toute autre forme d'imitation).

e. Concevoir le plan

Le plan doit être clair et cohérent, appuyé sur des articulations logiques nettes et aisément repérables, notamment si le sujet impose la production d'un texte à visée argumentative. Les **alinéas** vous serviront à matérialiser les grandes étapes de la progression de votre texte.

C La rédaction

■ Après le travail préparatoire d'une heure, la rédaction fait l'objet d'un **brouillon**, car c'est un travail à la fois précis et délicat. Vous pouvez consacrer une heure de votre temps à cette étape puis une heure encore à la phase de **recopiage**, relecture comprise.

■ **Utilisez une langue adaptée** à la nature du texte attendu : exploitez le champ lexical correspondant au thème traité et adaptez le niveau de langage au registre imposé par le sujet.

■ **Soignez votre copie.** C'est un gage de la lisibilité et de la logique de votre propos.

■ **Veillez à la longueur de votre texte.** Sauf mention explicite dans le sujet, il doit se situer aux environs d'une copie double.

5 L'oral : l'exposé et l'entretien

A L'exposé

a. Description de l'épreuve

■ À partir du descriptif des travaux et activités réalisés pendant l'année, l'élève se voit proposer de mener seul la **lecture analytique de l'un des textes présentés**. L'examinateur lui remet donc un **document mentionnant l'extrait sur lequel l'interrogation va porter et une question** qui va guider l'explication et l'amener à formuler une problématique.

■ **Trois types de supports** sont susceptibles de faire l'objet de l'interrogation : un extrait d'un groupement de textes étudié en classe, un extrait d'œuvre complète étudié en classe, un extrait d'œuvre complète non étudié en classe.

b. La méthode

En aucun cas, vous ne devez prendre la question qui vous est posée comme un prétexte à réciter votre cours.

■ L'examinateur pose **une question à laquelle l'intégralité de l'exposé doit exclusivement répondre**. Cette question porte traditionnellement sur une caractéristique fondamentale, un **aspect majeur du texte** et offre un **cadre de réflexion en liaison étroite avec l'objet d'étude envisagé**.

Il s'agit donc d'opérer une sélection rigoureuse des éléments de la lecture analytique faite en classe. En effet, la question n'a pas pour ambition d'engager à une explication exhaustive.

La préparation

1. Recopiez la question au brouillon, reformulez-la pour bien en comprendre le sens et la portée et identifiez la problématique qui l'anime.
2. Relisez le texte et notez tous les éléments associés à la question posée.
3. Faites défiler dans votre mémoire la lecture analytique effectuée en classe sur le texte et sélectionnez tous les points pertinents.
4. Revenez à l'extrait pour y chercher des exemples précis à citer.
5. Classez tous les éléments répertoriés afin d'élaborer un plan progressif et détaillé.

c. La forme

L'**introduction** (2-3 minutes) se déroule selon les sept étapes suivantes :
1. amorce ; **2.** situation de l'extrait dans le cas d'une œuvre complète ; **3.** lecture expressive de la totalité ou d'une partie du texte ; **4.** identification du thème général ; **5.** repérage de la structure du texte ; **6.** question ; **7.** annonce du plan sous la forme d'axes d'étude.

Le **développement** (5-7 minutes) prend la forme d'un **plan clair en deux ou trois parties**, annoncées et toutes reliées fermement à la question posée.

La **conclusion** (1-2 minutes) comprend le **résumé de la démarche** et des points démontrés dans le développement, la **réponse explicite** à la question initialement posée et une **ouverture** ébauchant, par exemple, un rapprochement avec un autre texte.

B L'entretien

a. Description de l'épreuve

Destiné à élargir l'étude du texte et de l'objet d'étude, l'entretien consiste en un **dialogue entre l'examinateur et le candidat**.

Le plus souvent, il reste dans le **cadre de la séquence ou de l'objet d'étude abordés** pendant la première partie de l'épreuve : les interrogations peuvent porter sur les autres textes du groupement ou de l'œuvre complète, sur les lectures cursives, sur les documents complémentaires, sur les connaissances relatives à l'objet d'étude, sur les lectures et activités personnelles.

Le correcteur peut amener le candidat à formuler des **jugements plus personnels** sur les œuvres lues, les manifestations artistiques auxquelles il a pu assister. Dans ce cas, n'hésitez pas à vous prononcer mais toujours de manière nuancée et justifiée.

b. La méthode

L'entretien est aussi important que l'exposé. Il permet de **valoriser les connaissances et compétences acquises au cours de l'année**. Ne relâchez donc pas votre attention pendant cette seconde partie de l'épreuve. Si vous n'êtes plus vraiment maître de la parole, on attend néanmoins de vous une certaine réactivité et une capacité à anticiper les attentes.

Les attentes

L'exposé requiert des qualités et des capacités qui constituent autant de critères d'évaluation. Parmi elles, on retiendra les suivantes :
- la mobilisation de connaissances précises ;
- la finesse des analyses ;
- un esprit de synthèse ;
- l'emploi d'un niveau de langue soutenu et d'un vocabulaire adéquat ;
- la réceptivité et la promptitude à réagir aux questions ;
- la faculté d'apprécier la singularité d'un texte, de juger personnellement de son écriture ;
- une sensibilité et une culture littéraires.

Se préparer aux différents exercices du baccalauréat

EXERCICE 1

Retracez le circuit argumentatif du texte suivant.

L'expérience a fait remarquer que, dans les pays où les peines sont douces, l'esprit du citoyen en est frappé, comme il l'est d'ailleurs par les grandes.

Quelque inconvénient se fait-il sentir dans un État : un gouvernement violent veut soudain le corriger ; et, au lieu de songer à faire exécuter les anciennes lois, on établit une peine cruelle qui arrête le mal sur-le-champ. Mais on use le ressort du gouvernement : l'imagination se fait à cette grande peine, comme elle s'était faite à la moindre ; et comme on diminue la crainte pour celle-ci, l'on est bientôt forcé d'établir l'autre dans tous les cas. Les vols sur les grands chemins étaient communs dans quelques États ; on voulut les arrêter ; on inventa le supplice de la roue, qui les suspendit pendant quelque temps. Depuis ce temps on a volé comme auparavant sur les grands chemins.

De nos jours la désertion fut très fréquente ; on établit la peine de mort contre les déserteurs, et la désertion n'est pas diminuée. La raison en est bien naturelle : un soldat, accoutumé tous les jours à exposer sa vie, en méprise ou se flatte d'en mépriser le danger. Il est tous les jours accoutumé à craindre la honte : il fallait donc laisser une peine qui faisait porter une flétrissure pendant la vie. On a prétendu augmenter la peine, et on l'a réellement diminuée.

Il ne faut point mener les hommes par des voies extrêmes ; on doit être ménager[1] des moyens que la nature nous donne pour les conduire. Qu'on examine la cause de tous les relâchements, on verra qu'elle vient de l'impunité des crimes, et non pas de la modération des peines.

Suivons la nature, qui a donné aux hommes la honte comme leur fléau, et que la plus grande partie de la peine soit l'infamie de la souffrir.

Montesquieu, « De la puissance des peines »,
De l'esprit des lois (1748).

1. *Ménager* : économe.

EXERCICE 2

1. Construisez la carte d'identité du texte suivant.

Matamore incarne dans L'Illusion comique *de Corneille le personnage du soldat fanfaron, qui se rêve invincible mais se révèle lâche et craintif. À l'acte III, il se cache de peur d'être attaqué par les valets de Géronte, père de la femme qu'il prétend épouser.*

MATAMORE

Les voilà, sauvons-nous ! Non, je ne vois personne.
Avançons hardiment. Tout le corps me frissonne.
Je les entends, fuyons. Le vent faisait ce bruit.
Marchons sous la faveur des ombres de la nuit.
Vieux rêveur[1], malgré toi j'attends ici ma reine.
Ces diables de valets me mettent bien en peine.
De deux mille ans et plus, je ne tremblai si fort.
C'est trop me hasarder ; s'ils sortent, je suis mort ;
Car j'aime mieux mourir que leur donner bataille,
Et profaner mon bras contre cette canaille.

Que le courage expose à d'étranges dangers !
Toutefois, en tout cas, je suis des plus légers ;
S'il ne faut que courir, leur attente est dupée :
J'ai le pied pour le moins aussi bon que l'épée.
Tout de bon, je les vois : c'est fait, il faut mourir :
J'ai le corps tout glacé, je ne saurais courir.
Destin, qu'à ma valeur tu te montres contraire !...
C'est ma reine elle-même, avec mon secrétaire !
Tout mon corps se déglace : écoutons leurs discours,
Et voyons son adresse à traiter mes amours.

Pierre Corneille, *L'Illusion comique* (1639).

1. *Vieux rêveur* : Il s'agit de Géronte.

2. Définissez des axes de lecture et une problématique pour le commentaire du texte suivant.

Micromégas, conte philosophique de Voltaire, raconte le voyage du personnage éponyme de planète en planète. Cet habitant de l'étoile Sirius rencontre le Secrétaire de l'Académie de Saturne avec qui il engage la conversation.

« Combien de temps vivez-vous ? dit le Sirien. – Ah ! bien peu, répliqua le petit homme de Saturne. – C'est tout comme chez nous, dit le Sirien : nous nous plaignons toujours du peu. Il faut que ce soit une loi universelle de la nature. – Hélas ! nous ne vivons, dit le Saturnien, que cinq cents grandes révolutions du Soleil. (Cela revient à quinze mille ans ou environ, à compter à notre manière.) Vous voyez bien que c'est mourir presque au moment que l'on est né ; notre existence est un point, notre durée un instant, notre globe un atome. À peine a-t-on commencé à s'instruire un peu que la mort arrive avant qu'on ait de l'expérience. Pour moi, je n'ose faire aucuns projets ; je me trouve comme une goutte d'eau dans un océan immense. Je suis honteux, surtout devant vous, de la figure ridicule que je fais dans ce monde. »

Voltaire, *Micromégas* (1752).

EXERCICE 3

1. Analysez ce sujet de dissertation et formulez sa problématique.

2. Après avoir recherché des idées, choisissez un type de plan pour les organiser.

Peut-on considérer, comme le fait Nathalie Sarraute dans *L'Ère du soupçon*, que « les personnages » du « vieux roman » ne sont que « des trompe-l'œil » ?
Vous développerez votre argumentation en vous appuyant sur les textes du corpus (documents 1 à 4, p. 340-341, ainsi que sur ceux étudiés en classe et sur vos lectures personnelles.

EXERCICE 4

Appuyez-vous sur le corpus p. 353-355 pour traiter les questions suivantes.

a. Analysez cette consigne d'écriture : « Imaginez le dialogue qui pourrait opposer Pierre Chabert et Joël Jouanneau à propos de la mise en scène des pièces de Samuel Beckett. » Identifiez les attentes posées par la consigne en termes de forme et de contenu.

b. Établissez la liste des arguments que pourrait défendre chacun des interlocuteurs.

FRANÇAIS

EXERCICE 5

Analysez la question suivante, proposée pour l'exposé.

En quoi le poème intitulé « Correspondance » peut-il être considéré comme un art poétique ?

Correspondances

La Nature est un temple où de vivants piliers
Laissent parfois sortir de confuses paroles ;
L'homme y passe à travers des forêts de symboles
Qui l'observent avec des regards familiers.

Comme de longs échos qui de loin se confondent
Dans une ténébreuse et profonde unité,
Vaste comme la nuit et comme la clarté,
Les parfums, les couleurs et les sons se répondent.

Il est des parfums frais comme des chairs d'enfants,
Doux comme les hautbois, verts comme les prairies,
– Et d'autres, corrompus, riches et triomphants,

Ayant l'expansion des choses infinies,
Comme l'ambre, le musc, le benjoin et l'encens,
Qui chantent les transports de l'esprit et des sens.

Charles Baudelaire, *Les Fleurs du Mal* (1857), I, 4.

CORRIGÉ

EXERCICE 1

■ Au chapitre 12 de son traité *De l'esprit des lois*, intitulé « De la puissance des peines », Montesquieu cherche à convaincre ses lecteurs de l'inefficacité de la peine de mort pour faire reculer la criminalité. L'auteur table sur la raison de son destinataire afin d'emporter son adhésion à la thèse qu'il défend. Pour cela, il met en œuvre un **raisonnement logique dont on peut suivre les grandes étapes**.

■ Suivant un principe inductif, il se réfère à une **double expérience** : l'une « fait remarquer » que les peines qualifiées de « douces » ne frappent pas moins l'esprit des citoyens que les « grandes » ; l'autre que les États privilégient l'établissement de peines plus « cruelles » que celles prévues par les « anciennes lois », quand il s'agit de sanctionner avec force un crime.

Un contre-argument est un argument que l'on mobilise pour s'opposer à la thèse dont on conteste le bien-fondé.

■ Ce second constat aboutit à l'énoncé d'un **contre-argument**, introduit par la conjonction de coordination à valeur adversative « mais » : « on use le ressort du gouvernement », c'est-à-dire que l'on affaiblit l'autorité du pouvoir parce que « l'imagination se fait à cette grande peine », autrement dit la société, habituée à se représenter le châtiment et le rendant familier à son esprit, ne le craint plus.

Un exemple argumentatif est un exemple qui a valeur d'argument et se substitue à lui.

■ S'ensuivent **deux exemples** qui assoient et confirment cette première affirmation : l'un est emprunté à la rubrique judiciaire, l'autre à la cour martiale. Néanmoins, la seconde illustration affiche un statut particulier dans la mesure où elle permet à l'argumentation de progresser (on parle alors d'exemple argumentatif) : la honte qui entache le déserteur apparaît comme une condamnation bien plus lourde que celle qui consiste à lui ôter la vie.

■ Aussi, Montesquieu en vient-il à **conclure par la formulation de sa thèse** : « la cause de tous les relâchements » ne vient pas de « la modération des peines » mais davantage de « l'impunité des crimes ». En effet, les criminels potentiels s'habituent à l'idée de mourir s'ils passent à l'acte ; ils ne craignent plus les peines moindres et l'État est obligé d'appliquer la peine maximale pour toutes les infractions.

■ En se fondant sur des exemples concrets, l'essayiste démontre, selon une démarche progressive, la **nécessité d'abolir la peine de mort et d'établir une échelle de sanctions**.

EXERCICE 2

1. Voici la carte d'identité de l'extrait de *L'Illusion comique* de Corneille.

Objet d'étude	Cet extrait fait vraisemblablement partie d'un corpus portant sur l'objet d'étude ***Le texte théâtral et sa représentation***.
Genre	Le **théâtre**. Plus précisément, la **comédie**.
Mouvement littéraire	La date de publication de *L'Illusion comique* (1639) l'inscrit dans l'esthétique **baroque**. La présence dans le titre du thème de l'illusion confirme l'identification du mouvement.
Thème	Il s'agit du **monologue d'un soldat fanfaron**, dont les hésitations trahissent la vraie personnalité.
Registre	Le registre est évidemment comique : **comique de caractère** du soldat peureux, **comique de mots** dans les contradictions et les revirements (« J'ai le corps tout glacé »/« Tout mon corps se déglace »), **comique de situation** (un soldat prétendument valeureux préfère mourir plutôt que d'affronter des valets), **comique de gestes** enfin dans la mise en scène que l'on pourrait faire de ce monologue.
Structure	• v. 1-3 : peur de Matamore, revirements systématiques. • v. 4-11 : Matamore tente de justifier sa couardise en affirmant qu'il ne peut s'abaisser à combattre des valets. • v. 12-14 : il envisage de s'enfuir en courant. • v. 15-17 : pourtant, lorsque quelqu'un paraît, il se résout à mourir, la peur l'empêchant de prendre ses jambes à son cou. • v. 18-20 : apercevant son valet Clindor et Isabelle, la femme qu'ils aiment tous deux, il se cache pour les écouter.
Questions générales	• **Qui parle ?** Matamore, personnage qui incarne le type comique du soldat fanfaron. • **Où ?** Le lieu n'est pas clairement indiqué ; on imagine qu'il est à l'extérieur, puisque Matamore entend le « bruit » du « vent » et qu'il s'attend à ce que des valets « sortent ». • **Quand ?** Le moment n'est pas vraiment précisé ; on sait juste que la scène se déroule « la nuit ».

2. Le commentaire de cet extrait de *Micromégas* pourrait développer ces axes de lecture :
I. Les invraisemblances du conte
II. Les vertus du dialogue et de la rencontre des peuples
III. Un thème proprement philosophique : le relativisme des valeurs et des perceptions

La doctrine du relativisme considère que les valeurs dépendent des circonstances dans lesquelles elles apparaissent : elles sont donc relatives, et non absolues.

La problématique du commentaire pourrait donc être celle-ci : comment Voltaire met-il les ressources du conte au profit d'une réflexion philosophique sur la relativité du temps ?

FRANÇAIS

EXERCICE 3

a. ■ **Analyse du sujet**. Par « vieux roman », expression quelque peu péjorative, Sarraute désigne le roman traditionnel du XIXe siècle. Fondé sur une esthétique réaliste, il cherche à représenter le monde réel par l'intermédiaire de personnages de fiction. Si ces personnages du roman réaliste, qui sont caractérisés de façon détaillée en se voyant attribuer « aspect physique, gestes, actions, sensations, sentiments courants, [...] nom », sont des « trompe-l'œil », c'est que tous ces détails ne créent qu'une impression de réalité ; c'est, comme le décor en carton-pâte du théâtre, une apparence trompeuse.

■ **Problématique**. Cette affirmation polémique révèle en fait le caractère ambigu, voire paradoxal, du personnage de roman. C'est un être de fiction auquel on est censé croire, un individu de papier qui prétend pouvoir exister dans la réalité ; à ce titre, tous les personnages de roman, quels qu'ils soient, pourraient être regardés comme des « trompe-l'œil », autrement dit comme une illusion. Le personnage peut-il être autre chose qu'un trompe-l'œil, peut-il accéder à une forme de réalité ?

b. On peut adopter ici un **plan dialectique**.

I. Le personnage de roman, un être de fiction

Il s'agit d'abord de montrer ce qui distingue la personne du personnage, c'est-à-dire la distance qui sépare la réalité de la fiction.

A. Le personnage romanesque, un être hors du commun

B. Une vie imaginaire

II. La vraisemblance du personnage

L'enjeu de cette partie consiste à montrer que les romanciers cherchent le plus souvent à donner une impression de réalité avec leurs personnages. Ces derniers sont certes des êtres fictifs, mais ils sont à l'image d'êtres réels.

A. La personne, modèle du personnage

B. Personnages et effets de réel

C. Une vie ordinaire

III. Le « mentir vrai » du personnage : le roman comme faux-semblant

Il s'agit enfin de montrer que le personnage romanesque est condamné au statut de « trompe-l'œil » : ce dont Sarraute accuse les personnages du « vieux roman » est en fait la condition de tous les personnages de roman, les siens compris.

C'est Louis Aragon qui intitule un recueil de nouvelles *Le Mentir-vrai* (1980) pour résumer l'idée que toute fiction romanesque est imaginée à partir de faits réels – souvenirs, anecdotes, faits divers...

A. Une représentation du réel

B. Un masque qui trompe l'œil

EXERCICE 4

a. ■ L'analyse de la consigne d'écriture doit d'abord s'arrêter sur les **termes clés du libellé** : on peut retenir « imaginez », « dialogue », « opposer ».

> **Les termes clés sont les mots sur lesquels vous devez vous appuyer pour analyser et problématiser le sujet qu'on vous soumet.**

■ L'imagination apparaît en réalité bien canalisée par les deux autres termes qui imposent à la fois de prendre appui sur les textes respectifs de Pierre Chabert et Joël Jouanneau et de mettre en œuvre une forme bien définie.

■ Le dialogue mettra en scène l'**affrontement de deux points de vue antagonistes** relatifs à la mise en scène des pièces de Samuel Beckett. Il mentionnera le nom de l'interlocuteur à chaque prise de parole. Il convient de déterminer le registre de la confrontation, qui n'est pas précisé par l'intitulé du sujet : il s'agira sans doute du **registre polémique**, les deux metteurs en scène défendant des conceptions opposées et ayant peu de chance de trouver un terrain d'entente. L'intitulé du sujet ne précise pas dans quel registre versera la confrontation ; il convient donc de le **déterminer**.

■ Il est possible de privilégier l'une ou l'autre des positions à condition de n'en négliger aucune. Le travail d'invention consiste à **nourrir l'argumentaire de chacun des deux points de vue** en partant de sa position initiale, l'étayer par des **exemples** précis et veiller à l'enchaînement des répliques, lesquelles doivent mettre en évidence et éclairer les raisons du désaccord.

> **Les exemples peuvent être empruntés aux textes du corpus mais sans se limiter à eux.**

b. ■ Les thèses défendues par chaque interlocuteur apparaissent clairement dans les textes du corpus.

■ Pierre Chabert envisage le travail de mise en scène comme **exégèse du texte dramatique**, attentive aux remarques de l'auteur, rigoureuse à l'endroit des exigences qu'il a notifiées, inventive dans la limite du respect de la lettre du texte.

■ Joël Jouanneau défend la **liberté totale de mise en scène** et justifie les licences qu'il s'autorise au nom du renouvellement de la lecture, de la liberté de création et de l'intérêt que le public peut prendre au spectacle.

■ De là, on peut envisager les **(contre-)arguments suivants** pour **Pierre Chabert** : l'exigence de respect du texte et de l'auteur à travers l'exécution stricte des didascalies ; l'accusation de démagogie et de crime de lèse-littérature ; la modestie nécessaire de celui qui est un découvreur plus qu'un inventeur ; la promotion d'une liberté contrôlée pour le metteur en scène.

■ Venant de **Joël Jouanneau**, on peut développer les idées qui suivent : le besoin de toucher le public en rapprochant la pièce de ses préoccupations ; la conception de la représentation comme spectacle ; la singularité du metteur en scène ; les problèmes soulevés par les silences du texte dramatique.

■ C'est l'agencement de ces différents arguments qui assurera au dialogue sa cohérence et sa progression, que des procédés d'expression tels que l'**interjection**, l'**exclamation** et un **lexique de l'engagement** viendront mettre en valeur.

EXERCICE 5

Parmi les arts poétiques les plus connus et revendiqués comme tels, on peut citer l'ouvrage de Boileau au XVIIe siècle et le poème de Verlaine au XIXe siècle.

Les correspondances sont de deux ordres : horizontales, elles établissent des liens entre les différentes perceptions et sont appelées synesthésies ; verticales, elles partent des sens pour s'élever vers des idées.

■ L'expression « **art poétique** » constitue le **mot clé de l'intitulé** de la question : elle désigne un texte qui énonce en quoi consiste l'art du poète – c'est-à-dire qui réfléchit aux techniques du genre lyrique, définit, précise, invente des formes sur lesquelles les lecteurs apprentis poètes pourront prendre modèle.

■ Il s'agira donc de **montrer en quoi le sonnet étudié propose une véritable théorie applicable à la poésie**. Pour ce faire, on s'intéressera au titre du texte (« Correspondances »), qui prend une valeur programmatique, et aux deux quatrains où se trouvent respectivement posés l'équivalence entre « la Nature » et un « temple » et le principe des correspondances.

■ On s'attachera également au caractère particulier de cet **art poétique qui ne se contente pas de donner une méthode mais en propose aussi la mise en œuvre**. Dans cette perspective, on analysera les tercets : le premier illustre et déploie des correspondances horizontales ; le second fait passer des synesthésies aux correspondances verticales.

■ La question engage donc à un **exposé en deux parties se conformant à l'ordre du texte**.

2 Le personnage de roman

www.annabac.com

Défini comme un récit de fiction, le roman a pourtant l'ambition de représenter la réalité. Le cas du personnage de roman reflète ce paradoxe : est-il la représentation fidèle d'un individu bien réel, ou bien la construction d'un type qui n'existe vraiment que dans l'esprit du romancier ?
Par ailleurs, le roman est un genre peu codifié : l'absence de règles rigides l'enfermant dans une forme figée lui a fait connaître de grandes variations au cours des siècles.

1 Le roman et ses personnages

A L'écriture romanesque

a. La construction de l'intrigue

L'incipit

Le **début d'un roman** est un moment important. C'est un seuil que le lecteur doit passer et qui marque la **frontière** entre le monde réel et le monde fictif. Il doit donc être lu avec beaucoup d'attention : il concentre certains des enjeux majeurs du roman.

Incipit liber (« ici commence le livre ») et *explicit liber* (« ici s'achève le livre ») marquaient respectivement le début et la fin d'un nouveau texte dans les manuscrits médiévaux. Aujourd'hui, l'incipit et l'explicit désignent le début et la fin d'un récit.

L'incipit peut prendre **différentes formes**. Il est statique s'il présente de façon détaillée le cadre du récit, dans une longue description. Il est progressif lorsqu'il dévoile peu à peu des informations, tout en conservant une part de mystère. Il est dynamique, ou *in medias res* (« au milieu de l'action ») lorsqu'il jette le lecteur au milieu d'une action déjà commencée. Enfin, il est suspensif lorsqu'il déconcerte le lecteur en ne lui donnant aucune information et en n'amorçant pas non plus l'action.

L'incipit remplit **trois fonctions principales**. Il crée le monde de la fiction en répondant aux questions que se pose le lecteur commençant le roman (qui ? où ? quand ?...). Il provoque sa curiosité pour l'inciter à poursuivre sa lecture. Enfin, il noue avec lui un pacte de lecture et lui donne les clés nécessaires à la compréhension du roman.

Les séquences narratives

Un roman propose généralement une intrigue complexe qui mêle **plusieurs fils narratifs**. Les séquences narratives sont **enchaînées** lorsqu'elles se succèdent dans l'ordre chronologique. Elles sont **enchâssées** lorsqu'une séquence est introduite à l'intérieur d'une autre séquence (par exemple, lorsqu'un personnage raconte une histoire). Enfin, elles ont un **développement simultané** lorsqu'elles se déroulent en même temps, comme en parallèle.

L'explicit
Le **dénouement** – ou explicit – d'un roman est tout aussi signifiant que le commencement d'un roman. Il a une valeur dramatique s'il conclut l'action par un dernier rebondissement. Il a une valeur morale s'il tire un enseignement de l'histoire qui vient d'être racontée. Certains explicits sont cependant ouverts, donnant l'impression que le roman reste inachevé.

b. Le temps de la narration

Le **moment de la narration** désigne l'époque à laquelle le narrateur raconte son histoire. Comme l'information est très rarement précisée, on se contente de situer le narrateur par rapport aux événements qu'il rapporte.
La narration est **ultérieure** si ce moment se situe après les événements (récit au passé), **simultanée** s'il les raconte au moment même où ils se déroulent (récit au présent) ou **antérieure** s'il se situe avant eux (récit au futur).

Généralement, la narration suit un **ordre chronologique**. Il arrive cependant qu'elle fasse une **analepse** (un retour en arrière) ou une **prolepse** (une anticipation).

On distingue quatre **rythmes de narration**. L'**ellipse** passe sous silence une partie de l'histoire. Le **sommaire** résume une partie sans grande importance. La **scène** développe un temps fort du récit. La **pause** interrompt l'action pour faire une description ou un commentaire.

c. La focalisation

Le mode de narration. Il désigne la position qu'occupe le narrateur par rapport à l'histoire. Dans la **narration à la première personne**, le narrateur est l'un des personnages du récit (qu'il soit personnage principal ou simple témoin). Dans la **narration à la troisième personne**, il est extérieur au récit.

La focalisation (du latin *focus*, « foyer ») désigne le point à partir duquel le narrateur voit l'action.

Le point de vue. Le narrateur peut adopter trois points de vue sur l'action. Dans la **focalisation externe**, il a le point de vue d'un observateur extérieur, limité à ce que l'on peut voir ou entendre. Dans la **focalisation interne**, il adopte le point de vue d'un personnage et perçoit le monde à travers sa conscience, ses pensées et sensations. Enfin, dans la **focalisation zéro**, le narrateur est omniscient : il voit tout, sait tout et connaît les pensées de tous les personnages.

d. La description

La description se distingue de la narration par l'usage de **verbes de perception** *(voir, sentir...)* **et d'état** *(être, paraître...)*, de **présentatifs** *(c'est, il y a, voici, voilà)*, d'un **vocabulaire concret** (en particulier des adjectifs qualificatifs de couleur, de forme, de volume...) et par la présence d'**indices spatiaux** et de **figures de style** caractéristiques (telles que la comparaison, la métaphore ou l'énumération).
Son temps est généralement l'**imparfait** (si le récit est au passé simple) ou le **présent** (si le récit est lui-même au présent).

La description peut avoir une **fonction documentaire** (si elle renseigne sur un lieu, un objet ou un personnage), **réaliste** (lorsqu'elle renforce la vraisemblance du récit), **narrative** (quand elle donne des informations nécessaires à la compréhension du récit), **symbolique** (par exemple, dans le cadre des portraits de personnages types) ou **argumentative** (lorsqu'elle sert de preuve ou d'exemple).

B La construction du personnage

a. Les caractéristiques du personnage

■ Pour donner à son personnage l'épaisseur de la réalité, le romancier choisit souvent de le construire à partir de **nombreux détails réalistes** : nom et prénom (qui ont parfois une valeur symbolique ou sociale), âge, histoire passée, langage propre, statut social sont autant d'éléments qui inscrivent le personnage dans la réalité.

■ Dans l'action, il peut être **personnage principal** (protagoniste) ou **secondaire**, voire simple **figurant**.

■ Le romancier peut choisir de présenter le personnage de façon **directe**, principalement sous la forme d'un portrait ; mais il peut aussi le construire de façon **indirecte** et le présenter à travers ses actes, ses comportements, ses paroles.

b. Le portrait romanesque

■ **Contenu et structure.** Un **portrait physique** (apparence générale, corpulence, taille, visage, vêtements…) est souvent suivi d'un **portrait moral** (type d'esprit, valeurs, moralité, pensées révélatrices, sentiments, goûts…).

■ **Insertion dans le récit.** Le portrait constitue une pause s'il est **statique** (description pure et simple – ou directe) ; il constitue une scène si il est **dynamique** (description indirecte : portrait en action qui présente le personnage à travers ses gestes, son attitude, ses paroles).

■ **Point de vue.** Le portrait peut être fait par un narrateur omniscient (**focalisation zéro** qui provoque une impression d'objectivité) ou par un autre personnage (**focalisation interne** qui donne une dimension plus subjective, ouverte au jugement), voire par le personnage lui-même (autoportrait en focalisation interne). Le portrait se limite parfois aux apparences extérieures, et le narrateur ne donne que peu d'informations (portrait en **focalisation externe**).

■ **Élaboration d'un type.** Au-delà du personnage et de ses attributs, il arrive que le portrait évoque une réalité sociale, morale ou psychologique que le personnage incarne. C'est en particulier le cas des **personnages types**, par exemple chez Balzac : Rastignac incarne ainsi le type de l'ambitieux dans *Le Père Goriot*.

Jean Auguste Dominique Ingres, *Portrait de Louis-François Bertin* (1832)

Ingres donne ici vie à un personnage en le représentant de façon réaliste, jusque dans ses détails les moins séduisants. Si Louis-François Bertin apparaît comme le personnage type du bourgeois, c'est surtout la vérité de sa personnalité qu'Ingres tente de représenter.

ph © Josse/Leemage

FRANÇAIS

c. La psychologie romanesque

■ L'un des apports du roman d'analyse à la définition du personnage est sa **construction psychologique**. Le développement de la focalisation interne, en particulier, a permis aux romanciers de donner à voir l'intériorité du personnage de fiction.

■ Le personnage est alors conçu comme un ensemble de **signes cohérents**, qui contribuent à créer un **individu univoque**, c'est-à-dire sans ambiguïté. Le roman du XIXe siècle crée des personnages dont le sens n'échappe pas au lecteur ; de ce point de vue, ils sont peu réalistes, ne cherchant pas à capter la part d'incompréhensible de tout individu. L'extériorité du personnage est ainsi le plus souvent le reflet de son intériorité (comme pour les personnages des contes, dont la beauté physique est en général le reflet de la bonté morale).

■ Mais c'est précisément cette approche qui a été **critiquée au XXe siècle** : les individus ne sont, en réalité, pas aussi monolithiques et univoques que dans les romans.

C Une vision du monde réel

a. Roman et réalité

■ Pour donner au lecteur l'illusion de la réalité, le procédé le plus courant est la **description**, qui multiplie les « effets de réel ». Par cette expression, le critique Roland Barthes désigne ce qu'il appelle les « détails inutiles » d'une narration, qui n'ont aucun rôle à jouer dans le récit. Il prend l'exemple du baromètre dans « Un cœur simple » de Flaubert : « Un vieux piano supportait, sous un baromètre, un tas pyramidal de boîtes et de cartons. »

■ Le **dialogue** peut aussi donner une forte impression de réalité, par toutes les **marques d'oralité** (interjections, familiarités, intonations...) et par la **parlure** (façon de parler d'une classe sociale, puis, par extension, particularités d'expression d'un individu). Ainsi, la façon dont Zola fait parler le peuple accrédite la vraisemblance de son récit.

■ Certains genres romanesques, enfin, ont été inventés pour donner au lecteur une impression de réalité ; c'est en particulier le cas du **roman épistolaire** et du **roman-mémoires**.

b. Roman et Histoire

■ Le **roman historique** se veut, quant à lui, une représentation de la réalité passée : l'Histoire (réelle) fournit le décor, la toile de fond de l'intrigue (fictive).

■ Le roman est, plus largement, l'**historien du présent** : comme l'écrivent les frères Goncourt au XIXe siècle, « les historiens sont des raconteurs du passé, les romanciers des raconteurs du présent ». On peut ainsi considérer que tout roman, derrière la fiction du récit, porte un discours sur le monde réel dans lequel il a été conçu et écrit.

c. Roman et société

Les romanciers du XIXe siècle se sont ainsi souvent donné pour ambition de représenter la société de leur temps ; les cycles romanesques de Balzac *(La Comédie humaine)* ou de Zola *(Les Rougon-Macquart)* constituent un **monde à part entière**, sorte de miroir du monde réel. Ainsi, dans un célèbre passage de son roman *Le Rouge et le Noir* (1830), Stendhal compare le roman à « un miroir qui se promène sur une grande route ». Connaître le monde (fictif) du roman, c'est alors un peu connaître le monde (réel) dans lequel nous vivons.

D Les principaux genres romanesques

Roman d'analyse	Il est consacré à l'étude de la psychologie humaine, et en particulier à la passion amoureuse.
Roman épistolaire	Il est exclusivement composé de lettres écrites par le ou les personnage(s) du roman.
Roman picaresque	Héritier du roman espagnol, il raconte les aventures d'un vagabond, le *picaro*, qui va de ville en ville pour tenter de trouver du travail et s'enrichir, mais fait sans cesse face à de nouvelles aventures.
Roman-mémoires	Il prend l'apparence d'une autobiographie écrite par le personnage principal.
Roman de mœurs	Il suit le destin individuel d'un personnage ordinaire, à travers lequel le romancier représente une classe sociale et une époque.
Roman d'éducation	Appelé aussi roman d'apprentissage ou roman de formation – voire, selon l'expression allemande, *Bildungsroman* –, il raconte la formation sociale, sentimentale et intellectuelle du personnage principal, que l'on suit de la sortie de l'enfance jusqu'à sa mort.
Roman à thèse	Écrit par un auteur engagé, il se sert du récit pour soutenir une thèse politique ou idéologique.
Roman historique	Il retrace une époque passée en mélangeant des événements réels et des faits purement imaginaires.
Roman d'aventures	Il multiplie les rebondissements et met en scène un héros courageux et astucieux.
Roman-feuilleton	Il paraît par brefs épisodes quotidiens dans des journaux à grands tirages du XIXe siècle et se caractérise par ses nombreux rebondissements.
Roman policier	Héritier du roman d'aventures, il a généralement pour personnage principal un enquêteur qui doit résoudre une énigme.
Roman noir	Version américaine du roman policier, il voit le personnage du détective privé évoluer dans une atmosphère particulièrement inquiétante.
Roman de science-fiction	Roman d'anticipation, il s'interroge sur l'avenir de l'humanité en imaginant un monde futuriste, dominé par les progrès techniques.

2 L'histoire du roman, du XVIIe siècle à nos jours

Le roman ne naît pas au XVIIe siècle : pour comprendre ses évolutions, de 1600 à aujourd'hui, il faut d'abord observer ses origines, de l'épopée antique au roman de la Renaissance.

A Le roman avant le XVIIe siècle

a. Les origines antiques du roman

La Franciade de Ronsard (1572), *La Henriade* de Voltaire (1728) ou *La Légende des siècles* de Hugo (1859-1883) s'inscrivent dans la tradition épique française.

■ On peut considérer les genres narratifs de l'Antiquité comme les ancêtres du roman. Parmi eux, l'**épopée** est consacrée au **récit des exploits de héros mythiques**, comme Ulysse (dans l'*Iliade* et l'*Odyssée* du grec Homère, au VIIIe siècle av. J.-C.) ou Énée (dans l'*Énéide* du latin Virgile, au Ier siècle av. J.-C.).

■ À côté de ce genre prestigieux apparaissent dans la littérature grecque des **récits plus légers**, dont l'intrigue souvent complexe repose sur des amours contrariées : c'est par exemple le cas des *Éthiopiques* du grec Héliodore d'Émèse, œuvre écrite au IIIe siècle.

■ Une **veine satirique** se développe également dans la littérature latine : le *Satiricon*, de Pétrone (Ier siècle), narre les tribulations de deux débauchés dans la Rome décadente, décrite avec un mélange d'ironie et de réalisme.

b. Le roman médiéval

■ Le roman naît à proprement parler au XIIe siècle : il désigne alors les récits écrits en **langue romane**, c'est-à-dire en langue vulgaire (par opposition au latin).

■ Les premiers romans sont assez proches de l'épopée des origines, mais substituent aux héros antiques le **modèle idéal du chevalier**. Pour classer cette foisonnante production, on distingue la **matière antique**, à laquelle appartient par exemple le *Roman de Thèbes* (XIIe siècle), la **matière de France**, dont les chansons de geste telles que la *Chanson de Roland* (XIe siècle), et la **matière de Bretagne**, qui comprend les romans de Chrétien de Troyes tels que *Perceval ou le Conte du Graal* (XIIe siècle).

La courtoisie désigne un ensemble de valeurs aristocratiques et chevaleresques médiévales, en particulier un art d'aimer marqué par la soumission du chevalier à la dame qu'il sert.

■ Les siècles suivants voient se développer un roman plus réaliste, qui situe ses personnages dans la réalité contemporaine : c'est le **roman courtois**. Le réalisme va parfois jusqu'à la **satire** et à la **parodie**, qui marquent un relatif déclin du genre romanesque aux XIVe et XVe siècles.

c. Le roman au XVIe siècle

■ Le XVIe siècle constitue une forme de renaissance pour le roman. Le modèle du **roman de chevalerie** reste très prégnant, comme en témoigne l'immense succès de l'*Amadis de Gaule*, roman courtois espagnol traduit en français en 1540.

■ Cependant, l'art narratif est renouvelé par les trouvailles du récit court : à cette époque, le genre de la **nouvelle** est le lieu d'une recherche de réalisme, par exemple sous la plume de Marguerite de Navarre (l'*Heptaméron*, 1550).

■ Ce sont surtout les récits de **Rabelais** qui révolutionnent l'écriture romanesque : l'auteur de *Pantagruel* (1532) et de *Gargantua* (1534) contribue à l'invention du roman moderne, entre fantaisie de la fiction et réalisme de la satire.

B Le XVIIe siècle : l'invention du roman moderne

a. Le roman au XVIIe siècle

■ **Le roman héroïque.** L'âge baroque est marqué par l'immense succès des **romans précieux** et **héroïques** qui, comme *L'Astrée* (1607-1628) d'Honoré d'Urfé, mêlent le récit d'aventures, le roman sentimental et la **pastorale** ou qui, comme *Artamène ou le Grand Cyrus* (1649-1653) de Madeleine de Scudéry, représentent figures et valeurs de l'aristocratie. Les intrigues romanesques sont complexes et assez invraisemblables.

La pastorale désigne une œuvre littéraire qui représente les amours contrariées de bergers, dans un décor champêtre de convention.

■ **La critique de la veine héroïque.** En réaction au roman héroïque se développent les modèles du **roman comique** et du **roman picaresque** : ces antiromans critiquent l'invraisemblance de l'héroïsation romanesque. Le premier, comme *Le Roman comique* de Scarron (1651-1657), se fonde sur une esthétique burlesque qui met à mal les valeurs héroïques. Le second, d'origine espagnole, narre les aventures du *picaro*, antihéros soumis aux vicissitudes d'une existence peu reluisante : des romans comme *La Vie de Lazarillo de Tormes et de ses fortunes et adversités* (publiée par un anonyme espagnol en 1554) ou *La Vie de Guzmán de Alfarache* de Mateo Alemán (1599-1604) connaissent un vif succès auprès du public français du XVIIe siècle.

On qualifie d'antiroman un récit qui dénonce les invraisemblances des romans traditionnels, ou qui exhibe les procédés romanesques pour faire entrer le lecteur dans les coulisses du genre.

■ **La naissance du roman d'analyse.** La fin du siècle voit apparaître un nouveau genre romanesque, qui concilie expression des **valeurs aristocratiques** et recherche de la **vraisemblance** : le roman d'analyse, avec *La Princesse de Clèves* de Madame de Lafayette (1678), vise à une représentation réaliste des sentiments et du cœur humain.

b. Le personnage au XVIIe siècle

■ **Héros et antihéros.** Les romans de chevalerie et les romans précieux du XVIIe siècle idéalisent leurs personnages en les dotant d'une **perfection morale** et **physique**. Ils représentent des modèles de comportement et incarnent les valeurs de la société aristocratique.
En réaction à cette idéalisation apparaît un nouveau type de personnage : l'**antihéros** est bien un héros du point de vue narratif, puisqu'il est le personnage central du récit, mais pas du point de vue moral, puisqu'il n'y a rien d'héroïque dans sa démarche et ses actions ; au contraire, il semble très banal, parfois ridicule, et il est souvent le perdant. C'est le cas du **Don Quichotte** de **Cervantès** – qui se prend pour un héros à force de lire des romans – ou des personnages burlesques des romans comiques du XVIIe siècle. Le ridicule **Ragotin** du ***Roman comique*** de **Scarron** est ainsi le négatif du Destin et de L'Étoile, les deux jeunes premiers amoureux, qui ont quant à eux tous les traits héroïques du personnage traditionnel.

■ **La psychologie romanesque.** L'œuvre de Madeleine de Scudéry, qui avait pour ambition déclarée de faire « **l'anatomie d'un cœur amoureux** », se distingue du reste de la production galante par l'importance qu'elle accorde à l'examen des sentiments.
Cette recherche d'une vraisemblance psychologique culmine dans le **roman d'analyse**. *La Princesse de Clèves* de Madame de Lafayette comme les *Lettres portugaises* de Guilleragues (1669), premier chef-d'œuvre du roman épistolaire en France, tentent en effet de traduire avec la plus grande exactitude les incertitudes du cœur et les désordres de l'amour. Avec le roman d'analyse, le personnage romanesque gagne une **intériorité**.

C Le XVIIIe siècle : l'essor du roman

a. Le roman au XVIIIe siècle

■ **Le triomphe du roman ?** Certains genres romanesques du siècle précédent perdurent : le modèle du roman picaresque se mue progressivement en **roman d'apprentissage**, par exemple chez Lesage (*Histoire de Gil Blas de Santillane*, 1715-1735) qui est le premier à adapter le modèle picaresque en France. Le **roman d'analyse** livre certaines de ses œuvres les plus abouties, comme chez Prévost, Rousseau ou Laclos.
Le siècle des Lumières voit aussi apparaître de nouveaux types de récit, tels que le **conte** au succès grandissant (*Les Mille et Une Nuits* sont traduites en français pour la première fois par Galland en 1704). Quant aux **romans philosophiques**, tels que les *Lettres persanes* de Montesquieu (1721), ils permettent aux philosophes des Lumières de transmettre leurs idées par l'intermédiaire de la fiction.

■ **Le refus du romanesque.** Mais **on se méfie toujours de l'imagination** : Voltaire appelle lui-même son conte philosophique *Candide* une « coïonnerie »...
Pour gagner en vraisemblance et faire taire les critiques, les romanciers investissent les formes du **roman-mémoires**, comme Marivaux avec *La Vie de Marianne* (1731-1741) et l'abbé Prévost avec *Manon Lescaut* (1731), et du **roman épistolaire**, comme Rousseau dans *Julie ou la Nouvelle Héloïse* (1761) ou Laclos dans *Les Liaisons dangereuses* (1782).
Cette méfiance envers la fiction romanesque explique en partie le **succès d'antiromans** comme *Jacques le Fataliste et son maître* de Diderot (1796), qui dénonce les invraisemblances et les conventions artificielles du genre.

■ La seconde moitié du siècle voit naître **le roman sentimental**, marqué par le développement de la sensibilité : c'est le cas de *Paul et Virginie*, de Bernardin de Saint-Pierre (1788).

■ La promotion du sentiment au détriment de la raison explique, à la fin du siècle, l'apparition et le succès du **roman fantastique**. Sur le modèle des romans gothiques anglais, des romanciers tels que Cazotte (avec *Le Diable amoureux*, en 1772) imaginent des histoires inquiétantes qui marquent la perte d'influence des Lumières et la transition vers l'âge romantique.

b. Le personnage au XVIIIe siècle

■ Comme au siècle précédent, héros et antihéros coexistent dans le roman des Lumières. Mais les enjeux se déplacent peu à peu sur la **question de la vraisemblance**, pour opposer les personnages de pure fiction (que l'on trouve par exemple dans les contes ou les utopies) aux personnages réalistes, qui représentent la société de leur temps.

■ Dans les récits à dimension argumentative, le personnage est le **porte-parole du romancier**, chargé d'incarner ses idées. Ainsi, Voltaire prête ses propres thèses aux personnages éponymes de ses contes, comme Candide, Zadig ou Micromégas.

L'adjectif *éponyme* signifie « qui donne son nom à quelqu'un ou quelque chose », en particulier à une œuvre.

D Le XIXe siècle : l'âge d'or du roman

a. Le roman au XIXe siècle

■ **Le goût de la fiction.** Le roman populaire retrouve le goût du romanesque, voire de l'invraisemblance ; ainsi, les **romans d'aventures**, comme *Vingt mille lieues sous les mers* de Jules Verne (1870), et les **romans-feuilletons**, comme *Les Mystères de Paris* d'Eugène Sue (1842-1843), multiplient les rebondissements et ne refusent pas un certain degré d'irréalisme. Le **roman**

historique, *Quatrevingt-treize* (1874) de Hugo ou *Les Trois Mousquetaires* (1844) de Dumas, mélange quant à lui vérité historique et fiction romanesque.

■ **Le culte de la réalité.** Dans la seconde moitié du siècle, le **roman de mœurs** constitue le moyen de représenter la réalité au plus près : les **romans réalistes** (ceux de Balzac, de Stendhal, de Flaubert) ou **naturalistes** (ceux de Zola, des frères Goncourt, de Maupassant) racontent les destins individuels de personnages ordinaires, dans un cadre quotidien et bourgeois.

b. Le personnage au XIXe siècle

■ Le personnage, dans le roman réaliste et naturaliste, acquiert un statut et une identité de plus en plus complexes. Doté d'un état civil complet, d'un caractère et d'une histoire propres, d'une apparence singulière, le personnage devient un **individu à part entière**.

■ Mais il est aussi conçu en étroite relation avec son milieu social : le personnage devient un **type** lorsque, sous la plume de romanciers tels que Balzac ou Zola, il est **représentatif d'une catégorie sociale**, dont il présente toutes les caractéristiques les plus signifiantes.

■ L'**antihéros** des siècles passés n'a pas disparu : il prend cependant une autre dimension avec le romantisme. Le héros rencontre l'échec, il est même gagné par l'impuissance, comme en témoigne exemplairement la figure de Frédéric Moreau dans *L'Éducation sentimentale* de Flaubert (1869). L'anti-héros n'est plus, comme aux XVIIe et XVIIIe siècles, un strict négatif du héros : il est surtout un moyen de dire les crises du monde contemporain.

> **Avec *L'Éducation sentimentale*, Flaubert ambitionnait d'écrire un « livre sur rien », racontant une vie banale, marquée par l'échec et l'ennui : il espérait ainsi se rapprocher de la réalité de l'existence.**

E Le XXe siècle : le roman en crise ?

a. Le roman au XXe siècle

■ **Le renouvellement du roman populaire.** Le roman populaire connaît encore, comme au siècle précédent, un grand succès : le **roman de science-fiction**, le **roman policier** et le **roman noir** (sorte de double américain et pessimiste du roman policier) témoignent de cette vitalité du roman populaire.

■ **Du roman au récit.** Cependant, l'hégémonie du roman traditionnel se voit contestée de plus en plus vivement, au point qu'on délaisse le « roman » pour de plus neutres « récits », qui suivent les **péripéties banales** d'une vie a priori sans intérêt. Cette remise en cause du romanesque trouve un exemple dans *L'Étranger* de Camus (1942), mais surtout dans les récits du nouveau roman, comme *Tropismes* de Sarraute (1939) ou *Les Gommes* de Robbe-Grillet (1953).

b. Le personnage au XXe siècle

■ Le XXe siècle poursuit la **lente érosion de l'héroïsme**, en mettant ses personnages aux prises avec le monde et ses atrocités. Le *Voyage au bout de la nuit* de Céline (1932) est le récit d'une longue descente aux enfers du héros ; *L'Étranger* de Camus raconte l'absurdité de l'existence humaine, dans laquelle aucun héroïsme n'est possible.

■ Le personnage devient un simple point de vue sur le monde, une **conscience éclatée** qui n'est pas toujours cohérente. Le nouveau roman amplifie cette déconstruction du personnage : il refuse de lui donner un état civil, de le caractériser. Il n'est plus que le foyer de la perception et du discours, un être de sensations et de langage.

■ Le **roman traditionnel** poursuit, quant à lui, l'héritage du XIXe siècle en produisant des personnages individualisés par des caractéristiques morales et physiques singulières.

COMMENTAIRE

Le personnage romanesque en question

DOCUMENT 1 *Le Père Goriot* (Honoré de Balzac)

Monsieur Poiret était une espèce de mécanique. En l'apercevant s'étendre comme une ombre grise le long d'une allée au Jardin des Plantes, la tête couverte d'une vieille casquette flasque, tenant à peine sa canne à pomme d'ivoire jauni dans sa main, laissant flotter les pans flétris de sa redingote qui cachait mal une culotte presque vide, et des jambes en bas bleus qui flageolaient comme celles d'un homme ivre, montrant son gilet blanc sale et son jabot de grosse mousseline recroquevillée qui s'unissait imparfaitement à sa cravate cordée autour de son cou de dindon, bien des gens se demandaient si cette ombre chinoise appartenait à la race audacieuse des fils de Japhet[1] qui papillonnent sur le boulevard Italien[2]. Quel travail avait pu le ratatiner ainsi ? Quelle passion avait bistré sa face bulbeuse, qui, dessinée en caricature, aurait paru hors du vrai ? Ce qu'il avait été ? mais peut-être avait-il été employé au Ministère de la Justice, dans le bureau où les exécuteurs des hautes-œuvres[3] envoient leurs mémoires de frais, le compte des fournitures de voiles noirs pour les parricides[4], de son pour les paniers, de ficelle pour les couteaux. Peut-être avait-il été receveur à la porte d'un abattoir, ou sous-inspecteur de salubrité.

Honoré de Balzac, *Le Père Goriot* (1834).

1. *Fils de Japhet* : la périphrase désigne le genre humain. **2.** *Boulevard Italien* : le boulevard des Italiens, où se promenaient à l'époque les jeunes élégants. **3.** *Les exécuteurs des hautes œuvres* : les bourreaux. **4.** *Les parricides* : assassins de leur père ou leur mère, ils portaient un voile noir sur la tête lors de leur exécution.

DOCUMENT 2 *L'Éducation sentimentale* (Gustave Flaubert)

Les lignes qui suivent constituent l'incipit de L'Éducation sentimentale*, célèbre roman de Flaubert.*

Le 15 septembre 1840, vers six heures du matin, *la Ville-de-Montereau*, près de partir, fumait à gros tourbillons devant le quai Saint-Bernard.

Des gens arrivaient hors d'haleine ; des barriques, des câbles, des corbeilles de linge gênaient la circulation ; les matelots ne répondaient à personne ; on se heurtait ; les colis montaient entre les deux tambours, et le tapage s'absorbait dans le bruissement de la vapeur, qui, s'échappant par des plaques de tôle, enveloppait tout d'une nuée blanchâtre, tandis que la cloche, à l'avant, tintait sans discontinuer.

Enfin le navire partit ; et les deux berges, peuplées de magasins, de chantiers et d'usines, filèrent comme deux larges rubans que l'on déroule.

Un jeune homme de dix-huit ans, à longs cheveux et qui tenait un album sous son bras, restait auprès du gouvernail, immobile. À travers le brouillard, il contemplait des clochers, des édifices dont il ne savait pas les noms ; puis il embrassa, dans un dernier coup d'œil, l'île Saint-Louis, la Cité, Notre-Dame ; et bientôt, Paris disparaissant, il poussa un grand soupir.

M. Frédéric Moreau, nouvellement reçu bachelier, s'en retournait à Nogent-sur-Seine, où il devait languir pendant deux mois, avant d'aller *faire son droit*. Sa mère, avec la somme indispensable, l'avait envoyé au Havre voir un oncle, dont elle espérait, pour lui, l'héritage ; il en était revenu la veille seulement ; et il se dédommageait de ne pouvoir séjourner dans la capitale, en regagnant sa province par la route la plus longue.

Gustave Flaubert, *L'Éducation sentimentale* (1869).

DOCUMENT 3 *L'Ère du soupçon* (Nathalie Sarraute)

[...] les personnages, tels que les concevait le vieux roman (et tout le vieil appareil qui servait à les mettre en valeur), ne parviennent plus à contenir la réalité psychologique actuelle. Au lieu, comme autrefois, de la révéler, ils l'escamotent.

Aussi, par une évolution analogue à celle de la peinture – bien qu'infiniment plus timide et plus lente, coupée de longs arrêts et de reculs – l'élément psychologique, comme l'élément pictural, se libère insensiblement de l'objet avec lequel il faisait corps. Il tend à se suffire à lui-même et à se passer le plus possible de support. C'est sur lui que tout l'effort de recherche du romancier se concentre, et sur lui que doit porter tout l'effort d'attention du lecteur.

Il faut donc empêcher le lecteur de courir deux lièvres à la fois, et puisque ce que les personnages gagnent en vitalité facile et en vraisemblance, les états psychologiques auxquels ils servent de support le perdent en vérité profonde, il faut éviter qu'il disperse son attention et la laisse accaparer par les personnages, et, pour cela, le priver le plus possible de tous les indices dont, malgré lui, par un penchant naturel, il s'empare pour fabriquer des trompe-l'œil.

Voilà pourquoi le personnage n'est plus aujourd'hui que l'ombre de lui-même. C'est à contrecœur que le romancier lui accorde tout ce qui peut le rendre trop facilement repérable : aspect physique, gestes, actions, sensations, sentiments courants, depuis longtemps étudiés et connus, qui contribuent à lui donner à si bon compte l'apparence de la vie et offrent une prise si commode au lecteur. Même le nom, dont il lui faut, de toute nécessité, l'affubler, est pour le romancier une gêne.

Nathalie Sarraute, *L'Ère du soupçon* (1956), © Gallimard.

DOCUMENT 4 *Tropismes* (Nathalie Sarraute)

Tropismes *est composé de courts textes indépendants qui évoquent des personnages pris sur le vif dans des scènes de la vie quotidienne.*

Dans l'après-midi elles sortaient ensemble, menaient la vie des femmes. Ah ! cette vie était extraordinaire ! Elles allaient dans des « thés[1] », elles mangeaient des gâteaux qu'elles choisissaient délicatement, d'un petit air gourmand : éclairs au chocolat, babas et tartes.

Tout autour c'était une volière pépiante, chaude et gaîment éclairée et ornée. Elles restaient là, assises, serrées autour de leurs petites tables et parlaient.

Il y avait autour d'elles un courant d'excitation, d'animation, une légère inquiétude pleine de joie, le souvenir d'un choix difficile, dont on doutait encore un peu (se combinerait-il avec l'ensemble bleu et gris ? mais si pourtant, il serait admirable), la perspective de cette métamorphose, de ce rehaussement subit de leur personnalité, de cet éclat.

Elles, elles, elles, elles, toujours elles, voraces, pépiantes et délicates.

Leurs visages étaient comme raidis par une sorte de tension intérieure, leurs yeux indifférents glissaient sur l'aspect, sur le masque des choses, le soupesaient un seul instant (était-ce joli ou laid ?), puis le laissaient retomber. Et les fards leur donnaient un éclat dur, une fraîcheur sans vie.

Elles allaient dans des thés. Elles restaient là, assises pendant des heures, pendant que des après-midi entières s'écoulaient.

Nathalie Sarraute, *Tropismes* (1957), © Éd. de Minuit.

1. *Des « thés »* : des salons de thé.

FRANÇAIS

QUESTION

Comment ces trois portraits de personnages (documents 1 à 3) parviennent-ils à donner au lecteur l'illusion de la réalité ?

COMMENTAIRE

Faites le commentaire de l'extrait de *Tropismes* de Nathalie Sarraute (document 4).

CORRIGÉ

QUESTION

Faites attention à la date à laquelle les textes ont été écrits : si Balzac et Flaubert s'inscrivent dans une approche réaliste, Sarraute appartient au mouvement du nouveau roman, qui critique les conceptions traditionnelles du personnage.

Balzac, Flaubert et Sarraute ne procèdent pas de la même manière pour donner vie à leurs personnages et entretenir l'illusion de réalité.

Les deux premiers, tenants de l'esthétique réaliste, tentent de produire des **effets de réel** en dotant leur personnage de détails vraisemblables. Ils ont un nom (monsieur Poiret dans un cas, Frédéric Moreau dans l'autre), une condition sociale (« employé », « receveur » ou « sous-inspecteur » pour le premier, « bachelier » et futur étudiant pour le second), une apparence physique. Des précisions apparemment anodines leur attribuent des accessoires singuliers : Poiret a sa « vieille casquette flasque » et sa « canne à pomme d'ivoire jauni », Frédéric ses « longs cheveux » et « un album sous son bras ». Cependant, Balzac choisit de faire le portrait de Poiret sous la **forme d'une pause** : il interrompt le fil de la narration pour faire une description plus précise de son personnage. À l'inverse, Flaubert préfère le **portrait en action** : il introduit son personnage dès l'incipit de son roman, sous la forme d'une première ébauche plus suggestive que précise. Surtout, Balzac élève Poiret au rang de **type** pour en faire le symbole d'une catégorie sociale, alors que Flaubert traite Frédéric comme un **individu singulier**.

Sarraute rejette les procédés du roman réaliste : les « femmes » qu'elle évoque dans ce passage ne sont **jamais individualisées** par des noms. Si ces personnages ont malgré tout une forme de réalité aux yeux du lecteur, c'est parce que leurs **pensées**, leurs **attitudes** et leur **vision du monde** sont retranscrites avec beaucoup de **vraisemblance**. Le lecteur a presque l'impression de connaître ces personnages ou d'avoir déjà croisé leurs semblables, même s'il ne sait (presque) rien d'eux.

Il y a donc **différentes voies pour donner aux personnages de roman l'apparence de la vie réelle**. Balzac multiplie les détails et utilise les ressources du type, Flaubert ébauche un portrait singulier au fil de l'action, et Sarraute tente de renouveler la psychologie romanesque en représentant l'intériorité des personnages.

COMMENTAIRE

Voici un exemple de plan que vous pourriez développer à l'écrit pour rédiger votre commentaire.

> Le titre de l'œuvre est intéressant : un « tropisme » désigne, sous la plume de Nathalie Sarraute, une force inconsciente qui pousse un individu à agir, un comportement réflexe. Les personnages représentés semblent reproduire des comportements stéréotypés.

I. Un portrait de femmes

A. L'indétermination

■ On n'a aucune information sur les personnages, si ce n'est qu'elles appartiennent à la bourgeoisie (mode de vie oisif, habitude des salons de thé).

■ Elles constituent un groupe homogène, sans individualité, sans personnalités distinctes, un groupe fermé sur lui-même (voir la répétition de « autour »).

B. Le monde des « thés »

Le monde des salons de thé est lui aussi refermé sur lui-même. C'est un lieu qui est défini par sa lumière (« gaîment éclairée », « éclat »), symbole de son luxe délicat, et caractérisé par son animation et par la joie qui s'y diffuse.

C. La métamorphose des femmes

■ L'animalisation du groupe intervient dès la mention d'une « volière pépiante », reprise quelques lignes plus loin (on retrouve l'adjectif au pluriel, juxtaposé à l'adjectif « voraces »). Elles sont comparées à des oiseaux picorant.

■ Jeu de mots l. 10 : la répétition du pronom personnel féminin de la troisième personne du pluriel fait entendre, par ses sonorités, les *ailes* des oiseaux.

■ Le fondement de la comparaison est la gourmandise ; « délicate » et presque animale, elle est la source de leur joie (voir dans le rythme ternaire, « éclairs au chocol**a**t, b**a**b**a**s et t**a**rtes », l'assonance du son vocalique [a], écho de l'interjection « Ah ! », l. 1, et connotant le plaisir).

II. La critique du narrateur

A. Superficialité et vanité

■ « Leurs yeux indifférents glissaient sur le masque des choses, le soupesaient un seul instant (était-ce joli ou laid ?) » : le verbe « glisser » témoigne d'un regard superficiel. Ces femmes jugent des choses à partir de deux catégories seulement, le « joli » et le « laid ».

■ Le « choix difficile » consiste dans le choix d'une tenue vestimentaire (« l'ensemble bleu et gris »), pompeusement qualifié de « rehaussement subit de leur personnalité ».

B. L'ironie

■ L'expression grandiloquente de la première phrase, « men[er] la vie des femmes » est d'emblée ironique.

■ L'ironie se poursuit dans la deuxième phrase, qui affirme que « cette vie [est] extraordinaire » ; c'est l'avis de ces femmes, que dément catégoriquement la fin du texte où leur visage a « une fraîcheur sans vie » (l. 13). La dernière phrase précise qu'elles passent « des heures », « des après-midi entières » dans ces salons de thé : leur vie n'a donc rien d'« extraordinaire ».

C. La fuite du temps

Nathalie Sarraute reprend la tradition artistique des vanités picturales. On retrouve, dans ce texte, les deux sens du mot : la vanité de ces femmes est évidente, puisqu'elle trouve son origine dans leur superficialité. De plus, cette superficialité est critiquée par le rappel thématique de la fuite du temps, à la fin du texte. Tout est vain car tout doit disparaître.

FRANÇAIS

III. La contamination du texte

A. Une menace indistincte

■ La légèreté joyeuse du début laisse place à la conscience imprécise d'un danger, d'une gravité sans objet explicite. La gaieté se teinte d'une « légère inquiétude » qui vient la contredire (oxymore).

■ La menace s'accentue dans l'avant-dernier paragraphe. Une « sorte de tension intérieure » vient « raid[ir] » leurs visages (nouvelle série d'oxymores, disposés en doublet binaire, de l'« éclat dur » et de la « fraîcheur sans vie »).

B. La répétition

■ On remarque l'importance de la répétition dans tout l'extrait.

■ La vie de ces femmes est elle-même répétitive (imparfait itératif) ; par imitation, l'auteur fonde donc son écriture sur la répétition.

C. Qui parle ? Les voix mêlées

Le narrateur distingue typographiquement les autres voix de la sienne propre. Les paroles rapportées au style indirect libre sont isolées par les parenthèses, comme le discours direct par les guillemets. Pourtant, dans le dernier paragraphe, lorsque le narrateur reprend la phrase de la l. 2, les guillemets ont disparu autour du mot « thés » : la voix du narrateur est contaminée par celle des femmes.

3 Le texte théâtral et sa représentation

www.annabac.com

ÉTYMOLOGIQUEMENT, le mot *théâtre* renvoie à l'action de regarder : dès son origine, il est conçu comme un spectacle qui requiert des acteurs et un public. Le théâtre ne saurait donc se réduire à un texte écrit et figé dans un livre : la représentation théâtrale incarne ce texte en le faisant vivre dans un espace concret et réel, la scène. De même, la forme de cet espace scénique, qui évolue avec le temps, conditionne la représentation, et donc le sens même de la pièce.

1 Du texte à la représentation

A Le langage dramatique

Le langage dramatique comprend le texte effectivement prononcé ainsi que les indications silencieuses de mise en scène portées en italique dans le texte.

a. Le texte de théâtre

Les particularités énonciatives de la parole théâtrale

Le **discours direct** caractérise en premier lieu le texte de théâtre, proche de l'oral.

Par ailleurs, le personnage et l'auteur dramatique sont simultanément énonciateurs et s'adressent aux protagonistes comme aux spectateurs. Cette **double énonciation** permet de jouer sur le degré de connaissance des différents destinataires. C'est le cas du quiproquo, méprise entre les personnages, dont le spectateur n'est pas dupe.

Enfin, les formes du dialogue théâtral reposent sur des conventions acceptées du spectateur qui feint de croire à l'illusion représentée. C'est ce qu'on appelle l'**illusion théâtrale**.

Les formes de la parole théâtrale

- La **réplique** permet de caractériser les relations entre les personnages. Brève, elle prend le nom de **répartie** ; morale et philosophique, on l'appelle **sentence**.
- La **tirade**, lyrique, épique ou polémique, se singularise par sa longueur et affiche souvent une dimension argumentative.
- La **stichomythie** institue un dialogue où les personnages se répondent vers par vers et met en valeur débats d'idées et conflits affectifs.
- Le **récit théâtral** rapporte ce que la scène, par bienséance ou faute de moyens, ne peut représenter (sang, mort, bataille...).
- Le **monologue** – dialogue fictif – met en scène un personnage délibérant avec lui-même ou un absent. Cas particulier du monologue, le **soliloque** est un discours où, dans l'impossibilité d'échanger, le personnage s'entretient avec sa conscience.

• Les **stances** traduisent poétiquement le débat intérieur d'un personnage.
• L'**aparté** – constitué de propos brefs que le personnage tient pour lui-même à l'insu des autres – peut prendre la forme d'une adresse explicite au public.

■ **Les didascalies**
Les **didascalies** sont des informations muettes communiquant aux lecteurs les intentions de mise en scène et précisant la situation d'énonciation du dialogue.
Les **didascalies internes** se déduisent du dialogue lui-même. Dans *Tartuffe* de Molière, le personnage éponyme s'adresse à Elmire :

> « Vous toussez fort, Madame,
> Vous plaît-il un morceau de réglisse ? »
>
> Le lecteur en déduit que le personnage féminin est pris d'une quinte de toux et que son interlocuteur lui tend un prétendu remède.

Pléthoriques dans le théâtre contemporain, les didascalies se substituent parfois au texte dit.

b. L'action dramatique

■ **Le schéma actantiel.** Éléments animés ou non, les **actants** influencent le cours de l'action. Ces forces agissantes, personnage ou valeur morale, assurent la progression de l'action.
On distingue six types d'actants : motivé par un **destinateur** (idée, force individuelle, sociale), le **sujet** en quête d'un **objet** (être ou valeur) rencontre des **adjuvants** qui l'aident à accomplir sa mission ainsi que des **opposants** qui se mettent en travers de sa route, en vue de satisfaire un **destinataire** ou bénéficiaire de l'action.

■ **Le personnage de théâtre.** Être fictif, création d'un auteur, il s'incarne dans un comédien bien réel. Il est doté d'un nom et de traits distinctifs qui fondent son identité propre. Défini par **sa situation**, il possède un rôle plus ou moins traditionnel et codé. Ainsi, du théâtre antique au théâtre moderne, on observe la permanence de certains types comme le maître, le valet, de certains caractères tels le rusé, l'ingénue...
Il se caractérise par **sa parole** au sens où son discours permet de tracer les contours de sa personnalité et de sa psychologie, de le rattacher à une classe sociale ou un groupe de référence.

Dans le théâtre contemporain, où l'illusion réaliste est délaissée, la notion de personnage se trouve parfois contestée : celui-ci apparaît sans consistance réelle, anonyme, défini par son seul discours.

■ **La structure classique**. En cours à partir de 1640, elle repose sur différents codes et règles.
• La **règle des trois unités** : l'action, unique ou éventuellement soutenue par des actions secondaires qui lui restent subordonnées, doit se dérouler dans un seul lieu et ne pas excéder vingt-quatre heures.
• Les **règles de bienséance et de vraisemblance** excluent la représentation de la mort et du sang et imposent le critère de crédibilité de l'action jouée.
• La pièce est traditionnellement découpée en **actes**, interrompus par des entractes et divisés en **scènes** que rythment les entrées et les sorties des personnages.
• Trois temps forts s'enchaînent traditionnellement. L'**exposition**, qui n'excède généralement pas le premier acte, permet de présenter l'action et ses protagonistes. Le **nœud** constitue un moment de crise, où le conflit initial, nourri de péripéties, a pris sa pleine mesure. Enfin, le **dénouement**, qui intervient au dernier acte, a charge de liquider le conflit.

■ **La dramaturgie moderne.** Se détournant des règles classiques, elle fait de la difficulté de communication le thème et l'enjeu de ses pièces. Le langage des corps se substitue à la parole, qui apparaît vaine. L'action se réduit à l'expression, soutenue par la mise en scène.
Le décor, les objets, l'inscription physique des comédiens dans l'espace prennent une place décisive en raison même de la mise en question de la parole et du sens qu'elle véhicule.

B La mise en scène

Pour exister, l'œuvre théâtrale nécessite un certain nombre d'intervenants : si le texte n'est écrit que par l'auteur, il est néanmoins créé par de nombreux artistes qui lui permettent de devenir spectacle et représentation.

a. Le metteur en scène

■ **Il dirige la transformation du texte en spectacle** ; si cette fonction n'a pas toujours existé, elle est aujourd'hui si essentielle que l'on considère parfois le metteur en scène comme le créateur de la pièce, au même titre que l'auteur. On parle, par exemple, du *Tartuffe* d'Ariane Mnouchkine (et non de Molière) ou du *Phèdre* de Patrice Chéreau (et non de Racine), deux célèbres metteurs en scène contemporains.

■ Les **choix** et les **interprétations** du metteur en scène peuvent infléchir le sens de la pièce, voire le changer totalement. Il peut respecter à la lettre les indications du dramaturge ou les négliger, choisir des costumes traditionnels ou créer des tenues plus originales, respecter la logique du texte ou s'en écarter.

ph © Brigitte Enguerand/CDDS

***Tartuffe* de Molière, mise en scène d'Antoine Vitez (Avignon, 1978)**

Dans la mise en scène d'Antoine Vitez, le rôle de Tartuffe est confié à un comédien au physique avantageux, ce qui met l'accent sur le pouvoir de séduction du personnage, à l'opposé d'une tradition qui en avait fait un homme repoussant, tout vêtu de noir.

■ Il est souvent assisté par un **scénographe**, qui s'occupe plus particulièrement de la mise en espace de la pièce.

■ Le **choix de l'espace scénique** influe, lui aussi, sur la représentation : simples tréteaux, scène traditionnelle, multiplication d'espaces scéniques aménagés parfois au milieu des spectateurs, décors d'époque ou épure...

b. L'interprétation des comédiens

Choisis par le metteur en scène, les comédiens sont chargés d'**incarner les personnages**, de leur prêter un ton, une gestuelle, des mouvements, une attitude et une démarche générales. L'interprétation des comédiens est, là encore, essentielle dans la perception du sens de la pièce par le spectateur. Suivant le ton que l'acteur adopte, le public perçoit l'ironie d'une réplique ou en reste au premier degré.

c. Les métiers de la représentation

Le **décorateur**, le **costumier** et les **éclairagistes** s'occupent de l'apparence visuelle de la pièce. L'**ingénieur du son** et le **créateur de la musique originale** se chargent de son apparence sonore. Le **régisseur** coordonne l'ensemble des techniciens. Le **producteur** est en charge de l'ensemble des opérations financières.

C Le texte et les limites de la mise en scène

a. La mise en scène comme interprétation

■ **Le sens de la pièce n'est pas figé** : si le dramaturge écrit les répliques exactes et précises de ses personnages, le metteur en scène peut pourtant, en dirigeant l'interprétation des comédiens, en ajoutant ou en coupant certaines répliques, en influençant le ton sur lequel elles sont prononcées, considérablement infléchir le sens de l'œuvre.

■ **Deux mises en scène d'une même pièce peuvent prendre deux directions divergentes**, chacune insistant sur tel aspect de la pièce. Le metteur en scène dispose donc d'une très grande liberté, limitée par sa seule imagination.

b. Quand l'auteur contrôle la mise en scène

■ L'auteur de la pièce peut tenter de **contrôler l'interprétation** qu'en donnera le metteur en scène : nombre d'écrivains du XXe siècle furent soucieux de ce travail. Samuel Beckett, par exemple, assistait à la plupart des répétitions qui préparaient la création de ses pièces.

■ Certains auteurs ont tenté, à l'intérieur même de leur texte, de disposer des éléments tendant à guider la mise en scène future et à limiter la liberté du metteur en scène : l'**inflation des didascalies et des indications scéniques** dans les pièces de théâtre est concomitante de l'apparition de la fonction de metteur en scène.

c. Le texte, limite de la liberté d'interprétation

■ Le **texte** de théâtre, y compris dans le cas où l'auteur a fait peu de place aux didascalies, constitue une limite naturelle à la liberté d'interprétation du metteur en scène. En effet, on ne peut faire dire n'importe quoi à un texte.

■ La **mise en scène**, sans être une plate explicitation du texte, doit toujours rester à son service et ne pas le faire mentir. En commettant un contresens, le metteur en scène défait l'œuvre écrite par l'auteur.

2 L'histoire du théâtre, du XVIIe siècle à nos jours

A Histoire du genre dramatique

a. Le théâtre de l'Antiquité

■ Au **Ve siècle av. J.-C.**, le théâtre apparaît. Art communautaire, il s'est développé à partir des rites et des célébrations officielles de la cité et s'est nourri des mythes fondateurs.
La **distinction, d'origine sociale**, entre tragédie et comédie s'impose d'emblée dans la république athénienne. L'univers tragique recoupe le monde des héros et des actions éclatantes, l'univers comique celui des conditions humbles et du burlesque.

■ Action dramatique suscitant **crainte et pitié** chez le spectateur, la **tragédie** se trouve magistralement illustrée par Eschyle, Sophocle et Euripide. Aristote théorise ce genre dans sa *Poétique* (IVe siècle av. J.-C.) : imitation d'une action sérieuse et complète, la tragédie doit combiner dans la fable qu'elle propose péripéties, reconnaissance (par exemple, mise au jour d'un lien de parenté entre deux personnages) et catastrophe.
Liée aux fêtes villageoises, la **comédie** mélange des éléments rituels et religieux avec des épisodes grotesques. C'est sous la plume d'Aristophane qu'elle devient une véritable forme littéraire.

Les comédies grecques s'inscrivaient dans le temps de célébration de Dionysos, dieu de la vigne et du vin. Ce contexte donnait licence aux discours les plus subversifs.

■ **De Grèce, le théâtre se transmet à Rome** et à l'ensemble des territoires de l'Empire romain dès le IIIe siècle av. J.-C. Reflet de l'histoire collective des Grecs, miroir de leurs cités-États, la tragédie ne survit guère au déclin de ce modèle politique. La comédie littéraire s'épanouit dans les œuvres de Plaute et de Térence.

b. Du Moyen Âge au XVIIIe siècle : un nouvel essor

■ **Le Moyen Âge : du sacré au dramatique.** Les **scènes tirées de l'Évangile** et mises en scène par le clergé gagnent leur autonomie jusqu'à être jouées sur le parvis des églises. La **farce**, comédie volontiers grossière, connaît un vrai succès : son humour parfois scabreux et son esprit carnavalesque réjouissent un public simple.

■ **Le XVIe siècle : entre renouveau et renaissance.** En 1548, un décret royal interdit la représentation des drames religieux : c'est un coup définitif porté au théâtre religieux. La **tradition comique** se perpétue, entérinant la distinction entre comédie populaire et comédie littéraire fondée sur les modèles antiques, tandis que la redécouverte et les nombreuses traductions de la ***Poétique* d'Aristote** par les humanistes remettent la tragédie au goût du jour. Enfin, puisant ses sujets dans la Bible, la **tragédie renaissante** se fait l'écho des tensions nées des guerres de Religion, comme *Les Juives* (1583) de Robert Garnier.

■ **Le siècle classique : l'âge d'or du théâtre.** Sous le règne de Louis XIII, la scène se trouve dominée par la **pastorale**, qui met en scène les amours idéalisées de bergers, et la **tragi-comédie**, tragédie non régulière, tombant fréquemment dans l'invraisemblable.
L'esthétique classique consacre la **tragédie** et la **comédie** en les ramenant aux règles strictes de la dramaturgie antique (unités de lieu, de temps et d'action, vraisemblance, bienséance). Corneille et Racine donnent au genre tragique ses plus grandes œuvres ; Molière hisse la comédie au rang des grands genres.

FRANÇAIS

■ **Le XVIIIe siècle : un théâtre en transition.** Marivaux et Beaumarchais rénovent la comédie en lui donnant une dimension plus psychologique et sociale. Ils sont les théoriciens et illustrateurs du genre dramatique sérieux.
Le déclin de la tragédie classique et l'essor de la bourgeoisie contribuent à la **naissance du drame**, « tragédie de mœurs privées », où se mêlent réalisme et sentimentalité. C'est le cas, par exemple, des *Fausses Confidences* et du *Mariage de Figaro*.

c. Le XIXe siècle : révolutions théâtrales

Hugo maintient l'unité d'action et l'emploi de l'alexandrin afin de préserver la dynamique de l'action.

■ **La préface de *Cromwell*.** C'est avec ce texte que Victor Hugo fonde, en 1827, l'**esthétique du drame romantique**, qui souligne la dualité fondamentale de l'homme révélée par le christianisme : le théâtre doit mêler **grotesque et sublime** et incarner la tension qui anime ces opposés. Mélangeant les genres, rompant avec les unités de temps et de lieu, en quête de vérité par la recherche de la « couleur locale », le drame romantique se définit comme miroir du réel.

■ Le **théâtre divertissement** s'épanouit à la fin du siècle avec la comédie de boulevard, dont Labiche et Feydeau se font les représentants. À l'opposé, le **symbolisme** propose un théâtre onirique et poétique, comme en témoigne *Pelléas et Mélisande* (1892) de Maeterlinck. L'**avant-garde** verse dans la provocation et renverse les codes dramatiques. Ainsi, *Ubu Roi* (1896) d'Alfred Jarry préfigure la scène du XXe siècle.

d. Le XXe siècle : un théâtre de crise

■ Les **mythes antiques** sont **revisités** par certains dramaturges à la lumière des épisodes marquants du siècle : Cocteau avec *La Machine infernale* (1934), Giraudoux avec *Électre* (1937), Anouilh avec *Antigone* (1944). Influencés par les courants philosophiques du temps, tels que l'**existentialisme** ou l'**absurde**, Sartre et Camus produisent – avec respectivement *Huis clos* (1944) et *Les Justes* (1949) – un théâtre engagé.

■ À partir des années 1950, le **sentiment de l'absurde** gagne les thèmes du théâtre mais aussi ses formes. Entérinant une crise majeure des valeurs issues du rationalisme et de l'humanisme, le nouveau théâtre met en scène le problème de l'incommunicabilité entre les êtres et de la cruauté des rapports humains. Beckett, Tardieu, Sarraute, Ionesco en constituent les figures majeures en France.

B Histoire de la mise en scène

a. Des origines au XVIIIe siècle : le triomphe de la convention

■ Dans la **Grèce antique**, le caractère rituel du théâtre et les conditions de la représentation imposent une mise en scène réglée où l'auteur incarne tous les rôles ; par la suite, cependant, apparaissent des comédiens masqués accompagnés d'un chœur.

Un histrion est un acteur jouant des farces grossières.

■ À **Rome**, le décor se cantonne aux parties latérales de la scène et le jeu des acteurs est caractérisé par l'outrance. La figure du metteur en scène, appelé *dominus gregis* – « chef du troupeau » des histrions –, apparaît progressivement.

■ Convaincus de la nécessité de mettre le texte en action, les auteurs de théâtre du **Moyen Âge** se font meneurs de jeu, en cherchant à superviser la représentation, éclatée en diverses scènes qui ont cours simultanément.

■ La **Renaissance** voit se constituer un corps de comédiens professionnels dirigés par un homme de l'art.

■ Le **XVIIe siècle** mise sur une décoration fastueuse et une machinerie scénique complexe. Le dramaturge collabore comme conseiller à la mise en scène de ses pièces, quand il ne tient pas le rôle-titre et ne dirige pas sa propre troupe.

■ Le **XVIIIe siècle** exige des comédiens et du metteur en scène davantage de fidélité à l'égard du texte écrit par le dramaturge.

b. Le XIXe siècle : révolution de la représentation et naissance de la mise en scène

■ Le drame romantique apporte des **innovations techniques** qui entraînent un renouvellement de la représentation : l'introduction de praticables – accessoires posés sur scène – et le remplacement des chandelles par une rampe à gaz créent des possibilités de jeux inédits.

■ **Musset** se détourne un moment de la mise en scène, après l'échec de la représentation de *La Nuit vénitienne*, et plaide pour les vertus d'un « **théâtre dans un fauteuil** ».

■ En **1830**, le terme « **mise en scène** » est utilisé pour la première fois pour qualifier le travail de Victor Hugo montant *Hernani*. La représentation avait été supervisée par l'écrivain à grand renfort de dessins et de prescriptions de jeu. Hugo avait étroitement associé le régisseur – chargé de l'organisation matérielle de la représentation – et les comédiens de la pièce à son travail de mise en scène.

c. Le XXe siècle : la consécration du metteur en scène

■ **Décor**, **objets** et **corps** envahissent la scène pour conjurer la vanité de la parole. Les mises en scène mettent au jour des créations inédites mais recréent également des pièces déjà inscrites au répertoire en en proposant une lecture actualisée.

■ **Trois metteurs en scène phares. Antonin Artaud** se prononce en faveur d'un « théâtre total » où la représentation emprunte à tous les arts du spectacle et abolit la frontière entre scène et public. **Bertolt Brecht** développe la théorie de la distanciation – théorie qui travaille à la dénonciation de la facticité du spectacle. **Samuel Beckett**, attaché au respect scrupuleux des didascalies, assiste les metteurs en scène dans les créations qu'ils donnent de ses pièces.

FRANÇAIS

C Les métamorphoses de l'espace théâtral

a. L'Antiquité : un espace nettement circonscrit

■ **Chez les Grecs**, les théâtres sont des **hémicycles**, arcs de cercle de 200 à 240 degrés. Les spectateurs s'assoient sur des gradins (le *théatron*) ; ils entourent un petit espace central, l'*orchestra*, où se tient le chœur. Devant, se dresse la scène : le *proskénion*, estrade sur laquelle évoluaient les acteurs, et la *skéné*, d'où sortent les comédiens pour entrer en scène.
Les murs sont peints de manière à suggérer un **décor**. Les **enceintes** peuvent accueillir jusqu'à quatre-vingt mille spectateurs.

■ **Chez les Romains**, l'**usage de la pierre** se systématise et l'**amplitude des gradins**, qui ne forment plus qu'un arc de cercle de 180 degrés, se trouve réduite. L'*orchestra* est recouvert de sièges, réservés aux spectateurs importants. La scène est plus profonde, et la *skéné* a laissé place à une grande façade ornée *(frons scenae)*, qui dissimule les coulisses. Cinq mille spectateurs peuvent suivre ensemble une pièce.

b. Le théâtre médiéval

■ Au Moyen Âge, le théâtre investit des lieux qui ne lui sont pas destinés.

■ Le **drame liturgique** des XIe et XIIe siècles se déroule dans l'église, dans le chœur et au milieu de la nef.

■ Les **miracles** et les **mystères**, du XIVe au début du XVIe siècle, sont joués le plus souvent sur le parvis de l'église, dont la façade sert de décor.

■ Le **théâtre profane** se joue sur des tréteaux, en ville généralement, à l'occasion de grandes foires.

c. Les théâtres de l'âge classique

■ **Le théâtre élisabéthain.** Le théâtre anglais du XVIe siècle se joue dans une **salle circulaire à ciel ouvert** imitant une cour d'auberge, comme le théâtre de Shakespeare, le Globe. Le bâtiment compte en général trois étages, où sont placés les spectateurs assis ; d'autres se tiennent debout, au centre, devant la scène.
Plusieurs niveaux composent la scène. Au-dessus de l'avant-scène se trouve un balcon, où apparaissent parfois des comédiens, comme dans *Roméo et Juliette*.

■ **Le théâtre à la française.** Un **nouveau type de salle** se développe en France. Le public est debout sur le parterre, devant la scène. Au fond de la salle, quelques marches permettent de s'asseoir. Enfin, il y a des galeries latérales à l'étage. On retrouvait cet aménagement dans des **salles rectangulaires**, le plus souvent destinées au jeu de paume.

■ **Le théâtre à l'italienne.** Ce modèle s'impose **dans toute l'Europe**. Les spectateurs sont assis dans les différents étages d'une salle en ellipse. L'assistance du parterre finit par occuper des fauteuils.
Par l'usage d'un **rideau** et d'un **encadrement qui dessine les contours du plateau**, le théâtre à l'italienne distingue très nettement la salle et la scène, la réalité et la fiction.

d. Les scènes du théâtre moderne

■ De nos jours, le théâtre tend à sortir de ses espaces traditionnels, s'éloignant parfois des théâtres à l'italienne pour investir des lieux originaux ou s'installant en plein air.

■ **La scène perd une partie de sa dimension symbolique.** Réduite à un plateau, elle exhibe ses coulisses, se montre comme fictive et irréelle.

DISSERTATION

Le travail du metteur en scène

DOCUMENT 1 *En attendant Godot* (Samuel Beckett)

Route à la campagne, avec arbre.

Soir.

Estragon, assis sur une pierre, essaie d'enlever sa chaussure. Il s'y acharne des deux mains, en ahanant. Il s'arrête, à bout de forces, se repose en haletant, recommence. Même jeu.

Entre Vladimir.

ESTRAGON *(renonçant à nouveau)*. – Rien à faire.
VLADIMIR *(s'approchant à petits pas raides, les jambes écartées)*. – Je commence à le croire. *(Il s'immobilise.)* J'ai longtemps résisté à cette pensée, en me disant, Vladimir, sois raisonnable, tu n'as pas encore tout essayé. Et je reprenais le combat *(Il se recueille, songeant au combat. À Estragon.)* – Alors, te revoilà, toi.
ESTRAGON. – Tu crois ?
VLADIMIR. – Je suis content de te revoir. Je te croyais parti pour toujours.
ESTRAGON. – Moi aussi.
VLADIMIR. – Que faire pour fêter cette réunion ? *(Il réfléchit.)* Lève-toi que je t'embrasse. *(Il tend la main à Estragon.)*
ESTRAGON *(avec irritation)*. – Tout à l'heure, tout à l'heure.

Silence.

VLADIMIR *(froissé, froidement)*. – Peut-on savoir où monsieur a passé la nuit ?
Estragon. – Dans un fossé.
VLADIMIR *(épaté)*. – Un fossé ! Où ça ?
ESTRAGON *(sans geste)*. – Par là.
VLADIMIR. – Et on ne t'a pas battu ?
ESTRAGON. – Si… Pas trop.
VLADIMIR. – Toujours les mêmes ?
ESTRAGON. – Les mêmes ? Je ne sais pas.

Silence.

Samuel Beckett, *En attendant Godot* (1952), acte premier, © Éd. de Minuit.

DOCUMENT 2 « Singularités de Samuel Beckett » (Pierre Chabert)

Pierre Chabert, comédien et metteur en scène, évoque les difficultés que peut rencontrer le metteur en scène d'une pièce de Beckett.

On aborde souvent le problème de l'attitude du metteur en scène face aux pièces de Samuel Beckett en termes de « respect » et de « liberté ».
La position de Samuel Beckett sur la mise en scène est bien connue : le metteur en scène doit se conformer aux indications précises qu'il a pris soin de donner dans ses textes mêmes. Samuel Beckett a souffert toute sa vie, pas simplement de la « trahison » des metteurs en scène, mais plus généralement de leur incompréhension, de leur incapacité, selon lui, à comprendre et à restituer ses œuvres telles qu'elles avaient été conçues […].

FRANÇAIS

Il faut se faire à cette raison : les pièces de Beckett n'ont pas été écrites par un dilettante, par un homme de lettres qui avait de vagues idées sur le théâtre [...]. Ce qui frappe dans ses textes, ce n'est pas tant l'importance des indications que leur précision et les relations étroites qu'elles engagent entre la parole et tout l'aspect concret de la représentation, leur justesse, leur pertinence, leur nécessité. Le metteur en scène se trouve donc confronté à un ensemble d'indications contraignantes, d'autant plus que la démarche de Beckett consiste à réduire, à restreindre volontairement les possibilités scéniques, notamment par l'immobilisation croissante des personnages. Le metteur en scène peut avoir l'impression d'être enfermé dans un carcan, de ne plus avoir lui non plus le droit de bouger et peut choisir alors de tout casser, de tout chambouler, pour affirmer sa « liberté ».
Il faut s'insurger contre cette opinion courante voulant que le metteur en scène n'ait aucune liberté, c'est-à-dire aucune marge d'interprétation et montrer tout le travail créateur qu'il peut et doit réaliser dans le déchiffrement et l'exécution de la partition. Car les indications scéniques, aussi précises soient-elles, nécessitent comme en musique une interprétation.

Pierre Chabert, « Singularités de Samuel Beckett »,
dans *Théâtre aujourd'hui*, n° 3 (1994), © CNDP.

DOCUMENT 3 « Non pas l'Homme, mais cet homme » (Joël Jouanneau)

*Joël Jouanneau revient sur la mise en scène d'*En attendant Godot *qu'il avait proposée au public du théâtre des Amandiers de Nanterre en 1992.*

Quand il s'agit des pièces de Molière, de Marivaux ou de Shakespeare, chacun admet parfaitement que de multiples mises en scène soient possibles. Une œuvre devient « classique » lorsqu'elle s'ouvre à des lectures très différentes, des interprétations « radicales »... voilà ce qui a guidé mon propos lorsque j'ai monté *En attendant Godot*. [...]
Le choix d'un vieux Vladimir et d'un jeune Estragon, considéré comme sacrilège, a constitué le point de départ de mon travail. Habituellement, les personnages sont supposés être de la même génération ; le texte de Beckett ne fournit cependant aucun repère à ce sujet. Je voulais que l'un fût le « grand frère » de l'autre : l'idée que le premier est censé apprendre quelque chose au second est, à mes yeux, inscrite dans le texte. [...]
Dans la mise en scène, j'avais envie d'inscrire cette relation par rapport à l'errance humaine qu'on rencontre aujourd'hui. Vladimir portait un costume d'ouvrier des années cinquante et le jeune Estragon une tenue de maintenant. [...] Par rapport à la question polémique d'une atteinte à l'universalité de la pièce, je tenais beaucoup à ce que les costumes et les décors parlent des jeunes d'aujourd'hui qui sont sans projet, sans travail, et de la violence, cette condamnation à l'attente, qui leur est faite. Philosophiquement, je ne supporte plus l'image imposée des « clowns métaphysiques » portant des petits chapeaux ronds et des costumes historiquement datés des lendemains de la dernière guerre. Les costumes et les corps ne sont pas intemporels, ils sont toujours socialisés et historiques.

Joël Jouanneau, « Non pas l'Homme, mais cet homme... »,
dans *Théâtre aujourd'hui*, n° 3 (1994), © CNDP.

DOCUMENT 4 ***En attendant Godot*** **(mise en scène de J. Jouanneau)**

ph © Marc Enguerand/CDDS

En attendant Godot, mise en scène de Joël Jouanneau (théâtre des Amandiers, 1992). Avec Philippe Demarle dans le rôle d'Estragon [au centre] et David Warrilow dans celui de Vladimir [à droite assis dans le « transformateur électrique »].

QUESTION

À laquelle des trois conceptions de la mise en scène exposées par Pierre Chabert (document 2) vous semble correspondre le travail de Joël Jouanneau (documents 3 et 4) ?

DISSERTATION

Voir une pièce de théâtre dans deux mises en scène différentes, est-ce voir la même pièce deux fois, ou est-ce voir deux pièces différentes ?

Vous répondrez à cette question en un développement composé s'appuyant sur des exemples précis tirés du corpus, des textes étudiés pendant l'année et de vos lectures personnelles.

CORRIGÉ

QUESTION

Dans le document 2, Pierre Chabert propose **trois types de rapport au texte de la part du metteur en scène** : l'un, parfaitement servile, se donne comme une exécution pure et simple de la pièce écrite, sans aucune marge de liberté. Un autre rapport possible consiste, à l'inverse, à « choisir [...] de **tout casser**, de tout chambouler, pour affirmer sa "liberté" ». Enfin, une dernière possibilité apparaît : il y a tout un « **travail créateur** » que le metteur en scène « peut et doit réaliser dans le déchiffrement et l'exécution de la partition. Car les indications scéniques, aussi précises soient-elles, nécessitent comme en musique une interprétation ».

La démarche de Joël Jouanneau correspond à la **deuxième option**, qui se démarque très largement des indications scéniques données par Beckett et va jusqu'à prendre des libertés par rapport au texte de la pièce : il n'y a plus, comme l'indique la didascalie initiale dans le document 1, de « *route à la campagne avec arbre* » mais, de l'aveu même du metteur en scène, « les costumes et les décors parlent des jeunes d'aujourd'hui qui sont sans projet, sans travail,

FRANÇAIS

N'oubliez pas de vous référer à la photographie (document 4) pour caractériser le travail de Joël Jouanneau.

et de la violence, cette condamnation à l'attente, qui leur est faite ». Aussi a-t-il choisi de placer l'action d'*En attendant Godot* dans une friche industrielle, dans laquelle l'arbre est devenu un transformateur électrique.

La liberté que prend Joël Jouanneau s'appuie sur une interprétation du texte ; si la mise en scène qu'il propose fait mentir certaines didascalies, elle n'en dit pas moins une vérité du texte, au même titre que celle proposée par Beckett lui-même.

DISSERTATION

Introduction

La mise en scène est-elle une lecture parmi d'autres ou une création autonome ? Dans un premier temps, on s'attachera à montrer que le spectacle n'est qu'une variante, une illustration du texte de théâtre. On plaidera ensuite que la mise en scène a le pouvoir de renouveler la lecture de la partition théâtrale. Enfin, on établira que le théâtre résulte de la double collaboration de l'auteur et du metteur en scène, auquel se trouve associé le lecteur spectateur.

I. Le primat du texte : deux spectacles, une seule pièce

A. Des personnages caractérisés par leurs paroles

Au théâtre, les paroles se substituent à l'action. Plus encore, les personnages, leur caractère et leur profil psychologique sont entièrement déterminés par leurs paroles. C'est le signe que **le dialogue écrit joue un rôle essentiel** et que, puisque les dialogues et les mots ne changent pas, la pièce ne changera pas non plus.

B. L'intrigue, colonne vertébrale du spectacle

De plus, le spectacle théâtral repose essentiellement sur l'intrigue et son déroulement : le rythme de la pièce – fondé sur les différentes péripéties, les coups de théâtre ainsi que les rebondissements – dépend donc exclusivement du texte. **L'auteur est ainsi le seul créateur du spectacle** car l'intrigue est la même d'une mise en scène à l'autre.

C. Les didascalies ou la prise en compte du spectacle par le texte

Plus encore, **le texte contrôle sa mise en scène** à venir par les didascalies : celles-ci témoignent en effet d'une volonté de diriger en partie la mise en scène. *En attendant Godot*, par exemple, comporte de nombreuses didascalies : la pièce ne varie pas, du moins a priori, d'une mise en scène à une autre.

II. Le primat du spectacle : deux mises en scène, deux pièces

A. Les silences du texte

Cependant, il est rare qu'un texte ait tout prévu de sa propre mise en scène. Même les textes dans lesquels les didascalies sont très développées sont vagues et nécessitent un **travail de création et d'invention** de la part du metteur en scène. C'est le cas, dans *En attendant Godot*, de la « danse du filet » que Lucky est censé exécuter et à propos duquel le texte ne dit rien. Il faut, dans ces passages-là, autre chose – comme une sorte de complément du texte, que seul le metteur en scène peut fournir. Cette marge de liberté permet précisément de différencier les mises en scène et de ne pas voir tout à fait la même pièce d'une mise en scène à une autre.

B. Fonctions de la mise en scène

La mise en scène apporte ainsi des éléments extérieurs au texte, qui permettent de l'enrichir et de le réaliser, pour qu'il se transforme en spectacle véritable. Outre l'auteur, le metteur en scène et les comédiens, il ne faut pas oublier que l'éclairagiste, le costumier, le scénographe, le décorateur... apportent quelque chose au spectacle et construisent sa dimension visuelle, non verbale, que le texte ne pouvait pas entièrement contenir. Là encore, chaque metteur en scène va se distinguer des représentations antérieures de la pièce.

C. Des mises en scène diverses

La diversité des mises en scène d'une même pièce est le signe de cette **importance de la mise en scène**. Ainsi, *En attendant Godot* reçoit des éclairages différents au gré des mises en scène : l'une renvoie à la dimension métaphysique de la pièce, l'autre entre en résonance avec l'actualité sociale.

En 1978, une mise en scène de *Tartuffe* de Molière par Antoine Vitez fait de l'hypocrite un séducteur à qui rien ni personne ne résiste. Loin de cette approche psychologique des rapports entre les personnages, Ariane Mnouchkine fait une lecture politique de la pièce dans sa mise en scène de 1995 et transforme le faux dévot en extrémiste se servant de la religion afin de prendre le pouvoir. On peut se demander s'il s'agit encore de la même pièce ; pourtant ces deux lectures de *Tartuffe* étaient déjà en germe dans le texte.

III. Deux lectures d'une même pièce : le théâtre, art vivant

A. La mise en scène comme interprétation du texte

Ainsi, le genre théâtral semble bien consister en une co-création, dans laquelle se rejoignent auteur et metteur en scène. Cependant, le travail de l'auteur vient toujours avant celui du metteur en scène. Dès lors, le metteur en scène doit respecter le texte qui, même s'il ne suffit pas, reste fondateur. Lorsque le metteur en scène prend des libertés, il le fait toujours au nom du texte : c'est le cas de Jouanneau dans le document 3, pour justifier sa mise en scène d'*En attendant Godot*.

B. L'autorité du dramaturge et du texte

Il arrive que l'auteur veuille contrôler la mise en scène de son propre texte : son autorité est alors celle du texte. Lors des répétitions d'*En attendant Godot*, Beckett dictait les interdits sans dire ce qu'il prescrivait positivement, comme si le texte détenait en lui toutes les informations nécessaires. Le texte d'un auteur décédé conserve une forte autorité : le metteur en scène ne peut faire n'importe quoi, car il risque, comme tout lecteur du texte, de faire un contresens, de jouer et de faire jouer une scène à l'envers, dans un registre déplacé.

C. La mise en scène comme actualisation du texte

On peut considérer que **le texte de théâtre contient virtuellement toutes ses mises en scène**, même en l'absence de didascalies, puisque le metteur en scène ne peut que s'en tenir à la lettre du texte pour en proposer son interprétation aux spectateurs. En ce sens, la mise en scène est toujours avant tout la lecture d'un texte – lecture qui se traduit dans l'espace, s'incarne dans le temps et dans des êtres réels. *Tartuffe* n'est ni le texte de Molière, ni l'une de ses mises en scène, mais le texte accompagné de toutes les mises en scène auxquelles il a pu donner lieu, du drame de la séduction chez Vitez au spectacle polémique de Mnouchkine.

4 Écriture poétique et quête du sens

PENDANT DE LONGS SIÈCLES, la poésie s'est vue confondue avec le vers. Et même en s'affranchissant des règles de la versification au cours du XIXe siècle, elle a continué à investir des formes qui la différencient des autres genres. Il serait cependant réducteur de limiter la poésie à une simple question formelle : elle tient aussi un discours particulier, qui n'a cessé d'évoluer au cours des siècles, sur l'homme et sur le monde.

1 Écriture poétique et quête du sens

A Les règles de la versification

a. Le vers et ses caractéristiques principales

■ **La mesure d'un vers.** Elle dépend du **nombre de syllabes**. Quelques principes peuvent influencer ce décompte :
- le **-*e* muet** (ou **-*e* caduc**) s'élide en fin de vers (même lorsqu'il est suivi d'une marque de pluriel) et avant un mot commençant par une voyelle ou un *h*- muet ;
- la **diérèse** compte pour deux syllabes deux voyelles voisines ; elle se rencontre avec les sons *i*, *u* et *ou* suivis d'une autre voyelle (par exemple dans *li/on*) ;
- la **synérèse** compte pour une seule syllabe deux voyelles voisines (par exemple dans *hier*).

Une fois ces principes appliqués, on peut déterminer les types de vers présents dans le poème. On distingue les vers pairs – parmi lesquels l'**alexandrin** (12 syllabes), le **décasyllabe** (10), l'**octosyllabe** (8) ou plus rarement l'hexasyllabe (6) – et les vers impairs.

■ **L'accentuation du vers.** Les vers simples (inférieurs ou égaux à huit syllabes) et les vers complexes (plus de huit syllabes) comptent tous un **accent fixe** obligatoire sur la dernière syllabe prononcée. Seuls les vers complexes comptent un second accent fixe, sur la quatrième syllabe pour le décasyllabe, sur la sixième syllabe pour l'alexandrin.
C'est cet accent fixe interne qui détermine la place de la **césure**, puisqu'elle se situe immédiatement après lui. Cette césure partage le vers en deux **hémistiches** (c'est-à-dire « demi-vers »), qui peuvent être inégaux (dans le décasyllabe) ou égaux (dans l'alexandrin).

> « Tant que mes ye**ú**x // pourront larmes ép**á**ndr(e) »
>
> Ce décasyllabe de Louise Labé se distribue en 4//6.
>
> « Je suis d'un pas rêve**úr** // le sentier solita**í**r(e) »
>
> Cet alexandrin d'Alphonse de Lamartine se distribue en 6//6.

À l'intérieur d'un vers simple, ou de chaque hémistiche d'un vers complexe, on peut déterminer la place d'un accent mobile que l'on appelle **accent secondaire** (ou **accent flottant**). Sa place indique celle de la **coupe**, puisqu'elle se situe immédiatement après lui.

La place de cet accent secondaire est très variable : il marque en général la dernière syllabe prononcée d'un groupe de mots cohérent et autonome.

« Je suís / d'un pas rêveúr // le sentiér/solitaír(e) »

En tenant compte des accents flottants, l'alexandrin de Lamartine déjà cité se distribue en 2/4//3/3.

L'accent du vers se note généralement comme un accent aigu, au-dessus de la voyelle qui est au centre de la syllabe accentuée. La césure se note par deux traits obliques parallèles, la coupe par un seul trait oblique.

b. Les effets de rythme du vers

■ La fin d'un vers correspond en général à la fin d'une phrase ou d'un groupe syntaxique cohérent. Il arrive cependant qu'un **enjambement** voie un groupe syntaxique important déborder le cadre du vers et se prolonger dans le vers suivant. Ce procédé, qui supprime la pause en fin de vers et donne de l'ampleur à ce dernier, crée des effets rythmiques et sonores puissants.

■ Le **rejet** est une variante de l'enjambement : il consiste à rejeter dans le vers suivant un élément court nécessaire à la construction du vers précédent. Cela crée une rupture du rythme et met en relief le mot rejeté.

■ Le **contre-rejet** est le procédé inverse : un élément verbal court termine un vers mais appartient au vers suivant par la construction et le sens. Là encore, cela crée une rupture du rythme et met en relief le mot rejeté.

« Oh ! c'est triste de voir debout le piédestal
Tout seul ! Et des pensers mélancoliques vont
Et viennent dans mon rêve où le chagrin profond
Évoque un avenir solitaire et fatal. »

Paul Verlaine, « L'amour par terre », *Fêtes galantes* (1869).

Cette strophe présente à la fois un enjambement, un rejet et un contre-rejet.

c. La rime

■ **La qualité des rimes.** Elle dépend du nombre de sons que les mots à la rime ont en commun. La rime est qualifiée de **pauvre** lorsque les deux mots ont un seul son en commun *(**feu** / **peu**)*, **suffisante** lorsqu'ils ont deux sons en commun *(vague**ment** / firma**ment**)* et **riche** lorsqu'ils ont trois sons ou plus en commun *(pénin**sul**[e] / cap**sul**[e])*.

Attention ! Le *-e* caduc, puisqu'il n'est pas vraiment prononcé, ne compte pas pour un son à part entière.

■ **La disposition des rimes.** Les rimes peuvent être : suivies ou plates (aabb) ; croisées (abab) ; embrassées (abba) ; tripartites (aabccb) ; serpentines (aabbccbb).

■ **Les règles de composition.** La **règle de l'alternance** précise qu'il faut faire alterner rime masculine et rime féminine (c'est-à-dire s'achevant sur un *-e* muet, même s'il est suivi d'une marque du pluriel). La **règle de liaison supposée** spécifie que deux mots ne doivent pas rimer entre eux si l'un est terminé par une voyelle *(voilà)* et l'autre par une consonne muette *(là-bas)*, ou même s'ils sont terminés par des consonnes muettes qui ne produiraient pas le même son s'il y avait une liaison (*océan* et *néant*).

d. La strophe

■ La strophe constitue, à l'intérieur du poème, une **unité** sémantique et grammaticale. Elle est isolée par un **blanc typographique** qui manifeste sa cohérence. Du point de vue syntaxique, elle coïncide généralement avec l'unité de la phrase.

■ Sa cohérence est accentuée par la structure des rimes. La strophe se fonde en effet sur un **système de rimes clos**, qui comporte au moins deux rimes, et dont les rimes se répondent sans dépasser les limites de la strophe.

À proprement parler, le distique (deux vers) et le tercet (trois vers) ne sont pas des strophes à part entière, puisqu'ils ne comportent pas au moins deux rimes complètes.

■ À partir du XIXe siècle, la définition de la strophe est contestée : on voit alors apparaître de véritables **enjambements strophiques**, les limites de la phrase ne correspondant plus à celles de la strophe.

■ Le nom que l'on donne aux strophes dépend du nombre de vers qu'elles contiennent : on distingue en particulier le **quatrain** (strophe de quatre vers sur deux rimes) et le **sizain** (strophe de six vers, souvent construite sur trois rimes).

B Les poèmes à forme fixe

a. Les formes médiévales

À la fin du Moyen Âge, un grand nombre de modèles formels coexistent, tous inspirés de la chanson ou de la danse.

L'envoi est une demi-strophe qui correspond à la seconde moitié des autres strophes du poème, par le nombre de vers et la disposition des rimes. Il commence généralement par apostropher le dédicataire du poème.

Il existe ainsi :
- la **ballade**, généralement constituée de trois strophes suivies d'un envoi ;
- le **chant royal**, qui est une forme inspirée de la ballade ;
- le **rondeau**, qui doit son nom à la ronde que l'on dansait lorsqu'on le chantait à l'origine ;
- le **virelai**, qui était lui aussi le nom d'une danse avant de devenir celui d'une forme poétique.

b. Le sonnet

■ Si les poètes du XVIe siècle rejettent les formes fixes médiévales, ils en exploitent de nouvelles, parmi lesquelles le sonnet, certainement la **forme fixe la plus célèbre**. Le succès du sonnet ne s'est pas encore démenti : les poètes contemporains jouent parfois eux aussi avec cette forme.

■ Toujours constitué de **quatorze vers**, le sonnet fut d'abord composé en décasyllabes, puis majoritairement en alexandrins. Il se fonde sur un système strophique toujours identique, **deux quatrains** de rimes embrassées (abba abba) suivis d'**un sizain** dont la disposition des rimes varie (généralement ccdeed ou ccdede).

c. D'autres formes poétiques

Bien d'autres modèles poétiques s'apparentent aux poèmes à forme fixe, même s'ils n'ont pas une structure totalement identique d'une œuvre à l'autre. Ainsi, l'ode, l'élégie, le madrigal, le blason, le pantoum malais... constituent des **modèles formels ou thématiques** que les poètes peuvent investir et dont ils doivent respecter les règles de composition.

C La libération formelle

a. Libération du vers

■ Certains des plus grands poètes romantiques, à commencer par Hugo, ont déjà bousculé la versification traditionnelle ; leurs successeurs ont poursuivi le mouvement en inventant le **vers libéré**, qui s'inspire du vers traditionnel mais ne respecte par les règles de la scansion classique et ne comporte pas de rimes au sens strict.

■ Les **vers libres** marquent une nouvelle étape dans cet affranchissement des règles : ils sont de longueur et de rythme très variables, et ne respectent ni les règles classiques de la versification, ni les rimes traditionnelles. Ils reposent essentiellement sur des jeux sonores, sur un réseau d'assonances et d'allitérations et sur un retour régulier à la ligne.

L'assonance et l'allitération qualifient des effets sonores : la première désigne la répétition d'un même phonème vocalique, la seconde la répétition d'un même phonème consonantique.

■ Le **verset** peut être considéré comme une évolution du vers libre : il désigne un ensemble qui excède le plus souvent les limites du vers, jusqu'à occuper un paragraphe entier. Néanmoins, il relève d'une tradition ancienne : dans les textes sacrés, tels que le Coran et la Bible, le verset désigne les brefs paragraphes qui composent chaque chapitre.

b. Libération du poème

■ Ce mouvement d'affranchissement des règles traditionnelles n'a pas seulement touché le vers : il s'est aussi étendu à l'ensemble du poème, en particulier dans ce que l'on a appelé, à la suite de Baudelaire, des **poèmes en prose**.
Leur véritable inventeur est Aloysius Bertrand : son recueil ***Gaspard de la nuit*** (1842) comporte des poèmes qui se présentent comme de la prose (donc sans vers ni rimes) mais qui témoignent d'un travail sur les sons (assonances et allitérations), les rythmes et les images caractéristique de l'écriture poétique.

■ Il ne faut pas confondre le poème en prose avec la **prose poétique**, née dès l'âge classique (dans les textes de Fénelon puis de Rousseau, par exemple) : bien qu'elle emprunte à la poésie certains de ses procédés caractéristiques (jeux sur les rythmes et les sons), elle apparaît dans des textes narratifs ou argumentatifs en prose, comme le roman ou l'autobiographie.

S
A
LUT
M
O N
D E
DONT
JE SUIS
LA LAN
GUE É
LOQUEN
TE QUESA
BOUCHE
O PARIS
TIRE ET TIRERA
TOU JOURS
AUX A L
LEM ANDS

Guillaume Apollinaire, *Calligrammes* (1925), © Gallimard

C'est Apollinaire qui invente le genre et le nom du calligramme (du grec *kallos*, « beau », et *gramma*, « lettre ») : dans un recueil publié en 1918, il propose des poèmes qui dessinent leur sujet par l'agencement de leurs mots.

D La poésie en quête du sens

a. La poésie lyrique : le poète chante le monde

■ Son nom l'indique clairement : la poésie lyrique était à l'origine la poésie destinée à être accompagnée par la lyre. Si les poèmes lyriques ne sont plus vraiment écrits pour être chantés à partir du XVIe siècle, ils gardent une **dimension proprement musicale**, dont témoigne le soin particulier que les poètes apportent au rythme et aux sonorités de leurs vers.

■ Le poème lyrique est en général écrit à la **première personne** et comporte de nombreuses marques de présence du locuteur. Les poètes romantiques l'ont ainsi caractérisé comme la **voix de la subjectivité**. De plus, il s'adresse souvent à un destinataire explicite (que ce soit l'être aimé, l'ami, le lecteur...), qu'il met en scène et interpelle à la **deuxième personne**. La poésie lyrique repose ainsi sur un véritable **dialogue**, ancré dans la subjectivité des interlocuteurs.

■ Dès le Moyen Âge, le poème lyrique se destine à l'expression des sentiments, particulièrement des sentiments amoureux. Au XIXe siècle, la génération romantique consacre le lyrisme comme le genre destiné à dire les **émotions personnelles** : il privilégie alors des thèmes tels que l'amour, la mort, la conscience du temps qui passe, la nostalgie ou la solitude.
Mais le lyrisme ne parle pas seulement du moi du poète : il sait aussi s'ouvrir au monde. Il ne faut donc pas lire la subjectivité lyrique comme une forme de nombrilisme, mais comme la **singularité d'un regard sur le monde**.

b. La poésie engagée : le poète prend parti dans le monde

■ Dans la poésie engagée, le poète prend position et **met son art au service d'une cause** politique, morale, sociale... Les poètes engagés défendent, dénoncent, révèlent, témoignent dans le but d'éveiller les consciences et de pousser à l'action.

■ Ainsi, au cours de la Seconde Guerre mondiale, les poètes engagés de la génération surréaliste, comme Aragon, Eluard, Char ou Desnos, composent des poèmes pour dénoncer l'occupation allemande et exhorter leurs compatriotes à la résistance.

c. La poésie didactique : le poète explique le monde

■ La poésie didactique se donne pour mission de **délivrer un enseignement**. Certains genres poétiques sont essentiellement didactiques : c'est le cas de la **fable**, qui met les ressources de l'écriture poétique au service d'une **édification morale**.

■ La poésie didactique n'est pas seulement morale : elle peut aussi être **philosophique**, voire **scientifique**.
Enfin, son objet peut être la poésie elle-même, lorsqu'il s'agit d'en définir les règles et principes : c'est le rôle dévolu aux arts poétiques, véritables traités pratiques, manuels de composition en prose ou en vers. Les plus illustres sont peut-être le traité de Boileau (*Art poétique*, 1674) et le poème du même nom de Verlaine, qui commence par ces deux célèbres vers :

> « De la musique avant toute chose,
> Et pour cela préfère l'Impair. »

2 L'histoire de la poésie, du Moyen Âge à nos jours

A Le Moyen Âge : constitution de la poésie comme genre

a. La poésie au Moyen Âge

■ La question des genres est relativement complexe au Moyen Âge : l'**usage systématique du vers**, qui facilite à la fois la mémorisation du texte et son accompagnement musical, confond d'abord le roman, le fabliau ou la chanson. Mais, à partir du XIIe siècle, **la poésie devient un genre autonome**, essentiellement dévolu à l'expression amoureuse de la courtoisie. Parallèlement à ce **modèle lyrique**, des auteurs comme Rutebeuf inaugurent, à partir du XIIIe siècle, une veine plus **réaliste**, voire **satirique**.

■ Le XIVe siècle correspond à l'**âge d'or du lyrisme médiéval** : sous l'impulsion notamment de Guillaume de Machaut, la poésie invente de nouvelles formes telles que le rondeau, la ballade ou le virelai. Au XVe siècle, **Charles d'Orléans** et **François Villon**, dans des voies différentes, enrichissent eux aussi le genre lyrique. Cependant, la poésie évolue peu à peu vers un plus grand formalisme, qui annonce les jeux virtuoses des grands rhétoriqueurs.

b. Fonctions du poète au Moyen Âge

■ La naissance de la poésie en tant que genre est indissociable de ses conditions de réception : faite à l'origine pour être chantée ou récitée dans les châteaux, elle n'aurait pu voir le jour sans un public aristocratique suffisamment riche et cultivé pour la soutenir. Les premiers poètes sont donc **itinérants** : ces **poètes de cour**, chanteurs et déclamateurs, vont de château en château et dépendent de la générosité d'un mécène. À côté de ces « **jongleurs** » itinérants tel Rutebeuf, certains poètes (par exemple, Guillaume de Poitiers) sont de **grands seigneurs** : cette grande variété sociologique peut être constatée tout au long du Moyen Âge.

■ Aux XIIe et XIIIe siècles, les deux figures majeures du poète sont le troubadour et le trouvère. Le **troubadour** apparaît à la toute fin du XIe siècle dans le **sud de la France** : tels Guillaume de Poitiers et Bernard de Ventadour, il écrit en **langue d'oc** et diffuse les codes de la poésie courtoise. Le **trouvère** apparaît au XIIIe siècle dans le **nord de la France** : tel Thibaut de Champagne, il transpose en **langue d'oïl** le lyrisme courtois des troubadours.

■ Aux siècles suivants, la **même diversité sociale** peut être observée : si certains poètes sont de véritables seigneurs (comme le duc Charles d'Orléans, surnommé le *Prince-poète*), d'autres sont des clercs au service d'un seigneur (comme Guillaume de Machaut), voire des voyous (tel François Villon).

B Le XVIe siècle : renaissance de la poésie

a. La poésie au XVIe siècle

■ Le XVIe siècle poétique est né sous l'égide des grands rhétoriqueurs, dont les poèmes s'appuient sur un travail très élaboré de versification. Ils contribuent à enrichir la forme poétique, inventant des rimes complexes, développant l'usage de l'alexandrin et imaginant de nouveaux types de strophes.

■ Leurs successeurs recherchent une poésie plus simple et plus sincère. Ainsi, **Clément Marot** sait être aussi virtuose que les grands rhétoriqueurs, mais il donne à sa poésie des accents personnels et lyriques qui dépassent le simple jeu formel.

■ Ce renouveau poétique est poursuivi par les auteurs de l'**école lyonnaise** qui s'inspirent de la poésie italienne, en particulier de Pétrarque et du sonnet. Ses plus illustres représentants sont **Maurice Scève** et **Louise Labé**, qui donnent de nouveaux accents au lyrisme amoureux.

■ L'école poétique la plus importante de la Renaissance est certainement **la Pléiade**, groupe de poètes formé autour de Pierre de **Ronsard** et Joachim **du Bellay**. Ils veulent enrichir la langue française en la dotant d'œuvres aussi nobles que celles de l'Antiquité ; ils s'inspirent des grands genres antiques, tels que l'ode ou l'hymne.
Ils investissent aussi les nouvelles formes, comme le sonnet, mais s'opposent à la virtuosité parfois gratuite de leurs devanciers. S'ils veulent rajeunir le vocabulaire littéraire et enrichir le vers ou la rime, c'est au nom de la **Beauté**, idéal platonicien vers lequel tend leur poésie.

La philosophie de Platon (Ve-IVe siècles av. J.-C.) a joué un rôle important dans l'humanisme et la littérature de la Renaissance : on a même qualifié de *néoplatonisme* le courant de pensée fondé sur un idéal de beauté et d'harmonie.

■ Dans le contexte troublé des **guerres de Religion**, la poésie se fait **engagée** : Ronsard écrit un *Discours des misères de ce temps* (1562) violemment anti-protestant ; le protestant **Agrippa d'Aubigné** réplique par de véhéments *Tragiques* (1577-1616) qui renouvellent la poésie épique française.

■ Les violences de l'époque donnent aussi naissance à une poésie lyrique plus intime, hantée par une mort omniprésente. L'instabilité du monde et le règne des apparences sont ainsi les thèmes majeurs de la poésie de **Jean de Sponde** : les premiers âges du **baroque** sont sombres et pessimistes.

b. Fonctions du poète au XVIe siècle

■ Les grands rhétoriqueurs sont d'abord des **poètes de cour** ; leur talent les voue à la glorification des princes qui sont leurs protecteurs. À leurs yeux, la poésie est donc un **métier**, un art qui s'apprend et qui se fonde sur une **maîtrise technique**.

■ Pour la Pléiade, le poète est en revanche un **élu** : son art est un don du ciel qui lui permet d'accéder à des vérités qu'ignorent les autres hommes. La Pléiade forge ainsi une véritable théorie de l'inspiration, héritée du *furor poeticus* (« fureur poétique ») défini par Platon : le poète est comme possédé par une voix qui le transcende et qu'il doit diffuser. Pour autant, le don ne suffit pas : le travail est nécessaire, comme l'affirme la *Défense et Illustration de la langue française*, véritable manifeste de la Pléiade publié par Du Bellay en 1549.

C Le XVIIe siècle : diversités poétiques

a. La poésie au XVIIe siècle

La préciosité désigne un mouvement littéraire, culturel et social qui s'est développé dans les salons mondains du XVIIe siècle. Il se caractérise par son esthétique raffinée fondée sur un art de la conversation.

■ **La poésie baroque.** Dans la première moitié du XVIIe siècle, la poésie emprunte des chemins divers. Dans les salons de la **préciosité**, elle se fait mondaine et légère pour pratiquer des genres très codifiés. Avec **Mathurin Régnier** et **Paul Scarron**, elle explore une veine satirique et moqueuse. Chez **Théophile de Viau**, elle devient personnelle et chante les joies et les peines de l'existence. Avec **Saint-Amand**, elle exalte les plaisirs sensuels. Chez **Tristan L'Hermite**, elle se teinte de mélancolie.

Mais le grand poète de cette première moitié de siècle est **François de Malherbe**. Il incarne une forme de poésie nouvelle, qui refuse l'héritage antique aussi bien que le modèle de la Pléiade. Consacrant la prééminence de la forme sur le fond, il fait de l'écriture poétique la quête d'une langue pure et engage une véritable régularisation de la versification.

■ **La poésie classique.** Dans la seconde moitié du XVIIe siècle, la **diversité** perdure dans la production poétique : on écrit des épopées aussi bien que des jeux de salons, des poèmes religieux aussi bien que des vers de circonstance commandés par le pouvoir.
C'est la **poésie didactique** qui voit s'épanouir les deux grands poètes de la seconde moitié du XVIIe siècle, **Jean de La Fontaine** et **Nicolas Boileau**. Le premier est l'auteur de célèbres *Fables* (1668-1694). Le second est l'auteur d'un non moins fameux *Art poétique* (1674) dont les mille cent vers diffusent les principes du classicisme.

b. Fonctions du poète au XVIIe siècle

Malherbe rompt avec la doctrine de l'inspiration développée par la Pléiade : le poète n'est plus à ses yeux l'élu des dieux habité par le *furor poeticus*, mais au contraire un **artisan qui travaille** pour atteindre une perfection formelle. La perspective que suit Boileau dans son *Art poétique* n'est pas différente lorsqu'il conseille, dans un passage resté célèbre :

> « Hâtez-vous lentement, et sans perdre courage,
> Vingt fois sur le métier remettez votre ouvrage,
> Polissez-le sans cesse, et le repolissez,
> Ajoutez quelquefois, et souvent effacez. »

Boileau, *Art poétique* (1674).

D Le XVIIIe siècle : la poésie délaissée

■ Si la poésie perdure tout au long du siècle des Lumières, sous la forme d'un jeu de salon, elle reste le parent pauvre d'un **âge dominé par la raison et la prose philosophique**. La fin du siècle est cependant marquée par un retour du sentiment et, à travers lui, de la poésie lyrique : les années 1770-1800 annoncent ainsi la révolution romantique du siècle suivant.

■ L'œuvre d'**André Chénier** est exemplaire de la poésie de cette fin de siècle : prenant modèle sur l'Antiquité, elle réhabilite l'inspiration créatrice et l'expression du sentiment, en particulier dans ses *Élégies* et ses *Épîtres*.

E Le XIXe siècle : un renouveau lyrique

a. La poésie au XIXe siècle

■ **Le romantisme.** Au début du XIXe siècle intervient une nouvelle révolution poétique, grâce au mouvement romantique : sous l'égide de **Lamartine**, **Hugo**, **Musset** ou **Vigny**, la poésie connaît un **renouveau lyrique**, dans lequel la subjectivité du poète prend une place plus importante.
Du point de vue formel, les poètes romantiques recherchent une **plus grande simplicité**, par exemple en usant d'un vocabulaire plus prosaïque, ou en assouplissant les règles les plus strictes de la versification.
La seconde génération romantique, celle des **Gautier**, **Nerval** ou **Baudelaire**, est marquée par une sorte de **désenchantement** : ils ne croient plus au caractère sacré de la poésie.

■ **Le Parnasse.** En réaction contre certains prosaïsmes romantiques et contre l'engagement politique de leurs glorieux aînés, les Parnassiens se nourrissent au **culte de la beauté et de l'art pour l'art** : ils promeuvent une poésie extrêmement formelle, aux thèmes souvent empruntés à l'Antiquité. Leur nom même est une référence au mont Parnasse, massif de la Grèce consacré au dieu Apollon et séjour mythique des neuf Muses.

FRANÇAIS

■ **Le symbolisme.** Contre les excès formalistes du Parnasse apparaît la galaxie symboliste : **Verlaine**, **Rimbaud** et **Mallarmé** défendent, dans les années 1870-1880, une poésie fondée sur l'art de la **suggestion** et du **symbole**. L'image, qu'elle soit métaphore ou comparaison, est au centre de la poésie symboliste ; celle-ci repose aussi sur une nouvelle forme de musicalité, qu'illustre tout particulièrement l'invention du vers libre.

b. Fonctions du poète au XIXe siècle

■ **Le mage romantique.** La subjectivité du poète romantique lui permet d'entendre et de voir des réalités inaccessibles aux autres humains : il est alors un **prophète**, un **mage** investi d'une mission presque sacrée. C'est cette mission que Victor Hugo décrit dans un célèbre poème intitulé « Fonction du poète » :

> « C'est lui qui sur toutes les têtes,
> En tout temps, pareil aux prophètes,
> Dans sa main, où tout peut tenir,
> Doit, qu'on l'insulte ou qu'on le loue,
> Comme une torche qu'il secoue,
> Faire flamboyer l'avenir ! »

Victor Hugo, *Les Rayons et les Ombres* (1840).

Cette conscience du rôle que peut jouer la poésie dans l'éveil des consciences a conduit certains poètes romantiques à **s'engager dans la vie politique**, tels Lamartine et Hugo.

ph © MP/Leemage

André Gill, caricature de Victor Hugo

Cette caricature représentant Victor Hugo souligne bien les caractéristiques du poète prophète : Hugo est ici un roi mage, qui guide le peuple avec sa lyre (attribut du poète) en indiquant du doigt l'étoile à suivre.

■ **Le poète maudit.** La seconde génération romantique voit le poète maudit succéder au poète prophète. Le poète maudit illustre l'**isolement social** de l'artiste, qui ne trouve pas sa place au milieu des autres hommes. C'est cette figure du **génie incompris** que représente Baudelaire à travers la célèbre métaphore de l'albatros :

> « Le Poète est semblable au prince des nuées
> Qui hante la tempête et se rit de l'archer ;
> Exilé sur le sol au milieu des huées,
> Ses ailes de géant l'empêchent de marcher. »

Charles Baudelaire, *Les Fleurs du Mal* (1857).

F Le XXe siècle : la modernité poétique

a. La poésie au XXe siècle

■ **Le surréalisme.** Après la Première Guerre mondiale, le mouvement surréaliste s'inspire d'Arthur Rimbaud et de Guillaume Apollinaire pour créer une poésie originale, dans ses thèmes comme dans ses formes.
André Breton, Louis Aragon et Paul Éluard, pour ne citer que les poètes surréalistes les plus célèbres, fondent leur écriture sur l'**image**, qui est un moyen d'atteindre la **surréalité** qu'ils cherchent à représenter.
Par des jeux collectifs, comme le cadavre exquis, ou par la pratique de l'écriture automatique, ils tentent de produire une poésie dictée par l'**inconscient**, qui aurait accès à une **réalité supérieure**, celle du **rêve** et de l'**hypnose**.

> **Guillaume Apollinaire est l'un des grands poètes du début du XXe siècle : proche des peintres cubistes, il a tenté de moderniser le langage poétique comme ses amis Braque et Picasso l'ont fait avec le langage pictural.**

■ **La poésie contemporaine.** Depuis la fin de la Seconde Guerre mondiale, la poésie connaît une période de grande vivacité. Même si **ses lecteurs sont peu nombreux**, et si le tirage d'un recueil reste confidentiel (de 1 000 à 2 000 exemplaires), on ne cesse d'écrire de la poésie, et celle-ci fait preuve d'une grande richesse, continuant d'**interroger le monde** dans lequel nous vivons.
Certains, comme **René Char** ou **Yves Bonnefoy**, font de la poésie une quête philosophique ; d'autres, tels **Francis Ponge** ou **Eugène Guillevic**, s'intéressent à la poésie des objets. Certains, comme **Philippe Jaccottet** ou **Lorand Gaspar** sont attentifs à la beauté du monde, quand d'autres, parmi lesquels **Jude Stéfan** ou **Guy Goffette**, tentent d'ancrer le lyrisme dans le monde contemporain.

b. Fonctions du poète au XXe siècle

■ Le poète du début du siècle est volontiers **anticonformiste**, voire **asocial**. Au sein du mouvement dada, les poètes adoptent une **attitude provocatrice et transgressive** ; en effet, ce groupe artistique, fondé en Suisse en 1916 par le poète Tristan Tzara, tourne en dérision les valeurs bourgeoises pour subvertir la société de l'époque.

■ La Seconde Guerre mondiale change la donne et pousse les poètes à s'engager. Certains surréalistes, compagnons de route du parti communiste, entrent dans la **Résistance** en publiant clandestinement des poèmes dénonçant les agissements des Allemands. Cet **engagement** de la poésie se poursuit après-guerre, par exemple dans l'œuvre des poètes de la négritude qui dénoncent le **colonialisme** français.

> **La poésie de la négritude désigne l'œuvre de poètes tels que Léopold Sédar Senghor ou Aimé Césaire qui revendiquent les valeurs et la culture du monde noir, sur lesquelles ils fondent leur écriture poétique.**

■ Aujourd'hui, le poète fait généralement figure d'**intellectuel**. Consacrant sa vie à un art difficile, s'adressant à un public malheureusement restreint, il vit très rarement de sa plume.

FRANÇAIS

COMMENTAIRE

L'énonciation lyrique

DOCUMENT 1 *Les Amours* (Pierre de Ronsard)

L'autre jour que j'étais sur le haut d'un degré[1],
Passant tu m'avisas, et me tournant la vue,
Tu m'éblouis les yeux, tant j'avais l'âme émue
De me voir en sursaut de tes yeux rencontré.

Ton regard dans le cœur, dans le sang m'est entré
Comme un éclat de foudre alors qu'il fend la nue[2].
J'eus de froid et de chaud la fièvre continue,
D'un si poignant[3] regard mortellement outré.

Lors si ta belle main passant ne m'eût fait signe,
Main blanche, qui se vante être fille d'un Cygne[4]
Je fusse mort, Hélène, aux rayons de tes yeux.

Mais ton signe retint l'âme presque ravie[5],
Ton œil se contenta d'être victorieux,
Ta main se réjouit de me donner la vie.

Pierre de Ronsard, *Les Amours* (1578).

1. *Degré* : escalier. **2.** *La nue* : le nuage. **3.** *Poignant* : piquant, en particulier pour une lumière vive qui blesse les yeux. **4.** L'*Hélène* de la mythologie grecque, dont Ronsard s'inspire pour évoquer sa destinatrice, était fille de Léda et du dieu Zeus transformé en cygne. **5.** *Ravie* : enlevée, exaltée.

DOCUMENT 2 *Les Contemplations* (Victor Hugo)

Hier au soir

Hier, le vent du soir, dont le souffle caresse,
Nous apportait l'odeur des fleurs qui s'ouvrent tard ;
La nuit tombait ; l'oiseau dormait dans l'ombre épaisse.
Le printemps embaumait, moins que votre jeunesse ;
Les astres rayonnaient, moins que votre regard.

Moi, je parlais tout bas. C'est l'heure solennelle
Où l'âme aime à chanter son hymne le plus doux.
Voyant la nuit si pure et vous voyant si belle,
J'ai dit aux astres d'or : Versez le ciel sur elle !
Et j'ai dit à vos yeux : Versez l'amour sur nous !

Mai 18..

Victor Hugo, « Autrefois », *Les Contemplations* (1856).

DOCUMENT 3 *Les Contemplations* (Victor Hugo)

Qu'est-ce que les *Contemplations* ? C'est ce qu'on pourrait appeler, si le mot n'avait quelque prétention, *les Mémoires d'une âme*.

Ce sont, en effet, toutes les impressions, tous les souvenirs, toutes les réalités, tous les fantômes vagues, riants ou funèbres, que peut contenir une conscience, revenus et rappelés, rayon à rayon, soupir à soupir, et mêlés dans la même nuée sombre. C'est l'existence humaine sortant de l'énigme du berceau et aboutissant à l'énigme du cercueil ; c'est un esprit qui marche de lueur en lueur en laissant derrière lui la jeunesse, l'amour, l'illusion, le combat, le désespoir, et qui s'arrête éperdu « au bord de l'infini ». Cela commence par un sourire, continue par un sanglot, et finit par un bruit du clairon de l'abîme.

Une destinée est écrite là jour à jour.

Est-ce donc la vie d'un homme ? Oui, et la vie des autres hommes aussi. Nul de nous n'a l'honneur d'avoir une vie qui soit à lui. Ma vie est la vôtre, votre vie est la mienne, vous vivez ce que je vis ; la destinée est une. Prenez donc ce miroir, et regardez-vous-y. On se plaint quelquefois des écrivains qui disent *moi*. Parlez-nous de nous, leur crie-t-on. Hélas ! quand je vous parle de moi, je vous parle de vous. Comment ne le sentez-vous pas ? Ah ! insensé, qui crois que je ne suis pas toi !

Ce livre contient, nous le répétons, autant l'individualité du lecteur que celle de l'auteur. *Homo sum*[1]. Traverser le tumulte, la rumeur, le rêve, la lutte, le plaisir, le travail, la douleur, le silence ; se reposer dans le sacrifice, et, là, contempler Dieu ; commencer à Foule et finir à Solitude, n'est-ce pas, les proportions individuelles réservées, l'histoire de tous ?

Victor Hugo, « Préface », *Les Contemplations* (1856).

1. *Homo sum* : expression latine signifiant « je suis un être humain ».

DOCUMENT 4 *Le Pêcheur d'eau* (Guy Goffette)

Tant de choses

Tu as laissé dans l'herbe et dans la boue
tout un hiver souffrir le beau parasol rouge
et rouiller ses arêtes, laissé la bise[1]
abattre la maison des oiseaux

sans desserrer les dents, à l'abandon laissé
les parterres de roses et sans soin le pommier
qui arrondit la terre. Par indigence[2]
ou distraction tu as laissé

tant de choses mourir autour de toi
qu'il ne te reste plus pour reposer tes yeux
qu'un courant d'air dans ta propre maison
– et tu t'étonnes encore, tu t'étonnes

que le froid te saisisse au bras même de l'été.

Guy Goffette, *Le Pêcheur d'eau* (1995), © Gallimard.

1. *La bise* : vent froid qui souffle du nord ou du nord-ouest.
2. *Indigence* : pauvreté, pénurie, au propre comme au figuré.

QUESTIONS

1. Analysez précisément l'énonciation des trois poèmes du corpus (documents 1, 2 et 4).

2. Comment l'extrait de la préface des *Contemplations* (document 3) permet-il de comprendre les particularités de l'énonciation lyrique ?

COMMENTAIRE

Faites le commentaire du poème de Goffette intitulé « Tant de choses » (document 4).

CORRIGÉ

QUESTIONS

La notion de sujet lyrique permet de ne pas confondre l'auteur du poème avec son locuteur : le poète lyrique ne parle pas forcément de lui dans son œuvre, même s'il utilise la première personne.

1. Les trois poèmes se fondent sur un dialogue entre le locuteur (que l'on appelle en poésie le sujet lyrique) et son destinataire ; ils sont tous marqués par une **énonciation très subjective**.

On relève dans le sonnet de Ronsard de nombreuses marques de présence du sujet lyrique, à commencer par le pronom de la première personne du singulier « je » ; ce locuteur d'adresse à un « tu », son destinataire direct, qu'il identifie explicitement comme « Hélène » grâce à l'apostrophe du vers 11. Ce sonnet s'inscrit donc dans la **tradition de la lyrique amoureuse**, qui voit le poète s'adresser à la femme aimée.

Le poème de Hugo appartient lui aussi à cette tradition : on y trouve de nombreuses marques de présence du sujet lyrique, comme les pronoms « je » et « nous », ou encore l'adverbe de temps « hier ». Ce locuteur s'adresse à un « vous », dont l'identité n'est jamais précisée, mais qui forme avec lui un **duo amoureux**.

En revanche, le poème de Goffette ne relève pas explicitement de la lyrique amoureuse : il est tout entier tourné vers un destinataire qui n'est évoqué que par l'intermédiaire du pronom « tu », mais qui n'est pas identifié, dont on ne connaît pas les liens qui l'unissent au sujet lyrique. Ce dernier n'est pas présent dans le poème, si ce n'est à travers les **reproches qu'il adresse au destinataire**.

2. Le point commun des trois poèmes est donc qu'ils se fondent sur un **dialogue entre le sujet lyrique et le destinataire**, que ce dernier soit la femme aimée ou une personne non identifiée. On pourrait croire alors que le poème est pour son auteur un moyen de s'exprimer et de s'adresser à une personne précise : la poésie lyrique serait alors une poésie personnelle, presque autobiographique, dans laquelle le poète se livrerait entièrement.

Si Hugo ne nie pas cette dimension personnelle du lyrisme romantique, il précise toutefois, dans la « Préface » des *Contemplations*, qu'il ne faut pas s'arrêter à cette dimension strictement personnelle : « Hélas ! quand je vous parle de moi, je vous parle de vous. Comment ne le sentez-vous pas ? Ah ! insensé, qui crois que je ne suis pas toi ! », écrit-il en s'adressant au lecteur : derrière l'anecdote personnelle se trouve donc une **expérience collective et universelle** que le lecteur peut partager ; il est alors le ***je*** et le ***tu*** de chaque poème.

COMMENTAIRE

Ce poème très simple en apparence peut vous surprendre. Cette simplicité offre un point de départ intéressant pour l'étude du texte : il s'agit de voir comment il s'inscrit dans une tradition lyrique évidente, mais comment il la renouvelle aussi, par exemple grâce à cette simplicité presque prosaïque.

Il faut néanmoins ne pas se limiter à cette première approche : l'identité du destinataire, son caractère très vague et imprécis peut fournir un autre angle pour analyser le poème.

Plus largement, la présence du thème de la mort fait de ce texte une véritable élégie, et vous pourrez montrer comment ce poème exploite les caractéristiques de ce genre.

Voici un exemple de plan que vous pourriez développer à l'écrit pour rédiger votre commentaire.

I. Une écriture poétique renouvelée

A. Les jeux formels, entre tradition et renouveau

- Proximité avec la forme du sonnet : 13 vers (et non 14), vers de chute isolé.
- Vers qui tournent autour de l'alexandrin (vers de 11, 12 et 13 syllabes majoritairement).
- Pas de rimes, mais des homophonies finales (« b**oue** » au v. 1 et « r**ou**ge » au v. 2 ; « bi**se** » au v. 3 et « oi**se**aux » au v. 4).

B. Le renouvellement des thèmes traditionnels

- Nouveau lyrisme, attentif aux objets prosaïques (« le beau parasol rouge », « la maison des oiseaux »).
- Banalité de la vie quotidienne, paysage commun (« les parterres de roses », « le pommier », la « maison »).
- Simplicité de l'écriture, contre la grandiloquence d'un certain lyrisme.

II. Le dialogue lyrique

A. La mise en scène de *toi*

- Deuxième personne omniprésente, premier mot du poème.
- Caractéristique de la subjectivité énonciative du lyrisme.
- Pourtant, pas de *je* : comme une voix désincarnée qui s'élève et s'adresse à un *tu*, dont l'identité n'est pas précisée.

B. L'universalité lyrique

- *Tu* peut donc être n'importe qui, voire le lecteur lui-même, qui s'identifie au pronom par la lecture.
- Lecteur touché par le poème, qui le met en accusation et souligne ses fautes : « sans desserrer les dents », « sans soin », « par indigence/ou distraction ».

III. Une élégie nouvelle

A. La tonalité mélancolique

- Nostalgie : poème placé sous le signe de la perte, de la disparition.
- Opposition nette entre passé heureux (marqué par la beauté et l'harmonie : « le beau parasol rouge », « le parterre de roses », « le pommier qui arrondit la terre ») et présent malheureux (marqué par la disparition : seuls demeurent les regrets et le vide, ce « courant d'air » qui remplit la « maison »).

> **L'élégie est un genre lyrique fondé sur le thème du malheur, généralement amoureux (amants séparés par l'infidélité ou la mort). Plus largement, le mot désigne un poème à la tonalité mélancolique et nostalgique.**

B. L'omniprésence de la mort

- Mort des objets (« souffrir », « rouiller », « abattre », « à l'abandon ») résumée par le vers 9 : « tant de choses mourir autour de toi ».

■ Mort du sujet, plus spirituelle que physique, symbolisée par l'antithèse spectaculaire du dernier vers (« froid », « été »).

C. Une réécriture du thème du *tempus fugit*

■ Présence des saisons : « hiver » (v. 2), « été » (v. 13), indices du thème de la fuite du temps *(tempus fugit)* caractéristique du lyrisme élégiaque.

■ Le temps passe, le destinataire du poème se laisse porter sans penser à vivre, jusqu'à la perspective de sa propre mort évoquée métaphoriquement dans le dernier vers du poème.

■ Les « roses » (v. 6) sont une allusion à la poésie de Ronsard, dans laquelle la rose est l'allégorie de la fragilité et de la brièveté de l'existence (« Mignonne, allons voir si la rose... »).

5 La question de l'homme dans l'argumentation

www.annabac.com

L'ARGUMENTATION – acte par lequel un locuteur soutient, réfute ou discute une thèse en vue de rallier un destinataire déterminé à sa position – se rencontre dans la littérature d'idées, mais traverse également les grands genres dans leur ensemble (théâtre, roman, poésie).
La question de l'homme – parce que celui-ci se définit par sa capacité à se mettre en question, à s'analyser et interroger le monde qui l'entoure – apparaît comme un thème privilégié, du XVIe siècle à nos jours, de la littérature argumentative.

1 L'écriture argumentative

A Les spécificités du texte argumentatif

a. Éléments de définition

■ Le **thème** est le sujet du débat, de l'argumentation : c'est en fait la question à laquelle le locuteur se propose de répondre.

■ La **thèse** est la proposition que défend le locuteur, ce qu'il cherche à démontrer.

■ L'**argument** est une proposition reconnue ou donnée comme vraie, et qui sert à en faire admettre une autre (la thèse), dont la vérité est à prouver. Lorsqu'il sert à réfuter la thèse rejetée, on parle de **contre-argument**.

> **Il faut distinguer la *thèse rejetée*, réfutée (thèse des adversaires du locuteur) de la *thèse soutenue* (thèse défendue par le locuteur). Une concession peut reconnaître à la thèse adverse une part de vérité pour mieux la renverser ensuite.**

■ L'**exemple** vient à l'appui de l'argumentation logique et abstraite comme illustration concrète ; il permet ainsi d'éprouver, de vérifier la thèse sur des faits irréfutables. Il est qualifié d'**argumentatif** lorsqu'il présente un cas si exemplaire et représentatif d'un ensemble qu'il suffit, en l'absence d'argument, à établir une proposition générale.

■ Le **circuit** ou **schéma argumentatif** recoupe les étapes successives – qui sont fréquemment articulées par des connecteurs logiques – par lesquelles passe le texte pour emporter l'adhésion du destinataire.

b. Stratégies argumentatives

Une stratégie argumentative est la démarche par laquelle le locuteur s'emploie à emporter l'adhésion du destinataire. Elle peut se fonder sur la capacité de ce dernier à raisonner, à sentir ou à arbitrer une question.
On en distingue trois sortes : la conviction, la persuasion et la délibération.

Convaincre : l'argumentation fondée sur la raison

On distingue différents types de raisonnements.

Raisonnement déductif, le syllogisme se présente sous la forme de trois propositions qui entretiennent entre elles un rapport rigoureux : ***Tous les hommes sont mortels ; or Socrate est un homme ; donc Socrate est mortel.***

- Le **raisonnement inductif** part de faits particuliers pour s'élever à la loi générale.
- Le **raisonnement déductif** se fonde sur un énoncé général pour prouver un fait particulier.
- Le **raisonnement par analogie** rapproche un phénomène d'une autre réalité, plus familière au destinataire.
- Le **raisonnement par l'absurde** imagine les conséquences dénuées de sens d'une proposition pour la réfuter.

On distingue différents types d'arguments.
- L'**argument logique** tire sa validité de la cohérence interne du discours.
- L'**argument de valeur** se réfère à un système moral, esthétique, idéologique.
- L'**argument d'expérience** s'établit à partir de faits observés.
- L'**argument d'autorité** s'appuie sur des références connues et tenues pour admises.
- L'**argument *ad hominem*** discrédite et attaque la personne du destinataire.

Persuader : l'adhésion provoquée par les passions

L'énonciateur qui veut persuader son interlocuteur fait appel aux **passions** (émotions, sentiments) : il cherche à agir sur la sensibilité du destinataire, à le séduire par son discours.
Pour cela, il recourt aux **figures de rhétorique** qui interpellent le destinataire, par exemple l'apostrophe, et cherche à l'émouvoir par la beauté et la force de ses images (comparaisons, métaphores, notamment) ; il privilégie ainsi les registres lyrique, pathétique et polémique.
Il travaille à donner une image de lui-même (appelée ***ethos*** en grec) propre à susciter l'assentiment de son auditoire et fonde son argumentaire sur les ressorts de la psychologie humaine (le ***pathos***) afin d'émouvoir.
La persuasion passe enfin par l'**implicite**, sous la forme du sous-entendu et du présupposé.

Délibérer : la recherche du préférable

Face à la nécessité d'opérer un choix, la délibération est l'acte par lequel on prend une décision. Au plan grammatical, cela se traduit par des **marques énonciatives** variées traduisant la pluralité des points de vue ; la **modalisation** (adverbes, conditionnel...) ; la **formulation d'hypothèses**.

Les théoriciens de l'Antiquité grecque distinguaient trois grands genres oratoires selon la visée du discours : le **judiciaire**, l'**épidictique** et le **délibératif**. Ces catégories restent opératoires pour classer la majorité des textes argumentatifs.

	Visée	Faits examinés	Valeurs	Genres	Figures
Discours judiciaire	accuse/défend	passés	juste/injuste	plaidoyer, réquisitoire	interrogation oratoire
Discours épidictique	loue/blâme	présents	noble/vil, condamnable	éloge, blâme, portrait, satire, pamphlet, oraison funèbre	gradation, hyperbole, métaphore, métonymie
Discours délibératif	pèse le pour et le contre, définit des attitudes et des partis à adopter	futur	utile/nuisible	monologue, dialogue, discours, essai, lettre	antithèse, chiasme, parallélisme

B Les grandes formes de l'argumentation

a. L'argumentation directe

■ Elle se rencontre dans les textes qui ne relèvent pas de la fiction et dans lesquels se déploient, sans médiation, le ou les points de vue de locuteurs qui parlent en leur nom propre.
Elle s'épanouit dans les **essais** – pris au sens général du terme : écrits non fictionnels à visée argumentative – auxquels appartiennent notamment les genres du discours et de la préface.

■ Le locuteur peut **manifester ouvertement sa présence** à travers l'emploi des pronoms de la première personne, l'utilisation de verbes d'opinion et des procédés de la modalisation.
Il peut aussi décider de **s'effacer derrière son texte**, en gommer l'aspect subjectif pour privilégier le caractère d'évidence de ses dires ou leur prétendue objectivité ; il a recours aux tours impersonnels et au présent de vérité générale.

b. L'argumentation indirecte

■ Elle se rencontre dans les **récits de fiction** renfermant un **enseignement d'ordre pratique ou moral**. La prise de position de l'auteur se fait alors implicitement par la médiation d'un **récit allégorique** dont le décryptage revient au lecteur ; elle peut également être entérinée explicitement par un passage, situé couramment à l'ouverture ou en conclusion du récit, où le conteur délivre sa pensée sous une forme souvent lapidaire.

Lapidaire qualifie un énoncé bref et concis dont la force est susceptible de frapper durablement l'esprit. On recense, entre autres énoncés de ce type, le proverbe, la sentence, l'aphorisme.

■ Indirecte, l'argumentation l'est notamment dans les **contes**, merveilleux ou philosophique, mais aussi dans la **fable** ; on la retrouve aussi dans le **roman dit à thèse**.

■ Le trait commun aux récits où s'insinue une argumentation indirecte consiste dans la mise en œuvre de procédés qui visent à **susciter l'adhésion du locuteur par l'agrément**.
Le conteur tout comme le fabuliste ou le romancier cherchent à **séduire le lecteur**, à lui plaire par la grâce d'un récit imagé de manière à le **convaincre** par la force de l'exemple développé, et à le **persuader** au moyen de figures touchant sa sensibilité esthétique, éthique ou philosophique.

C De l'argumentation comme genre à l'argumentation dans les genres

a. Typologie des textes argumentatifs

■ **Les textes à visée philosophique**
• **L'essai.** Cette forme est née au XVIe siècle sous la plume de Montaigne qui la conçoit comme un champ d'expérimentation, de mise à l'épreuve de lui-même et de ses idées et fonde ainsi un genre informel, sans achèvement et ouvert à la délibération.
L'essai se présente comme un texte hybride, sans ordre apparent, parcouru de multiples digressions, embrassant les sujets les plus divers ; il exprime un point de vue subjectif sur le monde, engageant par là le jugement et la personnalité de son auteur.
• **Le traité.** Réflexion singulière sur un sujet nettement circonscrit, il vise l'exhaustivité du traitement de ce dernier (ex. : *De l'esprit des lois*, Montesquieu).
• **Le discours.** Mise en forme écrite de la pensée, il se présente comme le parcours ordonné d'une question, suivant les règles de l'art oratoire (ex. : *Discours sur l'origine et les fondements de l'inégalité parmi les hommes*, Rousseau).

Les règles de l'art oratoire, né dans l'Antiquité, imposent de distinguer l'invention (recherche des arguments), la disposition (classement de ces arguments), l'élocution (mise en forme stylistique).

• **Le dialogue.** Hérité de Platon, il prend la forme d'une conversation d'idées ayant trait à la politique, la science, les mœurs, rapportée au discours direct ; il ouvre la voie à un débat, permet d'illustrer la confrontation des points de vue mais il est également utilisé par certains auteurs, comme le penseur des Lumières Diderot, pour mettre au jour les différentes facettes du moi (ex. : *Le Neveu de Rameau*, Diderot).

Les textes à dimension polémique

Héritée de l'Antiquité latine, pratiquée par Horace et Juvénal, la satire est un poème fondé sur l'attaque et la dérision.

• **Le pamphlet.** Sous-genre qui relève du discours épidictique, il verse couramment dans le blâme, dénonçant avec violence les vices, faisant des portraits à charge, et recourant aux figures de la dépréciation sur le mode de la satire (ex. : *Napoléon le Petit*, Victor Hugo).

• **Le portrait.** Lié à l'esthétique de la conversation, il fait l'éloge ou le blâme d'une personne à travers une prose travaillée. Genre à part entière depuis l'Antiquité, réactualisé au XVIIe siècle par *Les Caractères* de La Bruyère, il se déploie également dans l'oraison funèbre et les mémoires (ex. : *Les Caractères*, La Bruyère).

• **La lettre ouverte.** Publiée en vue de toucher un groupe déterminé de personnes, elle se prête à l'expression d'un débat et appelle parfois une réponse (ex. : « J'accuse », Zola).

Les textes à ambition esthétique

• **Le manifeste littéraire.** Il constitue une déclaration par laquelle une personne ou un groupe présente ses conceptions et ses objectifs, en rupture le plus souvent avec des positions établies (ex. : *Manifeste du surréalisme*, André Breton).

• **La correspondance d'écrivains.** Destinée ou non à être publiée, elle offre un témoignage vivant, ancré dans la réalité et les idées de son temps, sur la conception de la littérature des épistoliers (ex. : Lettres de Flaubert à Louise Colet).

Les textes moraux et religieux

• **La maxime.** Pensée apparentée à la sentence, close sur elle-même, elle se signale par sa brièveté et son caractère incisif. On peut considérer qu'elle constitue le segment minimal d'une argumentation (ex. : *Maximes*, La Rochefoucauld).

• **Le sermon.** Discours écrit par un homme d'Église, il incite son auditoire au respect de la parole divine et de la religion (ex. : *Sermon sur la mort*, Bossuet).

b. Transversalité de l'argumentation

Au carrefour des genres : le cas de l'apologue

Le mot désigne un « court récit sous une forme allégorique, et qui renferme un enseignement, une leçon de morale pratique » *(Grand Robert)*. L'apologue relève donc à la fois du genre narratif et du genre argumentatif.

• **La fable.** Ce court récit de fiction illustre une morale et met souvent en scène des animaux qui se comportent comme des humains. Lorsqu'elle est composée en vers, elle exploite les ressources de la poésie.

• **Le conte.** Merveilleux ou philosophique, il raconte une histoire qui illustre un précepte de sagesse.

• **Le mythe.** Récit des origines, il cherche à enseigner par la vertu de l'amplification.

• **L'utopie.** Ce récit décrit une société idéale dont l'organisation est indirectement une critique de la société contemporaine de l'auteur. Elle est parfois considérée comme un genre en soi.

ph © BNF

Granville, « Orgueil et bassesse », *Les Métamorphoses du jour* (1828)

Grandville, illustrateur français proche du romancier Balzac, représente dans cette gravure des caractères humains sous une apparence animale, comme le fait la fable notamment. La vivacité du dessin, l'organisation de la composition, la virtuosité du coup de crayon qui superpose traits animaux et humains donnent à la caricature une dimension argumentative évidente ; cette dernière a charge de brocarder autant la société des hommes que ses mœurs et constitue une critique sociale et morale de l'orgueil et de la bassesse.

Dans les genres narratif, dramatique et lyrique

L'argumentation ne se rencontre pas seulement dans les genres strictement argumentatifs : elle investit aussi tous les grands genres littéraires.

- **Le roman.** Qu'il se déclare « à thèse » ou non, on peut considérer que derrière la fiction du récit qu'il élabore, il est porteur d'un discours sur le monde réel. Aussi les paroles rapportées des personnages, leur portrait ou les commentaires du narrateur peuvent-ils revêtir une dimension argumentative.
- **Le théâtre.** Le dialogue constitue un lieu possible d'affrontement de points de vue contraires ; le monologue, lorsqu'il se fait délibératif, peut offrir l'occasion d'une mise en balance d'arguments opposés.
- **La poésie.** Engagée ou lyrique, elle voit le sujet de l'énonciation prendre position, répondre à des attaques, défendre le camp où il s'est rangé, dénoncer les torts, rendre justice.

2 La question de l'homme dans l'argumentation, du XVIe siècle à nos jours

A L'humanisme du XVIe siècle : l'homme au cœur de la réflexion

a. La confiance mise en l'homme

■ Formé à partir du mot *homme*, le terme *humanisme* souligne la **place centrale de l'individu** dans la pensée de la Renaissance. Mesure de toute chose, celui-ci devient un objet digne de toutes les ambitions et de toutes les études.

■ Il convient d'**éduquer**, de **façonner**, de **perfectionner l'âme aussi bien que le corps** de l'homme, considérés comme conjoints. Nombreux sont les textes du premier humanisme qui y travaillent - des romans de Rabelais, qui fondent les bases d'une nouvelle approche de la nature humaine, faite de savoir mais plus encore de sagesse, aux réflexions de Thomas More dans *Utopie* qui s'interroge sur l'organisation sociale et politique idéale et les conditions du bonheur collectif.

Les romans de Rabelais rapportent les aventures de deux géants, Gargantua et son fils Pantagruel, dont la démesure paraît l'instrument le mieux adapté à la critique d'un monde médiéval devenu trop étroit.

■ C'est aussi **un être à soumettre à l'observation et à la question**, à l'instar de Montaigne dans ses *Essais*, qui se prend lui-même comme matière de son livre en tant qu'il représente la condition humaine. Partant de son expérience, l'essayiste passe ainsi au crible de sa conscience et de son jugement les questions les plus diverses touchant l'individu ou le groupe social : qu'est-ce que l'amitié ? Faut-il respecter les coutumes ? Comment appréhender la mort ?...

b L'ébranlement des certitudes humaines

■ La **foi en la nature humaine** se trouve mise à mal par les réalités sombres de l'époque qui sapent l'idéal forgé par les débuts de l'humanisme et découvrent un monde gouverné par la folie, à qui Érasme donne la parole dans *Éloge de la folie* : sous le masque de cette entité sont dénoncées les inconséquences humaines, les erreurs des sens et de l'esprit.

■ La **découverte du continent américain** (1492) modifie la représentation européenne du monde et de l'homme. Les humanistes ouvrent une réflexion sur les différences entre les civilisations et incitent leurs contemporains à admettre le relativisme des cultures contre une conception de l'homme gouvernée par l'ethnocentrisme. Il s'agit, pour eux, de dégager l'essence universelle de l'humain.

L'ethnocentrisme désigne la tendance à faire du groupe social auquel on appartient la référence absolue pour juger les autres.

■ Les **guerres de Religion**, qui opposent catholiques et protestants dans la seconde moitié du XVIe siècle, plongent les poètes engagés - comme le catholique Ronsard et le protestant Agrippa d'Aubigné - dans des interrogations multiples sur la nature de l'homme, son rapport à l'autre et à Dieu.

■ Les troubles politico-religieux auxquels le royaume se trouve en proie à l'intérieur et l'extérieur de ses frontières conduisent à réfléchir aux **moyens d'assurer la stabilité du pouvoir**. La lecture du philosophe italien Machiavel (1469-1527) nourrit en partie cette reflexion et renouvelle la conception de la politique : la fin y justifie les moyens ; le souverain, œuvrant pour lui-même, doit allier en lui la force du lion et la ruse du renard.

B Le classicisme du XVIIe siècle : le cœur humain mis à nu

a. Une vision sombre de l'homme

■ Le souvenir encore présent des guerres de Religion, la guerre de Trente Ans (1618-1648) et la Fronde forgent au XVIIe siècle une **conception désenchantée de l'homme et tragique du monde**.

La Fronde (1648-1653) désigne le soulèvement d'une partie de la noblesse contre le pouvoir tenu par les ministres du roi pendant la minorité de Louis XIV.

■ La fragilité de l'homme, jouet de la fatalité et de ses passions qui le mènent inexorablement à la mort, ne trouve à s'apaiser que dans la **confiance en Dieu**, conçu comme le seul **point d'attache possible**.

■ Face à la **précarité de l'existence humaine**, les attitudes varient sensiblement : si les **jésuites** revendiquent une conception positive de la foi et du salut accordé par Dieu, que l'homme devient libre d'accepter ou de refuser, les **jansénistes**, de leur côté, défendent la théorie de la prédestination, selon laquelle Dieu décide de la grâce de chacun par avance.

b. La critique des mœurs

■ Au XVIIe siècle, le classicisme s'intéresse aux **mœurs**, c'est-à-dire aux **relations sociales**, aux rapports des hommes entre eux : la littérature trouve une justification morale dans la possibilité de les corriger, ou du moins de les critiquer.

■ C'est d'abord le **théâtre comique** qui s'y emploie comme chez **Molière**, qui épingle les travers des hommes et des femmes tels qu'il les voit, interrogeant la société de son temps : quels risques court-on et fait-on courir à ses égaux en s'adonnant à la sincérité sans faille d'Alceste dans *Le Misanthrope* ? En quoi les faux dévots, tel Tartuffe, mettent-ils en danger la communauté humaine ? Comment définir la norme sociale au regard de la liberté de ton et de mœurs de Dom Juan ?

■ **La Fontaine** choisit la **fiction fabuleuse** pour démasquer la fausseté des comportements : la réflexion sur le pouvoir et sa capacité destructrice, la dénonciation des vices et des égoïsmes humains ne sont jamais loin sous le récit animalier ; mais, là aussi, c'est la vie de l'homme en société qui intéresse d'abord le fabuliste, plus que l'homme en tant que tel. C'est toujours la question de la coexistence des hommes, sous le signe de la cruauté et de la violence, qui se trouve posée dans les *Fables*. Derrière les mondes animal et végétal, c'est bien la société humaine qui se voit mise en cause.

■ Les **moralistes** – **Pascal**, **La Rochefoucauld**, **La Bruyère** – mettent eux aussi en cause la fausseté des comportements humains et les mensonges dont les hommes se bercent. Si Pascal, dans ses *Pensées*, rappelle avec force à l'homme sa vanité, son néant, qu'il masque par le divertissement social, La Rochefoucauld, dans ses *Maximes*, démasque chez l'homme, derrière les vertus les plus éclatantes, un amour-propre bien plus inquiétant. Enfin, La Bruyère propose dans ses *Caractères* un portrait des « mœurs de ce siècle » : il dénonce les ridicules des hommes et des femmes de son époque, ainsi que de certains usages auxquels ils se plient.

c. L'idéal de l'honnête homme

Contre la prétention des pédants et la vulgarité du commun, les écrivains classiques incarnent leur idéal humain dans la figure de **l'honnête homme**, capable de vivre harmonieusement dans une société où cohabitent des idéologies fort éloignées et plusieurs religions. Cet être cultivé, honorable et respectueux de la morale, est emblématique d'un temps et d'un milieu qui se méfient de l'arrogance et de la vanité, et qui soumettent les désirs individuels aux normes et règles de la société et de la civilité.

C Les Lumières du XVIIIe siècle : l'homme sous le regard des philosophes

a. L'homme éclairé par la raison et les sens

■ Pour les philosophes des Lumières, l'homme se définit par sa **raison**, **seule lumière naturelle**, par opposition à la lumière de Dieu, théologique et surnaturelle. C'est elle qu'il convient de développer dans l'esprit humain pour venir à bout de l'intolérance et du fanatisme.

■ Pourtant, les Lumières consacrent également la **sensibilité humaine**, sensation ou sentiment. En philosophie, par exemple, Condillac invente le sensualisme, doctrine selon laquelle l'ensemble des idées humaines proviennent des sens ; cette nouvelle approche de l'homme se retrouve dans le **matérialisme** de Diderot ou d'Alembert.

Le matérialisme est une doctrine philosophique selon laquelle il n'existe d'autre substance que la matière.

b. La promotion militante de l'esprit humain

■ L'***Encyclopédie***, vaste entreprise de diffusion et de vulgarisation du savoir, travaille à promouvoir l'esprit humain : immense tache éditoriale, qui court de 1751 à 1772, riche de dix-sept volumes d'articles rédigés par près de deux cents contributeurs, elle a l'ambition de faire la somme de toutes les connaissances humaines de l'époque et, par là, de favoriser le progrès humain, en rendant accessibles à tous les fondements d'un savoir rationnel et réfléchi sur le monde. On retrouve cette même volonté dans l'essai de Rousseau intitulé *Émile ou De l'éducation*.

■ **Ennemi du préjugé et de la superstition**, le penseur des Lumières se présente aussi comme un **guerrier** : ses textes relèvent d'une littérature de combat quand ils dénoncent, par exemple, la domination du clergé et l'absolutisme monarchique. Volontiers polémiques, ils s'attaquent à l'esclavage, aux privilèges de la noblesse, à la guerre, à l'Inquisition : le conte philosophique de Voltaire intitulé *Candide* résume, à lui seul, tous ces combats.

c. La question de l'homme dans tous ses états

■ Au plan religieux, les philosophes du XVIIIe siècle s'interrogent sur le **rapport de l'homme à Dieu et à l'Église**. Montesquieu et Voltaire adoptent tous deux le **déisme**, qui consiste à affirmer la croyance en un Dieu créateur du monde, mais à refuser toute institution et nécessité de prier ce Dieu. D'autres vont plus loin dans la remise en cause des croyances et professent un véritable **athéisme** : c'est en particulier le cas des matérialistes qui, autour du baron d'Holbach, de Diderot ou de Sade, pensent que la matière se transforme et s'organise elle-même, sans intervention divine.

■ Au plan politique, les penseurs des Lumières se demandent **quel régime préférer**. S'ils sont unanimes dans leur **condamnation de l'absolutisme**, tous ne défendent pas le même type d'organisation humaine. Certains, comme Montesquieu, se prononcent pour la **monarchie tempérée**. D'autres, comme Voltaire et Diderot, soutiennent le principe du **despotisme éclairé** : pour eux, la forme du gouvernement importe peu, du moment que c'est la raison qui gouverne. Enfin quelques-uns, Rousseau en tête avec *Du contrat social*, défendent l'idée d'une **démocratie**.

Une monarchie est dite tempérée quand le pouvoir du roi et des ministres s'y trouve limité par celui de la noblesse, des parlements et des assemblées provinciales.

■ Au plan social, la **question du progrès** se trouve au cœur des préoccupations : comment réduire les inégalités entre les hommes ? En quoi la science peut-elle contribuer au bien-être voire participer au bonheur de l'humanité ?

D Le XIXe siècle : non pas l'homme, mais les hommes

a. Le romantisme : la littérature guidant le peuple

■ **Témoins** des grands bouleversements historiques du tournant du XVIIIe siècle, les écrivains romantiques font de leurs œuvres la chambre d'écho des problèmes de leur époque et s'investissent dans les **combats politiques contemporains**.

■ Lamartine et Hugo revendiquent, pour les **poètes**, la fonction de **mages visionnaires** voués à guider le peuple. L'engagement et la critique sociale trouvent leur place dans le genre lyrique.

■ Le **roman romantique** s'ouvre lui aussi, à partir de 1840, aux influences humanitaires et sociales (ex. : *Les Misérables* de Victor Hugo).

b. Réalisme et naturalisme : la littérature comme science de l'homme

■ Dans la seconde moitié du XIXe siècle, la révolution industrielle, l'importance prise par le prolétariat, l'émergence de mouvements ouvriers mais aussi l'essor du **positivisme** (doctrine philosophique, fondée par Auguste Comte, qui se réclame de la seule connaissance de faits prouvés) engagent une conception nouvelle de la littérature et de l'homme.

■ Puisant ses thèmes dans l'observation du monde contemporain, social et historique, le **réalisme** veut rendre compte de l'homme dans son milieu social et rattaché à un type répertorié. Balzac prétend faire avec la *Comédie humaine* l'inventaire de la société humaine de son temps ; il porte un regard sans concession sur l'homme mené par deux passions, l'argent et l'amour.

■ Le **naturalisme** applique à la littérature la méthode des sciences (observer, induire, vérifier). Pour Zola, le corps social se trouve régi par les lois de la sélection naturelle et de la lutte pour la vie. Ainsi, le genre romanesque s'ouvre à une vision matérialiste et mécaniste du monde et des comportements humains. Une telle approche du réel aboutit à une analyse lucide du fonctionnement socio-économique du Second Empire.

E Le XXe siècle : l'homme mis en question

Le XXe siècle est traversé de crises majeures qui ébranlent durablement l'histoire de l'humanité et sa représentation dans les lettres : guerres mondiales, décolonisation, totalitarismes, camps d'extermination, tout remet en cause le sens de l'existence humaine au profit d'une vision tragique voire absurde, qui s'épanouit notamment au théâtre.

a. La naissance de l'écrivain engagé

■ L'**affaire Dreyfus** a marqué au tournant du siècle une **grave crise idéologique** et engagé les écrivains à choisir leur camp. Les dreyfusards – Zola en tête – prennent, au nom des valeurs humanistes de la gauche, la défense du capitaine Dreyfus, devenu la cible des penseurs nationalistes et antisémites : le militaire Alfred **Dreyfus**, né d'une famille juive alsacienne, fut en effet accusé à tort (puis gracié et réhabilité) d'avoir livré des renseignements aux Allemands.

Cinq Centimes

ERNEST VAUGHAN

L'AURORE

Littéraire, Artistique, Sociale

J'Accuse...!

LETTRE AU PRÉSIDENT DE LA RÉPUBLIQUE

Par ÉMILE ZOLA

LETTRE A M. FÉLIX FAURE

Président de la République

ph © Selva/Leemage

Moment décisif dans l'histoire de la politique française et de la littérature, l'affaire Dreyfus voit l'écrivain Émile Zola s'impliquer directement dans la défense de celui que la pensée nationaliste de droite condamne par antisémitisme. Le 13 janvier 1898, il publie une lettre ouverte dans le journal *L'Aurore*, véritable plaidoyer qu'il intitule « J'accuse ».

FRANÇAIS

■ Dans l'entre-deux-guerres, le **roman à thèse** voit le jour : roman réaliste, il raconte une histoire à valeur exemplaire qui est le vecteur de la démonstration de l'auteur. Louis Aragon en donne une illustration avec *Les Beaux Quartiers*.

Pour la philosophie existentialiste, l'homme n'est pas déterminé par son essence mais libre et responsable de son existence.

■ Au cours du XXe siècle, l'écrivain se fait, selon le mot du philosophe existentialiste Jean-Paul Sartre, « **engagé** », au sens où il est **en situation** dans son époque et, comme tel, responsable de chaque parole aussi bien que de chaque silence.

b. La crise de l'humanisme

■ Les épisodes de la Shoah, d'Hiroshima, des purges staliniennes, qui posent la question du devenir de l'humanité, font entrer la littérature, engagée ou non, dans l'**ère du doute** : que vaut en effet l'acte d'écrire devant des millions de morts ?

■ Dénoncer l'**absurde de la condition humaine** devient la préoccupation majeure des textes à dimension argumentative. C'est à quoi travaille notamment Albert Camus dans son œuvre : l'homme sans Dieu confronté aux non-sens meurtriers de l'histoire se trouve condamné à une mort qu'il ne peut vaincre. Mais il fait de l'épreuve même de l'absurdité une raison de vivre ; révolté contre tout ce qui entrave l'individu et la condition humaine, il trouve finalement son champ d'action dans une lutte concrète menée contre toutes les servitudes infligées aux humains par eux-mêmes.

■ À l'opposé de la révolte, certains écrivains, comme Michel Tournier ou Le Clézio, élaborent des **mythes** qui contribuent à éclairer les vies humaines et à leur redonner sens.

ÉCRITURE D'INVENTION

L'amour au cœur de l'argumentation

DOCUMENT 1 ***Maximes* (La Rochefoucauld)**

68. Il est difficile de définir l'amour. Ce qu'on en peut dire est que dans l'âme c'est une passion de régner, dans les esprits c'est une sympathie[1], et dans le corps ce n'est qu'une envie cachée et délicate de posséder ce que l'on aime après beaucoup de mystères.

69. S'il y a un amour pur et exempt du mélange de nos autres passions, c'est celui qui est caché au fond du cœur, et que nous ignorons nous-mêmes.

70. Il n'y a point de déguisement qui puisse longtemps cacher l'amour où il est, ni le feindre où il n'est pas.

71. Il n'y a guère de gens qui ne soient honteux de s'être aimés quand ils ne s'aiment plus.

72. Si on juge de l'amour par la plupart de ses effets, il ressemble plus à la haine qu'à l'amitié.

73. On peut trouver des femmes qui n'ont jamais eu de galanterie[2] ; mais il est rare d'en trouver qui n'en aient jamais eu qu'une.

74. Il n'y a que d'une sorte d'amour, mais il y en a mille différentes copies.

75. L'amour aussi bien que le feu ne peut subsister sans un mouvement continuel ; et il cesse de vivre dès qu'il cesse d'espérer ou de craindre.

76. Il est du véritable amour comme de l'apparition des esprits : tout le monde en parle, mais peu de gens en ont vu.

77. L'amour prête son nom à un nombre infini de commerces qu'on lui attribue, et où il n'a non plus de part que le Doge à ce qui se fait à Venise[3].

La Rochefoucauld, *Maximes* (1665-1678).

1. *Une sympathie* : un accord. **2.** *Galanterie* : aventure amoureuse. **3.** L'aristocratie vénitienne laissait peu de place au pouvoir du doge de la cité.

DOCUMENT 2 « Les deux pigeons » (Jean de La Fontaine)

Dans le long récit qui prend place avant l'extrait suivant, La Fontaine peint un couple de pigeons : liés par un « amour tendre », les deux volatiles ont fait l'expérience de la séparation ; l'un des deux, « imprudent voyageur », poussé par le désir de voir du pays, n'a connu que déconvenues et mésaventures ; leurs retrouvailles constituent un moment de bonheur. De ce récit animal, le fabuliste tire une leçon à l'attention des humains.

[...]
Amants, heureux amants, voulez-vous voyager ?
    Que ce soit aux rives prochaines ;
Soyez-vous l'un à l'autre un monde toujours beau,
    Toujours divers, toujours nouveau ;
Tenez-vous lieu de tout, comptez pour rien le reste.
J'ai quelquefois aimé : je n'aurais pas alors
    Contre le Louvre et ses trésors,
Contre le firmament et sa voûte céleste,
    Changé les bois, changé les lieux
Honorés par les pas, éclairés par les yeux
    De l'aimable et jeune bergère
    Pour qui, sous le fils de Cythère[1],
Je servis, engagé par mes premiers serments.
Hélas ! quand reviendront de semblables moments ?
Faut-il que tant d'objets si doux et si charmants
Me laissent vivre au gré de mon âme inquiète ?
Ah ! si mon cœur osait encor se renflammer !
Ne sentirai-je plus de charme qui m'arrête ?
    Ai-je passé le temps d'aimer ?

Jean de La Fontaine, « Les deux pigeons », *Fables*, (1678-1679).

1. *Le fils de Cythère* : Il s'agit de l'Amour, fils de Vénus, déesse protectrice de Cythère.

DOCUMENT 3 Article « Amour », *Dictionnaire philosophique* (Voltaire)

AMOUR

Il y a tant de sortes d'amour, qu'on ne sait à qui s'adresser pour le définir. On nomme hardiment *amour* un caprice de quelques jours, une liaison sans attachement, un sentiment sans estime, des simagrées de sigisbé[1], une froide habitude, une fantaisie romanesque, un goût suivi d'un prompt dégoût : on donne ce nom à mille chimères.

Si quelques philosophes veulent examiner à fond cette matière peu philosophique, qu'ils méditent le banquet de Platon, dans lequel Socrate, amant honnête d'Alcibiade et d'Agathon, converse avec eux sur la métaphysique de l'amour.

Lucrèce en parle plus en physicien : Virgile suit les pas de Lucrèce ; *amor omnibus idem*[2].

C'est l'étoffe de la nature que l'imagination a brodée. Veux-tu avoir une idée de l'amour ? vois les moineaux de ton jardin ; vois tes pigeons ; contemple le taureau qu'on amène à ta génisse ; regarde ce fier cheval que deux de ses valets conduisent à la cavale paisible qui l'attend, et qui détourne sa queue pour le recevoir ; vois comme ses yeux étincellent ; entends ses hennissements ; contemple ces sauts, ces courbettes, ces oreilles dressées, cette bouche qui s'ouvre avec de petites convulsions, ces narines qui s'enflent, ce souffle enflammé qui en sort, ces crins qui se relèvent et qui flottent, ce mouvement impétueux dont il s'élance sur l'objet que la nature lui a destiné : mais n'en sois point jaloux, et songe aux avantages de l'espèce humaine ; ils compensent en amour tous ceux que la nature a donnés aux animaux, force, beauté, légèreté, rapidité. [...]

Comme les hommes ont reçu le don de perfectionner tout ce que la nature leur accorde, ils ont perfectionné l'amour. La propreté, le soin de soi-même, en rendant la peau plus délicate, augmentent le plaisir du tact[3] ; et l'attention sur sa santé rend les organes de la volupté plus sensibles. Tous les autres sentiments entrent ensuite dans celui de l'amour, comme des métaux qui s'amalgament avec l'or : l'amitié, l'estime, viennent au secours ; les talents du corps et de l'esprit sont encore de nouvelles chaînes.

Nam facit upsa suis interdum fœmina factis,
Morigerisque modis, et mundo corpore cultu,
Ut facile insuescat secum vir degere vitam.

(Lucrèce, IV, 1274-76.)

On peut, sans être belle, être longtemps aimable.
L'attention, le goût, les soins, la propreté,
Un esprit naturel, un air toujours affable,
Donnent à la laideur les traits de la beauté.

L'amour-propre surtout resserre tous ces liens. On s'applaudit de son choix, et les illusions en foule sont les ornements de cet ouvrage dont la nature a posé les fondements.

Voltaire, article « Amour »,
Dictionnaire philosophique (1765).

1. *Un sigisbé* : chevalier servant. **2.** « L'amour est le même dans tous. » **3.** *Tact* : toucher.

QUESTIONS

1. Identifiez le genre dont relèvent les textes du corpus. Comment les auteurs tirent-ils parti des ressources que chacun des genres leur offre ?

2. Comment se manifeste la subjectivité du locuteur dans ces trois textes ?

ÉCRITURE D'INVENTION

Rédigez une fable sur l'amour dont la moralité sera constituée par une des maximes de La Rochefoucauld. Comme La Fontaine, vous mettrez en scène des animaux, que vous pourrez choisir parmi ceux évoqués par Voltaire.

CORRIGÉ

QUESTIONS

1. Les trois textes du corpus affichent clairement leur appartenance au domaine de l'**argumentation** ; néanmoins, chacun relève d'une catégorie argumentative particulière et définie.

■ Le **document 1**, comme l'indique le titre de l'œuvre *Maximes* de La Rochefoucauld, ressortit à la forme de la **maxime**, dont l'extrait donne une collection de dix. « Les deux pigeons », **document 2**, propose une leçon sous l'apparence d'une confidence intime du poète. Il s'agit là d'une **fable**, dont La Fontaine s'est fait le représentant à l'âge classique. L'article « Amour » du *Dictionnaire philosophique* de Voltaire, **document 3**, est assimilable à un **essai**. En effet, l'auteur livre une réflexion, nourrie de lectures, d'observations personnelles, sur l'amour.

■ Chacun des auteurs exploite les ressources que lui offre le sous-genre argumentatif auquel il s'adonne. Le **moraliste** table sur l'impersonnalité et la clôture des énoncés qu'il produit pour se soustraire à la contestation, sur l'efficacité d'une parole brève et incisive pour battre en brèche à coups successifs une représentation idéalisée de l'amour. Le **fabuliste**, de son côté, engage le lecteur par la grâce d'une parole intimiste à cultiver l'amour et l'amitié ; contre toute attente, la moralité verse dans une confession aux accents personnels et appelle les « amants » à jouir de la félicité amoureuse. Le **penseur des Lumières**, enfin, par un collage de citations et de références variées, de remarques procédant par touches successives, en apparence sans ordre, d'exemples empruntés aux sciences naturelles, développe une conception subjective de l'amour, considéré avant tout comme un phénomène physique. Ainsi le corpus présente trois approches génériques et critiques différentes autour d'un même thème.

2. La subjectivité du locuteur se manifeste à des degrés divers dans les extraits du corpus, quoiqu'elle ne soit absente d'aucun.

■ Les maximes de **La Rochefoucauld** se donnent une **apparence objective**, ce à quoi contribuent notamment l'emploi récurrent du pronom indéfini « on » et le présent gnomique (ou présent de vérité générale). La **subjectivité** s'y traduit cependant par l'utilisation du tour impersonnel à valeur de modalisation (« Il est difficile »), l'établissement d'une hypothèse (« S'il y a un amour »), l'humour (maxime 77), mais également par l'agencement même des énoncés qui manifeste l'ordre dans lequel le moraliste a choisi de traiter la matière de son argumentation.

■ Chez **La Fontaine**, le **jugement** du fabuliste s'épanouit pleinement dans l'âme de la fable. Le moi y est omniprésent sous la forme des pronoms et des déterminants possessifs de la première personne (« je », « me », « m' », « mes », « mon ») quand le lecteur attendait sans doute une moralité sur le modèle de la maxime.

■ La **part subjective du texte voltairien** se manifeste par l'**implication forte** qu'il réclame **du destinataire**. Celui-ci est interpellé par une question rhétorique (« Veux-tu avoir une idée de l'amour ? »), désigné selon un registre familier par le pronom personnel de la deuxième personne du singulier ou l'indéfini, à valeur ironique ici (« on s'applaudit »). Ces apostrophes au lecteur ont de quoi surprendre dans un article de nature encyclopédique.

■ Les textes du corpus jouent ainsi des écarts avec la règle des genres choisis qui les portaient en principe à plus de neutralité et d'effacement.

FRANÇAIS

ÉCRITURE D'INVENTION

■ Le sujet vous impose une **forme précise d'écrit** : il s'agit d'une **fable qui comprendra un récit et une moralité** empruntée à une maxime de La Rochefoucauld. La place de cette dernière est laissée à votre libre appréciation. Elle doit se trouver à un endroit stratégique de votre texte, à l'ouverture ou en conclusion.

■ La **maxime** que vous allez emprunter à La Rochefoucauld en guise de moralité doit afficher clairement une **fonction didactique** et une **portée généralisante**, propres au genre de l'apologue. Préférez les maximes 69 à 72, dont la formulation apparaît plus ramassée, édifiante et universelle.

■ Le récit va prendre à la fois **valeur d'exemple et d'argument de la maxime retenue**. Il est demandé de mettre en scène des animaux, ce qui suppose de choisir un bestiaire approprié à l'argumentaire demandé. Voltaire fait mention dans son texte de plusieurs animaux : les moineaux sont touchants de fragilité et évoquent un certain romantisme, le taureau est réputé pour sa détermination peu réfléchie, le cheval pour sa fougue et sa noblesse. À vous d'exploiter, au gré des besoins du récit et de l'argumentation, ces caractéristiques.

■ Le corps de votre fable - sa **partie narrative** - réclame une **construction rigoureuse** : esquisse du cadre spatio-temporel (par exemple, un cadre bucolique propice à l'éclosion du sentiment amoureux), situation initiale, péripéties, situation finale. La narration pourra se combiner avec des passages au discours direct mais également au style indirect libre et inclure, éventuellement, des interventions du fabuliste sous la forme de commentaires directs, teintés d'ironie.

■ La maîtrise des connaissances relatives à l'**argumentation indirecte** et à ses visées - instruire et plaire - garantira une bonne exploitation de la consigne.

HISTOIRE

1. Croissance économique et mondialisation au XXe siècle 388

2. La guerre et les régimes totalitaires au XXe siècle 393

3. La République française face aux enjeux du XXe siècle............ 403

GÉOGRAPHIE

4. L'aménagement et la valorisation des territoires en France 418

5. Le développement du territoire français 426

6. Les territoires de l'Union européenne................................ 434

7. L'Union européenne et la France dans la mondialisation......... 440

HISTOIRE-GÉOGRAPHIE

HISTOIRE

1 Croissance économique et mondialisation au XXe siècle

www.annabac.com

Depuis 1850, les pays industrialisés connaissent une croissance économique sans précédent, fondée sur l'industrialisation. Cette croissance connaît des phases d'accélération et de recul, et touche successivement des espaces (ou économies-monde) différents. Comment la croissance économique contribue-t-elle à la mondialisation des échanges ? Pourquoi et comment assiste-t-on, au XXe siècle, à l'émergence de nouvelles puissances économiques mondiales ?

1 Les différentes phases de la croissance depuis 1850

A Un processus long et continu

■ **À la fin du XVIIIe siècle**, l'Angleterre puis les pays d'Europe de l'Ouest et les États-Unis connaissent une **première industrialisation**, fondée sur l'exploitation du **charbon** et du **fer**. L'énergie produite par la **machine à vapeur** permet la mécanisation de l'**industrie textile** et le développement du **chemin de fer**.
L'industrialisation se traduit par une part croissante de l'industrie dans l'activité, la diffusion de nouvelles technologies et de nouveaux produits.

■ À partir de 1850, la population augmente, les niveaux de vie s'améliorent et la demande de produits industriels assure une **croissance économique de plus de 3 %**. Dès les années 1860, la **chimie** connaît un formidable essor. De nouvelles sources d'énergie (l'**électricité**, puis le **pétrole**) relancent l'industrialisation et permettent de nombreuses **innovations** (moteur à essence en 1891, développement du tramway et du métro). Les moyens d'information et de communication se perfectionnent (cinéma, téléphone) et de nouvelles techniques de vente se développent (grands magasins, publicité).

■ Cette croissance se maintient pendant les deux **conflits mondiaux**, stimulée par la production d'armement et l'étatisation de l'économie.

■ De 1945 à 1973, durant les **Trente Glorieuses**, de nombreux pays industrialisés voient leur **PIB multiplié par trois**, soit autant que durant les deux siècles précédents. La croissance (5 % par an en moyenne), s'appuie essentiellement sur l'industrie sidérurgique et automobile.
Les pays industrialisés bénéficient d'un ensemble de facteurs favorables à la croissance. Les États soutiennent la consommation par des **dépenses publiques** qui augmentent le pouvoir d'achat. Les ménages s'équipent en **biens de consommation** courants qu'ils renouvellent en achetant **à crédit**. On entre dans une ère de **consommation de masse**. Les jeunes issus du baby-boom, plus nombreux et plus qualifiés, créent une dynamique de croissance dans tous les pays.

■ Dans les années 1970, l'âge d'or de l'**électronique** permet de nombreuses applications industrielles (développement des secteurs informatique, nucléaire, spatial et aéronautique). Les domaines de la médecine, de la chirurgie, de l'industrie pharmaceutique, de la finance, de l'automobile sont bouleversés par l'**automatisation**.

■ Depuis 1990, le développement des **technologies de l'information et de la communication** (notamment Internet) entraîne le passage d'une société industrielle à une société de communication.

B Une croissance inégale dans le temps

■ **Les crises de la 2ᵉ industrialisation**

• La **Grande Dépression (1873-1895)** commence par un **krach boursier** à Vienne qui provoque des faillites d'entreprises et de grandes banques. La croissance tombe à moins de 2 % par an. L'Europe part à la recherche de nouveaux débouchés dans les colonies.

• Le **jeudi 24 octobre 1929** (« **jeudi noir** »), les cours de la Bourse de Wall Street s'effondrent. La crise est rapidement internationale. En 6 mois, la production mondiale chute de 38 %, le volume du commerce mondial de 25 %. Le monde compte au moins 32 millions de chômeurs.

■ **Les conséquences des crises**

Le **protectionnisme** se renforce partout et les puissances européennes pratiquent la **préférence impériale** avec leurs colonies. De nombreux pays procèdent à une **dévaluation** de leur monnaie. L'économiste **Keynes** propose de résoudre la crise de 1929 en stimulant la consommation. Les puissances industrielles relancent leur économie par des politiques de **grands travaux**. Les dictatures (Allemagne et Italie) recherchent des solutions dans l'**expansion territoriale**.

La dévaluation est la modification du taux de change d'une monnaie destinée à la déprécier par rapport aux monnaies étrangères pour augmenter les exportations.

Les cinq grands cycles Kondratieff

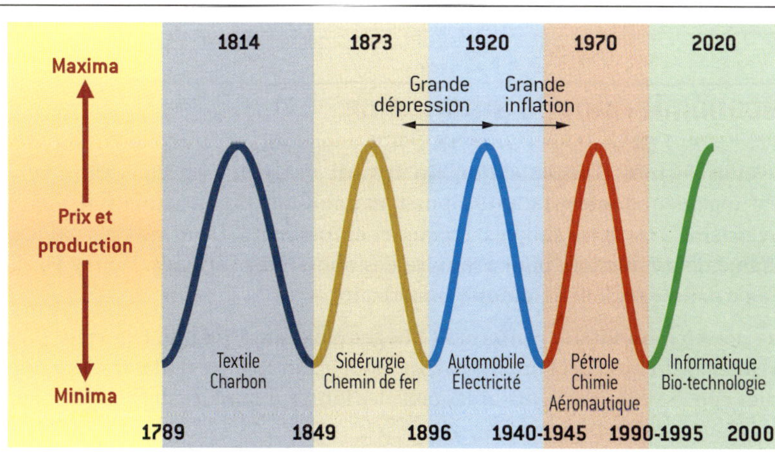

- Le cycle « révolution industrielle » (machine à vapeur...) : 1789-1849
- Le cycle « bourgeois » (rail, sidérurgie) : 1849-1896
- Le cycle « néomercantiliste » (automobile, électricité, chimie...) : 1896 → 1940-1945
- Le cycle « stratégie » (avion, pétrole, électronique) : 1940-1945 → 1990-1995
- Le cycle « gestionnaire » (systèmes d'information, télécoms) : 1990-1995 → 2020

Depuis les années 1970 : crise et mutation

- À partir du début des années 1970, dans les pays industrialisés, les prix augmentent, le chômage se généralise et la croissance ralentit ; on parle de **stagflation** (inflation + stagnation). Le premier choc pétrolier (1973) agit comme un détonateur. Le but de l'activité économique capitaliste transparaît dès lors : produire des richesses, et non fournir des emplois au plus grand nombre.
- On distingue aujourd'hui les politiques économiques privilégiant l'**emploi** au détriment des salaires et des acquis sociaux (États-Unis, Royaume-Uni) et celles privilégiant les **acquis sociaux** au détriment de l'emploi (France, Allemagne). Les politiques de relance de la consommation échouant, la crise est interprétée comme le résultat de déséquilibres budgétaires qu'il faut combattre par une **politique de rigueur** (diminution des dépenses de l'État).

2 Les économies-monde successives

La notion d'économie-monde désigne, selon l'historien Fernand Braudel, **un espace économique organisé par un État, autour de lui et à son profit**. Depuis 1850, nous sommes passés d'un monde où le Royaume-Uni, puis les États-Unis, dominaient le commerce mondial à une économie-monde multipolaire.

A L'économie-monde britannique

En 1850, le Royaume-Uni domine les échanges mondiaux grâce à son empire colonial, sa spécialisation industrielle, sa puissance financière. Il se spécialise dans l'extraction du charbon, la sidérurgie et le textile. Cette économie-monde dure jusqu'en 1914 et se diffuse dans toute l'Europe à l'aube du XXe siècle.

La **City**, place financière de Londres, est incontournable dans le domaine financier. À partir des années 1880, la plupart des entreprises ouvrent leur capital aux investisseurs. Leurs actions sont vendues dans les Bourses de Londres, puis de Paris, Berlin, Francfort et New York.

B L'économie-monde américaine

De **nouvelles formes d'organisation du travail** naissent aux États-Unis au cours du XIXe siècle. L'ingénieur **Taylor** (1856-1915) met au point une organisation scientifique du travail, ou **taylorisme**. Des actes simples, répétés et chronométrés sont réalisés par les ouvriers, sur une chaîne de production, pour produire des objets **standardisés**. **Henry Ford** applique cette méthode dans le secteur automobile américain.

Les deux conflits mondiaux renforcent l'hégémonie américaine. Les États-Unis deviennent les créanciers du monde et imposent leur modèle. En 1944, le dollar devient une des seules monnaies convertibles en or, et sur laquelle les autres monnaies doivent fixer leur taux de change (conférence de Bretton-Woods).

À partir de 1947, les produits de l'industrie américaine pénètrent les marchés européens grâce à l'aide financière du **plan Marshall**. Les États-Unis fascinent par leur capacité à innover et leur méthode de production s'impose dans l'industrie mondiale.

Concurrencés tour à tour par le modèle communiste (années 1950), l'Europe (fin des années 1960) et le Japon, les États-Unis conservent cependant leur avance technologique et diffusent leurs valeurs à travers le monde.

C Une économie-monde multipolaire

■ Le **début des années 1990** marque une rupture dans l'histoire de la mondialisation. À la hausse de la demande, des niveaux de vie et de la population il faut ajouter :
- les besoins des **anciens pays communistes convertis au capitalisme** : dislocation de l'URSS, ouverture de la Chine au marché mondial ;
- la **révolution des transports et des moyens de communication** qui accélère la circulation des marchandises, des capitaux et des informations ;
- l'**affirmation du libre-échange** qui s'impose sous l'égide de l'OMC (Organisation mondiale du commerce, fondée en 1995).

■ Les firmes transnationales (FTN) ont une stratégie planétaire. Plus de 80 % d'entre elles sont originaires des pays du Nord et réalisent plus du tiers des exportations mondiales. Elles **délocalisent** leur production vers les pays du Sud où le coût de la main-d'œuvre est faible.

■ Les **pays du Nord** conservent les secteurs des technologies de pointe, de la recherche, du marketing et développent les services (conseils, finances). Les activités de production et d'assemblage sont laissées aux nouveaux **pays industrialisés d'Asie**. On parle de division internationale du travail (**DIT**).

SUJET DE TYPE BAC

Analyse de document

Les mutations économiques des pays industrialisés.

Montrez, à partir du document suivant, en quoi l'évolution de la croissance et du chômage est révélatrice des grandes mutations économiques qu'ont connues les pays industrialisés entre 1947 et 1995.

Croissance et chômage de 1947 à 1995 dans les pays industrialisés

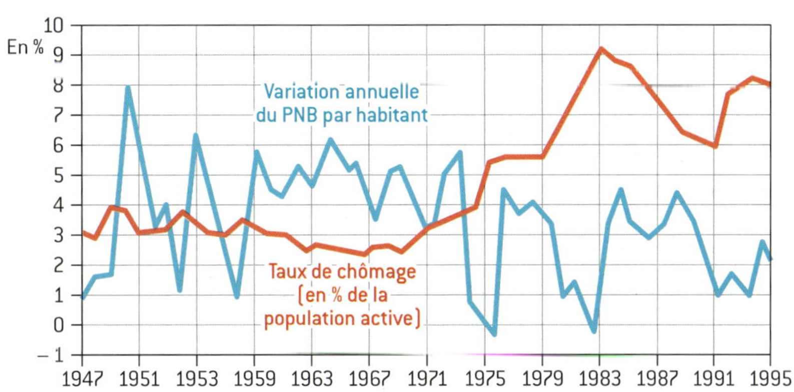

Il s'agit ici d'un graphique *évolutif et comparatif*. Par conséquent, vous ne devez pas traiter séparément les termes du sujet. Croissance et chômage s'observent en même temps.

HISTOIRE

CORRIGÉ

Introduction

En quoi les évolutions du PNB et du chômage sont-elles révélatrices des mutations économiques des pays industrialisés de 1947 à 1995 ?

Plan détaillé

I. Les Trente Glorieuses

1. Les caractéristiques (observation des courbes)
Après la Seconde Guerre mondiale, les pays industrialisés connaissent une période de fort dynamisme économique que Jean Fourastié a nommée les Trente Glorieuses. Ce fort taux de croissance (5 % en moyenne) est exceptionnel en 1950 puisqu'il atteint 8 %. À cette date, les pays européens et le Japon ont retrouvé leur niveau de production d'avant-guerre. Le chômage est structurel, il n'est pas lié à la conjoncture économique. Son niveau faible, autour de 3,5 %, a permis de parler de plein-emploi, et il faut avoir recours à l'immigration pour pallier le manque de main-d'œuvre.

2. Les facteurs explicatifs (vos connaissances)
Le baby-boom ; le plan Marshall ; une consommation en hausse.

II. Crise ou mutations depuis 1973 ?

1. Le ralentissement de la croissance et la montée du chômage (observation des courbes)
Entre 1973 et 1995, le taux de croissance des pays industrialisés a fortement baissé mais reste positif puisqu'il varie de 0 à 2 %. Cette variation connaît des irrégularités importantes marquées par deux pics de décroissance (en 1976 et 1982) et trois hausses à plus de 4 % (1977, 1985, 1989). Le taux de chômage ne cesse d'augmenter à partir de 1970 (5,5 % en 1973).

2. Les facteurs explicatifs (vos connaissances)
Les crises financières ; un second choc pétrolier.

3. Mutations plutôt que crise (observations et explications)
Peu avant les années 1990, la baisse du taux de chômage et la réduction du secteur industriel sont liées à la mondialisation. De nouveaux secteurs de l'économie apparaissent, et l'on parle d'une troisième industrialisation, liée aux technologies de l'information et des communications. Mais après 1991, le chômage augmente à nouveau : de nouvelles puissances apparaissent (Chine, Asie orientale) et de nombreuses entreprises délocalisent leurs unités de production dans ces pays où la main-d'œuvre est moins chère. Une nouvelle division internationale du travail se met en place.

Conclusion

L'étude de ce graphique révèle les mutations économiques du monde industrialisé depuis les années 1950. Les pays industrialisés du Nord ont progressivement délaissé le secteur industriel au profit des activités de recherche, de conception, de financement, tandis que de nouvelles puissances émergentes, telles que la Chine, sont devenues les « ateliers du monde ».

2 La guerre et les régimes totalitaires au XXe siècle

Le XXe siècle est un siècle de conflits, celui de deux guerres à la fois mondiales et totales, qui a également vu se développer des régimes totalitaires leur étant liés. En quoi la Première Guerre mondiale est-elle la matrice de comportements violents, destinés à prendre une plus grande ampleur dans les régimes totalitaires et lors de la Seconde Guerre mondiale ? Cette violence perdure-t-elle pendant la guerre froide ?

1 La Première Guerre mondiale : l'expérience combattante dans une guerre totale

A Une guerre totale

a. Une mobilisation inédite…

- La Première Guerre mondiale, qui débute le **3 août 1914**, est l'aboutissement de longues années de **tensions nationalistes** et d'alliances entre les pays européens. La **Triple Alliance** (Allemagne, Autriche-Hongrie, Italie) fait face à la **Triple Entente** (Royaume-Uni, France, Russie). Jamais une guerre n'avait mobilisé autant d'hommes : 67 millions de combattants sont incorporés de 1914 à 1918.

- Après une phase de mouvement, le **front** de l'Ouest se stabilise des Vosges à la mer du Nord à la fin de 1914.

- L'Italie, la Roumanie, la Chine et le Japon rejoignent la Triple Entente tandis qu'en 1917, la Russie, secouée par la révolution bolchevique, sort du conflit et les États-Unis sortent de leur isolationnisme : **la guerre est devenue mondiale.**

b. … entièrement tournée vers l'effort de guerre

- Dans tous les pays en guerre, l'**Union sacrée** prévaut : tous les partis politiques se rassemblent derrière leur gouvernement ; la démocratie républicaine est suspendue. Malgré l'appel au patriotisme, la mobilisation s'effectue avec résignation et non avec enthousiasme.

- Les populations sont soumises à une intense **propagande** et à la **censure**. Les mauvaises nouvelles du front sont ignorées et l'héroïsme des combattants est glorifié. Soldats et civils sont plongés dans une **culture de guerre**.

> **La culture de guerre s'affirme à travers les productions (affiches, livres, tableaux, jeux, jouets, etc.) qui transmettent la haine de l'adversaire et justifient la violence envers lui.**

Les États nationalisent les productions, centralisent les commandes, ont recours aux emprunts et font « tourner la planche à billets » : c'est la première expérience moderne d'une **économie de guerre.** La **guerre économique** doit asphyxier l'adversaire : dès 1914, les Alliés mettent en place un blocus naval contre les empires centraux. Les **innovations techniques** sont rendues nécessaires par l'enlisement du conflit (canons, mitrailleuses, gaz, lance-flammes, sous-marins, chars). La médecine et la chirurgie de guerre progressent.

B L'expérience combattante

a. Les violences du front...

Le terme « poilus », qui témoigne des conditions d'hygiène désastreuses des tranchées, désigne les soldats français de la Grande Guerre.

Sur le champ de bataille, les soldats font l'expérience d'une guerre défensive. Dans les **tranchées**, les « **poilus** » comme tous les combattants européens, mitraillés, victimes des gaz de combat, vivent dans l'horreur et la peur. Ils dorment dans la boue, souffrent de ce qu'ils appellent les « **ennemis intérieurs** » : les poux, les rats, le typhus, la faim et la soif.

L'artillerie lourde, dont les tirs sont vécus comme une violence anonyme, cause de graves **traumatismes corporels**. Ce « feu » est responsable de 70 % des morts de guerre. La violence visuelle (camarades morts), les gaz laissent des marques psychologiques importantes (l'obusite).

Des **actes de cruauté** apparaissent dès 1914 sur le front de l'Est : les mutilations des combattants, les mauvais traitements infligés aux prisonniers de guerre, ont pour but de **déshumaniser** l'ennemi. Ce sont des violations du droit de la guerre fixé par les conventions de Genève (1864) et de La Haye (1907).

b. ... se reportent sur l'arrière

Les violences du front se reportent également sur l'arrière, quand **civils** et armées ennemis se retrouvent brutalement en contact. Les viols, encouragés par l'affaiblissement de la discipline militaire, accompagnent souvent les violences d'invasion (Serbie). Les retraites donnent parfois lieu à une violence défoulatoire.

Les zones occupées sont pillées et, isolées, les populations soumises au travail forcé (60 000 Belges et 250 000 Russes sont envoyés en Allemagne pour y travailler).

En 1916, le **génocide** par les Ottomans d'un million et demi d'Arméniens, accusés de pactiser avec les Russes, constitue le paroxysme de la violence subie par les civils lors de la Première Guerre mondiale.

C Des sociétés traumatisées et endeuillées

Après une reprise de la guerre de mouvement au début de 1918, l'Allemagne, asphyxiée par le blocus et déstabilisée à l'intérieur, signe un armistice à Rethondes le **11 novembre**. Les zones de combat sont dévastées, des villages entiers et de nombreuses infrastructures ont disparu (ponts et routes). Les États sont endettés, surtout auprès des États-Unis. La hausse de la masse monétaire engendre une forte inflation (hausse des prix, baisse de la valeur des monnaies).

Neuf millions d'hommes ont péri, soit environ 900 soldats français et 1 200 soldats allemands par jour. Les sociétés, endeuillées, doivent prendre en charge les millions de « **gueules cassées** » et invalides de guerre dont la présence entretient au quotidien le souvenir des violences subies. Des milliers de victimes ne seront jamais retrouvées, rendant particulièrement difficile le travail de deuil.

Chaque commune, chaque entreprise, chaque famille est frappée par la perte d'un proche. Ces « cercles de deuil » entretiennent le souvenir de la guerre et participent à la **brutalisation** des rapports sociaux. Le 11 novembre devient une **date commémorative** et Verdun un **lieu de mémoire** privilégié. Le soldat inconnu de l'Arc de Triomphe incarne les corps non-identifiés et donne une sépulture aux endeuillés.

La brutalisation naît de violences subies, engendrant à leur tour des comportements brutaux.

2 Genèse et affirmation des régimes totalitaires soviétique, fasciste et nazi

La mise en place de régimes totalitaires en URSS, Italie et Allemagne est liée aux frustrations nées du règlement du conflit, à la banalisation de comportements violents et à la crise économique des années 1930 (chapitre 1).

A L'émergence des régimes totalitaires

a. Des régimes nés de la Grande Guerre

En 1917, la Russie est secouée par une **vague révolutionnaire**. En octobre, Lénine et Trotski, membres du parti **bolchevique**, organisent un coup d'État et signent avec l'Allemagne le traité de Brest-Litovsk (mars 1918). Pour faire face aux « russes blancs », monarchistes soutenus par les démocraties européennes, les bolcheviks prennent des mesures radicales, appelées « **communisme de guerre** ». C'est dans ces mesures (installation d'un parti unique) que le totalitarisme soviétique trouve ses racines.

En Italie et en Allemagne, les nationalistes dénoncent une « **victoire mutilée** », pour les premiers, un « **diktat** » et un « **coup de poignard dans le dos** » pour les seconds. En effet, l'Italie, pourtant dans le camp des vainqueurs, n'a pas obtenu les **terres irrédentes** (Istrie, Dalmatie) promises par l'Entente. En Allemagne, le traité de Versailles, qui exige de lourdes réparations, est vécu comme une humiliation par les opposants à la jeune république de Weimar, notamment le **NSDAP** d'Adolf Hitler.

Le NSDAP, parti national-socialiste allemand, est fondé en 1919 par Adolf Hitler. Appelé aussi parti nazi, c'est un parti d'extrême-droite, nationaliste et antisémite qui rejette la démocratie parlementaire.

b. Un climat de crise et de violence

La Grande Guerre laisse les **économies européennes exsangues**. Les premières mesures bolcheviques entraînent la famine en **Russie**. En **Italie**, les inégalités entre le Nord, industrialisé, et le Sud, agricole et pauvre, rendent difficile le retour de la croissance. L'**Allemagne** connaît une inflation très forte dans les années 1920 et une généralisation du chômage (30 % en 1932).

Un climat politique violent. En **Allemagne** et en **Italie**, la démocratie est récente et fragile. Des associations paramilitaires ou d'anciens combattants entretiennent un climat politique violent et terrorisent les opposants. Mussolini et Hitler, tous deux anciens combattants, ont la même expérience de la violence de masse, qu'ils transfèrent au domaine politique. Ils bénéficient du soutien des milieux d'affaires qui craignent la contagion communiste.

c. Les totalitarismes à la conquête du pouvoir

■ Lénine meurt en 1924. **Staline**, secrétaire du PCUS, profite des tensions politiques internes pour renforcer son influence. Il s'assure de l'appui d'une clientèle fidèle, la **nomenklatura**, à laquelle il accorde des privilèges. Il parvient au pouvoir en éliminant ses rivaux, mais légalement puisqu'il a été élu par les cadres et les militants du parti : en 1929, il est un chef incontesté.

■ En Italie, après avoir brisé les grèves d'août 1922, et fort du soutien populaire, **Mussolini** organise une marche sur Rome de 30 000 chemises noires (Squadristi). Cette démonstration de force effraye le roi Victor-Emmanuel III, qui le nomme premier ministre le 29 octobre 1922.

■ En Allemagne, le NSDAP obtient 44 % des suffrages aux élections législatives. Le président Hindenburg nomme **Hitler** chancelier le 30 janvier 1933.

B L'affirmation des régimes totalitaires

a. Des structures identiques

■ **Le refus de la démocratie.** Le 25 novembre 1922, Mussolini obtient les **pleins pouvoirs** des députés italiens. Entre 1925 et 1928 les **lois fascistissimes** interdisent les syndicats, les partis et les élections locales. En Allemagne, Hitler dissout le parlement (Reichstag). En URSS, le PCUS nomme les candidats uniques aux élections et la démocratie n'est qu'apparente.

■ **La fin de l'État de droit.** Les ordres du chef se confondent avec les lois. Les structures de l'État se superposent à celle du parti unique.

■ **Le mythe du chef.** La propagande organise un véritable **culte de la personnalité** du dirigeant du parti. Le ministère de la Propagande possède le monopole des moyens de communication de masse. Il mobilise les médias, censure les oppositions, déforme l'histoire.

Joseph Staline (1879-1953)	**Benito Mussolini** (1883-1945)	**Adolf Hitler** (1889-1945)
Secrétaire du parti et chef du gouvernement, il est le « père des peuples », ou « grand guide », l'héritier de Lénine. La propagande modifie l'histoire pour effacer le rôle de Trotski, son rival, durant la révolution d'octobre 1917.	Président du conseil du royaume d'Italie, il est communément appelé le « Duce », le guide. Il reprend les symboles de la Rome antique (salut militaire romain, nom du parti, art officiel).	Après la mort d'Hindenburg en 1934, il cumule tous les pouvoirs ; il est le « Reichführer », le guide de l'Empire. Parades militaires, congrès du Parti à Nuremberg lui sont dédiés.

■ **Une société embrigadée.** Dès le plus jeune âge, des organisations de jeunesse, comme les Enfants de la Louve et les Balillas en Italie, les Pimpf et les Jeunesses hitlériennes en Allemagne, les Pionniers et les Komsomols en URSS, entraînent des « **hommes nouveaux** ».

■ Le NKVD en URSS, la Gestapo en Allemagne et l'OVRA en Italie sont des **polices politiques** qui surveillent la population. En Allemagne, dès 1933, 50 000 opposants allemands sont internés dans le **camp de concentration** de Dachau. En URSS, Staline organise la Grande Terreur, qui frappe 680 000 personnes ; les **Grands Procès de Moscou** (1936-1938) visent des personnalités du parti, envoyées dans les camps de travaux forcés du **Goulag** (organisme gérant les camps de travail forcé en URSS).

■ En URSS, l'économie est **planifiée** (plans quinquennaux) et les terres sont collectivisées pour financer l'industrie lourde. En Italie et en Allemagne, les régimes visent l'**autarcie**. La politique économique s'appuie sur la réalisation de **grands travaux**.

b. Des spécificités idéologiques

■ L'idéologie nazie est intrinsèquement **raciste**. L'**antisémitisme** est sa première spécificité. Les Juifs sont exclus de la Nation par les **lois de Nuremberg** en 1935, les persécutions (**pogroms**) se multiplient (Nuit de Cristal). Tandis que le nazisme se caractérise par la **sacralisation d'une prétendue « race supérieure »** (race aryenne), le fascisme se caractérise par la **sacralisation de la Nation**.

■ Chaque régime identifie ses **ennemis intérieurs**. Pour Staline, il s'agit d'**opposants de classe** (paysans aisés, nobles, bourgeois) ; pour les nazis, il s'agit **d'ennemis de « race »** (Juifs) ou d'asociaux (homosexuels, malades mentaux…). En Italie, ces ennemis sont persécutés. En Allemagne, ils sont encouragés à partir, déportés puis éliminés. En URSS, ils sont envoyés dans les camps du Goulag.

■ Les trois régimes totalitaires instrumentalisent l'art et la religion, mais de façons différentes. Le « **réalisme socialiste** » impose de louer les réussites soviétiques (planification, collectivisation, rôle du prolétariat) en URSS ; en Italie, Mussolini encourage le retour à l'**esthétisme antique**, glorifiant la force du corps et l'empire romain. Mais en Allemagne, Hitler va jusqu'à lutter contre un art qu'il qualifie de « **dégénéré** » car moderne ou pacifiste. Des autodafés ou des expositions d'œuvres à bannir sont organisés (Munich, 1937).

■ De même, tandis que le nazisme et le stalinisme sont des idéologies fondamentalement éloignées de valeurs chrétiennes, voire **athéistes**, l'Italie fasciste cherche au contraire le soutien des catholiques, qu'elle obtient lors des **accords du Latran** (reconnaissance de la souveraineté du pape sur le Vatican).

3 La Seconde Guerre mondiale : guerre d'anéantissement, de génocide et combats de la Résistance (1939-1945)

La guerre fait partie de l'idéologie nazie : elle doit permettre à la « race aryenne » de dominer le monde. La passivité des démocraties européennes et le bellicisme des régimes totalitaires conduisent à un nouveau conflit mondial en 1939 pendant lequel un nouveau seuil de violence est franchi.

A Une guerre d'anéantissement

a. Un conflit idéologique…

■ Dans l'idéologie nazie, la guerre met aux prises des peuples pour leur survie. Afin d'assurer la sienne, la « race aryenne » doit conquérir un « **espace vital** », situé à l'est de l'Europe. C'est la raison pour laquelle Hitler signe, avec Staline, un **pacte de non-agression** le 23 août 1939 qui prévoit secrètement le partage de la Pologne.

■ Le **1er septembre 1939**, l'armée allemande envahit la Pologne et très rapidement, la tactique de la « guerre éclair », la **Blietzkrieg**, permet de vaincre les pays d'Europe du Nord et de l'Ouest. En juin 1940, le Royaume-Uni se retrouve seul en guerre contre les puissances de l'Axe après l'**armistice** signé par la France. L'**occupation** allemande est particulièrement brutale à l'encontre des Slaves, considérés comme inférieurs et l'offensive lancée contre l'URSS, à la fin de 1941, est présentée par Hitler comme une « croisade » contre le bolchevisme.

L'Axe est une alliance militaire conclue entre l'Allemagne nazie, l'Italie fasciste (Axe Rome-Berlin) puis le Japon.

HISTOIRE

Face à l'Axe, les Alliés s'organisent au nom de la liberté et des valeurs démocratiques, et signent la **Charte de l'Atlantique** en 1941. Les États-Unis entrent en guerre après l'attaque de **Pearl Harbour** par les forces japonaises le 7 décembre 1941. Ils deviennent « l'arsenal des démocraties ».

L'Europe occupée est alors asservie, jusqu'en 1944, à l'idéologie nazie et réorganisée suivant des **conceptions raciales**. Les populations sont hiérarchisées en fonction de leur « parenté » avec la race aryenne.

b. ... qui justifie un franchissement du seuil de la violence

La durée du combat donne une ampleur considérable aux violences commises et **la cruauté se banalise**, notamment sur le front russe (massacre de 20 000 polonais à Katyn ordonné par Staline en 1940) mais aussi dans le Pacifique (pulsions exterminatrices des Américains contre les Japonais, prisonniers américains utilisés comme cobayes pour tester des armes chimiques japonaises). Les **prisonniers de guerre** sont souvent éliminés.

Dans les pays occupés par les nazis, les civils sont terrorisés par la Gestapo, qui traque les résistants et les Juifs. Les exécutions d'**otage** se multiplient, les résistants sont **torturés, tués ou déportés** dans des camps de concentration. Au Royaume-Uni, la violence des **bombardements** (le Blitz) pendant l'été 1940, pousse les civils à se terrer et à se séparer de leurs enfants, mis à l'abri dans les régions éloignées des conflits.

Hiroshima et Nagasaki ont provoqué la mort d'environ 110 000 civils japonais. Ce sont les seuls bombardements nucléaires ayant eu lieu en temps de guerre. Ils étaient destinés à briser la résistance japonaise, à mettre fin à la guerre et à épargner des vies américaines.

Les invasions et les retraites sont **plus violentes et meurtrières** : mise à sac de Nankin lors de l'invasion de la Chine par les Japonais en 1937 (200 000 morts) ; massacre d'Oradour-sur-Glane en France lors de la retraite allemande (10 juin 1944).

Les violences de guerre franchissent un nouveau seuil en août 1945 au Japon. Les Américains doivent faire face à l'exaltation de l'esprit de sacrifice des unités de **kamikazes** et à la détermination de l'ennemi. Truman décide alors les **bombardements atomiques** sur **Hiroshima et Nagasaki**, poussant alors le Japon à capituler le 2 septembre 1945.

B Le génocide des Juifs et des Tsiganes

a. Le contexte de la guerre favorise le génocide

Hitler veut « épurer » l'Europe, principalement des Juifs et des Tziganes, jugés inférieurs. Ils sont victimes d'un **génocide** dont la mise en place est progressive.

Dans les territoires occupés, les Juifs sont **recensés** et doivent porter une étoile jaune. 350 000 d'entre eux sont transférés en Pologne et ils sont environ 550 000 à peupler le ghetto de Varsovie en 1941.

Le nombre de **camps de concentration** augmente pour recevoir des détenus de toute l'Europe occupée : Dachau, Ravensbrück, Buchenwald. À partir de juin 1941, l'invasion de l'URSS entraîne une radicalisation de la violence : les Einsatzgruppen (sections d'assaut) massacrent plus d'un million de personnes : c'est la « Shoah par balles ». Une étape supplémentaire de l'**extermination de masse** est franchie.

b. L'organisation de la solution finale

■ Sur le front de l'Est, face aux difficultés des sections d'assaut à exécuter des civils, Himmler décide de mettre en place des unités de gazage mobiles. Dès l'hiver 1941, 5 000 **Tziganes** sont ainsi exterminés dans des camions à gaz.

■ Le 20 janvier 1942, lors de la conférence de **Wannsee**, la mise en œuvre du génocide est entérinée. Jusqu'en 1944, une vingtaine de camps de concentration sont ouverts. Les résistants, les opposants politiques, des Juifs et des Tziganes y sont condamnés à une mort lente par le travail forcé.

■ Les premiers **camps d'extermination** sont ouverts dès la fin de 1941 et au début de 1942. Les **ghettos** sont vidés, les Juifs sont raflés dans toute l'Europe occupée pour être conduits vers des terminus ferroviaires, comme **Auschwitz-Birkenau** où les inaptes au travail sont menés directement aux chambres à gaz.

c. La fin du système concentrationnaire

■ À partir de la défaite de Stalingrad (février 1943) et du **débarquement allié** en Normandie (6 juin 1944), les nazis tentent d'effacer les traces du génocide et emmènent avec eux dans leur fuite des rescapés pour de longues marches meurtrières. Les camps d'extermination sont libérés par l'Armée rouge en Pologne tandis que les Alliés libèrent les camps de concentration située à l'ouest comme Dachau.

■ L'extermination de **10,6 millions d'hommes**, dont **5,1 millions de Juifs** et 350 000 **Tziganes** a été un processus long, trouvant ses origines dans l'antisémitisme nazi, devenu entreprise d'**anéantissement programmée** à la faveur de la guerre.

Auschwitz, la mort industrielle

À l'entrée du camp, on peut lire « Le travail rend libre ».

HISTOIRE

C Les combats de la Résistance contre l'occupant nazi et contre le régime de Vichy

En juin 1940, l'armée française est en déroute. L'armistice est signé le 22 juin par le **maréchal Pétain** qui installe, à partir du 10 juillet, l'**État français**, appelé aussi régime de Vichy, un régime autoritaire. Celui-ci fait le choix de la **collaboration** avec l'ennemi à partir d'octobre, collaboration qui s'intensifie en 1942 et prend alors plusieurs formes :
- **policière et militaire** : arrestations des opposants, rafle et déportation des Juifs (rafle du Vel d'Hiv le 16 juillet 1942) ;
- **économique** : relève des prisonniers de guerre contre des travailleurs volontaires, service du travail obligatoire (**STO**), soutien de certains industriels ;
- **idéologique** : certains intellectuels et hommes politiques prônent un fascisme « à la française », comme le journaliste Robert Brasillach.

Le général de Gaulle est le premier à réagir et à faire acte de résistance. Le **18 juin 1940**, à la BBC de Londres, où il s'est réfugié, il lance un appel à tous les officiers qui voudraient le rejoindre et fonde ainsi les FFL (Forces françaises libres). Les ralliements sont peu nombreux et les moyens d'action encore limités.

En juin 1941, avec la rupture du pacte germano-soviétique, de nombreux communistes français entrent en résistance. Ils sont rejoints par ceux qui refusent le STO en 1942. Dès lors, la résistance intérieure s'organise. Jean Moulin, envoyé par le général de Gaulle, doit **unifier les différents réseaux au sein de la « France combattante »** et coordonner les **maquis**. Il crée en mai 1943 le Conseil national de la Résistance qui annule les décisions de Vichy et désigne de Gaulle comme le chef de la Résistance. Les FFI (Forces françaises de l'intérieur) et les FFL participent aux débarquements Alliés de l'année 1944, soit en gênant l'arrivée des renforts ennemis, soit en freinant leur retraite, soit en participant directement aux combats aux côtés des Alliés (2e DB du général Leclerc).

Début 1944, la Résistance est **prête à remplacer les institutions de Vichy**, elle dispose d'un gouvernement provisoire de la République française et assure ainsi l'avenir d'une France nouvelle.

En 1945, un premier XXe siècle semble s'achever. La page se tourne sur le conflit mondial le plus meurtrier de l'histoire où 60 millions d'hommes ont péri et pendant lequel les régimes totalitaires nazi et fasciste ont disparu. La **création de l'ONU** est alors porteuse d'un nouvel espoir de paix. Cependant, le second XXe siècle qui s'ouvre introduit une nouvelle forme de conflit où démocraties et régimes totalitaires continuent de s'opposer. C'est le début de la guerre froide.

4 La guerre froide, conflit idéologique, conflit de puissance : l'exemple de Berlin

La guerre froide désigne l'opposition politique, économique, culturelle, scientifique et militaire entre les États-Unis et l'URSS. Elle prend sa source dans une opposition idéologique entre **deux modèles** : celui de la démocratie libérale à l'Ouest et le modèle totalitaire et communiste à l'Est. **L'histoire de Berlin entre 1945 et 1989** résume cette opposition et son évolution.

A La première crise de la guerre froide : le blocus de Berlin

■ La ville de Berlin est un **enjeu politique et symbolique**. Après la Seconde Guerre mondiale, comme toute l'Allemagne, elle est divisée par les vainqueurs en quatre secteurs d'occupation. La position de Berlin au cœur de la zone soviétique en fait un enjeu géostratégique.

■ Dans la partie est de l'Allemagne, tout comme à Berlin, domine le monde communiste (régime totalitaire, idéologie marxiste, collectivisation des moyens de production, planification, parti unique, culte du chef). De 1945 à 1948, l'URSS satellise ainsi la Pologne, la Hongrie, la Bulgarie, la Roumanie et la Tchécoslovaquie qu'elle désigne sous le terme de « **démocraties populaires** ». Ce bloc communiste, situé en Europe de l'Est, de l'autre côté du **« rideau de fer »** (expression de Churchill) et en URSS, s'organise autour d'une entente économique (le CAEM) et d'une alliance militaire (**le pacte de Varsovie** de 1955).

■ Soucieux de contenir l'influence de l'URSS, les États-Unis définissent une politique d'**endiguement, ou doctrine Truman.** Le **plan Marshall**, une aide financière de près de 13 millions de dollars est ainsi accordée aux pays d'Europe de l'Ouest.

> **Selon la doctrine Truman, il faut contenir le communisme aux frontières qu'il a atteintes et aider économiquement les pays détruits par la guerre à ne pas sombrer dans cette idéologie.**

■ En juin 1948, Staline impose un **blocus** sur la ville de Berlin. Il entend protester contre la fusion des trois zones alliées de l'Ouest qui préfigure un futur pays unifié. Plutôt que de forcer le blocus, les Occidentaux le contournent par un pont aérien qui reste en place jusqu'en mai 1949, date à laquelle Staline cède et lève le blocus.

■ Deux Allemagnes voient alors le jour, la **RDA** à l'est et la **RFA** à l'ouest (ainsi que Berlin-Ouest). Les règles implicites de la guerre froide sont posées : pas d'affrontement direct, les tensions se déroulent sur un territoire éloigné des deux grandes puissances.

B Le mur de Berlin, symbole de la guerre froide (1961-1989)

■ Berlin est une « **ville-front** » de la guerre froide. Divisée en deux municipalités rivales, les contacts restent cependant fréquents et de nombreux Berlinois passent chaque jour d'un secteur à un autre pour travailler. Mais en 15 ans, 2,6 millions d'Allemands de l'Est fuient à l'Ouest, par Berlin, pour s'y installer durablement.

■ En août 1961, les Soviétiques construisent un mur qui isole totalement Berlin-Ouest. Ils le présentent comme un rempart contre le fascisme alors que les occidentaux parlent d'un « **mur de la honte** », preuve de la faillite du système communiste. Même si les Occidentaux n'interviennent pas, Kennedy, le président américain se rend à Berlin le 26 juin 1963 pour condamner le mur et montrer son soutien aux Berlinois dans un célèbre discours (« **ich bin ein Berliner** »). Le mur divise la ville et représente le paroxysme de l'opposition idéologique entre les deux camps.

Berlin, lieu géostratégique de la guerre froide

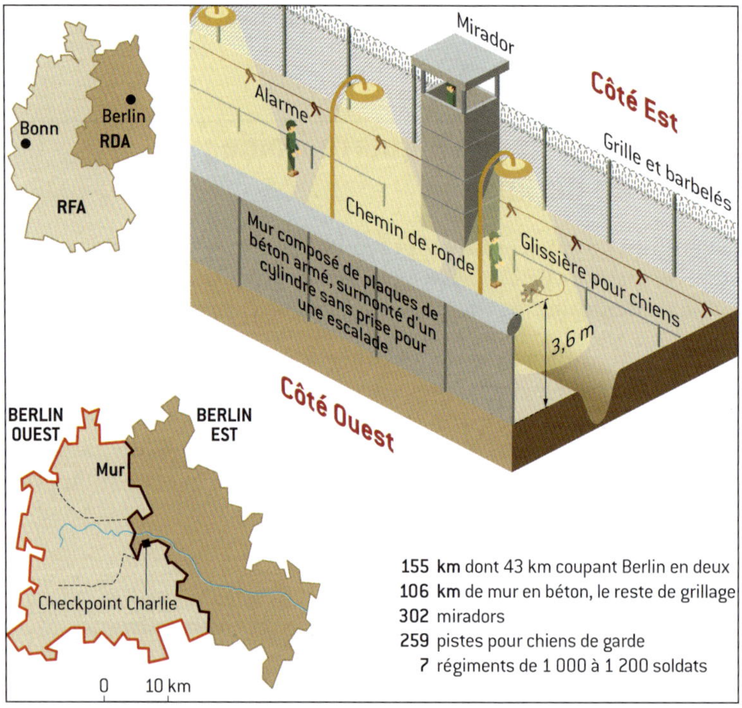

C La guerre froide s'achève à Berlin

■ Après de nombreuses années d'immobilisme soviétique, **Gorbatchev** arrive au pouvoir en 1985. Il entreprend un certain nombre de réformes économiques et politiques (**Perestroïka** et **Glasnost**) conscient du retard économique de son pays et soucieux de limiter la course aux armements initiée par les États-Unis depuis l'arrivée de Reagan au pouvoir en 1980. Dès 1987, il annonce qu'il n'interviendra pas dans les affaires de ses alliés européens.

■ À l'été 1989, la Hongrie ouvre ses frontières avec l'Autriche, permettant ainsi la fuite de milliers d'Est-Allemands. Le **9 novembre 1989**, après de nombreuses manifestations à Berlin, et sous la pression de la rue, le gouvernement est-allemand décide « d'ouvrir » le mur. Helmut Kohl, chancelier de la RFA, comprend la nécessité de réunir les deux Allemagnes, réunification qui devient effective le 3 octobre 1990.

La guerre froide prend fin de façon pacifique, là où elle avait commencée, au cœur de l'Europe, par la résolution de la question allemande. À leur tour, en 1991, les autres démocraties populaires proclament une à une leur indépendance : l'URSS disparaît le 25 décembre 1991. Les États-Unis deviennent l'unique superpuissance mondiale.

3 La République française face aux enjeux du XXe siècle

Au cours du XXe siècle, la République française, issue de l'héritage républicain du XIXe siècle, s'affirme pour devenir « indivisible, laïque, démocratique et sociale » en 1958. Malgré, les affres du siècle dernier, tels que la guerre d'Algérie, elle est également indissociable de certaines valeurs qui ont durablement influencé la société française et son évolution.

1 La République, trois républiques

A La difficile affirmation républicaine dans les années 1880-1890

a. Les fondements de la IIIe République

■ Pour **ancrer la culture républicaine** en France, les Républicains autorisent, dès 1879, l'ouverture de débits de boisson. Le cabaret, lieu de discussion et de débats dans les villages, contribue à la **diffusion des idées républicaines à l'écart de l'influence de l'Église**.

■ La loi du 29 juillet 1881 sur la liberté de la presse permet un **essor considérable de la presse** d'opinion et permet une **politisation des campagnes au profit des Républicains**.

■ La liberté d'association est limitée aux associations professionnelles par la loi du 5 avril 1884, permettant un **développement important des syndicats ouvriers et patronaux**.

■ Lutter contre l'influence de l'Église passe par une série de mesures visant à **laïciser la société**.

■ L'encadrement de l'enseignement est une des priorités des Républicains, pour qui **l'école doit être gratuite** (loi Ferry de 1881), **obligatoire et laïque** (lois Ferry de 1882).

b. La culture politique républicaine

■ On appelle « **République au village** » la diffusion des idées républicaines dans les campagnes françaises grâce à la modernisation du monde rural (chemin de fer, presse, école).

■ Leurs victoires électorales permettent aux Républicains la conquête du pouvoir notamment grâce à la pratique de la **discipline républicaine**.

La discipline républicaine est le désistement du candidat républicain le moins bien placé au profit d'un autre pour s'assurer la victoire au second tour.

■ Les Républicains se divisent entre radicaux et « opportunistes ». Les **radicaux** (Clemenceau) luttent contre le clergé, pour le développement de l'instruction publique. Les **opportunistes** (Jules Ferry) n'envisagent pas de changements brusques pour ne pas effrayer les paysans et les bourgeois, et préfèrent attendre que des « opportunités » se présentent.

■ Le régime républicain est **dominé par le Parlement (Chambre des députés et Sénat)**. Le président de la République a peu de pouvoir, le véritable chef du gouvernement étant le Président du Conseil. Le gouvernement ne peut s'opposer aux intérêts de la Chambre, ce qui entraîne une **instabilité ministérielle chronique**.

■ En 1889, les succès électoraux du général Boulanger, ancien ministre de la Guerre, qui souhaite dissoudre le Parlement, inquiète le gouvernement républicain. Cette crise illustre la déception populaire vis-à-vis du gouvernement républicain et la montée du nationalisme et de l'**antiparlementarisme**.

■ L'**affaire Dreyfus** éclate en janvier 1898, lorsqu'Émile Zola publie son *J'accuse* dans le journal *L'Aurore*. Il dénonce la condamnation injuste, en 1894, du capitaine Dreyfus pour trahison au profit de l'Allemagne. Cette **crise d'opinion et politique** divise la société française.

■ L'assassinat du président de la République Sadi Carnot, à Lyon, le 24 juin 1894 par l'anarchiste italien Caserio illustre la **vague d'actes terroristes** qui marquent les années 1892-1894.

B Des idéaux de la Résistance à la refondation républicaine après la Libération

Début 1944, la Résistance est prête à remplacer les institutions de Vichy (chapitre 2). Elle dispose d'un gouvernement, le CFLN, devenu le **Gouvernement provisoire de la République française** (GPRF). Des commissaires de la République et des préfets sont nommés pour remplacer les fonctionnaires de Vichy.

a. De Gaulle et la Libération : pouvoir et légitimité

■ La **méfiance des Alliés** persiste, notamment celle du président américain Roosevelt. Ce dernier souhaite mettre en place un gouvernement militaire américain en France.

■ De Gaulle se rend à Bayeux, le 14 juin 1944, dans l'une des premières villes libérées. Il est accueilli avec enthousiasme par la population, confirmant ainsi la **légitimité de son pouvoir** aux yeux des Américains, qui reconnaissent le GPRF en septembre 1944.

■ Après la Libération et l'effondrement du pouvoir de Vichy, le général de Gaulle entreprend de **rétablir l'autorité de l'État** : fin 1944, il parcourt le pays pour imposer son autorité aux chefs de la Résistance ; il décide d'intégrer les FFI et les FTP à l'armée régulière ; des cours spéciales de justice sont mises en place pour juger les collaborateurs.

■ Définie en octobre 1945 par le Conseil national de la Résistance, la Sécurité sociale est présente dans le préambule de la Constitution de la IVe République. Elle « garantit à tous [...] la protection de la santé, la sécurité matérielle, le repos et les loisirs ».

b. Refonder la République

■ Par le **double référendum d'octobre 1945**, au suffrage universel (les femmes votent pour la première fois), les Français se prononcent en faveur de l'élection d'une assemblée constituante, mettant ainsi fin à la IIIe République. La nouvelle Assemblée est élue le 21 octobre 1945. Ces élections voient la victoire du Parti communiste (PCF), du Parti socialiste et du Mouvement républicain populaire (MRP). Ces trois partis se retrouvent au centre du pouvoir, c'est la naissance du **tripartisme**.

■ Le tripartisme est régi par une charte signée le 23 janvier 1946. Les trois partis ne doivent pas chercher à se nuire et doivent défendre les mesures décidées par le gouvernement. Mais leurs conceptions de la République à venir sont opposées : les communistes et les socialistes veulent une assemblée unique alors que le MRP souhaite une seconde assemblée et un président de la République comme contre-pouvoirs.

■ Un **projet de Constitution** allant dans le sens du PCF et des socialistes est rejeté par référendum le 5 mai 1946. Après l'élection d'une deuxième Assemblée constituante et la rédaction d'un projet proche de la vision du MRP, la Constitution de la IVe République est adoptée le 13 octobre 1946 par référendum avec 53 % de « oui ».

■ Le **tripartisme** est menacé par des divergences croissantes entre le PCF et les autres partis. La lutte contre l'inflation menée par le gouvernement entraîne le mécontentement des ouvriers, soutenus par le PCF et les syndicats. De plus, les communistes critiquent la politique coloniale française, et notamment la lutte contre les communistes vietnamiens en Indochine. Les tensions croissantes entre les États-Unis et l'URSS poussent la France à choisir le camp occidental, alors que le PCF reste fidèle à Moscou. Ayant refusé de soutenir le gouvernement, les communistes en sont exclus par Paul Ramadier, président du Conseil, le 5 mai 1947.

■ Les chefs des trois grands partis ont participé à la rédaction de la Constitution et ont attribué aux partis politiques un large pouvoir qui leur permet de **dominer la vie politique du pays**. Les partis négocient la formation du gouvernement, désignent le président du Conseil, se répartissent les ministères et nomment les ministres.

■ De Gaulle, opposé à une République qui aurait les mêmes travers que la précédente, démissionne le 20 janvier 1946. La IVe République, minée par l'instabilité ministérielle et son incapacité à résoudre, à partir de 1954, le « problème algérien », laisse les Français dans le désarroi. L'émeute d'Alger (13 mai 1958) précipite l'effondrement de la IVe République et le retour au pouvoir du général de Gaulle.

C 1958-1962, une nouvelle République

a. L'installation de la Ve République

■ Lorsqu'il est rappelé au pouvoir en juin 1958, De Gaulle met en place un **gouvernement d'union nationale** dans lequel il réunit toutes les grandes familles politiques. Mais en réalité le gouvernement n'a qu'un **rôle représentatif**, et le pouvoir est détenu par des proches du chef de l'État, comme le diplomate Couve de Murville aux Affaires étrangères.

■ De Gaulle charge Michel Debré, ministre de la Justice, de diriger la rédaction d'une **nouvelle constitution inspirée par le discours de Bayeux** (prononcé en juin 1946 ; Charles de Gaulle y exprime sa vision des institutions de la République, soit un Parlement à deux chambres et un pouvoir exécutif dominé par le président de la République).

■ Soumise à un conseil consultatif constitutionnel formé de parlementaires, la nouvelle constitution est adoptée par le gouvernement le 3 septembre 1958.

■ L'adoption de la Constitution est soumise aux Français par référendum le 28 septembre 1958. À l'exception du Parti communiste, **tous les grands partis appellent à un vote favorable**.

■ Les élections présidentielles de décembre **1958** se font au suffrage indirect. C'est un véritable **plébiscite pour de Gaulle**, qui est élu avec 80 % des voix.

■ La Constitution de 1958 prévoit l'élection du président de la République par un collège électoral composé de 80 000 grands électeurs. Le mode de scrutin sera modifié par référendum en 1962, prévoyant l'élection du président de la République au **suffrage universel direct**, pour sept ans.

HISTOIRE

b. La « République gaullienne »

■ De Gaulle, en inspirant la rédaction de la Constitution, réaffirme la **séparation des pouvoirs** pour renforcer l'autorité de l'État et celle du président de la République.

■ Le président de la République peut **dissoudre l'Assemblée**, consulter les Français par **référendum**, prendre les pleins pouvoirs.

■ L'**Assemblée nationale** a un rôle purement législatif et budgétaire. Le **Sénat**, quant à lui, se cantonne à la confirmation des lois.

■ Dans le contexte particulier de la guerre d'Algérie, accentué par la personnalité autoritaire du général de Gaulle, la pratique du pouvoir **renforce le poids du président de la République**.

■ Le **gouvernement** est réduit à un **rôle d'exécutant**. Le président nomme et révoque les ministres comme il l'entend, et ceux-ci ont pour tâche de mettre en œuvre les décisions prises par le président.

■ Le rôle du **Parlement** est également **limité**. De Gaulle privilégie le contact direct avec les Français, dont il tire sa légitimité. Il s'adresse directement au peuple par l'intermédiaire de la radio et de la télévision et lors de ses déplacements. L'usage du référendum permet de renouveler la confiance que les Français lui accordent.

2 La République et les évolutions de la société française

A L'évolution de la population active : l'exemple de la France depuis 1914

a. Les lentes mutations de la société industrielle (1914-1945)

■ L'**industrialisation** entraîne la **croissance du salariat ouvrier** : il augmente de 75 % entre 1866 et 1906, passant de 2,9 à 5,1 millions d'ouvriers. Les usines Renault passent de 110 ouvriers en 1900 à 4 400 en 1914. Les **conditions de vie** de ces derniers restent difficiles bien que diverses, mais elles s'améliorent au début du XXe siècle avec l'apparition d'une législation sociale (1898 : loi sur les accidents du travail).
Cette période d'essor (jusqu'en 1914) est surtout marquée par le **triomphe de la bourgeoisie**, qui possède le capital industriel. Parallèlement, les **classes moyennes**, formées de petits patrons, d'employés de la fonction publique ou des commerces, connaissent une **forte ascension sociale**.

■ La Grande Guerre n'a pas modifié la structure de la société française, qui reste **dominée par le monde rural**. Ainsi, sur 21 millions d'actifs, l'agriculture en représente 43 %, l'industrie 37 % et le tertiaire 20 %. Cette apparente stabilité masque un **dualisme économique et social**. En effet, la période est caractérisée par une économie à la fois archaïque et moderne et une aggravation des inégalités sociales.

■ Les années 1920 voient se creuser le fossé entre l'industrie et l'agriculture. La **croissance** est avant tout **industrielle**. Le nombre d'actifs agricoles baisse en moyenne de 78 000 par an, tandis qu'il progresse dans l'industrie (81 000 ouvriers en plus chaque année). C'est en 1931 que s'effectue la **transition urbaine**.

La crise des années 1930 entraîne une **diminution générale de la production française**. Les agriculteurs sont les plus touchés, avec une baisse de leur salaire réel de 32 % entre 1929 et 1935. La situation des ouvriers est fragilisée par la précarité du travail et le chômage, notamment partiel.

Le recensement de 1931 montre que pour la première fois, la population urbaine (51,5 %) dépasse la population rurale (48,5 %).

b. La tertiarisation de la société française depuis 1945

Après une période de reconstruction difficile, la France renoue dans les années 1950 et 1960 avec la croissance et la prospérité. Cette période correspond à des **mutations socio-économiques** sans précédent qui marquent la **fin de la France traditionnelle** caractérisée par l'importance de la population rurale, de la petite propriété et des classes moyennes indépendantes. Ainsi, la population active agricole passe de 39,5 % en 1946 à 10 % en 1975.

La **réussite de l'industrie** explique en grande partie la **croissance des Trente Glorieuses**. La population active industrielle passe de 29,5 % à 39,5 % entre 1946 et 1962. Toutefois, la modernisation de l'industrie voit disparaître les catégories ouvrières traditionnelles et se développer les emplois qualifiés (encadrement, contrôle, entretien), qui représentent 45 % des emplois en 1974.

La **tertiarisation** de l'économie et son corollaire, l'**essor d'une classe moyenne salariée** (45 % de la population active dans les années 1970), modifient le visage de la société française, qui devient une **société de consommation de masse** (ouverture du premier hypermarché Carrefour en 1963). Toutefois, les **inégalités sociales** s'accroissent et touchent toutes les catégories socio-professionnelles.

On appelle tertiarisation la surreprésentation du secteur des services dans l'économie d'un pays.

À partir des années 1970, la **disparition des paysans**, liée à la modernisation agricole, s'accélère. En 2008, l'agriculture ne représente plus que 3 % de la population active.
En 1973, la crise économique se traduit par un ralentissement de la croissance et une hausse importante du chômage.
L'industrie connaît une forte baisse de sa population active, qui chute à 21,9 %. Mais au-delà de la diminution de ses effectifs, c'est la **disparition de la classe ouvrière** en tant que telle qui permet d'évoquer l'émergence d'une **société post-industrielle**.

Cette société post-industrielle se caractérise par l'**importance du secteur tertiaire** dans l'économie (74,8 % de la population active en 2008) et par l'importance des classes moyennes salariées dans la société.

La structure de la population active de 1806 à 2007

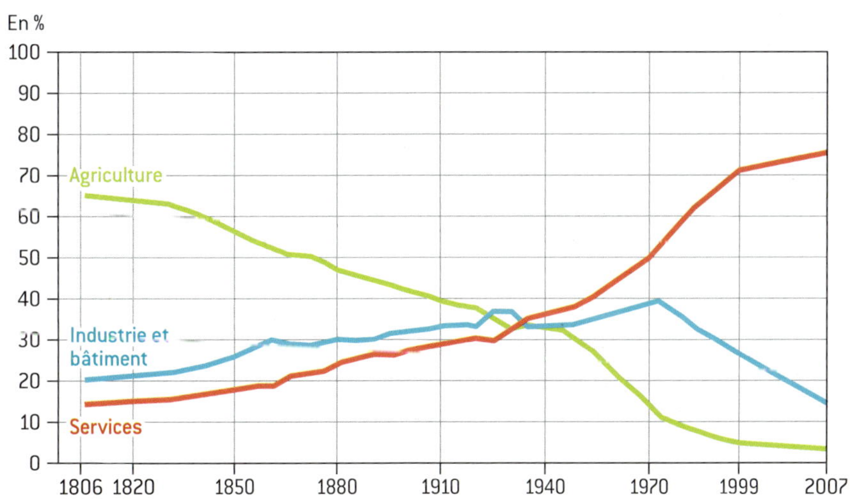

HISTOIRE

B L'immigration et la société française au XXe siècle

a. L'immigration en France

L'indice de fécondité est le nombre moyen d'enfants par femme en âge de procréer (15-49 ans).

Au XIXe siècle, la France connaît une transition démographique caractérisée par une baisse de la natalité. Cette situation est aggravée par le **vieillissement de la population** à la fin du XXe siècle (**indice de fécondité** inférieur à 2,1).
La croissance économique, liée à l'industrialisation initiée au XIXe et qui se poursuit tout au long du XXe siècle, accroît la **demande en main-d'œuvre**. La France n'est pas capable d'assurer ses besoins, notamment dans l'industrie et dans les emplois peu qualifiés et peu valorisés, délaissés par les Français.

Au début du XXe siècle, la France compte un peu plus d'un million d'immigrants, dont la plupart viennent des **pays frontaliers** (Belgique et Italie). Les années 1920 marquent l'élargissement du recrutement vers l'**Europe de l'Est**. Les Polonais viennent combler le déficit en main-d'œuvre dans les grandes exploitations agricoles du bassin parisien et surtout dans les mines de charbon du nord de la France.

Durant les Trente Glorieuses, les flux migratoires proviennent essentiellement des **anciennes colonies françaises d'Afrique du Nord** et notamment d'Algérie. Toutefois il ne faut pas négliger l'importance des flux venus de la péninsule ibérique (Espagne et Portugal).

L'évolution récente des migrations vers la France révèle une **mondialisation des flux** avec l'arrivée de migrants d'Afrique subsaharienne et d'Asie, notamment de Chine et de l'ancienne Indochine.

L'État crée la carte de séjour en avril 1917, mais jusqu'en 1931 l'organisation de l'immigration est principalement le fait d'**organismes privés** qui recrutent en fonction des besoins du patronat (comme la Société générale d'immigration, créée en 1924). Avec la crise des années 1930, l'État cherche à **ralentir l'immigration** et encourage le départ des travailleurs étrangers sans emploi par une aide financière.

En novembre 1945 est créé l'**Office national d'immigration** (ONI) qui contrôle les conditions d'accueil et de séjour de la main-d'œuvre étrangère en France et l'organisation du **regroupement des familles**. Cette politique de contrôle de l'immigration est un **échec** : les flux sont difficilement contrôlables.

Le regroupement familial est la procédure qui permet à un travailleur immigré de faire venir en France sa famille restée dans son pays d'origine. Il est favorisé par un décret de Valéry Giscard d'Estaing en avril 1976.

La hausse du chômage consécutive à la crise de 1973 pousse le gouvernement à **suspendre l'immigration des travailleurs étrangers en 1974**. À partir de 1980, l'augmentation des flux migratoires est surtout due aux regroupements familiaux, ce qui n'empêche pas la persistance de l'immigration clandestine. Après une stagnation, la population étrangère diminue, passant de 3,6 millions en 1990 à 3,25 millions en 1999.

L'équipe de France de football, reflet du métissage culturel français

© Antonio Scorza Sapa/AFP

b. Les enjeux de l'intégration des immigrants

■ Les immigrants occupent le plus souvent les **emplois les moins bien payés**, les plus **pénibles** et **dangereux**, comme manœuvres et ouvriers spécialisés (60 % des ouvriers étrangers en 1975) dans les secteurs les moins attractifs (mines, industrie lourde, bâtiment). Les femmes travaillent surtout dans le secteur des services, comme concierges ou femmes de ménage.

La **précarité économique** des étrangers influence leurs **conditions de vie** et notamment de **logement**. Si la construction de logements collectifs dans les années 1970 améliore ces conditions, elles n'en demeurent pas moins précaires.

■ Les **poussées xénophobes** sont souvent liées aux **crises économiques**. Ainsi, dans les années 1930, les « ritals » et les « polaks » sont accusés de voler le travail des Français. Cette haine des étrangers peut provoquer des **actes de violence graves**.

La fin du XXe siècle est marquée par un **malaise grandissant** dans la société française autour de la question de l'immigration et de l'intégration des étrangers. Ce problème se cristallise autour de la communauté maghrébine sur fond de **communautarisme** et d'**islamophobie**.

L'exclusion se traduit souvent de manière plus insidieuse par la **discrimination**. Cette **inégalité des chances** rend l'intégration des étrangers d'autant plus difficile qu'ils se retrouvent souvent dans une précarité économique et sociale qui les pousse vers le communautarisme.

■ **Une chance pour la France.** Au XXe siècle, l'**apport démographique de l'immigration a été vital** pour la France. De 1946 à 1986, la population française augmente de 16 millions d'habitants, dont 10 millions sont issus de l'immigration.
L'immigration s'est accompagnée d'une **intégration des populations étrangères**, parfois de leur naturalisation, ainsi que d'un phénomène d'**ascension sociale**, insuffisant mais incontestable.

HISTOIRE

C La place des femmes dans la vie politique et sociale de la France au XXe siècle

a. Un difficile accès aux droits (1900-1944)

■ Le suffrage dit « universel » mis en place en 1848 ne concerne que les hommes. Dès la fin du XIXe siècle, un courant suffragiste se développe en France autour de la figure d'Hubertine Auclert, militante radicale. En 1909 est créée l'Union française pour le suffrage des femmes. Le 5 juillet 1914 a lieu la première démonstration de force massive du féminisme français.

■ En mai 1919, la Chambre des députés accorde le droit de vote aux femmes mais le Sénat s'y oppose à plusieurs reprises (1922, 1932, 1935). Ce refus s'explique par un antiféminisme de droite et par un anticléricalisme de gauche (crainte que le vote des femmes ne soit influencé par l'Église).

■ Le fait que les femmes ne puissent pas voter n'empêche pas l'entrée, pour la première fois, de trois femmes dans le gouvernement du Front populaire (1936).

■ Durant la Première Guerre mondiale, les femmes remplacent les hommes partis au front. La Grande Guerre est en cela un accélérateur pour l'**accès des femmes au travail.** Après la guerre, leur **participation à la vie active** se poursuit.

■ Durant les années noires du régime de Vichy, la liberté et l'autonomie des femmes est remise en cause. Dans le cadre de la Révolution nationale, la famille est le pivot de la société et la mère, le cœur du foyer. Pétain met en place une **politique familiale**.

b. De la citoyenneté politique à la citoyenneté sociale (1944-1968)

■ L'ordonnance du 21 avril 1944 accordant le **droit de vote aux femmes** est l'aboutissement d'un long processus d'intégration politique. Toutefois, la présence des femmes au gouvernement est exceptionnelle. Cette **non-participation des femmes à la vie politique** est à relier à leur quasi-absence des partis politiques, et plus largement de l'espace public.

■ Le renouveau des mouvements féministes se fait autour de la question du **contrôle des naissances**. Le Mouvement français pour le planning familial est créé en 1960. La contraception est autorisée par la loi Neuwirth du 28 décembre 1967.

■ Cet engagement féministe contraste avec le statut social des femmes et leur place dans la vie familiale. Il faut en effet attendre la loi du 13 juillet 1965 qui **réforme les régimes matrimoniaux** pour que les Françaises n'aient plus besoin du consentement de leur mari pour choisir une profession ou pour ouvrir un compte en banque et disposer de leurs propres biens.

c. Un combat toujours en cours (1968-1999)

■ **De l'égalité à la parité**

- Avec l'arrivée au pouvoir du président socialiste François Mitterrand (1981), apparaît un **féminisme institutionnel** symbolisé par la création d'un **ministère des Droits de la femme**. L'État tente de prendre en charge la défense des femmes, notamment avec la loi sur l'égalité professionnelle de 1983. En 1982, le gouvernement instaure la célébration chaque 8 mars de la Journée des femmes.

- Durant les années 1990, la revendication principale est celle de la **parité**. Une réforme constitutionnelle est adoptée le 8 juillet 1999.

Le combat pour l'émancipation

- Les années 1970 sont marquées par le féminisme militant, représenté notamment par le MLF. Le **droit à l'interruption volontaire de grossesse** est l'un des combats majeurs des mouvements féministes des années 1970. Simone Veil, ministre de la Santé de Valéry Giscard d'Estaing, est à l'initiative de la loi de décembre 1975 dépénalisant l'avortement.

- La fin du XXe siècle voit l'aboutissement de l'émancipation des femmes. En juin 1970, la loi met fin à la notion de « chef de famille » et reconnaît une autorité parentale commune. De plus, le divorce par consentement mutuel est instauré en 1975 et l'adultère est dépénalisé. Les femmes deviennent **juridiquement indépendantes**.

- Toutefois, les structures socio-économiques évoluent plus lentement (« double journée » des femmes) et **l'égalité hommes/femmes n'est pas toujours respectée** (traitement des salaires).

D La République et la question ouvrière : le Front populaire

a. Les origines du Front populaire

Le revirement communiste. La crise du 6 février 1934 est vue à gauche comme une tentative de coup d'État fasciste. Face à cette menace, le Parti communiste, à l'initiative du Komintern, accepte un **rapprochement politique** avec les socialistes et des partis bourgeois tels que le Parti radical-socialiste.

Le 6 février 1934, une manifestation antiparlementariste, organisée par des ligues d'extrême-droite pour déstabiliser le gouvernement, tourne à l'émeute.

En juillet 1934, communistes et socialistes signent un **pacte d'unité d'action**. Le Parti radical, représentant des classes moyennes, reste méfiant. La signature en mai 1935 du pacte franco-soviétique, par lequel Staline soutient la politique de défense nationale française, rassure le Parti radical mené par Daladier.

Le Rassemblement populaire : « Le pain, la paix, la liberté ». L'entente des trois partis se concrétise par la manifestation du 14 juillet 1935 qui rassemble 500 000 personnes derrière Thorez (communiste), Blum (socialiste) et Daladier (radical), et par la création du **Comité national du rassemblement populaire**. Les partis membres du Rassemblement populaire s'accordent sur le désistement de leurs candidats au second tour des élections de 1936. Un **programme commun** très modéré est élaboré autour du slogan « le pain, la paix, la liberté ».

La victoire électorale de 1936. Le Front populaire remporte les **élections d'avril-mai 1936**. Pour la première fois, les socialistes disposent du groupe parlementaire le plus important. Le leader socialiste **Léon Blum** est invité à former un gouvernement.
Le gouvernement Blum est constitué de socialistes et de radicaux ; les communistes le soutiennent mais n'y participent pas. Blum définit son gouvernement comme une expérience socialiste dans des structures capitalistes.

b. L'expérience du Front populaire

L'été 1936. La victoire électorale du Front populaire entraîne une vague de grèves spontanées qui touchent deux millions de salariés. Les grèves, les manifestations et occupations des lieux de travail effraient le patronat. Léon Blum réunit le patronat et les syndicats qui signent les **accords Matignon** (7 juin). Les salariés obtiennent une **augmentation** de 7 à 15 % de leur salaire et la reconnaissance du **droit syndical** et des conventions collectives dans l'entreprise. Ces mesures s'accompagnent de deux lois qui instaurent quinze jours de **congés payés** et la semaine de **quarante heures**.

L'esprit du Front populaire. Après ces accords, les grèves se poursuivent dans une ambiance « bon enfant ». L'euphorie qui touche le monde ouvrier à l'été 1936 révèle le sentiment que pour la première fois, le gouvernement entend traiter de façon prioritaire la **question sociale.**
Les salariés disposent à présent de temps de **loisirs** qu'il s'agit d'organiser. Léo Lagrange crée des billets de train à tarif réduit, encourage la création des Auberges de jeunesse, ainsi que le développement de la **culture** et du théâtre populaire.

La grève aux usines Delahaye, mai-juin 1936

Les difficultés du gouvernement Blum. L'augmentation des salaires et la politique de réarmement provoquent la **hausse des prix**, accentuée par une **baisse de la production** (grèves et effets de la semaine de quarante heures). Léon Blum décrète donc en février 1937 une pause dans les réformes sociales.
La politique coloniale réformiste du Front populaire rencontre l'hostilité des colons, profondément conservateurs. Le déclenchement de la guerre d'Espagne en juillet 1936 met le **Front populaire à l'épreuve** : Léon Blum souhaite soutenir les républicains espagnols mais les radicaux s'y opposent. Léon Blum doit se résigner à accepter un traité de non-intervention.

c. Les oppositions au Front populaire

Les milieux d'affaires et le patronat manifestent leur **hostilité au Front populaire**. La presse de droite relaye cette haine par des attaques d'une extrême violence contre le gouvernement du Front populaire et son chef. Une **campagne antisémite** déclenchée par des journaux comme *L'Action française* ou *Je suis partout* conduit Roger Salengro, ministre de l'Intérieur, au suicide.

Dans ce contexte de haine et d'agitation, Jacques Doriot crée en juin 1936 un parti fasciste : le **Parti populaire français**. En mars 1937, une fusillade fait cinq morts à Clichy parmi les manifestants de gauche qui protestent contre une réunion du **Parti Social Français**.

Les classes moyennes, représentées par le Parti radical, ont voté pour le Front populaire mais s'inquiètent des grèves et de l'attitude belliciste des communistes, qui pourrait faire entrer la France en guerre. À cela s'ajoute la déception, les effets de la politique sociale du gouvernement mettant en difficulté les petits patrons déjà touchés par la crise. Le **mécontentement des classes moyennes** est tel que le Parti radical doit en tenir compte.

> **Le Parti social français (PSF) est un parti nationaliste crée en 1936 par François de la Rocque, qui remporte un immense succès.**

Au printemps 1937, certains dirigeants radicaux participent aux manifestations contre le Front populaire organisées dans le Midi. En juin 1937, lorsque Blum demande les pleins pouvoirs financiers, les radicaux s'y opposent, entraînant ainsi le renversement du gouvernement. Le Front populaire survit pendant un an. **En avril 1938, Daladier arrive au pouvoir et met fin au gouvernement du Front populaire.**

3 La République face à la question coloniale

A L'Empire français au moment de l'Exposition coloniale de 1931

a. L'apogée de l'Empire

À l'issue de la Première Guerre mondiale, **la France agrandit son territoire colonial** sur les anciennes colonies allemandes et turques (Togo, Cameroun, Liban, Syrie). À la fin des années 1920, l'Empire français est à son apogée territoriale ; il s'étend sur 12 millions de km² en Afrique, en Asie et en Océanie. Seul l'Empire britannique est plus important.
La population des colonies s'élève en 1931 à **64 millions d'habitants** (contre 42 millions de métropolitains).

En Syrie, le roi Fayçal n'accepte pas le mandat de la France et organise une résistance qui mène à la révolte du **Djébel el-Druze** en 1925-1926. Au Maroc, l'émir Abd-el-Krim, fondateur de la République du Rif en 1922, envahit le Maroc français en 1925. Il est vaincu en mai 1926 par l'armée du maréchal Pétain.

> **Le Djébel el-Druze est la région montagneuse de Syrie qui servit de base arrière aux insurgés pendant la révolution syrienne de 1925.**

En février 1930, une mutinerie de tirailleurs indochinois, suivie d'une révolte paysanne, révèle l'apparition d'une **nouvelle forme de contestation**, appuyée par les partis nationaliste et communiste.

b. Le triomphe de l'idée coloniale

Lors de la Première Guerre mondiale, **les colonies jouent un rôle essentiel** en fournissant soldats, main-d'œuvre et matières premières. L'Armée coloniale est composée d'environ 600 000 soldats venus de tout l'Empire (Maghreb, Afrique noire, Indochine, Océanie).
Le **loyalisme des colonies** françaises pendant la Grande Guerre conforte la France dans l'idée que sa domination coloniale est légitime.

La glorification du fait colonial est portée par l'utilisation des moyens modernes de communication (cinéma, affiches, expositions, chansons), qui font connaître aux Français la **grandeur de l'Empire**. L'Exposition coloniale internationale de 1931 marque à la fois l'apogée de l'Empire colonial français et celle de sa propagande.

HISTOIRE

Malgré leur soutien à la métropole pendant la Première Guerre mondiale, les populations indigènes continuent à être perçues comme des **« races inférieures »**. En témoignent les « zoos humains » du Jardin d'Acclimatation de Paris dans lesquels des familles indigènes sont montrées pour satisfaire la curiosité des Français de métropole.

La métropole **occulte les conditions de vie** des peuples colonisés. Si, dans ses discours officiels, la France prétend apporter le progrès, les populations indigènes sont bien souvent expropriées de leurs terres et subissent le travail forcé, la dureté du code de l'indigénat et la paupérisation.

Affiche de l'Exposition coloniale internationale de Paris (1931)

c. La montée des contestations

L'apparition des premières contestations autochtones (fin XIXe) est surtout le fait des anciennes élites, dépossédées de leur pouvoir.

Les années 1930 marquent le passage de revendications bourgeoises et réformistes à des **revendications populaires et indépendantistes**.

L'islam joue un rôle unificateur au Maghreb. L'action de **leaders charismatiques** d'origine bourgeoise formés à la pensée occidentale, à l'instar d'**Habib Bourguiba** en Tunisie, est aussi essentielle dans l'organisation des mouvements indépendantistes.

Issu de la bourgeoisie, Habib Bourguiba (1903-2000) fonde en 1934 le Néo-Destour, parti politique prônant une Tunisie démocratique et laïque.

■ L'**influence communiste** n'est pas à négliger : en Indochine, le leader indépendantiste Ho Chi Minh crée le Parti communiste vietnamien en 1930.

■ En France se développe un **courant anticolonialiste** mené par les surréalistes. Le 30 avril 1931, ils distribuent le tract « Ne visitez pas l'Exposition coloniale ».

■ Le **Parti communiste** s'oppose à l'impérialisme colonial. Il fait campagne dès le début des années 1930 pour l'indépendance des colonies.

B La guerre d'Algérie

a. L'Algérie française, terre d'inégalités

■ Depuis 1848, l'Algérie est un **prolongement du territoire français** composé de trois départements (l'Algérois, l'Oranais et le Constantinois) et **indivisible**.

■ Les Français d'Algérie, appelés « **pieds-noirs** », sont un million et disposent de droits politiques et civils, tandis que les Algériens, qui sont majoritaires (9 millions), n'ont qu'une représentation politique limitée.

■ Le secteur moderne est aux mains des Français, qu'il soit agricole ou industriel, alors que les Algériens, cantonnés à une agriculture archaïque et peu productive sont confrontés pour la plupart à la pauvreté et à l'analphabétisme.

■ Les inégalités économiques conditionnent les inégalités sociales.

■ Le nationalisme algérien se développe au début du XXe siècle au sein de la bourgeoisie musulmane. La demande initiale concerne l'égalité des droits. Les nationalistes n'ont aucun moyen d'expression, et la répression est sévère. Aussi, le recours à la violence semble être, pour certains, la seule solution.

b. Le début de la guerre d'Algérie (1954-1958)

■ Le 1er novembre 1954, « l'insurrection de la Toussaint » révèle l'existence du **FLN** (Front de libération nationale) – mouvement créé en 1954 pour obtenir l'indépendance de l'Algérie.
Une répression violente est menée. Le nouveau Gouverneur général de l'Algérie, Jacques Soustelle, met en place des réformes fondées sur le principe d'intégration.

■ Le FLN souhaite empêcher la réussite de la **politique d'intégration** en créant un fossé entre communautés européenne et musulmane. Les 20 et 21 août 1955, un soulèvement encadré par le FLN provoque le massacre de 125 Français.
Le gouvernement français répond par une **répression sanglante** et aveugle. La violence des civils européens contre les Musulmans fait un millier de morts environ.

■ Le Président du Conseil, Guy Mollet, s'engage dans une **politique répressive**. Il nomme un nouveau ministre résident, Robert Lacoste, favorable à la guerre à outrance. En 1956, Guy Mollet décide de faire appel au contingent pour mener cette guerre que l'on appelle « opération de pacification ». Fin 1956, plus de 450 000 soldats français sont déployés dans le pays.

■ Cette situation culmine avec la bataille d'Alger (1957) : pour faire face au terrorisme urbain du FLN, le général Massu obtient les pleins pouvoirs et mène une contre-guérilla sanglante en utilisant la **torture**.

HISTOIRE

c. De Gaulle et l'Algérie (1958-1962)

■ Le 13 mai 1958 a lieu le « **Putsch d'Alger** », mené par des officiers français. Ce coup d'État a pour objectif d'infléchir la politique du gouvernement dans le sens d'un maintien de l'Algérie française. C'est dans ce contexte que le général de Gaulle est rappelé au pouvoir en juin. Il propose un plan d'industrialisation et d'équipement assorti de négociations.

> **L'Organisation armée secrète (OAS) est une organisation militaire et politique clandestine, créée le 11 février 1961, qui lutte pour le maintien de l'Algérie française par des actes de terrorisme et de guérilla contre l'armée française et le FLN.**

■ En septembre 1959, De Gaulle reconnaît aux Algériens le droit à « **l'autodétermination** ». En avril 1961, il évoque la possibilité d'un « État algérien souverain ». Le 22 avril 1961 a lieu le **putsch des généraux** Challe, Salan, Jouhaud et Zeller, qui tentent de prendre le pouvoir à Alger. La tentative échoue.

■ Dans un dernier effort pour empêcher toute entente entre la France et le FLN, des activistes créent l'**OAS**.

■ Les négociations avec le GPRA, gouvernement provisoire de la République algérienne, conduisent à la signature des **accords d'Évian, le 18 mars 1962**. Le 3 juillet, la France reconnaît l'Algérie indépendante.

SUJET DE TYPE BAC

Composition

De Gaulle et la République française (1940-1962).

CORRIGÉ

Introduction

En quoi l'attitude du général de Gaulle de 1940 à 1962 reflète-t-elle sa conception de la République française ?

Plan

I. De Gaulle et la défense de la République (1940-1945)

1. Le refus de l'État français et du gouvernement de Vichy
- l'appel du 18 juin
- la « France libre »

2. La continuité de la République
- création du CFLN et du GPRF : mai 1943, le Comité français de libération nationale (CFLN)
- juin 1944, le Gouvernement provisoire de la République française (GPRF)

3. L'affirmation de la légitimité gaullienne
- la désignation comme chef de la Résistance, le Conseil national de la Résistance
- une légitimité renforcée après la Libération (acclamations populaires)
- la restauration de l'autorité de l'Etat

II. De Gaulle contre la République (1945-1958)

1. Vers une nouvelle République (la fin de la IIIe République)

- le double réérendum d'octobre 1945 au suffrage universel
- la fin de la IIIe République
- les élections d'octobre 1945

2. De Gaulle refuse la IVe République

- l'élection du 21 novembre 1945
- deux conceptions différentes des institutions républicaines (gaullienne : pouvoir exécutif fort/PS-PC : assemblée unique ?)
- la démission et la « traversée du désert »

III. La « République gaullienne » (1958-1962)

1. Une nouvelle constitution d'inspiration gaullienne

- juin 1958 : retour au pouvoir et réforme des institutions
- la nouvelle constitution inspirée par le discours de Bayeux, adoptée par le gouvernement le 3 septembre 1958

2. Les victoires électorales des gaullistes

- le référendum le 28 septembre 1958 : adoption de la nouvelle Constitution
- les élections présidentielles de décembre 1958, un plébiscite pour de Gaulle

3. La réforme de la Constitution de 1962

- 1962 : élection du président de la République au suffrage universel direct, gage de sa légitimité
- Référendum et victoire du « oui » à 62%

Conclusion

De Gaulle a défendu la République sous Vichy, puis il s'est opposé à une République parlementaire instable. Il a enfin mis en place une République correspondant à sa conception du régime républicain : un pouvoir exécutif fort et incarné par un président de la République tirant sa légitimité du peuple français. On parle ainsi de « République gaullienne ».

HISTOIRE

GÉOGRAPHIE

4 L'aménagement et la valorisation des territoires en France

www.annabac.com

Le territoire français est profondément modifié par l'ensemble des acteurs qui participent à la politique d'aménagement du territoire. Celle-ci vise non seulement à tirer profit des milieux « naturels » et des ressources mais aussi à les protéger. À cette fin, les pouvoirs publics cherchent à réduire la vulnérabilité aux risques et à protéger l'environnement.

1 Acteurs et enjeux de l'aménagement : une réalité de plus en plus complexe

A L'aménagement des territoires : des enjeux multiples

- La volonté d'**améliorer les performances économiques** des territoires pour accroître le niveau de vie des populations passe par la création d'infrastructures de transports, par de grandes opérations et par des aides (comme les primes à l'emploi ou les réductions d'impôts).

Un pôle de compétitivité réunit au sein d'un périmètre donné des entreprises, des centres de recherche et des organismes de formation, autour d'un projet de recherche. Il est labellisé et partiellement financé par l'État.

- Afin de **valoriser les atouts des territoires**, les politiques d'aménagement stimulent les coopérations entre les acteurs privés et publics, à l'image des pôles de compétitivité.
- Pour **réduire les déséquilibres économiques et sociaux** entre les différentes parties d'un territoire ou entre les territoires, des programmes spécifiques sont mis en place : politique de la ville, pôles de conversion.
- Enfin, l'aménagement des territoires passe par l'**amélioration de la protection de la nature et de l'environnement** (parcs nationaux et parcs naturels régionaux, création d'agendas 21).

B Des aménagements qui concernent tous les territoires

- **L'aménagement favorise l'ouverture sur le monde**, notamment les **pays frontaliers**, en améliorant les infrastructures de transport.
- À l'**échelle nationale**, des politiques ont été menées pour structurer et rééquilibrer le réseau urbain. À l'**échelle locale**, l'aménagement a deux objectifs : réduire les disparités socio-économiques, organiser et limiter la croissance des villes.
- **L'aménagement des espaces ruraux** vise à protéger la nature (parcs naturels) et à accroître les synergies et les coopérations entre les espaces ruraux et les espaces urbains.
- **L'aménagement des espaces touristiques** a pour objectif la mise en valeur des territoires peu exploités (améliorer leurs performances économiques, développer leur accessibilité).

C Des acteurs de plus en plus nombreux

a. L'État, longtemps le seul décideur

■ L'État a amorcé la politique d'aménagement du territoire en France avec la création en 1963 de la **Datar** (Délégation à l'aménagement du territoire et à l'attractivité régionale).

■ L'État décide des **grandes orientations de l'aménagement** et est à l'origine des politiques de grands travaux (réseau autoroutier par exemple). Il coordonne les politiques des collectivités territoriales.

b. Les collectivités territoriales : des acteurs de plus en plus importants

■ Les pouvoirs des régions, départements et communes ont été renforcés par les **lois de décentralisation de 1982-1983** et de 2004.

■ Les **régions** élaborent la politique d'aménagement et de développement économique de leur territoire. Celle-ci s'inscrit dans un **contrat de projet État-région**.

> **Le contrat de projet État-région (CPER) définit les orientations de l'aménagement et les sources de financement des actions pour une période de 7 ans. Il permet d'assurer une cohérence à l'échelle nationale, tout en s'adaptant aux particularités locales.**

■ Les **départements** s'occupent principalement des questions de transports et d'équipement.

■ Les **communes** élaborent les documents d'urbanisme, notamment le **plan local d'urbanisme** (PLU) qui détermine l'usage des sols et l'organisation de la circulation. Elles peuvent se regrouper au sein de **structures intercommunales**. C'est à cette échelle qu'est élaboré le **schéma de cohérence territoriale** (SCOT), qui détermine l'orientation de l'organisation de l'espace en tenant compte de la préservation de l'environnement.

c. L'Union européenne : un financeur

■ Selon le Traité de Rome, l'Union européenne n'a pas de compétence en matière d'aménagement. Elle a cependant établi un **Schéma de développement de l'espace communautaire** (SDEC) afin de remplir des objectifs de cohésion territoriale à l'échelle des pays membres, et de compétitivité économique à l'échelle mondiale.

■ En fonction de ces différents éléments, l'UE participe au financement des **actions d'aménagement** menées par les différents acteurs.

	Compétences	Exemples de réalisation
Union européenne	Pas de compétence explicite.	Participation au financement des projets d'aménagement.
État	Université, transports à l'échelle nationale, développement économique.	Lignes à grande vitesse (LGV).
Région	Transport ferroviaire régional, lycée, développement économique.	Transport express régional (TER).
Département	Équipement rural, voirie, port, transport, collège.	Ramassage scolaire.
Intercommunalité	Fourniture de certains services communs, territoire de projets.	Collecte des déchets, schéma de cohérence territoriale (SCOT).
Communes	Urbanisme, écoles maternelles et primaires.	Plan local d'urbanisme (PLU).
Citoyens et entreprises	Développement économique et social, démocratie locale.	Demande de pôle de compétitivité.

2 Des milieux transformés : la mise en valeur des milieux naturels

A Quels milieux naturels en France ?

Le territoire français offre plusieurs nuances de **climat tempéré** (océanique, semi-continental, montagnard) et tropical (départements et régions d'outre-mer).

Différents **reliefs** structurent le territoire français : des **massifs jeunes** aux sommets élevés (Alpes, Pyrénées, Jura) et des **massifs ancien**s aux sommets arrondis (Vosges, Massif central).

Les zones urbaines constituent l'environnement le plus peuplé (plus des 3/4 de la population). Or il s'agit de milieux en grande partie **artificialisés**. Les milieux agricoles résultent également de l'action humaine : enrichissement des sols avec les engrais, défrichement, savoir-faire…

B L'exploitation des ressources

Les énergies fossiles (pétrole, gaz, charbon) sont produites à partir de roches issues de la fossilisation des êtres vivants. Leur quantité est limitée. À l'inverse, les énergies renouvelables ne s'épuisent pas car elles utilisent des flux naturels (soleil, vent, marée…).

La France doit importer la plupart de son énergie non renouvelable, aussi bien fossile (pétrole, gaz, charbon) que nucléaire (uranium).

Les ressources énergétiques du territoire français sont essentiellement renouvelables. L'hydroélectricité fournit environ 8 % de l'énergie consommée en France. Les nouvelles énergies renouvelables (éolienne, solaire) se développent.

Consommation d'énergie (en millions de tep*)

Type d'énergie	1973	2009
Charbon	28	11
Pétrole	121	82
Gaz naturel	13	39
Électricité primaire dont :	8	111
– nucléaire	*4*	*105*
– hydraulique et éolien	*4*	*6*
– ENRt** et déchets	9	16
Total	**179**	**259**

* tep : tonne équivalent pétrole
** ENRt : énergies renouvelables thermiques (solaire)

C La valorisation des paysages pour le tourisme

■ La **diversité des paysages** est un atout précieux pour le tourisme : le tourisme de montagne, le tourisme balnéaire et le tourisme vert se côtoient sur le territoire français.

■ Pour valoriser ces paysages, il est nécessaire de **développer des infrastructures** (lignes de TGV, par exemple). Les sites eux-mêmes doivent être mis en valeur : promenades, restauration du patrimoine, offices du tourisme, etc.

3 Les risques liés à la mise en valeur des milieux

A Des aléas variés mais globalement peu violents

a. Les aléas climatiques

■ Si le climat français est globalement tempéré, des **épisodes extrêmes** peuvent se produire, comme les sécheresses et la canicule l'été, ou les épisodes de grands froids l'hiver.

■ Certaines régions font face à des **aléas** climatiques particuliers. Ainsi, le littoral atlantique est souvent confronté à des **tempêtes** fortes qui peuvent engendrer des surcotes (élévations temporaires du niveau de la mer). Les **inondations** torrentielles sont fréquentes en milieu méditerranéen. Enfin, les îles de la Guadeloupe, de la Martinique et de la Réunion font régulièrement face aux **cyclones** et à la violence de leurs vents.

b. Les aléas sismiques et volcaniques

La métropole est relativement épargnée par les risques sismiques, limités au Sud-Est de la France. Les volcans des îles des Antilles et de la Réunion sont toutefois toujours en activité, et le séisme tragique d'Haïti en janvier 2010 est venu rappeler que les Caraïbes sont situées en zone sismique.

c. Les aléas liés à l'activité humaine

■ Les départs de **feux** ont dans 90 % des cas une origine humaine.

■ Les grandes **inondations** mettent à jour les faiblesses de l'aménagement du territoire : 100 000 logements ont été édifiés en zones inondables depuis 1999.

■ Les **activités industrielles** engendrent des risques : explosions, incendies, pollutions majeures... La France compte 670 sites industriels comportant des risques d'accidents majeurs, classés Seveso « seuil haut », en application d'une directive européenne.

La directive européenne Seveso a été adoptée en 1982, après la catastrophe provoquée par une fuite de dioxine en 1976 à Seveso (Italie).

GÉOGRAPHIE

La carte des risques en France

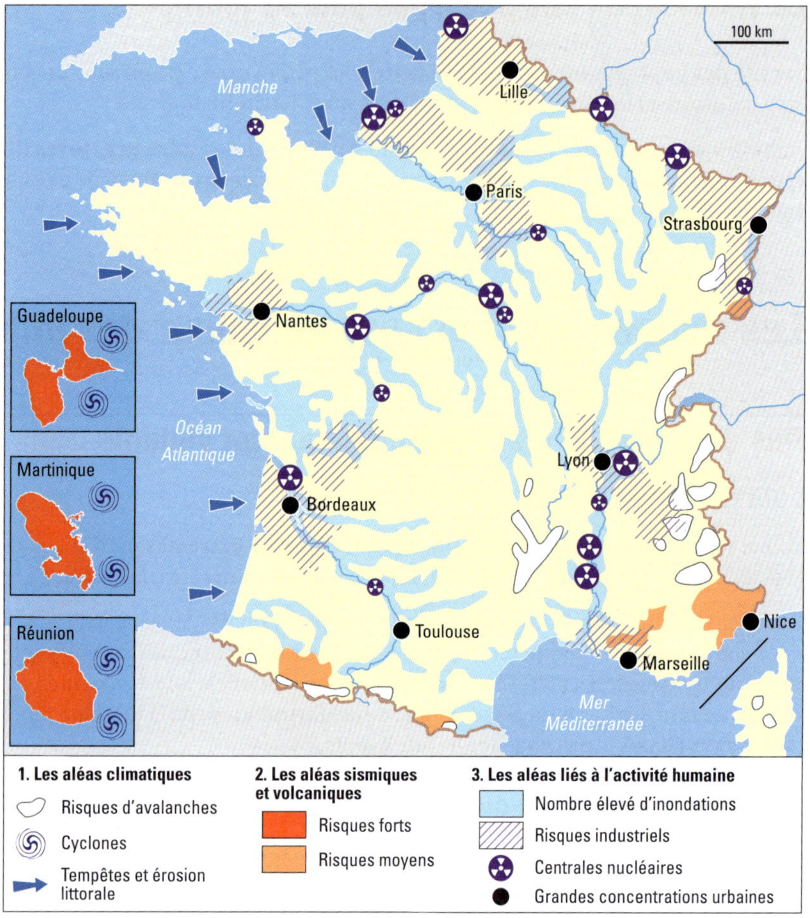

B Une prévention indispensable

■ Depuis 1995, les communes à risques doivent constituer un **plan de prévention des risques** (PPR). En superposant des cartes de l'aléa et de la vulnérabilité, les PPR définissent des zones d'interdiction de construction et des zones constructibles sous réserves.

■ En cas de catastrophe, des plans d'urgence comme le **plan Orsec** existent. Chaque établissement classé Seveso doit mettre en place un plan particulier d'intervention (PPI).

4 Protéger et valoriser l'environnement

A Des territoires de protection de la nature

a. Trois types de parcs naturels

■ Les **parcs nationaux** existent depuis 1963. Le territoire national en compte actuellement dix. Le plus récent est le parc national des Calanques (2012). La règlementation est contraignante : les activités industrielles, la construction et la circulation y sont interdites.

■ Les **parcs naturels régionaux** (PNR) ont été créés en 1967. Répartis sur tout le territoire français, ils sont au nombre de 48. Ils ont pour objectif le maintien et l'essor des activités économiques traditionnelles (élevage, agriculture...), tout en préservant les paysages ainsi que la faune et en offrant des possibilités de découvertes et de loisirs/tourisme aux citadins.

■ Les **parcs naturels marins** permettent de concilier la préservation des activités maritimes et les écosystèmes marins. Seuls quatre parcs marins existent à ce jour, mais la France a prévu de se doter de 10 parcs de cette nature.

b. Les réserves

De taille plus modeste que les parcs naturels, les réserves protègent un **patrimoine** naturel remarquable par une réglementation adaptée. On dénombre 355 réserves naturelles, dont 21 situées outre-mer.

B Les formes de développement durable

■ Mode de production respectueux de l'environnement et du bien-être animal, l'**agriculture biologique** est soumise à une réglementation spécifique (interdiction des engrais, pesticides...).

■ Des formes de **tourisme durable** émergent face au tourisme de masse. L'**écotourisme** cherche à responsabiliser les touristes vis-à-vis de l'environnement naturel et culturel, et contribue à l'économie locale.

Le développement durable est un mode de développement qui répond aux besoins des générations du présent sans compromettre la capacité des générations futures à répondre aux leurs (rapport Brundtland, 1987).

■ Les entreprises industrielles ont fait d'importants efforts, en partie grâce aux législations européennes. Entre 1990 et 2007, les **émissions de CO_2** de l'industrie ont diminué de 10 %.

■ Sur le littoral, la **gestion intégrée des zones côtières** permet de prendre en compte les différents acteurs pour éviter les conflits et les dégradations de l'environnement.

C En ville

■ Des plans de déplacement urbains sont mis en place dans les grandes métropoles et proposent une diversité de modes de transports en commun (métro, tramway, bus) ou alternatifs (vélo).

■ Un des outils de la **ville durable** est l'**agenda 21 local**. 680 agendas 21 ont été mis en place par les différents niveaux de collectivités locales, et concernent les domaines suivants : habitat, transports, recyclage des déchets et énergies.

■ Les **plans climat territoriaux** permettent aux collectivités locales de s'engager à réduire leurs émissions de gaz à effets de serre par des initiatives locales, en construisant par exemple des bâtiments économes en énergie.

■ Des **écoquartiers** naissent dans toutes villes de France. Dans ces quartiers, on cherche à minimiser les impacts sur l'environnement et à favoriser la mixité sociale.

SUJET DE TYPE BAC

Analyse de documents

Le parc national de la Vanoise

En analysant les documents suivants, expliquez comment le massif de la Vanoise concilie les exigences de développement et de protection.

DOC. 1 Le parc national de la Vanoise

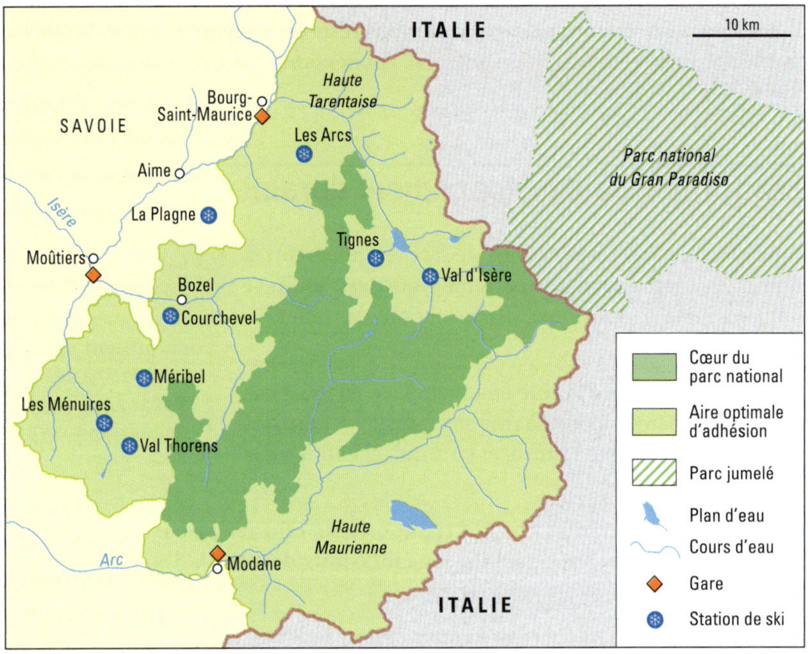

DOC. 2 Du hors-piste dans les zones protégées

Le Massif de la Vanoise compte 28 stations pour 2 500 km de pistes damées[1]. Avec 230 000 lits touristiques (plus que le Maroc et la Tunisie réunis), soit 8 fois leur population permanente, les 28 communes de la zone périphérique du Parc national de la Vanoise constituent le plus grand domaine skiable du monde et le premier espace touristique montagnard européen [...].

Le hors-piste[2] s'est développé depuis les années 1980 [...] ; « les plus beaux hors-pistes » et autres vallons sauvages deviennent de plus en plus courus. [...]

Quid de la réglementation ? Elle a une efficacité très relative : elle limite en partie, mais ne résout pas le problème de la pratique du hors-piste... Et ce d'autant plus que la réglementation, en raison des enjeux financiers, sociaux et idéologiques, ne peut être trop stricte.

Lionel Laslaz, *La Poudre aux yeux*, 5 novembre 2004.

1. Pistes damées : pistes préparées pour la pratique du ski en tassant la neige. • 2. Ski hors-piste : il se définit comme « tout ce qui est extérieur aux pistes de ski ouvertes ».

CORRIGÉ

Le massif de la Vanoise est situé dans les Alpes dans un espace de haute montagne. C'est dans ce massif que le premier parc national a été créé en France.

Est-il possible de concilier le développement des activités sur cet espace et la protection d'un milieu fragile ?

D'abord, on peut dire que **ce massif est très attractif**. Les sports d'hiver s'y sont largement développés. Sur le document 1, on voit apparaître le nom de nombreuses stations de ski réputées (comme La Plagne ou Val Thorens). Par ailleurs, le document 2 nous informe qu'il s'agit du **plus grand domaine skiable au monde** et du **premier espace touristique montagnard européen**. Il est favorisé par la bonne desserte en transports de la région (gare TGV de Modane ou Bourg-Saint-Maurice).

Cependant, la **nécessité de protection** est prise en compte. Depuis 1963, l'accès au cœur du parc (document 1) est limité : seuls les randonneurs sont autorisés à y entrer en suivant les chemins de randonnées prévus. La réglementation est plus souple dans la zone périphérique (appelée aujourd'hui aire d'adhésion). C'est ce que nous apprend le document 2 en pointant les **insuffisances de la réglementation** pour le ski hors-piste.

La présence de stations de ski dans un parc national peut paraître contradictoire et source de **conflits**. En effet, le ski hors-piste est de plus en plus pratiqué dans les zones protégées. Le document 1 montre que les stations entourent complètement le parc et qu'il est difficile de contrôler les skieurs en dehors des pistes. Le phénomène est amplifié par une règlementation peu contraignante : le ski hors-piste est une activité à la mode et qui attire de nombreux touristes.

En conclusion, il est possible de dire que le **développement du milieu montagnard** n'est pas incompatible avec sa **protection**, même si des conflits ou des contradictions peuvent apparaître, comme c'est le cas pour le massif de la Vanoise.

Commencez par présenter l'espace étudié, puis reformulez le sujet en le précisant. Utilisez des connecteurs logiques clairs et répondez clairement à la question posée en introduction.

GÉOGRAPHIE

5 Le développement du territoire français

www.annabac.com

La mondialisation, processus de mise en relation croissante des espaces à travers le monde, modifie en profondeur le territoire français. Elle favorise la métropolisation. Elle détermine largement les mutations des espaces productifs qui connaissent d'importantes restructurations pour être plus productifs. Elle conduit à la mise en place de grandes infrastructures de transports.

1 La France en villes

A Une concentration croissante de la population au sein des villes

■ L'Insee définit la ville en tenant compte des déplacements domicile/travail. Il distingue l'**espace à dominante urbaine** (composé des **villes centres**, des **banlieues** et des **espaces périurbains**) de l'**espace à dominante rurale**.
82 % de la population française vit dans des villes ou des espaces urbains alors même que les villes ne couvrent que 41,1 % du territoire national.

■ Depuis la fin des années 1960, l'augmentation de la population urbaine est liée à la **croissance naturelle** et à la **transformation d'espaces ruraux en espaces urbains**, en raison de la croissance des périphéries.

■ La croissance des villes s'effectue selon des **rythmes différents** selon les espaces :
- les **centres**, qui ont longtemps perdu de la population au profit des périphéries, commencent à voir leur population progresser ;
- les **banlieues** voient leur population stagner ;
- les **espaces périurbains** continuent à voir leur population augmenter en raison de la conjonction de la croissance démographique et de la croissance migratoire.

■ Le phénomène d'**étalement urbain** s'explique par la croissance démographique, le plus grand nombre de ménages recomposés, la hausse du niveau de vie qui pousse à rechercher des logements plus vastes, l'amélioration de la mobilité individuelle.

■ Depuis les années 1990 on assiste à une **densification des espaces périurbains** : la limite extérieure des zones périurbaines, notamment autour des unités urbaines de plus de 100 000 habitants, ne progresse plus guère alors que la population augmente.

■ L'extension des espaces urbains pose d'importants **problèmes environnementaux** :
- elle se fait souvent au détriment de **terres agricoles** ;
- les espaces périurbains coupent les milieux « naturels » ;
- la circulation des personnes accroît la **pollution atmosphérique**.

B Le très fort poids des métropoles

Les dix premières métropoles françaises regroupent environ le tiers de la population du pays.

Leur poids est amplifié par la **métropolisation** en cours, notamment la concentration des « **fonctions métropolitaines** ». Les 12 premières métropoles françaises regroupent 72 % des emplois de cadres des fonctions métropolitaines.

Les fonctions métropolitaines regroupent cinq activités : la gestion, la conception-recherche, les prestations intellectuelles, le commerce inter-entreprises, la culture et les loisirs. La métropolisation est un processus de concentration des fonctions supérieures et de la population dans et autour des villes les plus importantes.

Les métropoles sont, par excellence, les **lieux des synergies économiques**. Elles concentrent aujourd'hui les principaux technopôles, structurent les **pôles de compétitivité** et sont caractérisées par un **fonctionnement en réseau** : elles ont plus de liens entre elles qu'avec leur environnement immédiat.

Les métropoles structurent les **réseaux de transports** et de communication en France. Elles génèrent et attirent les principaux flux, et bénéficient des infrastructures les plus performantes et les plus importantes (aéroports, autoroutes, LGV), ce qui renforce leur suprématie.

Les métropoles jouent un rôle d'**interface**. Paris favorise l'insertion des métropoles françaises dans le processus de mondialisation par les liens qu'elle entretient avec les métropoles mondiales et notamment Londres, New York et Tokyo.

C Des contraintes d'aménagement fortes, surtout au sein des aires urbaines

a. Les aires urbaines : des espaces polycentriques et variés

À l'organisation traditionnelle des métropoles (un centre concentrant les fonctions économiques et des périphéries à vocation plutôt résidentielle) s'est substituée une **structure polycentrique**, qui impose une plus grande mobilité de la population et une réorganisation des transports.

Les principales aires urbaines accueillent une population nombreuse et variée :
- les ménages d'une seule personne ont tendance à vivre au cœur de l'aire urbaine, les familles avec enfants tendent à s'installer dans les périphéries ;
- plus on s'éloigne des centres, plus les revenus sont faibles ;
- les étrangers et les immigrés s'établissent surtout dans les grandes aires urbaines.

b. Donner une cohérence aux agglomérations : politique d'aménagement, politique de la ville

À l'**échelle nationale**, l'aménagement des villes a pour objectifs de **développer** les métropoles de province, **structurer** le réseau urbain et **renforcer** la desserte entre les métropoles françaises et avec le reste du monde, le tout dans une perspective de développement durable.

À l'**échelle régionale**, l'aménagement du territoire a deux objectifs principaux : assurer le développement économique et développer la solidarité territoriale.

La **loi Solidarité et renouvellement urbain** (SRU), du 13 décembre 2000, a mis en place le plan local d'urbanisme (PLU), qui définit les usages du sol et la densité du bâti, la construction de logements sociaux et les schémas de cohérence territoriale (SCOT).

■ La **loi sur l'air et l'utilisation rationnelle de l'énergie** (1996) impose aux communes de plus de 100 000 habitants l'élaboration d'un **plan de déplacement urbain** (PDU). Les villes cherchent à développer les transports en commun et les circulations douces (tramway, pistes cyclables, Vélib...)

Le plan de déplacement urbain de Bordeaux

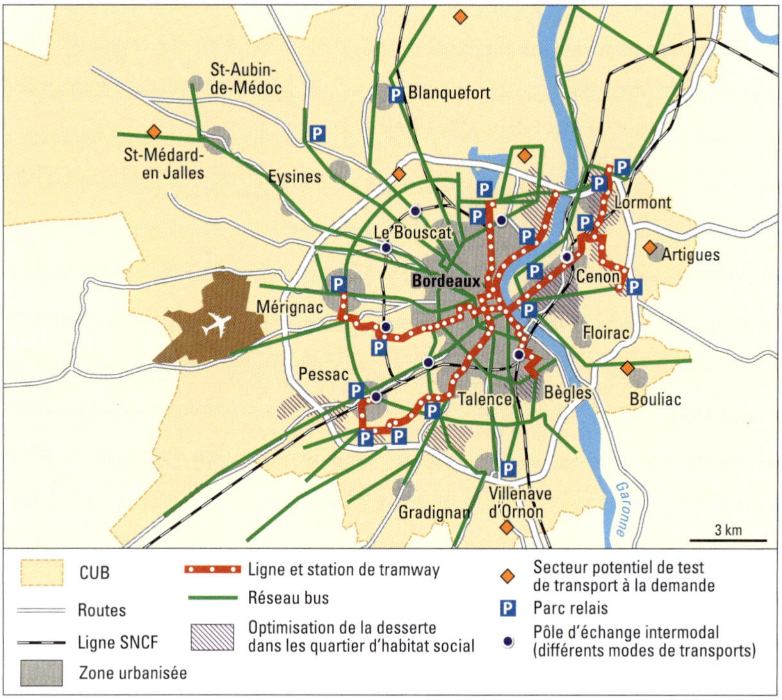

Source : Documentation photographique n° 8066, La Documentation française, 2008.

■ Depuis la fin des années 1970, la **politique de la ville** vise à atténuer la crise que connaissent certaines parties des espaces urbains. Cette politique, qui a fortement évolué, repose sur l'identification de **périmètres d'action** (**zonage**).

■ La politique de la ville est structurée par les **contrats urbains de cohésion sociale** (CUCS), ayant pour objectif d'améliorer la vie quotidienne des habitants des quartiers en difficulté. Les CUCS doivent articuler les différents programmes qui peuvent exister dans ces espaces :

PRU	Projet de rénovation urbaine	Agit sur le cadre bâti et les équipements
PLH	Programme local de l'habitat	Diagnostique les besoins et établit les politiques à moyen terme
ZFU	Zone franche urbaine	Exemption de taxes en contrepartie de la création d'emplois
PRE	Programme de réussite éducative	Accompagne les enfants et adolescents en difficulté et leurs familles
ASV	Atelier santé ville	Lutte contre l'exclusion en développant la prévention et l'égalité de l'accès aux soins
CLS	Contrats locaux de sécurité	Prévention et gestion de la délinquance à l'échelle locale
VVV	Ville vie vacances	Programmes d'activités pour les enfants qui ne partent pas en vacances

D Des espaces ruraux en plein renouveau

a. Le nouvel attrait des espaces ruraux

■ Les **espaces ruraux** gagnent à nouveau de la population. Cette nouvelle attractivité est liée à l'**amélioration des transports**, des télécommunications, à la hausse de l'équipement, notamment commercial et à l'émergence du phénomène de **double résidence**. 18 % de la population française résident aujourd'hui dans les espaces ruraux.

■ Cette évolution favorise la multiplication des **résidences secondaires**, situées pour la plupart dans un rayon de 100 à 200 km autour des grandes métropoles.

■ L'essor du tourisme a permis à des espaces ruraux peu développés, comme la **haute montagne**, de connaître une très forte croissance.

b. Le rural profond : entre attractivité et déclin

■ La France dispose d'importants espaces préservés et peu peuplés. La zone qui s'étend des Ardennes aux Pyrénées centrales en passant par le Morvan et le Massif central est marquée par la concentration d'espaces ruraux où les densités sont inférieures à 25 hab./km^2, au point qu'elle est parfois appelée la « diagonale du vide ».

■ L'activité économique tend à y être assez faible et le **vieillissement** y progresse, ce qui se traduit dans certains endroits, comme le Sud du Massif central, par un **déclin démographique**.

2 Les dynamiques des espaces productifs français dans la mondialisation

A Une spécialisation croisssante des espaces agricoles

■ Les **grandes cultures** sont surtout concentrées dans les grandes exploitations mécanisées de la moitié nord de la France. Dans le Sud-Ouest, les exploitations de maïs se sont multipliées.

■ L'**élevage intensif hors-sol** est la spécialité de la Bretagne, qui est la première région agricole française.

■ Certaines régions méridionales se sont spécialisées dans l'**horticulture** ou la **viticulture**, tandis que les régions de montagne pratiquent l'**élevage**, principalement bovin.

■ Les nouvelles attentes des consommateurs pourraient modifier cette organisation régionale. La France importe près de 40 % des **produits bios** qu'elle consomme.

L'élevage hors-sol est pratiqué dans des bâtiments fermés. Les bêtes sont nourries avec des aliments industriels.

GÉOGRAPHIE

Les espaces agricoles en France : une spécialisation croissante

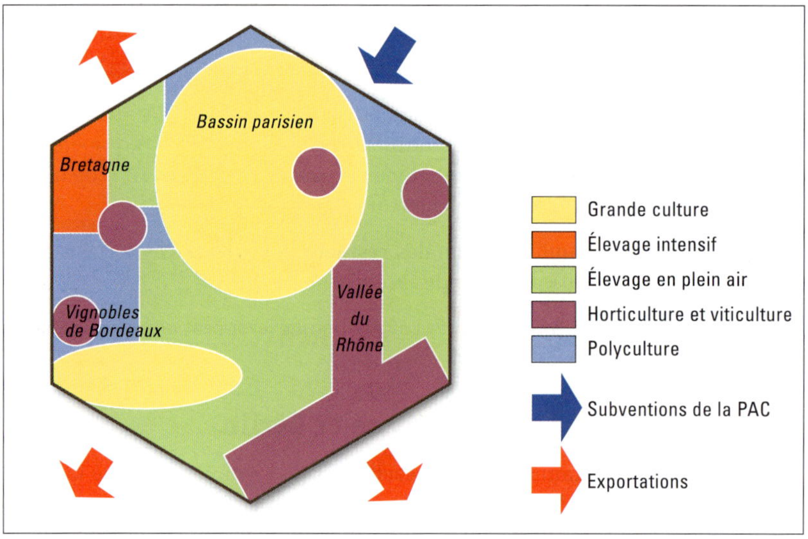

B Industries et territoires

a. Le déclin des localisations liées aux matières premières

Les friches industrielles sont d'anciens sites industriels – usines ou terrains associés à des usines, entrepôts ou décharges – qui sont maintenant abandonnés.

■ Jusqu'à la moitié du XXe siècle, les grandes régions industrielles étaient localisées **à proximité des ressources de matières premières** : c'était le cas dans le Nord et en Lorraine pour le charbon et du fer.

■ La fermeture des mines (entre les années 1960 et les années 1990) et des usines sidérurgiques a posé d'importants problèmes de **reconversion économique** et de **réhabilitation** des **friches industrielles**.

On appelle rupture de charge le passage d'une marchandise d'un mode de transport à un autre.

■ La baisse des coûts de transport a favorisé les importations de matières premières par voie maritime et la création par l'État de ZIP (**zones industrialo-portuaires**) où infrastructures portuaires et industrielles sont juxtaposées. L'objectif est de limiter les ruptures de charge.

b. Une redistribution à l'échelle nationale

■ L'**Île-de-France** (qui regroupe sur son territoire plus de 15 % des emplois industriels) et **Rhône-Alpes** restent les **deux premières régions industrielles**. Ce dynamisme s'explique par la proximité des voies de transports, l'important marché de consommateurs et l'innovation constante grâce au niveau de la formation de la main-d'œuvre.

■ La politique de **décentralisation industrielle** conduite dans les années 1950 et 1960 a partiellement effacé l'ancienne coupure entre une France de l'est industrialisée et une France de l'ouest sous industrialisée.

■ En revanche, le développement des industries de pointe a rendu les « **Suds** » très attractifs : aéronautique à Toulouse (Airbus), informatique et biotechnologie en Rhône-Alpes et Provence-Alpes-Côte d'Azur.

Les espaces industriels en France : une redistribution

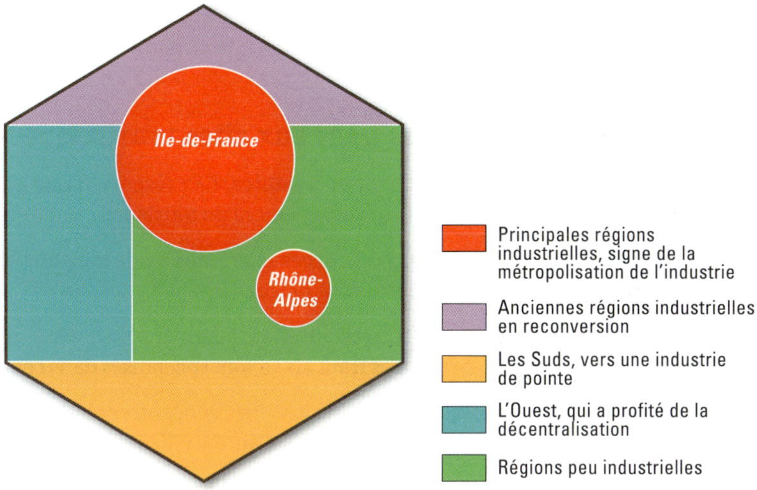

c. Vers une industrie à très forte valeur ajoutée

■ La **recherche de la compétitivité** conduit les industries de main-d'œuvre à délocaliser une partie de leur production dans des pays à moindre coût de travail. Sur la période 2000-2005, les délocalisations à l'étranger ont généré environ **36 000 destructions d'emploi** par an.

■ L'industrie française doit s'orienter vers une **industrie à forte valeur ajoutée** (luxe, industrie de pointe) mettant en valeur la qualification de la main-d'œuvre. Les entreprises spécialisées dans les nouvelles technologies sont regroupées dans des technopôles à proximité des grandes métropoles (Sophia-Antipolis à Nice, Meylan à Grenoble).

■ À ce jour, **71 pôles de compétitivité** ont été labellisés et aidés financièrement.

■ L'exemple du plateau de **Saclay** : situé au sud de Paris, il accueille plusieurs grandes écoles et établissements de recherche. 4 000 entreprises travaillent en partenariat avec 12 000 chercheurs au sein de ce technopôle où sont présentes plusieurs entreprises appartenant à des pôles de compétitivité.

C Géographie des services en France

a. Les logiques de localisation des services

■ La **hiérarchisation spatiale des services** se superpose à la hiérarchie urbaine : plus un service est rare et élaboré, plus on ne le trouvera que dans de très grandes villes, ou métropoles.

■ À l'**échelle locale**, la localisation des services est plus fine. On trouve en centre-ville des commerces de luxe, des services culturels rares (musées, théâtres, opéras...) ou des sièges d'entreprises. Ces derniers sont de plus en plus concentrés dans des quartiers d'affaires situés à l'écart du centre-ville traditionnel (la Défense à Paris, la Part-Dieu à Lyon).

■ On observe l'**émergence de nouveaux services en périphérie** : grands centres commerciaux, salles de cinéma multiplexes, services logistiques (stockage)...

■ En **milieu rural**, la tendance actuelle est à la **fermeture des petites unités** (bureaux de poste, écoles, centres médicaux, petits hôpitaux, gares) pour les regrouper. L'objectif de réduire les coûts et de présenter des services plus compétitifs. C'est une question cruciale en milieu rural : ces zones, qui sont **les plus isolées,** sont marquées par le **fort vieillissement de la population**.

b. Le tourisme : des localisations liées aux sites touristiques

■ Les lieux touristiques doivent être facilement **accessibles**. La présence d'une gare TGV ou d'un aéroport est un facteur essentiel pour le développement du tourisme.

■ Les touristes veulent être au plus près des **ressources touristiques** : le long du littoral (front de mer, marina) ou au pied des pistes de ski (front de neige).

■ Les **infrastructures d'accueil** (hébergement, restauration, commerces) sont assurées par une multitude d'acteurs, même si de grands groupes français se sont spécialisés dans ces activités.

■ Le **tourisme urbain** occupe une place privilégiée : les villes concentrent les attractions et les infrastructures. Paris est le premier pôle d'accueil, mais d'autres villes sont très visitées.

■ L'été, le **tourisme littoral** domine. D'abord concentré dans des stations balnéaires, il concerne désormais des régions entières comme la Côte d'Azur ou le Languedoc.

■ Le **tourisme de montagne** représente 17 % des séjours environ. Les stations de ski sont présentes dans tous les massifs montagneux mais surtout dans les Alpes du Nord. Un tourisme de montagne existe aussi l'été (randonnées, thermalisme).

■ Le **tourisme vert** ou rural est plus diffus. Les résidences secondaires sont présentes sur tout le territoire.

c. Roissy : plate-forme multimodale et hub mondial

■ L'aéroport de Roissy-Charles de Gaulle se place aux premiers rangs mondiaux. En 2011, c'est le **7e aéroport mondial** et le **2e européen** en termes de trafic de passagers (61 millions en 2011) et le 6e mondial pour le fret (2,4 millions de tonnes par an). L'aéroport accueille plus de 507 000 mouvements d'avions par an.

Un hub (moyeu d'une roue, en anglais) est le lieu où convergent les rayons : ce terme rend bien compte de la concentration des moyens sur les aéroports les mieux équipés, qui servent de centres de transit vers les aéroports secondaires.

■ Roissy-Charles de Gaulle est aujourd'hui le **hub principal d'Air France**, de Fedex et de plusieurs autres grandes sociétés de logistique. C'est le **hub le plus performant d'Europe** en raison du nombre élevé de ses correspondances. Plus de 50 % du trafic de Roissy est ainsi lié à l'activité du hub Air France-KLM.

■ **Air France-KLM est un géant du transport aérien** : 24 milliards d'euros de chiffre d'affaires en 2011, 71 millions de passagers transportés vers 230 destinations différentes, 1,5 Mt de fret (soit ¾ du fret total de Roissy). La compagnie compte 71 000 employés, 110 000 en incluant les filiales. Elle possède près de 600 appareils.

■ Roissy est le **premier carrefour multimodal d'Europe continentale**. Il propose en effet : une ouverture 24 heures sur 24 ; une capacité de 114 atterrissages/décollages par heure ; une gare ferroviaire TGV ; un accès par le RER B jusqu'au cœur de Paris (gare du Nord) ; une connexion au réseau autoroutier (A1, A3, A86, A104) ; une gare routière.

■ La zone de fret s'étend sur 300 ha et constitue le **hub pour l'Europe** de Chronopost et Fedex.

■ L'aéroport de Roissy-Charles de Gaulle crée ainsi **10 % de la richesse de la région Île-de-France**. Il emploie 85 000 salariés dans 700 entreprises.

SUJET DE TYPE BAC

Schéma

L'aéroport de Roissy-Charles de Gaulle, plate-forme multimodale et hub mondial.

CORRIGÉ

Ne détaillez pas trop le plan de votre légende : 1 à 2 niveaux de titres suffisent.
Observez comment les distances réelles sont schématisées et réduites pour créer un schéma efficace.

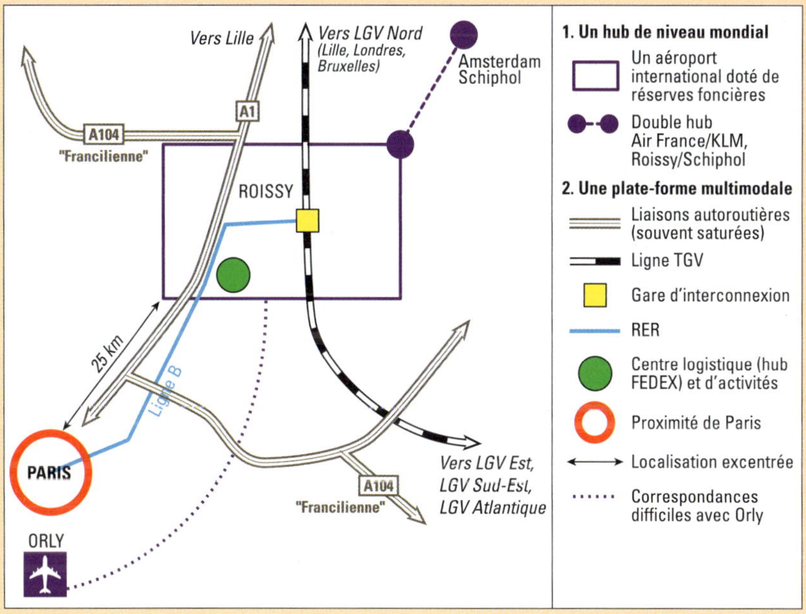

GÉOGRAPHIE

6 Les territoires de l'Union européenne

www.annabac.com

Quelles sont les frontières et les limites actuelles de l'Union européenne ? Comment construit-elle son développement ? Quels sont les problèmes spécifiques que posent les territoires ultramarins ? Quelles réponses l'UE tente-t-elle d'apporter ?

1 Frontières et limites

■ Si les **limites maritimes** semblent ne pas faire question au nord et à l'ouest, il en va différemment au sud : **la Méditerranée unit autant qu'elle sépare**.

■ Les **limites continentales** de l'Europe ont toujours été liées à un **projet politique** (de l'Europe « de l'Atlantique à l'Oural » du général de Gaulle dans les années 1950 à l'extension actuelle de l'Union européenne).

■ **La construction européenne**

- 1948 : 16 pays d'Europe occidentale créent l'**OECE** (Organisation européenne de coopération économique).

- 1949 : création du **Conseil de l'Europe**, qui réunit 10 pays et renforce cet objectif de promotion de la démocratie, dans le cadre de l'OTAN.

- Avril 1951 : signature du traité de Paris qui donne naissance à la **CECA** (Communauté européenne du charbon et de l'acier), symbole de la **réconciliation franco-allemande**.

- 25 mars 1957, signature des **traités de Rome** par la France, l'Allemagne, l'Italie, la Belgique, le Luxembourg et les Pays-Bas. Le premier traité étend à l'agriculture et à l'ensemble de l'industrie ce que la CECA avait réalisé pour le charbon et l'acier. Il crée ainsi la **Communauté économique européenne** (CEE), qui permet une intégration par la création d'un **Marché commun**. Le deuxième traité institue l'**Euratom**, la Communauté européenne de l'énergie atomique, chargée d'assurer l'indépendance en matière d'énergie nucléaire.

- En 1973, le **Royaume-Uni, l'Irlande et le Danemark** entrent dans la CEE.

- La **Grèce** (1981), l'**Espagne** et le **Portugal** (1986), rejoignent la Communauté. **L'Europe passe à douze.** En **1990, l'ex-RDA** intègre la CEE du fait de la réunification allemande. **En 1995, entrent l'Autriche, la Suède et la Finlande.**

- **En 2004, le plus important élargissement géographique est réalisé**, avec l'intégration de 10 nouveaux pays. En 2007, 27 pays étaient membres de l'UE. L'entrée de la Croatie est prévue pour juillet 2013.

2 Disparités et inégalités socio-spatiales : l'action de l'UE sur les territoires

A Les disparités régionales dans l'Union

La nomenclature des unités territoriales statistiques (NUTS) est un instrument indispensable de la politique régionale de l'UE. On compte 269 NUTS 2 (unité territoriale de 0,8 à 3 millions d'habitants), échelon standard des régions européennes.

Des inégalités existent entre l'**Europe du Sud et de l'Est**, et l'**Europe de l'Ouest et du Nord**. La région Île-de-France produit à elle seule plus de richesses que la Grèce ou l'Autriche. Les **régions-capitales** figurent parmi les plus riches.

Parmi les **régions en difficultés,** les **anciennes régions minières** (Lorraine ou Sarre), les **zones rurales marginalisées** (Auvergne, Mezzogiorno italien) et l'essentiel des **régions orientales,** nouvellement intégrées, attendent beaucoup des politiques régionales de l'Union.

B Les politiques régionales de l'UE

L'Europe des Six de 1957 ne perçoit guère la nécessité de politiques de réduction des disparités régionales. L'adhésion du Royaume-Uni marque le démarrage réel des politiques régionales. Le **Fonds européen de développement régional (FEDER)** naît en 1975.

Europe en avance, Europe en retard

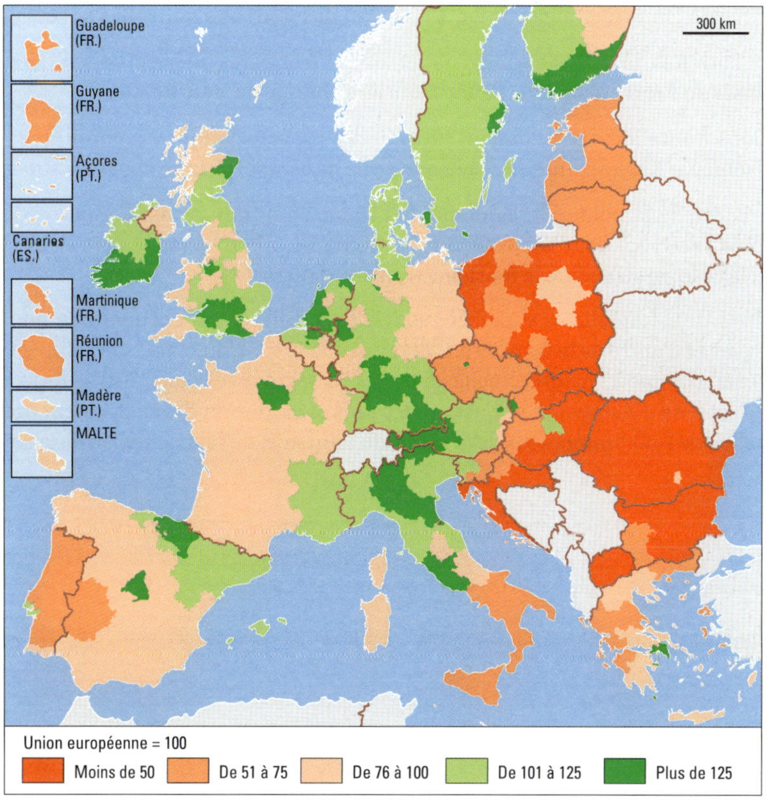

L'ECU est l'ancêtre de l'euro. Créé en 1979 avec le système monétaire européen (SME), l'ECU est l'abréviation de European Currency Unit (unité de compte européenne).

■ Avec l'entrée de nouveaux États, globalement plus pauvres (Grèce, Espagne et Portugal), la politique régionale monte en puissance et lance les **programmes d'aide aux régions en retard de développement**. Le traité de Maastricht crée le **fonds de cohésion**. Les moyens passent de 45 milliards d'**ECU** pour 1989-1993 à 193 milliards d'euros pour la période 2000-2006.

■ Les élargissements de 2004 et 2007 concernent 12 nouveaux membres : chez la plupart d'entre eux, le revenu moyen est inférieur à 50 % du revenu moyen de l'Union.

■ En 2006, la réforme de la politique régionale fixe les objectifs pour la période 2007-2013 :
- l'objectif « **convergence** » afin de moderniser les économies entrantes (250 milliards d'euros de budget) ; les aides visent les régions dont le PIB/hab. est inférieur à 75 % de la moyenne de l'UE ainsi que les régions ultra-périphériques ;
- l'objectif « **compétitivité régionale et emploi** » (50 milliards d'euros destinés à renforcer la compétitivité des régions européennes) ;
- l'objectif « **coopération territoriale européenne** » envers les régions frontalières (7,75 milliards d'euros afin de promouvoir les coopérations transfrontalières, transnationales et interrégionales).

■ La dotation budgétaire de la politique régionale pour la période 2007-2013 est de 308 milliards d'euros, soit **36 % du budget communautaire**.

C Les programmes transfrontaliers

■ Les régions frontalières représentent **15 % du territoire et 10 % de la population** de l'UE. Depuis 1989 et la chute du Rideau de fer, **12 000 km de frontières nouvelles** ont été créés.

■ Relevant autrefois de la souveraineté nationale, les frontières intérieures de l'UE sont à présent **soumises au droit européen : l'effet-frontière change de signification.**

■ Les régions frontalières présentaient souvent des **caractéristiques économiques peu flatteuses** : revenu par habitant inférieur à la moyenne nationale, taux de chômage supérieur.

■ Dans le cadre de la politique régionale de l'Union, sont mis en place à partir de 1990 les **programmes Interreg**, dont l'objectif est de promouvoir le développement économique, la recherche, la culture ou encore le tourisme transfrontaliers.

■ Les régions transfrontalières exploitent souvent un **différentiel économique ou démographique de part et d'autre de la frontière**. C'est ainsi que se sont largement développées les **Eurorégions**. On en compte à l'heure actuelle au moins 75, regroupées dans l'ARFE (Association des régions frontalières d'Europe) et impulsant des projets autour du développement économique transfrontalier, de l'environnement, de la santé, du tourisme, de l'éducation ou de la culture.

3 La Réunion : un territoire ultramarin de l'UE

A Une île tropicale loin de l'Europe

■ L'île de la Réunion est **française depuis le XVIIe siècle**. Bien placée sur la route des Indes, l'île voit se développer les plantations de café.

■ En 1848, date de l'abolition officielle de l'esclavage, on comptait 60 000 esclaves et 40 000 colons sur l'île.

■ En **1946**, l'île devient un **département français d'outre-mer (DOM)** ; elle est donc aujourd'hui membre de l'Union. En **1997**, elle obtient le statut de **région ultra-périphérique**.

■ L'île de la Réunion est une **île australe**. Situé dans l'océan Indien, au large des côtes de Madagascar, l'île a une superficie de 2 500 km².

L'adjectif austral signifie que la Réunion se situe dans l'hémisphère sud. Il s'oppose à boréal, qui caractérise l'hémisphère nord.

■ La Réunion est une **île tropicale** : le climat y est chaud toute l'année. Les alizés déterminent une **côte au vent**, fortement arrosée, et une **côte sous le vent**, plus sèche. L'île est traversée par des cyclones, parfois meurtriers. Tout le centre de l'île est un **complexe volcanique**.

B Une population privilégiée ?

a. Une population spécifique

■ La population présente une **grande diversité** : Européens blancs (25 %), métropolitains installés dans l'île (5 %), 25 % de descendants d'esclaves d'origine africaine ou malgache, 25 % de populations d'origine indienne, 20 % enfin d'origine plus récente, Chinois ou Pakistanais.

■ La **croissance démographique** est forte : + 1,5 % par an entre 1999 et 2006, et 840 000 habitants en 2012. La densité est de **334 habitants/km²**, ce qui fait de l'île un monde plein. La croissance ralentit cependant, car la transition démographique est en voie d'achèvement.

■ **La population réunionnaise est jeune.** L'âge moyen y est de 32 ans (39 ans en métropole) et 35 % de la population a moins de 20 ans (25 % en métropole).

b. Un îlot de prospérité ?

■ **Par rapport au reste de l'UE, l'île semble pauvre.** Le PIB/hab. n'est que de 18 200 € (23 600 $), contre 30 400 en France. 150 000 Réunionnais touchent les minima sociaux. Mais le PIB/hab. réunionnais est à comparer à celui des îles voisines (5 400 $ à Maurice, 700 $ aux Comores et 375 $ à Madagascar).

■ Cette prospérité relative s'explique par l'**ampleur des transferts sociaux** : la Réunion a perçu 5,2 milliards d'euros de prestations sociales en 2010, soit 6 200 €/hab.

c. Fonctionnaires et chômeurs

■ L'importance de l'État français dans l'île est relayée par des **fonctionnaires nombreux** : 37 agents territoriaux pour 1 000 hab. contre 23 en métropole.

■ **La population est faiblement active** (61 %), surtout les femmes (54 %). La Réunion compte **28,5 % de chômeurs** en 2012, soit le taux le plus élevé de toutes les régions de l'UE.

C Une économie sous perfusion

■ La **zone de proximité géographique** n'entretient pas avec l'île des relations fortes. La France - **zone d'appartenance** - demeure de très loin le premier partenaire commercial : 85 % des produits alimentaires et 82 % des biens de consommation viennent de métropole.

■ Le niveau élevé des salaires conduit l'économie dans l'impasse d'un **travail souvent peu qualifié mais cher**, alors que les pays voisins peuvent offrir une main-d'œuvre à bas coût.

> **Les intrants sont les consommations intermédiaires nécessaires à la production agricole (semences, engrais, produits phytosanitaires, etc.).**

■ L'économie réunionnaise reste peu dynamique. La **canne à sucre** occupe 70 % des terres arables et le prix élevé des **intrants** importés rend l'**agriculture peu compétitive**.

■ Le même raisonnement vaut pour l'**industrie** et le **tourisme**. Sur 400 000 touristes/an environ, 80 % viennent de métropole et 50 % sont des touristes affinitaires.

■ L'économie réunionnaise est donc **largement aidée** par la France :
- les transferts sociaux soutiennent la consommation des ménages ;
- les dispositifs fiscaux s'efforcent d'y favoriser l'investissement.

■ La politique régionale de l'UE a attribué à la Réunion l'**objectif de convergence**, dont bénéficient toutes les régions dont le PIB/hab. est inférieur à 75 % de la moyenne de l'UE. Pour 2007-2013, 1,9 milliards d'euros de crédits européens ont été débloqués.

Dynamiques spatiales de l'Île de la Réunion

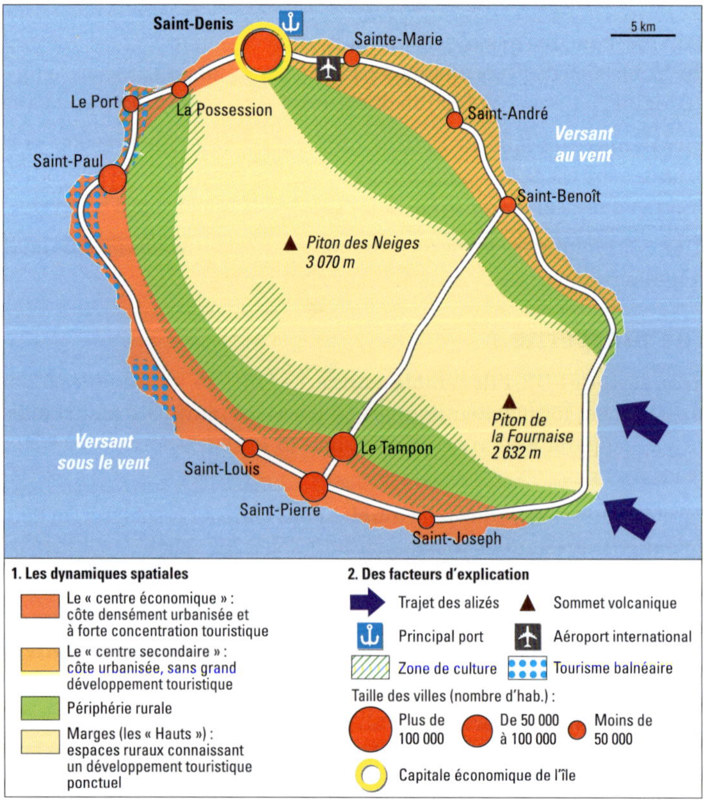

SUJET DE TYPE BAC

Croquis

L'Union européenne : disparités et inégalités socio-spatiales

CORRIGÉ

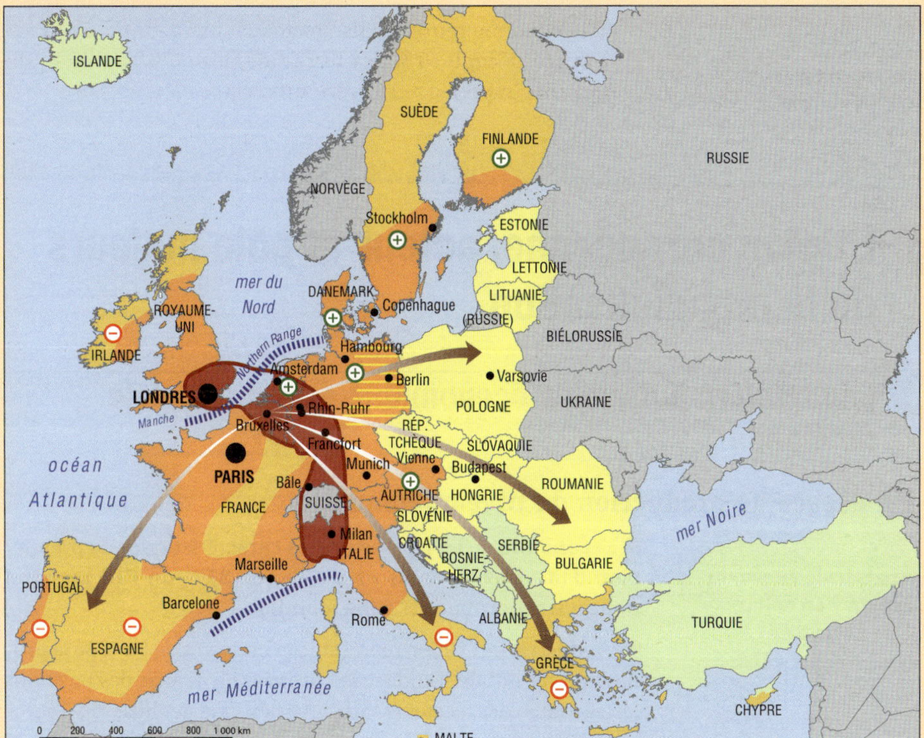

1. Des disparités accusées

- La dorsale européenne : cœur de l'UE
- Les périphéries intégrées
- Les marges
- Les territoires en convergence après 1989-91
- dont les nouveaux Länder
- Pays non-membres

2. Un espace structuré par les réseaux

- Villes mondiales (archipel mégalopolitain mondial)
- Autres métropoles
- Grande interface maritime

3. Les facteurs d'évolution des disparités

- Aides régionales de l'UE
- Pays candidats en retard ou en crise
- ⊖ Pays aux finances publiques très dégradées
- ⊕ Pays aux finances publiques plus saines

7 L'Union européenne et la France dans la mondialisation

www.annabac.com

LES PUISSANCES EUROPÉENNES dominèrent jadis le monde. Mais ce monde a changé, et d'autres puissances se sont depuis imposées. Que reste-t-il de la puissance de l'Europe, aujourd'hui théoriquement unie, dans la mondialisation actuelle ? Quel est le rang de la France ?

1 L'Union européenne, acteur et pôle majeurs de la mondialisation

A La première puissance économique et commerciale du monde

a. Un espace de production de niveau mondial

Le PIB peut être calculé en valeur nominale et exprimé en dollar ; il peut aussi être calculé en parité de pouvoir d'achat (PPA).

- L'**économie** de l'UE présente des caractéristiques de premier plan dans tous les secteurs. L'UE crée **25 % du PIB mondial nominal** et occupe le **1er rang mondial**.
- L'**industrie** de l'Union représente encore près de **20 % de la production mondiale**. L'industrie européenne détient des positions fortes dans des secteurs aussi variés que le luxe ou l'agroalimentaire, l'automobile, l'aéronautique, l'armement ou l'énergie.
- L'agriculture productiviste européenne, soutenue par la politique agricole commune (PAC), est probablement la plus **moderne** et **intensive** du monde.

b. Une puissance ouverte et commerçante

- Largement ouverte et tournée vers le reste du monde, l'UE réalise presque **40 % du commerce mondial de marchandises**.

La Triade désigne les trois principaux centres d'impulsion de l'économie mondiale : États-Unis, Union européenne et Japon.

- L'Union commerce d'abord avec les **autres pôles de la Triade**, mais aussi avec les économies émergentes d'Asie orientale. L'Union exporte principalement des produits manufacturés et importe notamment des produits énergétiques.
- Dans les **services**, l'Union assure 25 % des échanges internationaux :

– avec 350 millions de touristes internationaux par an environ (40 % du total mondial), l'Europe est la **première zone touristique** de la planète ;
– dans les services financiers, la City de Londres concurrence efficacement New York ou Singapour ; les Bourses de Londres et d'Euronext sont au 2e rang mondial.

c. Des firmes européennes globales

■ La puissance de l'UE se mesure aussi à l'activité de ses **firmes transnationales** : 10 d'entre elles figurent dans les 20 premières mondiales. Ces **firmes globales** mondialisent leurs activités en fonction des **avantages comparatifs des territoires** : les fonctions stratégiques ou évoluées restent majoritairement en Europe.

■ L'UE est le premier investisseur mondial et la première zone de réception d'investissements (**investissements directs à l'étranger**).

B Les fondements de la puissance économique et commerciale

■ Le niveau de vie global de l'UE est élevé, ce qui en fait l'un des marchés de consommation les plus puissants de la planète. Cette richesse va de pair avec l'**excellent niveau de qualification** de la main-d'œuvre.

■ Les États européens sont des **États de droit**, où le risque-pays est nul ou faible.

Un État de droit est un État où l'application du droit est garantie et reconnue. La sécurité des contrats et des affaires est un facteur de développement majeur.

■ L'Union a impulsé un certain nombre de politiques qui contribuent à expliquer sa puissance et son rôle majeur dans la mondialisation : **politique agricole commune** (PAC) ; **grands projets industriels multinationaux** (Airbus ou Ariane) ; **unification monétaire**.

C Les limites de la puissance

■ C'est au sein de l'Union européenne que le **vieillissement** est le plus avancé au monde, Japon excepté, entraînant de multiples **problèmes de financement**.

■ L'Union souffre de certaines **dépendances** aux matières premières ou à l'énergie, envers la Russie ou le Moyen-Orient.

■ Des **retards** sont préoccupants dans certains domaines : la **recherche-développement** européenne peine à s'aligner sur les standards américains ou japonais.

■ Les processus de mondialisation **mettent en concurrence les territoires**. Les trente dernières années ont vu l'émergence de nouveaux rivaux, Chine, Inde ou Brésil.

■ L'**endettement des États ouest-européens** semble avoir atteint ses limites.

2 Une façade maritime mondiale : la « Northern Range »

A Une puissante façade maritime

a. Qu'est-ce que la « Northern Range » ?

■ De la basse-Seine à la basse-Elbe, sur plus de 700 km de littoral, s'étend toute une série de ports regroupant la gamme complète des activités océaniques, et formant la Northern Range. C'est **une des quatre grandes façades maritimes mondiales,** avec les façades japonaise, américaine et chinoise. Elle réalise à elle seule **50 % du trafic maritime européen**.

■ La façade nord-européenne représente **1,2 milliard de tonnes de trafic** en 2010. Les 6 premiers ports concentrent près d'1 milliard de tonnes à eux seuls.

■ Elle est située au départ et à l'arrivée de deux routes maritimes largement utilisées : la route nord-atlantique vers l'Amérique du nord, la route vers l'Asie orientale.

Le système de la Northern Range

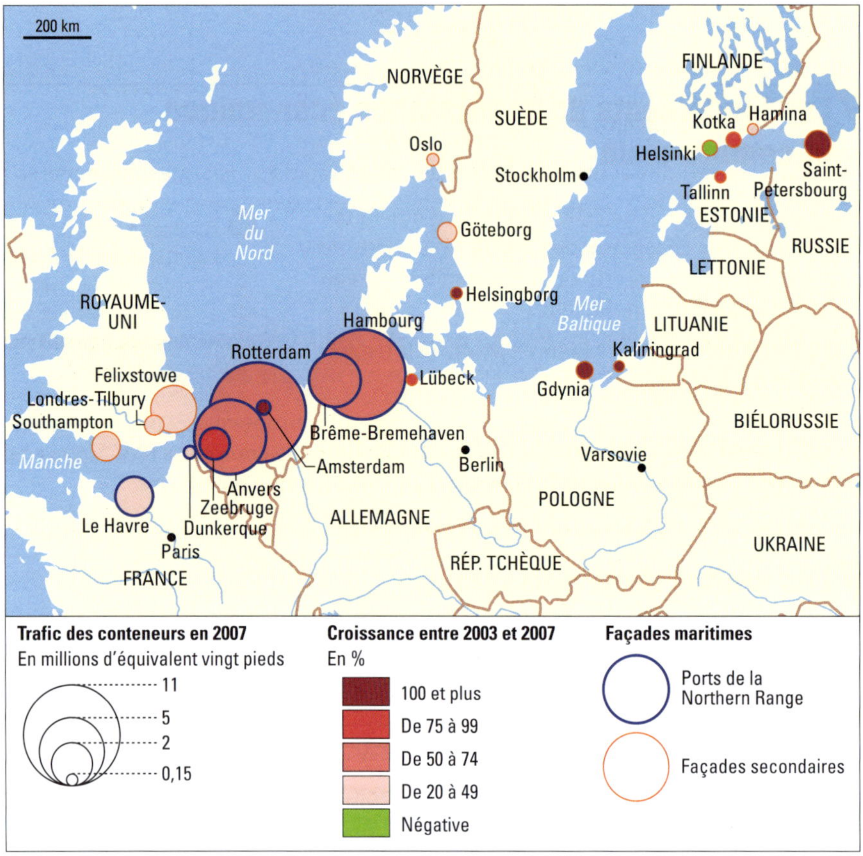

b. Trafics mondiaux et trafics régionaux

Un feeder est un navire porte-conteneurs de plus petite taille (300 à 500 conteneurs en moyenne), notamment utilisé pour le trafic régional.

■ Les **grands ports généralistes** que sont Rotterdam, Anvers ou Hambourg sont de véritables **hubs** (plaques tournantes) maritimes pour les grandes firmes transnationales de logistique. Les **feeders** se chargent du trafic régional ou local, par cabotage.

■ La Northern Range est relayée par **deux façades secondaires** : ports britanniques au nord, ports baltiques à l'est.

c. Une façade en déclin ?

■ Le **trafic transatlantique est en baisse** au profit des échanges transpacifiques (liés à la montée en puissance de l'Asie orientale) : Rotterdam, autrefois premier port du monde, est dorénavant en 3e position, et en 10e pour le trafic des conteneurs.

■ La **maîtrise de la manutention portuaire** est à présent le fait de **grandes compagnies transnationales**, souvent asiatiques.

B Les portes de l'Europe

a. Les points d'entrées/sorties de l'UE

■ L'hinterland de la Northern Range est l'**axe rhénan**, qui est à la fois l'artère du nord-ouest européen, avec 650 Mt de trafic annuel, et l'épine dorsale de la construction européenne.

■ Les ports du Range sont devenus de **gigantesques plate-formes multimodales**, capables de desservir n'importe quelle région de l'hinterland, selon n'importe quel mode de transport, en un minimum de temps.

L'hinterland, ou arrière-pays, correspond aux régions desservies par le port. Plus un port est puissant, plus son hinterland est important, et réciproquement.

■ Pour réduire encore les coûts, une partie des marchandises, énergies ou matières premières est utilisée sur place dans de gigantesques **zones industrialo-portuaires** dites « sur l'eau ».

b. Rotterdam et l'axe rhénan

■ Le port de Rotterdam (290 Mt, soit le 3e rang mondial) représente **37 % du trafic de tout le Range**. Il génère 7 % du PIB néerlandais et induit 300 000 emplois dans l'ensemble de son hinterland.

■ Idéalement situé à la **terminaison de l'axe rhénan**, Rotterdam est le point d'entrée/sortie **essentiel de la mégalopole centre-européenne**.

■ D'abord localisé en fond d'estuaire, **le port a migré vers la tête** pour répondre aux besoins des navires modernes. Les installations portuaires poursuivent leur extension.

C Hambourg et l'Europe médiane

■ Hambourg occupe une position stratégique (**entre mer du Nord et Europe centrale**, et porte de la Baltique) qui en fait la **plaque tournante de l'Europe centrale**.

■ Hambourg est située à 100 km de la mer du Nord, dans l'estuaire de l'Elbe. L'activité portuaire y est intense et représente **11 % du trafic total de la Northern Range**.

■ La part du **trafic conteneur ne cesse d'augmenter**. Hambourg n'était que 29e port mondial en 2010 (121 Mt), mais 15e pour le trafic conteneurs.

3 La présence française dans le monde

A La France est-elle encore une grande puissance économique ?

■ Avec **66 millions d'habitants** dont 64 en métropole en 2013, la France compte **moins de 1 % de la population mondiale**. En 2013, elle n'est plus qu'au 21e rang mondial.

■ Son **PIB** à parité de pouvoir d'achat (PPA) est le **9e mondial** (5e en dollars). Son industrie jouit d'une spécialisation dans les hautes technologies (aéronautique, aérospatiale, pharmacie). La croissance du PIB français est inférieure à celle de la zone euro.

GÉOGRAPHIE

■ En 2011, la France est la **5e puissance commerciale mondiale**, avec 3,2 % des échanges. Toujours compétitive dans les services (3e rang mondial), la France est moins bien classée dans les échanges de biens : son **déficit commercial** (74 milliards d'euros en 2011) est récurrent depuis 2004.

Les PME sont les petites et moyennes entreprises, dont la taille n'excède pas 250 employés pour un chiffre d'affaires annuel maximum de 50 millions d'euros.

■ La France commerce d'abord avec ses voisins européens. Mais l'économie française connaît un **déclin relatif manifeste**. La France n'est plus que la 11e destination mondiale des investissements directs à l'étranger (IDE), mais elle exporte plus de capitaux qu'elle n'en reçoit.

■ Les grandes **entreprises** françaises comptent encore 32 représentantes parmi les 500 premières mondiales. Ce sont souvent des **leaders mondiaux** dans leur secteur. Moins de 5 % des **PME** françaises sont exportatrices.

B Une puissance politique et militaire aux ambitions plus vastes que ses moyens

■ Entamée dès la IVe République (traité de Rome, 1957), la **construction européenne** s'est imposée comme une priorité pour la France.

■ De son empire colonial, la France conserve une présence territoriale mondiale. Ces **confettis d'empires** (120 000 km² au total) que sont les DROM, COM et autres territoires lui donnent des points d'appui partout dans le monde.

■ Les forces françaises sont encore présentes sur tous les océans du globe. La **puissance militaire** de la France est importante, avec une armée équipée d'armements de pointe capable d'intervenir simultanément en Afghanistan, en Libye et en Côte d'Ivoire en 2011. Mais ses **capacités militaires ou diplomatiques** apparaissent aujourd'hui **insuffisantes**.

■ La France mène depuis de Gaulle une **politique de grandeur** : puissance nucléaire, membre permanent avec droit de veto du Conseil de sécurité de l'ONU. Son audience est encore importante dans les institutions internationales : G8, FMI, OMC…

C Une puissance culturelle : l'histoire en héritage

■ Le rayonnement mondial de la France demeure sur le plan culturel, en raison d'un **héritage historique exceptionnel** et de **valeurs** inventées en France, puis transmises au monde. Mais **ce modèle est contesté à travers le monde**, par l'islamisme radical ou les nationalismes russe ou chinois.

■ L'héritage colonial fait du français la **langue officielle de 29 pays** : environ 200 millions de personnes le pratiquent dans le monde. Les **médias francophones** (Agence France Presse, Radio France Internationale ou France 24) s'efforcent de relayer la voix de la France dans le monde. Pourtant, **la langue française recule face à l'anglais**. Elle n'est plus aujourd'hui que la 9e langue mondiale, et son usage international diminue.

■ La France, pays de « **l'exception culturelle** » tente de défendre son patrimoine, notamment à travers une politique de quotas de diffusion d'œuvres françaises à la télévision et à la radio.

L'Organisation internationale de la francophonie

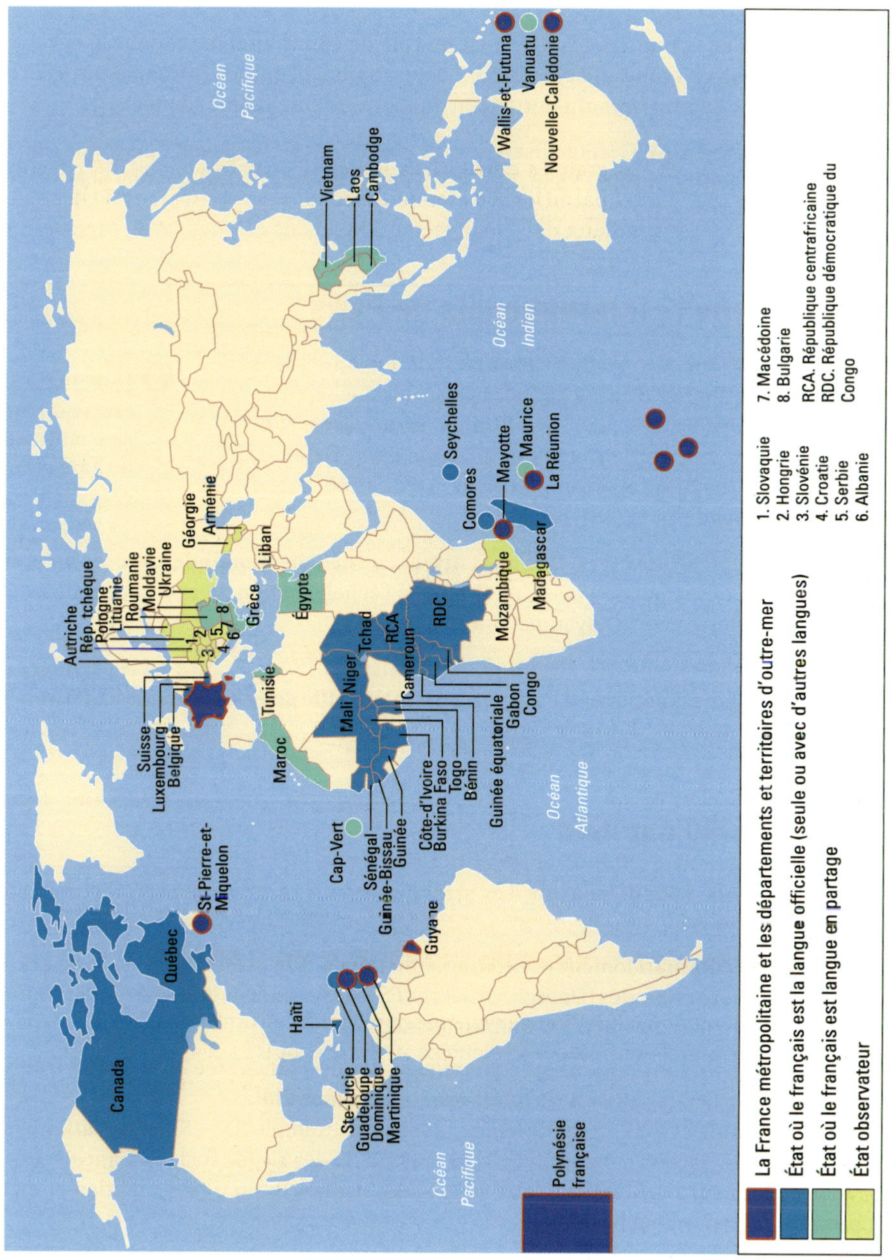

4 Paris, ville mondiale

A Critères et classements

Les villes mondiales sont celles qui jouent un **rôle de commandement** dans le développement d'une **économie mondialisée**. Ces fonctions s'appuient sur les **infrastructures** (TIC et aéroports) et sur le **capital humain** (fortement diplômé, à haute valeur ajoutée).

Dans le classement GAWC (Globalisation And World Cities), Paris vient en 4e position derrière New York, Londres et Hong Kong. Le GPCI (Global Power City Index) 2009 place Paris 3e, derrière New York et Londres et devant Tokyo.

B L'attractivité internationale de Paris

Paris est le **2e pôle de gestion financière d'Europe** après Londres (1 400 milliards d'euros gérés). Les sièges sociaux des transnationales françaises, ou des **filiales étrangères** sont implantés à Paris, notamment dans le quartier de la Défense. Pour les transnationales, avoir une adresse à Paris fait partie d'un **capital d'image**.

La Défense est le plus gran[d] centre d'affaires européen (2,5 millions de m² de bureaux).

L'accessibilité parisienne est de **très haut niveau, à l'échelle mondiale**, avec les hubs aéroportuaires d'Orly et surtout de Roissy, mais aussi à l'échelle nationale et européenne avec les lignes à grande vitesse vers le Royaume-Uni et la Belgique.

Paris reçoit chaque année 25 à 30 millions de touristes. L'Île-de-France est la **première destination touristique planétaire**, et Paris est la **première ville pour le tourisme d'affaires**, avec 42 millions de visiteurs d'affaires par an.

C Paris, ville capitale

Paris est aussi une **ville de pouvoir**. Les arrondissements centraux concentrent ministères et organes de l'État.

La **fonction de commandement** parisienne s'illustre dans la présence de **siège de grandes organisations internationales** (Unesco, OCDE, OIF...). Les pays étrangers ne s'y sont d'ailleurs pas trompés, puisqu'ils ont établi 137 **ambassades** à Paris.

Paris cumule centralité politique et économique. L'Île-de-France crée **29 % du PIB français :** à 460 milliards de dollars c'est le **5e Produit urbain brut mondial.**
Les emplois qualifiés sont surreprésentés, avec par exemple la **« Silicon Valley » sud-parisienne** (Orsay, Saclay...). La capitale concentre 25 % des sièges sociaux français. Elle est aussi le **premier centre universitaire et de grandes écoles.** Enfin, presse, édition et médias sont presque exclusivement parisiens.

Villes mondiales – villes connectées

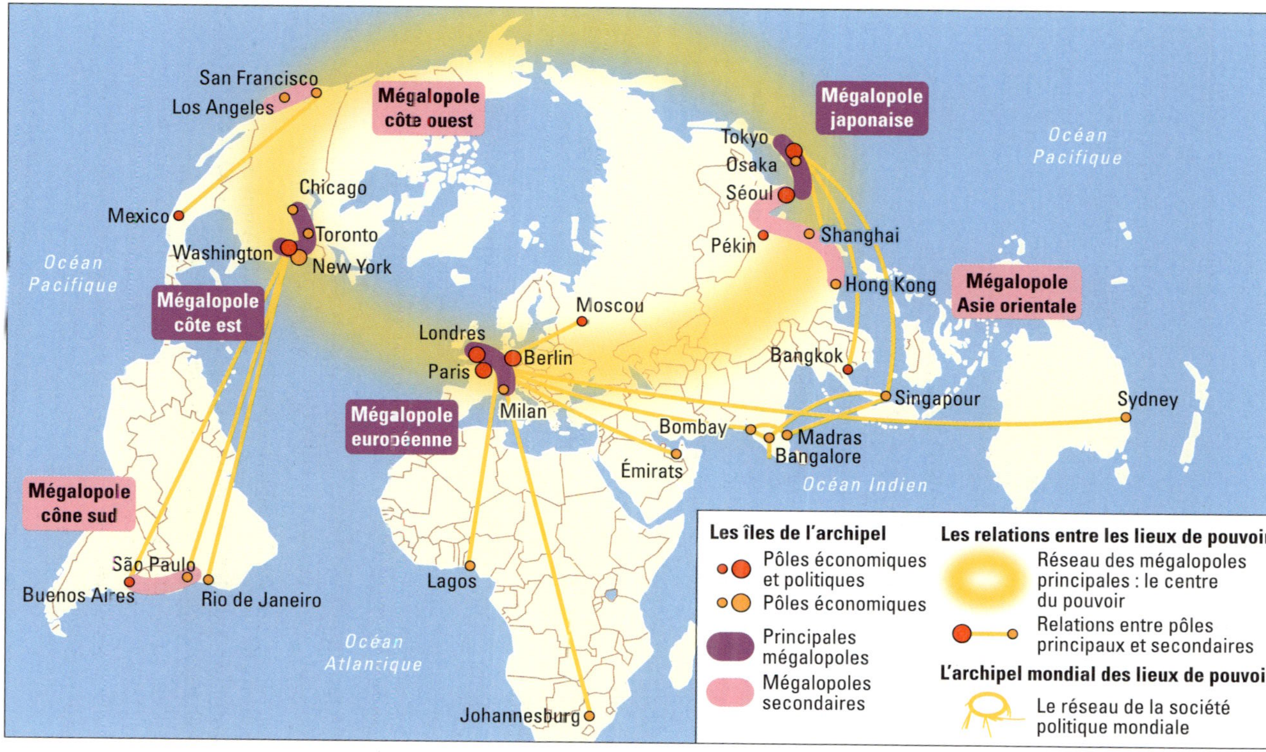

Ce qui fait le caractère mondial d'une ville est son intégration au réseau mondial de services offerts par les grandes villes. Parmi les 50 premières villes mondiales, Paris figure en bonne place.

L'ordre économique global fonctionne comme un **archipel de villes mondiales interconnectées**, intégrées dans de multiples circuits d'affaires ou de relation, mais jamais dans tous. Elles sont plus souvent complémentaires que concurrentes. La puissance d'une ville mondiale se mesure donc à la variété et au nombre de ces connexions à l'archipel mégalopolitain mondial.

SUJET DE TYPE BAC

Composition

La France est-elle encore une grande puissance ?

CORRIGÉ

Introduction

C'est la question d'un déclin de la puissance française qu'il faut poser en analysant les différentes composantes de sa puissance. Et puisque c'est de grande puissance qu'il s'agit, la France a-t-elle encore les moyens de peser de façon décisive sur les affaires du monde ?

Plan

I. Encore une grande puissance économique ?

1. Un espace de production en perte de vitesse

2. Une puissance ouverte, commerçante mais déficitaire

3. Des firmes toujours puissantes mais internationalisées

II. Une puissance politique et militaire aux ambitions plus vastes que ses moyens

1. Le recentrage européen

2. Une présence mondiale

3. Des moyens limités

III. Une puissance culturelle : l'histoire en héritage

1. Des valeurs universelles mais contestées

2. La communauté francophone

3. Un rayonnement culturel mondial

Conclusion

Les positions économiques françaises restent fortes mais reculent dans pratiquement tous les secteurs. De grande puissance de jadis, la France rétrograde progressivement au rang de **puissance moyenne**.
Si la France n'a plus les moyens de figurer seule parmi les poids lourds de la scène internationale, il lui est possible d'y prétendre, de façon collective, à travers l'Union européenne.

ANGLAIS

Compréhension de l'écrit

1. Lire et comprendre un document 450
2. Répondre aux questions de compréhension................ 455

Production écrite

3. Écrire la suite d'un texte 462
4. Écrire un dialogue 466
5. Écrire une lettre 472
6. Traiter un sujet de réflexion 476

Compréhension de l'oral

7. Prononcer correctement................................. 480
8. Comprendre un document sonore 484

Production orale

9. S'exprimer à l'oral en continu 486
10. S'exprimer à l'oral en interaction 492

ANGLAIS

1 Lire et comprendre un document

QUAND VOUS LISEZ UN TEXTE EN ANGLAIS, vous commencez par en comprendre les idées principales. C'est précisément sur la compréhension générale des textes que portent les premières questions de compréhension de l'écrit au baccalauréat. Cet exercice porte sur deux textes qui peuvent être illustrés par un document iconographique. Vous trouverez ci-dessous des conseils pour bien répondre.

A Lire la « carte d'identité » du texte

■ Les textes peuvent être des extraits d'œuvre de fiction ou d'article de presse. Dans les deux cas, il est nécessaire de prendre connaissance du titre ainsi que des **références** et de la **source** qui figurent sous les textes.

■ Pour un **extrait de fiction**, la date de parution doit être interprétée avec prudence : un roman publié en 2008 peut raconter une histoire qui se passe en 1940 ou même au Moyen Âge ! Si l'extrait a un **titre** particulier, différent de celui de l'œuvre dont il est tiré, regardez-le de très près : il a été conçu pour vous mettre sur la piste des éléments fondamentaux de l'extrait.

■ Dans le cas d'un **article de presse**, la source vous renseignera sur le **type de périodique** (journal ou magazine) et sur l'**origine géographique** (anglaise, américaine...) de celui-ci.

■ Le texte peut aussi être précédé d'une **introduction**. Lisez-la attentivement : elle contient des renseignements indispensables à la compréhension de l'extrait.

B Lire « utile »

■ **Première lecture**
Lisez le texte intégralement et concentrez-vous sur ce que vous comprenez. Pas de défaitisme, pas de panique : pensez à vous aider des mots transparents et déduisez toujours le sens des mots en respectant le **contexte**.

■ **Seconde lecture**
Si le texte est accompagné d'un questionnaire complet (compréhension générale et approfondie), vous pouvez, à ce stade, prendre connaissance des premières questions, celles qui correspondent en principe à la compréhension générale. Relisez ensuite le texte, toujours dans son intégralité. Vous pouvez surligner ce que vous comprenez lors de cette seconde lecture.

C Faire un bilan de la compréhension globale

■ **Article de presse**
Il faut être capable de rendre compte des contextes géographique et historique de l'article, ainsi que du sujet traité et des personnes impliquées. Quand le texte s'y prête, il faudra aussi comprendre les enjeux de la question abordée par le journaliste.

Extrait de fiction

Assurez-vous que vous êtes capable de bien répondre aux questions de compréhension générale : *who? where? when? what (happens)?* Et, éventuellement : *why?* et *how?*

• ***Who?*** Il s'agit d'identifier les **personnages** et le **narrateur**.
– Rappelez-vous que, dans un texte, un même personnage peut être désigné de plusieurs façons : avec des pronoms, bien sûr, mais aussi des prénoms, des diminutifs, des surnoms. Par exemple, un personnage qui apparaît d'abord sous le nom de *Robert Hawks* pourra devenir *Bob* quelques lignes plus bas, puis être désigné à l'aide de l'expression *the fat man*. Un autre personnage, *Amanda*, deviendra *the tall blonde*, ou encore *Mandy*, pour se transformer en *Mrs O'Brien*.
– Identifiez leur **sexe**. Aidez-vous des pronoms personnels et des déterminants possessifs ; ceux-ci sont très informatifs en anglais. Par exemple : *Sam was furious. Her car had broken down again. Her* nous apprend que *Sam* est une femme *(Samantha)*. Si cela est possible, repérez l'**âge** des personnages. Identifiez les **liens** qui les unissent : se connaissent-ils ? S'agit-il de parents, d'amis, de collègues ?
– Une fois que vous avez répondu à ces questions, vous pouvez vous demander si l'on entrevoit les qualités ou les défauts des personnages, leurs sentiments, leurs intentions.

• ***Where?*** Il s'agit de repérer **le lieu** où se passe la scène. Les faits relatés dans le passage peuvent se dérouler en plusieurs endroits. Regardez de près tous les noms communs et tous les noms propres qui peuvent renvoyer à un lieu : *town, city, park, swimming-pool, Aberdeen, Scotland*, etc. Cependant, il se peut qu'un texte ne fournisse aucune indication sur le lieu où se passe la scène.

• ***When?*** Il s'agit de repérer **l'époque, le moment** où se passent la scène et les différentes **étapes** de l'action.
– Le récit contenu dans un extrait, même si celui-ci est court, peut couvrir plusieurs jours, voire plusieurs années. L'auteur peut faire des allers et retours entre le passé et le présent. Il peut tout à coup regarder vers l'avenir. Autant dire que, pour bien répondre à la question *when?*, vous devez être très attentif aux temps et aux formes des verbes.
– La plupart des textes sont écrits au prétérit *(worked)* : dans ce contexte, un *past perfect (had worked)* indique un retour en arrière, vers un passé plus lointain.

As they had met before, she expected him to remember her.
Comme ils s'étaient déjà rencontrés, elle s'attendait à ce qu'il se souvienne d'elle.

– Rappelez-vous que le *present perfect* simple *(have worked)* ou en *-ing (has been working)* n'est pas un temps du passé : il est toujours, d'une façon ou d'une autre, intimement lié au moment présent.

She has been ill for a week.
Cela fait une semaine qu'elle est malade.

– Des événements passés peuvent également être relatés au présent, même si c'est plus rare.
– Cependant, il peut arriver qu'un texte ne fournisse aucune indication sur le moment où se passe la scène.

POINT LEXICAL

Les indicateurs de temps, de chronologie ou de fréquence

• first (of all) / firstly: *premièrement / tout d'abord*
First, let's read the introduction.
• then / next / after that / afterwards / subsequently: *puis / ensuite*
Subsequently, we'll read the text.
• soon: *bientôt / peu de temps après*
She soon realised that Gerald was not a gentleman.

• finally / eventually / in the end: *finalement, au bout du compte* ; at the end of: *à la fin de*
She refused to have any contact with him, but eventually agreed to read his letters.
• meanwhile / in the meantime: *entre temps / sur ces entrefaites*
Leave the kitchen floor to dry. Meanwhile, make the beds.
• as: *alors que / au moment où / au fur et à mesure que*
As he grew older, he realised that Jessie had been right about their mother.
• while: *pendant que*
Why don't you walk the dog while I shower?
• as soon as: *dès que*
Joshua called me as soon as he found my passport.
• on + V-ing, upon + V-ing: *au moment (même) où*
On hearing the news, Alex smiled for the first time in months.
• hardly / no sooner: *à peine*
Hardly had he shut the door when he realised he had left his keys inside.
No sooner had Bob arrived than he started shouting at us.
• hardly ever: *presque jamais / rarement*
Miss Walters hardly ever spoke to her neighbours.
• rarely / seldom: *rarement*
Mr Piper seldom leaves his armchair.
• (every) now and then / (every) now and again / from time to time / occasionally: *de temps à autre*
Every now and again, she opened the window to air the room.

• ***What happens?*** Il s'agit de repérer les **principaux événements**.
– On peut vous demander de travailler sur la nature et la chronologie des événements. On peut aussi vous faire reconstituer leur enchaînement logique, leurs causes, leurs manifestations.
– Si vous avez le sentiment qu'il ne se passe pas grand-chose, demandez-vous, par exemple, ce que l'extrait vous apprend sur le(s) personnage(s), sur un événement qui a déjà eu lieu, ou qui va se produire.

• ***Why? How?*** Il s'agit de comprendre les causes et les manifestations des événements.
– Les **causes** peuvent être repérées à l'aide de mots tels que *because, because of, as, since* (puisque), *considering that, due to, owing to, thanks to* (grâce à)...
– La **façon dont se manifestent** les événements peut être suggérée par des adverbes et des structures du type *He shot him dead* (Il le tua d'un coup de feu), *She kicked the door shut* (Elle ferma la porte d'un coup de pied).
– Notez que, pour exprimer le pourquoi et le comment des événements, l'auteur utilise souvent des procédés subtils. Nous entrons alors dans le domaine de la compréhension approfondie et de l'implicite.

D Comprendre mieux : la compréhension approfondie

■ Les principes et les conseils que nous vous avons donnés ci-dessus restent valables pour répondre aux questions de compréhension approfondie. Nous y ajouterons les suivants.

■ Avant de vous atteler à la compréhension approfondie, **relisez les questions** auxquelles vous devez répondre. Puis, observez le texte de très près. Vous pouvez utiliser des crayons de couleurs pour créer un « code couleurs » : par exemple si vous décidez que la question 5 sera la question bleue, vous soulignez en bleu les mots, les parties du texte qui contiennent des éléments de réponse à cette question. Bien sûr, un même mot, un même passage peuvent avoir plusieurs rôles, surtout dans un texte littéraire. Il se peut, par conséquent, que certains éléments portent plusieurs couleurs.

POINT LEXICAL

Lexique de la compréhension de texte

- a character, the main character, a minor character: *un personnage (principal ≠ secondaire)*
- Relations between Ann and Paul are strained *(tendues).*
- a conflict, a disagreement, between A and B
- An unexpected event occurs. *Un événement inattendu se produit.*
- a twist: *un rebondissement*
- embody, the embodiment of: *incarner, l'incarnation de*
- symbolize, a symbol, symbolic of
- raise an issue: *soulever un problème*
- show someone's true motives: *révéler les motivations réelles de qqn*
- The author / The journalist explains / analyses / criticises.
- imply: *suggérer*
- a clue: *un indice*
- depict, a depiction of
Ann is depicted *(décrite, dépeinte)* as a calculating woman.
- explain (something to someone), an explanation of
- The word "shame" occurs three times *(apparaît trois fois).*
- The tone is serious / sad / depressing / funny / light.
- the gist /dʒɪst/ of the passage: *l'essentiel du passage*
- The author's / The journalist's purpose was to show / must have been to show / may have been to show that... *Le but de l'auteur / du journaliste était de montrer / était sûrement de montrer / était probablement de montrer que...*

EXERCICE D'APPLICATION

A short-lived marriage

Lisez le texte intégralement.

Britain may have been in the grip of recession[1], but it seemed to have had little impact on those select members of the aristocracy and business community who attended the ceremony and afterwards convened at the country seat of the Cartax family for a lavish party which was still going strong (according to at least one of the newspaper reports) at four o'clock the next afternoon.

The party, in fact, lasted longer than the marriage.

Mark and Lady Frances had departed the revels early in the evening and joined a flight to Nice: from there, a taxi took them to Mark's villa on the Riviera, where they were to begin their honeymoon. They arrived shortly after midnight, and slept in until lunchtime the next day, when Lady Frances borrowed one of Mark's cars to drive to the nearest village and buy some cigarettes. She had only driven a few hundred yards when there was a huge explosion and the car burst into flames, careering off the road and into the stony mountainside. She was killed instantly.

Mark was devastated by the loss. The car was a 1962 Morgan Plus 8 Drop Head Coupé in midnight blue, one of about three or four left in the world, and it would be impossible to replace.

Jonathan Coe, *What a Carve Up!*, Viking, 1994, © Jonathan Coe, 1994.

1. « Peut-être la Grande-Bretagne était-elle en pleine récession » : allusion à la situation économique peu réjouissante dans laquelle se trouvait le pays en 1981, au moment où l'action se déroule.

ANGLAIS

Relisez le texte avant de répondre aux questions de base :

1. Who? ....

2. Where? ....

3. When? ....

4. What happens? ....

5. Consequences? ....

CORRIGÉ

1. **Who?** Rich people ("select members of the aristocracy and business community", l. 2) attended a wedding ceremony and then the wedding party. It was the wedding of Mark and Lady Frances.

2. **Where?** First, in Britain, where the wedding took place, and then on the Riviera[1], where Mark and Lady Frances had planned to begin their honeymoon ("were to begin their honeymoon[2]", l. 8-9).

1. **the Riviera:** *la Côte d'Azur*
2. **honeymoon:** *lune de miel*

3. **When?** At a time when there was a recession in Britain. (That was in the1980s.)

Chronology

• First day: the wedding took place. Mark and Lady Frances flew to Nice before the wedding party was over ("a lavish party which was still going strong [...] at four o'clock the next afternoon", l. 3-5). Mark and Lady Frances "had departed the revels early in the evening" (l. 7). Mark and Lady Frances arrived at Mark's villa "shortly after midnight", (l. 9).

• Second day ("the next day", l. 9-10): the explosion.

4. **What happens?** Mark and Lady Frances slept in very late and then Lady Frances borrowed one of Mark's cars to drive to the nearest village, but soon the car exploded. Lady Frances was killed and the car was completely destroyed ("it would be impossible to replace", l. 15). We know that there was an explosion, but we do not know what caused it.

5. **Consequences?** Mark was very shocked, very upset because the car was completely destroyed and impossible to replace ("Mark was devastated by the loss", l. 14). It seems that Mark was not upset about his wife's death (and that replacing her would not be a problem).

2 Répondre aux questions de compréhension

La réussite à l'épreuve de compréhension de l'écrit au baccalauréat dépend d'une lecture attentive des questions de compréhension et d'une application rigoureuse des consignes. En outre, même si c'est votre compréhension du texte qui est évaluée, il faut soigner la rédaction des réponses qui doivent être données en anglais.

A Comprendre et appliquer les consignes

Répondre à un exercice du type « vrai ou faux ? »

• Pour répondre à un exercice du type *true or false?* (parfois appelé *right or wrong?*), donnez votre réponse et justifiez votre choix en citant le texte *(Quote from the text)*, sans oublier les guillemets, ni le numéro de la ligne.

• Pour commencer, lisez avec la plus grande attention la phrase que vous devez confirmer *(true/right)* ou infirmer *(false/wrong)*. Relisez le passage auquel se rapporte la phrase. Relisez cette phrase **avant** d'inscrire votre réponse. La citation ne doit pas être trop longue et être pertinente. Au besoin, soulignez les groupes de mots particulièrement significatifs pour montrer au correcteur que vous n'avez pas répondu au hasard.

Répondre à un QCM

• Si on vous propose un QCM (questionnaire à choix multiples/*multiple choice questionnaire*), cochez la case qui correspond à la bonne réponse *(Tick the right box/answer)*. Si vous devez cocher plusieurs cases, cela est précisé dans l'énoncé.

• D'abord, lisez très attentivement tous les choix proposés, puis relisez bien le passage concerné. Une nouvelle étude des choix proposés est souvent très utile avant de répondre.

Compléter un texte lacunaire

• Si vous devez compléter un résumé ou un commentaire du texte (ou d'une partie du texte), faites-le uniquement avec des mots ou des phrases pertinents, directement tirés du texte.

• Si vous devez compléter le texte lacunaire avec vos propres mots, la consigne indique *in your own words*.

Répondre à des questions « classiques »

Votre réponse doit correspondre strictement à la question posée : attention aux « débordements » et aux hors sujets. **Rédigez toujours** vos réponses, même si celles-ci doivent être brèves, en reformulant le plus possible le contenu du texte. Il faut prouver que vous avez compris celui-ci sans le répéter systématiquement. On peut vous demander de rédiger une réponse en un **nombre donné de mots**. Ce nombre est une exigence minimale. Pensez aussi à **gérer le temps** qui vous est imparti.

B Connaître le vocabulaire indispensable

Vous devez impérativement connaître le sens des mots et expressions suivants.

POINT LEXICAL

■ Le texte et les personnages

- an excerpt (from a book / a magazine...) / a passage (from...): *un extrait tiré de...*
- throughout the excerpt: *d'un bout à l'autre de l'extrait*
- the whole /həʊl/ passage / the entire /in'taiə/ passage is about... *le passage tout entier parle de...*
- a sentence: *une phrase* ≠ a phrase: *une expression*
- as implied in the opening sentence, ... *comme le suggère la première phrase, ...*
- a paragraph
- an account (of): *un récit (de)*
- a summary of; to sum up: *un résumé ; résumer*
- Jane is present in the scene. ≠ Fred is absent from the scene.
Jane assiste à la scène. ≠ Fred n'assiste pas à la scène.

■ Le sens de la ponctuation et des mots

- The punctuation highlights Bob's anxiety. *La ponctuation souligne l'inquiétude de Bob.*
- The pronoun "she" refers to Liz. *Le pronom* she *renvoie à Liz.*
- an intentional repetition: *une répétition volontaire*
- The adverb "clearly" occurs /ə'kɜːz/ three times. *L'adverbe* clearly *apparaît trois fois.*
- The verb "hiss" is aimed at rendering Lucy's anger. *Le verbe* hiss *sert à exprimer la colère de Lucy.*
- The adjective "white" evokes / symbolizes Charlotte's innocence. *L'adjectif* white *évoque / symbolise l'innocence de Charlotte.*
- Kay is depicted as a selfish mother. *Kay est représentée comme une mère égoïste.*
- The emphasis /'emfəsis/ on the pronoun "I" conveys Nick's authority. *L'emphase placée sur le pronom* I *montre bien l'autorité de Nick.*
- an exaggeration; to exaggerate: *une exagération ; exagérer*
- To say that Jo is strange is an understatement / 'ʌndəˌsteitmənt/, Jo is raging mad!
Dire que Jo est bizarre est un euphémisme, Jo est fou à lier !

■ Le travail de l'auteur

- The author /'ɔːθə/ informs us that... / about... *L'auteur nous apprend que...*
- The writer makes it clear that... *L'auteur montre clairement que...*
- The novelist illustrates Bill's happiness with such words as "joy" and "bliss". *L'auteur illustre / exprime le bonheur de Bill avec des mots tels que « joie » et « béatitude ».*
- The writer highlights / underlines / stresses / underscores Tim's cruelty. *L'écrivain souligne / insiste sur la cruauté de Tim.*
- The author insists on Julia's despair by writing two long sentences about her nightmares. *L'auteur insiste bien sur / met en évidence le désespoir de Julia avec deux longues phrases sur ses cauchemars.*
- The reporter aims to explain the causes of the epidemic. *L'intention du reporter est d'expliquer les causes de l'épidémie.*
- The journalist ridicules the dictator. *Le journaliste ridiculise le dictateur.*

C Être compris

Les correcteurs ont parfois bien du mal à comprendre ce qu'écrivent les élèves, non seulement à cause des fautes de grammaire et des lacunes lexicales, mais aussi à cause du manque de cohérence, de logique qui caractérise certaines copies.

Maîtriser les mots de liaison
Pour que votre anglais soit naturel, utilisez les mots et les formules de liaison avec modération, uniquement quand ils sont utiles, et non pour faire du « remplissage ».

POINT LEXICAL

Quelques mots de liaison

- moreover / furthermore: *en outre*
- however: *cependant*
- therefore: *donc*
- consequently / as a result: *par conséquent*
- thus: *ainsi / de cette manière*
- Attention à whereas. Utilisez plutôt while, bien plus naturel et plus facile à manipuler.
Ed works hard while Ada is lazy. *Ed travaille beaucoup alors que Ada est paresseuse.*

Éviter les clichés
Évitez d'utiliser les expressions ci-dessous. Ce sont des clichés qui agacent les correcteurs : *(to put it) in a nutshell; to cut a long story short; last but not least; as a matter of fact; in this world and age; indeed.*
Utilisez plutôt : *in short, in fact, today, it is true that...*
→ Attention, on peut dire *according to the author* ou *according to him*, mais on ne dira en aucun cas ~~*according to me*~~. On dit : *(Personally,) I think / I suppose; in my opinion...*

Soigner la ponctuation
Rappelez-vous : ponctuation = sens. Comparez les phrases ci-dessous.

John says Alice is silly. John, says Alice, is silly.
Grandpa told us a story which was quite unusual. Grandpa told us a story, which was quite unusual.

Les mots sont les mêmes, l'ordre des mots est le même, et c'est la ponctuation qui fait la différence de sens.

EXERCICE D'APPLICATION

Jody's suffering

DOCUMENT 1

Lisez ce texte intégralement au moins deux fois puis répondez aux questions.

At the top of the ridge[1] Jody was winded[2]. He paused, puffing noisily. The blood pounded in his ears. Then he saw what he was looking for. Below, in one of the little clearings in the brush[3] lay the red pony. In the distance, Jody could see the legs moving slowly and convulsively. And in a circle around him stood the buzzards, waiting for the moment of death they knew so well.

ANGLAIS

Jody leaped forward[4] and plunged down the hill. The wet ground muffled his steps[5] and the brush hid him. When he arrived, it was all over. The first buzzard sat on the pony's head and its beak[6] had just risen dripping with dark eye fluid. Jody plunged into the circle like a cat. The black brotherhood arouse in a cloud, but the big one on the pony's head was too late. As it hopped along to take off, Jody caught its wing tip[7] and pulled it down. It was nearly as big as he was. The free wing crashed into his face with the force of a club[8], but he hung on. The claws[9] fastened on his legs and the wing elbows battered his head on either side. Jody groped blindly with his free hand. His finger found the neck of the struggling bird. The red eyes looked into his face, calm and fearless and fierce; the naked head turned from side to side. Then the beak opened and vomited a stream of putrefied fluid. Jody brought up his knee and fell on the great bird. He held the neck to the ground with one hand while his other found a piece of sharp white quarz. The first blow[10] broke the beak sideways and black blood spurted from the twisted, leathery mouth corners. He struck again and missed. The red fearless eyes still looked at him, impersonal and unafraid and detached. He struck again and again, until the buzzard lay dead, until its head was red pulp. He was still beating the dead bird when Billy Buck pulled him off and held him tightly to calm his shaking.

Carl Tiflin wiped the blood from the boy's face with a red bandana. Jody was limp[11] and quiet now. His father moved the buzzard with his toe. "Jody," he explained, "the buzzard didn't kill the pony. Don't you know that?"

"I know it," Jody said wearily.

It was Billy Buck who was angry. He had lifted Jody in his arms, and had turned away to carry him home. But he turned back on Carl Tiflin. "Course he knows it," Billy said furiously. "Jesus Christ! man, can't you see how he'd feel about it?"

John Steinbeck, *The Red Pony*, Penguin Books, 2000. Copyright 1933, 1937, 1938 by John Steinbeck.

1. crête • 2. essoufflé • 3. clairières dans les broussailles • 4. fit un bond en avant • 5. amortissait le bruit de ses pas • 6. bec • 7. l'extrémité de son aile • 8. massue • 9. serres • 10. coup • 11. sans force

Relisez le texte avant de répondre aux questions de base.

1. Give the names of the people present in the passage and, when possible, say how they are related.

2. Say if the statement is true or false and justify by quoting the text.

The birds had formed a circle around the pony to attack his carcass as soon as he was dead.

3. Pick out the sentence indicating that the pony has finally died.

4. "Jody jumped into the circle like a cat" (l. 8-9). What did the boy do that for?

5. a. What does the killing of the buzzard that Jody has managed to catch show about the boy's emotions? (40 words)

b. Is the buzzard depicted in a negative way? Explain by referring to the text. (40 words)

c. Was the killing of the buzzard entirely legitimate? Justify by referring to the text. (30 words)

d. What kind of father does Carl Tiflin seem to be? (60 words)

6. When John Steinbeck wrote this passage, how did he expect the readers to feel about it? Explain in your own words (80 words).

DOCUMENT 2

Easing the Way in Therapy With the Aid of an Animal
by Jane E. Brody

A growing number of psychotherapists are using therapy animals to facilitate treatment, especially treatment of children with emotional, social and even physical problems.
Among the pioneers is Aubrey H. Fine, psychotherapist and professor at the California State Polytechnic University in Pomona, whose extensive successful use of therapy animals in treating children is documented in "The Handbook on Animal Assisted Therapy" (Elsevier/Academic Press, 2010).
As Dr. Fine describes one of his first and most inspiring cases, 5-year-old Diane was brought to him because she recoiled in fright from strangers, and though she spoke at home, she refused to speak to anyone else, including her kindergarten teacher.
A trained therapy dog named Puppy eventually broke the back of her selective mutism. Diane was petting Puppy, smiling and content, when Dr. Fine gave the dog a signal to walk away. Diane was crestfallen, and seeing the girl's distress, Dr. Fine told her that all she had to do to get the dog back was to say, "Puppy, come." Softly, the child said, "Puppy, come, please come, Puppy." That incident became the bridge Dr. Fine needed to help the child overcome her socially disabling problem.
He tells of another troubled child who finally began to speak about being physically abused when Dr. Fine told him that the misshapen therapy animal he was playing with had been rescued from an abusive home where it had been seriously injured. In another case in which a child was told where – and where not – to touch the therapy animal, the child opened up about being inappropriately touched, sexually abused, by a family member.
"Children are more likely to reveal inner thoughts to the therapist because the animal is right next to them and helps them express themselves," Dr. Fine said in an interview.
In early work in a social skills program for hyperactive children, Dr. Fine found that they could be more easily taught how to behave calmly if allowed to handle his pet gerbil. "I realized this approach can have a tremendous impact in teaching because it helps to change how we relate to other beings," he said.

by Jane E. Brody, The *New York Times*, March 14, 2011.

1. Who is Aubrey H. Fine (job, place of work, country)? He is described as being "among the pioneers" (l. 3). Explain in your own words why, and in what specific field he is a pioneer.

2. Say if these statements about Diane, "one of his first and most inspiring cases" (l. 7), are true or false. Justify by quoting the text.

a. Diane was a teenager when she met Aubrey H. Fine.

b. She didn't speak to people who were not immediate family.

c. She cried when she saw someone she didn't know.

3. What did Diane's treatment consist of? Fill in the blanks, using words and names from l. 10 to l. 15.

Diane was introduced to a dog called **(a)** … . She was happy while **(b)** … him and after the dog was told to walk away from her, her **(c)** … was obvious. But when she was told to call the dog **(d)** …, she did it. The dog had made it possible for **(e)** … to help Diane **(f)** … her selective mutism.

4. The article also mentions three instances of animal assisted therapy, one involving a "troubled child" who was "physically abused" (l. 16), another involving a child who was "sexually abused" (l. 20), and programs for hyperactive children (l. 23). For each example, say what the result of the therapy was. (70 words)

5. Choose the right equivalent for the words and phrases below.

a. "crestfallen" (l. 12) ☐ happy ☐ disconcerted ☐ furious

b. "Children are more likely to reveal inner thoughts" (l. 21)

☐ It's impossible for children to reveal what they really think.

☐ Children would like to reveal what they really think.

☐ Children are more disposed to reveal what they really think.

c. "we relate to other beings" (l. 26)

☐ We tell our story to other people.

☐ We communicate with other people.

☐ We play with other people.

QUESTIONS SUR LES DEUX DOCUMENTS

Lors de l'examen, on pourra proposer, comme ci-dessous, des questions mettant en relation les deux textes. Il faut alors relire intégralement les deux textes, avant d'y répondre

1. What do the children mentioned in the article and Jody in *The Red Pony* (p. 457-458) have in common? (50 words)

2. In the passage from *The Red Pony*, which adult character could be associated with Dr. Fine? (50 words)

CORRIGÉ

Document 1

1. There is a boy, named Jody. Carl Tiflin is his father. There is another man, Billy Buck.

2. True. "And in a circle around him[1] stood the buzzards, waiting for the moment of death they knew so well." (l. 4-5).

3. "When he arrived, it was all over[2]" (l. 7).

4. Jody tried to frighten off the buzzards so they would fly away and leave the pony alone. He did not want them to touch the pony's dead body.

5. a. The killing of the buzzard is extremely violent. It shows that the boy, who obviously loved the pony very much, was extremely upset and angry. Not only because the pony was dead, but also because the buzzards had been looking forward to his death. Jody was so upset that he went on beating the buzzard after it was dead. (59 words)

b. The buzzard is not at all depicted in a negative way. Until the end, the bird shows dignity and great courage. It is a powerful bird ("The free wing crashed into his face with the force of a club", l. 11). The buzzard's eyes show that it is brave ("The red eyes looked into his face, calm and fearless and

1. C'est le pronom *him* et non *it* qui fait référence à l'animal. Ce poney est celui de Jody qui lui voue une grande affection.
2. *c'était fini*

3. Notez que les citations ne doivent pas être comptabilisées dans le nombre de mots exigé.

fierce.", l. 14, "The red fearless eyes still looked at him, impersonal and unafraid and detached", l. 19-20). It seems that the buzzard is defiant, that it is challenging Jody. (46 words)[3]

c. Jody's misery and anger are understandable. However, buzzards or no buzzards the pony would have died. Carl Tiflin explains this to his son, and Jody knows that his father is right: "'Jody', he explained, 'the buzzard didn't kill the pony. Don't you know that?' 'I know it,' Jody said wearily." (l. 24-26), "'Course he knows it,' Billy said furiously." (l. 28-29). (35 words)

d. Carl Tiflin does not understand why the sight of the hungry buzzards upset his son so much. He simply does not understand that Jody loved the pony. The father says "the buzzard didn't kill the pony" (l. 24-25). The use of the article "the" for both the buzzard and the pony shows that, in Tiflin's view, the two animals are the same. As Billy Buck points out angrily, Carl Tiflin is pathetic[4] here. And it is Billy, not Tiflin, who carries Jody in his arms. (78 words)

4. *lamentable*

6. The passage is very poignant. It contains three disturbing events: the pony's death, the massacre of the buzzard, and Carl Tiflin's reaction. Tiflin's failure to see his son's suffering makes us feel even more sorry for the boy. The passage is very violent too. Nature is violent. Jody's killing of the bird is pitiless, and it is cruel because the buzzard only behaved in a natural way. The details about the killing of the bird are meant to make the reader feel uncomfortable. And, of course, there is emotional cruelty and violence about Tiflin's reaction. Only a very insensitive reader can remain indifferent to the scene. (106 words)

Document 2

1. Aubrey H. Fine is a psychotherapist and professor at the California State Polytechnic University in Pomona, in the USA. He is considered a pioneer because he was one of the first psychotherapists who used animals to treat troubled children. He even wrote a book about this type of therapy.

2. a. False. "5-year-old Diane was brought to him" (l. 7-8) and "her kindergarten teacher" (l. 9)
b. True. "though she spoke at home, she refused to speak to anyone else." (l. 8-9)
c. False. "she recoiled in fright from strangers" (l. 8)

3. (a) Puppy **(b)** petting **(c)** distress **(d)** back **(e)** Dr. Fine / Fine **(f)** overcome

4. The "troubled child" (l. 16) managed to tell Dr. Fine that he was ill-treated after seeing an animal which had also been the victim of physical cruelty and was consequently deformed ("misshapen", l. 17). The second child was able to speak about being sexually abused by a relative when he was told he was only allowed to touch certain parts of the animal's body. Hyperactive children could calm down when holding a gerbil, which is a small animal. (71 words)

5. a. disconcerted
b. Children are more disposed to reveal what they really think.
c. We communicate with other people.

Questions sur les deux documents

1. Jody, a fictional character, and Dr. Fine's young patients gain a lot from their exchanges with animals. The pony's death is a terrible loss for Jody because it must have given him the warmth his father was unable to give him. Like Jody, the troubled children mentioned in the article can enjoy a better quality of life thanks to the reassuring presence of animals. (64 words)

2. Billy Buck could be associated with Dr. Fine as he has understood how precious the pony was to Jody. He is the one who tries to soothe the child by taking him in his arms. Like Dr. Fine, he has understood that a child can benefit from being in contact with an animal. (53 words)

3 Écrire la suite d'un texte

Au baccalauréat, on peut vous demander d'écrire la suite d'un texte. Si on vous donne des indications ou des consignes plus précises, respectez-les bien. Sinon, appliquez-vous à reproduire l'esprit du texte de départ : par exemple, ne transformez pas une situation grave en une situation légère.

A Les consignes

Identifiez le type de travail qu'on attend de vous. Si on vous donne des consignes, repérez les mots clés qui signalent les pistes à suivre, comme, par exemple, la mise en valeur d'une attitude, d'une réaction, d'un sentiment.

■ ***Write a sequel to the text/the narrative.*** Écrivez la suite du texte/du récit. Pas de consignes particulières : écrivez une suite qui respecte les caractéristiques du récit initial.

■ ***Write a happy ending to the narrator's account* (récit) *of the incident.*** Ici, il faudra vous focaliser sur l'incident et vous assurer qu'il se termine bien. Cependant, ne trahissez pas l'esprit du texte. Attention aux retournements de situation peu vraisemblables.

■ ***Suppose that Jane makes up her mind to leave. Imagine her angry thoughts as she walks home.*** Ici, ce n'est pas à vous de décider si Jane part ou non. Elle part, et elle est en colère : respectez bien la consigne.

B Préparez-vous

■ **La compréhension du texte**
La qualité de votre devoir dépendra de celle de votre anglais, mais aussi de votre compréhension du texte de départ : la situation, son éventuelle évolution, l'identité et la psychologie des personnages, les liens qui les unissent.
Avant de commencer à rédiger la suite d'un récit, relisez très attentivement le texte et surtout la fin, pour savoir exactement à partir de quelle matière vous allez intervenir.

■ **Le narrateur**
Vous allez devoir vous glisser dans la peau du narrateur. Qui est-il ? Que dit-il ? Vous devrez respecter la place qu'il occupe dans le texte de départ et la façon dont il formule son récit. Pour rédiger une suite cohérente, posez-vous les questions suivantes :

- A-t-on quelque indication sur son identité (sexe, âge, profession, etc.) ?
- Est-ce l'un des personnages du texte, est-ce un témoin ? Est-ce un narrateur omniscient (qui sait tout de la situation et des personnages) ?

• Que privilégie-t-il ? Une atmosphère (le temps, un paysage, une habitation) ? La psychologie d'un ou de plusieurs personnages ? Une relation humaine ? La nature d'une situation ? Son évolution ? Le suspense ?

• Comment, dans le texte, décrit-il la situation, les personnages ? Est-il bienveillant, critique, féroce, neutre ?

• Comment écrit-il ? Cette question est importante car vous devez écrire comme lui.
- Si son récit est à la première personne *(I)*, écrivez à la première personne. S'il est à la troisième personne (*he, she*, éventuellement *it* ou *they*), utilisez comme lui la troisième personne.
- La plupart des récits sont au prétérit, mais les récits au présent ne sont pas si rares. Conservez le temps utilisé dans le texte de départ tout en veillant à la concordance des temps.
- Le niveau de langue est également important. Si le narrateur emploie quelques formules argotiques, vous pouvez vous permettre de faire de même, **sans en abuser**. En revanche, si le style est soutenu tout au long du texte, il vous faudra choisir des structures adaptées.

C Votre récit

Quelques précautions

• Faites toujours un **brouillon** pour contrôler l'évolution du récit et vous orienter vers une conclusion en harmonie avec ce qui précède.

• Gardez en mémoire le **nombre de mots demandé** de façon à ne pas écrire une suite déséquilibrée. Respectez le nombre de mots et n'oubliez pas de l'indiquer entre parenthèses à la fin de votre travail.

• Soignez la **ponctuation**.
- Une ponctuation fantaisiste peut vous rendre incompréhensible (voir p. 457).
- Une phrase se termine par un point, il n'y a jamais de virgule en tête de ligne.
- Les points d'exclamation traduisent une émotion : assurez-vous qu'ils sont justifiés.
- En outre, n'abusez pas des mots entre guillemets pour exprimer que vous n'êtes pas tout à fait satisfait de votre choix lexical. Il vaut mieux essayer de trouver une meilleure solution que de mettre en valeur une lacune !

La rédaction du récit

• Pour débuter votre récit, il n'est pas nécessaire de recopier la dernière phrase du récit *(account / narrative)* de départ. Poursuivez-le de façon aussi naturelle que possible, sans interruption ni changement de narrateur.

• La progression de la narration doit être visible ; faites des paragraphes bien distincts.
Vous pouvez insérer ponctuellement un dialogue entre les personnages mais n'oubliez pas que la ponctuation d'un dialogue en anglais répond à des règles précises, différentes d'un dialogue en français (voir p. 467).

• Vous pouvez utiliser des mots et locutions « de liaison » mais avec modération, sinon votre récit ne sera pas naturel.

• La fin de votre récit doit être cohérente. Elle dépend du texte de départ et de l'évolution que lui a donnée votre propre texte. Elle peut dépendre aussi des consignes.

→ Ne la bâclez pas : venant en dernier, elle peut beaucoup influencer le correcteur.

EXERCICE D'APPLICATION

Laura

Lisez le texte intégralement.

She is overtaken[1] by a sensation of unbeing. There is no other word for it. Standing beside her ticking car, facing Mrs Latch's garage (the plaster squirrels[2] throw long shadows), she is no one; she is nothing. It seems, briefly, that by going to the hotel she has slipped out of her life, and this driveway, this garage, are utterly strange to her. She has been away. [...] She has gone to the hotel in secret, the way she might go to meet a lover. She stands, holding her car keys and her purse, staring at Mrs Latch's garage. The door, painted white, has a little greenshuttered[3] window in it, as if the garage were a miniature house attached to the larger house. Laura's breathing is suddenly labored[4]. She's slightly dizzy[5] – it seems she might stumble[6] and collapse onto Mrs Latch's smooth concrete drive. She considers getting back into her car, and driving away again. She forces herself to go forward. She reminds herself: she has to retrieve[7] her child, take him home, and finish assembling her husband's birthday dinner. She has to do those ordinary things.

The Hours by Michael Cunningham (Copyright © Michael Cunningham 1999).
Reprinted by permission of A.M. Heath & Co Ltd.

1. envahie • 2. écureuils en plâtre • 3. aux volets verts • 4. difficile • 5. a le vertige • 6. trébucher • 7. aller chercher

Relisez le texte et répondez aux questions pour amorcer l'écriture d'une suite.

1. The narrator

What type of narrator tells the story? Can we deduce anything about the narrator's identity and personality?

2. Keys to the sequel

Which of the following are plausible sequels?

a. Laura rings Mrs Latch's door-bell, picks up her child and drives home.

b. Laura stands a little longer outside Mrs Latch's house.

c. Laura can't do "those ordinary things" and drives away.

d. Laura drives back to the hotel to meet her lover.

3. How should the sequel be written?

a. Does the narrator comment on Laura's state of mind, or does he describe it?

b. Can your sequel contain descriptions?

c. What personal pronoun should be used? What tense?

d. In what register should the sequel be written?

CORRIGÉ

1. The narrator knows everything about Laura: what she did, what she is doing, her feelings. The narrator is omniscient. We do not know anything at all about "him". "He" does not exist as a character, the only reason why he exists in the book is to tell the story.

2. a. b. c. Laura does not have a lover waiting for her in a hotel: "She has gone to the hotel in secret, the way she might go to meet a lover." (l. 5-6) It is a comparison, there is no lover.
3. a. The author describes Laura's state of mind. He shows that she is not feeling well, that she is very depressed, but he never comments on this. He is neither sorry nor critical, he is neutral. You should write your sequel in a neutral way too, without judging Laura, without saying how sorry you feel for her.
b. The sequel can contain short descriptions. In the original text there are a few descriptions which highlight Laura's inability to connect with reality.
c. The narrative should be written in third person singular (she) and in the present tense, as in the excerpt.
d. The sequel should be written in standard / formal English.

4 Écrire un dialogue

Au baccalauréat, on peut vous demander de rédiger un dialogue à partir d'un texte. Il faut très bien connaître ce texte et, dans votre dialogue, en respecter les caractéristiques, tant au niveau du contenu que du style. Il faut aussi lire l'énoncé du sujet avec la plus grande attention car le contexte du dialogue (lieu, moment, personnages) y est la plupart du temps précisé.

A Les questions préalables à la rédaction

Avant d'entamer la rédaction d'un dialogue, **analysez précisément le contenu de la consigne** et posez-vous les questions suivantes.

Où et quand la scène doit-elle avoir lieu ?

Si l'endroit où le dialogue doit se dérouler est le même que dans le texte, respectez-en les caractéristiques. Mais attention, on peut vous demander de déplacer la scène.
Repérez le moment de la journée, la saison ou l'époque. Attention aux anachronismes : n'introduisez pas un appareil photo numérique *(a digital camera)* ou un téléphone portable *(a mobile phone / a cellphone)* dans le monde des années 1920.

Quelles sont les caractéristiques des interlocuteurs ?

Respectez leurs traits psychologiques, et, si nécessaire, physiques, de même que la manière dont ils agissent dans le texte de départ. Par exemple, un personnage odieux a peu de raisons de devenir sympathique ; une dispute au sujet d'un héritage a peu de raisons de se transformer en conflit politique.

Comment faire parler les personnages ?

- C'est le texte de départ qui détermine la façon dont les personnages doivent s'exprimer dans votre dialogue. L'âge, le milieu social, la situation dans laquelle ils se trouvent, leurs émotions, le statut de leur(s) interlocuteur(s) sont autant de données qu'il faut respecter : ne faites pas parler un adulte bon-chic-bon-genre comme un chef de gang, ou un jeune qui s'adresse à un copain comme s'il parlait au proviseur de son lycée.

- Là encore, méfiez-vous des anachronismes : ne faites pas employer à des personnages des années 60 un argot contemporain.

Quelles fonctions de communication employer ?

Prenons le sujet suivant : *After her first meeting with John, Cynthia meets her best friend in a café. Imagine their conversation.* On peut choisir d'exprimer soit la déception et la désapprobation, soit l'enthousiasme de Cynthia. Quant à sa meilleure amie, elle emploiera probablement des expressions traduisant l'encouragement.

B La rédaction du dialogue

La ponctuation du dialogue

Ponctuez votre dialogue « à l'anglaise ». Comparez la présentation du même dialogue (guillemets, tirets) en français et en anglais.

Extrait de *Le Grand Meaulnes* d'Alain-Fournier (1913)	Traduction en anglais de cet extrait (Frank Davison, Oxford University Press, 1959)
Cette fois, le jeune homme salua, en disant très bas : « Voulez-vous me pardonner ? – Je vous pardonne, dit-elle gravement. Mais il faut que je rejoigne les enfants, puisqu'ils sont les maîtres aujourd'hui. Adieu. »	This time the young man bowed, and said in a low voice: "Will you forgive me?" "I forgive you," she said gravely. "But I must get back to the children; it's they who are giving orders today. Goodbye."

Ne vous contentez pas du verbe *say*. Utilisez aussi des **verbes introducteurs** qui rendent bien la façon de parler des personnages. Employez également des **adverbes et compléments de manière**, qui enrichissent l'emploi des verbes introducteurs.

POINT LEXICAL

Quelques verbes introducteurs

- add: *ajouter*
- admit: *admettre, avouer*
- answer: *répondre*
- ask: *demander*
- confess: *avouer*
- exclaim: *s'exclamer*
- falter: *bredouiller*
- hesitate: *hésiter*
- implore: *implorer, supplier*
- inquire: *se renseigner*
- mutter: *marmonner*
- reply: *répliquer*
- scream: *crier, hurler (son aigu ou perçant)*
- shout: *crier*
- stammer: *balbutier*
- stutter: *bégayer*
- suggest: *suggérer, proposer*
- whisper: *chuchoter*

Quelques adverbes

- angrily
- anxiously: *avec inquiétude*
- arrogantly
- bitterly: *d'un ton amer*
- cheerfully: *sur un ton gai, joyeux*
- enthusiastically
- impatiently
- imploringly
- joyfully
- miserably: *sur un ton malheureux*
- proudly
- reproachfully
- scornfully: *sur un ton méprisant*
- softly
- suspiciously: *d'un ton soupçonneux*
- tersely: *sèchement*

Il est souhaitable d'enrichir votre texte avec **différentes formulations**. Observez les mots en gras dans les lignes suivantes.

"You never loved me." She **spoke** bitterly now.
"You love your daddy, don't you?" His **voice** was soft and dangerous.
"Come along!" she **said in a** cheerful **tone**.

ANGLAIS

C L'authenticité de la langue orale

On ne parle pas de la même façon que l'on écrit : votre dialogue doit sonner juste, il doit traduire le naturel et la spontanéité qui caractérisent toute conversation.

Le niveau de langue

C'est la situation et le rapport entre les interlocuteurs qui déterminent le choix du niveau de langue. Ainsi, spontanéité ne signifie pas nécessairement familiarité. Par exemple, les expressions *I wanna (I want to), I gotta (I've got to)* ou *I'm gonna (I'm going to)* ne sont justifiées que si les consignes précisent que les locuteurs doivent parler une langue particulièrement relâchée. Évitez les expressions vulgaires, même s'il en apparaît dans le texte.

Les formes réduites

Dans un dialogue, privilégiez les formes réduites des verbes et des auxiliaires (*don't, isn't, wouldn't*, etc.). N'utilisez la forme pleine *not* que si vous souhaitez créer un effet d'emphase.

I did not smoke! (*Not* est alors fortement accentué.)
Ce n'est pas vrai. / Tu te trompes. Je n'ai pas fumé !

La mise en relief

À l'oral, on met fréquemment un ou plusieurs mots en relief simplement par l'intonation. À l'écrit, on peut souligner le(s) mot(s) concerné(s).

"You are exaggerating again!" « Tu exagères, une fois de plus !
"<u>I</u>'m not exaggerating! <u>You</u> are!" « Ce n'est pas moi qui exagère ! C'est toi ! »

Les réponses brèves et les *tags*

Prenons la question : *"Did you see Charlie yesterday?"* On préférera la réponse *"Yes, I did"* (ou *"No, I didn't"*) à un simple *"Yes"* (ou *"No"*).

- *So* et *not* dans les réponses brèves

"Was Matilda present at the scene?" ······► "(Yes,) I think so."
"Has she spoken to Inspector Gates yet?" ······► "(No,) I don't think so."
"Has she recovered from the shock?" ······► "I hope so."
"Was she injured in the attack?" ······► "I hope not."

- Les réponses brèves ne sont pas les seuls éléments qui dynamisent un dialogue. Un ou deux *tags* seront les bienvenus.

- La construction des *tags* est généralement la suivante : lorsque le premier verbe (ou mode) est à la forme affirmative, l'auxiliaire du *tag* est à la forme négative et c'est l'inverse quand le premier élément est à la forme négative. Les *tags* se terminent par un pronom personnel ou par *there*.

Liz worked (+) for you, didn't (−) she?

Andrew can't (−) drive, can (+) he?

There isn't (−) any salt, is (+) there?

- Avec les adverbes négatifs *(never)* ou semi-négatifs *(hardly, hardly ever)*, l'auxiliaire est affirmatif dans le *tag*.

You've never met her, have you?
She hardly knew him, did she?

- Notez aussi :

Let's dance, shall we?
Hurry up, will you?
I'm late, aren't I?
Don't be late, will you?

EXERCICE D'APPLICATION

Two Englishmen in Honolulu

Bernard Walsh, un Anglais timide et très croyant, et son père, lui aussi très croyant, sont à Honolulu, où ils sont venus retrouver une parente. Le père de Bernard vient de se faire renverser par une conductrice en robe rouge.

"Who's the owner of the car?" said the second policeman.

"I am," said the woman in the red dress. "The old guy stepped right out in front of me. I didn't have a prayer."

The expression seemed to trigger a reaction in Mr Walsh, who began to mutter the Act of Contrition under his breath. "Oh my God, I am heartily sorry for all my sins..." Kneeling beside him, Bernard felt his hand rising by conditioned reflex to perform the gesture of absolution, and, embarrassed, converted it into a soothing stroke[1] of the old man's brow. "No need for that, Daddy," he said.

"You're going to be all right." He turned to the policeman: "He looked the wrong way, I'm afraid. We drive on the left, you see, in England."

A man in a neat lightweight suit stepped forward and said to Bernard, "Take my advice – make no admissions[2]."

He took a card from his wallet and offered it to Bernard.

"I'm a lawyer. Be glad to act for you on a contingency basis[3]. No fees unless the suit is successful."

"Keep your nose out of this, mister," said the woman in the red dress, snatching the card and tearing it in half. "You people make me sick, you're like vultures."

"That's actionable[4]," said the lawyer calmly.

"Take it easy, lady," said the policeman.

"Listen, I'm driving along the road, minding my own business, and suddenly this old man throws himself under my wheels, out of nowhere. Now I'm being threatened with a lawsuit. And you tell me to take it easy. Jesus!"

"Jesus mercy, Mary help," Mr Walsh muttered.

"Tell them," the woman appealed to Bernard. "You said it wasn't my fault, right?"

"Yes," said Bernard.

"My client is in shock," said the lawyer. "He doesn't know what he is saying."

"He's not your client, asshole," said the woman in the red dress.

"Where's this ambulance?" said Bernard. His voice sounded plaintive even to his own ears. He envied the woman her anger and her expletives[5].

From *Paradise News*. A novel by David Lodge. Published by Secker & Warburg.
Reprinted by permission of The Random House Group Limited.

1. transforma ce geste en une caresse • 2. ne faites aucune concession • 3. L'avocat ne percevra des honoraires *(fees)* que s'il gagne le procès *(suit / lawsuit)*. • 4. passible de poursuites • 5. franc-parler

While Mr Walsh is being driven to hospital, his son, Bernard, and the American woman who was driving the car try to get rid of the lawyer who finally gives up. Write the conversation (150 words, +/-10%).

Avant de rédiger le dialogue, répondez aux questions suivantes :

1. Quels sont les points clés de la consigne ?
2. Où et quand se déroulera le dialogue ?
3. Comment allez-vous faire parler les personnages ? Sur quel ton ?
4. Quelles fonctions de communication allez-vous utiliser ?

CORRIGÉ

Réponses aux questions :

1. Les points clés de la consigne sont les suivants :
- *While Mr Walsh is being driven to hospital:* le moment de l'action
- *Bernard, the American woman, the lawyer:* les personnages
- *(the lawyer) who finally gives up:* la situation finale

2. Le dialogue aura lieu dans la rue, comme dans le texte de départ : les trois personnages n'ont pas quitté le lieu de l'accident. De plus, la scène se passe de nos jours.

3. – Bernard est un homme discret et mesuré. Son père vient de se faire renverser par une voiture mais ce dernier n'est pas gravement blessé et Bernard ne manifeste aucune colère à l'égard de la conductrice. Il est anglais et n'est pas habitué à l'omniprésence des avocats ; il est même étonné par l'insistance avec laquelle l'avocat lui propose ses services. Dans le dialogue, il devra s'exprimer avec retenue.
– La conductrice est américaine et a donc l'habitude de voir des avocats pousser les gens à intenter des procès pour un oui ou pour un non. Contrairement à Bernard, elle a une forte personnalité et ne mâche pas ses mots. Dans le dialogue, elle devra être directive et parler avec assurance. Même s'il lui arrive d'être très vulgaire *("asshole",* l.27*),* il n'est pas souhaitable de l'être dans votre copie.
– L'avocat est également autoritaire et pressant. Il s'est certainement rendu compte que Bernard est anglais et que c'est donc une proie facile. Dans le dialogue, ce personnage fera tout pour convaincre Bernard de poursuivre la conductrice en justice et pour empêcher celle-ci de protester.
– Le ton du texte d'origine n'est pas vraiment sérieux étant donné l'absence de gravité de l'accident et le décalage entre la situation et la réaction des personnages. Il faudra adopter le même ton humoristique dans votre dialogue.

4. – Bernard : la désapprobation, le regret, le reproche modéré. Il est étonné par l'attitude de l'avocat et ne comprend pas les raisons qui le poussent à proposer ses services. Il va donc tenter de s'en débarrasser, mais sans trop le brusquer.
– La conductrice : le reproche, la critique, l'exaspération, la mise en garde. Elle est énervée en raison de l'accident et ne veut pas avoir de problèmes supplémentaires. Le caractère conciliant de Bernard peut également augmenter son agacement.
– L'avocat : le conseil, la suggestion, la détermination. Il veut profiter de la situation : Bernard est ému par l'accident de son père et doit se sentir perdu. L'avocat se présente en sauveur. Grâce à son métier, il connaît la rhétorique, d'où son insistance.
– Lorsque **Bernard et la conductrice** auront réussi à se débarrasser de l'avocat : **la joie et le soulagement.**

Proposition de dialogue :

"Sir, I shall not let this woman deprive you of your rights," the lawyer exclaimed. "This is America, this is the country of Rights, and you have the right to sue a woman who seriously injured your father."

"Well," Bernard murmured, "isn't that going a little too far?"

"What the devil do you think you're doing?" shouted the woman at the top of her voice. "You are nothing but a crook. This gentleman said he would not sue me, and by the way, if anyone must be sued it should be his own father..."

"Well, he's English and he's an old man, and he..." Bernard ventured.

"Yes, he's an old man, precisely," interrupted the lawyer, "and the medical costs will be horrendous. Why should he pay for them?"
"I'm warning you," said the woman in a voice that meant trouble, "the police are still here and if you don't..."
"OK, OK, I wanted to do my duty, that's all. I wish you good luck, sir. Goodbye."
"Phew! I'm so glad he's gone," said Bernard.
"So am I!" said the woman triumphantly. I'm so relieved. Let's celebrate, shall we?"
(188 words)

Notez dans la dernière phrase l'emploi d'une réponse brève *(So am I!)*, d'un adverbe décrivant le ton de la conductrice *(triumphantly)* et d'un tag *(shall we?)*.

5 Écrire une lettre

Cet exercice est classique mais peut revêtir différents aspects. On peut en effet vous demander de rédiger « des lettres personnelles pour décrire expériences et impressions » (niveau B1) ou « des lettres qui mettent en valeur le sens que vous attribuez personnellement aux événements et aux expériences » (niveau B2). Comme pour la rédaction d'un dialogue, il faut dans les deux cas très bien connaître le texte support de la compréhension et en tenir compte dans la lettre.

A Les types de lettre

On peut vous demander de rédiger une lettre privée ou formelle. Au vu du développement des nouvelles technologies, il est également fréquent que l'on vous demande de rédiger un courriel ou de contribuer à un site ou à un blog.

■ **Les lettres privées** sont destinées à des amis ou à des parents ou même parfois à son journal intime *(secret diary)*. Selon le rapport entre l'expéditeur et le ou les destinataires, le niveau de langue peut être soutenu, courant ou légèrement familier, mais jamais vulgaire.

■ **Les lettres formelles** correspondent à différentes situations : lettre de motivation *(cover letter)*, lettre à la rédaction d'un journal ou d'un magazine, lettre à une administration, demande de renseignements, etc. Dans tous ces contextes, le niveau de langue est plutôt soutenu.

■ **Les courriels et pages Internet** sont des supports un peu différents des deux autres. Si vous rédigez une demande de renseignements par courriel, le niveau de langue sera simplement courant et l'agencement ne sera pas aussi strict que pour une lettre formelle. De même, en règle générale, pour une page de blog.

B La présentation

Dans tous les cas, indiquez **l'adresse de l'expéditeur**, éventuellement son numéro de téléphone, puis **la date, en haut à droite**. Pour une **lettre formelle**, on indiquera en plus les **coordonnées du destinataire à gauche**. Les formules d'introduction et de conclusion sont indispensables pour donner un caractère authentique à la lettre. Elles dépendent du destinataire.

POINT LEXICAL

Les formules d'introduction et de conclusion

	Lettres privées, journal intime	Lettres formelles
Formules d'introduction	Dear Harry, / Dear all, Dearest Emily, Hello! Hi! / Hi Harry! / Hi everybody! Dear diary,	Dear Sir or Madam, Dear Sir(s), Dear Madam, Dear Mr / Mrs / Miss Jones Dear Mr and Mrs Jones
Formules de conclusion (+ signature)	• Love, / Lots of love, / Much love, • Keep well, / Take care, • Write soon, • Hope to hear from you soon, / Looking forward to hearing from you / to seeing you, • Keep in touch,	Thank you in advance, Yours sincerely, Yours faithfully, Kindest regards,

- *Dearest / Lots of love* et *Much love* sont des formules très affectueuses.
- *Mr, Mrs* et *Miss* sont toujours suivis du nom de famille.
- Formules de conclusion pour courriels :

We shall be back in touch shortly,
We hope to see you again soon,
All good wishes, / Best wishes, / Best,
} + nom de l'expéditeur

C Le contenu de la lettre

■ Il est indispensable de très bien connaître le texte de départ et de respecter dans la lettre les caractéristiques de la situation et du personnage qui est censé écrire.

■ Il faut aussi lire attentivement les consignes : elles signalent les éléments du texte qu'il faut exploiter et l'identité du destinataire (on n'écrit pas de la même façon à tout le monde). Si le destinataire est un personnage du texte, respectez ses caractéristiques.

■ Vous pouvez souligner les mots importants de l'énoncé et repérer dans le texte les éléments qui leur correspondent et serviront d'ossature à votre lettre.

■ Au brouillon, il est nécessaire de noter les caractéristiques de l'expéditeur et du destinataire et de préparer le **plan de la lettre**.

■ Lors de la rédaction, il faut éviter de recopier des passages entiers du texte d'origine. L'expéditeur est censé s'exprimer à partir d'une situation et non répéter un récit.
Il faut écrire à la 1re personne du singulier.

EXERCICE D'APPLICATION

The Name

Ce passage est extrait de l'autobiographie d'une romancière et poétesse noire, née dans le Missouri en 1928. La scène se passe dans le Sud des États-Unis au temps de la ségrégation. La narratrice a trouvé un emploi comme domestique chez une blanche, Mrs Cullinan.

Miss Glory and I were washing up the lunch dishes when Mrs Cullinan came to the doorway. "Mary?"

Miss Glory asked, "Who?"

[...] "I want Mary to go down to Mrs Randall's and take her some soup. She's not been feeling well for a few days."

Miss Glory's face was a wonder to see. "You mean Margaret, ma'am. Her name's Margaret."

"That's too long. She's Mary from now on. Heat that soup from last night and put it in the china tureen[1] and, Mary, I want you to carry it carefully."

Every person I knew had a hellish horror of being "called out of his name." It was a dangerous practice to call a Negro anything that could be loosely construed as[2] insulting because of the centuries of their having been called niggers, jigs, dinges, blackbirds, crows, boots and spooks.

Miss Glory had a fleeting[3] second of feeling sorry for me. Then as she handed me the hot tureen she said, "Don't mind, don't pay that no mind[4]. Sticks and stones may break your bones, but words... You know, I been[5] working for her for twenty years."

She held the back door open for me. "Twenty years. I wasn't much older than you. My name used to be Hallelujah. That's what Ma named me, but my mistress give[6] me 'Glory', and it stuck. I likes[7] it better too." [...]

For a few seconds it was a tossup over whether[8] I would laugh (imagine being named Hallelujah) or cry (imagine letting some white woman rename you for her convenience.) My anger saved me from either outburst. I had to quit the job, but the problem was going to be how to do it.

Maya Angelou, *I Know Why the Caged Bird Sings,* Bantam Books, 1969 Copyright © 1969 and renewed 1997 by Maya Angelou. Used by permission of Random House, Inc.

1. soupière en porcelaine • 2. plus ou moins interprété comme • 3. bref • 4. à 7. Miss Glory n'a pas d'instruction. La langue qu'elle emploie n'est pas correcte grammaticalement. • 8. j'ai vraiment hésité entre... et...

Margaret writes to her best friend who is black too. She tells her how she feels about Mrs Cullinan, Miss Glory and her future. (150 words)

Il faut se mettre dans la peau de la narratrice, Margaret, et écrire une lettre à la 1re personne du singulier à sa meilleure amie, noire américaine comme elle. Le plan de la lettre est indiqué dans la consigne : Margaret doit parler de ses sentiments envers sa patronne et l'autre domestique (Miss Glory) et enfin de son désir de partir.

CORRIGÉ

809 Dust Street
Stamps,
Arkansas

Dear Beth,

I started my new job yesterday and things don't look good. Mrs Cullinan has changed my name. Margaret is too long a name you see, so I'm Mary now. The woman I work with in the kitchen has been here for twenty years. Her real name is - believe or not - Hallelujah, but Mrs Cullinan renamed her Glory. Miss Glory does not seem to mind. She is obviously content with her "new" name and her fate. She is a lovely woman and she is very kind to me, but she is one of those Blacks who still take white supremacy for granted. To them, humiliation is a way of life. It is not worth telling her that it should not be so. She would not understand.

I must find a way out of this job. I can't say to my mother that I don't like Mrs Cullinan and want to resign. She would kill me.

What do you think I could do?

Please, write soon.

Love,

Margaret

(176 words)

ANGLAIS

6 Traiter un sujet de réflexion

LE SUJET DE RÉFLEXION, OU D'ARGUMENTATION, s'appuie à des degrés divers sur le ou les textes qui ont servi de support à l'exercice de compréhension. Une bonne compréhension de ce ou ces textes est donc indispensable. Il faut aussi prendre le temps de lire très attentivement le sujet. Attention aux hors-sujets ! Votre note dépendra de la pertinence de votre réponse, de la construction et de la cohérence de votre argumentation, ainsi que de la richesse de la syntaxe et du lexique.

A Comprendre le sujet

Identifiez le type de travail qu'on attend de vous. Dans les consignes, repérez les mots clés qui signalent les pistes à suivre, comme, par exemple, la mise en valeur d'une attitude, d'une réaction, d'un sentiment.

Les types de sujets

Le sujet peut reposer sur le thème principal du ou des textes de départ ou sur un élément plus ciblé de ce ou ces textes. Il peut également être posé à partir d'un document « tremplin » lié à la thématique du ou des textes support(s) de la compréhension de l'écrit.

• **Exemples de sujets en rapport avec le thème principal du ou des textes**

- les progrès scientifiques : *Has scientific progress gone too far?*
- les marques : *How can we account for the tyranny of brands?*
- la vérité : *Should we tell the truth at all costs? Give examples.*
- l'argent : *Can money always buy happiness?*

• **Exemples de sujets sur un élément plus ciblé du ou des textes** (une des idées du ou des textes, le comportement d'un personnage...)

- *"Up early every morning, home late at night, and in between work, nothing but work." Comment on this way of life.*
- *"Have a little ambition, Buddy. You'll never get anywhere in this world unless you've got ambition." To what extent do you agree with Buddy's mother?*

L'analyse du sujet

Pour éviter le hors-sujet, lisez attentivement l'énoncé et soulignez les mots clés. Comprenez bien ce qu'on attend de vous. Voici quelques décodages de sujets :

• *How can we account for the tyranny of brands?*

Ici, on vous demande d'**expliquer** *(account for)* un phénomène de société. Il vous faudra évoquer des causes, des conséquences et émettre des hypothèses.

– La puissance de la publicité, la société de consommation dont personne n'est protégé.

– Les rapports entre les jeunes (rapports sociaux, rivalité, mode et conformisme, snobisme).

– Vous donnerez enfin votre sentiment sur cette question.

• *"Have a little ambition, Buddy. You'll never get anywhere in this world unless you've got ambition." To what extent do you agree with Buddy's mother?*
To what extent signifie « dans quelle mesure », « jusqu'à quel point ». Vous devrez par conséquent traiter **deux** points.

– En quoi la mère de Buddy a raison (sans ambition on ne va pas très loin, l'ambition est un « moteur » dans la vie, etc.).

– Les limites de ce point de vue : les autres facteurs qui permettent « d'avancer dans ce monde » (situation économique, chance, relations, personnalité).

B L'introduction

■ On n'introduit bien que ce qu'on connaît bien : dans un premier temps, jetez simplement les bases de l'introduction sur votre brouillon. Vous la finaliserez quand vous aurez bâti l'ensemble de votre devoir et que vous saurez exactement ce qu'il contient. En revanche, gardez-vous bien de donner votre réponse finale dès l'introduction. Réservez-la pour la conclusion.

■ Demandez-vous si la question posée dans le sujet gagne à être explicitée et dans quelle mesure vous pouvez exploiter le texte dans votre introduction. Une courte citation ou une reformulation bien choisies peuvent vous aider à « démarrer ».

■ Ne recopiez jamais l'énoncé. Évoquez-le avec vos propres mots en le faisant apparaître dans un contexte qui introduit déjà une problématique. Évitez les questions directes suivies de platitudes telles que : *So to what extent is Buddy's mother right?*

C L'argumentation

■ On vous demande avant tout d'être **cohérent** : attention aux contradictions. On vous demande aussi d'être **clair** : mettez en valeur les étapes de votre raisonnement en allant à la ligne, en utilisant des conjonctions de coordination, de subordination et quelques mots de liaison bien choisis (pas trop nombreux et naturels si possible). Soignez la ponctuation. Évitez les points d'exclamation.

■ Vous pouvez consacrer la première partie à la défense d'un point de vue **(thèse)**, et la deuxième à l'**antithèse**. Quel que soit le sujet, vous vous appuierez toujours sur des **exemples précis** puisés dans le texte et dans votre culture générale. Une bonne connaissance du monde anglophone peut être précieuse.

D La conclusion

Ce doit être plus qu'un simple résumé de l'argumentation. Votre réponse à la question posée doit y apparaître clairement, mais elle doit être également accompagnée d'une ouverture sur une question ou un sujet plus vaste.

EXERCICE D'APPLICATION

The Triumph of Sheen[1] over Substance

Un journaliste anglais, Doug Anderton, espionne un certain Paul dans un restaurant.

His gaze was fixed [...] on a scene unfolding in the corner of the restaurant nearest to the entrance, where the young couple who had arrived just behind Paul in a white stretch limo were enjoying the attentions of a crowd of journalists and photographers. This couple, whom Paul had not recognized, had last year been two of the contestants[2] on Britain's most popular prime time reality TV show. For weeks they had kept the public guessing as to whether or not they were going to have sex with each other on camera. The tabloid papers[3] had devoted hundreds of column inches to the subject. Neither of them had talent, or wisdom[4], or education, or even much personality to speak of. But they were young and good-looking, and they dressed well, and they had been on television, and that was enough. And so the photographers kept taking pictures, and the journalists kept trying to make them say something quotable[5] or amusing (which was difficult, because they had no wit[6], either). Meanwhile, Doug could not help noticing, right next to them, waiting for his wife to emerge from the ladies'[7], the figure of Professor John Copland: Britain's leading geneticist, one of its better-selling science writers, and regularly mentioned as a potential Nobel prize-winner. But no one was taking his photograph, or asking him to say anything. He could have been a cab[8] driver, waiting to drive one of the guests home, as far as anybody else was concerned. And for Doug, this situation encapsulated[9] so perfectly everything he wanted to say about Britain in 2002 – the obscene weightlessness[10] of its cultural life, the grotesque triumph of sheen over substance, all the clichés which were only clichés, as it happened, because they were true – that he was, perversely, pleased to be witnessing it.

Jonathan Coe, *The Closed Circle*, Viking, 2004 Penguin Books, 2005, © Jonathan Coe, 2004.

1. le clinquant • 2. candidats • 3. presse populaire • 4. sagesse • 5. digne d'être cité • 6. esprit, intelligence • 7. les toilettes pour dames • 8. taxi • 9. représentait parfaitement • 10. apesanteur (ici, légèreté excessive)

How do you account for the fact that so many people pay so much attention to TV celebrities, and so little to men and women whose work really matters? (300 words)

CORRIGÉ

Introduction

Today, a lot of people believe that fame is the best thing that can happen to someone and TV celebrities have become the most important people in the world. It does not occur to most people that scientists, intellectuals and genuine artists might be worthy of more attention. But this is hardly surprising.

Argumentation

• Première partie

TV celebrities get lots of attention because they are "accessible", and not just because there is a TV in every household.

First, after a hard day at work, watching prime time TV is easy. You are not expected to think. Besides, the dangerous thing about TV celebrities is that they are "perfect". They make you dream. This is childish behaviour, but some viewers enjoy that kind of break from reality.

The status of TV celebrities is evidence that our society is dictated by fame, appearances and money. The media can be blamed for this, but those who worship TV celebrities are their partners in crime. They are happy to live in a hypnotizing world in which all that glitters is gold.

• Deuxième partie

On the other hand, lack of interest in people like Professor John Copland stems from the fact that they are less accessible. Only a limited, educated audience can understand them, and complex explanations about genetics require concentration and effort.

Also, geniuses often live a secluded life. Few people know what they look like and you cannot identify with someone you have never seen.

Being "invisible", not particularly rich and not always good-looking, geniuses are unlikely to make the average person dream, no matter how useful their work is.

Conclusion

TV celebrities have become the new opium of the people. Our society worships the wrong people, however I doubt Professor John Copland and his colleagues wish they were stalked by fans or paparazzi.

ANGLAIS

7 Prononcer correctement

www.prepabac.com/media

Le cadre européen commun de référence pour les langues (CECRL) accorde une grande importance à l'expression orale et, par conséquent, à la qualité de la prononciation. C'est pourquoi elle est évaluée au baccalauréat, quelle que soit la série. Se faire bien comprendre passe par un travail sur la prononciation.

Pour vous entraîner à l'oral, retrouvez les zones de texte marquées sur le site www.prepabac.com/media

A La transcription phonétique

La phonétique pour quoi faire ?

Quand vous cherchez un mot anglais dans le dictionnaire, vous devez en apprendre l'orthographe (pour l'écrire) et la prononciation (pour le dire), d'où la nécessité de savoir lire la transcription phonétique. Une bonne maîtrise de la phonétique vous permet aussi de noter la prononciation des mots au fur et à mesure que vous les apprenez, que ce soit en cours ou à d'autres moments.

• **Les voyelles**

voyelles brèves		voyelles réduites (car non accentuées)		voyelles longues	
fit	/ɪ/	awake, America	/ə/	dream, feed	/iː/
pen	/e/	event (devant consonne)	/ɪ/	food	/uː/
fat	/æ/	happy	/i/	bar	/ɑː/
dog	/ɒ/	wonderful	/ʊ/	pork, law	/ɔː/
bus	/ʌ/			burn, learn, bird	/ɜː/
good	/ʊ/				

Attention ! Ne confondez pas /ɪ/ et /iː/:

shit /ɪ/ ≠ a sheet /iː/ (une feuille de papier, un drap) ; a bitch /ɪ/ ≠ a beach /iː/ (une plage)

• **Les diphtongues**

fight, write	aɪ	toy	ɔɪ	boat	əʊ	fair	eə
plate, gay	eɪ	house	aʊ	beer, dear	ɪə	poor	ʊə

• **Les consonnes**

big	b	pig	p	light	l	sleep	s
door	d	true	t	young	j	nose	z
fun	f	cow	k	vase	v	think	θ
grass	g	shine	ʃ	darling	ŋ	this	ð
happy	h	war	w	mum	m	match	tʃ
pleasure	ʒ	run	r	no	n	age	dʒ

Maîtriser les sons difficiles

• Le son /ə/ est le son inaccentué par excellence. Il correspond à plusieurs graphies.

actor particular stronger tomorrow support thorough famous

• Le son /ɪ/ se rapprocherait plutôt du « é » français. Il correspond aussi à plusieurs graphies.

big build image private

• Le son /ʌ/ se rapprocherait plutôt du « a » français.

luck sun dull much

• Le son /tʃ/ : très souvent, les francophones ne le prononcent pas de façon assez « dynamique », ils n'insistent pas assez sur le /t/.

cheat choose watching match

• Le son /h/ : le *h* initial est prononcé sauf dans hour, honest (et ses dérivés), honour (et ses dérivés) et heir(ess) (héritier, ère). En revanche, il ne faut pas prononcer de *h* là où il n'y en a pas. Cela peut aboutir à des confusions embarrassantes. Par exemple, si l'on dit harm /hɑːm/ (du mal) au lieu de arm /ɑːm/ (bras).

• Les sons /θ/ et /ð/ (qui correspondent à *th*) ne se prononcent ni /s/ ni /z/. Ces confusions peuvent entraîner des malentendus.
/θ/ ne se prononce pas /s/ (thing ≠ sing) et /ð/ ne se prononce pas /z/ (then ≠ zen).

B Prononcer les mots correctement

www.prepabac.com/media

Accentuer les syllabes accentuées (pas les autres)

Dans les dictionnaires, la syllabe accentuée est précédée du signe ' : /æm'bɪʃn/.
Elle peut aussi être signalée en gras : /æm**bɪ**ʃn/.

• Exemples de mots accentués sur une seule syllabe

agree /ə'griː/ agreement /ə'griːmənt / govern /'gʌvn/ government /'gʌvnmənt/

• Exemples de mots avec accent primaire/principal (la syllabe portant cet accent se fera davantage entendre) et accent secondaire (la syllabe portant cet accent se fera plus entendre que le reste, mais moins que la syllabe portant l'accent principal).

consolation /ˌkɒnsə'leɪʃn/ mathematics /ˌmæθə'mætɪks/

• Il arrive qu'une voyelle réduite (non accentuée) disparaisse complètement.
/ˌmæθə'mætɪks/ : quatre syllabes, ou : /ˌmæθ'mætɪks/ : trois syllabes.

ANGLAIS

Respecter les voyelles réduites (= non accentuées)

- On entend à peine la dernière voyelle dans les mots qui se terminent en :

- consonne + *le* : respectable /rɪ'spektəbl/, miracle /'mɪrəkl/, simple /'sɪmpl/
- voyelle + *l* : animal /'ænɪml/, towel /'taʊəl/

- Les suffixes ***-ion, -ial, -ious, -ity, -ic, -ics*** déterminent la place de l'accent de mot : la syllabe qui les précède est accentuée.

imagine /ɪ'mædʒɪn/	→	imagination /ɪmædʒɪ'neɪʃn/
industry /'ɪndəstri/	→	industrial /ɪn'dʌstriəl/, industrious /ɪn'dʌstriəs/
sensitive /'sensətɪv/	→	sensitivity /sensə'tɪvəti/
history /'hɪstri/	→	historic /hɪs'tɒrɪk/
gymnast /'dʒɪmnæst/	→	gymnastics /dʒɪm'næstɪks/

- **Attention !** Catholic, Arabic (la langue arabe), a lunatic (un fou) et politics (la politique) sont accentués sur la première syllabe.

POINT LEXICAL www.prepabac.com/media

S'entraîner avec quelques mots souvent mal prononcés

- enough /ɪ'nʌf/
- author /'ɔ:θə/
- published /'pʌblɪʃt/
- now /naʊ/
- about /ə'baʊt/
- half /hɑ:f/
- young /jʌŋ/
- study /'stʌdi/, student /'stju:dnt/
- title /'taɪtl/
- interesting /'ɪntrɪstɪŋ/
- determined /dɪ'tɜ:mɪnd/
- don't /dəʊnt/
- child /tʃaɪld/, children /'tʃɪldrən/
- write /raɪt/, wrote /rəʊt/, written /'rɪtn/, a writer /'raɪtə/

C Prononcer les phrases correctement

www.prepabac.com/media

Les mots les plus accentués

- Les mots lexicaux sont d'autant plus accentués qu'ils apportent une information importante.

I **forgot** to **tell** you! I met **Bob** yesterday. **Bob** is a **funny guy**, you know.

Le premier *Bob* est plus accentué que le second : c'est la première fois qu'il apparaît dans la conversation où il apporte quelque chose de nouveau.

Comparez : **Anna saw** a **rat** in the **garage**. **Anna saw** a **rat** in the **garage**.

Dans la première phrase, l'information essentielle est qu'il y a un rat (et non pas une grenouille) : *rat* porte l'accent principal. Dans la seconde phrase, l'information essentielle est l'endroit où se trouve la bête : *garage* porte l'accent principal.

- En règle générale, les mots grammaticaux ne sont pas accentués.

Tim wasn't sure he wanted to go to the park.
/'tɪm wɒznt 'ʃʊə hi 'wɒntɪd tə 'gəʊ tə ðə 'pɑ:k/

Sauf : – en fin de phrase ;

What are you talking **about**?

– pour exprimer une emphase ou un contraste.

"**Who** broke my cup?" (*who:* mot clé = accentué)
"Eva." "**I** didn't! **You** did!" (Ce n'est pas moi, c'est toi !)

L'intonation

- Intonation montante ↗
  – *Yes/No questions* Is he French? ↗

- Ton sympathique, joyeux, fier I'm so happy to see you again! ↗
- Mises en garde aimables Mind the step. ↗
- Invitations Follow me. ↗

• Intonation descendante ↘
- Questions en *wh-* et *how* What are you doing here? ↘ How old are you? ↘
- Ton neutre ou triste We have no idea where she is. ↘
- Ordre (neutre ou autoritaire) Follow me. ↘

EXERCICES D'APPLICATION

www.prepabac.com/media

1. Cochez le mot qui contient le son indiqué. Répétez les mots puis traduisez-les.

a. /θ/	☐ truth	☐ truce	**d.** /ɪ/	☐ live	☐ leave
b. /ð/	☐ also	☐ although	**e.** /ɔ/	☐ author	☐ orange
c. /tʃ/	☐ shoes	☐ choose	**f.** /ə/	☐ bar	☐ cellular

2. Lisez ces mots puis entraînez-vous à les répéter.

a. /ˈrɪznəbl/ **c.** /faɪn/ **e.** /ˈgreɪʃəs/ **g.** /ˈfeəli/ **i.** /kləʊðz/
b. /ˈfɪnɪʃt/ **d.** /ˈdefnəs/ **f.** /əˈmeɪzɪŋ/ **h.** /ˌɪnkrəˈdjuːləti/

3. Identifiez la syllabe accentuée. Attention aux suffixes. Vérifiez à l'écoute puis répétez.

a. disability **c.** Atlantic **e.** mysterious **g.** material **i.** motherhood
b. determination **d.** lunatic **f.** fabulous **h.** phenomenal

4. Soulignez les mots accentués, puis indiquez par des flèches l'intonation des phrases.
"Come quick, Grandma! There's a leak[1] in the bathroom. The floor is covered in water!"
"WHAT, LILY? A FREAK[2] IN THE BATHROOM? WHO IS HE?"
"Not a freak, Grandma. A leak! Water! Do you hear me?"

1. /liːk/: fuite • 2. /friːk/: type bizarre

CORRIGÉS

1. a. /θ/ ☑ truth *(vérité)* **d.** /ɪ/ ☑ live *(vivre)*
b. /ð/ ☑ although *(bien que)* **e.** /ɔ/ ☑ author *(auteur)*
c. /tʃ/ ☑ choose *(choisir)* **f.** /ə/ ☑ cellular *(cellulaire)*

2. a. reasonable **b.** finished **c.** fine **d.** deafness **e.** gracious **f.** amazing **g.** fairly **h.** incredulity **i.** clothes

3. a. disa**bi**lity (*ity* = suffixe fort : détermine la place de l'accent de mot) **b.** determi**na**tion (*ion* = suffixe fort) **c.** At**lan**tic (*ic* = suffixe fort) **d.** **lu**natic (exception à la régle des mots en *-ic*) **e.** mys**te**rious (*ious* = suffixe fort) **f.** **fa**bulous (*ous* = suffixe dit « faible » : ne détermine pas la place de l'accent de mot) **g.** ma**te**rial (*ial* = suffixe fort) **h.** phe**no**menal (*al* = suffixe faible, comme *ous*) **i.** **mo**therhood (*hood* = suffixe faible, comme *ous, al*)

4. "<u>Come</u> <u>quick</u>, <u>Grandma</u>! ↘ There's a <u>leak</u> in the <u>bathroom</u>. ↘ The <u>floor</u> is <u>covered</u> in water!" ↘
"<u>What</u>, <u>Lily</u>? ↘ A <u>freak</u> in the <u>bathroom</u>? ↗ <u>Who</u> is he?" ↘
"Not a <u>freak</u>, <u>Grandma</u>. ↘ A <u>leak</u>! <u>Water</u>! Do you <u>hear</u> me?" ↗

8 Comprendre un document sonore

www.prepabac.com/media

VOUS VOUS EXERCEZ RÉGULIÈREMENT en cours de langue à la compréhension orale. Cette compétence est évaluée séparément au baccalauréat dans toutes les séries, sauf L. Après trois écoutes séparées par une pause d'une minute à chaque fois, vous devrez restituer en français un document sonore ou vidéo de 90 secondes maximum (monologue ou dialogue). Vous devez donc vous entraîner aux techniques mises en œuvre lors d'un exercice de compréhension orale.

Il n'est pas nécessaire de comprendre chaque mot du document audio. La progression de la compréhension s'articule autour des étapes suivantes.

A Anticiper

Il s'agit d'émettre des hypothèses pour cerner le sujet en vous appuyant sur le titre du reportage ou de l'interview par exemple. Celui-ci est **systématiquement** donné. Cela va déjà **orienter votre écoute** : en effet, vos attentes ne seront pas les mêmes selon que vous allez écouter un enregistrement intitulé *The Real James Bond* ou *Stopping Malaria with Mobile Phones*.

B Repérer

- Soyez attentifs aux **bruits de fond** ou aux bruits extérieurs : ils peuvent fournir des indices.
- Ne paniquez pas dès qu'un mot vous a échappé : vous pourrez sans doute reconstruire le sens du message à partir de ce que vous avez compris.
- Au fil des trois écoutes, repérez **tous les mots accentués.** Ce sont les mots qui portent le message : ce sont principalement les noms, adjectifs, adverbes et verbes lexicaux (voir p. 482). Les **mots connus** (et vous en connaissez un certain nombre) « émergent » d'emblée.
- Soyez efficace dans la **prise de notes**, qui doit être **organisée** dès la première écoute.
- Au fur et à mesure des écoutes, et surtout pendant la minute qui sépare chaque écoute, vous émettrez des hypothèses. Vous serez ainsi capable de relier ces mots pour **construire le sens du message**.

– **1re écoute : repérez les éléments clés**

Organisez vos notes sous forme de tableau en regroupant, par exemple, les éléments sous différentes catégories : intervenants, dates, lieux, faits... Cette classification des éléments perçus doit faciliter leur mise en relation.

Nombre d'intervenants, leur sexe, fonction, titre, nom, accent...

Repères temporels : dates, indices d'une chronologie *(now, today, then, at that time, in 1952...)*

Indications de lieux : *London, New York, the Bank of England, the White House, the City...*
Temps : présent simple, *present perfect*, prétérit ; ce sont des indices précieux permettant de déduire si l'on parle de vérités générales, d'actions ou d'états révolus ou toujours en cours, de références à l'avenir, d'hypothèses...
Recherchez une logique dans l'enchaînement de ces éléments. Imaginons que dans un document les éléments suivants apparaissent : *pub / London / national heritage / homely atmosphere / wood in the décor / open fire / 14th century...* Il n'est pas difficile d'en déduire que l'on vous parle d'un pub (ou de pubs) à Londres, de son histoire *(14th century)*, de son aspect *(wood in the décor/open fire)* et de son ambiance *(homely atmosphere)*.

– 2e écoute : affinez les informations

Complétez par les **détails** concernant les dates, les chiffres, les statistiques.
Analysez le ton du locuteur et les **variations d'intonation** : ils vous permettront d'aller plus loin dans la compréhension de l'enregistrement.
L'anglais est une **langue accentuelle**, certains mots « émergent » davantage que d'autres quand vous écoutez une phrase. Les mots importants sont toujours fortement accentués et l'accentuation peut varier selon le terme et le sens que le locuteur cherche à donner à sa phrase (voir p. 482).
L'intonation de la phrase nous informe sur le sens de celle-ci (voir p. 482-483).

– 3e écoute : vérifiez vos hypothèses

Relisez vos notes tout en écoutant le document pour confirmer ce que vous avez écrit et faire éventuellement des ajouts. Il s'agit de construire du sens à partir de ce que vous avez compris.

EXERCICE D'APPLICATION

www.prepabac.com/media

Allez sur le site www.prepabac.com/media. Écoutez l'enregistrement *Sarah talks about the Royal Family* trois fois en respectant entre chaque écoute une pause d'une minute. Faites le compte rendu en français de ce document.

CORRIGÉ

Sarah, qui est britannique, explique qu'elle a de l'affection pour la famille royale d'Angleterre. Par exemple, elle a été très affectée par la mort de Diana. En outre, elle a suivi le mariage de Kate et William avec enthousiasme. Voir la retransmission à la télévision de l'événement avec toutes ces personnes célèbres, certaines parfois bizarrement habillées, lui a beaucoup plu. Grâce au couple princier, la monarchie garde toute sa popularité et sa raison d'être.
Cependant, le Prince Harry n'est pas aussi populaire en raison de son comportement souvent grossier et de mauvais goût. Par exemple, il s'est un jour déguisé en officier nazi pour se rendre à un bal costumé. Cela dit, certains jeunes le défendent et aiment son côté décontracté.
Enfin, Sarah ne pense pas qu'Elizabeth II atteindra jamais le statut « d'icône », comme ce fut le cas pour Victoria, mais espère que Kate et William donneront un nouveau visage à la monarchie.

9 S'exprimer à l'oral en continu

Cet exercice constitue la première partie de l'épreuve d'expression orale au baccalauréat. Il consiste en une présentation d'une des quatre notions au programme du cycle terminal : mythes et héros, espaces et échanges, lieux et formes du pouvoir et l'idée de progrès.

A Description de l'épreuve

■ Tous les élèves de toutes les séries doivent passer une épreuve d'expression orale. La notion à présenter est tirée au sort.

■ Le temps de préparation de ces épreuves étant très court (10 minutes), vous n'aurez jamais le temps de rédiger entièrement : il faut donc prendre des notes et s'exprimer durant cinq minutes en s'aidant de celles-ci.

B Les notions au programme

■ Vous devez constituer quatre dossiers différents : un par notion. Les traductions de ces notions varient souvent selon les manuels : choisissez celles que votre professeur utilise. Voici des suggestions : *Myths and Heroes* (Mythes et héros), *Space and Exchanges* (Espaces et échanges), *Seats and Forms of Power* (Lieux et formes du pouvoir) et *The Notion of Progress* (L'idée de progrès). Tout au long de l'année, vous y classerez les supports étudiés en cours en explicitant leur lien avec la notion à l'aide d'une problématique.

■ Pour chaque notion, nous vous proposons deux angles d'attaque (mais il en existe bien d'autres), ainsi que du lexique en rapport avec celle-ci.

POINT LEXICAL

■ **Mythes et héros**

Exemple 1 : Dans quelle mesure les héros ont-ils un impact sur notre vie quotidienne ?
Exemple 2 : Un héros monstrueux peut-il être fascinant ?

- a hero / an antihero
- a role model: *un modèle*
- a famous / mythical / legendary figure
- a supernatural being: *un être surnaturel*
- a real ≠ imaginary character
- influence = have an impact on
- set an example: *donner l'exemple*
- achieve / accomplish great things: *accomplir de grandes choses*
- emulate sb: *imiter qqn*
- look up to sb: *admirer qqn*

POINT LEXICAL

Espaces et échanges

Exemple 1 : Peut-on encore croire au « Rêve américain » ?
Exemple 2 : Notre planète est-elle vraiment devenue un « village mondial » ?

- go / travel abroad: *aller / voyager à l'étranger*
- a foreign country: *un pays étranger*
- a foreigner: *un étranger*
- a stranger: *un inconnu*
- get to know sb: *faire la connaissance de qqn*
- similarities and differences
- globalisation: *la mondialisation*

Lieux et formes du pouvoir

Exemple 1 : L'artiste contestataire a t-il un impact sur le pouvoir en place ?
Exemple 2 : Quel est le pouvoir des médias dans les sociétés occidentales ?

- a leader: *un dirigeant*
- the authorities
- law and order: *la loi et l'ordre*
- rules = regulations: *règles, règlement*
- protest against: *protester contre*
- a conflict
- the media: *les médias*
- privacy: *l'intimité, la vie privée*
- inequality
- stand up for equal rights / opportunities: *défendre l'égalité des droits / des chances*
- the balance of power: *l'équilibre des pouvoirs*
- a counter power
- the gender gap: *les inégalités entre hommes et femmes*
- be discriminated against: *être victime de discrimination*
- be prejudiced against sb: *avoir des préjugés contre qqn*
- a scapegoat: *un bouc émissaire*
- a witch hunt: *une chasse aux sorcières*

L'idée de progrès

Exemple 1 : Les avancées technologiques n'ont-elles que des effets positifs ?
Exemple 2 : Peut-on dire que la place des femmes dans la société évolue vers une plus grande égalité des droits ?

- new technologies
- progress: *le progrès*
- an advance: *un progrès, une avancée*
- a breakthrough: *une découverte, une avancée décisive*
- evolve: *évoluer*
- improve, get better: *s'améliorer*
- enable sb to do sth: *permettre à qqn de faire qqch.*
- cloning: *le clonage*
- advantages and drawbacks: *les avantages et inconvénients*
- the downside of...: *l'inconvénient de...*

C S'entraîner à la prise de parole en continu

Durant l'année, vous vous exercerez à la prise de parole en continu, exercice qui ne s'improvise pas. Il s'agit d'un acte de communication dont le sérieux ne doit pas vous échapper sans pour autant vous faire paniquer car il comporte un grand avantage : il vous permet de vous exprimer sans être interrompu ! Il y a cependant deux écueils à éviter : la récitation du cours appris par cœur et, à l'inverse, des hésitations trop nombreuses du fait que vous n'avez pas les documents étudiés sous les yeux lors de l'examen.

■ À la maison

Vous pouvez vous entraîner chez vous, devant un miroir. Vous pouvez par exemple parler d'un sujet qui vous tient à cœur pendant quelques minutes, en vous efforçant d'avoir un débit le plus fluide possible, même si c'est au détriment de la correction grammaticale.
De même, prenez l'habitude de restituer de mémoire pendant une ou deux minutes soit les éléments principaux d'un document visuel de votre choix (étudié en classe ou non), soit le plan d'un texte. En étant régulier dans ces différents entraînements qui ont lieu sans la pression du groupe-classe, vous gagnerez rapidement en aisance dans la prise de parole en continu.

■ En classe

Pour ce qui est des exercices en classe, outre les règles de prononciation et de grammaire qu'il faudra tenter de respecter à tout moment, voici quelques conseils de conduite à tenir lors de tous vos entraînements.

• **Adoptez une attitude calme et courtoise.** Après vous être assis, prenez soin de poser votre montre sur la table car cela vous permettra de chronométrer discrètement votre prestation. Accordez-vous un instant en mettant vos mains sur la table : cela peut vous aider à vous concentrer.

• **Parlez distinctement** en ayant soin de regarder votre interlocuteur. N'oubliez pas que dans la grande majorité des cas, vous rencontrerez une écoute favorable.

• **Sachez vous abstraire de vos notes** qui doivent d'ailleurs être limitées au plan et aux intitulés des documents évoqués.

• **Choisissez un anglais de qualité.** Veillez à employer un lexique varié et enrichi d'adjectifs et d'adverbes, ainsi que de structures grammaticales correctes. Même si votre expression doit être spontanée, il ne s'agit pas de parler comme dans les séries américaines ou les chansons !

• **N'hésitez pas à vous corriger** si vous jugez qu'une expression est maladroite ou si vous avez commis une faute de grammaire. De même, vous pouvez avoir recours aux *gap fillers* (par exemple *well..., actually..., but um..., what I mean is...*) pour vous donner le temps de réfléchir. Mais n'en abusez pas : cela peut vite donner une impression d'affectation, alors qu'un bref silence peut vous aider à retrouver le fil de votre démonstration.

D Présenter une notion

L'évaluation porte sur votre capacité à construire un exposé structuré qui montre que vous avez réfléchi à une problématique et que vous avez dessus un point de vue personnel. Il ne s'agit pas de réciter un cours par cœur. La démarche à adopter est la suivante :

• **Introduisez et présentez la notion en fonction de l'angle d'attaque** que votre professeur aura déterminé pendant le cours, que vous allez annoncer d'emblée et qui vous aura permis d'établir votre plan.

• **Parlez de documents** étudiés en classe en rapport avec l'angle choisi afin d'étayer et d'illustrer votre propos. Veillez à toujours préciser la nature du document évoqué (texte, document visuel, audio ou vidéo) et à employer le lexique approprié pour le décrire brièvement et pour expliciter le message de l'auteur. Cela dit, ne faites pas allusion à trop de documents lors de votre présentation (trois ou quatre semblent être un maximum raisonnable) car il s'agit de présenter une notion ; il faut privilégier la démonstration.

• **Ajoutez des références tirées de votre expérience personnelle** pour enrichir votre présentation et **n'hésitez pas à donner votre opinion**.

POINT LEXICAL

Introduire

- The topic of my presentation today is...
- I'm going to speak about...
- I'd like to focus on a specific aspect, which is...
- More precisely, I'll deal with...
- On the one hand... on the other hand...: *d'une part..., d'autre part...*
- In contrast
- In addition, ...

Parler des documents

- The first document is a passage from a novel / an excerpt from a short story / a cartoon / a comic strip / an advert / an advertisement / a photo(graph) / a painting/a still/a film poster: *le premier document est un passage tiré d'un roman / un extrait de nouvelle / un dessin humoristique / une BD / une publicité / une photo / un tableau / une photo de film / une affiche de cinéma.*
- The next document is an interview / a conversation / a speech / a monologue / a poem / a report / an extract from a documentary / a passage from a film.
- It shows...: *il représente...*
- It is about...
- deliver a message: *transmettre un message*
- besides: *en outre*
- however: *cependant*
- nevertheless: *néanmoins*
- The author may have tried to imply that... / to criticise / to denounce / to symbolize / to make fun of...: *L'auteur a peut-être essayé de suggérer que... / de critiquer / de dénoncer / de symboliser / de se moquer de...*

Conclure

- As far as... is/are concerned: *En ce qui concerne...*
- This reminds me of... / This makes me think of...: *Cela me rappelle... / Cela me fait penser à...*
- As for me: *Quant à moi*
- I, for one, would say that...: *Personnellement, je dirais que...*
- To conclude, ...

EXERCICE D'APPLICATION

Présentez la notion « Lieux et formes du pouvoir » à partir de ces trois documents.

DOCUMENT 1

In Stamps[1] the segregation was so complete that most Black children didn't really, absolutely know what whites looked like. Other than[2] they were different, to be dreaded[3], and in that dread was included the hostility of the powerless against the powerful, the poor against the rich, the worker against the worked for and the ragged[4] against the well-dressed.

Maya Angelou, *I Know Why the Caged Bird Sings*, Bantam Books, 1969 Copyright © 1969 and renewed 1997 by Maya Angelou. Used by permission of Random House, Inc.

1. ville de l'Arkansas où sévissait la ségrégation dans les années 1930, période pendant laquelle se passe l'action • 2. si ce n'est que • 3. redouter • 4. les miséreux en haillons

ANGLAIS

DOCUMENT 2

Ce dessin humoristique a été publié peu après l'élection de Barack Obama en 2008.

© Steve Sack

DOCUMENT 3

Blacks Miss out as Jobs Rebound in New York City by Patrick McGeehan

For months now, New York officials have been highlighting[1] how the city has regained all the jobs lost during the long recession and then some. But by several measures, the city's recovery has left black New Yorkers behind.

More than half of all of African-Americans and other non-Hispanic blacks in the city who were old enough to work had no job at all this year, according to an analysis of employment data compiled by the federal Labor Department. And when black New Yorkers lose their jobs, they spend a full year, on average, trying to find new jobs – far longer than New Yorkers of other races. [...]

One problem, said David R. Jones, the president and chief executive of the Community Service Society of New York, is that blacks were overrepresented in fields that suffered the most in the downturn[2], including government agencies, construction and manufacturing. [...]

Latoya Ingram, 33, who lives in Harlem, said she had been looking for full-time work since 2009.

In that time, she said, she had sent off more than 1,000 copies of her résumé[3]. Unlike some other unemployed New Yorkers interviewed, Ms Ingram, who is black and earned a bachelor's degree in marketing from Syracuse University in 2001, said she believed her race was a factor in her inability to land a job[4].

"I could be wrong, but I've had interviews, and they seem really, really interested," she said.

"Then they see me in person and they're not that interested," added Ms Ingram who has been collecting $215 a week in unemployment benefits. "I think it's a combination of being black and overweight: they think you are lazy."

The *New York Times*, June 20, 2012.

1. souligner • 2. récession • 3. un C.V. • 4. *to get a job*

CORRIGÉ

Slavery was abolished in 1865. Abraham Lincoln (Document 2) is remembered as the champion of this cause. However the Southern States gradually managed to deprive black people of their rights by setting up a series of segregation laws (Jim Crow Laws) to ensure white power. The short passage by Maya Angelou (Document 1) makes it clear that the two communities are estranged and that "the powerless" fear "the powerful".

This struggle for political power symbolically ended with the election and reelection of Barack Obama who, as the 44th president, thus became the first African American to hold the office. The cartoon shows him with Abraham Lincoln at the Lincoln Memorial in Washington, D.C. They are doing a fist bump and smiling at each other, which means that they are really proud of what they have achieved for the African-American community: freeing the slaves on the one hand and being elected president on the other. Even though they clearly stand for each community (Lincoln's statue is white whereas Obama is dressed in black) their gesture unites them. However this dream of equality is only starting to become a reality as all the seats and forms of power have not yet been conquered by African-Americans. According to the article, African-Americans today are not the masters of their fate as they find it difficult to get jobs in New York after the economic slump, unlike other people from other communities. For instance, a young woman who graduated from university is convinced that she is racially discriminated against (Document 3).

Through these three documents, it is possible to see how access to power has evolved for the African-American community. From second-class citizens they have become full-fledged citizens. But they still have a long way to go in many fields to become as powerful as the Whites.

10 S'exprimer à l'oral en interaction

www.prepabac.com/media

Cet exercice constitue la seconde partie de l'épreuve d'expression orale au baccalauréat et consiste en un échange avec l'examinateur devant lequel vous venez de présenter une des notions du programme. Ce dialogue va s'appuyer sur votre présentation (voir chapitre 9).

A Description de l'épreuve

■ Cette seconde partie de l'épreuve dure cinq minutes.

■ Les **questions posées** sont en rapport avec la présentation que vous venez d'effectuer et vous inviteront, la plupart du temps, à préciser et clarifier ce que vous avez dit dans la première partie, mais aussi à développer tel ou tel aspect de la question en donnant des exemples.

■ Ce moment d'interaction doit aussi vous permettre de parler de votre **expérience personnelle**.

B S'entraîner à la prise de parole en interaction

■ **À la maison**
Joignez l'utile à l'agréable ! Lorsque vous regardez une série ou un film, faites-le en version originale. Pendant les conversations entre les personnages, soyez actif et essayez de repérer les expressions idiomatiques caractéristiques du dialogue : donner son opinion, exprimer son accord ou son désaccord, hésiter, insister, répéter les paroles de l'interlocuteur... L'idéal est de les noter dans un carnet et de s'entraîner à les répéter.

■ **En classe**
Participez de manière active en classe et réagissez à la parole des autres, élèves comme professeur. Cela vous permettra d'acquérir de l'authenticité et de ne plus appréhender l'examen oral. Cet entraînement nécessite bien sûr d'être extrêmement attentif à tout ce qui se dit pendant le cours. Voici quelques règles simples à suivre.

• **Attitude :** soyez plus naturel que lors d'un exposé formel. Lors de l'entretien, vous pouvez utiliser le « langage du corps ».
Parlez distinctement en ayant soin de regarder votre interlocuteur.

• **Qualité linguistique :** utilisez un niveau de langue courant. Votre échange est beaucoup moins formel que pendant une prise de parole en continu, mais variez les expressions pour être sûr d'avoir été bien compris. Si ce n'est pas le cas, on pourra vous demander des éclaircissements.
Évitez de répondre uniquement par *yes* ou *no* lorsqu'on vous pose une question. Il faut utiliser des réponses courtes avec reprise d'auxiliaire ou des expressions toutes faites.

• **Contenu :** n'hésitez pas à développer votre point de vue et à affirmer votre position.
Votre temps de parole doit être supérieur à celui de l'examinateur.

• **Pour ne pas « sécher » :** soyez très concentré mais vous pouvez demander de répéter en anglais ce qui vient d'être dit si vous n'avez pas bien compris ou entendu.
Employez aussi des *gap fillers*, ces petits mots ou expressions qui vous donnent le temps de réfléchir. En effet, il est davantage accepté d'hésiter qu'en prise de parole en continu.

POINT LEXICAL

Répondre de manière authentique

Pour insister

– Emploi des auxiliaires *do* et *did*

• "You don't love me, Eva."
"What? I do love you, you know I do."

– Emploi des *question tags*

• "This woman went down in history." ······► "Yes, she did, didn't she?"
• "Politicians shouldn't overlook this crisis." ······► "No, they shouldn't, should they?"

Pour ne pas répéter

– Reprise par l'auxiliaire

• "Do you often use the Internet?" ······► "Yes, I do."
• "Have you got several computers at home?" ······► "No, I haven't."

– Reprise par *so* ou *not*

• Is this a burning issue?
I think so. ≠ I think not.
I suppose so. ≠ I suppose not.
I guess so. ≠ I guess not.
• Will books disappear soon?
I hope so. ≠ I hope not.
Of course! ≠ Of course not!
I'm afraid so. ≠ I'm afraid not.

Pour exprimer son accord / désaccord

– Reprise par l'auxiliaire

• "This artist draws like a four-year-old." ······► "No, he doesn't."
• "Western countries didn't react." ······► "Yes, they did!"

– Emploi d'expressions idiomatiques

• I do agree with...
• Quite right!
• That's exactly what I mean!
• That's true!
• Sure!
• Indeed!

Pour se donner le temps de la réflexion

• Let me see / think...
• What I mean is...
• I see what you mean...
• Well, you may be right but...
• You know... / You see...

EXERCICE D'APPLICATION

www.prepabac.com/media

Vous avez présenté la notion « Lieux et formes du pouvoir » à l'aide d'un extrait du roman de Maya Angelou *(I Know Why the Caged Bird Sings)*, d'un dessin humoristique sur l'élection d'Obama et d'un article du *New York Times* sur le chômage des Afro-Américains à New York (voir p. 489 à 491).

Lisez les questions ci-dessous qu'un examinateur pourrait vous poser à la suite de cette présentation et répondez-y.

Écoutez l'enregistrement de ces questions sur le site www.prepabac.com/media et après chacune d'entre elles, proposez une réponse en temps réel.

1. Why did segregation happen in the South?
2. Have you studied any other text by Maya Angelou?
3. Can you name and talk about a few people who fought against segregation?
4. Are you interested in US politics?
5. What kind of protest do you find the most effective?
6. What cause would you be ready to defend?

CORRIGÉ

1. Of course, former slave owners were against the abolition of slavery. That's why they decided to limit black people's rights. Segregation was soon implemented in the South after the Federal Supreme Court declared the practice constitutional since the former slaves were "separate but equal".

2. Yes, I have. Actually, I have studied several poems. The one I remember well is *Still I Rise*. It appeals to me because her words are extremely forceful in this poem, aren't they? The whole poem is about the way black slaves were oppressed in America and about the way they managed to free themselves.

3. Yes, I can. The most famous one was of course Martin Luther King Jr. He was a baptist minister and advocated non-violence and integration. That's why he called for a boycott of public buses in Montgomery after Rosa Parks was arrested. His numerous speeches are well-known. On the other hand, people like Malcolm X were more likely to be aggressive towards the white community and believed in black nationalism.

4. Of course I am. I do think you can't do without the USA today. Actually I rather support...

5. I definitely disapprove of violent means. You see, people like Martin Luther King Jr. are my greatest heroes. They never used violence to stand up against injustice. In addition, I believe that art can sometimes be an effective way to open people's eyes on such and such issue.

6. Well, let me think. I'm afraid there are too many causes to defend. Yet I do think I would give money for medical research or for the cause of women all over the world. These are rather good choices, aren't they?

INDEX

Mathématiques

Al-Kashi 78, 82
cercle 78-82, 85-87
coordonnées d'un vecteur 64, 67
cosinus 76, 78, 89, 90
diagramme en boîte 46
discriminant 7, 8
écart type 42, 44, 50, 51
échantillon 58
équation du second degré 7
équation trigonométrique 91
équations de droite 67, 68, 78
espérance 50, 51, 53
extremum 26, 27, 28
fluctuation d'échantillonnage 58
fonction inverse 17
fonction racine carrée 13, 14
fonction valeur absolue 15
fonctions dérivées 22, 24
forme canonique 6, 7
intervalle de fluctuation 59, 60
loi binomiale 52, 55
loi de probabilité 49, 50
majorant et minorant 28
maximum local 26, 27, 28
médiane 44
minimum local 26, 27, 28
moyenne 42, 43
nombre dérivé 20, 21, 22
orthogonalité 79
parabole 10
points alignés 65, 66
produit scalaire 72-76, 78
quartile 44
radian 74, 85-87, 89, 91, 92
sens de variation d'une fonction 12, 26, 28
sens de variation d'une suite 35
signe du trinôme 8
sinus 85, 89, 90
somme de termes 37, 39
suite arithmétique 36, 37
suite géométrique 38-41
tangente à une courbe 21
taux d'accroissement 20
variable aléatoire 49, 50, 53
variance 42, 43, 50, 51
vecteur normal 78
vecteurs colinéaires 72
vecteur directeur d'une droite 67, 68, 79

Physique-Chimie

absorbance 130
acide carboxylique 205, 207
activité 146, 147
agitation thermique 162, 164, 182
alcane 164, 165, 196, 198
alcool 119, 196, 198, 203, 207
aldéhyde 203, 204, 207
cétone 205
champ de pesanteur 173, 174, 177, 178
champ électrostatique 174, 175, 183
champ magnétique 141, 168-171
chromatographie 120, 121
concentration massique, molaire 127
conjugaison des doubles liaisons 135
défaut de masse 153
densité 119, 120
diagramme d'énergie 113
électronégativité 156
énergie chimique 197, 198, 199
énergie cinétique 154, 177-179, 182
énergie de cohésion 162, 164
énergie de liaison 153, 197
énergie mécanique 177, 178, 182
énergie molaire de cohésion 197
énergie molaire de réaction 197
énergie potentielle de pesanteur 177-179
équation bilan 122, 124, 196
étoile des couleurs 103, 130
extraction 118, 119, 120
facteur de dilution 129
filtre coloré 105
fission 153
formule de conjugaison 99
formule développée, semi-développée, topologique 134, 135
foyer image, objet 96, 97, 101
fréquence 107, 108, 111, 112
grandissement 99
image réelle, virtuelle 98
intensité du courant 190, 191
interaction électrique 141, 142, 155, 157
interaction gravitationnelle 140, 173
isomérie Z-E 135
isotopie 145
liaison covalente 156
ligne de champs 168, 173
loi d'Ohm 192
loi de Beer-Lambert 130
loi de Coulomb 141
longueur d'onde 107-109, 111, 115
masse volumique 119, 121
oxydant 199, 201, 207
période 107, 111, 147
pile électrochimique 200
polarité des molécules 157
puissance 188
radiations 103, 107
radioactivité α, β^+, β^- 145, 146
raies d'absorption 109
raies d'émission 109
rayonnement γ, 146
réaction d'oxydoréduction 199
réducteur 199, 200, 207
rendement 188, 209
solubilité 119, 120, 205
solvatation 158
spectre 103, 108, 109, 115, 118
synthèse additive, synthèse soustractive 104, 105
synthèse organique 208
tableau d'avancement 123, 124, 159
tension électrique 175, 184, 191
transformation chimique 120, 122, 123
travail d'une force 179
vergence 97, 99, 102, 106

SVT

agrosystème 271, 274-277
anomalies magnétiques 251-255
ARNm 221, 223, 227, 233
asthénosphère 255, 256, 259-266
cancer et mutations 229, 231, 234-239
caryotype 213, 283, 287
code génétique 224, 227
complexe hypothalamo-hypophysaire 289, 292, 293
cortex visuel primaire 306-307, 309
cristallin 299-302
cycle cellulaire 212,239
cycle des hormones ovariennes 286
cycle des voies génitales 286
cycle ovarien 285, 290, 292
dérive des continents 246-249, 262
duplication de gène 230-231, 304-305
écosystème 271-277
états du chromosome 212, 213
expansion des fonds océaniques 249-253, 255, 262
formation de la lithosphère océanique 259, 265-266
frontières des plaques lithosphériques 260, 261
gènes de susceptibilité 238
gènes des pigments visuels 304
gonadostimulines 289-293, 295-298
hérédité de maladies 234, 237
hormones testiculaires 284
hypophyse 289-292, 295-296

inversions du champ magnétique 251-253
lithosphère 255-257, 259, 266
marges continentales 249, 264
marges passives 264-265, 268
mitose 212-213, 215
mutant 228, 229
mutations et biodiversité 231
phénotype cellulaire 219, 220, 235
phénotype moléculaire 220, 235
photorécepteurs 304
pilules contraceptives 293
plasticité cérébrale 309
points chauds 261, 262
PMA 296
recyclage de la matière 273, 276
régulation de la testostéronémie 291
réplication de l'ADN 212-215, 219
résistance aux antibiotiques 234, 240, 242
ressources pétrolières 264, 268
rift continental 265, 266, 268
sédimentation océanique 264, 267, 269
séismicité mondiale 263, 264
sélection naturelle 232, 233, 242
tectonique des plaques 255, 257, 259, 267
traduction 222, 224, 225
traitement des informations visuelles 307
transcription 221, 222, 223
vitesse de déplacement des plaques 262

Histoire-géographie

agenda 21, 418, 423
agricole (espace) 420, 429-430, 440
anticolonialisme 414
antiparlementarisme 404, 411
antisémitisme 395, 397, 399, 412
camp 394, 396-399
censure 393, 396
chômage 389-390, 392, 408
collaboration 400, 404
collectivité territoriale 419, 423
communisme 391, 395, 400-401, 404-405, 411, 413, 415
crise économique 395, 389-390, 407-409
de Gaulle, Charles 400, 404-406, 417
développement durable 423
économie-monde 390-391
étalement urbain 426
fascisme 395-397, 400
francophonie 444-445
Front de libération nationale (FLN) 415-416
Front populaire 410-413
génocide 394, 397-399
guerre d'Algérie 405, 415-416
guerre froide 400-402
Hitler, Adolf 395-398
immigration 408-409
impérialisme 414-415
industrialisation 388-391, 408
industrie 421, 423, 430-431, 440-441, 443
métropolisation 427, 431
milieu 420-422
mondialisation 427, 429-432, 440-447
Moulin, Jean 400
Mussolini, Benito 395-398
nationalisme 393, 395, 397, 404, 413, 415
Northern Range 441-443
Organisation armée secrète (OAS) 416
Organisation des Nations Unies (ONU) 400
parc naturel (national, régional et marin) 418, 422-423
Pétain (maréchal) 400, 410, 413
pôle de compétitivité 418, 419, 431
politique agricole commune (PAC) 430, 440, 441
pollution 421, 426
propagande 393, 396, 413
région 419, 427, 435-436
Résistance 400,404
Réunion 437-438
risque 421-422
Staline, Joseph 396-397, 401, 411
syndicat 403, 411
tertiarisation 407
tourisme 421, 423, 429, 432, 438, 440, 445
traité de Versailles 395
transport 418, 419, 423, 427-428, 432, 442-443
Triade 440
Union européenne 419, 434-438, 440-443

Français

absurde 350, 374, 382
apologue 376
argumentation 319-320, 373-382
baroque 337, 364
comédie 349-350
conte 338, 375
dialogue 319, 345-346 , 376, 377
discours 320, 345, 374, 376
élégie 360, 371
essai 320, 375, 378
fable 320, 362, 365, 375, 376, 379
focalisation 332, 333, 334
héros 336-339
humanisme, 378, 382
lettre 320, 376, 381
Lumières 338, 380
lyrique 362-365
manifeste 376
maxime 376, 379
metteur en scène 347, 348, 351
monologue 319, 345
mythe 350, 376, 382
nouveau roman 339
Parnasse 365
parodie 320
pastiche 320
personnage 331-324, 345, 346, 348
Pléiade 364
portrait 314, 333, 376
préciosité 364
réalisme 333, 339
récit 331-324
Renaissance 351, 364, 378
représentation 345-352
rime 359
romantisme 339, 350, 351, 365
sonnet 360
surréalisme 362, 367
symbolisme 366
tragédie 349-350
utopie 376
vers 358-361

Anglais

adverbes de manière 467
Angelou, Maya 474, 489
answer 455
chronologie 451, 452, 484
Coe, Jonathan 453, 478
compréhension du texte 450-454, 462
consigne 455, 462
Cunningham, Michael 464
fréquence 451
langue orale 468
Lodge, David 469
mots de liaison 477
personnages 451, 456, 462-463, 466, 467
phonétique 480-482
ponctuation 456, 457, 467, 477
présentation 472
prononciation 480-483
Steinbeck, John 457-458
« suite » 462-463
travail de l'auteur 456
verbes introducteurs du discours 467

Achevé d'imprimer par «La Tipografica Varese S.p.A.» - Italie
Dépôt légal : 96901-0/02- mai 2014